Die Rückführung unrechtmäßig nach Deutschland verbrachten Kulturguts an den Ursprungsstaat

SCHRIFTEN ZUM STAATS- UND VÖLKERRECHT

Herausgegeben von Gilbert Gornig,
Burkhard Schöbener und Winfried Bausback

Begründet von Dieter Blumenwitz

Band 132

Peter Lang

Frankfurt am Main · Berlin · Bern · Bruxelles · New York · Oxford · Wien

Christina Schaffrath

Die Rückführung unrechtmäßig nach Deutschland verbrachten Kulturguts an den Ursprungsstaat

Peter Lang
Internationaler Verlag der Wissenschaften

Bibliografische Information der Deutschen Nationalbibliothek
Die Deutsche Nationalbibliothek verzeichnet diese Publikation in der Deutschen Nationalbibliografie; detaillierte bibliografische Daten sind im Internet über <http://www.d-nb.de> abrufbar.

Zugl.: Würzburg, Univ., Diss., 2007

D 20
ISSN 0172-7796
ISBN 978-3-631-57066-1

www.peterlang.de

Vorwort

„Unser Leben kann sich nicht allein auf das vermeintlich Effiziente gründen. Wir brauchen die Zusammenhänge der Philosophie, der Künste, der geistigen Werte die dem alltäglichem Leben Orientierung geben", so die ehemalige Kulturstaatsministerin Dr. Christina Weiss. Dies gilt in besonderem Maße für Kulturgüter, vermitteln sie uns doch über eine rein ästhetische Wertschätzung hinaus das kulturelle Gedächtnis der Völker die sie geschaffen haben.

In einem Zeitalter, in welchem dieser Aspekt mehr und mehr zu Gunsten eines florierenden Handels mit der Ware Kulturgut in den Schatten tritt, ist es umso wichtiger, dieser Entwicklung Einhalt zu gebieten und den beraubten Staaten ihre kulturelle Identität zurückzugeben. Die vorliegende Arbeit versucht hierfür effiziente Wege aufzuzeigen. Ein wichtiger Schritt ist hierbei die Umsetzung der UNESCO Konvention von 1970 durch die Bundesrepublik Deutschland. Ein entsprechendes Gesetz hat der Bundestag am 18. Mai 2007 verabschiedet, welches in der vorliegenden Arbeit nur noch als Entwurf berücksichtigt werden konnte.

Die vorliegende Arbeit wurde der Juristischen Fakultät der Julius-Maximilians Universität Würzburg im Sommersemester 2007 als Dissertation angenommen.

Zunächst gilt mein Dank Prof. Dr. Dr. hc. Dieter Blumenwitz (†), der die Bearbeitung dieses Themas inspiriert und stets wertvolle Denkansätze geliefert hat. Ihm ist diese Arbeit gewidmet.

Mein aufrichtiger Dank gebührt Prof. Dr. Burkhard Schöbener für seine ausgezeichnete Betreuung der Arbeit und die Erstellung des Erstgutachtens. Frau Ruth Rupp danke ich herzlich für die tatkräftige Unterstützung in allen organisatorischen und persönlichen Belangen, ohne die diese Arbeit nicht so schnell hätte veröffentlicht werden können.

Vor allem aber danke ich meiner Familie, die mich während meiner Arbeit und bei der Veröffentlichung stets großzügig unterstützt hat. Danken möchte ich auch all denen, die mein Manuskript Korrektur gelesen haben, zuvorderst meiner lieben Mutter sowie Frau Michaela Metzen. All jene haben einen unschätzbaren Anteil am Gelingen dieser Arbeit.

München im Juni 2007 Christina Schaffrath

Inhaltsverzeichnis

Abkürzungsverzeichnis

A.2d	Atlantic Reporter
A.A.A.	Annuaire de l' Association des Auditeuers et Anciens Auditeurs de l' Académie de Droit International
a.A.	anderer Ansicht
a.a.O.	am angegebenen Ort
abgedr.	abgedruckt
Abl. EG	Amtsblatt der Europäischen Gemeinschaften
Abs.	Absatz
A.D. 2d	Appelate Division Reports (Second Series)
a.E.	am Ende
aF	alte Fassung
AFDI	Annuaire Francais de Droit International
aff'd	affirmed
AG	Amtsgericht
AJIL	American Journal of International Law
All.ER	All England Law Report
App. Div.	Appellate Division
Art.	Artikel
Aufl.	Auflage
AVR	Archiv für Völkerrecht
BAK	Bundesamt für Kultur (Schweiz)
BAnz.	Bundesanzeiger
BayObLG	Bayerisches Oberstes Landesgericht
BayVBl.	Bayerische Verwaltungsblätter
BB	Betriebsberater
Bd.	Band
Bearb.	Bearbeiter
BerDGV	Berichte der Deutschen Gesellschaft für Völkerrecht
BFH	Bundesfinanzhof
BGBl.	Bundesgesetzblatt
BGE	Entscheidungen des Schweizerischen Bundesgerichts

BGH	Bundesgerichtshof
BGHSt	Entscheidungen des Bundesgerichtshofs in Strafsachen
BGHZ	Entscheidungen des Bundesgerichtshofs in Zivilsachen
BKM	Beauftragte(r) der Bundesregierung für Kultur und Medien
BMWA	Bundesministerium für Wirtschaft und Arbeit
BR-Drs.	Bundesrats-Drucksache
bspw.	beispielsweise
BStBl.	Bundessteuerblatt
BT-Drs.	Bundestags-Drucksache
BVerfG	Bundesverfassungsgericht
BVerfGE	Entscheidungen des Bundesverfassungsgerichts
BVerwG	Bundesverwaltungsgericht
BYIL	British Yearbook of International Law
bzgl.	bezüglich
bzw.	beziehungsweise
C.A.	Court of Appeal (England)
ca.	circa
C.E.T.S.	Council of Europe Treaty Series (ab No. 194)
Ch.	Law Reports Chancery
Chan. Div.	Chancery Division
C.I.J.	Cour International de Justice
Cir.	Circuit
Cong.	Congress
CPIA	Cultural Property Implementation Act
d.h.	das heißt
Doc.	Document
DÖV	Die öffentliche Verwaltung
ebd.	ebenda
E.D.N.Y.	Eastern District of New York
EG	Europäische Gemeinschaften
EGBGB	Einführungsgesetz zum Bürgerlichen Gesetzbuch
EGV	Vertrag der Europäischen Gemeinschaften
EL	Ergänzungslieferung

EPIL	Encyclopedia of Public International Law
E.T.S.	European Treaty Series (bis No. 193)
EU	Europäische Union
EuAlÜbk	Europäisches Auslieferungsübereinkommen
EuGH	Gerichtshof der Europäischen Gemeinschaften
EuRhÜbk	Europäisches Rechtshilfeübereinkommen
EWG	Europäische Wirtschaftsgemeinschaft
F.2d	Federal Reporter (Second Series)
Fn.	Fußnote
FS	Festschrift
F.Supp.	Federal Supplement
GA	Goldtammers Archiv für Strafrecht
GG	Grundgesetz für die Bundesrepublik Deutschland
GMBl.	Gemeinsames Ministerialblatt
HLKO	Haager Landkriegsordnung
h.M.	herrschende Meinung
Hrsg., hrsg.	Herausgeber, herausgegeben
HS	Halbsatz
ICJ	International Court of Justice
ICOM	International Council of Museums
i.d.F.	in der Fassung
i.E.	im Ergebnis
IGH	Internationaler Gerichtshof
IJCP	International Journal of Cultural Property
ILC	International Law Committee
ILM	International Legal Materials
IPR	Internationales Privatrecht
IPRax	Praxis des Internationalen Privat- und Verfahrensrechts
IPRG	Bundesgesetz über das Internationale Privatrecht (Schweiz)
IPRspr.	Rechtsprechung auf dem Gebiet des Internationalen Privatrechts
IRG	Gesetz über die Internationale Rechtshilfe in Strafsachen
i.S.d., i.S.v.	im Sinne der/des, im Sinne von

i.V.m.	in Verbindung mit
JZ	Juristenzeitung
KGTG	Bundesgesetz über den Internationalen Kulturgütertransfer (Schweiz)
KGTVO	Verordnung über den Internationalen Kulturgütertransfer (Kulturgütertransferverordnung)
KultGSchG	Gesetz zum Schutz deutschen Kulturguts gegen Abwanderung – Kulturgutschutzgesetz
KultGüRückG	Kulturgüterrückgabegesetz
KUR	Kunstrecht und Urheberrecht
Ltd.	Limited
LUAB	Loi uniforme sur l'aquisition de bonne foi des objets mobiliers corporels
MDR	Monatsschrift für deutsches Recht
m.w.N.	mit weiteren Nachweisen
N.E. (2d)	North Eastern Reporter (Second Series)
NILR	Netherlands International Law Review
N.J.	New Jersey Reports
NJW	Neue Juristische Wochenschrift
Nr.	Nummer
NSPA	National Stolen Property Act
NStZ	Neue Zeitschrift für Strafrecht
NVwZ	Neue Zeitschrift für Verwaltungsrecht
N.Y.J.Int. & Comp.L	New York Journal of International and Comparative Law
N.Y.U.J. Int'l. L & Pol.	New York University Journal of International Law and Politics
NZZ	Neue Züricher Zeitung
O.I.M.	Office International des Musées
OLG	Oberlandesgericht
Q.B.	Law Reports of the Queen's Bench Division
RabelsZ	Zeitschrift für ausländisches und Internationales Privatrecht
RdC	Receuil des Cours (de l'Académie de Droit International de La Haye)
RDU	Revue de droit uniforme
Rep.	Report(s)

Res.	Resolution
Rev. crit.	Revue critique de droit international privé
rev'd	reversed
RG	Reichsgericht
RGDIP	Revue Générale de Droit International Public
RGZ	Entscheidungen des Reichsgerichts für Zivilsachen
Ri	Richtlinie
Riv. dir. int.	Rivista del diritto internazionale
Riv. drir. int. priv.proc.	Rivista del diritto internazionale privato e processuale
RIW	Recht der Internationalen Wirtschaft
Rn.	Randnummer
Rspr.	Rechtsprechung
Rz.	Randziffer
S., s.	Seite, siehe
S.D. Ind	Southern District of Indiana
S.D.N.Y.	Southern District of New York
Sect(s)/sec(s)	Section(s)
SJZ	Schweizerische Juristenzeitung
Sup.Ct.	Supreme Court (Federal)
Super.Ct.	Superior Court (New Jersey)
SZIER	Schweizerische Zeitschrift für internationales und europäisches Recht
T.L.R.	Times Law Reports
Trib.	Tribunal
Trib. civ.	Tribunal civil
u.a.	unter anderem
UCC	Uniform Commercial Code
U.C. Davis L.R.	University of California at Davis Law Review
UK	United Kingdom
ULR	Uniform Law Review
UN	United Nations
UNESCO	United Nations Educational, Scientific and Cultural Organisation

UNIDROIT	Institut for the Unification of Private Law
unveröff.	unveröffentlicht
v.	versus; von/vom
VG	Verwaltungsgericht
VGH	Verwaltungsgerichtshof
vgl.	vergleiche
VN	Zeitschrift der Vereinten Nationen
VO	Verordnung
Warn.	Warneyer Rechtsprechung des BGH in Zivilsachen
W.L.R.	Weekly Law Reports
WM	Wertpapiermitteilungen
WVRK	Wiener Vetragsrechtskonvention
YILC	Yearbook of the International Law Committee
ZaöRV	Zeitschrift für ausländisches öffentliches Recht und Völkerrecht
z.B.	zum Beispiel
ZErb	Zeitschrift für die Steuer- und Erbrechtspraxis
ZfZ	Zeitschrift für Zölle und Verbrauchsteuern
zit.	zitiert
ZGB	Zivilgesetzbuch Schweiz
ZK	Zollkodex
ZSR	Zeitschrift für Schweizerisches Recht
ZStW	Zeitschrift für die gesamte Strafrechtswissenschaft
ZVglRWiss	Zeitschrift für Vergleichende Rechtswissenschaft

Einleitung

Savigny schrieb zur Mitte des letzten Jahrhunderts, es gebe bewegliche Sachen, die nicht von einem Ort zum anderen wanderten und nannte als Beispiel Kunstwerke.[1] Heutzutage jedoch gehört der Kulturgüterhandel zu einem bedeutenden Wirtschaftszweig in einer mehr und mehr globalisierten Umwelt. So hat der weltweite Handel mit Kulturgut in den letzten Jahrzehnten sprunghaft zugenommen. Während der legale Kunsthandel den kulturellen Dialog zwischen den Nationen fördert und zu Respekt und Völkerverständigung beiträgt, fügt der illegale Handel dem Weltkulturerbe schwere, teils irreversible Schäden zu und beraubt die betroffenen Länder und Regionen ihres kulturellen Gedächtnisses. Stehen in vielen Ländern Europas und den USA hauptsächlich Museen, Kirchen und private Kunstsammlungen im Visier der Kunsträuber, haben die kulturgutreichen Regionen Asiens, Mittel- und Lateinamerikas, Afrikas und des Mittelmeerraums zudem die Plünderung von archäologischen Stätten, Tempeln und Gräbern zu erdulden.[2]

Das exakte Ausmaß des illegalen Kunsthandels lässt sich nur schwer ausmachen. Fachleute gehen indes davon aus, dass der illegale Kulturgütertransfer mit dem Drogen- und Waffenhandel an der Spitze unrechtmäßiger Handelsgeschäfte steht und inzwischen in Teilen vom organisierten Verbrechen übernommen wurde.[3] Die internationale Staatengemeinschaft hat auf diese Entwicklung reagiert und eine Reihe von Maßnahmen getroffen, die dem Einhalt gebieten sollen. Neben der aktuellen Diskussion um die Beutekunst des Zweiten Weltkrieges mehren sich Rückführungsansprüche von Staaten, deren Kulturgüter gestohlen oder illegal ausgeführt wurden und auf dem internationalen Kunstmarkt wieder auftauchen.

Auch die Bundesrepublik Deutschland sieht sich immer wieder Rückgabeforderungen von ausländischen Staaten ausgesetzt. Obwohl zu den weltweit wichtigsten Kunsthandelsplätzen gehörig, ist sie bislang in kein internationales Instru-

---

1 *v. Savigny*, System des heutigen Römischen Rechts, Vol. 8 (1849), S. 179.

2 Zu Umfang und Schäden des illegalen Kunsthandels vgl. bspw. Some facts on illicit trafficking in cultural property, in: UNESCO's Office of Public Information (Hrsg.), No to illicit traffic in cultural property, Paris, Nov. 2000; Culture without Context (hrsg. vom McDonald Institute for Archaeological Research) 1999, Heft 5.

3 Seventh Report of the Culture, Media & Sport Committee of the House of Commons, http://www.parliament.the-stationary-office.co.uk/pa/cm199900; zu Zahlen vgl Interpol: http://www.interpol.int/Public/WorkOf Art/statistics/ .

ment zur Rückführung von gestohlenen oder illegal exportierten Kulturgütern eingebunden. Wie schwierig es jedoch ist, dem illegalen grenzüberschreitenden Kunsthandel und den darauf fußenden Forderungen fremder Staaten mit rechtlichen und rechtsstaatlichen Mitteln zu begegnen, zeigt der jüngst vor dem OLG München entschiedene Fall der zypriotischen Kulturgüter.

Der Fall nahm seinen Anfang im griechisch-türkischen Konflikt über die Insel Zypern, als im Jahre 1974 türkische Truppen den Norden der Insel besetzten; die griechische Bevölkerung wurde größtenteils vertrieben. Im Zuge der Besetzung wurden leerstehende christliche Kirchen in Moscheen oder Schafställe verwandelt. Die Plünderung von Mosaiken, Fresken und Ikonen, die sich seit Beginn der christlichen Epoche zwischen dem Heiligen Land, Rom und Konstantinopel angesammelt hatten, wurde von den Besatzern offenbar geduldet. Auf diese Weise wurden über 100 Kirchen systematisch geplündert; tausende von Ikonen und Dutzende von Mosaiken und Fresken auf geheimen Routen außer Landes gebracht.[4] Zahlreiche dieser geraubten und lange verschollenen Kunstschätze wurden am 10. Oktober 1997 in München bei einem türkischen Restaurator aufgespürt. Dieser studierte in Ankara Archäologie und lebte seit 1979 in München als Restaurator, Konservator und Gelegenheitskunsthändler. Das Bayerische Landeskriminalamt war auf den Türken durch einen Hinweis seines ehemaligen niederländischen Komplizen und Geschäftspartners aufmerksam geworden, der mittlerweile die Seiten gewechselt hat und gegen Zusicherung von Immunität mit der Polizei kooperiert.[5] Daraufhin stellte das Bayerische Landeskriminalamt in mehreren Wohnungen des Türken tausende von zypriotischen Kunstschätzen sicher, die seit 1997 von der die Vertretung von ganz Zypern beanspruchenden Regierung der Republik Zypern im Wege der Rechtshilfe herausverlangt werden. Doch die Verfahren zogen sich in die Länge und die Kunstschätze ruhen bis zum heutigen Tage in der bayerischen Asservatenkammer. So musste der Antrag auf Auslieferung des Täters mitsamt der Beute wegen Verjährung der zugrunde liegenden Straftaten abgelehnt werden; die Kooperation mit dem niederländischen Geschäftspartner brachte nicht den gewünschten Erfolg, so dass dem Türken innerhalb der einschlägigen Verjährungsfristen weder Diebstahl noch Hehlerei nachgewiesen werden konnten. Er berief sich vielmehr darauf, die Kunst-

---

4 Der Münchner Byzantinist K. Gallas spricht von einem „unermesslichen Schaden“, da aus der frühbyzantinischen Zeit nur wenige Kunstwerke erhalten geblieben sind, vgl. Der Spiegel, 26/2003, S. 150.

5 Sein Leben als Schmuggler und Händler von Weltrang erzählt der Niederländer sehr eindrucksvoll in seinem Buch, *Van Rijn*, Hot Art, Cold Cash, 1993.

schätze selbst hergestellt oder gutgläubig erworben zu haben. Zudem beantragten auch die Türkische Republik Nordzypern (TRNC) sowie die Türkei Auslieferung von Täter und Beute. Mittlerweile hat das OLG München zwar die isolierte Herausgabe der meisten sichergestellten Gegenstände an die Republik Zypern für zulässig erklärt.[6] Die Freigabe der Gegenstände ist bislang hingegen noch nicht erklärt worden. Vielmehr kämpfen nun die zypriotische Regierung, die Türkei, die TRNC sowie der Türke und eine in München ansässige Kunstgalerie vor den Zivilgerichten um die Rechte an den Kunstschätzen; der für die Bewilligung der Rechtshilfe zuständige bayerische Justizminister scheint das Ergebnis des Zivilrechtsstreites abwarten zu wollen, bevor eine Entscheidung getroffen wird. Währenddessen wachsen der Unmut und das Unverständnis ausländischer Staaten für die Schwierigkeiten der Bundesrepublik Deutschland, geschmuggelte Kulturgüter zurückzugeben.

Vor diesem aktuellen Hintergrund stellt die vorliegende Arbeit den Problembereich der Rückgabe von Kulturgut, das unrechtmäßig in die Bundesrepublik Deutschland verbracht worden ist, an sein Ursprungsland in den Mittelpunkt. Die Erörterung beschränkt sich auf Fragen der Restitution von im Frieden gestohlenem und illegal exportiertem Kulturgut.[7] Nach einer kurzen Definition des der Arbeit zugrunde gelegten Kulturgutbegriffs (A.) werden im ersten Teil die völkerrechtlichen Grundlagen eines staatlichen Rückführungsanspruches aufgezeigt. Die Darstellung beginnt mit einer Untersuchung und Bewertung internationaler Verträge, wobei zunächst spezielle Kulturgutschutzabkommen und sodann andere, nicht primär auf den Kulturgüterschutz ausgerichtete Instrumente analysiert werden, die gleichwohl die Rückführung von Kulturgut fördern können. Wert gelegt wird auf die Bindungswirkung der jeweils untersuchten Verträge für die Bundesrepublik Deutschland (B.). Den Abschluss bildet die Prüfung des Bestehens völkergewohnheitsrechtlicher Rückführungspflichten (C.).

Der zweite Teil behandelt die Frage, inwieweit auf der deutschen innerstaatlichen Ebene Rückführungsverlangen ausländischer Staaten Rechnung getragen werden kann. Untersuchungsgegenstand sind zum einen die zivilrechtlichen Möglichkeiten, um gestohlenes und illegal verbrachtes Kulturgut seinem Ursprungsstaat zurückzugewähren. Dabei werden zunächst die Möglichkeiten aus-

---

6 OLG München, Beschluss v. 3. Juni 2004 – Az. 13/01 (13/04), unveröff.

7 Nicht erörtert wird die Problematik von Rückforderungsverlangen ehemals kolonisierter Staaten, der Rückgabe von Beutekunst oder sonst kriegsbedingt verbrachten Kulturguts sowie Problembereiche der Staatensukzession. Ebenso ausgegrenzt bleiben Rückgabeansprüche privater Eigentümer.

ländischer Staaten betrachtet, Kulturgut zurückzuerlangen, welches aus dem privaten Eigentum von Staaten abhanden gekommen ist (A.) Der grenzüberschreitende Warenverkehr mit gestohlenem Kulturgut wirft eine Reihe von juristischen Fragen auf. Die Rechtsmaterie, die sich zuvörderst mit einem Großteil der hier auszutragenden Konflikte beschäftigt, ist das Internationale Sachenrecht. Da ein internationales Einheitsrecht für Kulturgüter bisher nicht existiert, kommt der Frage des anwendbaren nationalen Rechts entscheidende Bedeutung zu. Insofern tut es not, neben der deutschen Rechtsordnung auch die internationale Rechtslage und Rechtspraxis in die Untersuchung einzubeziehen. Besonderes Gewicht für den Erfolg einer Rückgabeklage wird dabei dem Zusammenspiel von national unterschiedlichen Sachrechten und kollisionsrechtlicher Anknüpfung zukommen.

Sodann wird auf die Besonderheiten hoheitlich erlangten Staatseigentums eingegangen (B.) Untersucht werden die Anerkennung von Staatseigentum an Funden, der Eigentumserwerb durch Verfall und Einziehung bei illegalem Export sowie hoheitliche Regelungen zum Ausschluss des Verlustes des so erlangten Eigentums und ihre Auswirkungen auf den Rückforderungsanspruch des Ursprungsstaates. Bereits hier wird die Schnittstelle zum öffentlichen Recht und zu den Problemen, die der Territorialitätsgrundsatz im internationalen Kulturgüterschutz mit sich bringt, sichtbar.

Noch deutlicher werden der Bezug zum öffentlichen Recht und die Frage der Anerkennung und Anwendung ausländischen öffentlichen Rechts bei der Rückführung illegal exportierten Kulturguts (C.) Während auf der Ebene der Europäischen Union ein öffentlich-rechtlicher Rückgabeanspruch für illegal aus dem Hoheitsgebiet eines Mitgliedstaates verbrachten Kulturguts existiert, unterliegen andere Rückgabeverlangen den herkömmlichen Grundsätzen des internationalen Verwaltungsrechts und der „mittelbaren" Berücksichtigung ausländischen öffentlichen Rechts durch die deutsche Rechtsprechung in den Generalklauseln des materiellen Rechts. Die Folgen für den staatlichen Rückforderungsanspruch und dessen prozessuale Durchsetzung gilt es daher näher zu beleuchten.

Nicht zu unterschätzen sind indes auch die Mittel und Wege des Strafrechts, um eine Rückführung von Kulturgut an seinen Herkunftsstaat zu bewirken. Ihnen wird im vierten und letzten Abschnitt (D.) nachgegangen. Den Beginn bildet die Darstellung einschlägiger Straftatbestände, gefolgt von Maßnahmen der Strafverfolgung zur Sicherung der Beute; anschließend werden die Rückgabemöglichkeiten des sichergestellten Kulturguts untersucht. Die Prüfung unterscheidet zwischen der Herausgabe im Rahmen der Rechtshilfe und der Herausgabe nach einem innerstaatlichen Strafverfahren.

Bei allen untersuchten Fallgruppen (A.-D.) gilt ein besonderes Augenmerk nicht nur den rechtlichen, sondern auch den tatsächlichen Problemen, welche die Rückführung von Kulturgut an sein Ursprungsland erschweren können. Neben materiellen Fragestellungen werden prozessuale Überlegungen angestellt, wie bspw. die Zulassung fremder Staaten vor deutschen Foren oder die Geltendmachung von Ansprüchen aus fremdem öffentlichem Recht.

Der dritte Teil schließlich widmet sich Reformüberlegungen. Für das deutsche Zivilrecht (A.) wird zum einen der Frage nach Notwendigkeit und Vorteilen einer kollisionsrechtlichen Sonderanknüpfung nachgegangen. Zum anderen werden Vorschläge zur Auslegung und Änderung des materiellen Rechts, insbesondere im Hinblick auf die Anforderungen an einen gutgläubigen Erwerb von Kulturgut sowie die Länge von Verjährungs- und Ersitzungsfristen, dargestellt und bewertet. Im Anschluss folgen Überlegungen für Verbesserungen im strafrechtlichen Bereich (B.). Aus Anlass der aktuellen Ratifizierungsbemühungen der Bundesregierung im Hinblick auf die UNESCO-Konvention über Maßnahmen zum Verbot und zur Verhütung der unzulässigen Einfuhr, Ausfuhr und Übereignung von Kulturgut vom 14. November 1970 werden abschließend Überlegungen angestellt, wie eine solche Umsetzung erfolgen könnte (C.)

ERSTER TEIL

Die völkerrechtlichen Grundlagen der Rückführung

A. Zum Begriff des Kulturguts

Kulturgut bildet den zentralen Begriff der Untersuchung. Kulturgüter sind besondere Güter, sie sind Identifikationsträger für den Einzelnen und die Gemeinschaft, fassbare Zeugnisse der Kultur und der Geschichte, in ihrer Bedeutung einzigartig und unersetzlich. Sie prägen das Selbstverständnis und den sozialen Zusammenhalt einer Gesellschaft oder Gruppierung. Dennoch hat sich bislang ein einheitlicher Kulturgutbegriff nicht herausbilden können, und zwar weder im Völkerrecht noch im innerstaatlichen Recht der Staaten. Ziel der Arbeit ist nicht, einen allgemeingültigen Definitionsversuch zu entwickeln. Zum einen existiert bereits eine Vielzahl verschiedener Definitionen in den einzelstaatlichen, nationalen Gesetzen, internationalen Verträgen, in Rechtsprechung und Wissenschaft.[8] Zum anderen erscheint eine starre Definition von Kulturgut nicht wünschenswert, da es sich um einen in Zeit und Raum dynamischen Begriff handelt, der einem ständigen Bedeutungswandel unterworfen ist und dessen Inhalt zudem von der jeweiligen Gemeinschaft abhängt, zu deren Kulturerbe er zählt.[9]

Bedingt durch die Schwierigkeit einer allgemeingültigen und greifbaren Definition wird der Begriff Kulturgut in der Arbeit grundsätzlich in einem weiten Sinn verwendet, der alle beweglichen Sachen von künstlerischem, geschichtlichem oder archäologischem Wert umfasst. Als Oberbegriff schließt er mithin auch die Bezeichnung als Kunstwerk, Kunstschatz, Kunstobjekt, Kunstgegenstand etc. ein. Soweit Verträge, Abkommen oder nationale Schutzgesetze behandelt werden, wird auf die dort umschriebene Definition zurückgegriffen.

---

8 Zu Definitionsversuchen vgl. nur *v. Schorlemer*, Internationaler Kulturgüterschutz, S. 46 ff. m. w. N.; *Prott/O'Keefe*, Movement, S. 26 ff.; dies. National Legal Control, S. 4 ff.; *Schmeinck*, Internationalprivatrechtliche Aspekte, S. 46 ff.; *Boguslavsky*, in: Dolzer/Jayme/Mußgnug, Rechtsfragen, S. 3 ff.; *Fraoua*, Le trafic illicite, S. 4 ff.

9 So bspw. *Reichelt*, Neues Recht zum Schutz von KG, S. 61; *Fraoua*, Le trafic illicite, S. 5; *Koumantos*, in: Council of Europe, International Legal Protection of Cultural Property, S. 12. A.A. *Schmeinck*, Internationalprivatrechtliche Aspekte, S. 46: „*Eine Untersuchung des Kulturgüterschutzes setzt eine präzise Bestimmung des geschützten Objekts voraus.*“; ebenso *Abele*, in: Fechner/Oppermann/Prott, Prinzipien des Kulturgüterschutzes, S. 67 (79).

B. Die vertragsrechtliche Ebene

Die wichtigste Rechtsquelle im internationalen Kulturgüterschutz stellt das Vertragsrecht dar. Innerhalb des Vertragsrechts liegt der Schwerpunkt bei den multilateralen Abkommen, da lediglich die USA bilaterale Kulturgüterabkommen abgeschlossen haben, die Rückführungspflichten enthalten.[10] Daher widmet sich die folgende Untersuchung ausschließlich multilateralen Verträgen.

I. Die UNESCO-Convention on the Means of Prohibiting and Preventing the Illicit Import, Export and Transfer of Ownership of Cultural Property 1970

1. Entstehungsgeschichte und Hintergrund

a. Problemstellung

Die UNESCO[11] ist zweifellos die internationale Organisation, die den weltweit herausragendsten Beitrag zum Kulturgüterschutz geleistet hat.[12] Ihr zentrales Abkommen zur Bekämpfung des internationalen Kunsthandels ist die *Convention on the Means of Prohibiting and Preventing the Illicit Import, Export and Transfer of Ownership of Cultural Property* vom 14. November 1970 (UNES-

---

10 Vgl. *Kreuzer*, RdC 259 (1996-I), S. 13 (181). Zu einzelnen bilateralen Abkommen vgl. *v. Schorlemer*, Internationaler Kulturgüterschutz, S. 414 ff. Zwar existieren in vielen Ländern bilaterale Kulturabkommen und bilaterale Nachbarschafts- und Partnerverträge, welche den Kulturgüter- und Denkmalschutz berücksichtigen. So hat die Bundesrepublik Deutschland mit über 90 Staaten Kulturabkommen zur Förderung des kulturellen Austausches geschlossen, vgl. etwa die entsprechenden Abkommen mit Frankreich (BGBl. 1955 II, S. 885), Spanien (BGBl. 1956 II, S. 558), der Russischen Föderation (BGBl. 1993 II, S. 1256) und Polen (BGBl. 1999 II, S. 348); dazu auch *Kempen*, in: FS Badura, S. 1079 (1080). Sie etablieren jedoch keine Rückführungspflichten im Falle unrechtmäßiger Verbringung und sind daher für die Untersuchung bedeutungslos.

11 United Nations Educational, Scientific and Cultural Organisation. Die Organisation der Vereinten Nationen für Erziehung, Wissenschaft und Kultur wurde 1945 gegründet; zurzeit hat sie 191 Mitgliedstaaten. Der Zweck der UNESCO besteht darin, einen Beitrag zum Frieden und zur Sicherheit zu leisten, und zwar durch die Förderung der Zusammenarbeit zwischen den Völkern auf dem Wege der Erziehung, der Wissenschaft und der Kultur, um auf diese Weise in der ganzen Welt die Beachtung der Gerechtigkeit, des Gesetzes, der Menschenrechte und der grundlegenden Freiheiten für alle zu sichern; und zwar ohne Rücksicht auf Rasse, Geschlecht, Sprache oder Religion, wie dies die Satzung der Vereinten Nationen für alle Völker vorsieht.

12 Einen kurzen Überblick über die wichtigsten Instrumente der UNESCO zum Kulturgüterschutz gibt *Merryman*, IJCP 12 (2005), S. 11 (20 ff.).

CO 1970).[13] Sie zeichnet sich unter anderem dadurch aus, dass sie als erste internationale Konvention eine Restitutionspflicht für Kulturgüter in Friedenszeiten statuiert. Nicht zuletzt deshalb ist sie auch für die Rückführungsproblematik als dem repressiven Teilbereich des Kulturgüterschutzes das völkerrechtliche Instrument mit der größten Bedeutung.

Die UNESCO 1970 hatte sich zum Ziel gesetzt, den internationalen Kulturgütertransfer möglichst umfassend zu regeln, um den Missbräuchen des Kunsthandels entgegenzutreten, ohne aber den legalen Austausch mehr als nötig zu beeinträchtigen. Sehr schnell zeigte sich, wie schwierig die Umsetzung eines solchen Vorhabens in die Praxis war, herrschten doch innerhalb der Gemeinschaft widerstreitende Interessen, Wertvorstellungen und Wünsche in Bezug auf das anzustrengende Ziel und die hierfür geeigneten Mittel. Ein Verständnis des Vertragswerkes in seiner Komplexität ist nur möglich, wenn man im Hinterkopf behält, dass es als Produkt jahrelanger Vorarbeiten, an denen eine Vielzahl von Staaten mit unterschiedlichen Voraussetzungen und Vorstellungen mitgewirkt haben – Entwicklungsländer, Industrienationen, sozialistisch und kapitalistisch geprägte Staaten, Import- und Exportstaaten –, das Ergebnis eines zähen Ringens um einen Kompromiss ist.[14] Da die Kodifizierungsarbeiten dennoch von dem Bemühen getragen waren, eine Konvention zu schaffen, die möglichst viele Staaten zu einem Beitritt bewegt, verwundert es nicht, dass man bisweilen das eigentliche und wesentliche Ziel, einen umfassenden Kulturgüterschutz zu gewährleisten, aus den Augen verlor. Besonders deutlich und demnach für die vorliegende Arbeit von Interesse wird dies anhand der Rückführungsfrage, deren hochkomplizierte und teils fragmentarisch erscheinende Regelung nur vor diesem Hintergrund zu erklären ist.

---

13 Text abgedr. in: ILM 10 (1971), S. 289 ff.

14 *Shanaberger*, N.Y.J.Int.&Comp.L. 4 (1982), S. 157 (158 f.); *Prott*, in: Fechner/Oppermann/Prott (Hrsg.), Prinzipien des Kulturgüterschutzes, S. 295 (297); *Nafziger*, The International Lawyer 19 (1985), S. 835 (837).

b. Die Vorarbeiten des O.I.M.

Bereits zu Beginn der dreißiger Jahre gab es Ansätze, dem Problem des illegalen Kunsthandels auf internationaler Ebene zu begegnen.[15] Im Rahmen des Völkerbundes befasste sich das Office International des Musées (O.I.M.)[16] mit der Ausarbeitung einer internationalen Konvention zur Wiedererlangung von gestohlenem und rechtswidrig ausgeführtem Kulturgut. Wegen des Ausbruchs des Zweiten Weltkrieges erlangten die Entwürfe des O.I.M. zwar nie Rechtsgeltung; sie haben aber als bedeutende Denkmuster und Vorläufer die spätere Arbeit der UNESCO maßgeblich beeinflusst und geprägt.

1933 legte das O.I.M. seinen ersten Entwurf "Projet de convention internationale sur le rapatriement des objets d'intérêt artistique, historique ou scientifique, perdus ou volés, ou ayant donné lieu à une aliénation ou exportation illicite" vor, der 12 Artikel umfasste.[17] Bemerkenswert weitgehend war die Regelung des Art. 1 des Entwurfs, nach dem jegliche Übertragungen von beweglichen oder unbeweglichen Objekten künstlerischen, historischen oder wissenschaftlichen Werts unter Verstoß gegen die Bestimmungen des Exportstaates als nichtig behandelt werden sollten. Damit wurde innerstaatlichem öffentlichem Recht des Exportstaates zur Geltung im Importstaat verholfen.[18] Korrespondierend dazu

---

[15] Für den Kriegsfall existieren die ersten internationalen Schutzvorschriften für Kulturgut bereits seit Ende des 19. Jahrhunderts: Nach Art. 56 der Haager Landkriegsordnung v. 1899 bzw. 1907 (RGBl. 1907, S. 107) sollten bestimmte Kulturgüter jeglicher Beute- und Beschlagnahme entzogen sein. Die HLKO wurde nach dem zweiten Weltkrieg durch das ebenfalls von der UNESCO vorbereitete *Haager Übereinkommen für den Schutz von Kulturgut bei bewaffneten Konflikten v. 14. Mai 1954* und seinen Zusatzprotokollen von 1954 und 1999 ergänzt. Die Bundesrepublik Deutschland ratifizierte diese Konvention am gleichen Tage, ihre Zustimmung erteilte sie jedoch erst durch Vertragsgesetz vom 11. April 1967, so dass die Konvention nach ihrem Art. 33 Abs. 2 für die Bundesrepublik Deutschland mit Wirkung zum 11. Juli 1967 in Kraft trat, BGBl 1967 II, S. 1233 ff. (Änderungsgesetz vom 10. August 1971, BGBl. 1971 II, S. 1025). Zum Kulturgüterschutz im Kriegsfall vgl. bspw. *Herdegen*, in: Dolzer/Jayme/Mußgnug, Rechtsfragen, S. 161 ff.; *Fiedler*, in: Fechner/Oppermann/Prott, Prinzipien des Kulturgüterschutzes, S. 159 ff.; ders. in: FS Doehring, S. 199 ff. Ausführlich: *Hartung*, Kunstraub in Krieg und Verfolgung.

[16] Das O.I.M. wurde 1926 zur Förderung der Zusammenarbeit zwischen den Museen der einzelnen Staaten gegründet; vgl. *Engstler*, Territoriale Bindung, S. 49.

[17] Abgedr. in Art et Archéologie, Recueil de législation comparé et de droit international (1) 1939, S. 51 ff.

[18] Art. 1 sah vor: "Les Hautes Parties contractantes s'engagent à ne pas reconnaître la validité de transactions portant sur des objets mobiliers ou immobiliers, de caractère artistique, historique ou scientifique, en cas d'infraction aux dispositions par lesquelles une desdites Parties aurait, conformément à sa législation, interdit l'aliénation ou l'exportation de ces

enthielt Art. 2[19] eine Rückführungsverpflichtung des Staates für alle auf sein Hoheitsgebiet infolge Verlust, Diebstahl, illegaler Ausfuhr oder Veräußerung gelangten Kulturgüter.[20] Die Fortschrittlichkeit des Entwurfes zeigte sich auch darin, dass er eine in der Höhe auf den Kaufpreis und die Erwerbsnebenkosten begrenzte Entschädigung des gutgläubigen Erwerbers vorsah[21] sowie die zeitliche Begrenzung des Rückstellungsanspruches regelte.[22]

Dieser Entwurf wurde 1936 durch einen zweiten Entwurf "*Projet de convention internationale pour la protection des patrimoines historiques et artistiques nationaux*" geändert und präzisiert.[23] Der nunmehr 25 Artikel enthaltende Entwurf änderte den Kreis der Schutzgüter. Während Art. 1 des ersten Entwurfs noch Gegenstände künstlerischen, historischen oder wissenschaftlichen Charakters schützte, fordert der neue Art. 1 Abs.1 das Vorliegen von Objekten *besonderen* paläontologischen, archäologischen, historischen oder künstlerischen Interesses.[24] Auch konnte erstmals der Schutzbereich durch einseitige Erklärung auf Objekte, die sich im Eigentum oder Besitz des Staates oder sonstiger öffentlicher Einrichtungen befinden, eingeengt und darüber hinaus für diese Objekte die Rückführung auf Fälle des Verlustes und des Diebstahles beschränkt werden, Art. 17. Eine Ausweitung erfuhr hingegen der Gutglaubensschutz. Der gutgläubige Erwerber sollte fortan neben dem Kaufpreis Kosten für sachgerechte Verwahrung und Instandhaltung fordern können.[25] Eine Rückstellung sollte sogar gänzlich ausgeschlossen sein, wenn sich das entsprechende Objekt mindes-

---

objets."; vgl. Genius-Devime, Erbe der Menschheit, S. 127; kritisch zur Reichweite des ersten Entwurfs Aloisi, Art et Archéologie, Recueil de législation comparé et de droit international 1 (1939) S. 53 ff.

19 Art. 2 lautete: "Les Hautes Parties contractantes s'engagent à se prêter leur bons offices pour faire restituer ou rapatrier, dans le plus bref délai, tout objet compris dans la définition de l'article 1 de la présente Convention, introduit sur leur territoire à la suite d'une perte, d'un vol, d'une aliénation ou exportation illicite."

20 Vgl. *v. Schorlemer*, Internationaler Kulturgüterschutz, S. 421 f.

21 Art. 3; Art. 4 bestimmte die Anforderungen an die Gutgläubigkeit.

22 Art. 6. Danach war der Rückstellungsanspruch innerhalb von fünf Jahren nach Veröffentlichung des Verlustes durch das O.I.M. geltend zu machen; die Pflicht zur Bekanntgabe des Verlustes an das O.I.M. war in Art. 5 geregelt.

23 Abgedr. in Art et Archéologie, Recueil de législation comparé et de droit international (1) 1939, S. 69 ff.

24 Dies wird teils als Einengung – s. *Genius-Devime*, Erbe der Menschheit, S. 128 -, teils als Erweiterung des Schutzbereiches gesehen, so *v. Schorlemer*, Internationaler Kulturgüterschutz, S. 422. Die Beurteilung des Vorliegens eines 'notable interêt paléontologique, archéologique, historique ou artistique' war den Staaten vorbehalten, Art. 1 Abs. 2.

25 Art. 10 Abs.1.

tens zehn Jahre im Besitz des Gutgläubigen befunden hatte.[26] Zusammenfassend lässt sich sagen, dass bereits dieser zweite Entwurf – obwohl er den ersten in vielen Punkten konkretisiert, weitere Definitionen enthält und insofern insgesamt weiter ausgereift ist – erste Schritte Richtung Rückzug von einer im ursprünglichen Entwurf sehr weitreichenden, nur zeitlich und gegebenenfalls durch Zahlung einer Entschädigung begrenzten Rückstellungspflicht macht.

1939 wurde schließlich der dritte und endgültige Entwurf "*Convention pour la protection des collections nationales d'art et d'histoire*"[27] ausgearbeitet, der den Schutzbereich noch enger fasste.[28] Zum einen beschränkte er sich auf Objekte, die sich im Eigentum oder unter der Obhut eines Staates oder einer öffentlichen Einrichtung befanden, zum anderen setzte die Schutzwirkung zusätzlich die vorherige Inventarisierung der Gegenstände voraus.[29] Auch die Restitutionspflicht wurde noch über die Eingrenzung des Schutzbereiches hinaus abgeschwächt und sollte abweichend von den ersten Entwürfen nur Güter erfassen, die sich infolge eines Verlustes oder eines nach dem jeweils nationalen Recht strafrechtlich verfolgbaren Angriffes auf das Eigentum auf fremdem Territorium befanden.[30] Die große Einbuße gegenüber dem bemerkenswert weitreichenden Restitutionsrecht im ersten Entwurf liegt auf der Hand.

c. *Die Arbeit im Rahmen der UNESCO*

Nach dem zweiten Weltkrieg griff die UNESCO die Vorarbeiten des O.I.M. auf. In einem ersten Schritt beschloss sie am 5. Dezember 1956 eine Empfehlung zum Schutz des archäologischen Erbes,[31] in der sie die Vertragsstaaten dazu aufforderte, die rechtswidrige Aus- und Einfuhr von illegal ausgegrabenen Objekten sowie den Ankauf solcher durch Museen zu verhindern[32] und die notwendigen Maßnahmen für die Rückführung von gestohlenem und illegal exportiertem

---

26 Art. 12 Abs. 1 lit c.

27 Abgedr. in Art et Archéologie, Recueil de législation comparé et de droit international (1) 1939, S. 78 ff.

28 *Goy*, AFDI 16 (1970), S. 605 (614); *Genius-Devime*, Erbe der Menschheit, S. 128.

29 Jedoch konnte der Schutzbereich durch einseitige Erklärung unter Vorbehalt der Gegenseitigkeit auf im Privateigentum stehende Kulturgüter ausgedehnt werden, Art. 11.

30 Andererseits wurde die Restitutionspflicht auf Güter erweitert, die zur Ausstellung, zeitweiligen Aufbewahrung o. ä. in ein anderes Hoheitsgebiet gelangt waren und dort verloren gingen, oder durch eine nach dem Recht des Herkunftsstaates strafbare Handlung entzogen wurden, Art. 2 Abs. 2.

31 Recommendation on International Principles Applicable to Archaeological Excavations, abgedr. in: UNESCO, Conventions and Recommendations, S. 101 ff.

32 Ebd. Abs. 27, 28 u. 29.

archäologisch wertvollem Material zu treffen.[33] Empfehlungen internationaler Organisationen sind zwar keine völkerrechtlich verbindlichen Übereinkommen, die innerstaatlich beachtet werden müssen;[34] allerdings sorgt das Gründungsstatut der UNESCO dafür, dass die Vertragsstaaten die Empfehlungen bei ihrer Rechtsetzung zumindest berücksichtigen.[35] Die Vertragsstaaten sind danach dazu aufgefordert, die während einer Tagung angenommenen Empfehlungen binnen eines Jahres ihren zuständigen Stellen vorzulegen und die in diesen gemeinsam gewonnenen Überzeugungen innerstaatlich zu inkorporieren. Über die getroffenen Maßnahmen ist der UNESCO Bericht zu erstatten.[36] Die Empfehlung der UNESCO wurde durch den Europarat aufgenommen, der hierzu im Jahre 1969 eine entsprechende Konvention schuf.[37]

Die nächste Initiative ging Anfang der sechziger Jahre von Mexiko und Peru aus, welche die UNESCO auf das Ausmaß des illegalen Kulturgüterhandels aufmerksam machten und ein internationales Instrument zu dessen Eindämmung auch in Friedenszeiten forderten.[38] Im April 1964 ernannte die UNESCO ein

---

33 Ebd. Abs. 31.

34 *Kunig*, in: FS Doehring, S. 529 (534). Zum juristischen Gehalt der Empfehlungen internationaler Organisation vgl. auch *Virally*, AFDI 2 (1956), S. 66 ff.

35 Art. IV Abs. 4 Satz 3 der Satzung.

36 Art. VIII des Gründungsstatuts.

37 *European Convention on the Protection of Archaeological Heritage vom 6. Mai 1969*, E.T.S. No. 66; BGBl. II 1974, S. 1285. Das Übereinkommen bezweckt neben dem Schutz archäologischen Kulturgutes vor Zerstörung seine wissenschaftliche Erfassung und die Eindämmung illegalen Kunsthandels. Mit Bezug auf den internationalen Kunsthandel unterscheidet das Abkommen zwischen Schutzmaßnahmen am Grabungsort und der auf die verbotenen Grabungen folgenden Phase. Die Mitgliedstaaten verpflichten sich unter anderem zur Einrichtung von Grabungsschutzgebieten (Art. 2), zu Maßnahmen gegen illegale Ausgrabungen (Art. 3) und zur Förderung der Katalogisierung und Veröffentlichung archäologischen Materials (Art. 4 und 5). Es existieren jedoch weder Verpflichtungen, dem illegalen Kunsthandel auf strafrechtlicher Ebene entgegenzutreten, noch wird der Handel mit unrechtmäßig erlangtem Material verboten oder eine Rückführungspflicht aufgestellt, vgl. *Fechner*, Rechtlicher Schutz archäologischen Kulturguts, S. 94, der das Übereinkommen wegen seiner Begünstigung des gutgläubigen Erwerbs an gestohlenen Kulturgütern kritisiert. Damit entfaltet es zuvörderst präventive Wirkung. Dieser kommt zwar im sensiblen Bereich archäologischen Kulturguts, das oft bereits durch die unsachgemäße Ausgrabung und Verbringung vom Grabungsort Schäden erleidet, besondere Bedeutung zu. Denn diese Schäden sind durch eine Rückführung nur bedingt wieder gut zu machen; für die hier untersuchte Problematik der Rückführung ist das Abkommen hingegen ohne Belang. Das Übereinkommen ist im Jahre 1992 durch das Übereinkommen v. Valetta (E.T.S. No. 143; BGBl. 2002 II, S. 2709) revidiert worden, was jedoch keine wesentlichen Änderungen mit sich brachte, vgl. *Rascher*, Kulturgütertransfer, S. 36.

38 *Williams*, International Protection of Movable Cultural Property, S. 179.

Fachleutegremium zur Erarbeitung erster Empfehlungsentwürfe, in dem 30 Mitgliedstaaten, darunter auch die Bundesrepublik Deutschland, vertreten waren.[39] Daraufhin wurde am 19. November 1964 die erste sich unmittelbar auf den illegalen Handel in Friedenszeiten beziehende Empfehlung verabschiedet.[40] Die Vertragsstaaten sollten zur Bekämpfung der zunehmenden illegalen Ausfuhr dergestalt zusammenarbeiten, dass der Importstaat die Einfuhr nur bei einer entsprechenden Bewilligung des Exportstaates zulässt; mit diesen Ausfuhrverboten sollten entsprechende Einfuhrverbote korrespondieren.[41] Die entgegen solcher Vorschriften exportierten bzw. importierten Kulturgüter sollten - gegebenenfalls unter Entschädigung des gutgläubigen Erwerbers - zurückgeführt werden.[42]

Mehr und mehr zu der Überzeugung gelangt, dass eine internationale Konvention zur Bekämpfung des internationalen Kunsthandels das wünschenswerteste Mittel sei, beauftragte die Generalversammlung der UNESCO schließlich ein Fachleutegremium mit der Ausarbeitung eines Konventionsentwurfes. Am 8. August 1969 legte das Sekretariat der UNESCO einen vom Generaldirektor ausgearbeiteten, 24 Artikel umfassenden Entwurf vor, der in einem Rundbrief an die Mitgliedstaaten zur Stellungnahme versandt wurde.[43] Bis zum 27. Februar 1970 gingen daraufhin Stellungnahmen von 28 Staaten ein, von denen 17 ernsthafte Einwände gegen den sehr anspruchsvollen und weitreichenden Sekretariatsentwurf vorbrachten.[44] Weitere fünf Stellungnahmen gingen innerhalb der gesetzten Nachfrist bis zum 15. März 1970 ein, darunter auch eine offizielle

---

39 Dem war 1963 die Erarbeitung eines ersten Empfehlungsentwurfes durch das Sekretariat der UNESCO vorausgegangen, der von den Mitgliedstaaten in der 13. Sitzung der Generalkonferenz kommentiert wurde. Bereits hier zeichneten sich gegensätzliche Positionen ab; so wurde er von den einen als gute Basis mit einfach umsetzbaren Vorschlägen anerkannt, wohingegen ihn andere als "*unworkable*" kritisierten, UNESCO Doc. CUA/123 Add 1 Annex 1, 21. März 1964, S. 6 vgl. dazu auch *Prott/O'Keefe*, Movement, S. 727; *Jote*, International Legal Protection, S. 197.

40 Recommendation on the Means of Prohibiting and Preventing the Illicit Export, Import and Transfer of Ownership of Cultural Property, in: UNESCO, Conventions and Recommendations, S. 137 ff.

41 Ebd. Abs. 3 u. 4.

42 Ebd. Abs. 16 u. 18.

43 Preliminary Draft Convention Concerning the Means of Prohibiting and Preventing the Illicit Import, Export and Transfer of Ownership of Cultural Property, UNESCO Doc. SHC/MD/3 Annex, 8. August 1969. S. ausführlich zur Vorgeschichte Goy, AFDI 16 (1970), S. 605, 612 ff., Williams, International Protection of Movable Cultural Property, S. 179.

44 UNESCO Doc. SHC/MD/5 Annex I; Bahrein, Kambodscha, Kolumbien, Iran, Kuwait, Luxemburg, Nigeria, Syrien, Ägypten und die Türkei dagegen billigten den Entwurf ohne Einwände.

Stellungnahme der Bundesrepublik Deutschland vom 15. März 1970, die den Entwurf in vielen Punkten kritisierte und sogar Eingang in den Schlussbericht über die Entwurfskonvention fand.[45]

Die deutsche Seite wandte sich insbesondere gegen die zu weite Definition des Begriffes Kulturgut einerseits und rügte die fehlende Bestimmung der Begriffe "*import*", "*export*", "*transfer*" und "*illicit*" andererseits.[46] Die Weite der Kulturgutdefinition würde dazu führen, dass die im Entwurf vorgesehenen Exportgenehmigungen gegen den Verhältnismäßigkeitsgrundsatz verstießen. Auch die Bezeugung der Echtheit der Objekte in den Exportgenehmigungen erfordere einen zu großen Verwaltungsaufwand und sei daher nicht zu realisieren. Der Hauptgrund der Ablehnung der deutschen Seite fand sich jedoch in der zu weitgehenden Reglementierung des Kunst- und Antiquitätenhandels und den tiefgreifenden Einschnitten in die deutsche Privatrechtsordnung durch die Rückführungsregelung. So sah Art. 7 (h) des Sekretariatsentwurfes vor:

> *"[...] to control trade in cultural property and to oblige antique-dealers, subject to penal sanction, to keep a register recording the origin of each item of cultural property, the names and addresses of the supplier and purchaser, the description and price of each item sold in cases where the price exceeds the minimum monthly wages applicable in the country in question[...]"*[47]

Daran wurde vor allem kritisiert, dass Kontrollmaßnahmen für Kulturgüter, die die Bundesrepublik Deutschland nicht verlassen, schwer durchzusetzen seien und der Monatslohn als Grundlage für die Berechnung des Wertes, ab dem die Registrierungspflicht greifen soll, kein hinreichend präzises Kriterium sei. Hinzukommen dürfte die Tatsache, dass die geforderten Maßnahmen viel Zeit, Geld und Mühe beanspruchten und es daher an der Bereitschaft fehlte, diese auf sich zu nehmen. Kurz zusammengefasst lässt sich die deutsche Haltung gegenüber dieser Bestimmung am treffendsten mit ihren eigenen Worten wiedergeben: *"This provision appears on the whole too far-reaching"*.[48]

Was die Rückführungsvorschriften anbelangt, so empfand die deutsche Seite angesichts des in vielen Staaten nicht existierenden gutgläubigen Erwerbs von gestohlenen oder verlorenen Gegenständen die notwendige Einführung einer Entschädigungspflicht und die Auferlegung der Beweislast bezüglich der Bös-

---

45 UNESCO Doc. SHC/MD/5 Add.1, S. 3 ff.

46 Ibid S. 6.

47 Ibid S. 5.

48 Ibid S. 6.

gläubigkeit an den rückfordernden Staat als inakzeptabel. Zugleich vertrat die Bundesrepublik Deutschland für die Rechtsordnungen, die wie ihre eigene auch einen gutgläubigen Eigentumserwerb unter bestimmten Voraussetzungen zulassen, die Auffassung, dass die Herausgabe gutgläubig erworbener Gegenstände zu zu weitreichenden Eingriffen in das jeweilige Zivilrecht führe.[49]

Vehemente Kritik übten auch andere wichtige Kulturimportstaaten, darunter insbesondere die USA, die den Sekretariatsentwurf als "*unacceptable*" und "*ambitious scheme*" bezeichneten.[50] Als "*unworkable*" und "*overly ambitious*" wurde in erster Linie das strikte Import- und Exportsystem bemängelt.[51] Darüber hinaus bezweifelten die USA ebenso wie die Bundesrepublik die Vereinbarkeit der Rückgaberegelung für gestohlene, illegal importierte und exportierte Kulturgüter mit nationalem Eigentumsrecht. Sie befürchteten, dass mit der Konvention ein eigenes, neues Eigentumsrecht für Kulturgüter geschaffen würde, welches das nationale Recht überlagere. Weiter wurde die fehlende Möglichkeit, Vorbehalte zu einzelnen Vertragsbestimmungen zu machen und damit das Alles-oder-Nichts-Prinzip des Entwurfs sowie die Säumnis, den legalen Austausch von Kunstschätzen zu regeln, beanstandet.[52]

Die genannten Einwände machten es wahrscheinlich, dass die Importstaaten die vorliegende Fassung des Entwurfes nicht ratifizieren würden. Daher wurde der Sekretariatsentwurf im Lichte der eingegangenen Stellungnahmen revidiert und einem Spezialausschuss von Regierungsexperten vorgelegt, der diesen auf seiner Tagung vom 13. bis 24. April 1970 erneut modifizierte und den endgültigen Entwurf erstellte.[53] Letzterer wurde nahezu unverändert auf der 16. Generalkon-

49 Ibid S. 7.

50 Die Position der USA findet sich in UNESCO Doc. SHC/MD/5 Annex 1, S. 20. Ausführlich zur Entstehung der UNESCO-Konvention und der amerikanischen Kritik an Entwurf und Entstehungsprozess, *Bator*, International Trade in Art, S. 94 ff.; *Abramson/Huttler*, Law & Policy in International Business 5 (1973), S. 932 (948 ff. u. 964 ff.).

51 *Abramson/Huttler*, Law & Policy in International Business 5 (1973), S. 932 (954): "[...] the export-import controls were as unworkable as they were overly ambitious; they would have imposed an intolerable burden on international trade and commerce. The task of inspecting international passengers, their baggage and their cars, added to the problems of controlling movement by common carrier, would have been immense, and would have surpassed anything accomplished by customs officials to date [...]"

52 *Abramson/Huttler*, Law & Policy in International Business 5 (1973), S. 932 (950 ff.); *Bator*, International Trade in Art, S. 94 ff.

53 Revised Draft Convention Concerning the Means of Prohibiting and Preventing the Illicit Import, Export and Transfer of Ownership of Cultural Property, UNESCO Doc. SHC/MD/5, Annex 3, abgedr. in: ILM 9 (1970), S. 1031 ff.; der Bericht des Spezialausschusses hierzu findet sich im Anschluss als Annex II auf S. 1038 ff.

ferenz der UNESCO am 14. November 1970 mit 77 gegen 1 Stimme (Obervolta, jetzt Burkina Faso) bei 8 Enthaltungen angenommen.[54] Am 24. April 1972 trat die Konvention nach Ratifizierung durch Bulgarien, Ecuador, Nigeria und die Zentralafrikanische Republik in Kraft.

2. *Überblick und Zielsetzung der UNESCO 1970*

Die UNESCO 1970 ist ein multilateraler Staatsvertrag zum Schutz des kulturellen Erbes. Sie betont in ihrer Präambel sowohl nationale als auch internationale Interessen. Ihre Bestrebungen dienen nicht nur dem Schutz und der Erhaltung des jeweiligen nationalen kulturellen Erbes. Ebenso soll auf den Austausch von Kulturgut zum Zweck der Völkerverständigung und der Bereicherung des kulturellen Lebens jeden Volkes hingewirkt werden.[55] Die wesentliche Intention der Konvention ist die Eindämmung von Diebstahl, unzulässiger Aus-, Einfuhr und Übereignung von Kulturgut.[56] Zur Bekämpfung des internationalen Kunsthandels formuliert sie Grundprinzipien zum internationalen Schutz von Kulturgütern und enthält Mindestvorschriften über legislative, administrative und staatsvertragliche Maßnahmen, welche die Vertragsparteien zur Erfüllung der Zwecke der Konvention zu ergreifen haben.

Der Zielsetzung der Arbeit entsprechend wird ausschließlich auf die Rückführungsvorschriften als wohl bedeutendste Regelungen der Konvention eingegangen, sowie auf diejenigen Vorschriften, die eng mit der Rückführung zusammenhängen und für deren Verständnis unverzichtbar sind.

3. *Kulturgutdefinition*

Geschützt sind nach Art. 1 UNESCO 1970 Kulturgüter, die vom jeweiligen Staat aus religiösen oder weltlichen Gründen für Archäologie, Vorgeschichte, Geschichte, Literatur, Kunst oder Wissenschaft als besonders bedeutungsvoll bezeichnet werden und einer der in Art. 1 aufgelisteten 11 Kategorien unterfallen. Die Bestimmung, welche Objekte als besonders bedeutungsvoll gelten, ob-

---

54 ILM 10 (1971), S. 289 ff., eine amtliche deutsche Übersetzung zum Zweck der Unterrichtung der gesetzgebenden Körperschaften ist in BT-Drs. VI/3511 vom 26. Mai 1972 veröffentlicht.

55 Abs. 3 der Präambel der Konvention.

56 Abs. 8 der Präambel der Konvention.

liegt allein den Vertragsstaaten.[57] Eine Registrierung in Listen oder Verzeichnissen ist nicht erforderlich; vielmehr genügt es allgemeine Objektkategorien festzulegen. Darüber hinaus wird nach verbreiteter Ansicht das Vorliegen der Voraussetzungen des Art. 4 gefordert.[58] Danach muss das Kulturgut zusätzlich Teil des nationalen kulturellen Erbes des fordernden Staates sein, um dem Anwendungsbereich der Konvention zu unterfallen.[59]

4. Die Regelung der Rückführungsproblematik

a. Die Rückführung gestohlenen Kulturguts

Die Konvention enthält mit Art. 7 (b) (ii) und Art. 13 (c) zwei Rechtsgrundlagen für die Rückführung gestohlenen Kulturguts, wobei nur Art. 7 (b) (ii) eine eigene Anspruchsgrundlage darstellt. Art. 13 verweist dagegen auf die Möglichkeit der Geltendmachung des Eigentums vor den Gerichten des Belegenheitsstaates des rückzufordernden Kulturgutes. Damit bietet die Konvention zwei voneinander unabhängige Anknüpfungspunkte für die Rückführung von Kulturgut mit unterschiedlichen Voraussetzungen und Verfahren zu ihrer Geltendmachung.[60]

aa. Artikel 7 (b) (ii)

Art. 7 (b) (ii) der UNESCO 1970 sieht einen eigenständigen, vom nationalen innerstaatlichen Recht unabhängigen Rückführungsanspruch vor, der in einem zwischenstaatlichen, diplomatischen Verfahren geltend zu machen ist (S. 2). Sonstige Institutionen, Gesellschaften oder Private sind von der allein Staaten vorbehaltenen Rückforderungsmöglichkeit des Art. 7 (b) (ii) ausgeschlossen, wohingegen der Sekretariatsentwurf das Rückforderungsrecht noch dem Eigentümer, seinem berechtigten Vertreter oder dem Staat, dessen Staatsangehörigkeit er besaß, zugestand.[61]. Da die Vorschrift im Laufe ihres Entstehungsprozesses

---

57 *Prott/O'Keefe*, Movement, S. 731.

58 *Knott*, Anspruch auf Herausgabe, S. 150, *Berndt*, Internationaler Kulturgüterschutz, S. 47 f.; *Williams*, International Protection of Movable Cultural Property, S. 180 f. a.A. *Bator*, International Trade in Art, S. 101, der Art. 4 als völlig funktionslos ansieht.

59 Dazu jüngst *Merryman*, IJCP 12 (2005), S. 11 (22). Näher zu Art. 4 unten 4.a.aa.(3).

60 Zur Unabhängigkeit von Art. 7 und Art. 13 vgl. auch *Carducci*, La restitution internationale, S. 136.

61 UNESCO Doc. SHC/MD/5 Annex 3 Art. 10 (c); *Carducci*, La restitution internationale, S. 243; *Williams*, International Protection of Movable Cultural Property, S. 184; *Strahl*, Brooklyn Journal of Int.'l Law 5 (1979), S. 103 (108); *Shanaberger*, N.Y.J.Int.&Comp.L 4 (1982), S. 157 (163 f.); *Prott/O'Keefe* Movement, S. 728.

nach und nach geändert und so in ihrem ursprünglichen Bedeutungsgehalt stark eingeschränkt wurde, ist die Endfassung in vielerlei Hinsicht unklar und auslegungsbedürftig. Wichtig für das Verständnis der Norm ist, sie im Kontext des gesamten Art. 7 zu sehen:

"The States Parties to this Convention undertake:

a) To take the necessary measures, consistent with national legislation, to prevent museums and similar institutions within their territories from acquiring cultural property originating in another State Party which has been illegally exported after the entry into force of this Convention, in the States concerned. Whenever possible, to inform a State of origin Party to this Convention of an offer of such cultural property illegally removed from a State after the entry into force of this convention in both States;

b) (i) to prohibit the import of cultural property stolen from a museum or a religious or secular public monument or similar institution in another State Party to this Convention after the entry of force of this Convention for the States concerned, provided that such property is documented as appertaining to the inventory of that institution;

(ii) at the request of the State Party of origin to take appropriate steps to recover and return any such cultural property imported after the entry into force of this Convention in both States concerned, provided, however, that the requesting State shall pay just compensation to an innocent purchaser or to a person who has valid title to that property. Requests for recovery and return shall be made through diplomatic offices. The requesting Party shall furnish, at its expense, the documentation and other evidence necessary to establish its claim for recovery and return. The Parties shall impose no custom duties or other charges upon cultural property returned pursuant to this Article. All expenses incident to the return and the delivery of the cultural property shall be borne by the requesting Party."

(1) Reichweite

Das erste Problem, welches die Vorschrift aufwirft, ist der Bezug des in Art. 7 (b) (ii) geregelten Rückführungsrechts. So wird teilweise die Auffassung vertreten, der Rückführungsanspruch erstrecke sich nicht nur auf gestohlene Kulturgüter nach Art. 7 (b) (i), sondern erfasse auch die illegal exportierten Kulturgüter des Art. 7 (a). Insbesondere die deutsche UNESCO-Kommission nahm in ihrem Arbeitspapier für das 3. Internationale ICOM-Symposium vom 7. bis 10. Mai 1979 an, dass „*[...] die Einfuhrländer geeignete Maßnahmen zur Wiedererlangung und Rückgabe von Kulturgut [treffen], das nach Inkrafttreten des Überein-*

kommens widerrechtlich [...] ausgeführt worden ist.“[62] Auch *Siehr* behandelt die Rückführungsvorschrift des Art. 7 (b) (ii) nicht nur im Kapitel über gestohlene Kulturgüter, sondern zusätzlich im Kapitel über illegalen Export: *"Article 7 (b) (ii) is important here because it is this provision on which States parties rely when [...] they are trying to recover illegally exported cultural property."*[63] Richtigerweise bezieht sich das Rückführungsrecht jedoch nur auf Kulturgüter, die aus dem registrierten Eigentum einer öffentlichen Einrichtung nach Art. 7 (b) (i) gestohlen wurden.[64] Der Wortlaut der englischen Fassung mag missverständlich sein; denn *'any such cultural property '* könnte sich zunächst auch auf die Kulturgüter des Abs. (a) beziehen. Nach der ebenfalls amtlichen französischen Fassung ist jedoch der Wortlaut klar, da sie hinsichtlich der Rückgabeverpflichtung von *"tout bien culturel ainsi volé"* spricht. Zudem ergibt sich dies aus Systematik und Aufbau des Art. 7, der in seinem Abs. (a) für illegal exportierte Kulturgüter bestimmte Verpflichtungen der Vertragsstaaten vorsieht und in Art. 7 (b) (i) ein Importverbot für das registrierte gestohlene Eigentum statuiert, an welches sich unmittelbar die Rückführungsverpflichtung des Art. 7 (b) (ii) anschließt.[65] Nach richtiger Ansicht bietet gerade dieses Importverbot die Grundlage für die Beschlagnahme und Rückführung von Kulturgut.[66] Schließlich muss die Entstehungsgeschichte der Norm berücksichtigt werden. Der Sekretariatsentwurf von 1969 sah noch ein umfassendes Rückführungsrecht in Fällen unerlaubter Ausfuhr vor.[67] Weil aber diese weitreichende Regelung bei zahlreichen Staaten heftige Kritik hervorrief, sollte sie in der endgültigen Fassung gerade vermieden werden, um eine mehrheitsfähige Lösung zu schaffen.[68]

---

62 *Bertram*, in: Auer, Das Museum und die Dritte Welt, S. 133.

63 *Siehr*, RdC 243 (1993-VI), S. 9 (208); ders. spricht auch in KUR 7 (2005), S. 33 (37) von einer Rückgabeverpflichtung illegal ausgeführten Kulturguts in Art. 7 (b) (ii). Auch *Reichelt,* in: Dolzer/Jayme/Mußgnug, Rechtsfragen, S. 67 (68), nimmt eine Rückführungsverpflichtung *„für jedes gestohlene oder unerlaubt ausgeführte Kulturgut“* an.

64 *Shanaberger*, N.Y.J.Int.&Comp.L 4 (1982), S. 157 (167); *Byrne-Sutton*, Le trafic international, S. 219; *Genius-Devime*, Erbe der Menschheit, S. 133.

65 Auf die strikte Unterscheidung der Konvention zwischen gestohlenen und illegal exportierten Kulturgütern verweist auch *Palmer*, Current Legal Problems 1994, S. 215 (236).

66 *Turner*, Völkerrechtliche Zuordnung, S. 220.

67 Art. 7 (f) des Preliminary Drafts lautete: "[The States Parties to this Convention undertake] to sequestrate cultural property introduced illicitly into their territory, [...] and to restore it to its State of origin [...]", vgl. UNESCO Doc. SHC/MD/3 Annex S. 3.

68 So auch *Turner*, Völkerrechtliche Zuordnung, S. 221; *Williams*, International Protection of Movable Cultural Property, S. 184.

(2) Entschädigung des gutgläubigen Erwerbers

Eine weitere missverständliche Formulierung findet sich in der Regelung der Entschädigungsfrage. Nach Art. 7 (b) (ii) soll der die Rückforderung beanspruchende Staat *"pay just compensation to an innocent purchaser or to a person who has valid title to that property"*[69]. Entschädigungsberechtigt soll nach Sinn und Zweck der Vorschrift derjenige sein, der als gutgläubiger Erwerber oder auf sonstige Weise einen Eigentumstitel erworben hat, wie z.B. durch Ersitzung oder Verjährung nach der jeweils maßgeblichen lex rei sitae.[70] Gemeint sind also die verschiedenen Fälle des Eigentumserwerbs vom Nichtberechtigten. Denn nur dann, wenn ein Eigentumstitel erworben wurde, stellt der für die Rückführung notwendige Entzug des Kulturguts einen hoheitlichen Eingriff dar, der zur Entschädigung verpflichtet. Oft wird die Norm dahingehend interpretiert, als sei für den gutgläubigen Erwerber anders als für den Besitzer mit wirksamem Eigentumstitel im zweiten Halbsatz der Vorschrift kein Titelerwerb von Nöten, so dass eine Entschädigung auch dann zu gewähren sei, wenn nach der lex rei sitae trotz Gutgläubigkeit kein Eigentumserwerb stattgefunden habe.[71] Dies würde in erster Linie die *common law* Staaten betreffen, die überwiegend einen gutgläubigen Erwerb im Falle des Diebstahls nicht anerkennen.[72] Eine Ausdehnung des Gutglaubensschutzes steht aber in klarem Widerspruch zum Ziel der Konvention, die Wiedererlangung wertvollen Kulturguts zu erleichtern. Hintergrund der Entschädigungsvorschrift war vielmehr, den kontinentaleuropäischen Staaten entgegenzukommen, in deren Rechtssystemen der gutgläubige Erwerber – zumindest nach einer gewissen Zeitspanne – Schutz genießt und deren Verfassungen eine entschädigungslose Enteignung regelmäßig nicht zulassen.[73] Eine Entschädigungspflicht entsteht somit nur, wenn der gutgläubige Besitzer auch einen rechtswirksamen Titel erworben hat.

---

69 Zur Höhe der Entschädigung vgl. *Fraoua,* Le trafic illicite, S.171 f.; *Prott/O'Keefe*, Movement, S. 751 f.

70 So auch *Fraoua*, Le trafic illicit, S. 177; *Turner*, Völkerrechtliche Zuordnung, S. 223.

71 Vgl. *Knott*, Anspruch auf Herausgabe, S. 154 f.; *Turner,* Völkerrechtliche Zuordnung, Fn. 302 m. w. N.

72 Vgl. dazu die Ausführungen in Teil 2, A.III.1.a.

73 *Prott/O'Keefe*, Movement, S. 749.

(3) Bestimmung des Ursprungsstaates

Auch die Frage, wer rückführungsberechtigter Staat ist, wird von der Konvention nicht eindeutig geklärt; es heißt lediglich, dass *"at the request of the State Party of origin"* geeignete Maßnahmen zur Wiedererlangung und Rückführung zu veranlassen sind. Art 7 (b) (ii) trifft jedoch keine weitere Aussage über die Bestimmung der *country of origin*. Einer Ansicht zufolge ist im Rahmen des Art. 7 (b) (ii) die rein faktische Herkunft des Kulturgutes maßgeblich. *Country of origin* und damit rückführungsberechtigt soll demnach jeder Staat sein, aus dessen Territorium das Kulturgut illegal ausgeführt wurde.[74] Nach anderer, vorherrschender Ansicht ist der Begriff des Ursprungsstaates in Art. 4 definiert; rückforderungsberechtigt wäre hiernach nur der Staat, zu dessen kulturellen Erbe das Kulturgut gehört.[75]

Der Wortlaut des Art. 7 (b) (ii) hilft für eine Lösung nicht weiter. Geht man jedoch davon aus, dass die Konvention nur solche Objekte schützt, die kumulativ die Voraussetzungen von Art. 1 und 4 erfüllen, so kann konsequenterweise Art. 7 nur Anwendung finden, wenn das rückgeforderte Kulturgut Teil des nationalen kulturellen Erbes ist. Die bloß faktische Herkunft des Kulturgutes würde damit für die Begründung eines Rückforderungsrechtes nicht ausreichen. Für diese Interpretation des Rückführungsrechts spricht, dass nach dem Ziel der Konvention der Schutz des kulturellen Erbes im Vordergrund steht.[76]

Zum kulturellen Erbe eines Staates gehört ein Objekt dann, wenn es einen der nationalen kulturellen Bezüge aufweist, die in Art. 4 aufgelistet sind. Hierbei stellt Art. 4 (a) 1. Alternative auf die Personalhoheit und damit die Nationalität des Künstlers ab, Art. 4 (a) 2. Alternative und Art. 4 (b) nehmen auf die Gebietshoheit des Staates Bezug, die Alternativen des Art. 4 (c)-(e) auf legalen Erwerb oder legale Einfuhr des Kulturguts.[77] Diese Kriterien stellen aber regelmäßig Beziehungen zu mehreren Staaten her, so dass in der Folge abgewogen werden muss, welchem kulturellen Band der Vorrang einzuräumen ist. Im hierfür

---

74 *Dicke*, in: Council of Europe, International Legal Protection of Cultural Property, S. 19 (25).

75 *Seidl-Hohenfeldern*, RGDIP 82 (1993), S. 395 (402); *Fraoua*, Le trafic illicit, S. 169; *Berndt*, Internationaler Kulturgüterschutz, S. 47 f.; *Walter*, Rückführung, S. 55.

76 Vgl. allgemein zur Schwierigkeit der Zuordnung von Kunstwerken und Kulturgütern zu den sog. Herkunftsstaaten, *Jayme*, in: Reichelt, Wiener Symposium, S. 7 ff.; *Hanisch*, in: Symposium Müller-Freienfels, S. 19 ff. und in Teil 3 der Arbeit unter A.II.3.b.

77 Umfassend zur Bedeutung und Auslegung des Art. 4, *Turner*, Völkerrechtliche Zuordnung, S. 208 ff.

oftmals stark kritisierten Art. 4 selbst bleibt diese Frage offen.[78] Daher wird vorgeschlagen, auf die zeitliche Reihenfolge abzustellen: Bei Zusammentreffen mehrerer Alternativen des rechtmäßigen Erwerbs der territorialen Belegenheit soll nur der Staat zur Rückführung berechtigt sein, der das Kulturgut als letzter rechtmäßig erworben hat.[79] Maßgeblich ist also nicht *„die Herstellung eines kulturellen Bezugs zum Staat, sondern der rechtmäßige Erwerb der territorialen Hoheitsmacht über die Objekte"*.[80] Der zeitliche Ansatz hat den Vorteil, verglichen mit einer Abwägung der Intensität der Beziehungen zwischen Objekt und Staat, dass er eine eindeutige Zuordnung des betreffenden Kulturguts ermöglicht. Ihm ist daher zuzustimmen.

(4) Eigentumsfrage, Verjährung und Rückwirkung

(a) Inhaltlich ist der Restitutionsanspruch auf die Rückführung des Kulturguts auf das Territorium des fordernden Staates gerichtet. Das Schicksal des Eigentums ist in der Konvention nicht geregelt, so dass unklar bleibt, was mit dem Eigentum des Erwerbers geschieht. Vieles spricht für den Entzug des Eigentums. Die Konvention in ihrer öffentlich-rechtlichen Prägung hat sich dem Schutz des kulturellen Erbes verpflichtet, nicht dem des Eigentums als solchem oder dem durch gutgläubigen Erwerb erworbenen Eigentum. Die Entschädigungspflicht bezweckt ja gerade, den Eingriff in das Eigentum zu kompensieren. Es erscheint also nicht unbedingt angezeigt, dem Erwerber neben der Entschädigung noch das Eigentum zu belassen, zumal er mit seinem Eigentum ohnehin nur noch wenig anfangen kann.[81] Da der UNESCO

---

78 *Shanaberger*, N.Y.J.Int.&Comp.L 4 (1982), S. 157 (164 f.); *Dicke*, in: Council of Europe, International Legal Protection of Cultural Property, S. 19 (25); *v. Schorlemer*, Internationaler Kulturgüterschutz, S. 63 f., beide auch kritisch zu Sinn und Zweck dieses 'connection test'; *Fraoua*, Le trafic illicit, S. 23. Auch *Prott/O'Keefe*, Movement, S. 738, weisen auf mögliche Überschneidungen hin, allerdings ohne die Notwendigkeit zu sehen, dieses Dilemma zu lösen, im Gegenteil: *"It is neither necessary nor desirable to accept one claim to the exclusion of others where a cultural object has had an important part in the cultural life of several communities, though it may give rise to difficult problems of sharing or determining priorities."*

79 *Turner*, Völkerrechtliche Zuordnung, S. 216. Auch *Siehr*, RdC 243 (1993-VI), S. 9 (209) will das Problem mehrerer Ursprungsstaaten mit der zeitlichen Reihenfolge lösen, er geht allerdings nicht näher darauf ein, wie er das verstanden haben will.

80 *Turner*, Völkerrechtliche Zuordnung, S. 216.

81 Von einem Eigentumsentzug geht auch *Walter*, Rückführung, S.52 aus; ebenso *Freytag*, in: Fechner/Oppermann/Prott, Prinzipien des Kulturgüterschutzes, S. 175 (181); a.A. *Siehr*, RdC 243 (1993-VI) S. 9 (210), der nur eine Rückgabepflicht ohne Eigentumsaufgabe annimmt.

1970 in dieser Frage eine klare Aussage freilich nicht entnommen werden kann, bleibt es letztlich den Vertragsstaaten überlassen, die Eigentumslage an dem zurückgegeben Kulturgut bei der innerstaatlichen Umsetzung zu regeln.

(b) Eine Verjährung des Herausgabeanspruches ist nicht vorgesehen. Einige sehen darin eine Lücke, die sie unter Rückgriff auf die allgemeinen völkerrechtlichen Regeln für die Verjährung[82] oder nationale Verjährungsregelungen schließen wollen.[83] An sich entspricht gerade die Unverjährbarkeit der Restitutionsregelung dem Willen der Verfasser der Konvention.[84] Dies geht aus Dokumenten der UNESCO hervor, die immer wieder die bewusst fehlende Verjährungsregelung ansprechen; allerdings verweisen sie auf die Möglichkeit der Vertragsparteien, bei der Umsetzung der Konvention ihre nationalen Verjährungsvorschriften anzuwenden, soweit dies Akzeptanz fördernd erscheint.[85]

(c) Abschließend sei noch die Frage der Rückwirkung als ein letzter Punkt angesprochen. Auch sie war Gegenstand zäher Verhandlungen mit dem Ergebnis, dass man sich auf eine Wirkung der Konvention für die Zukunft beschränkte. Die Konvention enthält zwar keine eigenständige Regelung zur Rückwirkungsproblematik; ihre nur zukunftsbezogene Geltung zeigt sich jedoch in den einzelnen Vorschriften der Konvention, wie bspw. Art. 7, der ausdrücklich auf den Zeitpunkt *„nach Inkrafttreten dieses Übereinkommens"* abstellt, sowie einem Gegenschluss aus Art. 15, welcher bestimmt, dass die Vertragsstaaten nicht daran gehindert werden sollen, ergänzend diejenigen Bestimmungen zur Rückführung anzuwenden, die bereits *„vor Inkrafttreten dieses Übereinkommens"* zwischen ihnen getroffen wurden.[86]

bb. Artikel 13 (c)

Die Rückführungsvorschrift des Art. 13 (c) erschöpft sich vorwiegend in der Klarstellung, dass der Staat neben dem besonderen Restitutionsanspruch des

---

82 So z. B. *Walter*, Rückführung, S. 53, 84 ff.

83 *Prott*, in: Palmer, Recovery of Stolen Art, S. 208 (214).

84 Vgl. insoweit UNESCO Doc. 28 C/35 Add.1 S. 2; *Hönes*, BayVbL. 2006, S. 165 (170); *Jaeger*, Internationaler Kulturgüterschutz, S. 20; *Müller-Katzenburg*, Internationale Standards S. 92; *Mußgnug*, Kunstwerk, S. 15 (25).

85 Vgl. z. B. UNESCO Doc. 28 C/35 Add.1 S. 2.

86 Die Annahme einer grundsätzlich nur zukunftsbezogenen Wirkung ergibt sich auch aus Art. 28 WVK, vgl. dazu *Hönes*, BayVBl. 2006, S. 165 (166).

Art. 7 (b) (ii) wie jeder Private vor den nationalen Gerichten des Belegenheitsstaates aus dem zivilrechtlichen Eigentum vorgehen kann. Indem die Norm die Vertragsparteien verpflichtet, die Möglichkeit einer Herausgabeklage des rechtmäßigen Eigentümers von Kulturgut vor ihren Gerichten zu garantieren, geht ihr Gehalt dahin, eine ohnehin bereits gängige Praxis aller existierenden Rechtssysteme festzustellen.[87] Für die Rückforderung maßgeblich sind allein die Regeln des jeweils anwendbaren Rechts. Die Besonderheiten des Art. 7 gelten hier nicht, so dass insbesondere bei Titelverlust nicht gegen den gutgläubigen Erwerber vorgegangen werden kann.[88]

Die beiden Rückforderungsverfahren bestehen selbstständig nebeneinander. Damit steht es den Staaten grundsätzlich frei, auf welche Weise sie ihr Eigentum zurückverlangen. So kann der Weg über Art. 7 (b) (ii) auch dann gewählt werden, wenn der Staat sein Eigentum an dem betreffenden Objekt nicht verloren hat und daher auch die Möglichkeit des Art. 13 (c) bestünde.[89] Sinnvollerweise wird man aber Art. 13 jedenfalls dann vorziehen, wenn nach dem anwendbaren Recht eine entschädigungslose Herausgabe möglich ist.

b. Die Rückführung illegal exportierten Kulturguts

Im Hinblick auf Art. 7 (b) (ii) wurde klargestellt, dass dieser keine Anspruchsgrundlage für die Rückforderung illegal exportierten Kulturguts darstellt. Dennoch wird zum Teil versucht, aus Art. 7 (a), Art. 13 (b), Art. 13 (d) sowie einer Gesamtschau der Normen der Konvention eine Rückführungsverpflichtung für rechtswidrig ausgeführtes Kulturgut abzuleiten.[90] Eine solche Verpflichtung ist jedoch auch außerhalb des Art. 7 (b) (ii) mit der überwiegenden Meinung abzulehnen.[91] In Art. 13 (b) und (d) sowie Art. 7 (a) werden lediglich allgemeine Verpflichtungen formuliert, die der Vertragsstaat "*im Rahmen seiner innerstaatlichen Rechtsordnung*" zu ergreifen hat. So sprechen sowohl Art. 13 (b) als auch (d) nur von der Zusammenarbeit der Vertragsparteien, um die Rückgabe unzulässig ausgeführten Kulturguts zu erleichtern; in Art. 7 (a) ist die Pflicht ange-

---

87 *Prott/O'Keefe*, Movement, S. 765; Kowalski, RdC 288 (2001), S. 13 (143).

88 Vorgesehen ist aber immerhin die Möglichkeit des Staates, im Wege der Prozessstandschaft für den jeweiligen Eigentümer die Herausgabe zu erwirken.

89 A. A. *Williams*, International Protection of Movable Cultural Property, S. 184, die Art. 7 (b) (ii) als subsidiär ansieht und für Fälle des Eigentumsverlustes vorbehalten will.

90 Vgl. *Stumpf*, Kulturgüterschutz, S. 68; *Berndt*, Internationaler Kulturgüterschutz, S. 48.

91 *Chamberlain*, Art, Antiquity and Law 7 (2002), S. 231 (236); *Palmer*, Current Legal Problems 1994, 215 (237); *Prott/O'Keefe*, Movement, S. 765; *Kreuzer*, RdC 259 (1996), S. 13 (177); *MüKo-Kreuzer*, nach Art. 38 Anh. I Rn. 178.

sprochen, ausländischen Exportverboten und verwandter Schutzgesetzgebung Geltung im Inland zu verleihen[92]; von einem Rückgabeanspruch des betroffenen Staates ist indes nicht die Rede. Im Übrigen würde dies der bewussten Einschränkung des Art. 7 (b) (ii) auf gestohlenes Kulturgut zuwiderlaufen und so die Akzeptanz fördernde Wirkung wieder zunichte machen.

c. *Unmittelbare Anwendbarkeit der Rückführungsregeln*

Bevor eine Bewertung der Rückführungsregelung erfolgen kann, muss abschließend noch die entscheidende Frage beantwortet werden, ob die gesamte Konvention oder zumindest einzelne, für die Rückführung bedeutende Bestimmungen, unmittelbar anwendbar sind. Mit der unmittelbaren Anwendbarkeit ist die unmittelbare Anwendungsfähigkeit von Völkerrechtsnormen gemeint.[93] Entscheidend für die nachfolgende Untersuchung ist demnach also, ob die Normen der Konvention für die innerstaatliche Rechtsanwendung im Einzelfall so hinreichend bestimmt sind, dass sie keiner weiteren innerstaatlichen Ausführungsakte bedürfen.[94] Für solche Normen hat sich vielfach die Bezeichnung als *self-executing* durchgesetzt.

Eine Norm, der in diesem Zusammenhang besonderes Interesse zukommt, ist Art. 3 UNESCO 1970; eine Vorschrift, deren Auslegung und Bedeutung immer wieder Anlass zu großen Kontroversen gegeben hat, weil ihr zum Teil weitreichende Wirkungen im Hinblick auf eine Rückführung zugesprochen werden. Art. 3 sieht vor:

> *"The import, export, or transfer of ownership of cultural property effected contrary to the provisions adopted under this convention by the States parties thereto, shall be illicit."*

Danach ist die Einfuhr, Ausfuhr und Übereignung von Kulturgut in Widerspruch zu den Vertragsbestimmungen unzulässig. Was dies im Einzelnen bedeutet, ist höchst umstritten. Manche folgern aus Art. 3 eine Verpflichtung der Vertragsstaaten, sämtliche Übereignungen von Kulturgut unter Verstoß gegen nationale Import-, Export- oder Übereignungsbestimmungen eines anderen Vertragsstaa-

---

92 *Merryman*, IJCP 12 (2005), S. 11 (22).

93 Zu den unterschiedlichen Arten der Vermittlung der unmittelbaren Anwendbarkeit eines Völkerrechtssatzes vgl. *Doehring*, Völkerrecht, Rn. 707.

94 *Verdross/Simma*, Universelles Völkerrecht, S.551 (§ 864).

tes als nach ihrem nationalen Recht unzulässig und damit nichtig anzusehen.[95] Andere fordern eine Anerkennung der Nichtigkeit der Übereignung nach internationalem Recht.[96] Zum Teil wird aus der Norm eine Rückführungsverpflichtung abgelesen,[97] oder ihr gar *self-executing* Charakter zugesprochen.[98] So meldete insbesondere die deutsche UNESCO-Kommission Bedenken an, ob Art. 3 *self-executing* sei, und in der Folge § 134 BGB auf sämtliche Rechtsgeschäfte angewendet werden müsse, die entgegen der Vorschriften der Konvention geschlossen wurden.[99] Andere wiederum messen Art. 3 keinerlei Bedeutung zu.[100] Die Ungewissheit über Bedeutung und Tragweite der unklaren Norm war für viele Staaten einer der Hauptgründe dafür, die Konvention nicht zu ratifizieren.[101] Diese Zweifel sind jedoch unbegründet. Die Vorschrift hat weder eine so weitreichende Wirkung, noch ist sie unmittelbar anwendbar.

Eine völkerrechtliche Norm ist nur dann *self-executing*, wenn sie unmittelbar ohne innerstaatliche Durchführungsbestimmungen die Grundlage für Entscheidungen staatlicher Stellen über Rechtsverhältnisse von Einzelpersonen bilden kann.[102] Dabei sind nach herrschender Ansicht sowohl objektive als auch subjektive Voraussetzungen zu erfüllen. In objektiver Hinsicht muss die Völkerrechtsnorm nach Inhalt und Zweck sowie Tatbestand und Rechtsfolge so konkret umschrieben sein, dass ihr Vollzugsfähigkeit zukommt. Zudem muss die Norm nach dem subjektiven Willen der Vertragsschließenden der unmittelbaren innerstaatlichen Rechtsanwendung zugänglich sein.[103]

---

95 *Prott/O'Keefe*, Movement, S. 734; so auch *Sandrock*, in: International Sales of Works of Art I, S. 457 (476 f.), allerdings mit der Einschränkung, dass sich das Objekt im Zeitpunkt der unzulässigen Übereignung noch im Ursprungsstaat befindet.

96 Dies überprüft *Fraoua*, Commentaire, UNESCO Doc. CC-86/WS/40, S. 57, ohne näher zu spezifizieren, welche Auswirkungen das haben soll, lehnt eine solche Auslegung letztlich aber wieder ab.

97 *Siehr*, RdC 243 (1993-VI), S. (9) 102.

98 *Hanisch*, in: FS Müller-Freienfels, S. 193 (198).

99 Vgl. *Bertram*, in: Auer, Das Museum und die Dritte Welt, S. 132 f., Fn. 44; auch die deutsche Bundesregierung zweifelte, ob *„die Folge der Nichtigkeit von Rechtshandlungen im Falle der Nichtbeachtung der Konvention schon in einem Punkte"* wünschenswert sei, vgl. Antwort des Staatssekretärs *van Well*, Fragen für den Monat Juli mit den dazu erteilten Antworten, BT-Drs. 8/4418, S. 3.

100 So *Bator*, International Trade in Art, S. 94 (101), der ihn als "*mysterious provision*" bezeichnet.

101 Dazu *v. Schorlemer*, Internationaler Kulturgüterschutz, S. 440 ff.

102 *Verdross/Simma*, Universelles Völkerrecht, S. 551 f. (§ 864); *Bleckmann*, Self-executing Treaty Provisions, EPIL IV, S. 374.

103 *Verdross/Simma*, Universelles Völkerrecht, S. 553 f. (§ 866) m. w. N. aus der Rechtsprechung.

Art. 3 müsste also zunächst objektiv ausreichend bestimmt sein, um für eine innerstaatliche Anwendung ohne jede weitere Konkretisierung durch Gesetze oder Verordnungen geeignet zu sein. Daran fehlt es jedoch bereits. Nach dem Wortlaut kann jeder Widerspruch zu den Vertragsbestimmungen der Konvention ausreichen, um die Einfuhr, Ausfuhr oder Übereignung von Kulturgut unzulässig und damit die entsprechenden Rechtsgeschäfte nichtig zu machen. Nach dem weitreichenden Wortlaut können die Gründe für potenzielle Verstöße ebenso in Pflichtverletzungen durch die Staaten liegen, indem sie den Vertragspflichten aus der Konvention nicht zur Genüge nachkommen. Dies würde bedeuten, dass die Handeltreibenden auch dann dem Risiko der Ungültigkeit ihrer Geschäfte ausgesetzt wären, wenn sie den potenziellen Verstoß gar nicht erkennen konnten, weil sie die Verletzung etwaiger Vertragspflichten durch den Staat nicht zu beurteilen vermögen. Daraus würde eine erhebliche Rechtsunsicherheit resultieren, die mit dem rechtsstaatlichen Bestimmtheitsgebot nicht zu vereinbaren wäre.[104] Daher spricht vieles dafür, dass die Staaten die Vorschrift umsetzen müssen und sich die Unzulässigkeit erst aus dem Verstoß gegen die in diesem Rahmen getroffenen, konkreten einzelstaatlichen Maßnahmen wie Export- oder Importverboten ergibt, über die sich der Verkehrsteilnehmer informieren kann.[105]

Auch die Entstehungsgeschichte des Art. 3 spricht gegen seine unmittelbare Anwendbarkeit. Die Vorschrift blieb in allen Fassungen der Konvention unverändert und wurde bei den Beratungen über die endgültige Fassung noch nicht einmal diskutiert.[106] Wäre ihr eine derart wichtige Bedeutung beizumessen, so hätte die Norm sicherlich Anlass zu intensiven Debatten gegeben. Damit gibt es auch keinen Hinweis auf einen entsprechenden Willen der Vertragsschließenden, demzufolge die Vorschrift unmittelbar anwendbar sein soll. Richtigerweise erschöpft sich daher Art. 3 inhaltlich in der Definition des Begriffes *"illicit"*. Diese Wertung ergibt sich aus den Materialien zu seiner Entstehung. Zu Art. 2 der Preliminary Draft Convention, dem Art. 3 der endgültigen Fassung entspricht, heißt es:

---

104 *v. Schorlemer*, Internationaler Kulturgüterschutz, S. 441.

105 Vgl. *Bleckmann*, ZaöRV 34 (1974), S. 113 (123); *Kaufmann*, Internationaler Kulturgütertransfer, S. 9.

106 Vgl. *Report of the Special Committee of Governmental Experts to Examine the Draft Convention* 13. – 24. April 1970 in: ILM 9 (1970), S.1038 ff.; *Bator*, International Trade in Art, S. 94 ff.; *Walter*, Rückführung, S. 54.

"Art. 2 [...] proposes a precise definition of the terms import, export and transfer of illicit property. 'Illicit' applies to any import, export or transfer of ownership of cultural property where there is a violation of measures taken by States under the provisions of the present convention."[107]

Damit definiert Art. 3 die „Rechtswidrigkeit" des Kulturgütertransfers, indem auf das nationale Recht verwiesen wird, das im Rahmen der Konvention erlassen worden ist. Jede Ein- und Ausfuhr sowie Übereignung, die gegen die getroffenen einzelstaatlichen Maßnahmen verstößt, ist rechtswidrig. Was rechtswidrig ist, bestimmen also die nationalen Vorschriften zum Schutz der Kulturgüter; nicht aber wird die Rechtswidrigkeit der Verstöße nach internationalem Recht bestimmt.[108]

Ebenso wie Art. 3 ist die ganze Konvention nach ganz h. A. nicht unmittelbar anwendbar, da sie sehr offen formuliert ist und eine Vielzahl unbestimmter, ausfüllungsbedürftiger Vorschriften enthält.[109] Die UNESCO 1970 begnügt sich im Allgemeinen damit, den Staaten gewisse Handlungspflichten aufzuerlegen.[110] So bestimmt selbst die Rückgabevorschrift des Art. 7 (b) (ii), die noch zu den am konkretesten beschriebenen Pflichten gehört, dass die Staaten „geeignete Maßnahmen" zur Wiedererlangung und Rückgabe von Kulturgut zu ergreifen haben. Eine nähere Ausführung bezüglich Ausgestaltung und Art der geforderten Maßnahmen ist jedoch – absichtlich – unterblieben. Dass die Konvention auch im Übrigen nicht auf eine unmittelbare Wirkung angelegt ist, ergibt sich aus einem Fazit einer 1983 von der UNESCO einberufenen Fachleutetagung:

"The Convention, which is not retroactive in nature, was sufficiently flexible in that it conceded very large discretion to the States in many articles."[111]

---

107 UNESCO Doc. SHC/MD/3, S. 5, §§ 37 f.

108 *Fraoua*, Commentaire, UNESCO Doc. CC-86/WS/40, S. 57 f. Auch *Hönes*, BayVBl. 2006, S. 165 (169) verweist darauf, dass Art. 3 nach den Materialien nur als Programmsatz anzusehen ist.

109 Vgl. nur *v. Schorlemer*, Internationaler Kulturgüterschutz, S. 440 ff. m. w. N. in Fn. 235 u. 247; *Walter*, Rückführung, S. 53; *Wyss*, Kultur als eine Dimension der Völkerrechtsordnung, S. 169; *Fraoua*, Commentaire, UNESCO Doc. CC-86/WS/40, S. 57; *Knott*, Anspruch auf Herausgabe, S. 153; *Bleckmann*, ZaöRV 34 (1974), S. 113 (123); *Byrne-Sutton*, Le trafic international, S. 204; *Siehr*, KUR 7 (2005), S. 33 (38).

110 *Bergé*, Journal de droit international 127 (2000), S. 215 (223).

111 UNESCO Doc. 22/C/93, S. 7.

d. Bewertung

Ausgehend von der hier vertretenen Auslegung der Konvention lässt sich hinsichtlich der Bewertung der Rückführungsregelung folgendes feststellen: Positiv anzumerken ist, dass der Rückführungsanspruch nach Art. 7 (b) (ii) vom Eigentum des fordernden Staates unabhängig ist; er stützt sich somit allein auf die Zugehörigkeit des Kulturgutes zum nationalen kulturellen Erbe. Die Klärung oft schwieriger Eigentumsfragen steht damit einer zügigen und endgültigen Rückgabe, wie sie die Konvention anstrebt, nicht im Wege.

Schlechter bestellt ist es dagegen um den Kreis der Objekte, deren Verlust zur Rückforderung berechtigt. Einerseits ist die Kulturgutdefinition zwar sehr weit, da es Sache der einzelnen Staaten ist, die ihrer Ansicht nach schützenswerten Kulturgüter zu bezeichnen. In diesem Zusammenhang wird teilweise befürchtet, dass die Einordnung als schützenswertes Kulturgut durch die Staaten ausufern könnte.[112] Andererseits findet Art. 7 (b) (ii) nur auf Kulturgüter Anwendung, die aus Museen, religiösen oder weltlichen Bauwerken und ähnlichen Einrichtungen gestohlen werden, womit die praktische Bedeutung der Restitutionsregelung erheblich beschränkt wird.

Schließlich nimmt die vorgeschriebene Inventarisierung des rückzufordernden Kulturguts der Rückgabepflicht weiteren praktischen Gehalt.[113] Dieses Erfordernis wird in der Praxis viele Objekte aus Kirchen oder kirchlichen Institutionen nicht schützen, da diese vor allem in den Entwicklungsländern und auch in Osteuropa regelmäßig nicht inventarisiert werden, weil die sachlichen und personellen Mittel zur Erstellung und Führung von Inventaren fehlen.[114] Den größten Nachteil aus dem Erfordernis einer vorherigen Inventarisierung zur Geltendmachung eines Rückführungsanspruches dürften aber vor allem diejenigen Staaten haben, die stark von illegalen Raubgrabungen betroffen sind. Denn die aus Raubgrabungen stammenden Objekte sind einer Inventarisierung von vorne herein nicht zugänglich und daher faktisch aus der Rückführungsregelung ausgeschlossen, obwohl sie weltweit zu den am stärksten gefährdeten Kulturgütern gehören.[115] Archäologische Funde können als Zeugnisse der Kulturgeschichte

---

112 *Merryman*, IJCP 12 (2005), S. 11 (22); ders., U.C. Davis Law Review 21 (1988), S. 477 ff., zu den Folgen eines hiermit zum Ausdruck kommenden übertriebenen Protektionismus.

113 Vgl. *Blumenwitz*, in: FS Ress, S. 3 (13).

114 *Kowalski*, RdC 288 (2001), S. 13 (141).

115 *Prott/O'Keefe*, Movement, S. 730; ausführlich zur Schutzbedürftigkeit archäologischen Kulturguts; *Fechner*, Rechtlicher Schutz archäologischen Kulturguts, S. 11 ff. m. w. N.

nur dann ihren vollen wissenschaftlichen Gehalt erreichen, wenn sie in ihrem Gesamtzusammenhang mit dem Fundort untersucht werden können.[116] Die Tatsache, dass nach wie vor auf vielen Teilen der Erde noch solche verborgene und unbekannte Zeugnisse der Menschheit zu finden sind, macht diese zu besonders begehrten Objekten bei Sammlern und Händlern, wodurch die betroffenen Länder großer Teile ihrer kulturellen Identität beraubt werden.[117] Im Rahmen der UNESCO 1970 beschäftigt sich allein Art. 9 mit der Problematik archäologischer Ausbeutung. Diese wenig konkrete Norm gibt dem jeweiligen Vertragsstaat die Möglichkeit, bei Gefährdung seines archäologischen kulturellen Erbes die anderen Vertragsstaaten um Hilfe zu ersuchen, woraufhin dann gemeinsame Aktionen und konkrete Maßnahmen getroffen werden können.

Allerdings ist die Rückführungsregelung in ihrer Endfassung nicht nur hinsichtlich des Kreises der Objekte als bruchstückhaft zu kritisieren. In Bezug auf illegal ausgeführte Kulturgüter fehlt ein Rückführungsrecht gänzlich, wohingegen im Entwurf das strikte System von Import- und Exportkontrollen mit korrespondierenden Rückführungsverpflichtungen noch das Herzstück der Konvention darstellte.

Einen weiteren Rückschritt im Verhältnis zu der stringenteren Entwurfsfassung stellt die Möglichkeit der Staaten dar, Vorbehalte zu den einzelnen Vertragsbestimmungen zu machen. Dies, in Verbindung mit den bereits in der Konvention selbst zahlreich vorhandenen Ausweichklauseln – vgl. nur Art. 7 (a) *"consistent with national legislation"* - relativiert ihre praktische Bedeutung erheblich.[118]

---

116 Vgl. das Interview mit dem Archäologen *Müller-Karpe* über den Prozess gegen das Getty Museum wegen zweifelhafter Ankaufspraktiken, SZ v. 28. Juli 2005, S. 11: „*[...] die wichtigsten Informationen, die ein Fund liefern kann, sind mit dem Kontext verbunden, und der geht verloren, wenn er aus dem Zusammenhang gerissen wird. Eine Venus hat dann noch einen ästhetischen Wert, aber sie verrät uns keine Informationen mehr. Sie hat dann nur noch Eventcharakter.*" Hierzu auch *Blumenwitz*, in: FS Ress, S. 3 (4), insbesondere zum Problem der Plünderungen in Nordzypern.

117 *Fechner*, Rechtlicher Schutz archäologischen Kulturgutes, S. 12 ff.

118 *Schutter*, in: Council of Europe, International Legal Protection of Cultural Property, S. 72 (90). Der Sekretariatsentwurf enthielt noch ein striktes Verbot von Vorbehalten, vgl. UNESCO Doc. SHC/MD/3 Annex V, Art. 15. Dadurch sollte ein einheitlicher Standard der Konvention in den Vertragsstaaten gesichert werden. Kehrseite dieses positiven Grundgedankens des Verbots war jedoch die Tatsache, dass mangels der Möglichkeit zu Einschränkungen manche Staaten der Konvention ganz fernbleiben würden und so das Ziel einer weitreichenden Akzeptanz erst recht nicht erreicht werden konnte.

Schließlich liegt ein für die Staatenpraxis großes Problem der Rückführungsregelung der Konvention in tiefgreifenden Einschnitten in die Privatrechtsordnungen der Staaten. Als Konvention rein öffentlich-rechtlichen Inhalts versäumt die UNESCO 1970 die Konflikte zu lösen, die sich aus der Absolutheit des Rückforderungsrechtes ergeben, welches sich auch gegenüber einem gutgläubigen Erwerb, der Verjährung und Ersitzung nach nationalem Recht durchsetzt. Zwar verlangt die unbedingte Rückführung gegen Entschädigung keine unmittelbare Änderung der nationalen Privatrechtsordnungen im Sinne einer echten sachrechtlichen Vereinheitlichung dergestalt, dass neue Normen zum gutgläubigen Erwerb eingeführt werden müssten. Insbesondere enthält die Konvention keine einheitlichen Anforderungen an die Voraussetzungen des gutgläubigen Erwerbs oder Standards für zivilrechtliche Ansprüche und deren Durchsetzung.[119] Aber gerade diese mangelnde Berücksichtigung der dennoch betroffenen Privatrechtsebene gereichte der Konvention oft zur Kritik.[120]

5. *Ratifizierung und Implementierung*

Da die Konvention nicht unmittelbar anwendbar ist, kommt es entscheidend darauf an, wie die innerstaatliche Umsetzung und Anwendung erfolgt. Einerseits wird den Staaten damit zumindest theoretisch die Möglichkeit gegeben, der Konvention durch eine entsprechend effektive Gestaltung im Geiste der Zielsetzung der UNESCO Leben einzuhauchen und ihr innerstaatlich eine weitreichendere Wirkung zu geben, als sie bei unmittelbarer Geltung hätte. Als Kehrseite der Medaille besteht angesichts des fehlenden *self-executing* Charakters hingegen die Gefahr, dass es bei einer bloßen Ratifizierung der Konvention bleibt, oder Implementierung und Vollzug nur so mangelhaft erfolgen, dass der ohnehin in ihrer praktischen Wirkung begrenzten Konvention weitere Bedeutung genommen wird.

a. *Akzeptanz der Konvention in der Staatenwelt*

Die Ratifizierung der UNESCO 1970 vollzog sich nur schleppend. Zum 1. Januar 1980, nahezu 8 Jahre nach Inkrafttreten der Konvention, waren erst 40 Staaten beigetreten, wobei mit Kanada und Italien nur zwei Industriestaaten vertre-

---

119 Vgl. hierzu insbesondere *Turner*, Völkerrechtliche Zuordnung, S. 223.

120 *Müller-Katzenburg*, Internationale Standards, S. 92; *Mußgnug*, Kunstwerk, S. 15 (25).

ten waren und Italien selbst als Opfer des illegalen Kunsthandels galt. Im Laufe der nächsten 10 Jahre traten als westliche Staaten Griechenland, Zypern, Portugal, Spanien, die Türkei und USA bei, wovon allerdings nur letztere als bedeutender Importstaat zu bezeichnen ist. Zum Januar 2000 betrug die Zahl der Vertragsstaaten dann immerhin 89, darunter auch Australien, Finnland und Frankreich. Aktuell haben 101 Staaten die UNESCO-Konvention ratifiziert.[121] Mit Hinterlegung ihrer Beitrittsurkunden am 9. September 2002 und am 3. Oktober 2003 sind nun auch Japan und die Schweiz als bedeutende Kulturimportstaaten Vertragsstaaten der Konvention geworden.[122] Von den Ländern der Europäischen Union – ausgehend von den Mitgliedsländern bis einschließlich 30. April 2004 – fehlen immer noch Österreich, die Niederlande und Deutschland, welche die Konvention nur mit verabschiedet haben.

b. Umsetzung und praktische Bedeutung

Noch zögerlicher als die Ratifizierung ging die Umsetzung der Konvention in das innerstaatliche Recht der Vertragsparteien voran. Gerade diesem Schritt kommt aber ein besonderes Gewicht zu, da die nur mittelbar anwendbare Konvention zu ihrer Effektivität dringend der Umsetzung, Ausfüllung und des Vollzugs auf einzelstaatlicher Ebene bedarf um nicht lediglich eine leere Hülle zu bleiben. Hierbei begegnet jedoch die UNESCO dem Problem, dass sie wie jedes andere Organ der UN-Familie nicht über eine Exekutive verfügt, welche die Erfüllung der Vertragspflichten aus der Konvention steuert und überwacht.[123] Die UNESCO ist demnach darauf angewiesen, mit ideellen und moralischen Appellen zu operieren und aus sich selbst heraus zu überzeugen.[124]

In den ersten Jahren nach Inkrafttreten der Konvention ist seitens der Importstaaten lediglich in Kanada eine Umsetzung erfolgt.[125] Aufgrund der nur verhaltenen Reaktionen der Staatenwelt verstärkte die UNESCO daher bereits Ende

---

[121] Der Ratifizierungsstatus ist abrufbar unter http://www.erc.unesco.org/cp/convention.asp.

[122] Vgl. http://www.erc.unesco.org/cp/convention.asp. Damit ist die Konvention für Japan am 9. Dezember 2002 und für die Schweiz am 3. Januar 2004 in Kraft getreten.

[123] *Schutter*, in: Council of Europe, International Legal Protection of Cultural Property, S. 72 (90 f.).

[124] *Meinel*, in: Auer, Das Museum und die Dritte Welt, S. 109.

[125] Kanada ratifizierte die UNESCO Konvention bereits am 2. Juni 1978, die Umsetzung erfolgte im *Canadian Cultural Property Import and Export Act* vom 6. September 1977, s. näher hierzu unter bb.

der siebziger Jahre ihre Bemühungen, die Annahme der Konvention voranzutreiben. Eines dieser Mittel war die Durchführung periodischer Berichtsverfahren über die von den Staaten getroffenen legislativen und administrativen Maßnahmen auf der Grundlage des Art. 16 der UNESCO-Konvention.[126] Die ersten Berichtsverfahren wurden 1978 auf der 20. Sitzung der Generalkonferenz geprüft, eine zweite und dritte Berichtsrunde fand auf der 24. Sitzung 1987 und der

---

[126] In Anbetracht der geringen Effektivität der Konvention rief die UNESCO im Jahre 1978 zudem das "Intergovernmental Committee for Promoting the Return of Cultural Property to its Countries of Origin or its Restitution in case of Illicit Appropriation" ins Leben. Hiermit sollte auf praktischem Wege versucht werden, die Rückführung rechtswidrig erlangten Kulturguts voranzubringen. Das Zwischenstaatliche Komitee trat am 24. Oktober 1978 in Kraft, nachdem seine Statuten auf der 20. Generalkonferenz der UNESCO in Paris angenommen worden waren, vgl. näher zur Entstehungsgeschichte, *Jote*, International Legal Protection, S. 283 f.. Es besteht aktuell aus 22 Vertretern aus Mitgliedsstaaten der UNESCO-Organisation, die von der Generalkonferenz gewählt werden. Das Komitee hat lediglich beratende Funktion. Bilaterale Verhandlungen sollen erleichtert, die Zusammenarbeit der Staaten bezüglich der Rückgabe von Kulturgut gefördert, Öffentlichkeitsarbeit geleistet sowie technische Maßnahmen unterstützt werden, wie z. B. Erstellung von Inventaren und Verzeichnissen, vgl. *Ganslmayr*, in: Vereinte Nationen 1980, S. 88 (90), und *Goy*, RGDIP 86 (1997), S. 962 (984). Nach seinen Statuten hat es das Recht, schlichtend in Streitigkeiten zwischen Staaten über die Rückgabe einzugreifen, wenn diese in bilateralen Verhandlungen nicht gelöst werden können. Verbindliche Rückführungspflichten kann das Komitee allerdings nicht anordnen. Trotz des starken Interesses vor allem der ehemaligen Kolonialstaaten während der Sitzungen des Komitees sind bislang verhältnismäßig wenige Fälle vor das Komitee zur Vermittlung gebracht worden, vgl. hierzu *Prott*, in: Fechner/Oppermann/Prott, Prinzipien des Kulturgüterschutzes, S. 295 (299). Aktuell sind einzig zwei Anträge anhängig: zum einen das Begehren Griechenlands gegen Großbritannien auf Rückgabe des Parthenon Frieses sowie anderer Skulpturen des Parthenontempels, s. UNESCO Doc. 31/REP/16, S. 1. Dieser Antrag erlangte anlässlich der Olympischen Sommerspiele 2004 in Athen eine gewisse Aktualität, da die griechische Regierung zumindest eine Leihgabe zur Ausstellung der Kunstschätze während des Zeitraums der Sommerspiele forderte, was jedoch abgelehnt wurde; wohl aus Angst, dass die Gegenstände nicht mehr zurückgegeben werden würden. Zum anderen ein Antrag der Türkei gegen die Bundesrepublik Deutschland betreffend eine Sphinx-Figur aus einer Ausgrabungsstätte für Hethiter-Kunst in Anatolien (Boğazköy), welche sich derzeit in einem Berliner Museum befindet, vgl. UNESCO Doc. CLT-2003/CONF. 204/2. Auch dieser Fall ist bereits seit 1986 vor dem Komitee, wobei der Rückgabeantrag gegen die damalige DDR gerichtet war. Nachdem die Verhandlungen lange Zeit unterbrochen waren, forderte die Türkei die Bundesrepublik Deutschland am 8. September 2000 (UNESCO Doc. 31/REP/16, S. 2) zur Wiederaufnahme der Verhandlungen auf, in deren Folge eine Einigung jedoch nicht erzielt werden konnte. Eine Abbildung der Sphinx, die von der Innenseite des Sphingentores von Hattusa (ursprünglicher Name Boğazköys zur Zeit des Hethiterreiches, 2000-700 v. Chr.) stammt, findet sich bei Akurgal, Die Kunst der Hethiter, Tafel 66.

28. Sitzung 1995 statt.[127] Die letzte Berichtsrunde erfolgte im Juli 2003 anlässlich der 32. Sitzung der Generalversammlung, in der erstmals ausdrücklich auch die Staaten, welche die Konvention zwar nicht ratifiziert, aber mit verabschiedet hatten, aufgefordert wurden, Stellungnahmen abzugeben. Sie sollten über die Aussichten einer bevorstehenden Ratifizierung, ihren Vorbereitungsstand und etwaige innerstaatliche Probleme bei der Umsetzung berichten.[128] Wesentlichen Erfolg im Hinblick auf eine vermehrte Ratifizierung und Implementierung erzielten die Berichtsrunden jedoch nicht.[129] Zudem blieb immer eine Restunsicherheit ob der Wahrheitsmäßigkeit der Berichterstattung bestehen; auch gaben jeweils nur ca. 25 % der Staaten, darunter vor allem die Exportstaaten, Berichte ab.

Von den bedeutenden Importstaaten haben mittlerweile die USA[130], Japan[131] und die Schweiz[132] die UNESCO-Konvention in einem eigenen Gesetz umgesetzt. Neben Kanada hat auch Australien ein weitreichendes Implementierungsgesetz erlassen[133], wobei allerdings Australien nicht als ein reiner Importstaat bezeichnet werden kann, da es ebenfalls zu den Opfern des illegalen Handels insbesondere im Hinblick auf Aborigines-Kunst gehört. Andere Staaten wie Italien, Spanien und Frankreich und jüngst auch Großbritannien haben auf eine innerstaatli-

---

127 UNESCO Doc. 20 C/84; Add.1&2; 24 C/24; Add.1&2; 28 C/35; Add. Mitteilungen wurden insbesondere über die Anpassung nationaler Gesetze und die Existenz oder Einführung von Exportkontrollen gemacht, so bspw. von der ehemaligen DDR, Spanien, der Türkei und den USA, vgl. UNESCO Doc. 24 C/24 S. 3, 16. Über die Erstellung von Inventarverzeichnissen für geschütztes Kulturgut berichteten Kanada, die USA, Nigeria, die Türkei sowie die DDR. Letztere betonte in ihrem Bericht, dass alle Maßnahmen gegen den illegalen Kulturgütertransfer staatlich finanziert worden seien, um den vertraglichen Verpflichtungen nachzukommen, vgl. UNESCO Doc. 20 C/84 S. 11. Zurückhaltender waren die Berichte über Importkontrollen, die sich bei den Staaten als nicht allzu beliebt erwiesen, 1978 erklärten nur 10 Staaten (Brasilien, Kamerun, Kanada, die DDR, Iran, Irak, Jordanien, Libyen, Polen und Syrien), dass sie eine Einfuhrkontrolle beabsichtigten, 1987 waren es nur 9, darunter lediglich 4 neue Staaten (Kuba, Pakistan, die Türkei und Jugoslawien).

128 UNESCO Doc. 32 C/24 + Add. 1,2&3.

129 Die Bundesrepublik Deutschland bspw. gab die geforderte Stellungnahme gar nicht ab.

130 Dazu unter aa.

131 Vgl. dazu auf der Homepage der UNESCO (www.unesco.org) unter der Rubrik culture und dem Link Cultural Heritage Laws Database.

132 *Bundesgesetz über den internationalen Kulturgütertransfer* (KGTG) vom 20. Juni 2003, in Kraft getreten am 1. Juni 2005. Ansonsten hat auch die Tschechische Republik die UNESCO 1970 in einem eigenen Gesetz umgesetzt.

133 Vgl. dazu auf der Homepage der UNESCO (www.unesco.org) unter der Rubrik culture und dem Link Cultural Heritage Laws Database.

che Umsetzung gänzlich verzichtet.[134] Soweit eine Umsetzung erfolgt ist, hängt die praktische Wirksamkeit von Art und Reichweite der innerstaatlichen Gesetzgebung ab. Um die Bedeutsamkeit innerstaatlicher Umsetzung zu veranschaulichen, soll anhand zweier ausgewählter Beispiele ein kurzer Überblick über Gestaltungen zur Implementierung der UNESCO 1970 gegeben werden, wobei sich die Darstellung auf wesentliche Grundzüge und die Erfüllung der Rückführungsverpflichtung beschränkt.

aa. Der US-amerikanische Implementation Act

Die USA ratifizierten die UNESCO-1970 am 11. August 1972.[135] Umgesetzt wurde sie letztlich durch die Verabschiedung des *Convention on Cultural Property Implementation Act* vom 12. Januar 1983 (CPIA).[136] Bei ihrer Ratifikation machten die USA einen Vorbehalt und gaben sechs auslegende Erklärungen ab, die bei der Bewertung der Umsetzung zu berücksichtigen sind.[137] Um Auswirkungen der Konvention auf das Eigentumsrecht der Einzelstaaten zu vermeiden, wurde zu Art. 3 erklärt: *"Art. 3 does not modify property interests in cultural property under the laws of the State Parties"*. Ebenso behielten sich die USA das Recht vor, darüber zu entscheiden, ob sie Exportkontrollen einführen wollten oder nicht. Auch Art. 7 (a) und damit die Rückführungsvorschrift des Art. 7 (b) (ii) wurde hinsichtlich ihrer Bedeutung eingeschränkt, da sie nur für auf unter staatlicher Kontrolle stehende Museen anwendbar erklärt wurde und sich die einzigen bedeutsamen staatlichen Museen der USA auf die *National Gallery*,

---

134 Vgl. *Rascher*, Kulturgütertransfer, S. 61; *Siehr*, Aufbruch nach Europa, S. 811 (817). Zur Implementierung der UNESCO-Konvention in das englische Recht auch ohne neue Gesetzgebung vgl. *Chamberlain*, Art, Antiquity and Law 7 (2002), S. 231 (238 ff.). Italien erachtet indes eine Umsetzung der UNESCO-Konvention aufgrund der zwischenzeitlich ratifizierten und umgesetzten UNIDROIT-Konvention nicht für erforderlich, vgl. *Doyal*, Columbia Journal of Transnational Law 39 (2001), S. 657 ff., die einen guten Überblick über die italienische Kulturgutschutzgesetzgebung gibt.

135 Senate Res. 129, 92d Cong., 2d Sess., 118 Cong. Rec. 27, 924-25 (1972).

136 Partial text of Public Law No. 97 – 446, Title III, 96 Stat. 2329, approved January 12, 1983; as amended by Public Law 100-204, 101 Stat. 1331, approved December 22, 1987; Art. 301-315, kodifiziert als 19 U.S. Code §§ 2601-2613, abgedr. auf der Homepage der UNESCO (www.unesco.org) unter der Rubrik culture und dem Link Cultural Heritage Laws Database. Ausführlicher zur Entstehungsgeschichte und Inhalt des CPIA, vgl. *Byrne-Sutton*, Le trafic international, S. 204 ff.; *Knott*, Anspruch auf Herausgabe, S. 156 ff.; *Yasaitis*, IJCP 12 (2005), S. 95 ff.

137 Senate Res. 129, 92d Cong., 2d Sess., 118 Cong. Rec. 27, 924-25 (1972), UNESCO Doc. LA/Depository/1984/3 Annex III; ausführlich zu den Vorbehalten nebst deren Abdruck *Prott/O'Keefe*, Movement, S. 794 ff. und *Shanaberger*, N.Y.J.Int.&Comp.L 4 (1982), S. 157 (168, Fn. 63).

die *Library of Congress* und die *Smithsonian Institution* reduzieren.[138] Aufgrund dieser zahlreichen Vorbehalte und Einschränkungen bedurften lediglich noch Art. 7 (b) und Art. 9 der UNESCO-Konvention einer Umsetzung durch den CPIA.[139]

Die Umsetzung der Restitutionsregelung erfolgte im Wesentlichen zweistufig durch das Verbot der Einfuhr bestimmter illegal exportierter Kulturgüter in die USA und der anschließenden Sanktionierung von Verbotsverstößen mit Verfall und Einziehung des Kulturguts als Grundlage für die sodann zu bewirkende Rückführung. Das CPIA ist somit in erster Linie ein Instrument des Zollrechts.[140] In Übereinstimmung mit Art. 7 (b) (i) verbietet Sec. 308 CPIA den Import von gestohlenem Kulturgut, das als zum Bestand eines Museums oder einer ähnlichen öffentlichen Einrichtung gehörig dokumentiert ist. Bezüglich der Definition von Kulturgut wird dabei auf Art. 1 der UNESCO-Konvention i.V.m. der Gesetzgebung des Ursprungsstaates abgestellt, Sec. 302 (6) CPIA. Was das Verbot einer Einfuhr von illegal ausgeführtem Kulturgut anbetrifft, so bezieht Sec. 302 (2) CPIA auch archäologisches oder ethnologisches Material als geschütztes Kulturgut mit ein, allerdings nur unter strengen Voraussetzungen. So muss bereits nach der Definition der Sec. 302 (2) CPIA das betreffende Gut mindestens 250 Jahre alt sein.[141] Angelehnt an Art. 9 der UNESCO 1970 muss darüber hinaus eine massive Plünderung des kulturellen Erbes einer Vertragspartei drohen, Sec. 303 (a) (1) (A) CPIA. Weiterhin ist die Berechtigung des

---

138 Vgl. *Knott*, Anspruch auf Herausgabe, S. 157; *Jote*, International Legal Protection, S. 213 Fn. 107; die dadurch erfolgte Beschränkung der Rückführungsregelung wird vor allem deutlich, wenn man sich vergegenwärtigt, dass sich in den USA ca. ein Viertel der Museen der ganzen Welt befindet, vgl. *Greenfield*, Return of Cultural Treasures, S. 187.

139 Als die Vorbehalte der USA den anderen Staaten bekannt gemacht wurden, reagierte vor allem Mexiko mit heftiger Kritik: "The Government of the United Mexican States has studied the text of the comments and reservations [...] made by the United States of America. [...] It has reached the conclusion that these comments and reservations are not compatible with the purposes and aims of the Convention, and that their application would have the regrettable result of permitting the import into the United States of America of cultural property and its re-export to other countries, with the possibility that the cultural heritage of Mexico might be affected."; UNESCO Doc. LA/Depository 1985/40. Näher hierzu und zu den möglichen Gründen der mexikanischen Reaktion, vgl. *Prott/ O'Keefe*, Movement, S. 777 f.

140 Vgl. *Yasaitis*, IJCP 12 (2005), S. 95 (100). Die entsprechenden Vorschriften über Beschlagnahme, Verfall und Einziehung finden sich in 19 U.S. Code, §§ 1595 ff.

141 Die 250-Jahres-Frist, die ja damit auch für Gesuche nach Art. 9 der UNESCO 1970 galt, wurde von Kanada als unvereinbar mit den Verpflichtungen aus der Konvention kritisiert, vgl. *Prott/O'Keefe*, Movement, S. 732.

Präsidenten zum Abschluss für die hier notwendigen bi- oder multilateralen Abkommen[142] über Einfuhrbeschränkungen von einem Gesuch des betroffenen Staates abhängig, Sec. 303 (2) u. (3) CPIA, und erfordert die Vereinbarkeit des Einfuhrverbotes mit dem Interesse der Staatengemeinschaft an einem Austausch von Kulturgut im Interesse der Wissenschaft, Kultur und Erziehung, Sec. 303 (a) (1) (D) CPIA.[143] Damit bleiben die Einfuhrverbote als Grundlage eines Rückführungsrechts aufgrund der Schwerfälligkeit der Regelung und hoher Anforderungen an ihren Erlass für die praktische Rückführung gering. Der Restitutionsverpflichtung des Art. 7 (b) (ii) der UNESCO 1970 wurde mit Sec. 310 CPIA nachgekommen, welcher die Einziehung und den Verfall illegal importierter Kulturgüter mit anschließender Rückgabe gegebenenfalls unter Entschädigung des gutgläubigen Erwerbers vorsieht.[144]

Mit dem CPIA haben die USA zwar die aus Art. 7 (b) (ii) resultierende Rückführungsverpflichtung erfüllt. Durch den oben erwähnten Vorbehalt auf unter staatlicher Kontrolle stehende Einrichtungen kommt der Regelung der Sec. 310 CPIA noch eingeschränktere Bedeutung zu als in der Konvention selbst. Auch im Übrigen hat man sich darauf beschränkt, die nach den weitgehenden Vorbehalten noch verbliebenen Vorschriften umzusetzen.[145] Andererseits muss man den USA zu gute halten, dass sie als erste und bedeutendste Kunst importierende Nation die Konvention ratifiziert und implementiert hat.[146]

---

142 Solche Abkommen bestehen mittlerweile mit Bolivien, El Salvador, Guatemala, Italien, Kambodscha, Mali, Nicaragua, Peru und Zypern, vgl. http://exchanges.state.gov/education/culprop/overview.html. Das Abkommen mit Kanada über Aborigines-Kunst ist inzwischen ausgelaufen, ebenso der Vertrag mit Bolivien hinsichtlich der *"Aymara Indian Textiles from Coroma"*. Aktuelle Anträge auf Erlass von Importverboten haben die chinesische Regierung (27. Mai 2004) und Kolumbien (21. April 2004) gestellt, vgl. http://exchanges.state.gov/education/culprop/whatsnew.html

143 Zu den Voraussetzungen für den Erlass von Importverboten vgl. auch *Church*, Columbia Journal of Transnational Law 30 (1992), S. 179 (216 f.).

144 Vgl. näher *Yasaitis*, IJCP 12 (2005), S. 95 (100).

145 Zur Restriktivität des CPIA auch *Phelan/Roussin*, The International Lawyer 35 (2001), S. 649 (652).

146 Hierzu auch *Wyss*, Kultur als eine Dimension der Völkerrechtsordnung, S. 169 f. Über von den USA bewirkte Rückführungen wird jährlich in der Zeitschrift 'The International Lawyer' berichtet. So gaben die USA bspw. 32 Stücke mykenischer Goldjuwelen an Italien heraus, vgl. UN-Chronicle No. 3 1998, S. 77;zu weiteren Rückgaben *Struell*, The International Lawyer 31 (1997) S. 691 f.; *Phelan*, The International Lawyer 32 (1998) S. 447 (448).

bb. *Canadian Cultural Property Import and Export Act*[147]

Kanada hingegen ist mit dem *Canadian Cultural Property Import and Export Act* nicht nur seinen Verpflichtungen aus der UNESCO-Konvention nachgekommen, sondern hat der Konvention darüber hinaus wesentlichen Gehalt verliehen.

Kernstück des Umsetzungsgesetzes ist Sec. 37, welche eine in ihrer Reichweite vorbildliche Rückführungsverpflichtung statuiert. Hervorzuheben ist Sec. 37 (2), wonach die Ausfuhr eines Kulturguts ab Inkrafttreten der UNESCO-Konvention oder eines anderen Kulturgutabkommens entgegen den Bestimmungen eines anderen Vertragsstaates immer zugleich eine rechtswidrige Einfuhr nach Kanada darstellt.[148] Damit ist die Anerkennung der ausländischen Exportbestimmungen sichergestellt.[149] Der illegale Export und der demzufolge illegale Import hat nach Sec. 37 (3) des *Canadian Cultural Property Import and Export Act* die Rückgabe all jener Gegenstände zur Folge, womit die Rückführungsregelung in ihrem Anwendungsbereich weit über Art. 7 (b) (ii) hinausgeht.[150] Der gute Glaube des Erwerbers muss sich konsequenterweise nicht nur auf das Eigentumsrecht des Besitzers, sondern auch auf die Legalität des Exports aus dem

---

147 An Act Respecting the Export from Canada of Cultural Property and the Import of Cultural Property Illegally Exported from Foreign States (Canadian Cultural Property Export and Import Act), abgedr. bei *Williams*, International Protection of Movable Cultural Property, S. 233 ff. Einen Überblick über das kanadische Implementierungsgesetz gibt *Walden*, University of British Columbia Law Review 1995, S. 203 ff. Zur Entstehungsgeschichte des Gesetzes auch *Williams*, International Protection of Movable Cultural Property, S. 117 f.

148 Sect. 37 (2): "From and after coming into force of a cultural property agreement in Canada and a reciprocating State, it is illegal to import into Canada any foreign cultural property that has been illegally exported from that reciprocating State."

149 Auf die Bedeutung der extraterritorialen Anerkennung und Durchsetzung von ausländischem öffentlichem Recht für den internationalen Kulturgüterschutz wird noch im 2. Teil der Arbeit unter C. zurückzukommen sein.

150 Sect. 37 (3): "Where the government of a reciprocating State submits a request in writing to the Minister for the recovery and return of any foreign cultural property that has been imported into Canada illegally by virtue of subsection (2) and that is in Canada in the possession of or under the control of any person, institution or public authority, the Attorney General of Canada may institute an action in the Federal Court of Canada or in a superior court of a province for the recovery of the property by the reciprocating State."

Ursprungsstaat beziehen.[151] Sec. 37 (9) stellt die Unverjährbarkeit der Rückführungsansprüche sicher. Das kanadische Kulturgüterschutzgesetz ist somit ein erfreulich positives Beispiel für eine Umsetzung, die im Sinne eines möglichst umfassenden Schutzes und der Gleichbehandlung über den von den Staaten mit der UNESCO 1970 erreichten Kompromiss hinausgeht.

c. *Zwischenergebnis*

Allein diese beiden Beispiele verdeutlichen, wie unterschiedlich die Vertragsstaaten den Verpflichtungen der UNESCO 1970 nachkommen. Dies belegt, dass mit der bloßen Ratifizierung einer nicht unmittelbar anwendbaren Konvention noch kein entscheidender Schritt für den internationalen Kulturgüterschutz und insbesondere für die Rückgabe unrechtmäßig verbrachten Kulturguts getan ist.

6. *Völkerrechtliche Verpflichtung der Bundesrepublik Deutschland*

Die Bundesrepublik Deutschland, obwohl Mitglied der UNESCO-Organisation, hatte lange Jahre die UNESCO 1970 nicht ratifiziert. Ein solches Vorhaben war bislang in erster Linie am Widerstand des deutschen Kunsthandels gescheitert, dessen Lobby besorgter Händler die bedeutende Stellung Deutschlands auf dem internationalen Kunstmarkt zu verteidigen suchte. Die Verabschiedung eines die Konvention umsetzenden Gesetzes, welches die freie Zirkulation von Kunstgegenständen auf dem Weltmarkt beeinträchtigen würde, war nicht im Interesse der Kunsthändler, die ihrerseits einen möglichst unreglementierten Markt favorisierten. Die Ablehnung wurde viele Jahre unterstützt durch die Bedenken der Bundesrepublik Deutschland hinsichtlich der Eingriffe in ihre Privatrechtsord-

---

151 Auch im Übrigen ist die Entschädigungsfrage im Detail geregelt, Sect. 37 (6): "Where any person, institution or public authority establishes to the satisfaction of the court in which an action under this section is being considered that the person, institution or public authority

(a) is a bona fide purchaser for value of the property in respect of which the action has been taken and had no knowledge at the time the property was purchased by him or it that the property had been illegally exported from the reciprocating State on whose behalf the action has been taken, or

(b) has a valid title to the property in respect of which the action has been taken and had no knowledge at the time such title was acquired that the property had been illegally exported from the reciprocating State one whose behalf the action has been taken,

the court may fix such amount to be paid as compensation by the reciprocating State to that person, institution or public authority as the court considers just in the circumstances."

nung und eines Konfliktes mit den Kompetenzen der EG in den Fragen des freien Warenverkehrs.[152]

a. Sonderproblem deutsche Wiedervereinigung

Bedeutsam für eine völkerrechtliche Bindung der Bundesrepublik Deutschland an die UNESCO 1970 könnte indes die Wiedervereinigung am 3. Oktober 1990 sein. Denn die damalige DDR hatte im Gegensatz zur Bundesrepublik Deutschland die Konvention bereits am 16. Januar 1974 unterzeichnet.[153] Damit stellt sich die Frage, ob Deutschland an die von der DDR geschlossenen internationalen Verträge weiterhin gebunden ist. Art. 31 der bislang noch nicht in Kraft getretenen Wiener Konvention über die Staatennachfolge in Verträge von 1978[154] besagt, dass für den Fall des Zusammenschlusses (Fusion) zweier souveräner Staaten die völkerrechtlichen Verträge automatisch für die betreffenden Gebiete weitergelten. Dies hätte auch die Fortgeltung der völkerrechtlichen Abkommen der DDR zur Folge.[155] Da sich die deutsche Einigung aber im Wege des Beitritts der DDR nach Art. 23 S. 2 GG vollzog, ist in ihr rechtlich nicht der Zusammenschluss zweier souveräner Staaten, sondern vielmehr die Situation einer Gebietserweiterung mit der Folge des Wegfalls der DDR als Völkerrechtssubjekt gegeben.[156] Zwar soll nach Ansicht des International Law Committee (ILC)[157] die Regel des Art. 31 für alle Vereinigungen von Staaten gelten; eine solche ge-

---

152 Vgl. Antwort der Bundesregierung auf die Große Anfrage der der Abgeordneten Frau Dr. Wex et. al., BT-Dr. 10/2237, S. 41. Diese Bedenken dürften im Hinblick auf Art. 30 EGV, der Beschränkungen zum Schutze nationalen Kulturgutes zulässt, hinfällig sein. Vgl. ausführlich zu den Auswirkungen des EG-Vertrages auf die deutsche Kulturpolitik und insbesondere zum Verhältnis von nationalem Kulturgüterschutz und freiem Warenverkehr *Ress*, Kultur und Europäischer Binnenmarkt, S. 69 ff. Zu den Auswirkungen der UNESCO 1970 auf die Eigentumsgarantie vgl. *Sprecher*, Beschränkungen, S. 61 f.

153 Die DDR trat der Konvention am 16. Januar 1974 bei, womit diese am 16. April 1974 für die DDR in Kraft trat, vgl. Gesetzblatt II der DDR, Ausgabe Nr. 20 vom 22. Juni 1974, S. 397.

154 Abgedr. in: ILM 17 (1978), S. 1488.

155 *Fastenrath*, BerDGV 35 (1995), S. 9 (37 f.) und *Heintschel v. Heinegg*, BB 1990, Beilage 23 zu Heft 18.

156 Der Weg eines vertraglich zu regelnden Zusammenschlusses unter Schaffung einer neuen gesamtdeutschen Verfassung wäre der des Art. 146 GG gewesen. Vgl. zur Problematik der richtigen Form der Wiedervereinigung *Duisberg*, in: Liber amicorum Jaenicke, S. 931 ff. Zu den verschiedenen Formen des Beitritts und der Vereinigung auch *Heintschel v. Heinegg*, BB 1990, Beilage 23 zu Heft 18.

157 ILC-Kommentar zu Art. 30-32 des Entwurfs des Übereinkommens, para.1, YILC 1974 II/1, S. 253.

wohnheitsrechtliche Regel hat sich jedoch nicht entwickelt.[158] Da die Bundesrepublik Deutschland als Völkerrechtssubjekt trotz des Gebietsbeitritts der DDR weiterhin fortbestand und die für sie geltenden Verträge nach dem Prinzip der beweglichen Vertragsgrenzen im gesamten Gebiet des wiedervereinigten Deutschland gelten sollten[159], stellte sich die Frage der Staatensukzession in erster Linie in Bezug auf die ehemalige DDR.[160] Aufgrund des erfolgten Beitritts erloschen die von der DDR geschlossenen Verträge mit Drittstaaten, es sei denn, es lag ein besonderer Sukzessionsfall vor.[161] Die Problematik der Fortgeltung der völkerrechtlichen Verträge der ehemaligen DDR wurde im deutsch-deutschen Einigungsvertrag aufgegriffen, der zwischen den beiden deutschen Staaten im Hinblick auf die Nachfolge in völkerrechtliche Verträge in dem Bewusstsein geschlossen wurde, dass sich die Rechtsfolgen grundsätzlich aus dem Völkerrecht zu ergeben hatten und nicht autonom von den beiden deutschen Staaten mit Rechtswirkung für Dritte getroffen werden konnten.[162] Die Ergebnisse des Einigungsvertrages wurden dennoch von der Staatenwelt allgemein akzeptiert, so dass sich eine vertiefte Erörterung und Lösung der rechtlichen Fragestellungen der Wiedervereinigung und der Staatennachfolge in Verträge für die Zwecke der vorliegenden Arbeit erübrigt.[163] Nach Art. 12 Abs. 1 des Einigungsvertrages sind sich die Vertragsparteien einig:

> *„[...] dass die völkerrechtlichen Verträge der Deutschen Demokratischen Republik im Zuge der Herstellung der Einheit Deutschlands unter den Gesichtspunkten des Vertrauensschutzes, der Interessenlage der beteiligten Staaten [...] mit*

---

158 *Fastenrath*, BerDGV 35 (1995), S. 9 (38).

159 Zwar ist das Prinzip der beweglichen Vertragsgrenzen nicht ganz unumstritten, es wurde in Bezug auf die Bundesrepublik Deutschland von der Staatenwelt jedoch anerkannt, s. hierzu *Fastenrath*, BerDGV 35 (1995), S. 9 (37 f.); *Duisberg*, in: Liber amicorum Jaenicke, S. 931 (941); *Frowein*, AJIL 86 (1992), S. 152 (157). Eine Klarstellung der Fortgeltung der völkerrechtlichen Verträge der Bundesrepublik Deutschland erfolgte insoweit auch in Art. 11 des Einigungsvertrages, BGBl. II 1990, S. 889. Allerdings vermochten die Bundesrepublik Deutschland und die DDR gem. dem in Art. 34 WVRK (BGBl. 1985 II, S. 927 ff.) niedergelegten völkerrechtlichen Grundsatz „pacta tertiis nec nocent nec prosunt" eine verbindliche Regelung des Schicksals völkerrechtlicher Verträge gegenüber dritten Staaten nicht zu treffen. Umfassend zur Problematik der Ausdehnung der völkerrechtlichen Verträge der Bundesrepublik auf das Gebiet der damaligen DDR, *Blumenwitz*, Staatennachfolge Teil 1, S. 53 ff.

160 Zum Begriff der Staatensukzession vgl. *Fastenrath*, BerDGV 35 (1995), S. 9 ff.

161 *Hailbronner*, JZ 1990, S. 449 (453); *v. Münch*, NJW 1991, S. 865 (869).

162 S. hierzu bereits Fn. 139. Ausführlich zu dieser Problematik, *Fastenrath*, BerDGV 35 (1995), S. 9 (37f.); *Duisberg*, in: Liber amicorum Jaenicke, S. 931 ff.

163 Hierzu umfassend *Blumenwitz*, Staatennachfolge Teil I, S. 103 ff.

den Vertragspartnern der Deutschen Demokratischen Republik zu erörtern sind, um ihre Fortgeltung, Anpassung und ihr Erlöschen zu regeln beziehungsweise festzustellen.“

Mit multilateralen Verträgen, deren Vertragspartner nur die ehemalige DDR, nicht aber die Bundesrepublik war, befasst sich zudem Art. 12 Abs. 3 des Einigungsvertrages, der festhält:

> *„Beabsichtigt das vereinte Deutschland, in internationale Organisationen oder in sonstige mehrseitige Verträge einzutreten, denen die Deutsche Demokratische Republik, nicht aber die Bundesrepublik Deutschland angehört, so wird Einvernehmen mit den jeweiligen Vertragspartnern [...] hergestellt.“*

In Bezug auf die UNESCO 1970 beschloss die Bundesrepublik Deutschland, die Mitgliedschaft der DDR in diesem Übereinkommen zu beenden, was den übrigen Vertragsstaaten mitgeteilt wurde.[164] Damit ist eine Bindung an die UNESCO-Konvention auch nicht im Wege der Staatensukzession erzielt worden.

b. Aktuelle Entwicklung

Mittlerweile allerdings hat in der Bundesrepublik Deutschland ein Umdenken hinsichtlich ihrer ehemals so strikten Verweigerungshaltung gegenüber einer Umsetzung der UNESCO 1970 eingesetzt. So hat die deutsche UNESCO-Kommission auf ihrer 63. Hauptversammlung am 10./11. Juli 2003 eine Resolution zum *„Schutz von Kulturgut gegen Diebstahl und illegale Ausfuhr“* verabschiedet, mit der sie an die deutsche Bundesregierung und den deutschen Bundestag appelliert, das Verfahren zur Ratifizierung und Umsetzung der UNESCO 1970 beschleunigt einzuleiten. Hintergrund dieser Resolution war eine Koalitionsvereinbarung des Inhalts, noch in dieser Legislaturperiode die Konvention zu ratifizieren und in deutsches Recht zu überführen. Während für das Vertragsgesetz zur Ratifizierung innerhalb der Bundesregierung das Auswärtige Amt federführend ist, obliegt der Vorsitz für das Ausführungsgesetz dem/der Beauftragten der Bundesregierung für Kultur und Medien (BKM). Die parlamentarische Erörterung zur Unterzeichnung der UNESCO 1970 hatte am 21. Mai 2003 in der Sitzung des Ausschusses für Kultur und Medien des Deutschen Bundestages begonnen. Im weiteren Verlauf hat die BKM zur Vorbereitung eines Gesetzesentwurfs ein Eckpunktepapier erarbeitet, das den Ländern, den Kommunalen Spitzenverbänden, Kirchen und registrierten Verbänden zur Ermittlung der ver-

---

[164] Vgl. z. B. für die Vereinigten Staaten: Treaties in Force, United States Department of State, January 1, 2001, S. 104, abrufbar unter http://www.state.gov.

schiedenen Interessen übersandt worden ist.[165] Bei diesen Eckpunkten handelt es sich um Diskussionsvorschläge der BKM, die nicht in vollem Umfang von allen beteiligten Ressorts getragen werden. So haben insbesondere das Bundesministerium der Justiz Vorbehalte zur Unwirksamkeit von Rechtsgeschäften und das Bundesministerium für Wirtschaft und Arbeit (BMWA) Bedenken hinsichtlich gesteigerter Sorgfalts- und Aufzeichnungspflichten des Kunst- und Antiquitätenhandels erhoben.[166] Im Lichte dieser und anderer Stellungnahmen wurde im Herbst/Winter 2004 ein erster, nichtöffentlicher Vorentwurf vorgestellt.[167] Inzwischen hat der Kulturstaatsminister dem Bundeskabinett einen Entwurf für ein Vertragsgesetz zur UNESCO 1970 vorgelegt, dem das Kabinett in seiner Sitzung am 15. Februar 2006 zugestimmt hat.[168] Mit diesem Beschluss hat die Bundesregierung die ersten Schritte für eine Ratifizierung der UNESCO 1970 getan. Nun werden sich der Bundesrat und der Bundestag mit dem Gesetzesentwurf befassen.

c. *Die Kritik an der Bundesrepublik Deutschland*

Aufgrund der Tatsache, dass die Bundesrepublik Deutschland als einer der letzten Staaten der EU der Konvention lange Zeit nicht beigetreten ist, wurde sie in der Vergangenheit mit zum Teil heftiger Kritik auch aus dem Ausland konfrontiert. Ein Angriff erfolgte insbesondere von der griechischen Seite anlässlich der zögerlichen Rückführung der in der Bayerischen Asservatenkammer in München aufbewahrten zypriotischen Kunstschätze, deren Herausgabe im Wege der Rechtshilfe von der Republik Zypern bereits im November 1997 beim Justizministerium der Bundesrepublik Deutschland beantragt wurde.[169] Griechenland sah

165 Eckpunktepapier vom 14. Mai 2004 für ein Gesetz zur Ausführung des UNESCO-Übereinkommens über Maßnahmen zum Verbot und zur Verhütung der unzulässigen Einfuhr, Ausfuhr und Übereignung von Kulturgut vom 14. November 1970 (Eckpunktepapier). Das Dokument wurde der Verfasserin freundlicherweise vom Ausschuss für Kultur und Medien überlassen. Eine verkürzte Mitteilung über diese Eckpunkte findet sich in KUR 6 (2004), S. 188.

166 Mitteilung des Ausschusses für Kultur und Medien an die Verfasserin.

167 Mitteilung des Ausschusses für Kultur und Medien an die Verfasserin.

168 Vgl. hierzu Pressemitteilung der Deutschen Unesco-Kommission, abrufbar unter www.unesco.de (Stichpunkt Aktuelles); Pressemitteilung der Bundesregierung Nr. 42 unter www.bundesregierung.de/Pressemitteilungen; dort findet sich auch ein Link zum Gesetzesentwurf; Verlautbarung der Deutschen Botschaft Nikosio, abrufbar unter www.nikosia.diplo.de (Stichwort Aktuelle Ereignisse).

169 Vgl. z. B. *Charalambidou*, in: Politis vom 27. November 2001 (Zypriotische Antiquitäten verbleiben noch in München. Kunstschätze gefährdet).

den maßgeblichen Grund für den langjährigen Verbleib der Kunstschätze in München in der unterbliebenen Ratifizierung der UNESCO-Konvention.[170]

Im Zusammenhang mit der unterbliebenen Ratifizierung wird des öfteren auch auf die Vorreiterrolle der damaligen DDR verwiesen.[171] Die DDR und andere Ostblockstaaten wie die Tschechoslowakei, die Sowjetunion, Jugoslawien, Bulgarien, Polen und Ungarn, welche die Konvention zwar ratifiziert hatten, erachteten eine Umsetzung aufgrund ihrer staatlichen Kulturgutgesetzgebung für nicht notwendig.[172] Da sämtliche vorgenannten Staaten über keinen nennenswerten Kunsthandel verfügten, taten sie sich leicht, eine Konvention zu ratifizieren, die in der Praxis keine wesentliche Bedeutung für sie hatte. Zum einen übertraf der illegale Export den Import bei weitem; zum anderen waren Grenzübertritte nicht sehr zahlreich.[173] Im Übrigen gehörten umfassende Grenzkontrollen ohnehin schon zur Tagesordnung, so dass die Einführung von Import- und Exportkontrollen nach der UNESCO 1970 für sie kein praktisches Problem verursachte.[174] Auch die von vielen Staaten befürchteten Auswirkungen der Konvention auf private Eigentumsrechte waren kein Anliegen der sozialistischen Staaten, in denen Staatseigentum an Kulturgütern das ideologische Fundament staatlicher Ordnung darstellt.[175] Aus all diesen Gründen hatten jene Staaten im Gegensatz zur Bundesrepublik Deutschland keine Auswirkungen auf ihre staatliche Eigentumsordnung oder ihren innerstaatlichen Kunsthandel zu befürchten.[176] Dem-

---

170 Auch im eigenen Lande war wiederholt der längst überfällige Beitritt Deutschlands zur UNESCO 1970 gefordert worden, vgl. *Bernecker*, in: Mitteilungsblatt. Museumsverband für Niedersachen und Bremen e.V. Nr. 61 Okt. 2001, S. 61 ff.

171 *Jaeger*, Internationaler Kulturgüterschutz, S. 19 f.

172 Zwar hat die DDR in ihrem Kulturgutschutzgesetz vom 3. Juli 1980 nach dessen § 1 Abs. 3 die UNESCO-Konvention „umgesetzt", dieses enthielt aber gerade keine Vollzugsnormen, so dass von einer Implementierung keine Rede sein kann.

173 *Mußgnug*, Kunstwerk, S. 15 (25); *Blumenwitz*, Philia I 2004, S. 5 (10), ders. in: FS Ress, S. 3 (12).

174 *Prott*, National Legal Control, S. 38; *Mußgnug*, Kunstwerk, S. 15 (25) weist zudem darauf hin, dass die juristischen Schwierigkeiten der Importstaaten mit harter und frei konvertibler Währung bei der Umsetzung und Vollzug der Konvention den Ostblockstaaten keine Sorgen bereiteten.

175 Im Übrigen gehörte die DDR zu den Staaten, die gerne vom Verkauf ihres eigenen Kulturgutes profitierten, vgl. dazu *Fechner*, in: Fechner/Oppermann/Prott, Prinzipien des Kulturgüterschutzes, S. 11 ff.; FAZ vom 21.02 1992, S. 4, BGH WM 1988, 1739 ff.; FAZ vom 8.6. 1995, S. 38 „Durch die Hintertür auf den Weltmarkt. Plünderungen bestätigt, die problematischen Tauschgeschäfte der Völkerkundemuseen Dresden und Leipzig".

176 S. hierzu *Prott/O'Keefe*, Movement, S. 791 f.; *Blumenwitz*, Philia 2004, S. 5 (10).

nach geht ein Verweis auf den Vorbildcharakter der DDR hinsichtlich einer Ratifizierung der UNESCO-Konvention gegenüber der Bundesrepublik Deutschland fehl.

Darüber hinaus darf die mangelnde Ratifizierung der UNESCO 1970 durch die Bundesrepublik Deutschland nicht isoliert betrachtet werden. So ist insbesondere auch die Intention zu berücksichtigen, die zu der Entscheidung, der Konvention vorerst nicht beizutreten, geführt hat. Es käme einer bloßen Unterstellung gleich, der Bundesrepublik Deutschland vorzuwerfen, sie habe aus der Absicht heraus gehandelt, den illegalen Kunsthandel zu begünstigen und eine Rückführung von Kulturgütern in den Ursprungsstaat zu erschweren. Die Ratifizierung unterblieb vielmehr, um den legalen Handel zu schützen und aus den befürchteten weitreichenden Konsequenzen für die innerstaatliche Eigentumsordnung.[177] Im Übrigen ergibt sich aus Art. 18 der Wiener Vertragsrechtskonvention[178] bereits aufgrund der Zeichnung der UNESCO-Konvention die Verpflichtung, nichts zu unternehmen, was ihrem Ziel und Zweck abträglich wäre.

7. *Ergebnis*

Zusammenfassend ist festzuhalten, dass die UNESCO 1970 ein völkerrechtliches, von der privaten Eigentumslage losgelöstes Rückforderungsrecht unter Staaten begründet. Ein Rückgabeanspruch besteht jedoch nur unter der Voraussetzung, dass (i) das Kulturgut einer der Kategorien des Art. 1 unterfällt, (ii) zur *cultural heritage* des rückfordernden Staates gehört, (iii) das betreffende Kulturgut aus einem Museum oder einer anderen staatlichen Einrichtung gestohlen wurde, (iv) das Kulturgut zum Inventar der entsprechenden Einrichtung gehört, (v) der Diebstahl nach Inkrafttreten der Konvention für sowohl den Belegenheitsstaat als auch den rückfordernden Staat erfolgte und (vi) der gutgläubige Erwerber vom rückfordernden Staat eine entsprechende Entschädigung erhält.

Allerdings lässt die UNESCO 1970 den Staaten bei der Umsetzung ihrer Verpflichtungen einen weiten Gestaltungsspielraum. Dennoch ist seit Inkrafttreten der Konvention eine unmittelbare Veränderung der internationalen Rückgabepraxis nicht erzielt worden, da aufgrund des engen Anwendungsbereiches der

---

177 Vgl. die Antwort der Bundesregierung auf die Große Anfrage der Abgeordneten Frau Dr. Wex et. al., BT-Drs. 10/2237, S. 41: „Die Bundesregierung bejaht Geist und Zielsetzung dieses Übereinkommens, doch stehen seiner Implementierung in der Bundesrepublik Deutschland noch nicht ausgeräumte rechtliche Hindernisse entgegen [...].“

178 BGBl. 1985 II, S. 926.

Rückgabeverpflichtung und der überdies unterschiedlichen nationalen Umsetzungen eine einheitliche Anwendung ihrer Normen nicht erreicht worden ist.[179] Beispiele direkt auf die UNESCO 1970 gestützter Rückführungsverlangen und ihre tatsächliche Durchführung anhand dieser Normen sind selbst bei den Vertragsstaaten nicht gerade zahlreich.[180]

An die in der Konvention etablierte Rückführungsverpflichtung für gestohlene Kulturgüter ist die Bundesrepublik Deutschland bislang völkerrechtlich nicht gebunden. Trotz bereits laufender Kodifizierungsarbeiten für eine Umsetzung der UNESCO 1970 ist von deutscher Seite eine Ratifikationsurkunde noch nicht hinterlegt worden.

II. Die UNIDROIT-Convention on Stolen or Illegally Exported Cultural Objects vom 24. Juni 1995

Während sich die UNESCO-Konvention den Problemen des illegalen Kunsthandels primär von der öffentlich-rechtlichen Seite genähert hat, war Ziel des UNIDROIT-Übereinkommens, dem illegalen Kulturgüterverkehr über die Schaffung einheitlicher Sachnormen auf privatrechtlicher Ebene entgegenzuwirken.[181] Das UNIDROIT-Übereinkommen ist derzeit das aktuellste und weitreichendste Instrument des internationalen Kulturgüterschutzes. Neben der UNESCO-Konvention ist es das wichtigste internationale Übereinkommen auf dem Gebiet der Kulturgüterrückführung.

1. Entstehungsgeschichte

Aufgrund der anfänglich mangelnden Akzeptanz der UNESCO-Konvention beauftragte die UNESCO in den achtziger Jahren das Internationale Institut für die Vereinheitlichung des Privatrechts (UNIDROIT)[182] mit der Ausarbeitung einer Entwurfskonvention, welche die von der UNESCO aufgeworfenen Probleme auf

---

179 *Prott*, ZVglRWiss 95 (1996), S. 192 (201 f.); *Turner*, Völkerrechtliche Zuordnung, S. 146.

180 *Prott*, ZVglRWiss 95 (1996), S. 192 (201 f.); *Freytag*, in: Fechner/Oppermann/Prott, Prinzipien des Kulturgüterschutzes, S. 175 (181) mit einigen Beispielen.

181 *Hipp*, Kulturgüterschutz in Deutschland, S. 229; *Reichelt*, in: Sladek, Das kulturelle Erbe, S. 61 ff.; *Rascher*, Kulturgütertransfer, S. 70.

182 UNIDROIT hat derzeit 59 Mitgliedstaaten, auch die Bundesrepublik Deutschland gehört dem Institut an.

der Ebene des Zivilrechts – insbesondere die Frage der Restitution gutgläubig erworbenen Eigentums – analysieren und lösen sollte.[183] Da sich UNIDROIT bereits in den sechziger Jahren mit dem Versuch befasste, einheitliche Regeln für den gutgläubigen Erwerb beweglicher Sachen zu entwerfen, schien das Institut für diese Aufgabe besonders geeignet.[184] So erarbeitete UNIDROIT im Jahre 1990 einen ersten Entwurf, der neben der Problematik der Rückführung gestohlenen Kulturguts zugleich die Rückstellung in Fällen illegaler Ausfuhr mit einbezog.[185] Der Entwurf wurde in vier Sitzungen von einer Expertenkommission überarbeitet und schließlich am 24. Juni 1995 durch die Diplomatische Konferenz mit 35 Ja-Stimmen, 5 Nein-Stimmen und 17 Enthaltungen angenommen.[186] Die Konvention trat gem. ihrem Art. 12 Abs. 1 am ersten Tag des sechsten Monats nach der Hinterlegung der fünften Ratifikations-, Annahme-, Genehmigungs- oder Beitrittsrunde am 1. Juli 1998 in Kraft.[187]

2. *Anwendungsbereich*

a. *Definition des geschützten Kulturguts*

Nach seinem Art. 1 findet das Übereinkommen[188] auf Ansprüche in Bezug auf die Rückführung gestohlener und illegal ausgeführter Kulturgüter Anwendung. Der Begriff Kulturgut wird in Art. 2 definiert als ein aus religiösen oder weltlichen Gründen für Archäologie, Vorgeschichte, Geschichte, Literatur, Kunst oder Wissenschaft bedeutungsvolles Gut. Diese Definition wird ergänzt durch die

---

[183] Vgl. *Lalive*, SZIER 1 (1997), S. 13 (26 ff.). Ausführlich zur Entstsehung der Konvention vgl. *Thorn*, UNIDROIT-Konvention, S. 86 ff.

[184] UNIDROIT hatte eine *loi uniforme sur l'aquisition de bonne foi des objets mobiliers corporels* (LUAB) erarbeitet, die jedoch aufgrund der großen Unterschiede in den nationalen Rechtsordnungen von der Diplomatischen Konferenz nicht angenommen wurde. Der Text des LUAB Entwurfs ist in ULR 1975-1, S. 68 ff., abgedruckt; im Anschluss (S. 84 ff.) findet sich der dazugehörige Explanatory Report v. *J.-G. Sauveplanne.* Zur LUAB auch *Spaun*, Herausgabeanspruch, S. 90 f.

[185] Vgl. zum UNIDROIT-Vertragsentwurf von 1990, *Reichelt*, in: Dolzer/Jayme/Mußgnug, Rechtsfragen, S. 67 ff.

[186] *Prott*, Commentary, Introduction, S. 13; *Schneider*, Explanatory Report, ULR 2001-3, S. 476 (484).

[187] Vgl. zur Entstehungsgeschichte *Reichelt*, in: Reichelt, Neues Recht zum Schutz von Kulturgut, S. 55 (56 ff.); *Schneider*, Explanatory Report, ULR 2001-3, S. 477 ff.; *Doyal*, Columbia Journal of Transnational Law 39 (2001), S. 657 (664 ff.).

[188] Das Übereinkommen ist abgedr. in ILM 34 (1995), S. 1530 ff. Eine deutsche Übersetzung findet sich bei *Jayme/Hausmann*, Internationales Privat- und Verfahrensrecht, 12. Aufl., Nr. 111.

Bezugnahme auf eine im Annex aufgeführte Liste von 11 Kategorien, welche Art. 1 der UNESCO-Konvention entspricht. Damit ist der Kulturgutbegriff der beiden Konventionen im Ansatzpunkt derselbe. Allerdings ist die Liste im Gegensatz zu Art. 1 der UNESCO-Konvention abschließend.[189] Art. 2 erfordert andererseits nicht mehr die ausdrückliche Deklarierung als nationales Kulturgut durch den Staat: ein unschätzbarer Vorteil, insbesondere im Hinblick auf diejenigen Staaten, für welche die Erstellung solcher Verzeichnisse Probleme personeller und sächlicher Art mit sich bringt. Der Verzicht auf eine Deklaration zu nationalem Kulturgut erklärt sich daraus, dass das UNIDROIT-Übereinkommen auf der Basis des Privatrechts arbeitet und somit auch private Interessen in seinen Schutz mit einbezieht. Die UNESCO-Konvention hingegen ist rein auf staatliche Interessen und den Schutz des nationalen Erbes ausgerichtet. Im Hinblick auf das Ziel der UNIDROIT, den illegalen Kunsthandel insgesamt weiter einzudämmen, wäre die Beschränkung des Anwendungsbereiches auf staatlich deklarierte Kulturgüter nicht gerechtfertigt.[190] Die volle Weite der Kulturgutdefinition kommt gleichwohl nur bei der Rückgabe gestohlenen Kulturguts zur Anwendung, da Art. 5 und 7 der Konvention für rechtswidrig ausgeführte Kulturgüter weitere Einschränkungen vorsehen.

b. Internationalität des Sachverhalts

Die Konvention ist nur auf Sachverhalte mit internationalem Charakter anwendbar, Art. 1 des Übereinkommens.[191] Anfängliche Überlegungen, auch rein innerstaatliche Transaktionen einzubeziehen, fanden keinen Eingang in die Endfassung.[192] Unproblematisch ist diese Voraussetzung bei rechtswidrig ausgeführtem Kulturgut, da die Ausfuhr zwangsläufig grenzüberschreitend ist. Beim Diebstahl hingegen stellt sich die Sachlage oft schwieriger dar: Da die Konvention den Verbleib des Kulturguts im Herkunftsstaat sicherstellen will, setzt der Rückgabeanspruch voraus, dass das Kulturgut von einem Vertragsstaat in einen anderen verbracht wird.[193] Dies wirft dann Probleme auf, wenn in dem Vertragsstaat, in welchem der Diebstahl stattgefunden hat, auch gutgläubig Eigentum erworben wurde und das Kulturgut erst nach dem Erwerb in einen anderen Staat ausgeführt wird. Streng genommen fehlt hier dem Diebstahlstatbestand der internatio-

---

189 *Turner*, Völkerrechtliche Zuordnung, S. 168.
190 *Prott*, Commentary, Art. 2, S. 19.
191 *Lalive*, SZIER 1 (1997), S. 13 (24 f.).
192 *Prott*, Commentary, Art. 1, S. 22; UNIDROIT, Study LXX-Doc. 30, para 23.
193 *Droz*, Rev. crit. 86 (1997), S. 239 (249); *Caravaca*, FS Jayme, S. 87 (91); *Siehr*, RabelsZ 59 (1995), S. 455 (462).

nale Charakter, so dass die Konvention nicht einschlägig ist. Das Wiederaufleben des Rückführungsrechts des früheren Eigentümers allein durch den späteren Grenzübertritt wird nämlich mit der Begründung verneint, dass ein Anspruch, der vor dem Grenzübertritt des Kulturguts nach den Vorschriften der Konvention gegen den Dieb nicht entstanden war, allein durch einen späteren Statutenwechsel des Objektes nicht begründet werden kann.[194] Dies ist überzeugend, denn das Kulturgut trägt hier den Stempel seiner originären Sachenrechtsordnung. Das Übereinkommen verfolgt nicht den Zweck, das unvollkommene Sachrecht des Herkunftsstaates zu korrigieren. Erst die Ausfuhr begründet daher gegebenenfalls ein staatliches Rückführungsrecht nach Art. 5 der Konvention, falls die entsprechenden Voraussetzungen vorliegen.[195]

3. Die Regelung der Rückführungsproblematik

Die UNIDROIT-Konvention trifft eine klare Trennung zwischen gestohlenen und illegal ausgeführten Kulturgütern; für beide werden materiellrechtliche Ansprüche auf Rückgabe statuiert, die sich jedoch hinsichtlich Anspruchsberechtigung, Voraussetzungen und Verjährung voneinander unterscheiden.[196]

a. Die Rückgabe gestohlener Kulturgüter

aa. Umfassende Herausgabepflicht

Für gestohlene Kulturgüter stellt Art. 3 Abs. 1 eine umfassende Rückgabepflicht des unmittelbaren Besitzers auf, die unabhängig vom Eigentum besteht.[197] Das Rückgaberecht kann sowohl von Staaten, als auch von Privatpersonen geltend gemacht werden. Inhaltlich ist die Rückführung auf die Herausgabe in den Besitz gerichtet.[198] Ebenso wie die UNESCO 1970 lässt das Übereinkommen die

---

194 *Siehr*, RabelsZ 59 (1995) S. 455 (461 ff.).

195 *Siehr*, RabelsZ 59 (1995) S. 455 (461 ff.), der diese Problematik an einigen Fallgestaltungen veranschaulicht; *Prott*, Commentary, Art. 1 S. 22.; *Hipp*, Kulturgüterschutz in Deutschland, S. 203.

196 Dies stellt einen entscheidenden Fortschritt im Vergleich zur UNESCO 1970 dar, bei welcher die Vermengung von Vorschriften über gestohlenes und illegal exportiertes Kulturgut in Art. 7 den Bezug der Rückgabepflicht nicht klar zum Ausdruck bringt, was zu zahlreichen Auslegungsproblemen geführt hat, vgl. oben I.4.a.aa.

197 Die absolute Rückgabepflicht setzte sich schließlich in zahlreichen Diskussionen durch, nachdem sie als wirksamstes Mittel zur Bekämpfung des illegalen Handels angesehen wurde und die bloße Entschädigung in Geld den Verlust wertvoller Kulturgüter nicht zu ersetzen vermag, vgl. Study LXX – Doc. 10, para. 19; Doc. 14, paras. 26-28.

198 *Turner*, Völkerrechtliche Zuordnung, S. 231.

Regelung der Eigentumslage an dem zurückzugebendem Kulturgut offen, da die Rückgabe in den Besitz nicht zugleich die Verschaffung des Eigentums verlangt, soweit dieses verloren gegangen ist.[199]

Nicht definiert wurde der Begriff des Diebstahls, dessen nähere Auslegung und Bestimmung den Gerichten bei der Rechtsanwendung überlassen bleibt.[200] Das gleiche gilt für die nähere Spezifizierung desjenigen, an den der Gegenstand im Einzelfall herauszugeben ist. Dies wird regelmäßig der frühere Eigentümer sein; es kann sich hierbei aber auch um ein Museum handeln, an welches das Objekt vor dem Verlust im Wege der Leihgabe gelangt ist.[201] Da zumindest klar war, dass an denjenigen zurückzugeben ist, der den Verlust zu beklagen hat, konnten die weiteren Einzelheiten der innerstaatlichen Rechtspraxis überlassen bleiben.[202]

bb. Raubgrabungen

Ein großer Gewinn der UNIDROIT-Konvention ist, dass Kulturgüter aus Raubgrabungen gestohlenen Kulturgütern gleichgestellt werden und zurückverlangt werden können, Art. 3 Abs. 2[203]:

> *"For the purposes of this Convention, a cultural object which has been unlawfully excavated or lawfully excavated but unlawfully retained shall be considered stolen, when consistent with the law of the State where the excavation took place."*

Dies bedeutet für Staaten, in denen Staatseigentum an sämtlichen archäologischen Funden begründet wird, dass jene Objekte nicht nur im Falle von Exportverboten nach Art. 5 rückgefordert werden können, sondern auch als gestohlenes Kulturgut über Art. 3.[204] Auf das Vorliegen der einschlägigen Diebstahlsvoraus-

---

199 *Carducci,* La restitution internationale, S. 143 f., 349 f. verweist darauf, dass die Konvention ihr Ziel mit der bloßen Tatsache erreicht, dass dem Rückgabeanspruch keinerlei Titel entgegengesetzt werden kann; ebenso *Caravaca*, FS Jayme, S. 87 (90).

200 Zunächst sollten dem Diebstahl auch "*conversion, fraud, intentional misappropriation of a lost object or any other culpable act assimilated thereto*" gleichgestellt werden, aber dieser Gedanke wurde aufgegeben, vgl. UNIDROIT, Study LXX – Doc. 11; dazu auch *Lalive*, SZIER 1 (1997), S. 13 (32).

201 *Lalive*, SZIER 1 (1997), S. 13 (33).

202 *Schneider*, Explanatory Report, ULR 2001-3, S. 476 (502); *Prott,* Commentary, Art. 3, S. 31 f.

203 Näher zum unermüdlichen Einsatz einiger Länder, der zur Aufnahme dieser Vorschrift geführt hat, *Lalive*, SZIER 1 (1997), S. 13 (33 f.).

204 Kritisch zur Aufnahme des Art. 3 Abs. 2, *Merryman*, IJCP 5 (1996), S. 11 (13 f.).

setzungen und insbesondere eine bereits erfolgte Besitzergreifung des Staates an den betreffenden Objekten kommt es damit nicht an.[205] Allerdings muss dem rückfordernden Staat der Nachweis gelingen, dass das betreffende Kulturgut auf seinem Territorium nach Inkrafttreten der entsprechenden Gesetzgebung ausgegraben wurde. Die zweifelsfreie Identifikation von Kulturgut kann jedoch in der Praxis schwierige Beweisfragen mit sich bringen.[206]

cc. *Gutgläubiger Erwerb und Lösungsrecht*

Die Anforderungen an einen gutgläubigen Erwerb sowie die Entschädigung des gutgläubigen Erwerbers sind in Art. 4 geregelt. Bei der Ausarbeitung der Konvention war immer wieder gefordert worden, dem früheren Eigentümer gestohlener Kulturgüter keine Entschädigungspflicht aufzuerlegen.[207] Aber bereits die den gutgläubigen Erwerbern auferlegte Rückgabeverpflichtung stellte für viele Rechtssysteme einen schwer zu verkraftenden Einschnitt dar, so dass die zusätzliche Entschädigungslosigkeit ein zu großes Opfer abverlangt hätte. Daher einigte man sich mit der Einführung eines Lösungsrechts auf einen Kompromiss, wozu auch die Umkehrung der Beweislast gehörte.[208] Somit muss nun der gutgläubige Erwerber nachweisen, dass er beim Erwerb des Kulturgutes mit gebührender Sorgfalt *(due diligence)* gehandelt hat. Anhaltspunkte für den Nachweis der nötigen Sorgfalt sind nach Art. 4 Abs. 4 *„alle für den Erwerb erheblichen Umstände, namentlich die Eigenschaften der Parteien und das gezahlte Entgelt sowie die Tatsache, ob der Besitzer in einem vernünftigerweise zugänglichen Verzeichnis gestohlener Kulturgüter nachgeschlagen hat, sowie sonstige diesbezügliche Auskünfte und Unterlagen, die er vernünftigerweise hätte erlangen können, und ob er Organisationen zu Rate gezogen hat, zu denen er Zugang haben konnte, und ob er jeden anderen Schritt unternommen hat, den eine vernünftige Person unter denselben Umständen unternommen hätte."* Damit sind die Anforderungen an die gebührende Sorgfalt derart hoch, dass es in der Praxis schwer sein

---

205 *Prott*, Commentary, Art. 3, S. 32.

206 Vgl. hierzu Teil 2, A.IV.5 und speziell zu archäologischen Funden die Beispiele aus der Staatenpraxis unter B.II.2.

207 Vgl. UNIDROIT, Study LXX – Doc. 10 para. 29; Doc. 23 para. 68; Doc. 30 paras. 60-74; Doc. 39 paras. 68-71; Doc. 48 paras. 82-83.

208 *Hipp*, Kulturgüterschutz in Deutschland, S. 204 f; *Reichelt*, in: Dolzer/Jayme/Mußgnug, Rechtsfragen, S. 67 (73); dies., in: Sladek, Das kulturelle Erbe, S. 61 ff. Allgemein kritisch zum Lösungsrecht, *Schmeinck*, Internationalprivatrechtliche Aspekte, S. 156 ff.; *Knott*, Anspruch auf Herausgabe, S. 180 ff. Zum Kompromisscharakter des UNIDROIT-Übereinkommens allgemein *Bergé*, Journal de droit international 127 (2000), S. 215 (230 ff.).

dürfte, diesen gerecht zu werden. Ist dennoch eine Entschädigungszahlung zu leisten, muss diese angemessen sein. Indizien für die Bemessung werden von Art. 4 nicht aufgestellt, insbesondere wurde auch die Frage der Rückführungskosten nicht geregelt. Diese Einzelheiten sollten der innerstaatlichen Rechtsanwendung überlassen bleiben.[209]

Hinsichtlich des gutgläubigen Erwerbs und des Lösungsrechts führt Art. 4 eine echte sachrechtliche Vereinheitlichung ein. Betroffen sind allerdings gem. Art. 9 Abs. 1 und Abs. 5 der Präambel nur diejenigen Staaten, welche einen gutgläubigen Erwerb vom Nichtberechtigten überhaupt kennen. Da die Konvention zum Ziel hat, die Rückführung gestohlener Objekte zu erleichtern, sollen Staaten, in denen Entschädigungsmaßnahmen zur Gewährleistung der Rückführung nicht erforderlich sind, solche auch nicht einführen müssen.[210] Dies ergibt sich aus Art. 9 des Übereinkommens und Abs. 5 der Präambel.[211]

dd. Verjährung und Rückwirkung

Die Frage der Verjährung des Herausgabeanspruches ist in Art. 3 Abs. 3 geregelt, der eine Geltendmachung des Anspruches binnen 3 Jahren nach positiver Kenntnis von Belegenheit des Objektes und der Identität des Besitzers (relative Verjährung), längstens jedoch 50 Jahre nach dem Diebstahl (absolute Verjährung) fordert.[212] Sonderregelungen enthalten Art. 3 Abs. 4 und 5 für Kulturgut, das Bestandteil eines identifizierten Denkmals oder einer identifizierten archäologischen Stätte ist oder einer öffentlichen Sammlung angehört. Diese Kulturgüter unterliegen nur der relativen dreijährigen Verjährungsfrist, nicht aber einer absoluten, es sei denn die Staaten bestimmen eine absolute Verjährungsfrist von

---

209 *Schneider*, Explanatory Report, ULR 2001-3, S. 476 (518); *Klein*, ZSR 118 (1999), S. 263 (271); *Prott*, Commentary, Art. 4, S. 42. S. dort auch zu den Fragen des Ersatzes von Instandsetzungs- und Instandhaltungskosten sowie zum Problem der finanzschwachen Entwicklungsländer.

210 *Schneider*, Explanatory Report, ULR 2001-3, S: 476 (514, 546).

211 Art. 9 Abs.1: "Nothing in this Convention shall prevent a State from applying any rules more favourable to the restitution or the return of stolen or illegally exported cultural objects than provided for in the Convention." Abs. 5 der Präambel: "Emphasising that this Convention is intended to facilitate the restitution and return of cultural objects, and that the provision of any remedies, such as compensation, needed to effect restitution and return in some States, does not imply that such remedies should be adopted in other States".

212 Auch dies stellt eine Kompromisslösung zwischen den verschiedenen Standpunkten dar, *Schneider*, Explanatory Report, ULR 2001-3, S. 476 (502 ff.).

75 oder mehr Jahren.[213] Im Hinblick auf Entwicklungsländer, die regelmäßig keine öffentlichen Sammlungen unterhalten, stellt Art. 3 Abs. 8 den öffentlichen Sammlungen sakrales oder für eine Gemeinschaft bedeutungsvolles Kulturgut gleich, das einer Eingeborenen- oder Stammesgemeinschaft in einem Vertragsstaat gehört und von ihr als Teil eines traditionellen oder rituellen Brauchs verwendet wird.

Gemäß ihrem Art. 10 ist die Konvention grundsätzlich nicht rückwirkend anwendbar. Für Diebstahl und damit auch über Art. 3 rückgeforderte Objekte aus Raubgrabungen gilt nach Abs. 1, dass sie sich zu einem Zeitpunkt ereignet haben müssen, in welchem die Konvention für den Staat, in welchem das Objekt gestohlen oder ausgegraben wurde, bereits in Kraft war. Allerdings ist es ausreichend, dass der Staat, in welchem die Klage erhoben wird, erst zum Zeitpunkte der Klageerhebung Vertragsstaat ist.[214]

b. Rückgabe illegal ausgeführten Kulturgutes

aa. Reichweite des Rückgabeanspruchs

Anders als bei gestohlenen Kulturgütern unterliegt der Rückgabeanspruch des Art. 5 der Konvention in Bezug auf rechtswidrig ausgeführte Kulturgüter gewissen Beschränkungen. Dieser Anspruch betrifft die öffentlich-rechtliche Berechtigung des Ausfuhrstaates, von einem Gericht oder einer anderen zuständigen Stelle des Belegenheitsstaates die Anordnung der Rückführung zu verlangen, Abs. 1. Der Besitzer hingegen kann nicht unmittelbar vom Ausfuhrstaat belangt werden.[215] Der Ausfuhrstaat muss gemäß Art. 5 Abs. 3 nachweisen, dass die Entfernung des Kulturgutes aus seinem Territorium wesentliche Interessen wie (i) die materielle Erhaltung des Gutes oder seiner Umgebung, (ii) die Unversehrtheit eines komplexen Gutes, (iii) die Erhaltung von Informationen, z.B. wissenschaftlicher oder historischer Art, (iv) den traditionellen oder rituellen Gebrauch des Gutes durch eine Stammes- oder Eingeborenengemeinschaft beeinträchtigt, oder (v) das Gut für ihn von wesentlicher kultureller Bedeutung ist.

---

213 Solche Vorschriften kennen bspw. China und die Niederlande, vgl. *Klein*, ZSR 118 (1999), S. 263 (267).

214 A. A. *Stamatoudi*, in: Torremans, Legal Convergence, S. 109 (114), der es für gestohlene Kulturgüter generell ausreichen lassen will, wenn der Staat der Belegenheit der Sache Vertragsstaat der Konvention ist.

215 *Prott*, Commentary, Art. 5, S. 54. Allerdings gingen die Verfasser der Konvention davon aus, dass die Staaten bei der Umsetzung die Wahl haben, die Klage unmittelbar gegen den Besitzer zuzulassen, UNIDROIT, Study LXX – Doc. 30, para. 84.

Während der letztgenannte Nachweis voraussetzt, dass das Gut selbst von wesentlicher kultureller Bedeutung ist, genügt für den Nachweis einer Interessensbeeinträchtigung, dass jene Interessen wesentliche sind.[216]

Wiederum beinhaltet der Rückführungsanspruch die Rückführung des Kulturguts auf das Territorium des Ausfuhrstaates ohne die Eigentumslage an dem ausgeführten Objekt zu berühren. Etwaige erworbene Rechte können dem Rückgabeanspruch ebenso wenig entgegengesetzt werden wie bei gestohlenem Kulturgut. Art. 5 enthält daher in Bezug auf die Rückführung auf das Territorium eine echte materiell-rechtliche Regelung, die vereinheitlichend wirkt. Eine kollisionsrechtliche Regelung, die Ausfuhrverbote des ausländischen öffentlichen Rechts im Forumstaat für anwendbar erklärt, enthält er hingegen nicht, weil er den Rückführungsanspruch an den obigen Nachweis knüpft und nicht an das Exportverbot als solches.[217] Diese Regelung erzwingt die Durchsetzung des ausländischen öffentlichen Rechts. Das ausländische Recht kann aber keinen eigenen Rückgabeanspruch begründen, so dass die Regelung von den Vertragsstaaten die Schaffung einer sachrechtlichen Anspruchsgrundlage fordert.[218]

Das Problem der Zuordnung zum kulturellen Erbe eines bestimmten Staates für den Fall des Streites mehrerer Staaten um ein Kulturgut wird in der Konvention nicht thematisiert. Vergleicht man die bei der UNESCO-Konvention durch diese Frage aufgeworfenen Schwierigkeiten, ist dieser Weg durchaus zu begrüßen. Abgestellt wird somit allein auf die illegale Ausfuhr, was letztlich ein Vorgehen nach der zeitlichen Reihenfolge nahe legt. Berechtigt wäre im Ende hiernach

216 *Turner*, Völkerrechtliche Zuordnung, S. 170.

217 Vgl. *Carducci*, La restitution internationale, S. 141: *"Le mécanisme est de pur droit matériel et dépourvu de tout appel à la méthode conflictuelle."*; *Hipp*, Kulturgüterschutz in Deutschland, S. 206; *Reichelt*, in: Sladek, Das kulturelle Erbe, S. 61 (69 f.). Dennoch ist das Exportverbot Voraussetzung und Grundlage des Anspruches, was aber von seiner unmittelbaren Geltung im Forumstaat zu unterscheiden ist. S. auch *Droz*, Rev. crit. 86 (1997) S. 239 (258 f.), der auf einen Vergleich zur Rückführung nach der Haager Konvention vom 25. Oktober 1980 über die zivilrechtlichen Aspekte der internationalen Kindesentführung abstellt. Ebenso wenig wie Art. 19 der Haager Konvention über Kindesentführung trotz unbedingter Rückkehr eine Aussage über das Sorgerecht treffe, treffe die unbedingte Rückführung von Kulturgut auf das Territorium eine Aussage über die Frage des Eigentums. Damit will *Droz* die direkte Anwendung des ausländischen öffentlichen Rechts vermeiden und dieses nur indirekt zur Begründung der Illegalität berücksichtigen.

218 *Müller-Katzenburg*, Internationale Standards, S. 107; *Kreuzer*, RdC 259 (1996), S. 9 ff.; *Lalive*, RDU 1996-I, S. 40 (54 f.); *Hipp*, Kulturgüterschutz in Deutschland, S. 206.

also der Staat, aus dessen Territorium das Kulturgut zuerst illegal ausgeführt wurde.[219]

bb. Entschädigungsfrage

Als Ausgleich für den Eingriff in die innerstaatliche Rechtsordnung ist ein Lösungsrecht vorgesehen, Art. 6 Abs. 1. Der Besitzer, welcher das Kulturgut nach dessen rechtswidriger Ausfuhr gutgläubig erworben hat, hat Anspruch auf die Zahlung einer angemessenen Entschädigung durch den ersuchenden Staat, sofern ihm bei dem Erwerb nicht bekannt war oder hätte bekannt sein müssen, dass das Gut rechtswidrig ausgeführt worden war.[220] Anzeichen für eine Bösgläubigkeit sind nach Abs. 2 die Umstände des Erwerbs, namentlich das Fehlen einer gemäß den Rechtsvorschriften des ersuchenden Staates erforderlichen Ausfuhrbescheinigung. Anders als bei gestohlenen Objekten findet eine Beweislastumkehr hier nicht statt; insoweit ist der Erwerber einer illegal ausgeführten Sache besser gestellt.[221]

Anstelle einer Entschädigungszahlung kann der Erwerber im Einvernehmen mit dem rückfordernden Staat das Eigentum im Ursprungsstaat selbst ausüben oder übertragen, Art. 6 Abs. 3. Eine solche Vereinbarung ermöglicht finanzschwachen Ländern, keine Entschädigung bezahlen zu müssen, wenn der gutgläubige Erwerber Eigentum und unter Umständen Besitz an dem Kulturgut behalten kann. Die Wahl zwischen Entschädigungsmöglichkeit und Ausübung des Eigentumsrechts im Ursprungsstaat zeigt, dass die Konvention es den Vertragsstaaten überlassen will, die Eigentumslage am Kulturgut nach seiner Rückgabe zu regeln; ein Punkt, der die Akzeptanz der Konvention verbessern sollte.[222] Eine automatische Enteignung stellt die Rückgabe des Kulturguts somit nicht dar.[223]

---

219 Vgl. *Turner*, Völkerrechtliche Zuordnung, S. 237. Das Zuordnungsproblem wurde allerdings in den Materialien diskutiert, vgl. UNIDROIT, Study LXX – Doc. 10, Doc. 14, para. 13, und fand sogar Eingang in die Entwürfe, vgl. hierzu statt aller *Turner*, Völkerrechtliche Zuordnung, S. 235 ff. m. w. N.

220 Für den Eigentümer selbst, der sein Kulturgut illegal ausführt, gilt die Vorschrift hingegen nicht, da auf den Erwerb nach Ausfuhr abgestellt wird.

221 Bedeutung gewinnt dies vor allem für staatliche Rückführungsansprüche, die gegebenenfalls sowohl auf illegale Ausfuhr als auch auf Diebstahl gestützt werden können. Der rückführende Staat sollte sich daher vor Geltendmachung eines Anspruches darüber klar sein, welchen Anspruch er leichter beweisen kann.

222 *Droz*, Rev. crit. 86 (1997) S. 239 (264); *Schneider*, Explanatory Report, ULR 2001-3, S. 476 (538).

223 *Prott*, Commentary, Art. 6, S. 66.

cc. *Verjährung*

Die relative Verjährung des Rückgabeanspruches beträgt für rechtswidrig ausgeführte Kulturgüter drei Jahre ab Kenntnis des Belegenheitsortes des Kulturguts und der Identität des Besitzers. Die absolute Verjährungsfrist beläuft sich unterschiedslos auf fünfzig Jahre für sämtliche illegal ausgeführten Objekte, Art. 5 Abs. 5. Auch dieser Anspruch ist nicht rückwirkend und setzt voraus, dass sowohl der ersuchende Staat als auch der Staat, in dem der Anspruch geltend gemacht wird, zum Zeitpunkt der rechtswidrigen Ausfuhr Vertragsstaat war, Art. 10 Abs. 2.

c. *Self-executing Charakter*

Im Gegensatz zur UNESCO-Konvention enthält das UNIDROIT-Übereinkommen direkt anwendbare Bestimmungen.[224] Dies gilt insbesondere für die unbedingten Rückführungspflichten und die Einführung eines Lösungsrechts. Diese Normen ersetzen im Verhältnis der Vertragsstaaten untereinander das materielle Privatrecht und machen insoweit auch bestehendes Kollisionsrecht überflüssig. Darüber hinaus enthält das Übereinkommen Vorschriften, hinsichtlich derer den Staaten ein gewisser Umsetzungsspielraum zukommt, wie die absolute Verjährung öffentlicher Kulturgüter.[225] Auch die genaue Regelung des Verfahrens und die Bestimmung der für die Ansprüche zuständigen Gerichte bzw. anderer Behörden bleiben den Vertragsstaaten überlassen. Wie diese Ausgestaltung geschieht, sei es durch den Rückgriff auf geeignete bestehende Rechtsvorschriften, durch die Einführung spezieller Vorschriften oder mittels gerichtlicher Auslegung im Einzelfall, ist ebenfalls Sache der Vertragsstaaten und weitgehend von den dort bestehenden Rechtssystemen abhängig. Die Notwendigkeit des Rückgriffs auf das innerstaatliche Recht an einzelnen Stellen nimmt jedoch der Konvention nicht ihre unmittelbare Anwendbarkeit in Bezug auf die hinreichend präzise formulierten Normen der Rückführungspflicht.[226]

---

224 *Prott*, Commentary, S. 87 f.; *Kaufmann*, Internationaler Kulturgütertransfer, Bericht der Arbeitsgruppe, S. 15, 23; *Rascher*, Kulturgütertransfer, S. 70; a.A. *Asam*, in: FS Jayme, S. 1651 (1656); *Klein*, ZSR 118 (1999), S. 263 (270).

225 So differenzierend auch *Bergé*, Journal de droit international 127 (2000), S. 215 (244 f.); *Rascher*, Kulturgütertransfer, S. 97 f.

226 Ausführlich zum Meinungsstand über die Frage der unmittelbaren Anwendbarkeit der UNIDROIT-Konvention unter Einbezug der Situation in Deutschland *Thorn*, UNIDROIT-Konvention, S. 97 ff.

4. Bewertung

Trotz ihrer zahlreichen Vorzüge im Verhältnis zur UNESCO-Konvention ist auch das UNIDROIT-Übereinkommen Ergebnis einer Kompromisslösung zwischen den Positionen der Befürworter einer starken Regulierung des Kunsthandels (insbesondere Archäologen) und den Anhängern eines weitgehend freien und unbeschränkten Kunsthandels (vor allem Kunsthändler und –sammler) einerseits, und zwischen den angloamerikanischen bzw. angelsächsischen und kontinentaleuropäischen Rechtsordnungen andererseits.[227] Dementsprechend unterschiedlich sind auch die Reaktionen auf die Konvention.[228] Von den Anhängern eines möglichst umfassenden Schutzes des nationalen kulturellen Erbes wird sie überwiegend positiv aufgenommen, wobei die Konvention einigen jedoch nicht weit genug geht.[229] Die Gegenseite allerdings übt heftige Kritik und sieht die Konvention als ungeeignet an, die Probleme des Kunsthandels zu bewältigen.[230]

Kritisiert[231] werden vor allem der zu weite Begriff des Kulturgutes und die rigorosen Anforderungen an den Nachweis der Gutgläubigkeit, die einseitig dem Sammler die gesamte Verantwortung auferlegen, gleichgültig woher das Objekt

---

227 *Müller-Katzenburg*, Internationale Standards, S. 109; *Rascher*, Kulturgütertransfer, S. 99.

228 Besonders heftige Kontroversen kamen in der schweizerischen Diskussion zutage, vgl. die Beiträge und Diskussion in: UNIDROIT: Recht und Ethik im Handel mit Kulturgut. Dazu *Lalive*, RDU 1996-I, S. 40 (49); *Klein*, ZSR 118 (1999), S. 263 (264). Heftige Kritik übten auch die USA, vgl. *Lalive* SZIER 1 (1997), S. 13 (49 ff.).

229 *Lalive*, RDU 1996-1, S. 40 (56 ff.), ders., SZIER 7 (1997), S. 13 (49 ff.); *Stamatoudi*, in: Torremans, Legal Convergence, S. 109 (140 ff.); *Rascher*, Kulturgütertransfer, S. 99; *Reichelt*, in: Reichelt, Neues Recht zum Schutz von Kulturgut, S. 55 (66 f.); *Müller-Katzenburg*, Internationale Standards, S. 110 f.; *Prott*, in: Palmer, The Recovery of Stolen Art, S. 205 (217 f.); *Kaufmann*, in: UNIDROIT, Recht und Ethik, S. 29 ff.; *Schwadorf-Ruckdeschel*, Rechtsfragen, S. 148. Auch *Walden*, Art, Antiquity and Law 7 (2002), S. 55 ff., weist auf viele Vorzüge der kanadischen UNESCO-Umsetzung gegenüber der UNIDROIT-Konvention hin, wie bspw. die Unverjährbarkeit der Ansprüche nach dem *Cultural Property Import and Export Act*.

230 *Wiederkehr-Schuler*, Kulturgüterschutz v. Freier Kunstmarkt, S. 10 ff, 29; *Henze*, in: UNIDROIT, Recht und Ethik, S. 37 ff.; *Staechelin*, in: UNIDROIT, Recht und Ethik, S. 63 ff; *Merryman*, IJCP 5 (1996), S. 11; Stellungnahme des Arbeitskreises Deutscher Kunsthandelsverbände zur Berliner Konferenz „Illegale Archäologie? - Über zukünftige Probleme bei unerlaubtem Antikentransfer“ (23.-25. Mai 2003), abrufbar unter www.bdkv.de/htm/politik.htm.

231 Eine gelungene Darstellung sämtlicher Kritikpunkte der Konvention findet sich bei *Thorn*, UNIDROIT-Konvention, S. 180 ff.

stammt und welchen Wert es hat.[232] Die Reichweite des Kulturgutbegriffes stellt sich in besonderem Masse für Objekte des Privateigentums, die nunmehr vom Schutzbereich der Konvention erfasst sind.[233] Gegen eine so weitreichende Einbeziehung privaten Eigentums wird vorgebracht, dass regelmäßig für diese Objekte die Regelungen des nationalen Rechts ausreichend seien, da jene Objekte ohnehin nur selten der Öffentlichkeit zugänglich seien und ihre Erhaltung nicht im Interesse des primär zu schützenden nationalen Erbes stehe. Daher wird vielfach gefordert, Privateigentum aus dem Bereich des Übereinkommens auszugrenzen mit Ausnahme von Objekten sehr hoher kultureller Bedeutung.[234] Nur für diese Fälle sei dann auch die strenge Sorgfaltspflicht gerechtfertigt, insbesondere vor dem Hintergrund, dass keine Meldepflicht für gestohlene Kulturgüter etabliert sei und so dem Endabnehmer sämtliche Verantwortung überbürdet werde.

Dieses Problem wurde allerdings auch von den Verfassern des Übereinkommens erkannt.[235] Dennoch sahen diese in der Beweislastumkehr und der hohen Sorgfaltspflicht die effektivste Waffe, um den illegalen Handel zu bekämpfen.[236] Prinzipiell ist es auch wünschenswert, bezüglich gestohlener Kulturgüter einen umfassenden Schutz zu garantieren, zumal überall auf der Welt der Diebstahl beweglicher Sachen als rechtswidrig gilt.[237] Aber obwohl Kulturgüter keine gewöhnliche Handelsware sind und eines besonderen Schutzes bedürfen, dürfte ein so weitreichender Schutz des privaten Eigentums, wie das Übereinkommen ihn vorsieht, wohl nur für einen kleinen Kreis bedeutender Objekte erforderlich sein.

---

232 *Wiederkehr-Schuler*, Kulturgüterschutz v. Freier Kunstmarkt, S. 19 ff. Auch die Länge der Verjährungsfristen sah sich heftiger Kritik ausgesetzt, *Chamberlain*, Art, Antiquity and Law 7 (2002), S. 231 (237).

233 *Mußgnug*, in: International Sales of Works of Art IV, S. 63 (69): "[...] there is no significant difference between a motor car and a painting kept in private custody, [...]".

234 Vgl. hierzu insbesondere *Wiederkehr-Schuler*, Kulturgüterschutz v. Freier Kunstmarkt, S. 21; *Mußgnug*, in: International Sales of Works of Art IV, S. 63 (69).

235 *Schneider*, Explanatory Report, ULR 2001-3, S. 476 (516).

236 *Schneider*, Explanatory Report, ULR 2001-3, S. 476 (516). *Droz*, Rev. crit. 86 (1997), S. 239 (254 f.) hingegen interpretiert in den Gutglaubensnachweis eine Beweislastteilung zwischen Erwerber und früherem Besitzer hinein. Ähnlich *Lalive*, RDU 1996-1, S. 40 (51 ff.), der die Beweislastregelung als Wiedergabe der ohnehin geltenden Rechtsprechung hinsichtlich den Anforderungen an Gutgläubigkeit in den meisten Ländern ansieht.

237 Diese Sichtweise kam auch in der Arbeitsgruppe zur UNIDROIT-Konvention zum Ausdruck, vgl. UNIDROIT, Study LXX – Doc. 48, paras. 52, 100-102, 105-108: "*In effect, all States were in agreement on the need to co-operate with a view to penalising theft committed abroad as theft was universally considered to be a criminal act [...].*"

Probleme bereitet die Weite des Kulturgutbegriffs aber auch für die Rückführung illegal ausgeführten Kulturguts. Denn auf diese Weise besteht die Möglichkeit, nahezu jedes beliebige Kulturgut mit einem Exportverbot zu belegen und so dem freien Handel zu entziehen. So muss zwar der rückfordernde Staat nachweisen, dass die Entfernung des Objekts wissenschaftliche oder kulturelle Interessen wesentlich beeinträchtigt. Andererseits drängt sich die Frage auf, ob dieses Erfordernis eine effektive Einschränkung bewirken kann. Insbesondere erscheint zweifelhaft, ob die zuständigen Stellen des um Rückforderung ersuchten Staats die Frage der Interessenbeeinträchtigung tatsächlich abweichend von den Behauptungen des rückfordernden Staates entscheiden würden.[238] Eine Antwort hierauf wird allerdings erst die tatsächliche Staatenpraxis geben können.

Weiter wird bemängelt, dass mit der Rückführung illegal exportierten Kulturgutes ein Sonderprivatrecht auch für die öffentlich-rechtlichen Ansprüche des Staates geschaffen wird, obwohl diese ersichtlich nicht aus einer privatrechtlichen Position resultierten.[239] Auf diese Weise werde dem Staat, in welchem der Veräußerungsvorgang stattfindet, die Möglichkeit genommen darüber zu entscheiden, ob er dem Verkehrsinteresse oder dem Interesse eines Drittstaates den Vorrang einräume. Damit werde die souveräne Entscheidung des betreffenden Staates unterlaufen und ein Kreis unhandelbarer Güter geschaffen.[240]

Den Einwänden ist jedoch entgegenzuhalten, dass es Bereiche gibt, in denen die Berücksichtigung von Exportverboten sinnvoll und auch notwendig erscheint. Dies trifft insbesondere auf Drittweltländer zu, die mit ihren Exportbestimmungen bezwecken, dass gewisse rituell und handwerklich bedeutsame, kulturelle Erzeugnisse an ihrem Gebrauchsort erhalten und nicht als Sammlerobjekte verkauft werden. Gleiches gilt für illegal ausgegrabene Objekte, die, um wissenschaftlich und kulturell ihre volle Bedeutung entfalten zu können, in ihrem Gesamtzusammenhang verbleiben müssen. Nicht zu rechtfertigen sind dagegen Exportverbote, die einer übertriebenen territorialen Bindung von für die kulturelle Identität eines Volkes weniger bedeutenden Objekten entspringen. Hier muss dem freien Kunsthandel der Vorzug eingeräumt werden. Dies brächte den Vorteil mit sich, dass ein vermehrtes Augenmerk auf die wirklich schützenswer-

---

238 *Wiederkehr-Schuler*, Kulturgüterschutz v. Freier Kunstmarkt, S. 23 f.

239 Damit werde der Territorialitätsgrundsatz durchbrochen, vgl. zu dieser Kritik *Thorn*, UNIDROIT-Konvention, S. 185 f.

240 *Kohls*, Kulturgüterschutz, S. 155 f. Ebenso *Staudinger/Stoll*, Int. SachenR, Rn. 295.

ten Kulturgüter gelegt werden könnte.[241] Im Hinblick auf diese national bedeutsamen Objekte ist meines Erachtens dann allerdings zu akzeptieren, dass die Interessen des Drittstaates an der Erhaltung seines Kulturguts überwiegen. Zugunsten eines effektiven Kulturgüterschutzes müssen hier die Interessen desjenigen Staates, dessen Rechtsordnung an sich über Veräußerungsvorgänge herrscht, sowie etwaige Verkehrsinteressen zurücktreten.[242]

5. Völkerrechtliche Verpflichtung der Bundesrepublik Deutschland

Die aufgezeigten widersprüchlichen Positionen spiegeln sich auch im Ratifizierungsstatus der Konvention wider. Trotz anfänglichem Optimismus und großer Erwartungen ist die UNIDROIT-Konvention in der Staatenwelt auf wenig Akzeptanz gestoßen. So hat bis heute keiner der bedeutenden Importstaaten das Abkommen ratifiziert. Von den europäischen Staaten sind lediglich Italien, Spanien, Portugal, Finnland und Zypern beigetreten. Insgesamt gehören derzeit nur 25 Staaten weltweit der Konvention an mit der Folge, dass ihr bislang kaum Wirkung beschieden ist.[243]

Die Bundesrepublik Deutschland ist der Konvention bislang nicht beigetreten. Bereits bei der Schlussabstimmung über die Annahme des Übereinkommens hat sich die deutsche Seite ihrer Stimme enthalten, obwohl sich Deutschland als eine der bedeutendsten kulturimportierenden Nationen der Welt von Anfang an der Ausarbeitung des Entwurfes beteiligt und Einverständnis hinsichtlich der wesentlichen Regelungen und Zielsetzungen signalisiert hat. So hat die deutsche Delegation die generelle Rückgabeverpflichtung für gestohlene Kulturgüter in Art. 3 Abs. 1 der Entwurfsfassung sowie den strengen Sorgfaltsmaßstab für den Nachweis der Gutgläubigkeit in ihren Änderungsvorschlägen nicht beanstandet.[244] Ebenso wurde grundsätzlich die Rückführungsverpflichtung rechtswidrig ausgeführter Kulturgüter anerkannt. Allerdings stand diese im Entwurf noch unter dem Vorbehalt, dass eine Rückgabe verweigert werden durfte, sofern das Objekt zum Belegenheitsstaat eine engere kulturelle Bindung aufwies als zum

---

241 *Wiederkehr-Schuler*, Kulturgüterschutz v. Freier Kunstmarkt, S. 22.

242 Näher zur Problematik der Abgrenzung von gerechtfertigten und übertriebenen Exportverboten vgl. Teil 3, A.II.3.b.

243 Der aktuelle Stand der Implementierung kann unter http://www.unidroit.org/english/conventions/1995culturalproperty/main.htm abgerufen werden.

244 Vgl. UNIDROIT, Study LXX – Doc. 27.

Ausfuhrstaat.[245] Darüber hinaus wollte die Bundesrepublik Deutschland die bestehenden Einschränkungen durch die Erkennbarkeit der nationalen Bedeutung des Kulturgutes sowie durch einen ordre-public-Vorbehalt des um Rückführung ersuchten Staates verschärft sehen.[246] Gefordert wurde insbesondere die Beschränkung der Rückgabeverpflichtung illegal ausgeführten Kulturguts auf Gegenstände von „herausragender kultureller Bedeutung".[247] In der Folge wurde die Entwurfsfassung hingegen durch die Ausweitung des sachlichen Anwendungsbereiches für illegal ausgeführte Kulturgüter verschärft. Der Rückführung konnte nun nicht mehr der Einwand der stärkeren Bindung entgegengesetzt werden; auch die Verjährungsfristen wurden erheblich verlängert und so die Verkehrsschutzinteressen zugunsten des Kulturgüterschutzes in den Hintergrund gerückt. Damit begann sich der offizielle Standpunkt in der Bundesrepublik Deutschland bald zugunsten des freien Kunsthandels von dem Vorhaben zu distanzieren.

Die eher ablehnende Haltung gegenüber der UNIDROIT-Konvention hat die offizielle Seite der Bundesrepublik Deutschland bis heute beibehalten. In ihrem Eckpunktepapier hat die BKM erneut bekräftigt, dass ein Beitritt zur UNIDROIT-Konvention nicht beabsichtigt ist: Denn diese würde im Falle eines Beitritts eine unmittelbar innerstaatlich geltende Gesamtregelung bilden, deren Übernahme unbefriedigend erscheine, da sie zu Kollisionen mit europäischen Regelungen führen könne und unflexibel sei.[248] Damit ist ein Beitritt der Bundesrepublik Deutschland in absehbarer Zeit nicht zu erwarten.

---

245 Vgl. Art. 6 der Entwurfsfassung, abgedr. bei *Prott*, Commentary, Anhang IV.

246 Vgl. UNIDROIT, Study LXX – Doc. 27. Auch wurden im Entwurfsstadium weitere Gründe für einen Ausschluss der Rückführung diskutiert, vgl. Study LXX – Doc. 40. Ausführlich zur Haltung der deutschen Delegation während der Verhandlungen und diplomatischen Konferenz zur Annahme des Übereinkommens, *Schweizer*, KUR 5 (2003), S. 25 (28 ff.).

247 Der eigene Vorschlag der Bundesrepublik Deutschland für eine Neufassung des Art. 5 Abs. 3 der Konvention lautete daher: "The court or other competent authority of the State addressed shall order the return of the object if the requesting State establishes that the object concerned is unique or outstanding and thus of particular cultural importance for the requesting State." Der Vorschlag ist abgedr. in: Acts and Proceedings, Arbeitspapier CONF. 8/C.1/W.P. 18, S. 124 links. Zu weiteren Vorschlägen der deutschen Delegation während der Entwurfsphase, die sich teils durchsetzen konnten, teils abgelehnt wurden, weil sie nach Ansicht der Staatenmehrheit die Konvention elementarer Bedeutung beraubten, vgl. *Schweizer*, KUR 5 (2003), S. 25 (28 ff.).

248 Eckpunktepapier, a.a.O. (Fn. 165), S. 7.

6. *Verhältnis zur UNESCO-Konvention und Ergebnis*

Aufgrund des maßgeblichen Anteils, den die UNESCO an der Entstehung der UNIDROIT-Konvention hatte, sind gewisse Berührungspunkte selbstverständlich, was sich vor allem im Bereich der Definitionen zeigt.[249] Das UNIDROIT-Übereinkommen geht jedoch inhaltlich entschieden weiter und verschafft neben dem Staat auch dem Eigentümer gestohlener Kulturgüter direkten Zugang zu den Gerichten des Belegenheitsstaates und ein umfassendes Rückgaberecht, während die UNESCO 1970 lediglich einen staatlichen Rückführungsanspruch hinsichtlich bestimmter Objekte im öffentlichen Eigentum vorsieht.[250] Ein echtes Novum enthält die UNIDROIT-Konvention in Bezug auf die rechtswidrige Ausfuhr von Kulturgütern, die nun ein staatliches Restitutionsrecht begründet. Zudem verstärkt sie den Schutz von aus Raubgrabungen stammenden Objekten, die entweder nach Art. 3 vom privaten Eigentümer oder dem Staat – sofern nach der nationalen Rechtsordnung staatliches Eigentum an jenen Objekten besteht – oder nach Art. 5, soweit ein Exportverbot für diese Objekte besteht, zurückverlangt werden können. Im Gegensatz zur UNESCO 1970 regelt das UNIDROIT-Übereinkommen zudem die Verjährung der Rückforderungsansprüche und stellt allgemein verbindliche Maßstäbe für die jeweils zu fordernde Gutgläubigkeit des Erwerbers auf. Bezüglich der beiden Rückführungsverpflichtungen sowie der gleichzeitigen Einführung eines Lösungsrechts für die Vertragsparteien, nach deren innerstaatlichen Rechtsordnungen zumindest eine Entschädigung des gutgläubigen Erwerbers angezeigt ist, schafft das Übereinkommen echtes, einheitliches Sachrecht.

Aufgrund seiner beachtlichen Reichweite ist das UNIDROIT-Übereinkommen somit nicht nur ein bloßer Versuch, die UNESCO 1970 zu ergänzen, sondern vielmehr ein neuer erweiterter Ansatz, das Weltkulturerbe durch eine bessere Kontrolle des Kunsthandels zu schützen, ohne aber gleichzeitig die UNESCO-Konvention überflüssig zu machen oder sie zu ersetzen.[251] Insgesamt ist das UNIDROIT-Übereinkommen als Antwort auf den weltweit wachsenden illegalen Kunsthandel und den damit einhergehenden Gefahren für den Bestand des kulturellen Erbes nicht nur in den klassisch gefährdeten Ländern der Welt, sondern zunehmend auch in eher kulturimportierend geprägten Ländern zu begrüßen.

---

249 S. zum Vergleich der beiden Konventionen insbesondere *Prott*, ULR 1996-1, S. 58 ff. und *Kaufmann*, Internationaler Kulturgütertransfer, S. 22 ff.

250 Ähnlich *Klein*, ZSR 118 (1999), S. 263 (266 f.).

251 *Schneider*, ULR 2001-3, S. 476 (492); *Prott*, Commentary, S. 15.

III. Internationale Rechtshilfeübereinkommen

1. Überblick und Bedeutung von Rechtshilfeabkommen

Neben den beiden besprochenen, auf den internationalen Kulturgüterverkehr insgesamt ausgerichteten Konventionen, bestehen auch auf dem Gebiet des Strafrechts Möglichkeiten zur Rückführung von Kulturgütern. Von besonderer Bedeutung ist hier die internationale Rechtshilfe auf der Grundlage bestehender Rechtshilfeabkommen. Der um Rechtshilfe ersuchte Staat unterstützt die Tätigkeit fremder Behörden, indem er die Handlungen, die diese selbst auf seinem Staatsgebiet nicht vornehmen dürfen, auf Ersuchen hin durchführt und so der territorialen Begrenzung der Hoheitsgewalt fremder Staaten abhilft.[252] In der Praxis steht dabei regelmäßig die Auslieferung und Bestrafung des Täters im Vordergrund. Im Rahmen des internationalen Kulturgüterschutzes und für die vorliegende Untersuchung ist dagegen in erster Linie das Schicksal der Beute interessant, weshalb sich die Darstellung im Wesentlichen auf die Herausgabemöglichkeiten für Gegenstände beschränkt.

Die Bedeutung von Rechtshilfeabkommen liegt in der Begründung völkerrechtlicher Pflichten zur Leistung von Rechtshilfe. Denn grundsätzlich steht es im Belieben eines jeden souveränen Staates, ob und inwieweit er anderen Staaten Rechtshilfe leistet. Eine völkerrechtliche Pflicht zur Leistung von Rechtshilfe besteht nur dann, wenn zwischen den betreffenden Staaten ein völkerrechtlicher Vertrag existiert.[253] Allein dieser nebst der zu ihm erklärten Vorbehalte und Deklarationen gibt Auskunft über die Reichweite der Berechtigung und Verpflichtung zur Leistung von Rechtshilfe im Verhältnis der konkret betroffenen Staaten.

Die völkerrechtlichen Verträge werden regelmäßig durch innerstaatliche Rechtshilfegesetze ergänzt, welche die rechtliche Grundlage für das innerstaatliche Dürfen zur Leistung von Rechtshilfe bilden, in der Regel aber keine verpflich-

---

252 Sog. Territorialitätsprinzip, vgl. *Epping/Gloria,* in: Ipsen, Völkerecht, § 23 Rn. 66 ff.; *Verdross/Simma*, Universelles Völkerrecht, §§ 1038, 1022; *Markees*, GA 1958, S. 353 (354). Das Gebot der Achtung fremder Gebietshoheit zählt zu den allgemeinen Regeln des Völkerrechts, die gem. Art. 25 GG den Gesetzen vorgehen und Rechte und Pflichten unmittelbar im Inland erzeugen. Zur dogmatischen Einordnung des Rechtshilferechts als Bestandteil eines transnationalen Straf- und Strafprozessrechts vgl. *Schomburg/Lagodny*, IRG, Einleitung Rn. 15; *Vogler/Wilkitzki-Vogel*, IRG, Vor § 1 Rn. 4 ff., in: Grützner/Pötz, Rechtshilfeverkehr.

253 *Schomburg/Lagodny*, IRG, Einleitung Rn. 85; *Markees*, GA 1958, S. 353 (355); *Vogler/Wilkitzki-Vogel*, IRG, Vor § 1 Rn. 25, in: Grützner/Pötz, Rechtshilfeverkehr.

tenden Normen gegenüber anderen Staaten enthalten.[254] Sie greifen überdies stets ein, wenn keine völkerrechtlichen Rechtshilfeverträge bestehen, mithin also im vertragslosen Rechtshilfeverkehr, worauf in Teil II näher einzugehen sein wird.

Aufgrund der zahlreichen bestehenden Rechtshilfeabkommen ist eine umfassende Behandlung und Darstellung nicht möglich. Die vorliegende Arbeit begnügt sich daher damit, ausgewählte multilaterale Instrumente zu veranschaulichen, die für die Rückgabe von Kulturgut fruchtbar gemacht werden können.

2. *Das Europäische Auslieferungsabkommen vom 13. Dezember 1957*

a. *Allgemeines*

Von großer Bedeutung im internationalen Rechtshilfeverkehr ist das Europäische Auslieferungsabkommen (EuAlÜbk)[255] des Europarates.[256] Obwohl es das älteste strafrechtliche Übereinkommen des Europarates darstellt, ist es nach wie vor als richtungsweisend für den Auslieferungsverkehr in der internationalen Staatengemeinschaft anzusehen. So finden sich gewisse Grundzüge in vielen weiteren Rechtshilfeabkommen und auch die Vorschriften zur Herausgabe von Gegenständen sind von diesem Abkommen geprägt worden, wie die weitere Untersuchung zeigen wird.[257]

---

[254] Für die Bundesrepublik Deutschland ist dies das Gesetz über die Internationale Rechtshilfe in Strafsachen vom 23. Dezember 1982 (IRG), BGBl. 1982 I, S. 2071. Ungenau insofern *Walter*, Rückführung, S. 39 Fn. 10, der das IRG als Umsetzung des EuAlÜbk bezeichnet. Das IRG schafft vielmehr nur die Rechtsgrundlagen für das innerstaatliche Dürfen, hat aber keine Auswirkung auf das völkerrechtliche Müssen.

[255] Nichtamtliche Abkürzung nach *Grützner/Pötz*, Rechtshilfeverkehr, III 1, S. 1. Dem EuAlÜbk hatte u. a. der Auslieferungsvertrag zwischen Frankreich und der Bundesrepublik Deutschland vom 29. November 1951 (BGBl. 1953 II, S. 152, 1959 II, S. 125) als Grundlage gedient, vgl. *Salis*, Der multilaterale Auslieferungsvertrag, S. 22.

[256] Die Abkommen des Europarates sind von den Rechtsakten der Europäischen Gemeinschaft (EG) zu unterscheiden, nur bei ersteren handelt es sich um völkerrechtliche Verträge, vgl. *Fechner*, Rechtlicher Schutz archäologischen Kulturguts, S. 92. Der Europarat ist eine auf völkerrechtlichem Vertrag beruhende zwischenstaatliche Organisation, der im Gegensatz zur EG keinerlei supranationale Kompetenzen zukommen. Zur Aufgabenteilung zwischen Europarat und EG und zur teilweisen Überlappung einzelner Tätigkeitsfelder auch auf dem Gebiet der Restitution von Kulturgütern vgl. *v. Schorlemer*, Internationaler Kulturgüterschutz, S. 444 ff.

[257] Das EuAlÜbk ist mittlerweile durch zwei Zusatzprotokolle ergänzt und an aktuelle Entwicklungen angepasst worden. Während das Erste Zusatzprotokoll vom 15. Oktober 1975 keine Auswirkungen auf die Herausgabe von Gegenständen für den hier interessierenden Bereich des Kunsthandels hat, sieht das Zweite Zusatzprotokoll vom 17. März

Nach Art. 30 EuAlÜbk ist auch ein Beitritt von Nichtmitgliedstaaten des Europarates nach einstimmiger Einladung durch die Mitgliedstaaten, welche das Abkommen bereits ratifiziert haben, möglich. Inzwischen ist das Abkommen von allen Mitgliedstaaten des Europarates ratifiziert worden und in Kraft getreten.[258] Für die Bundesrepublik Deutschland ist es nach seinem Art. 29 Abs. 3 am 1. Januar 1977 in Kraft getreten.[259]

b. *Die Herausgabevorschrift des Artikels 20*

Nach Art. 20 des Abkommens sind Gegenstände, die als Beweismittel dienen können oder die aus den verfolgten strafbaren Handlungen herrühren und ein gewisses Verhältnis zur Tat selbst haben, mit der Auslieferung des Täters herauszugeben:

> „*(1) Auf Verlangen des ersuchenden Staates beschlagnahmt und übergibt der ersuchte Staat, soweit es seine Rechtsvorschriften zulassen, die Gegenstände,*
> *a) die als Beweisstücke dienen können oder*
> *b) die aus der strafbaren Handlung herrühren und im Zeitpunkt der Festnahme im Besitz des Verfolgten gefunden worden sind oder später entdeckt werden.*
> *(2) Die in Absatz 1 erwähnten Gegenstände sind selbst dann herauszugeben, wenn die bereits bewilligte Auslieferung infolge des Todes oder der Flucht des Verfolgten nicht vollzogen werden kann.*
> *(3) Unterliegen diese Gegenstände im Hoheitsgebiet des ersuchten Staates der Beschlagnahme oder Einziehung, so kann er sie im Hinblick auf ein anhängiges Strafverfahren vorübergehend zurückbehalten oder unter der Bedingung der Rückgabe herausgeben.*
> *(4) Rechte des ersuchten Staates oder Dritter an diesen Gegenständen bleiben vorbehalten. Bestehen solche Rechte, so sind die Gegenstände nach Abschluss des Verfahrens sobald wie möglich und kostenlos dem ersuchten Staat zurückzugeben.*“[260]

1978 eine Erweiterung des Anwendungsbereiches u. a. hinsichtlich fiskalisch strafbarer Handlungen; zu den Auswirkungen für die Herausgabe von Gegenständen vgl. unten Fn. 258 und begleitenden Text.

258 Darüber hinaus haben Israel und Südafrika als Nichtmitgliedstaaten das Abkommen ratifiziert. Der Ratifizierungsstand sämtlicher Verträge des Europarates kann tagesaktuell unter http://www.coe.int/conventions abgerufen werden.

259 E.T.S. No. 24; BGBl. 1964 II, S. 1369; 1976 II, S. 1778. Die Vorbehalte der Bundesrepublik Deutschland sind abgedr. bei *Grützner/Pötz*, Rechtshilfeverkehr, III 1, S. 47 ff. Da sie die Herausgabe von Gegenständen nicht betreffen, sind sie für die vorliegende Arbeit nicht von Interesse.

260 Hervorhebungen durch die Verfasserin.

aa. Grundsatz der Akzessorietät zur Auslieferung

Die Herausgabe von Gegenständen ist nach dem EuAlÜbk grundsätzlich nur im Zusammenhang mit der Auslieferung des Täters möglich.[261] Die einzige Ausnahme stellt insofern Abs. 2 dar, der in den Fällen des Todes und der Flucht des Verfolgten die bereits erfolgte Bewilligung der Auslieferung genügen lässt. Voraussetzung für eine Herausgabe von Gegenständen nach dem EuAlÜbk ist damit in jedem Fall die Erfüllung der Auslieferungsbedingungen und somit die Auslieferungsfähigkeit.

Die wichtigste Bedingung der Auslieferungsfähigkeit ist die beiderseitige Strafbarkeit nach Art. 2 Abs. 1 EuAlÜbK. Danach kann nur wegen Handlungen ausgeliefert werden, die sowohl nach dem Recht des ersuchenden als auch nach dem Recht des ersuchten Staates mit einer Freiheitsstrafe oder die Freiheit beschränkenden Maßregel der Sicherung oder Besserung im Höchstmaß von mindestens einem Jahr oder mit einer schwereren Strafe bedroht sind. Die beiderseitige Strafbarkeit liegt in diesem Sinne schon dann vor, wenn der dem Auslieferungsbegehren zugrunde liegende Sachverhalt nach dem Recht beider Staaten strafbar ist; eine Identität des Delikts oder seiner Bezeichnung ist hingegen nicht nötig.[262] Die Strafbarkeit muss im Zeitpunkt der Entscheidung über das Ersuchen vorliegen.[263]

Wenn das Auslieferungsbegehren mehrere verschiedene Handlungen betrifft, die zwar alle die Voraussetzung der beiderseitigen Strafbarkeit erfüllen, manche aber das vorgesehene Strafmaß nicht erreichen, so ermöglicht Art. 2 Abs. 2 auch die Auslieferung wegen solcher strafbarer Handlungen, die hinsichtlich des Strafmaßes Abs. 1 nicht erfüllen, sog. akzessorische Auslieferung. Damit können also auch Gegenstände für diese Taten zurückgefordert werden. Die akzessorische Auslieferung wird für die Staaten des Zweiten Zusatzprotokolls nochmals auf Handlungen erweitert, die nur mit einer Geldstrafe oder Geldbuße bewehrt sind.[264]

Eine Ausdehnung des Anwendungsbereiches der Auslieferung und somit auch der Herausgabemöglichkeit von Gegenständen wird für die Parteien des Zweiten

---

261 *Walter*, Rückführung, S. 40.

262 *Grotz* in: Grützner/Pötz, Rechtshilfeverkehr, III 1, Rn. 7.

263 OLG Karlsruhe, GA 1985, S. 326 (327); *Vogler/Wilkitzki-Vogel*, IRG, § 3 Rn. 21, in: Grützner/Pötz, Rechtshilfeverkehr; a.A. *Schomburg/Lagodny-Lagodny*, IRG, § 3 R. 21, der auf den Übergabezeitpunkt abstellt.

264 Art. 1 des Zweiten Zusatzprotokolls, ETS No. 98, BGBl. 1990 II, S. 118.

Zusatzprotokolls durch die Einbeziehung fiskalischer strafbarer Handlungen in die Auslieferungspflicht erreicht.[265] Nach Art. 5 des EuAlÜbk besteht diese Verpflichtung nur, wenn und soweit die Vertragsparteien die Auslieferung wegen fiskalischer Delikte vereinbart haben, also lediglich fakultativ. Durch die Einbeziehung im Rahmen des Zweiten Zusatzprotokolls werden hier Gegenstände, die aus Abgaben-, Steuer-, Zoll- und Devisenstrafsachen stammen oder damit in Zusammenhang stehen, obligatorisch herausgegeben. Dies kann für die Rückführung von Gegenständen in der Praxis dann ein Vorteil sein, wenn den Tätern eine Straftat wie Diebstahl, Raub oder Hehlerei nur schwer nachweisbar ist, bzw. hier möglicherweise bereits der Anfangsverdacht fehlt, eine fiskalisch strafbare Handlung dagegen auf der Hand liegt, weil für bestimmte Objekte der Nachweis geeigneter Papiere und Zollbestimmungen nicht erbracht werden konnte. Dies ist insbesondere bei Verstößen gegen ausländische Exportverbote hilfreich.[266] Denn derartige Verstöße sind regelmäßig nicht als auslieferungsfähige Straftaten ausgestaltet. Die Auslieferung, und damit auch die Herausgabe von damit im Zusammenhang stehenden Gegenständen, darf nach Art. 2 Abs. 2 des Zweiten Zusatzprotokolls nicht mit der Begründung abgelehnt werden, dass *„das Recht der ersuchten Vertragspartei nicht dieselbe Art von Abgaben oder Steuern oder keine Abgaben-, Steuer-, Zoll-, oder Devisenbestimmungen derselben Art wie das Recht der ersuchenden Vertragspartei vorsieht."*

Nach Art. 10 ist die Auslieferung zeitlich nur solange möglich, als die der Auslieferung zugrunde liegende Straftat oder die Strafvollstreckung noch nicht verjährt ist. Dabei genügt es, wenn die Verjährung nur nach dem Recht entweder des ersuchenden oder des ersuchten Staates eingetreten ist. Ab Eintritt der Verjährung in einem der beiden Staaten darf die Auslieferung nicht mehr bewilligt werden, womit die akzessorische Herausgabe ebenfalls scheitert.

Dieses Problem stellte sich im eingangs erwähnten Fall der zypriotischen Kulturgüter. Zwar verjähren strafbare Handlungen in Bezug auf Altertümer nach zypriotischem Recht nicht;[267] der in Untersuchungshaft in der Bundesrepublik Deutschland sitzende Händler konnte sich jedoch auf die im deutschen Recht

---

265 Art. 2 des Zweiten Zusatzprotokolls.

266 So hat das Österreichische Bundesgericht sogar festgestellt, dass es sich bei einem Verstoß gegen ausländische Exportverbote nicht nur um (nicht rechtshilfefähige) Fiskaldelikte, sondern um rechtshilfefähige Delikte handelt, vgl. BGE v. 1. März 1996, 1 A 309/1995; *Siehr*, in: Schmid/Ackermann, Wiedererlangung widerrechtlich entzogener Vermögenswerte, S. 1 (14) Fn. 53.

267 Vgl. Kap. 155 Strafprozessordnung der Republik Zypern.

mit 10 Jahren relativ kurzen Verjährungsvorschriften für Diebstahl und Hehlerei (in qualifizierter Form, die regelmäßig im Kunsthandel jedenfalls wegen Gewerbsmäßigkeit vorliegt) berufen, vgl. § 78 Abs. 3 Nr. 3 StGB. Da die Regierung der Republik Zypern über die genauen Tatzeitpunkte nur aussagen konnte, dass die Kunstschätze nach der türkischen Invasion im Jahre 1974 abhanden gekommen waren, musste in dubio pro reo zugunsten des Täters angenommen werden, dass dieser die Gegenstände bereits 1974 oder jedenfalls zu einem Zeitpunkt an sich gebracht hatte, wonach die Taten im Jahr 1998 im Zeitpunkt der Entscheidung über die Auslieferung des Täters verjährt waren.[268] Somit musste das OLG München im Juli 1998 den Auslieferungsantrag zurückweisen, weshalb dann auch die Herausgabe der beschlagnahmten Kunstgegenstände nach Art. 20 nicht mehr in Betracht kam.[269]

bb. Zulässige Herausgabezwecke

Sind die Akzessorietätsvoraussetzungen erfüllt, so ist zunächst ein gesondertes, auf die Herausgabe gerichtetes Ersuchen des die Rückgabe begehrenden Staates erforderlich.[270] Der Anspruch auf Herausgabe erfasst dann sowohl Gegenstände, die für das ausländische Verfahren als Beweismittel dienen können, als auch die Beute aus der Straftat und ihre Surrogate. Bewusst weit ist die Formulierung *„die als Beweisstücke dienen können“* gehalten. Sie soll dem Umstand Rechnung tragen, dass der ersuchende Staat in der Kürze der Zeit zu einer zuverlässigen Würdigung der Erheblichkeit von Beweismitteln regelmäßig nicht in der Lage sein wird.[271] Damit genügt es, wenn die Beweiserheblichkeit für das ausländische Strafverfahren nach den festgestellten Umständen nicht völlig ausgeschlossen ist.[272] Alleinige Voraussetzung für die Herausgabe der Beute und/oder ihrer Surrogate ist, dass sie sich im Besitz des Verfolgten befanden. Damit kommt auch eine Herausgabe zum Zwecke der Rückgabe an den Geschädigten in Betracht. Die Herausgabe erfolgt stets an den ersuchenden Staat, nicht an Privatpersonen.

---

268 Vgl. hierzu *Blumenwitz*, in: FS Ress, S. 3 (6 f.).

269 *Blumenwitz*, in: FS Ress, S. 3 (6).

270 *Vogler/Wilkitzki-Wilkitzki*, IRG, § 38 Rn. 8 Fn. 7, in: Grützner/Pötz, Rechtshilfeverkehr.

271 *Vogler/Wilkitzki-Wilkitzki*, IRG, § 38 Rn. 16, in: Grützner/Pötz, Rechtshilfeverkehr.

272 BVerfG, NStZ-RR 2002, S. 16 f., 1. LS: „Es begegnet von Verfassungs wegen keinen Bedenken, wenn die Fachgerichte im internationalen Rechtsverkehr es genügen lassen, dass die Beweiserheblichkeit der von Ersuchen umfassten Beweismittel nicht feststeht, sondern lediglich nicht ausgeschlossen ist.“; BGHSt 20, S. 170 (173), OLG Frankfurt a. M., NStZ-RR 2001, S. 156 (157); OLG Karlsruhe, MDR 1982, S. 429 (430).

cc. *Einschränkungen der Herausgabe*

Die in der Praxis wohl wichtigste Einschränkung speziell bei der Rückführung von Kulturgütern ist der Vorbehalt der Rechte Dritter und der Rechte des ersuchten Staates an den herauszugebenden Gegenständen, Art. 20 Abs. 4. Diese Vorschrift dient als Korrektiv für den Fall, dass an den von Art. 20 EuAlÜbk erfassten Gegenständen im Inland Rechte Dritter bestehen, deren Geltendmachung durch eine unbedingte Herausgabe an den ausländischen Staat erheblich erschwert oder gar unmöglich gemacht wird. Eine mögliche Verletzung der Rechte Dritter durch die vorbehaltlose Herausgabe steht insbesondere dann im Raum, wenn im ersuchten Staat erlangte Beute oder Surrogate der Beute herausgegeben werden sollen. Denn hier besteht oftmals die Gefahr des zwischenzeitlichen gutgläubigen Erwerbs von Rechten seitens Dritter. Der Herausgabe entgegenstehende Rechte sind jedoch nur dingliche Rechte und keine schuldrechtlichen Forderungen. Auch der Fiskus kommt als Inhaber von Rechten in Betracht, insbesondere im Hinblick auf zoll- und außenwirtschaftsrechtliche Bestimmungen.[273] Die Konvention hat mit Art. 20 Abs. 4 die Problematik des Widerstreits der Interessen des früheren berechtigten Eigentümers einerseits und des gutgläubigen Erwerbers andererseits der umfassenden Verpflichtung des ersuchenden Staates zu einer kostenlosen Rückgabe der herausgegebenen Gegenstände an den ersuchten Staat unterworfen.

Eine weitere fakultative Einschränkung enthält Art. 20 Abs. 3 EuAlÜbk. Danach kann der ersuchte Staat Gegenstände, die in seinem Verfahren der Einziehung oder dem Verfall unterliegen, vorübergehend zurückbehalten.[274]

c. *Zusatzabkommen der Bundesrepublik Deutschland*

Nach Art. 28 Abs. 2 EuAlÜbK sind Zusatzabkommen der Vertragsparteien zur Ergänzung des Übereinkommens oder zur Erleichterung seiner Anwendung möglich. Für die Bundesrepublik Deutschland sind hier zum einen die Abkommen der EG, zum anderen die Zusatzabkommen mit einzelnen Staaten bedeutsam.

---

[273] Vgl. bspw. die Sachhaftung nach § 76 AO, näher dazu *Beermann*, Steuerliches Verfahrensrecht, § 76 AO, Rn. 1 ff. Zur Berücksichtigung der Rechte deutscher Finanzbehörden, wenn auch nicht im Rahmen des Kunsthandels, vgl. OLG Frankfurt vom 15. Juli 1981, 2 Ausl. 32/81, unveröff. und auszugsweise wiedergegeben in: *Eser/Lagodny/ Wilkitzki*, Internationale Rechtshilfe in Strafsachen, Rechtsprechungssammlung 1949-1992, U 49, S. 193.

[274] Zur Einziehung geschmuggelten Kulturguts im deutschen Recht ausführlich in Teil 2 unter D.II.2.b.

Im Rahmen der Europäischen Union sind das Übereinkommen zur Durchführung des *Übereinkommens von Schengen vom 14. Juni 1985*[275], das *Übereinkommen vom 10. März 1995 über das vereinfachte Auslieferungsverfahren zwischen den Mitgliedstaaten der Europäischen Union*[276] und das *Übereinkommen über die Auslieferung zwischen den Mitgliedstaaten der Europäischen Union vom 27. September 1996*[277] zu nennen, wobei allein letzteres indirekte Auswirkungen auf die Herausgabe von Gegenständen beinhaltet. Obwohl mangels ausreichender Ratifizierungen noch nicht in Kraft, findet es zwischen der Bundesrepublik Deutschland, Dänemark, Spanien, Portugal, Finnland und den Niederlanden vorläufig Anwendung. Es stellt eine Ergänzung des EuAlÜbk dar, ohne dieses im Verhältnis der EU-Staaten untereinander zu ersetzen, vgl. Art. 1 Abs. 1 des Übereinkommens. Nach Art. 6 des Übereinkommens werden nun für die Vertragsstaaten alle fiskalisch strafbaren Handlungen in die Auslieferungsverpflichtung miteinbezogen, so dass es im Verhältnis dieser Staaten auf eine Zeichnung des Zweiten Zusatzprotokolls zum EuAlÜbk nicht ankommt. Art. 8 des Übereinkommens besagt, dass die Auslieferung nicht mehr mit der Begründung abgelehnt werden darf, dass die Strafverfolgung oder die Strafvollstreckung nach den Rechtsvorschriften des ersuchten Vertragsstaates verjährt ist. Aufgrund der Akzessorietät der Herausgabe von Gegenständen zur Auslieferung wird also auch die Herausgabe entsprechend erweitert. Im Falle seiner Anwendbarkeit hätte das Europäische Übereinkommen von 1996 für das zypriotische Verlangen auf Herausgabe ihrer Kulturgüter also Vorteile gebracht.

Daneben bestehen für die Bundesrepublik Deutschland mit einzelnen Staaten sowohl Zusatzabkommen zur Erleichterung des EuAlÜbk, als auch bilaterale Abkommen mit Staaten, für welche die Europaratskonvention nicht gilt.[278] Auch hier werden teilweise Verbesserungen für die Herausgabe erreicht; so bleibt

---

275 Übereinkommen zur Durchführung des Übereinkommens v. Schengen vom 14. Juni 1985 zwischen den Regierungen der Staaten der Benelux-Wirtschaftsunion, der Bundesrepublik Deutschland und der Französischen Republik betreffend den schrittweisen Abbau der Kontrollen an den gemeinsamen Grenzen vom 19. Juni 1990, BGBl. 1993 II, S. 1013, 1902, 1912, 1921; 1996 II, S. 2542; 1997 II, S. 966.

276 BGBl. 1998 II, S. 2230. Das Übereinkommen ist bislang nicht in Kraft getreten und nur von der Bundesrepublik Deutschland, Dänemark, Schweden und Spanien ratifiziert. Zwischen diesen Staaten ist es jedoch vorzeitig anwendbar gem. der Bekanntmachung über die vorzeitige Anwendung des Übereinkommens, vgl. BGBl. 1999 II, S. 357.

277 BGBl. 1998 II, S. 2253; dazu *Vogel*, Revue internationale de droit pénal 70 (1999), S. 327 (347).

278 Die meisten dieser Abkommen sind abgedr. bei *Grützner/Pötz*, Rechtshilfeverkehr, II (Bd. 2 u. 3).

bspw. nach Art. 5 Abs. 1 des Vertrages zwischen der Bundesrepublik Deutschland und Australien über die Auslieferung vom 14. April 1987 die Verjährung der Strafverfolgung im ersuchten Staat außer Betracht.[279] Andere verzichten auf ein spezielles Herausgabeersuchen.[280] Umfassende Herausgabepflichten, die unabhängig von der zugrunde liegenden Auslieferung bestehen oder auf den Vorbehalt der Rechte Dritter verzichten, finden sich jedoch nicht.

3. *Das Europäische Übereinkommen über die Rechtshilfe in Strafsachen vom 20. April 1959*

Eine bedeutende Fortentwicklung im Hinblick auf die von einer Auslieferung unabhängige Möglichkeit zur Rechtshilfe stellt das Europäische Rechtshilfeübereinkommen (EuRHÜbk) vom 20. April 1959[281] dar, das für die Bundesrepublik Deutschland am 1. Januar 1977 in Kraft getreten ist, Art. 27 Abs. 3 EuRHÜbk. Das Übereinkommen ist wesentlich von den bei der Schaffung des EuAlÜbk gewonnenen Erfahrungen geprägt worden. Es erfasst im Gegensatz zum EuAlÜbk keine Vorschriften zur Auslieferung, sondern befasst sich ausschließlich mit sonstigen Rechtshilfeleistungen zu jeglicher Unterstützung eines ausländischen strafrechtlichen Verfahrens, sog. *„sonstige Rechtshilfe"*.

a. *Anwendungs- und Geltungsbereich*

Die Grundlage für eine weitreichende Unterstützung ausländischer Ersuchen findet sich in Art. 1 Abs. 1, der die Vertragsparteien verpflichtet, sich im Rahmen des Übereinkommens *„soweit wie möglich Rechtshilfe zu leisten in allen Verfahren hinsichtlich strafbarer Handlungen, zu deren Verfolgung in dem Zeitpunkt, in dem um Rechtshilfe ersucht wird, die Justizbehörden des ersuchenden Staates zuständig sind."* Ausgenommen vom Anwendungsbereich sind Verhaftungen, die Vollstreckung ausländischer Urteile sowie rein dem Militärrecht unterliegende Straftaten. Art. 26 Abs. 3 ermöglicht ebenso wie das EuAlÜbk die Erweiterung des Anwendungsbereiches der Konvention und die Erleichterung ihrer Anwendung.

---

279 BGBl. 1990 II, S. 111, 716. Diese Erleichterung sehen die meisten Auslieferungsverträge vor. Auch enthalten viele der Zusatzverträge die Ausweitung der Auslieferungspflicht auf fiskalische Delikte.

280 So Art. 25 des Auslieferungsvertrages mit den USA, BGBl. 1980 II, S. 646, 1300 und Art. XXI des Auslieferungvertrages mit Kanada, BGBl. 1979 II, S. 665, 1049.

281 E.T.S. No. 30, BGBl. 1964 II, S. 1386; 1976 II, S. 1799.

Die Unabhängigkeit vom Recht der Auslieferung lässt die Voraussetzung der beiderseitigen Strafbarkeit und Verfolgbarkeit entfallen und dagegen eine Ausweitung der Rechtshilfepflicht auf nur geringfügige Straftaten zu. Allerdings kann die Rechtshilfe fakultativ für nur fiskalisch strafbare Handlungen verweigert werden, Art. 2 lit. a. Auch für das EuRHÜbk ist ein Zusatzprotokoll vom 17. März 1978 geschaffen worden, das für die Bundesrepublik Deutschland seit dem 6. Juni 1991 verbindlich ist.[282] Ebenso wie das Zweite Zusatzprotokoll zum EuAlÜbk schafft es eine vertragliche Grundlage zur Leistung von Rechtshilfe bei fiskalisch strafbaren Handlungen.

b. Die Herausgabevorschriften der Artikel 5 und 6 EuRHÜbk

Nach Art. 3 Abs. 1 lässt der ersuchte Staat Rechtshilfeersuchen, welche die Übermittlung von Gegenständen zu Beweiszwecken zum Gegenstand haben, in der in seinen Rechtsvorschriften vorgesehenen Form erledigen. Damit kann um Beschlagnahme und anschließende Herausgabe von Gegenständen nur ersucht werden, um die herauszugebenden Gegenstände als Beweismittel zu verwenden. Eine Herausgabe allein zu dem Zweck der Restitution an den Geschädigten ist nicht möglich.[283] Auch die Beute und ihre Surrogate können nur zurückgefordert werden, wenn sie als Beweismittel in Betracht kommen.[284]

Grundsätzlich ist der ersuchte Staat nach Art. 6 Abs. 1 verpflichtet, die erbetenen Gegenstände baldmöglichst zu übergeben.[285] Da aber Rechtshilfeersuchen auf Durchsuchung und Beschlagnahme stärker in die Rechte von Betroffenen eingreifen, ermöglicht Art. 5 Abs. 1 den Staaten, an diese Ersuchen strengere Voraussetzungen zu stellen. So können sie sich vorbehalten, einem Ersuchen nur nachzukommen, wenn die beiderseitige Strafbarkeit oder die Auslieferungsfähigkeit der zugrunde liegenden Straftat erfüllt ist, oder die Erledigung des Ersuchens mit dem Recht des ersuchten Staates vereinbar ist. Auch die Bundesrepublik Deutschland hat von dieser Möglichkeit Gebrauch gemacht und sowohl die beiderseitige Strafbarkeit sowie die Vereinbarkeit mit dem Recht des ersuchten Staates zur Zulässigkeitsvoraussetzung erklärt.[286] Nach Art. 5 Abs. 2 können

---

282 BGBl. 1991 II, S. 874.

283 *Walter*, NJW 1977, S. 983 (984); *Frey*, in: Schmid/Ackermann (Hrsg.), Wiedererlangung widerrechtlich entzogener Vermögenswerte, S. 75 (81); *Berndt*, Internationaler Kulturgüterschutz, S. 50; a.A. *Walter*, Rückführung, S. 41 f.

284 *Frey*, in: Schmid/Ackermann (Hrsg.), Wiedererlangung widerrechtlich entzogener Vermögenswerte, S. 75 (77).

285 *Walter*, NJW 1977, S. 983 (985).

286 BGBl. 1976 II, S. 1799.

sich der ersuchte sowie der ersuchende Staat hinsichtlich sämtlicher Vorbehalte auf das Prinzip der Gegenseitigkeit berufen. Für den Rechtshilfeverkehr der Bundesrepublik Deutschland im Verhältnis zu Staaten, welche neben den deutschen Vorbehalten auch die Auslieferungsfähigkeit als Vorbehalt erklärt haben, gilt, dass alle Bedingungen und nicht nur die des deutschen Vorbehalts erfüllt sein müssen, vorausgesetzt die Staaten machen von dem fakultativen Gegenseitigkeitsprinzip Gebrauch.[287] Sind diese Bedingungen erfüllt, kommt eine Aufschiebung der Herausgabe nur noch unter der Voraussetzung in Betracht, dass der ersuchte Staat die Gegenstände selbst für ein anhängiges Strafverfahren benötigt, Art. 6 Abs. 1. Diese vorläufige Herausgabeverweigerung ist ebenfalls fakultativ und basiert auf Art. 20 Abs. 3 EuAlÜbK, dem sie sinngemäß entnommen worden ist.[288]

Nach Art. 6 Abs. 2 werden sämtliche zu Beweiszwecken aufgrund Ersuchens nach Art. 3 Abs. 1 übermittelten Gegenstände vom ersuchenden Staat dem ersuchten Staat nach Abschluss des betreffenden Verfahrens zurückgegeben, es sei denn, dieser verzichtet auf eine Rückgabe. Nur in diesen Fällen ist nach dem Abkommen eine endgültige Restitution von Gegenständen möglich. Somit verfolgt das EuRHÜbk als vorrangigen Zweck die Beschaffung von Beweismitteln für ein anhängiges oder bevorstehendes Strafverfahren, nicht aber eine Rückgabe von Vermögenswerten an den Geschädigten.[289]

Dieser eher mangelhafte Zustand sollte durch das Zweite Zusatzprotokoll vom 08. November 2001 behoben werden, das in seinem Art. 12 die Rückgabe von Gegenständen und Vermögenswerten zum Zwecke der Rückerstattung an den Berechtigten regelt:

> *"(1) At the request of the requesting Party and without prejudice to the rights of bona fide third parties, the requested Party may place articles obtained by criminal means at the disposal of the requesting Party with a view to their return to their rightful owners."*[290]

---

287 *Grotz* in: Grützner/Pötz, Rechtshilfeverkehr, III 2 Rn. 9.

288 Council of Europe, Explanatory Report on the Convention of Mutual Assistance in Criminal Matters, Art. 6. Sämtliche verfügbaren Explanatory Reports des Europarates können unter www.coe.int.conventions abgerufen werden.

289 *Walter*, NJW 1977, S. 983 (984).

290 Second Additional Protocol to the Convention on Mutual Assistance in Criminal Matters vom 8. November 2001, E.T.S. No. 182, in Kraft seit 1. Februar 2004. Die übrigen Absätze lauten wie folgt:

Die Regelung ist nach der Kommentierung des Europarates auf jegliches Eigentum anwendbar, also insbesondere sowohl auf bewegliche wie unbewegliche Sachen und Güter als auch auf Geld.[291] Allerdings wird betont, dass Art. 12 Abs. 1 dem ersuchten Staat lediglich die Rückführung auf Verlangen des ersuchenden Staates ermöglicht *("may")*, ihn aber nicht zu einer Rückgabe verpflichtet.[292] Darüber hinaus stellt der Report klar, dass die Vorschrift nach ihrem Sinn und Zweck nur auf Fälle Anwendung findet, in denen kein Streit über den berechtigten Eigentümer der herauszugebenden Gegenstände herrscht. Einen weiteren Vorteil sehen die Absätze 2 und 3 des Art. 12 vor. So wird der ersuchte Staat dazu angehalten, bei Anwendung der Art. 3 und 6 des EuRHÜbk auf sein Rückgaberecht gegenüber dem ersuchenden Staat zu verzichten, wenn dadurch die Rückgabe an den berechtigten Eigentümer erleichtert wird. Wenn der ersuchte Staat auf dieses Recht bereits vor der Herausgabe der Gegenstände verzichtet, soll er nach Abs. 3 auch keine Sicherheitsleistungen oder Regressrechte nach seiner nationalen Steuer- oder Zollgesetzgebung geltend machen können. Daneben lässt jedoch der Verzicht nach Abs. 2 das Recht des ersuchten Staates, vom berechtigten Eigentümer Steuern oder Abgaben zu fordern, unberührt. Aber wie auch Abs. 1 sind sämtliche dieser Vorschriften völkerrechtlich nicht verbindlich, sondern stehen im Ermessen des jeweiligen ersuchten Staates. Überdies ist das Protokoll derzeit lediglich zwischen 8 Staaten anwendbar.[293] Die Bundesrepublik Deutschland hat das Protokoll zwar gezeichnet, aber bislang nicht ratifiziert.

"(2) In applying Article 3 and 6 of the Convention, the requested Party may waive the return of articles either before or after handing them over to the requesting Party if the restitution of such articles to the rightful owner may be facilitated thereby. The rights of bona fide third parties shall not be affected.

(3) In the event of a waiver before handing over the articles to the requesting Party, the requested Party shall exercise no security right or other right of recourse under tax or customs legislation in respect of these articles.

(4) A waiver as referred to in paragraph 2 shall be without prejudice to the right of the requested Party to collect taxes or duties from the rightful owner."

291 Council of Europe, Explanatory Report on the Second Additional Protocol to the Convention on Mutual Assistance in Criminal Matters, Art. 12.

292 Council of Europe, Explanatory Report on the Second Additional Protocol to the Convention on Mutual Assistance in Criminal Matters, para. 101: *"[...] paragraph 1 permits, but does not oblige, a requested Party to give effect to such a request. [...] "*.

293 Dies sind Albanien, Bulgarien, Dänemark, Lettland, Litauen und Polen. Für die Schweiz trat das Protokoll zum 1. Februar 2005, für Estland zum 1. Januar 2005 in Kraft.

c. *Bewertung*

Der Vorteil des EuRHÜbk gegenüber dem EuAlÜbk ist seine Unabhängigkeit vom Recht der Auslieferung, weswegen sich schon per se ein weiterer Anwendungsbereich für die Herausgabe von Gegenständen ergibt. Das EuRhÜbk dient primär der Erleichterung der Durchführung des fremden Verfahrens und ist an sich nicht auf den Zweck, dem Geschädigten die Wiedererlangung entzogener Gegenstände zu erleichtern, ausgerichtet, was aber Letzteres nicht ausschließt.[294] Allerdings kommt eine endgültige Herausgabe von Gegenständen nur im Anwendungsbereich des Zweiten Zusatzprotokolls, im Rahmen der ergänzenden zwischenstaatlichen Vereinbarung oder im Falle des Verzichtes des ersuchten Staates im Einzelfalle in Betracht.[295] Jedenfalls aber steht die Rückgabe immer unter dem Vorbehalt der Rechte Dritter, so dass der Vorteil der beiden speziellen Konventionen der UNESCO und UNIDROIT, welche im Rahmen ihres Anwendungsbereiches einen eigentumsunabhängigen Rückführungsanspruch vorsehen, auf der rechtshilferechtlichen Ebene nicht besteht. Dies wird jedoch daraus verständlich, dass die beiden vorgestellten Rechtshilfeabkommen nicht speziell auf den Kulturgüterschutz ausgerichtet sind und daher in vielen Fällen eine unbedingte Herausgabe nicht in gleichem Maße angezeigt scheint wie für die eigens hierfür geschaffenen Instrumente.

d. *Zusatzabkommen der Bundesrepublik Deutschland*

Nach Art. 26 Abs. 3 mögliche Zusatzverträge zur Ergänzung des Übereinkommens oder zur Erleichterung seiner Anwendung sowie Einzelvereinbarungen bestehen im Verhältnis zu Belgien, Dänemark, Frankreich, Griechenland, Israel, Italien, Niederlande, Norwegen, Österreich, Schweden, der Schweiz und seit Februar 2000 auch zur Tschechischen Republik.[296]

---

294 *Vogler/Wilkitzki-Vogel*, IRG, § 66 Rn. 12, in: Grützner/Pötz, Rechtshilfeverkehr; *Walter*, Rückführung S. 41; *Linke*, Grundriss des Auslieferungsrechts, S. 80 f.; a.A. *Berndt*, Internationaler Kulturgüterschutz, S. 50, der den alleinigen Zweck der Rechtshilfeabkommen in der Strafverfolgung sieht.

295 Italien wusste sich hiergegen auf sehr praktische, wenn auch bedenkliche Weise zu helfen: Der italienische Staat ersuchte in einem Fall von in Paestum durch Grabräuber gestohlene Stelen die Schweizer Behörden, jene Stelen als Beweismittel im Strafverfahren gegen die Diebe zur Verfügung zu stellen. Im Anschluss wurden sie dann einfach nicht mehr zurückgegeben, vgl. hierzu *Seidl-Hohenveldern*, in: FS Schindler, S. 137 (142).

296 Vgl. den Überblick bei *Grützner/Pötz*, Rechtshilfeverkehr, III 2, Rn. 4, 7.

Eine wichtige Bestimmung im Rahmen der Herausgabe von Gegenständen trifft Art. II Abs. 3 des deutsch-schweizerischen Zusatzvertrages zum EuRHÜbk[297], wonach unter den dort genannten Voraussetzungen außer den in Art. 3 EuRHÜbk erwähnten Beweisstücken auch Gegenstände, die aus einer strafbaren Handlung rühren, oder das durch ihre Verwertung erlangte Entgelt an den Berechtigten unter dem Vorbehalt der Rechte Dritter herausgegeben werden können. Da die Herausgabe in diesen Fällen nicht für ein Strafverfahren, sondern im Interesse des Berechtigten erfolgt, bedarf es weder eines Beschlagnahmebeschlusses des ersuchenden Staates noch eines richterlichen Herausgabeersuchens.

Eine vergleichbare Regelung enthält Art. III Abs. 3 des deutsch-französischen Zusatzvertrages.[298] Danach sind zusätzlich zu Beweisstücken i. S. d. Art. 3 EuRHÜbk alle im Besitz des Täters befindlichen Gegenstände oder Werte, die aus einer strafbaren Handlung herrühren, zum Zwecke der Rückgabe an den Geschädigten an den ersuchenden Staat herauszugeben, sofern keine Person oder Behörde einen Anspruch auf diese Gegenstände oder Werte geltend macht. Auch nach Art. V Abs. 1 des deutsch-österreichischen Ergänzungsvertrages besteht die Möglichkeit einer Herausgabe zum Zwecke der Rückgabe an den Geschädigten.[299]

Die deutsch-israelische Zusatzvereinbarung sieht hinsichtlich der Herausgabe von Gegenständen vor, dass in Fällen, in denen Gegenstände unter Verletzung von Zoll- oder Steuervorschriften in das Hoheitsgebiet der anderen Vertragspartei gelangt sind, der ersuchte Staat bei der Herausgabe an den ersuchenden Staat ein Zollpfandrecht oder eine sonstige dingliche Haftung nach den Vorschriften des Zoll- oder Steuerrechts nicht geltend macht, außer wenn der durch die strafbare Handlung geschädigte Eigentümer der Gegenstände die Abgabe selbst schuldet.[300]

---

297 BGBl. 1975 II, S. 1171.

298 BGBl. 1978 II, S. 329; 1980 II, S. 1434.

299 BGBl. 1975 II, S. 1157.

300 BGBl. 1980 II, S. 1334. Beide vorgenannten Begünstigungen enthält der italienisch-deutsche Zusatzvertrag. Dieser lässt zum einen eine Herausgabe bezüglich sämtlicher aus der Tat herrührender Gegenstände zu, sofern diese nicht im ersuchten Staat für ein Verfahren gebraucht werden, nicht der Einziehung oder dem Verfall im ersuchten Staat unterliegen und keine Rechte Dritter entgegenstehen, Art. III Abs. 3. Zum anderen schließt er die Geltendmachung von Zoll- und Steuertatbeständen aus, es sei denn, sie richten sich gegen den geschädigten Eigentümer, Art. III Abs. 4 des Vertrages (BGBl. 1982 II, S. 111). Dies gilt ebenso für den Zusatzvertrag mit den Niederlanden (BGBl. 1981 II, S. 1158; 1983 II, S. 32).

Jüngst ist für die Bundesrepublik Deutschland auch das *Übereinkommen über die Rechtshilfe in Strafsachen zwischen den Mitgliedstaaten der Europäischen Union vom 29. Mai 2000* in Kraft getreten[301], welches die bereits bestehenden Rechtshilfeabkommen und Zusatzprotokolle ergänzen soll, Art 1 des Übereinkommens. Vorschriften über die Rückgabe von Gegenständen sind in Art. 8 des Übereinkommens enthalten. Nach dessen Abs. 1 kann der ersuchte Mitgliedstaat durch eine Straftat erlangte Gegenstände dem ersuchenden Mitgliedstaat auch zum Zwecke der Rückgabe an den rechtmäßigen Eigentümer herausgeben, solange dem keine Rechte Dritter entgegenstehen. Um die Rückgabe an den rechtmäßigen Eigentümer zu erleichtern, kann der ersuchte Staat nach Art. 8 Abs. 2 auf die Rückgabe verzichten, wobei Rechte gutgläubiger Dritter jedoch unberührt bleiben. Der Verzicht kann vor oder nach der Übergabe der Gegenstände erfolgen. Verzichtet der ersuchte Staat vor der Herausgabe der Gegenstände auf eine Herausgabe, so sieht Abs. 3 vor, dass der ersuchte Staat in diesem Fall kein Sicherungsrecht und keine anderen Ansprüche aufgrund steuerlicher oder zollrechtlicher Vorschriften in Bezug auf diese Gegenstände geltend macht.

4. Das Europäische Übereinkommen über Straftaten im Zusammenhang mit Kulturgut vom 23. Juni 1985

a. Überblick

Ein speziell auf Kulturgut ausgerichtetes Rechtshilfeabkommen findet sich in der *European Convention on Offences Relating to Cultural Property* des Europarates.[302] Auch sie beschränkt sich auf strafrechtliche Aspekte, da in Anbetracht der verschiedenen nationalen Rechtssysteme eine Einigung bezüglich Fragen des gutgläubigen Erwerbs und des illegalen Exports nicht möglich war.[303] Ausgangspunkt ist die Anerkennung einer gemeinsamen Verantwortung und Solidarität hinsichtlich des Schutzes des europäischen kulturellen Erbes

---

301 Gesetz zu dem Übereinkommen vom 29. Mai 2000 über die Rechtshilfe in Strafsachen zwischen den Mitgliedstaaten der Europäischen Union vom 22. Juli 2005 (BGBl. 2005 II, S. 650). Ebenfalls in Kraft getreten ist das Protokoll vom 16. Oktober 2001 zu dem Übereinkommen über die Rechtshilfe in Strafsachen zwischen den Mitgliedstaaten der Europäischen Union (BGBl. 2005 II, S. 661). Dieses bezieht wie die Zusatzprotokolle des EuAlÜbk und des EuRHÜbk in seinem Art. 8 Abs. 1 fiskalisch strafbare Handlungen in seinen Geltungsbereich ein.

302 E.T.S. No. 119; abgedr. in: ILM 25 (1986), S. 44 ff.

303 Vgl. *Müller-Rappard*, in: International Sales of Works of Art I, S. 575.

(6. Erwägungsgrund der Präambel), wobei primäres Anliegen die auf Restitution zielende Zusammenarbeit ist.[304]

b. *Die Regelungen zur Rückerstattung von Kulturgut*

Nach Art. 6 der Konvention verpflichten sich die Parteien zur Zusammenarbeit mit dem Ziel der Rückerstattung von Kulturgut, das in ihrem Hoheitsgebiet aufgefunden wird und im Anschluss an eine Straftat im Zusammenhang mit Kulturgut, die im Hoheitsgebiet einer Partei begangen wurde, vom Hoheitsgebiet einer anderen Partei entfernt wurde. Die Anwendung der Vorschriften über die zwischenstaatliche Zusammenarbeit nach dem Abkommen setzt eine strafbare Handlung mit internationalen Auswirkungen voraus.[305]

Den Begriff der Straftat bestimmt die Konvention relativ weit. Zu einer Straftat im Zusammenhang mit Kulturgut gehören nach Art. 3 Abs. 1 Handlungen und Unterlassungen i. S. v. Anhang III Abs. 1 der Konvention. Damit sind Diebstahl, Raub und Hehlerei erfasst. Der Begriff des Kulturguts bestimmt sich für diese Zwecke nach Art. 2 Abs. 1, wonach alle Objekte, die in Anhang II Abs. 1 aufgeführt sind, Kulturgut i. S. d. Übereinkommens darstellen. Insoweit ist der Anwendungsbereich der Konvention obligatorisch. Daneben können die Staaten fakultativ durch einfache Erklärung nach Art. 3 Abs. 2 weitere, in Anhang III Abs. 2 aufgeführte Handlungen und Unterlassungen zu Straftaten i. S. d. Konvention erklären, sowie den Kreis der einbezogenen Objekte um die in Anhang II Abs. 2 enthaltenen Gegenstände oder Kategorien erweitern.[306] Erwähnenswert erscheint hier insbesondere die Bestimmung 2 h des Anhanges III, welche dem Staat erlaubt, sein Kulturgut, das entgegen einem Exportverbot ausgeführt wurde, im Belegenheitsstaat beschlagnahmen zu lassen, wenn auch dieser Staat den Export von Kulturgütern verbietet und beide Staaten diese Möglichkeit beim Generalsekretariat registrieren ließen. Weiterhin können sowohl in Anhang III nicht enthaltene Straftaten sowie in Anhang II nicht aufgeführte Kulturgüter durch Erklärung der Vertragstaaten in den Schutz der Konvention einbezogen

---

304 Zu dieser Forderung im Rahmen der Vorarbeiten der Konvention, *Schutter*, in: Council of Europe, International Legal Protection of Cultural Property, S. 72 (90).

305 *"Il faut qu'ait été commise une infraction ayant des incidences internationales"*, vgl. Conseil de l'Europe, Rapport explicatif relatif à la Convention européenne sur les infractions visant des biens culturels, para. 7.

306 *Schutter*, in: Council of Europe, International Legal Protection of Cultural Property, S. 72 (91 f.).

werden. Sämtliche Erweiterungen des Anwendungsbereiches stehen unter dem Reziprozitätsvorbehalt des Art. 26.[307]

Zum Zwecke einer zügigen Einleitung der Rückführung sieht Art. 7 umfassende Benachrichtigungspflichten der Vertragsstaaten untereinander vor, sobald die Parteien Kenntnis von der Verbringung, Entfernung oder Wiederentdeckung von im Zusammenhang mit einer Straftat verbrachten Kulturgütern haben. Für die Rückführung selbst ist dann Art. 8 relevant, der im Einzelnen folgende Maßnahmen beinhaltet:

Nach Abs. 1 soll jede Partei entsprechend ihrem nationalen Recht Rechtshilfeersuchen der für die Beschaffung von Beweisen oder die Übermittlung von im Beweisverfahren vorzulegenden Akten, Gegenständen oder Urkunden zuständigen Stellen anderer Vertragsparteien bearbeiten. Das gleiche gilt nach Abs. 2 Satz 1 für Rechtshilfeersuchen der für Beschlagnahme und Rückerstattung zuständigen Behörden der anderen Vertragsstaaten. Damit sind grundsätzlich Kulturgüter, die durch eine in der Konvention bezeichnete Straftat auf das Hoheitsgebiet der ersuchten Partei gelangt sind, zu beschlagnahmen und anschließend zurückzugeben. Allerdings unterliegt die Rückgabe der betreffenden Objekte den Bedingungen, die das nationale Recht der ersuchten Partei vorschreibt, Abs. 2 Satz 2. Zwar sollte hier nach der Begründung des Abkommens durch den Europarat eine Vorschrift geschaffen werden, welche die Restitution von Gegenständen – auch der Beute und ihrer Surrogate – an den Geschädigten zulässt.[308] Eine solche Restitution ist aber ebenso wie bei den anderen Rechtshilfeabkommen nur möglich, wenn Rechte Dritter an den beschlagnahmten Gegenständen nicht gegeben sind.[309]

Bestimmte Einwände gegen die Rückerstattung sind ausgeschlossen. So muss im Falle eines Auslieferungsantrages die Rückerstattung auch dann erfolgen, wenn die Auslieferung aufgrund des Todes oder der Flucht des Täters oder aus anderen Gründen nicht erfolgen kann, Abs. 4. Ebenso wenig kann die Rückerstattung mit der Begründung verweigert werden, dass der ersuchte Staat das betreffende Objekt als Folge einer im Zusammenhang mit dem Objekt begangenen fiskalischen oder Zollstraftat beschlagnahmt, eingezogen oder anderweitig Rechte daran erworben hat, Abs. 5.

---

307 Vgl. hierzu *Müller-Rappard*, in: International Sales of Works of Art I, S. 575 (577).

308 Conseil de l'Europe, Rapport explicatif relatif à la Convention européenne sur les infractions visant des biens culturels, S. 8, 14.

309 Conseil de l'Europe, Rapport explicatif relatif à la Convention européenne sur les infractions visant des biens culturels, S. 14.

Abs. 3 betrifft ergänzend die Durchsetzung von Urteilen der Gerichte und Verwaltungsbehörden des ersuchenden Staates im Hoheitsgebiet des ersuchten Staates. Soweit diese Entscheidungen zur Beschlagnahme und Rückerstattung des aufgefunden Kulturgutes an die im Urteil bezeichnete Person dienen, sollen diese Urteile im ersuchten Staat vollstreckt werden. Zur Durchführung der Vollstreckung sollen die Parteien die einzelnen gesetzgeberischen Maßnahmen treffen sowie die näheren Bedingungen für die Erledigung von auf Vollstreckung gerichteten Rechtshilfeersuchen festlegen.

c. *Bewertung*

Mangels einer ausreichenden Anzahl von Ratifizierungen ist das Übereinkommen bislang nicht in Kraft getreten; ein Zustand, der sich wohl nach derzeitigem Stand nicht ändern wird.[310] Obwohl auch dieses Übereinkommen die Bereitschaft der Staaten erkennen lässt, das kulturelle Erbe zu schützen und seinen Beeinträchtigungen durch die Einführung internationaler Standards ein Ende zu machen, bleibt mit ihm ein weiterer Versuch zur Lösung der Rückführungsproblematik auf internationaler Ebene erfolglos. Für die Praxis aber würde die Konvention im Vergleich zu den bereits bestehenden Rechtshilfeabkommen keine nennenswerte Erweiterung mit sich bringen.[311] Da der Vertrag allein auf dem Strafrecht basiert, kann illegal gehandeltes Kulturgut lediglich dem Täter, nicht aber gutgläubigen Dritten entzogen werden.[312] Von Vorteil dürften vor allem praktische Erleichterungen sein, wie die umfassenden Benachrichtigungspflichten sowie Vereinfachungen hinsichtlich bestimmter Verfahrensabläufe und Zuständigkeiten. Auch hier ist zu beobachten, dass die nur geringen Errungenschaften der Konvention in erster Linie darauf zurückgehen, dass die Staaten nicht bereit sind, über einen gewissen Minimumstandard hinaus zu gehen, sobald Verpflichtungen in verbindliche gesetzliche Formen gegossen werden sollen.[313]

---

310 Bislang erfolgten lediglich zwei Ratifizierungen nach immerhin 20 Jahren seiner Verabschiedung.

311 Vgl. insbes. die kritische Würdigung von *Prott/O'Keefe*, Movement, S. 681: "On studying this Convention, on is struck by how little it actually achieves, particularly measured against what was at one time thought possible."

312 *Fechner*, Rechtlicher Schutz archäologischen Kulturguts, S. 95.

313 *Prott/O'Keefe*, Movement, S. 681.

5. *Ergebnis zu den Rechtshilfeabkommen*

Trotz der aufgezeigten Schwächen darf die Bedeutung von Rechtshilfeabkommen für die Rückführung von Kulturgütern nicht unterschätzt werden. Denn abgesehen von den bereits genannten Abkommen existieren weltweit zahlreiche Rechtshilfeverträge zwischen den Staaten. Je besser die zwischenstaatlichen Beziehungen sind, desto unproblematischer wird im Einzelfall die Gewährung von Rechtshilfe sein. Regelmäßig ist die Rechtshilfe der kostengünstigste und schnellste Weg der Wiedererlangung widerrechtlich entzogener Kunstschätze. In der Praxis dürften wohl die meisten Kulturgüter auf diesem Wege zu ihren Ursprungsstaaten zurückgelangen.[314]

C. Völkergewohnheitsrechtliche Rückführungspflichten

I. Überblick

Die Darstellung der derzeitigen Lage im völkervertragsrechtlichen Bereich zeigt, dass von weltweit gültigen Rückführungsansprüchen kaum die Rede sein kann. Damit kommt der Existenz allgemeingültiger völkergewohnheitsrechtlicher Rückgabeansprüche entscheidende Bedeutung zu.

Unstreitig anerkannt ist heute ein völkergewohnheitsrechtlicher Anspruch auf im Krieg verbrachtes Kulturgut.[315] In seinem Umfang entspricht der gewohnheitsrechtliche Anspruch der in dem Haager Übereinkommen für den Schutz von Kulturgut bei bewaffneten Konflikten vom 14. Mai 1954 niedergelegten Verpflichtung, und kann somit nur gegenüber am Krieg beteiligten Staaten geltend gemacht werden.[316] Die Annahme einer dem Zusatzprotokoll zum Haager Übereinkommen für den Schutz von Kulturgut entsprechenden Rückgabeverpflichtung von am Krieg nicht beteiligten Staaten vermochte sich in der Staatenpraxis zumindest bislang noch nicht durchzusetzen.[317]

---

314 *Siehr*, in: Schmid/Ackermann, Wiedererlangung widerrechtlich entzogener Vermögenswerte, S. 1 (14); ders. SJZ 77 (1981), S. 197; *Walter*, Rückführung, S. 38, 41, 211; *Seidl-Hohenveldern*, in: FS Schindler, S. 137 (142); *Müller-Katzenburg*, Internationale Standards, S. 189; alle mit Beispielen.

315 Vgl. hierzu *Fiedler*, in: FS Doehring, S. 199 ff.

316 *Freytag*, in: Fechner/Oppermann/Prott, Prinzipien des Kulturgüterschutzes, S. 175 (183). Zur Haager Konvention s. auch bereits Fn. 3.

317 *Freytag*, in: Fechner/Oppermann/Prott, Prinzipien des Kulturgüterschutzes, S. 175 (183).

Schwieriger ist jedoch die Beantwortung der Frage nach der Existenz einer solchen Verpflichtung für in Friedenszeiten rechtswidrig verbrachte Kulturgüter.[318] In Anbetracht der insgesamt nur schleppend vorangegangenen Ratifizierung der speziell kulturgüterrechtlichen Konventionen der UNIDROIT und UNESCO stellt sich insbesondere die Frage, ob – und gegebenenfalls inwieweit – die in ihnen etablierten Rückführungsverpflichtungen völkergewohnheitsrechtliche Wirkung besitzen und somit auch für Staaten gelten können, welche die Konventionen nicht ratifiziert haben.

II. Problematik der Entwicklung von Gewohnheitsrecht aus Verträgen

1. Abgrenzung zur Kodifizierung bestehenden Gewohnheitsrechts

Voraussetzung für die Existenz einer gewohnheitsrechtlichen Regel ist grundsätzlich das Bestehen einer einheitlichen allgemeinen Übung, die von der Überzeugung getragen wird, zu diesem Verhalten rechtlich verpflichtet zu sein.[319] Bei der Untersuchung der gewohnheitsrechtlichen Geltung der Rückgabebestimmungen der UNESCO 1970 und der UNIDROIT-Konvention kommt man zudem mit der Schwierigkeit in Berührung, ob und wie ein internationales, universell anwendbares Recht über bereits bestehende Konventionen begründet werden kann.[320]

Hiervon zu unterscheiden ist die Frage der bloßen Kodifikation bereits bestehenden Völkergewohnheitsrechts, das hierdurch auf eine gesicherte Grundlage gestellt wird und so an Klarheit ob seines Gehalts gewinnt.[321] Was zunächst die in Art. 7 (b) (ii) der UNESCO-Konvention festgeschriebene Restitutions-

---

318 Zum Teil wird auch hier eine Rückgabeverpflichtung aus dem Gewohnheitsrecht abgeleitet, vgl. *Becher*, A.A.A. 44 (1974), S. 96-99, und *Zschiedrich/Hoffmann*, 38 Neue Justiz (DDR), 1984, S. 86-91. Allerdings begründen beide die Staatenpraxis nur mit Rückführungsfällen von im Krieg verbrachtem Kulturgut.

319 So die Definition des IGH in *North Sea Continental Shelf Cases*, I.C.J. Rep. 1969, S. 3, gestützt auf Art. 38 Abs. 1 lit. b) IGH-Statut. Ausführlich zur Definition des Gewohnheitsrechts auch *Berber*, Lehrbuch des Völkerrechts I, S. 41 ff.

320 Vgl. dazu *Scheuner*, in: FS Mann, S. 409 ff; *Fraoua*, Le trafic illicit, S. 137 ff.

321 *Heintschel von Heinegg*, in: Ipsen, Völkerrecht, § 16 Rn. 49. Die bedeutendste Institution im Bereich der Kodifizierung von Gewohnheitsrecht ist die ILC. Wichtige Beispiele für von ihr abgeschlossene Kodifikationsprojekte sind insbesondere die Genfer Rot-Kreuz-Konventionen, die vier Genfer Übereinkommen zum Seerecht, die Wiener Vertragsrechtskonvention sowie die beiden Wiener Übereinkommen zum Recht der diplomatischen und konsularischen Beziehungen.

pflicht anbelangt, so kann kodifiziertes Gewohnheitsrecht nicht angenommen werden: Mit der UNESCO 1970 wurde erstmals eine verbindliche Rückgabeverpflichtung für Kulturgut in Friedenszeiten statuiert, was eine neue Errungenschaft bildete, und nicht eine bereits bestehende Praxis festhielt. Vor allem ihre komplizierte Entstehungsgeschichte hat gezeigt, dass Umfang und Reichweite der einzelnen Bestimmungen stark umstritten und daher ein einheitlicher Standard nicht anerkannt war.[322] Auch die UNIDROIT-Konvention in ihrer sehr weitgehenden Etablierung von Rückgabeverpflichtungen nicht nur für gestohlenes, sondern auch für illegal exportiertes Kulturgut war weit davon entfernt, geltendes Gewohnheitsrecht zu kodifizieren. Insbesondere die heftigen Abwehrreaktionen während ihres Entstehungsprozesses und ihrer Verabschiedung haben dies deutlich zum Ausdruck gebracht.

2. *Konsensprinzip*

Den Ausgangspunkt für die Entwicklung von Gewohnheitsrecht aus Verträgen bildet der in Art. 34 der Wiener Vertragsrechtskonvention vom 29. Mai 1969 (WVK)[323] festgeschriebene Grundsatz *„pacta tertiis nec nocet nec prosunt"*, der seinen Geltungsgrund im völkerrechtlichen Konsensprinzip findet. Dieses allgemein anerkannte Prinzip beinhaltet, dass ein Staat vertraglich nur mit seinem Einverständnis gebunden werden kann und schützt so dritte Parteien vor den Auswirkungen von Verträgen, hinsichtlich derer sie ihren Konsens nicht erteilt haben.[324] Allerdings besagt Art. 38 WVK wiederum, dass Art. 34 nicht ausschließt, dass eine vertragliche Bestimmung als ein Satz des Völkergewohnheitsrechts für einen Drittstaat verbindlich werden kann. Für die Nichtvertragsstaaten ist Geltungsgrund dann nicht der Vertrag, sondern die aus der (jeweiligen) Vertragsnorm entstandene allgemeine Regel, so dass das völkerrechtliche Konsensprinzip der Bildung von Gewohnheitsrecht aus Verträgen nicht entgegensteht.[325]

---

322 A.A. insoweit wohl *Voltz*, Menschenrechte, S. 54 Fn. 226, der die UNESCO 1970 als kodifiziertes Gewohnheitsrecht ansieht.

323 BGBl. 1985 II S. 926.

324 *Heintschel von Heinegg*, in: Ipsen, Völkerrecht, § 12 Rn. 23.

325 *Stein/v. Buttlar*, Völkerrecht, Rn. 153; *Kolb*, NILR 50 (2003), S. 119 (145).

3. *Verträge als „Übung" und Problem der Gegenseitigkeitserwartung*

Ein weiteres Problem könnte sich daraus ergeben, dass internationale Verträge zuvörderst unmittelbare völkerrechtliche Rechtsquellen[326] sind und daher als solche keine für die Bildung von Gewohnheitsrecht nötige Übung i. S. d. Art. 38 Abs. 1 lit. b IGH-Statut darstellen. Aufgrund der nur partiellen Ratifizierung spricht der erste Anschein gerade gegen eine mit dem jeweiligen Vertrag korrespondierende Norm des Gewohnheitsrechts.[327] Auch die Häufigkeit von bilateralen Verträgen über bestimmte Gegenstände gibt allein noch keinen Hinweis darauf, ob die Völkerrechtsgemeinschaft oder eine regional begrenzte Gruppe von Staaten die in solchen Verträgen niedergelegten Prinzipien als Gewohnheitsrechtsregeln anerkennt.[328] Dies wird deutlich am Beispiel der oben behandelten Auslieferungsverträge. Obwohl es weltweit zahlreiche solcher Verträge gibt, hat sich eine korrespondierende gewohnheitsrechtliche Auslieferungspflicht nicht entwickelt.[329] Denn im Vordergrund dieser Verträge steht der von den Vertragsparteien zum Ausdruck gebrachte Wille, nur den jeweiligen Vertragspartnern gegenüber rechtlich gebunden zu sein. Jede Partei ist allein unter der Voraussetzung gewillt zu leisten, dass dies auch die andere tut. Ebenso verhält es sich bei den in diesem Rahmen bestehenden multilateralen Auslieferungsverträgen. Auch hier steht der Verpflichtungswille unter der Erwartung der Gegenseitigkeit.[330]

---

326 Vgl. *Berber*, Lehrbuch des Völkerrechts I, S. 56.

327 *Doehring*, ZaöRV 36 (1976), S. 77; *Heintschel von Heinegg*, in: Ipsen, Völkerrecht, § 16 Rn. 22; *Dahm/Dehlbrück/Wolfrum*, Völkerrecht I/1, S. 21.

328 *Berber*, Lehrbuch des Völkerrechts I, S. 56; *Heintschel von Heinegg*, in: Ipsen, Völkerrecht, § 16 Rn. 36.

329 Dies ist str. Die ältere Lehre lehnt eine Verpflichtung zur Rechtshilfe außerhalb des vertraglichen Bereichs ab, auch wenn die Ablehnung willkürlich erfolgt, allein dies entspreche Rechtsüberzeugung und Staatenpraxis, vgl. nur *Berber*, Lehrbuch des Völkerrechts I, S. 57, 390 f.; *Doehring*, ZaöRV 36 (1976), S. 77 (89); *Ipsen*, in: Ipsen, Völkerrecht, § 50 Rn. 7 f. E. A. zufolge wird zumindest für bestimmte Gruppen von Straftaten (Völkermord, Verbrechen gegen die Menschlichkeit, Kriegsverbrechen, Terrorismus etc.) gefordert, dass wenn der Tatortstaat die Tat nicht selbst verfolge, den Täter an den zuständigen und zur Verfolgung bereiten Staat auszuliefern. Die entsprechende Staatenpraxis für eine solche gewohnheitsrechtliche Rechtshilfeverpflichtung fehlt jedoch, vgl. näher hierzu und m. w. N. *Vogler/Wilkitzki-Vogel*, IRG, Vor § 1 Rn. 26 f., in Grützner/Pötz, Rechtshilfeverkehr. Völkergewohnheitsrechtlich unstreitig anerkannt ist hingegen, dass jeder Staat einem anderen Staat Rechtshilfe leisten darf. Hier ist lediglich umstritten, ob es völkerrechtliche Grenzen für die Leistung von Rechtshilfe gibt, ablehnend insoweit *Berber*, Lehrbuch des Völkerrechts I, S. 390 f., da keine zwingenden völkerrechtlichen Rechtshilfehindernisse nachweisbar seien.

330 Vgl. *Heintschel von Heinegg*, in: Ipsen, Völkerrecht, § 16 Fn. 30.

Dennoch können völkerrechtliche Verträge konstituierende Elemente einer zu Gewohnheitsrecht führenden Staatenpraxis sein, wenn das in völkerrechtlichen Verträgen geforderte Verhalten unter Hinzutreten einer entsprechenden Rechtsüberzeugung über die Vertragsparteien hinaus, über den Inhalt des Vertrages hinaus oder über die Laufzeit des Vertrages hinaus verbindlich wird.[331]

Aufgrund des vorgenannten Problems der Gegenseitigkeitserwartung ist jedoch maßgeblich, dass das im Vertrag enthaltene Verhaltensgebot geeignet ist, Grundlage einer objektiven, allgemein bindenden Rechtsregel zu sein. Mithin muss das Merkmal der Korrespektivität und nicht der Austauschgedanke im Vordergrund stehen. Dies steht in engem Zusammenhang mit der von der älteren Völkerrechtslehre auf den rechtlichen Inhalt bezogenen Unterscheidung zwischen rechtsgeschäftlichen Verträgen (contract-treaties oder traités-contrats), in denen einzelne, konkrete Leistungen versprochen werden, und rechtsetzenden Vereinbarungen (law-making treaties oder traités-lois), in denen generelle Normen festgesetzt werden, die die Befriedigung gemeinsamer Interessen zum Ziel haben.[332] Allein letzteren wurde die Fähigkeit zur Erzeugung objektiven Rechts zuerkannt. Zwar wird diese Unterscheidung bezüglich der Einteilung völkerrechtlicher Verträge heute zu Recht als fragwürdig abgelehnt, da die meisten Verträge Normen beider Qualität enthalten.[333] Für die Untersuchung der Eignung einer völkervertraglichen Norm, sich zu Gewohnheitsrecht zu verfestigen, kann sie dennoch fruchtbar gemacht werden. Denn hier darf gerade nicht der Austauschgedanke im Vordergrund stehen. Vielmehr muss der rechtsetzende Vertrag darauf abzielen, ein gemeinsames Verhalten der Vertragsparteien herstellen zu wollen; dieses kann dann als Ausgangspunkt für einen Übergang von Vertrags- zu Gewohnheitsrecht dienen.[334]

Zusammenfassend lässt sich damit sagen, dass, obwohl völkerrechtliche Verträge kein Gewohnheitsrecht erzeugen können, ihr Inhalt durchaus zu Gewohn-

---

331 *Baxter*, RdC 129 (1970-I), S. 31 (40); *Heintschel von Heinegg*, in: Ipsen, Völkerrecht, § 16 Rn. 22; *Berber*, Lehrbuch des Völkerrechts I, S. 56; *Seidl-Hohenveldern*, Völkerrecht, § 37 Rn. 530; *Dahm/Dehlbrück/Wolfrum*, Völkerrecht I/1, S. 52.

332 Vgl. hierzu die Nachweise bei *Berber*, Lehrbuch des Völkerrechts I, S. 63, Fn. 129; *Verdross/Simma*, Universelles Völkerrecht, S. 339 (§ 537), und *Heintschel von Heinegg*, in: Ipsen, Völkerrecht, § 9 Rn. 7.

333 *Heintschel von Heinegg*, in: Ipsen, Völkerrecht, § 9 Rn. 7; *Graf Vitzthum*, in: Vitzthum, Völkerrecht, S. 63, Fn. 276; *Dahm/Delbrück/Wolfrum*, Völkerrecht I/1, S. 520 f. Diese Unterscheidung auch heute noch favorisierend, *Doehring*, Völkerrecht, S. 142 f.

334 In diesem Sinne *Doehring*, Völkerrecht, S. 141.

heitsrecht werden kann; ein Prozess, der von der völkerrechtlichen Lehre allgemein anerkannt wird.[335]

4. Der Nordsee-Festlandsockel-Fall des IGH

Mit der Problematik der Entwicklung von Gewohnheitsrecht aus Verträgen hatte sich auch der Internationale Gerichtshof (IGH) insbesondere im *Nordsee-Festlandsockel-Fall* zu beschäftigen, der den leading case für das Verhältnis zwischen völkerrechtlichen Verträgen und völkerrechtlichem Gewohnheitsrecht darstellt.[336] Gegenstand des Falles war ein Streit zwischen der Bundesrepublik Deutschland, Dänemark und den Niederlanden über den Verlauf der Grenzen auf dem Nordsee-Festlandsockel. Grenzt ein Festlandsockel an die Hoheitsgebiete von zwei oder mehr Staaten, deren Küsten einander gegenüberliegen, so grenzen diese den Sockel in gegenseitigem Einvernehmen ab. Kommt eine Einigung nicht zustande, wird die Grenzlinie nach dem Grundsatz der gleichen Entfernung von den nächstgelegenen Punkten der Basislinien festgelegt, von denen aus die Breite des Küstenmeeres jedes dieser Staaten gemessen wird, Art. 6 Abs. 1 des *Übereinkommens über den Festlandsockel vom 29. April 1958*, sog. Äquidistanzprinzip; sei denn, besondere Umstände rechtfertigen die Festlegung einer anderen Grenzlinie, Art. 6 Abs. 2. Dänemark und die Niederlande hatten das Übereinkommen ratifiziert, nicht aber die Bundesrepublik Deutschland. Als die drei Länder sich über den Grenzverlauf nicht einigen konnten, behaupteten Dänemark und die Niederlande, dass das Übereinkommen, insbesondere Art. 6, angesichts der Staatenpraxis Gewohnheitsrecht darstelle und somit auch die Bundesrepublik Deutschland binde. Zur grundsätzlichen Möglichkeit, aus einer Norm des völkerrechtlichen Vertragsrechts Gewohnheitsrecht zu entwickeln, führt der IGH aus:

> *"In so far as this contention is based on the view that Article 6 of the Convention has had the influence, and has produced the effect, described, it clearly involves treating that Article as a norm-creating provision which has constituted the foundation of, or has generated a rule which, while only conventional or contractual in its origin, has since passed into general corpus of international law, and is now accepted as such by the opinio juris, so as to have become binding*

---

335 Vgl. *Heintschel von Heinegg*, in: Ipsen, Völkerrecht, § 16 Rn. 22 ff.; *D' Amato*, AJIL 64 (1970), S. 892 ff.; *Doehring*, ZaöRV (36) 1976, S. 77 ff.; *Seidl-Hohenveldern*, Völkerrecht, § 37 Rn. 530; *Stein/v. Buttlar*, Völkerrecht, Rn. 157.

336 *North Sea Continental Shelf Cases*, I.C.J. Rep. 1969, S. 3; ausführlich in diesem Zusammenhang besprochen von *Mendelson*, RdC 272 (1998), S. 165 (294 ff.).

even for countries which have never, and do not, become parties to the Convention. There is no doubt that this process is a possible one and does from time to time occur: it constitutes indeed one of the recognized methods by which new rules of customary international law may be formed."[337]

Demzufolge erkennt der IGH die Herausbildung von Gewohnheitsrecht aus Normen völkerrechtlicher Verträge als eine gebräuchliche Methode der Entstehung von allgemeinem Völkergewohnheitsrecht an; eine Rechtsprechung, die der IGH wiederholt bestätigt hat.[338] Nachdem damit die Möglichkeit der Bildung von Gewohnheitsrecht aus Verträgen von Rechtsprechung und Lehre übereinstimmend gebilligt wird, stellt sich nun die Frage nach den konkreten Anforderungen an die Entstehung gewohnheitsrechtlicher Regeln aus Vertragsnormen.

III. Voraussetzungen für die gewohnheitsrechtliche Geltung von Vertragsnormen

1. "Fundamentally norm-creating character"

Im Anschluss an die grundsätzliche Feststellung der Zulässigkeit der Entstehung von Gewohnheitsrecht aus Verträgen hat sich der IGH ausführlich mit den Voraussetzungen für eine solche Herausbildung beschäftigt. Als Grundvoraussetzung für das Verbindlichwerden einer vertraglichen Norm als Gewohnheitsrecht forderte der IGH zunächst, dass die betreffende Norm eine solche von *"fundamentally norm-creating character"* ist.[339] Dabei scheint es sich jedoch nicht um einen bislang in der Praxis des IGH geläufigen Begriff oder gar einen 'term of art' zu handeln. Der IGH wollte damit wohl eher zum Ausdruck bringen, dass die in Rede stehende Norm grundsätzlich geeignet sein sollte, die Basis für eine allgemeine, die Staaten bindende Rechtsregel zu bilden. Im Ausgangspunkt weist dies gewisse Ähnlichkeit zu dem oben geforderten law-making-Charakter auf. Allerdings sah der IGH andere Merkmale als die oben aufgezeigten als ausschlaggebend an.

---

337 *North Sea Continental Shelf Cases*, I.C.J. Rep. 1969, S. 41, Tz. 71.

338 Continental Shelf Case (Libyan Arab Jamahiriya v. Malta), I.C.J. Rep. 1985, S. 41; Military Activities in and against Nicaragua (Nicaragua v. USA), I.C.J. Rep. 1986, S. 29 f.: "[...] even though multilateral conventions may have an important role to play in recording and defining rules deriving from custom, or indeed in developing them".

339 *North Sea Continental Shelf Cases*, I.C.J. Rep. 1969, S. 42, Tz. 72.

Nach Ansicht des IGH standen der Qualifizierung des Art. 6 des *Übereinkommens über den Festlandsockel vom 29. April 1958* als einer Regel von *normschaffendem (oder normbildendem) Charakter* im Wesentlichen drei Gründe entgegen. Zum einen äußerte der IGH Bedenken dahingehend, dass nach dem Übereinkommen die Anwendung des Äquidistanzprinzips unter der Bedingung stehe, dass anderweitig eine Einigung nicht erzielt werden könne. Eine solche Bedingung jedoch sei unüblich für eine potenziell allgemeine Rechtsregel. Zum anderen relativiere der Vorbehalt der besonderen Umstände – *"special circumstances"* –, die allgemeingültige Bedeutung der Norm und werfe daher Zweifel am geforderten *"norm-creating character"* auf. Schließlich spreche auch die Möglichkeit, Vorbehalte gegenüber der Anwendung des Äquidistanzprinzips zu erklären, nicht gerade für den Charakter der Vorschrift als geeignet für die Bildung von Gewohnheitsrecht.[340]

Überträgt man nun diese Kriterien auf die Rückführungsvorschrift des Art. 7 (b) (ii) der UNESCO-Konvention, so müsste man wohl auch dieser den geforderten *"norm-creating character"* absprechen. Denn die Rückführungsvorschrift steht unter dem Vorbehalt der Vereinbarkeit mit nationalem Recht und kann zudem durch weitere, nach der Konvention grundsätzlich zulässige Vorbehalte der Staaten modifiziert werden. Allerdings kann man gerechtfertigte Zweifel haben, ob die Argumentation des IGH hinsichtlich der Anforderungen an einen *normschaffenden Charakter* tatsächlich überzeugend ist. Allein die Tatsache, dass eine Norm gewissen Bedingungen oder Vorbehalten unterworfen ist, nimmt ihr nicht den Charakter einer Rechtsregel, die auch als Anknüpfungspunkt für eine allgemeine Überzeugung tauglich ist. Zugegebenermaßen mag es schwerer sein, aus einer solchen Norm ein allgemeingültiges Gewohnheitsrecht zu entwickeln als aus einer Norm, die von ihrem Inhalt und Anwendungsbereich klar und kompromisslos gestaltet ist.[341] Dies ist jedoch ein Problem der Staatenpraxis und der opinio juris, nicht der grundsätzlichen Eignung. Nach der hier vertretenen Auffassung ist damit auch Art. 7 (b) (ii) der UNESCO-Konvention geeignet, als Grundlage einer gewohnheitsrechtlichen Überzeugung zu dienen.

Was die Rückführungsvorschriften der UNIDROIT-Konvention angeht, so dürften selbst nach der Rechtsprechung des IGH im Nordseefestlandsockelfall die geforderten Kriterien des normschaffenden Charakters erfüllt sein. Denn die einschlägigen Vorschriften der Art. 3 und 5 der Konvention sind in ihrem Inhalt

340 *North Sea Continental Shelf Cases*, I.C.J. Rep. 1969, S. 42 f.

341 In diesem Sinn auch *Mendelson*, RdC 272 (1998), S. 165 (319 ff.).

und ihrem Geltungsanspruch eindeutig und absolut. Vorbehalte können diesen Verpflichtungen gegenüber nicht erklärt werden.

2. *„Allgemeine Übung"*

a. *Träger einer Gewohnheitsrecht erzeugenden Übung*

Nachdem die eher theoretischen Hürden für eine gewohnheitsrechtliche Geltung der konventionellen Rückführungsvorschriften genommen sind, bedarf es nun der Untersuchung, ob eine den Anforderungen an völkerrechtliches Gewohnheitsrecht genügende Staatenpraxis und eine ihr entsprechende Rechtsüberzeugung gegeben sind. Voraussetzung hierfür ist das Vorliegen einer einheitlichen Staatenpraxis i. S. d. Art. 7 (b) (ii) der UNESCO 1970 bzw. Art. 3 und 5 des UNIDROIT-Übereinkommens. Diese Normen müssen also auch von den jeweiligen Nichtvertragsstaaten aus der Überzeugung heraus eingehalten werden, dass sie allgemein rechtsgültig sind.[342]

Im Hinblick auf die geforderte Staatenpraxis als objektives Element müsste sich eine gewohnheitsrechtliche Übung in staatlichem Handeln von gewisser Dauer, Einheitlichkeit und Verbreitung widerspiegeln, wobei die Übung nicht lediglich einseitig sein darf. Es muss sich vielmehr um eine gegenseitige, aufeinander bezogene, inhaltlich übereinstimmende Praxis in der Gestaltung der äußeren Beziehungen einer Vielzahl oder doch einer Mehrzahl von Staaten handeln.[343] Nicht erforderlich ist, dass die Übung von sämtlichen Nichtvertragsstaaten als Gewohnheitsrecht anerkannt wird, also „allumfassend" ist.[344]

Dabei stellt sich zunächst die Frage, welche staatlichen Organe Träger dieser gewohnheitsrechtserzeugenden Übung sein können. Anerkanntermaßen sind dies vor allem die zur Exekutive gehörenden und mit der Wahrnehmung internationaler Beziehungen betrauten Staatsorgane. Dazu gehören in erster Linie Akte der gegenseitigen außenpolitischen und diplomatischen Praxis der Völkerrechts-

---

342 So die Anforderungen bzgl. Art. 6 des Übereinkommens über den Festlandsockel in: *Continental Shelf Case (Libyan Arab Jamahiriya v. Malta),* I.C.J. Rep. 1985, S. 44.

343 *Graf Vitzthum,* in: Vitzthum, Völkerrecht, S. 73, Rn. 133.

344 Dies anerkennt auch BVerfGE 15, 25 (34): „Die Völkerrechtsregel, um die es im vorliegenden Fall geht, betrifft die Befreiung ausländischer Staaten von inländischer Gerichtsbarkeit. Regeln dieses und ähnlichen technischen Inhalts sind dann allgemeine Regeln des Völkerrechts im Sinne von Art. 25 GG, wenn sie von der überwiegenden Mehrheit der Staaten – nicht notwendigerweise auch von der Bundesrepublik Deutschland – anerkannt werden."

subjekte, die ebenso in faktischem Verhalten wie in ausdrücklichen, die internationalen Beziehungen gestaltenden Erklärungen, Noten, Deklarationen, Proklamationen, Resolutionen usw. bestehen können.[345] Darüber hinaus werden von einem Teil der Lehre auch Akte von gesetzgebenden, richterlichen oder verwaltenden Instanzen als eine die Bildung von gewohnheitsrechtlichen Regeln konstituierende Übung anerkannt.[346] Dem kann jedoch nicht gefolgt werden. Zwar haben insbesondere innerstaatliche Gerichte bisweilen über völkerrechtliche Fragen zu entscheiden, die inzident im vorgelegten Rechtsstreit eine Rolle spielen. Wenn solche Entscheidungen dann zutreffend und gut begründet sind, können sie ebenso wie private Publikationen ein wertvolles Hilfsmittel zur Findung gewohnheitsrechtlicher Regeln oder gegebenenfalls zum Nachweis der Rechtsüberzeugung sein. Da sie aber regelmäßig nur interne, nicht nach außen wirkende Entscheidungen des zwischenstaatlichen Verkehrs darstellen, können sie niemals Quelle des Völkerrechts sein und daher auch durch die konstanteste Praxis nie Völkerrecht erzeugen.[347] Die einzigen gewohnheitsrechtsbildenden Akte sind somit Akte der internationalen Staatenpraxis, die unmittelbar auf die internationalen Beziehungen Bezug haben und diese, nicht aber interne Vorgänge, zu gestalten intendieren. Damit ist zugleich klar, dass die zur Entstehung von Gewohnheitsrecht erforderliche Staatenpraxis nur von den zur Vornahme solcher auswärtiger Akte zuständigen staatlichen Organen vorgenommen werden kann. Hierzu gehören aber innerstaatliche Gerichte, Gesetzgebungs- und Verwaltungsorgane gerade nicht.[348]

---

345 *Verdross/Simma*, Universelles Völkerrecht, S. 553 (§ 559); *Berber*, Lehrbuch des Völkerrechts I, S. 55.

346 So z. B. *Doehring*, Völkerrecht, S. 120, 135, demzufolge vor allem staatliche Gerichtsentscheidungen Ausdruck der Staatenpraxis sein und so zur Bildung von Gewohnheitsrecht beitragen können. Differenzierend *Dahm/Dehlbrück/Wolfrum*, Völkerrecht I/1, S. 57, der darauf abstellt, ob die betreffenden innerstaatlichen Akte tatsächlich die von dem jeweiligen Staat nach außen eingenommene Haltung wiedergeben. Auch *Heintschel von Heinegg*, in: Ipsen, Völkerrecht, § 16 Rn. 18, scheint zwar die theoretische Möglichkeit, innerstaatliche Akte von Legislativ- oder Judikativorganen als Ausdruck staatlicher Übung anzuerkennen; zugleich verweist er jedoch darauf, dass derartige Akte grundsätzlich rein auf den internen Bereich sowie die innerstaatlichen Aspekte auswärtiger Beziehungen beschränkt seien und so im Außenverhältnis keinerlei Wirkung zu erzielen vermögen.

347 Vgl. *Berber*, Lehrbuch des Völkerrechts I, S. 45 ff., insbes. S. 47 f.; *Villiger*, Customary International Law and Treaties, S. 17.

348 Ausführlich zum Rechtsquellenwert solcher Akte, *Berber*, Lehrbuch des Völkerrechts I, S. 48 ff.

b. Rückgabepraxis

Betrachtet man nun die Rückgabepraxis der Staatenwelt in Bezug auf gestohlene und illegal ausgeführte Kulturgüter in den letzten 30 Jahren, die nicht auf vertraglichen Verpflichtungen beruhten, so lässt sich doch immerhin eine gewisse Zunahme von Kulturgutrestitutionen verzeichnen: Die USA haben 1971 den aus einer italienischen Kunstsammlung gestohlenen Boston-Raffael an Italien,[349] 1973 eine illegal exportierte Afo-A-Kom-Statue an Kamerun und einen gestohlenen Teil einer Statue an Guatemala[350] zurückgegeben. Seit 1981 wurden an Peru einige illegal exportierte Kulturgüter von amerikanischen Museen restituiert,[351] gleiches gilt für Kunstschätze aus Mexiko, Panama, Syrien und dem Irak.[352] Frankreich restituierte 1981 eine gestohlene Amon-Min-Statue an Ägypten und 1998 vier Figuren aus einer kolumbischen Ausgrabungsstätte, welche die Kulturen der San Augustin und Tierradentrio zu religiösen Zwecken nutzen.[353] Großbritannien gab Ende 1998 zahlreiche Objekte aus einer Ausgrabungsstätte bei Memphis an Ägypten zurück, die ein Kunstrestaurator unterschlagen und in den Handel eingeschleust hatte.[354] Auch das geheiligte T-Shirt des Sioux-Indianer-Häuptlings Wounded Knee wurde im gleichen Jahr von Großbritannien an die Dakota-Indianer restituiert.[355] Schließlich gab Österreich im Januar 2003 eine 400 Jahre alte Buddha-Maske aus Bronze und Kupfer an Nepal zurück, die zwei Jahre zuvor aus einem Amt in einem Distrikt südlich von Kathmandu verschwunden war, um nur einige Beispiel für Rückführungen zu nennen, die nicht auf vertraglicher Grundlage erfolgten.[356]

Neben diesen in der Praxis erfolgten Kulturgüterrückgaben können für das Entstehen von Gewohnheitsrecht auch politische Stellungnahmen von Regierungsvertretern in äußeren Angelegenheiten Bedeutung haben.[357] So wurde in dem

---

349 Hierzu *Meyer*, Geplünderte Vergangenheit, S. 125 ff.

350 Vgl. *Greenfield*, Return of Cultural Treasures, S. 260 ff.

351 Vgl. *Truslow*, N.Y.U.J. Int'l. L & Pol.15 (1983), S. 839 ff.

352 Zu diesen Fällen *Fraoua*, Le trafic illicit, S. 144 m.w.N.

353 Vgl. die Press Review des Intergovernmental Committee der UNESCO für den Zeitraum September 1996 bis Januar 1999, UNESCO Doc. CLT-98/CONF.203/INF.5, S. 36.

354 Le Figaro v. 15. Dezember 1998, S. 23.

355 The Times v. 20. November 1998, S. 18. Vgl. zu Rückführungen auch UNESCO Doc. CLT-83/CONF.216/INF.3.

356 BBC News, 24. October 2003.

357 Keinerlei Bedeutung für den Entstehungsprozess von Gewohnheitsrecht wird dagegen der Anzahl der bereits vorhandenen Ratifizierungen und Beitritte seit Inkrafttreten von Konventionen beigemessen. Diese sollen nicht einmal als Indiz für eine schon weit verbreitete Anerkennung in der Staatenwelt insgesamt dienen können, vgl. *Mendelson*, RdC

bereits geschilderten Fall der zypriotischen Kunstschätze der Republik Zypern eine Stellungnahme des deutschen Auswärtigen Amts bekannt gemacht, in der sich das Auswärtige Amt im Einvernehmen mit dem deutschen Bundesministerium für Justiz gegen den Verbleib illegal exportierter Kunstwerke bei Besitzern ohne Eigentumstitel und ordnungsgemäße Einfuhrpapiere aussprach.[358]

c. *Zwischenergebnis*

Insgesamt lässt sich feststellen, dass vor allem eine Favorisierung von Rückgaben von Kulturgut zu beobachten ist, das besondere spirituelle, religiöse Bedeutung hat, aus gewachsenen Sammlungen stammt oder aus Bauwerken bzw. Stätten entfernt wurde, zu denen es eine besondere Beziehung aufweist. Hier kann durchaus von einer einheitlichen, dauerhaften und verbreiteten Übung gesprochen werden.[359] Anders verhält es sich im Hinblick auf eine umfassende Rückgabepraxis jeglichen gestohlenen oder illegal exportierten Kulturguts. Diesbezüglich hat sich ein entwickelter Rechtszustand von gewissem Niveau noch nicht herausgebildet.[360]

3. *Rechtsüberzeugung*

Die erforderliche Überzeugung[361] von der oben festgestellten Übung als rechtsverbindlich kann sich im Gegensatz zur Staatenpraxis auch aus Akten nationaler Legislativ- und Judikativorgane, aus internationalen Gerichtsentscheidungen und aus völkerrechtlichen Verträgen ergeben.[362] Die nachfolgende Untersuchung des subjektiven Elements der Entstehung von Gewohnheitsrecht wird sich

---

272 (1998), S. 165 (321). *Kolb*, NILR 50 (2003), S. 119 (145 f.), weist sogar auf die Paradoxie hin, dass, je mehr Staaten bereits durch Ratifizierung an einen Vertrag gebunden sind, es umso schwieriger ist, bezüglich Nichtvertragsstaaten eine Rechtsüberzeugung außerhalb des Vertrages festzustellen.

358 Vgl. Schreiben vom 27. Februar 2002 – Gz.: 506-531.41/1319-97 ZYP-: „Das Auswärtige Amt setzt sich im Einvernehmen mit dem BMJ nachdrücklich gegen einen Verbleib illegal exportierter Kunstwerke bei denjenigen Besitzern ein, die keinen ordnungsgemäßen Eigentumstitel und rechtmäßige Einfuhrpapiere hinsichtlich ihrer Antiquitäten vorweisen können. [...]“, zit. nach *Blumenwitz*, in: FS Ress, S. 3 (12, Fn. 47).

359 So auch *Freytag*, in: Fechner/Oppermann/Prott, Prinzipien des Kulturgüterschutzes, S. 175 (189).

360 *Hanisch*, in: FS Müller-Freienfels, S. 193 (209).

361 Das Erfordernis der Rechtsüberzeugung als Voraussetzung zur Entstehung von Gewohnheitsrecht wird in der Lehre zum Teil in Zweifel gezogen, vgl. statt aller *Verdross/ Simma*, Universelles Völkerrecht, S. 354 ff. (§§ 561 ff.) m. w. N.

362 *Berber*, Lehrbuch des Völkerrechts I, S. 47 ff.

jedoch nicht auf die soeben nachgewiesene allgemeine Praxis beschränken. Denn darüber hinaus gilt es gegebenenfalls Tendenzen aufzuzeigen, die auf eine im Entstehen begriffene, weiterreichende gewohnheitsrechtliche Rückgabepflicht hinweisen.[363]

a. *Nationale Gesetzgebungstendenzen*

Die Manifestierung einer allgemeinen Rechtsüberzeugung durch einzelstaatliche Gesetzgebung würde ein bestimmtes Maß an Gleichförmigkeit der Gesetze hinsichtlich der Kulturgutrestitution voraussetzen. Anders als im Bereich der nationalen Exportgesetzgebung, die weltweit fast ausnahmslos verbreitet ist,[364] finden sich gleichlautende nationale Rückgabevorschriften für gestohlenes oder illegal exportiertes Kulturgut nur regional und auch in der Sache begrenzt. So existieren vor allem im Rahmen der Europäischen Union mit Umsetzung der Rückgaberichtlinie übereinstimmende Kulturgutschutzgesetze mit entsprechenden Rückgabeklauseln öffentlich-rechtlicher Natur für illegal gehandeltes Kulturgut. Diese sind jedoch auf Rückgaben zwischen EU-Mitgliedstaaten und auf deren Kulturgut beschränkt.[365] Eine einheitliche, verbreitete nationale Kulturgutschutzgesetzgebung, die Rückführungsverpflichtungen statuiert, besteht daher nicht und kann somit nicht für den Nachweis einer entsprechenden Rechtsüberzeugung herangezogen werden.

b. *Akte nationaler Judikativorgane*

Zur Feststellung von Völkerrecht kann die nationale Rechtsprechung herangezogen werden, da Art. 38 Abs. 1 lit. d IGH-Statut nicht zwischen internationalen und nationalen Gerichtsentscheidungen unterscheidet.[366] Was den Nachweis der *opinio juris* durch Entscheidungen einzelstaatlicher Gerichte angeht, so muss in der jeweiligen Entscheidung zum Ausdruck kommen, dass der betreffende Staat in seinen internationalen Beziehungen eine neue Verhaltensweise an den Tag legt.[367]

---

[363] Vgl. auch *Fraoua*, Le trafic illicit, S. 146, 150.

[364] Vgl. dazu Teil 2, C.I.

[365] Vgl. zur Richtlinie der EG Teil 2, C.III.

[366] *Schweitzer/Weber*, Völkerrechtspraxis, Rn. 400.

[367] So *Freytag*, in: Fechner/Oppermann/Prott, Prinzipien des Kulturgüterschutzes, S. 175 (184). Auch *Fechner*, in Fechner/Oppermann/Prott, Prinzipien des Kulturgüterschutzes, S. 11 (42), hebt die besondere Weitsicht von Gerichten hervor, die völkerrechtliche Regeln, die sich noch nicht zu geltendem Vertrags- oder Gewohnheitsrecht verfestigt haben, anwenden.

Besondere Beachtung verdient in diesem Zusammenhang die *Nigeria-Kulturgut*-Entscheidung des BGH aus dem Jahre 1972[368]: Eine nigerianische Firma hatte bei der beklagten deutschen Versicherungsgesellschaft eine Seetransportversicherung für die Verschiffung von afrikanischen Masken und Figuren von Nigeria nach Hamburg abgeschlossen. Die Versicherung wurde nach deutschem Recht abgeschlossen und entsprach den Allgemeinen Deutschen Versicherungsbedingungen. Als nun auf dem Transport einige Figuren verloren gingen, machte der Kläger aus abgetretenem Recht der nigerianischen Versicherungsnehmerin seinen Anspruch auf Auszahlung der Versicherungssumme geltend. Die beklagte Versicherung wandte demgegenüber die Nichtigkeit des Seeversicherungsvertrages ein, weil der versicherte Transport gegen ein nigerianisches Ausfuhrverbot von Kunstgegenständen verstoßen habe.

Dem ist der BGH gefolgt und hat dem Seegüterversicherungsvertrag im Hinblick auf § 138 Abs. 1 BGB wegen Verstoßes gegen die guten Sitten die Wirksamkeit versagt: *„Die Ausfuhr von Kulturgut entgegen einem Verbot des Ursprungslandes verdient daher im Interesse der Wahrung der Anständigkeit im internationalen Verkehr mit Kunstgegenständen keinen bürgerlich-rechtlichen Schutz.“*[369] Zwar hatte der BGH nicht über einen Rückgabeanspruch zu entscheiden. Das Bemerkenswerte der Entscheidung liegt jedoch darin, dass sich der BGH zur Begründung der Verwerflichkeit des Verstoßes gegen das nigerianische Verbotsgesetz maßgeblich auf die UNESCO 1970 und Empfehlungen der Generalkonferenz der UNESCO beruft, obwohl das Übereinkommen für die Bundesrepublik Deutschland damals keine verbindliche Kraft entfaltete. Denn nach Ansicht des BGH ergeben die Beratungen sowie die Annahme des Übereinkommens durch die Generalkonferenz, dass *„[...] die für die internationale kulturelle Zusammenarbeit zuständige Organisation die Ausfuhr von Kulturgut entgegen den Verboten eines Staates seit langem als gemeinschädliches und die Verständigung zwischen den Nationen hinderndes Verhalten auffaßt [...]“* Darüber hinaus betont der BGH das Recht zum Schutz von Kulturgut und seine Erhaltung im ursprünglichen Kontext: *„In der Völkergemeinschaft bestehen hiernach bestimmte grundsätzliche Überzeugungen über das Recht jedes Staates auf den Schutz seines kulturellen Erbes [...]"* und das *„allgemein zu achtende Interesse aller Völker an der Erhaltung von Kulturwerten an Ort und Stelle [...]“*.[370]

---

[368] BGHZ 59, S. 82 ff.

[369] BGHZ 59, S. 82 (86).

[370] BGHZ 59, S. 82 (86).

Ganz ähnlich dem BGH im *Nigeria-Fall* argumentierte das Tribunale di Torino bei der Herausgabeklage Ecuadors gegen *Danusso*, der verbotswidrige Transaktionen zu einer Zeit durchführte, zu der in Italien die UNESCO 1970 noch nicht in Kraft getreten war. Es berief sich auf die Leitgedanken der Konvention für den internationalen Kulturgüterschutz als *„principi generali di ordine pubblico internazionale"*, um das ecuadorianische Recht einschließlich der dort geltenden Spezialbestimmungen für nationales Kulturgut für die Frage des Eigentumserwerbs *Danussos* zur Anwendung kommen zu lassen. In Anwendung der ecuadorianischen Bestimmungen wurde ein gutgläubiger Eigentumserwerb *Danussos* verneint und der Herausgabeklage stattgegeben.[371]

Als weiteres Beispiel dient die Entscheidung *Siva Nataraja* des englischen Courts of Appeal im Fall der Klage eines indischen Hindu-Tempels auf Rückgabe einer wertvollen Bronzefigur des Hindu-Gottes Siva aus dem 12. Jahrhundert, die von einem indischen Arbeiter in der Nähe des Tempels entdeckt und im Anschluss mehrmals weiterverkauft worden war.[372] Der Court of Appeal zog zur Frage der Beurteilung der Rechts- und Parteifähigkeit des Tempels vor englischen Gerichten das Recht von Tamil Nadu heran, das im Gegensatz zum englischen Recht den Tempel als rechts- und parteifähig anerkennt. Begründet wurde diese Entscheidung mit dem Prinzip der *"comity of nations"*, das eine restitutionsfreundliche Auslegung verlange.[373]

In der amerikanischen Entscheidung *Autocephalous Greek-Orthodox Church of Cyprus* aus dem Jahre 1990 ging es um die Rückgabe vier wertvoller byzantinischer Mosaiken aus dem 6. Jahrhundert vor Christus, die aus einer griechisch-orthodoxen Kirche im türkisch besetzten Nordzypern gestohlen worden waren.[374] Die vier Mosaiken waren ursprünglich Teil eines größeren Mosaiks der Panagia Kanakaria-Kirche in Lythrankomi. Obwohl die UNESCO 1970 hier nicht unmittelbar anwendbar war, hat sich das Gericht ausdrücklich auf die Intention der Konvention berufen, die sich gegen illegalen Import und Export von

---

371 *Repubblica dell'Ecuador contro Danusso*, Trib. Torino 25.03 1982, Riv.dir.int.priv.proc. 18 (1982) S. 625 ff.

372 Ausführlich zum Sachverhalt und den zahlreichen Weiterverkäufen über verschiedene Grenzen vgl. *Prott/O'Keefe*, Movement, S. 546 f.

373 *Bumper Development Corporation Ltd. v. Commissioner of Police of the Metropolis and others*, Weekly Law Reports, 1 (1991), S. 1362 bzw. [1991] 4 All ER 638 CA, dazu *Palmer*, Current Legal Problems 1994, S. 215 (222).

374 Autocephalous Greek-Orthodox Church of Cyprus and the Republic of Cyprus v. Goldberg & Feldman Fine Arts, Inc, and Peg Goldberg, 717 F.Supp. 1374 (S.D.Ind. 1989), aff'd 917 F.2d 278 (7th Cir. 1990).

Kulturgut richtet.[375] In Abkehr von der grundsätzlich maßgeblichen situs-Regel knüpfte das Gericht an die restitutionsfreundlichere Rechtsordnung von Indiana an statt an Schweizer Recht, wo die Mosaiken erworben worden waren. Im Rahmen einer Alternativbetrachtung des Sachverhalts nach Schweizer Recht legte es die Anforderungen an die Gutgläubigkeit so hoch, dass diese nicht erfüllt waren. Seine der Rückgabeklage stattgebende Entscheidung begründete das Gericht nicht zuletzt mit der Einzigartigkeit der Mosaiken und ihrer herausragenden Bedeutung für das religiöse, künstlerische und kulturelle Erbe sowohl der Kirche als auch der Republik Zypern.[376]

Zwar haben alle diese Entscheidungen gemeinsam, dass sie nicht die Prüfung völkergewohnheitsrechtlicher Rückführungsansprüche zum Gegenstand hatten. Insofern können sie auch keine diesbezügliche Rechtüberzeugung zum Ausdruck bringen. Aber dennoch zeigen sie eine gewisse Wendung zu einer kulturgutfreundlicheren Haltung, indem die territoriale Bindung durch Anwendung restitutionsfreundlicher Gesetze betont wird und dem nationalen Kulturgut in Abkehr von allgemeinen Regeln des internationalen Privatrechts wie der situs-Regel eine Sonderstellung eingeräumt wird. Auch hier ist erkennbar, dass Kulturgut religiöser Bedeutung begünstigt wird oder solches, das aus Bauwerken gestohlen wurde, zu denen es einen engen Zusammenhang aufweist.

c. *Entscheidungen internationaler Gerichte*

Auch die internationale Gerichtspraxis kann zur Feststellung von Gewohnheitsrecht hilfreich sein. Allerdings ist bislang lediglich eine einzige Entscheidung zu finden, die auf Aspekte der Rückführung von Kulturgut jedenfalls am Rande eingeht. Dies ist die Entscheidung des IGH im Falle *Affaire du temple de Préah Vihéar (Cambodge c. Thailande)*.[377] Im Mittelpunkt des Streites stand der historisch bedeutende Tempel von Préah Vihéar, der im Grenzgebiet zwischen Thai-

---

375 Zwar hatten sowohl die USA als auch die Republik Zypern im Zeitpunkt der Klageerhebung die UNESCO-Konvention bereits ratifiziert. Aufgrund des sehr engen Anwendungsbereiches des amerikanischen Implementierungsgesetzes unterfielen die byzantinischen Mosaiken jedoch nicht seinem Anwendungsbereich, vgl. oben A.I.5.b.aa.

376 717 F.Supp. 1374 (S.D.Ind. 1989), 1376, 1400-1404. Auch wurde der Republik Zypern, welche keine Eigentumspositionen an den Mosaiken geltend machen konnte, ein Klagerecht allein aufgrund der Bedeutung der Mosaiken für das nationale Erbe zuerkannt, 717 F. Supp. 1374 (1376): "*The mosaics are unique. The paramount significance of their existence is as part of the religious, artistic, and cultural heritage of the Church and the government of Cyprus, and as a part of the national unity of the Republic of Cyprus.*"

377 Fond. Arrêt du 15 juin 1962: C.I.J., Rec. 1962, S. 6 ff.; dazu *Cot*, AFDI VIII (1962), S. 217 ff., und *Engstler*, Territoriale Bindung, S. 184 ff.

land und Kambodscha gelegen ist. Da sich die beiden Länder über den Grenzverlauf nicht einigen konnten und demzufolge jeweils den Tempel ihrem eigenen Staatsgebiet zuordneten, rief Kambodscha nach der Besetzung des Tempelgebiets durch thailändische Truppen den IGH zur Durchsetzung seiner Rechte an. In seinen Schlussanträgen forderte Kambodscha unter anderem die Rückgabe aller aus dem Tempel seit der Besetzung durch thailändische Truppen im Jahre 1954 entfernten Gegenstände.[378] Als der IGH zu dem Schluss kam, dass das Tempelgebiet dem Territorium Kambodschas zugehörig war, wurde dem Rückgabeantrag mit sieben zu fünf Stimmen stattgegeben. In seiner Begründung ging der IGH selbstverständlich von einem Rückgaberecht eines Staates bezüglich der von seinem Territorium entfernten Kulturgüter aus. Die Präzedenzwirkung dieses Falles dürfte sich jedoch bereits deshalb in Grenzen halten, da der Streit über die Zuordnung des Territoriums im Vordergrund stand und der erstmals in den Schlussanträgen gestellte Restitutionsantrag im Vergleich dazu nur eine unwesentliche Rolle spielte.[379]

d. Völkerrechtliche Vertragspraxis

Multilaterale Verträge können ebenfalls für den Nachweis einer völkergewohnheitsrechtlichen Norm von Bedeutung sein, falls in ihnen eine unabhängig vom Vertrag bestehende Rechtsüberzeugung zum Ausdruck gebracht wird.[380] Im Falle der Erweiterung einer völkervertraglichen Norm zu allgemeinem Gewohnheitsrecht muss dies auch von den Nichtunterzeichnerstaaten anerkannt sein. Maßgeblich ist demnach, ob die in den Konventionen der UNESCO und UNIDROIT enthaltenen Rückführungsansprüche durch die Nichtmitglieder gänzlich abgelehnt werden oder die Ratifizierung aus anderen Gründen unterblieb, eine gewisse territoriale Anbindung von Kulturgut aber gleichwohl anerkannt wird. Die wohl bedeutendsten Gründe für die Ablehnung beider Konventionen lagen in der weiten Definition des Begriffes Kulturgut und der damit schwer überschaubaren Reichweite der Rückgabeverpflichtung insbesondere im Rahmen der UNIDROIT-Konvention, verbunden mit den befürchteten Einschränkungen des legalen Kunsthandels.[381] Ein ebenfalls weit verbreitetes

---

378 C.I.J., Rec.1962, S. 11.

379 Vgl. *Freytag*, in: Fechner/Oppermann/Prott, Prinzipien des Kulturgüterschutzes, S. 175 (188). Eine ausführliche Besprechung hinsichtlich der territorialen Zuordnungsfragen findet sich bei *Cot*, AFDI VIII (1962), S. 217 ff.

380 *Heintschel von Heinegg*, in: Ipsen, Völkerrecht, § 16 Rn. 37.

381 Vgl. hierzu die Zusammenfassung von *Bernecker*, Mitteilungsblatt. Museumsverband für Niedersachen und Bremen e.V. Nr. 61 Okt. 2001, S. 61 ff.

Argument waren die Eingriffe in die nationalen Eigentumsordnungen durch die strikte Durchsetzung der Rückforderung gegenüber gutgläubigem Erwerb und nationalem Verjährungsrecht.[382] Nicht jedoch spiegelt sich in der unterbliebenen Ratifizierung eine grundsätzliche Ablehnung von Rückgabeansprüchen in eng begrenzten Fällen wie für die aus öffentlichen Einrichtungen gestohlenen Kulturgüter wieder. Dies wird vor allem darin deutlich, dass sich bei der Ausarbeitung der Konventionen zahlreiche Staaten beteiligt haben, die sie nachher zwar nicht ratifiziert haben, weil ihnen die konkrete Ausführung als nicht geeignet schien. Sie erkannten aber dennoch die Notwendigkeit, dem illegalen Transfer durch die Bindung von Kulturgut an sein Ursprungsland und dem korrespondierende Restitutionspflichten entgegenzuwirken.

4. Ergebnis

Bezüglich einer umfassenden Rückgabepflicht für sämtliche in Friedenszeiten illegal gehandelte Kulturgüter hat sich bislang weder eine hinreichend konforme Staatenpraxis, noch die entsprechende Rechtsüberzeugung gebildet.[383] Was die in Art. 7 (b) (ii) der UNESCO-Konvention etablierte Rückführungsverpflichtung anbetrifft, so kann wohl hinsichtlich ihrer Erstreckung auf den Kreis der dort genannten Kulturgüter, die aus öffentlichen Einrichtungen gestohlen wurden, von einer gewohnheitsrechtlichen Geltung gesprochen werden.[384] Nach der bisherigen Staatenpraxis und Rechtsüberzeugung muss es sich m. E. dabei jedoch um Kulturgüter von gewissem Wert und mit einem besonderen Bezug zum Ursprungsort handeln, für die ein gewichtiges Affektionsinteresse des Herkunftslandes besteht.

Dennoch ist mittlerweile eine veränderte Einstellung der Importstaaten gegenüber dem nationalen Kulturerbe der jeweiligen Herkunftsländer zu erkennen.[385] So wächst in der Staatengemeinschaft die Überzeugung, dass Ausfuhrbeschränkungen für besonders schutzwürdige Kulturgüter, die einen starken Bezug zum jeweiligen nationalen Erbe aufweisen, einem legitimen Interesse der Staatenwelt

---

382 Vgl. oben unter A.I.1.c.

383 Gewohnheitsrechtliche Rückführungsansprüche noch gänzlich ablehnend, *Walter*, Rückführung, S. 71, *Goy*, RGDIP 86 (1997), S. 962 (966); *Dicke*, in: Council of Europe, International Legal Protection of Cultural Property, S. 19 (36).

384 Die Beweislast für das Bestehen einer solchen gewohnheitsrechtlichen Regel trifft den Staat, der sich auf sie beruft, vgl. *Baxter*, BYIL (XLI) 1965-66, S. 275 (296 f.)

385 Zu den Anfängen eines zunehmend kulturellen Bewußtseins *Shanaberger*, N.Y.J.Int.& Comp.L 4 (1982), S. 157 (162).

entsprechen. Eine korrespondierende Verpflichtung zur unbedingten Herausgabe von Kulturgütern, die entgegen einem solchen Verbot in ein anderes Land verbracht wurden, hat sich indessen noch nicht als allgemein anerkannt durchzusetzen vermocht. Gleichwohl zeichnen sich zunehmend gewisse internationale Standards ab, die von den Staaten aus freien Stücken angewandt werden. Diese als comitas gentium bezeichneten Regeln enthalten kein Recht im strengen Wortsinn. Darunter sind vielmehr gewisse Normen der Verkehrssitte zu verstehen, welche die Staaten im Verkehr miteinander freiwillig aus dem Gefühl der gegenseitigen Achtung und mit dem Willen der Rücksichtnahme aufeinander einhalten.[386] Ihr Übergang hin zu verbindlichem Gewohnheitsrecht ist jedoch möglich und zum Teil sicher fließend.[387]

D. Ergebnis zu Teil 1

Zusammenfassend kann damit gesagt werden, dass der allgemeine völkerrechtliche Verpflichtungsstand in Bezug auf die Rückführung rechtswidrig verbrachter Kulturgüter schwach ausgestaltet ist. Die zwar mittlerweile weithin akzeptierte UNESCO 1970 besitzt einen nur eingeschränkten Anwendungsbereich. Die dagegen umfassende Rückführungsverpflichtungen aufstellende, unmittelbar anwendbare UNIDROIT-Konvention ist von der Staatengemeinschaft bislang kaum als adäquates Mittel angesehen und von gerade 25 Staaten ratifiziert worden. Aufgrund ihrer mangelnden Akzeptanz in der Staatenwelt, ein Zustand, der sich aller Voraussicht nach weder auf kurze noch lange Sicht ändern wird, ist mit ihr eine Verbesserung des Verpflichtungsstandes bezüglich der Kulturgutrestitution nicht zu erzielen.

Positiver fällt die Bilanz für allgemeine Rechtshilfeabkommen aus. Ohne auf die dem Kulturgüterschutz eigenen Bedürfnisse einzugehen, eröffnen sie in vielen Fällen eine praxisnahe, oft schnelle und kostengünstige Möglichkeit, dem Ursprungsland zur Wiedererlangung sowohl gestohlener als auch illegal exportierter Kulturgüter zu verhelfen. Sie haben andererseits den Nachteil, dass sie aufgrund ihres Zwecks, ausländische Strafverfahren zu unterstützen, ihre Begrenzung erfahren, sobald und soweit Rechte Dritter im Raume stehen. Das speziell auf die Rückführung von Kulturgütern ausgerichteten Rechtshilfeabkommen des

386 *Seidl-Hohenveldern*, Völkerrecht § 28, Rn. 469.

387 Von langsam entstehendem Gewohnheitsrecht spricht jüngst auch *Yasaitis*, IJCP 12 (2005), S. 95 (107).

Europarates ist mangels einer genügenden Anzahl von Ratifizierungen nicht in Kraft getreten. Allerdings wurde im Rahmen dieses Abkommens versäumt, die Problematik des Widerstreits zwischen den Interessen des Ursprungslandes an der unbedingten Wiedererlangung seiner Kulturgüter und etwaiger wohlerworbener Rechte Dritter zu lösen, so dass seine Wirksamkeit einen entscheidenden Fortschritt ohnehin nicht bringen könnte.

Auch das Völkergewohnheitsrecht vermag die auf vertragsrechtlicher Ebene zu Tage getretenen Lücken derzeit nicht zufriedenstellend zu lösen. Denn von der gewohnheitsrechtlichen Bindung ist ein noch engerer Kreis gestohlener Kulturgüter als im Rahmen der UNESCO 1970 erfasst. Dies ergibt sich daraus, dass sowohl die Übung als auch die Rechtsüberzeugung in der Staatenwelt bisher ein besonderes Affektionsinteresse sowie einen besonderen territorialen und kulturellen Bezug des Kulturguts zu seinem Herkunftsstaat fordern. Diese enge Bindung kann sich aus der Zugehörigkeit des gestohlenen Kulturguts zu einer gewachsenen Sammlung, zu einem Bauwerk oder sonstigen Stätte, wenn es hierzu eine besondere Beziehung aufweist, oder aus einer besonderen spirituellen oder religiösen Bedeutung des Objektes für einen Kulturkreis ergeben.

Für die Bundesrepublik Deutschland sind völkerrechtlich bislang allein die im Rahmen der von ihr abgeschlossenen Auslieferungs- und Rechtshilfeverträge eingegangenen Herausgabeverpflichtungen sowie der Minimumstandard des allgemeinen Völkergewohnheitsrechts verbindlich. Mithin bleibt der völkerrechtliche Verpflichtungsstand auf deutscher Seite hinter dem mit völkerrechtlichen Mitteln zu erreichenden Standard zurück.

ZWEITER TEIL

Rechtliche Grundlagen und Möglichkeiten der Rückführung im innerstaatlichen Recht

A. Privateigentum von Staaten als Rechtsgrundlage der Rückführung

I. Ausgangsüberlegung

Die zivilrechtlichen Rückführungsmöglichkeiten für Kulturgut ergeben sich aus dem allgemeinen Schuld- und Sachenrecht. Bei den hier ausschließlich behandelten Fällen mit Auslandsberührung kommen zudem die Normen des Kollisionsrechts zum Tragen, die über das letztlich anzuwendende Sachrecht Aufschluss geben. Im Mittelpunkt der Rückgabeproblematik stehen regelmäßig die dinglichen Herausgabeansprüche und somit das internationale Sachenrecht. Besondere Bedeutung kommt hier dem Statutenwechsel zu, wonach bei Verbringung des Kulturguts in einen anderen Staat zugleich der Geltungsbereich der Rechtsordnung gewechselt wird.

In materieller Hinsicht ist für den Erfolg einer eigentumsrechtlichen Herausgabeklage maßgeblich, dass der Kläger sein bestehendes Eigentum nachweisen kann. Die Aussicht eines Staates, sein gestohlenes Kulturgut wiederzuerlangen, hängt entscheidend davon ab, ob zwischenzeitlich Rechte Dritter daran erworben wurden oder der dingliche Herausgabeanspruch verwirkt oder verjährt ist. Die Eigentumsproblematik beurteilt sich dabei nach dem jeweils anwendbaren Sachrecht. Der Frage, welches nationale Sachrecht letztlich Anwendung findet, kommt entscheidende Bedeutung zu, da die nationalen Systeme in Bezug auf den Erwerb und Verlust beweglichen Eigentums stark variieren.

II. Kollisionsrechtliche Behandlung

1. Der Grundsatz der lex rei sitae

Der Staat, der ihm gestohlenes und ins Ausland verbrachtes Kulturgut wiedererlangen will, muss seine Klage auf Herausgabe regelmäßig in demjenigen Staat erheben, in dem der derzeitige Besitzer seinen Wohnsitz hat. Da es im internationalen Rechtsverkehr bislang für Kulturgut keinen Sonderstatus gibt, entscheidet das nationale Kollisionsrecht des Forumstaates über das auf den Fall anwendbare Sachrecht.[388] Die Kollisionsrechte fast aller Staaten wenden im internationalen Sachenrecht die lex rei sitae an.[389]

Nach der situs-Regel beurteilt sich die dingliche Rechtslage von Sachen nach dem Recht des Lageorts der Sache zum Zeitpunkt der Verwirklichung des sachenrechtlich relevanten Tatbestands.[390] Maßgeblicher Anknüpfungszeitpunkt für die Beurteilung der dinglichen Rechtslage ist also jeweils derjenige Zeitpunkt, zu dem die dingliche Rechtslage betrachtet werden soll. Ist dieser bestimmt, so entscheidet das Recht des Lageorts über den gesamten Bereich des Sachenrechts und damit insbesondere über Entstehung, Änderung, Über- und Untergang sowie Inhalt und Wirkung dinglicher Rechte.[391]

2. *Statutenwechsel*

Wird nun die bewegliche Sache aus dem Machtbereich einer Rechtsordnung in den einer anderen verbracht, so kommt es im Hinblick auf die dingliche Rechtslage zu einem Statutenwechsel, gleichgültig, ob die Veränderung des Lageorts

---

388 *Palandt/Heldrich*, Einl. V. Art. 3 EGBGB, Rn. 1; *Kreuzer*, RdC 1996 S. 17 (184); *Siehr*, in: FS Trinkner, S. 703 (717). Zur Einordnung von Kulturgütern als Sachen im deutschen Recht vgl. BT-Drs. 14/343, S. 15.

389 *Kropholler*, IPR, S 541; *Byrne-Sutton*, Le trafic international, S. 110-126; *Walter*, Rückführung, S. 32; *v. Schorlemer*, Internationaler Kulturgüterschutz, S. 535; *Stoll*, in: Dolzer/Jayme/Mußgnug, S. 53 (55). Vgl. für Europa bspw. Italien: Art. 22 der Einführungsbestimmungen zum Codice civile; Portugal: Art. 46 (1) Código civil português; Art. 27 des Zivilgesetzbuches der Griechischen Republik; Art. 24 des Gesetzes über das Internationale Privatrecht der Republik Polen; Österreich: § 31 des Bundesgesetzes vom 15. Juni 1978 über das internationale Privatrecht; die Beispiele wurden *Riering*, IPR-Gesetze in Europa, 1997 entnommen. Beispiele für den außereuropäischen Rechtsraum: Argentinien: Art. 11 Código Civil; Guatemala: Art. 27 Ley del Organismo Judicial; Jordanien: Art. 19 des jordanischen Zivilgesetzbuches; Tunesien: Art. 58 des Code de droit international privé; Art. 833 (1) des Civil Code of the Socialist Republic of Vietnam; entnommen aus *Kropholler/Krüger/Riering/Samtleben/Siehr*, Außereuropäische IPR-Gesetze, 1999. S. auch den Überblick bei *Staudinger/Stoll*, Int. SachenR, Rn. 22 ff.

390 Allgemeine Meinung, vgl. *Siehr*, IPR, S. 271; *Kegel/Schurig*, IPR, S. 771. Für das englische Recht vgl. *Rogerson*, Current Legal Problems 2003, S. 265 ff., mit zahlreichen Beispielen aus der englischen Rechtsprechung. Im französischen und italienischen Recht wird zum Teil der Ort der Belegenheit der Sache im Zeitpunkt der Klageerhebung für maßgeblich erachtet, vgl. dazu *Prott/O'Keefe*, Movement, S. 639 f., und *Jaeger*, Internationaler Kulturgüterschutz, S. 72.

391 *MüKo-Wendehorst*, Art. 43 EGBGB Rn. 49 ff.; *Kegel/Schurig*, IPR, S. 767; *Kropholler*, IPR, S. 542 f.; *Siehr*, Internationales Privatrecht, § 38 IV 1.

rechtmäßig oder rechtswidrig erfolgt ist.[392] Ist der sachenrechtliche Tatbestand nach der Rechtsordnung des bisherigen Belegenheitsstaates bereits abgeschlossen (schlichter Statutenwechsel), so bleiben grundsätzlich die unter der Geltung der früheren lex rei sitae erworbenen sachenrechtlichen Prägungen einer Sache auch unter der neuen lex rei sitae erhalten.[393] Eine Ausnahme gilt nur dann, wenn die frühere lex rei sitae mit der neuen Sachenrechtsordnung völlig unverträglich ist. Die Prägung durch das frühere ausländische Recht endet, sobald ein neuer, rechtlich erheblicher Vorgang im Inland zur Beurteilung ansteht. Fortan richtet sich der Inhalt der dinglichen Rechte an der Sache nach dem neuen Belegenheitsstatut.[394]

Eine besondere Problematik stellt sich, wenn die Sache ihren Belegenheitsort im Verlaufe eines dinglichen Rechtserwerbs wechselt, das Statut sich also während eines zeitlich gestreckten Erwerbstatbestandes ändert (qualifizierter Statutenwechsel).[395] Wird die Sache während des Laufs einer Ersitzungs- oder Verjährungsfrist in den Geltungsbereich einer neuen Rechtsordnung verbracht, so gilt das neue Statut für die Frage der Ersitzung oder Verjährung einschließlich der hierfür bestehenden Fristen.[396] Ist jedoch eine Ersitzung oder Verjährung auch nach dem neuen Statut zulässig, so wird die frühere Besitzzeit oder der bislang verstrichene Zeitraum auf die von der neuen lex rei sitae geforderte Besitzdauer bzw. Verjährungsfrist angerechnet.[397]

---

392 *Stoll*, IPRax 2000, S. 259 (261 f.); *Palandt/Heldrich*, Art. 43 EGBGB Rn. 5; *Erman/ Hohloch*, Art. 43 EGBGB Rn. 9; *Kreuzer*, RabelsZ 65 (2001), S. 383 (444).

393 Vgl. BGHZ 45, S. 95 (96); *Kegel/Schurig*, IPR, S. 771 m. w. N.; *v. Bar*, IPR 2, Rn. 756; *Staudinger/Stoll*, Int. SachenR, Rn. 354; *Siehr*, IPR, S. 271.

394 Vgl. *v. Bar*, IPR 2, Rn. 757; BGH IPRax 1987, S. 374 (377), mit Anmerkung *Stoll*, IPRax 1987, S. 357 ff.: Eine Kölner Münzhandlung erwarb in einer schweizerischen Versteigerung zwei Münzen, die aus einer Sammlung des Landes Schleswig-Holsteins gestohlen waren. Die Münzhandlung veräußerte sodann die Münzen weiter. Der BGH stellte fest, dass ein in der Schweiz erworbenes Lösungsrecht nach Art. 943 Abs. 2 ZGB nicht schon durch die Verbringung nach Deutschland, das ein solches Lösungsrecht nach seiner Rechtsordnung nicht kennt, untergeht, sondern erst dann, wenn eine Veräußerung unter der neuen Rechtsordnung, die ein Lösungsrecht nicht kennt, erfolgt. Vgl. zu diesem Fall auch *Jayme*, Status of Cultural Property, S. 87 (93).

395 Zum Begriff *MüKo-Wendehorst*, Art. 43 EGBGB, Rn. 89; *Kropholler*, IPR, S. 549.

396 *MüKo-Wendehorst*, Art. 43 EGBGB Rn. 111; *Schmeinck*, Internationalprivatrechtliche Aspekte, S. 125.

397 *MüKo-Wendehorst*, Art. 43 EGBGB Rn. 112; für das amerikanische Recht *Scoles/Hay*, Conflict of Laws, S. 768 f.; für die Schweiz *Lalive*, Schw. Jb. Int.R.1969/70, S. 259 (326).

3. Ausnahmen von der lex rei sitae

Eine für den internationalen Kulturgüterverkehr wichtige Ausnahme von der Regelanknüpfung an die lex rei sitae können die Grundsätze der res in transitu bilden. Auch für Sachen im Transport bleibt es zwar generell bei der Maßgeblichkeit des Rechts des Lageorts.[398] Führt aber der Transport eines Gegenstandes über mehrere Staatsgrenzen hinweg, so dass sich der genaue Lageort im Zeitpunkt des fraglichen sachenrechtlichen Vorgangs nicht bestimmen lässt, hat die Anknüpfung an die lex rei sitae aufgrund kaum überwindbarer praktischer Schwierigkeiten einer subsidiären Lösung zu weichen. Allerdings ist strittig, welches Statut anstelle des Belegenheitsstatuts zur Anwendung kommen soll. Diskutiert wird eine Anknüpfung an den Absendeort, an den Bestimmungsort, an den Wohnsitz des Eigentümers oder an das von den Parteien vereinbarte Recht.[399]

Eine weitere, zumindest teilweise Durchbrechung des Grundsatzes der lex rei sitae bildet der Rekurs auf den nationalen ordre public des Forumstaates. Verstößt die Anwendung des durch die lex rei sitae berufenen Sachrechts im konkreten Einzelfall gegen den ordre public als unantastbaren Teil der Rechtsordnung des Forumstaates, so darf das dem ordre public zuwider laufende Recht nicht angewendet werden.[400] Freilich kann hierdurch nicht die Anknüpfung nach der lex rei sitae als solche ausgeschaltet werden; es bleibt allein die im konkreten Fall im Ergebnis gegen den ordre public verstoßende Rechtsnorm unbeachtet.

III. Auswirkungen der Regelanknüpfung für gestohlene Kulturgüter

Die Anwendung der lex rei sitae hat in zahlreichen Fällen des internationalen Kunsthandels die entscheidende Richtung für das Ergebnis der Entscheidung vorgegeben. Allerdings sind die Vielfalt und Komplexität der Probleme im Kulturgüterrestitutionsrecht nicht zu verstehen, wenn man die kollisionsrechtliche Anknüpfung isoliert betrachtet. Erst ein Einblick in die nationalen Sachrechte kann die Wechselwirkungen zwischen der Anknüpfungsregel und des durch sie berufenen Sachrechts mitsamt ihren Konsequenzen greifbar machen. Auch für

---

398 *Palandt/Heldrich*, Art. 43 EGBGB Rn. 2, 9; *Lalive*, Transfer of Chattels, S. 188.
399 *MüKo-Kreuzer*, vor Art. 38 EGBGB, Rn. 127 m. w. N.; *Kropholler*, IPR, S. 551.
400 Näher hierzu unter IV.4.

mögliche Lösungsansätze wird die Erkenntnis der Verquickung verschiedener Problembereiche von größter Bedeutung sein.

1. Die internationale Gesetzeslage

Anhand ausgewählter Rechtsordnungen soll daher im Folgenden ein kurzer Überblick über verschiedene Modelle des Eigentumserwerbs bzw. –verlusts von Kulturgut gegeben werden. Schuldrechtliche Gesichtspunkte des Kunsthandels werden nicht erörtert.[401]

Die einzelnen Rechtssysteme zeichnen sich durch auffallend große Unterschiede aus, was die Bevorzugung von Eigentümerschutz oder Verkehrsinteressen angeht. Im Hinblick auf die Eigentumsproblematik an gestohlenem Kulturgut lassen sie sich in drei Gruppen einteilen.[402] Die Ausgestaltung bewegt sich dabei zwischen der Favorisierung des Eigentümerschutzes über differenzierte Lösungen bis hin zur absoluten Bevorzugung von Erwerbs- und Verkehrsinteressen.

a. Grundsatz der unbeschränkten rei vindicatio

Eine im internationalen Vergleich sehr hohe Stellung räumen die Rechtssysteme der *common-law*-Staaten dem Eigentümerschutz ein, da sie der *nemo-dat*-Regel und damit dem Prinzip der unbeschränkten *rei vindicatio* folgen.[403] Das für den internationalen Kunstmarkt wohl bedeutendste Beispiel unter diesen Rechtsordnungen sind die Rechte Englands und der USA.

aa. England

Das Prinzip des nemo dat ist in England in Sect. 21 (1) 1. HS *Sale of Goods Act 1979 verankert: "Subject to this Act, where goods are sold by a person who is not their owner, and who does not sell them under the authority or with the consent of the owner, the buyer acquires no better title to the goods than the seller*

---

401 Dazu umfassend *Spinellis*, Vertrags- und Sachenrecht des internationalen Kunsthandels; *Hanisch*, in: International Sales of Works of Art I, S. 157 ff., und *Heinbuch*, International Sales of Works of Art I, S. 195 ff. (beide zum alten Schuldrecht); zum neuen Recht vgl. *Wertenbruch*, NJW 2004, S. 1977 ff.

402 S. zu dieser Dreiteilung *Kowalski*, RdC 2001 (288), S. 17 (102); *Siehr*, RdC 243 (1993-VI), S. 9 (57 ff.); *Zweigert*, RabelsZ 23 (1958), S. 1 (5 f.).

403 Die Doktrin des *„nemo plus iuris transferre potest quam ipse habet"* oder *„nemo dat qui non habet"* (nemo dat Regel), wonach der Übertragende nicht mehr Rechte übertragen kann, als er selbst inne hat, geht auf das römische Recht zurück, vgl. *Zweigert*, RabelsZ 23 (1958), S. 1 (4).

had [...]".[404] Damit wird grundsätzlich ein gutgläubiger Erwerb vom Nichtberechtigten ausgeschlossen. Jedoch haben sich im Laufe der Zeit sechs Ausnahmen von diesem Grundprinzip herausgebildet, wovon jedoch nur vier für den Kunsthandel von Bedeutung sind.[405] Die erste Ausnahme findet sich im zweiten Halbsatz des im *Sale of Goods Act* niedergelegten Grundprinzips selbst wieder und ermöglicht dem Erwerber den Titelerwerb in Fällen, in denen der Eigentümer durch sein Verhalten dazu beigetragen hat, dass der Erwerber den Veräußerer für den rechtmäßigen Eigentümer oder zumindest für verfügungsbefugt hält.[406] Indem er einen solchen Rechtsschein setzt, verwirkt der wahre Eigentümer seinen Herausgabeanspruch *("title by estoppel")*.[407] Die bloße Tatsache, dass der Eigentümer seinen Gegenstand einem anderen anvertraut hat, reicht hierfür allerdings nicht aus; es müssen weitere, den Rechtsschein begründende Tatsachen vorliegen.[408] Die Beweislast für den gesetzten Rechtsschein trägt der Erwerber.[409]

Eine zweite, hiermit im Zusammenhang stehende Ausnahme ist die der "*mercantile agency*". Sect. 21 (2) (a) des *Sale of Goods Act 1979* und Sect. 1 (1) des *Factor's Act 1889*[410] geben einem Kaufmann die Befugnis, über ihm in seiner Eigenschaft als Kaufmann anvertraute Sachen mit Einverständnis des Eigentümers im Rahmen des üblichen Geschäftsbetriebes zu verfügen.[411] Veräußert nun der Kaufmann eine ihm derart anvertraute Sache, so erwirbt der gutgläubige Erwerber auch dann Eigentum, wenn der Kaufmann tatsächlich zu einer Veräußerung nicht befugt war.[412] Der durch die Veräußerung im üblichen Geschäftsbetrieb gesetzte Rechtsschein schützt also wiederum den Erwerber. Allerdings findet diese Ausnahme bei gestohlenen oder verlorenen Gegenständen keine An-

---

404 Abgedr. in Halsbury's Statutes of England, Band 39 (2002), S. 60.

405 Alle sechs Ausnahmen behandeln *Prott/O'Keefe*, Movement, S. 397 ff., und *Palmer*, in: Palmer, Recovery of Stolen Art, S. 33 (49 ff.).

406 Sect. 21(1) 2. HS Sale of Goods Act 1979: "[...] unless the owner of the goods is by his conduct precluded from denying the seller's authority to sell", vgl. *Prott/O'Keefe*, Movement, S. 397.

407 Dazu *Palmer*, in: Palmer, Recovery of Stolen Art, S. 33 (49 f.).

408 Vgl. *Spaun*, Herausgabeanspruch, S. 79; *Knott*, Anspruch auf Herausgabe, S. 56.

409 Ausführlich zu den Voraussetzungen des "*title by estoppel*" und der Beweispflicht, *Dreyer*, Gutgläubiger Erwerb im englischen Recht, S. 30 ff.

410 Abgedr. in: Halsbury's Statutes of England, Band 1 (1998), S. 46.

411 Vgl. *Prott/O'Keefe*, Movement, S. 400; *Palmer*, in: Palmer, Recovery of Stolen Art, S. 33 (51 f.).

412 Sect. 2 (1) Factor's Act 1889.

wendung, da die Sache dem Kaufmann vom Eigentümer anvertraut worden sein muss.[413]

Schließlich kann gutgläubiges Eigentum auch von einem Veräußerer erlangt werden, der selbst mittels *voidable title*, d. h. gutgläubig, jedoch mit anfechtbarem Titel, einen Gegenstand erworben hat, Sect. 23 *Sale of Goods Act*. Ein *voidable title* liegt bspw. vor, wenn beim Verkauf durch den Eigentümer dessen Willensbildung fehlerhaft war, eine Anfechtung aber versäumt wurde.[414] Bei Nichtigkeit des Erstgeschäfts greift die Ausnahme nicht. Die Gutgläubigkeit des Zweiterwerbers wird vermutet und muss vom früheren Eigentümer widerlegt werden.[415]

Damit bestehen zwar auch im englischen Recht Ausnahmetatbestände, die einen gutgläubigen Erwerb vom Nichtberechtigten ermöglichen. Jedoch haben all diese Ausnahmen gemeinsam, dass sie ein irgendwie geartetes Mitwirken bis hin zu einem teils selbstverschuldeten Verlust des Eigentümers voraussetzen und somit nicht für Gegenstände gelten, die dem Berechtigten gestohlen oder sonst abhanden gekommen sind. Letzteres stellt aber gerade für den internationalen Kunsthandel die bedeutendste Fallgruppe dar. Die einzige Ausnahmeregelung, die einen gutgläubigen Erwerb auch an gestohlenen Gegenständen zuließ, war die 1994 abgeschaffte *market-overt*-Regel, die nun nur noch für Fälle Anwendung findet, in denen der Erwerb vor dem 3. Januar 1995 stattfand.[416] Nach dieser Regel konnte auf einem öffentlichen, rechtmäßig abgehaltenen Markt zwischen Sonnenaufgang und Sonnenuntergang[417] gutgläubig Eigentum an Gegenständen gleich welcher Herkunft erworben werden, sofern sie nur für gewöhnlich auf solchen Märkten gehandelte Ware darstellten. Allerdings werden an die Gutgläubigkeit sehr strenge Anforderungen gestellt, so dass bereits geringe Zweifel schaden.[418]

---

413 *Prott/O'Keefe*, Movement, S. 400.

414 Vgl. *Schmeinck*, Internationalprivatrechtliche Aspekte, S. 134; *Prott/O'Keefe*, Movement, S. 400.

415 *Spaun*, Herausgabeanspruch, S. 80, *Schmeinck*, Internationalprivatrechtliche Aspekte, S. 134.

416 Sect. 22 (1) *Sales of Goods Act 1979*. Vgl. dazu *Kowalski*, RdC 288 (2001), S. 17 (110 f.); *Dreyer*, Gutgläubiger Erwerb im englischen Recht, S. 155.

417 Diese Voraussetzung, die sich aus dem *Sale of Goods Act* nicht ergibt, wurde von der Rechtsprechung in *Reid v. Commissioner of Police of the Metropo*lis [1973] 1 Q.B. 551, 559 f. (C.A.); [1973] 2 All. ER 97, C.A. entwickelt.

418 Vgl. ausführlich zur *market-overt*-Regel *Prott/O'Keefe*, Movement, S. 398 ff.

Auch die Verjährungsvorschriften führen im englischen Recht nur selten zum Erwerb von Eigentum an gestohlenen Gegenständen. Gegen den Täter oder einen bösgläubigen Käufer verjährt der Anspruch des Eigentümers ohnehin nicht.[419] Nur ein gutgläubiger Käufer kann dem Eigentümer nach sechs Jahren seit dem Kauf die Verjährung entgegenhalten.[420] Dieser Zeitablauf hat nach Sect. 3 (2) des *Limitation Act 1980* das Erlöschen des Titels des früheren Eigentümers zur Folge. Andere Erwerbsformen außer dem Kauf setzen hingegen den Lauf der Verjährungsfrist nicht in Gang.

Als Ergebnis lässt sich damit festhalten, dass das englische Recht für die Fälle gestohlenen und abhanden gekommenen Eigentums dem Eigentümer eine bevorzugte Stellung einräumt und dessen Eigentum vor sofortigem gutgläubigen Erwerb seit Abschaffung der *market-overt*-Regel schützt. Allein der gutgläubige Erwerber einer gekauften Sache kann nach sechs Jahren an einem gestohlenen Gegenstand Eigentum erwerben.

bb. USA

Auch die USA folgen der Grundsatzregel *"a thief acquires no title to the property stolen by him and can pass none to others regardless of their good faith and ignorance of the theft"*.[421] Diese von der Rechtsprechung formulierte Regel findet sich ähnlich in Sect. 2-403 (1) des Uniform Commercial Code (UCC): *"A purchaser of goods acquires all title which his transferor had or had power to transfer [...]"*.[422] Aber ebenso wie das englische Recht enthält der UCC einige Ausnahmen von der *common-law*-Regel des nemo dat. Hierzu gehören der title by estoppel (Sect. 1-103 UCC) und der *sale under voidable title* (Sect. 2-403 (1) S. 2, 3 UCC), welche die gleichen Voraussetzungen aufweisen wie im englischen Recht.[423] Desgleichen kennt der Code den gutgläubigen Erwerb von einem Kaufmann, der im Rahmen seines Geschäftsbetriebs handelt und dem der Gegenstand vom Eigentümer anvertraut worden war (Sect. 2-403 (3) UCC). Jedoch ermöglichen diese Einzelbestimmungen wiederum nicht den sofortigen

419 Sect. 4 Limitation Act 1980.

420 Sect. 4 (4) Limitation Act 1980.

421 *O'Keefe v. Snyder 170 N.J.Super. 75*; N.J. 405 A.2d 840, 843 (Super.Ct., App.Div. 1979), *(rev'd, 83 N.J. 478)*, 416 A.2d 862 (S.Ct. 1980).

422 Dieser Code ist von allen Bundesstaaten mit Ausnahme Louisianas übernommen und in bundesstaatliches Recht umgesetzt worden.

423 Vgl. speziell zum US-amerikanischen Recht *Knott*, Anspruch auf Herausgabe, S. 31 ff.

gutgläubigen Erwerb von gestohlenen und abhanden gekommenen Gegenständen.[424]

Mehr an Bedeutung für den Handel mit gestohlenen Kulturgütern gewinnt daher in den amerikanischen Rechten der Eigentumsverlust durch Zeitablauf. Selbst Rechtsordnungen, die einen gutgläubigen Erwerb vom Nichtberechtigten weitgehend ablehnen, vermögen den Eigentümer nicht umfassend vor dem Verlust seines Eigentumsrechts zu schützen. Denn Verjährung, Verwirkung und Ersitzung können ebenfalls einen originären Eigentumserwerb Dritter bewirken. Über verhältnismäßig kurze Fristen kann somit der Ausschluss des gutgläubigen Erwerbs vom Nichtberechtigten relativiert werden.[425]

Im *common law* besteht die Besonderheit, dass ein eigenständiges Rechtsinstitut der Ersitzung nicht existiert und daher getrennte Fristen für Verjährung und Ersitzung nicht bestehen.[426] Vielmehr bedingen sich die Verjährung des Herausgabeanspruchs und der Titelerwerb durch *adverse possession* gegenseitig. Heute ist anerkannt, dass der Ablauf der Verjährungsfrist anders als in den *civil-law*-Staaten nicht nur eine Einrede gegenüber dem Herausgabeanspruch des Eigentümers darstellt, sondern den Verlust des Eigentums bewirkt, sofern der Besitzer die Voraussetzungen von *adverse possession* erfüllt.[427] Dies hat zugleich zur Folge, dass die Frage des Eigentumserwerbs durch Zeitablauf nach der lex rei sitae beurteilt wird; die Kollisionsregel, wonach die lex fori über die Frage der Verjährung als in den USA grundsätzlich dem Verfahrensrecht zugehörig entscheidet, kommt mithin nicht zum Zuge.[428] Die Anforderungen für *adverse possession* sind streng. So muss nach der Entscheidung *O'Keefe v. Snyder* der Besitz "*actual and exclusive – adverse and hostile – visible or notorious – continued and uninterrupted*" sein.[429]

---

424 Vgl. auch *Spaun*, Herausgabeanspruch, S. 89.

425 *Siehr*, in: Reichelt, Internationaler Kulturgüterschutz, S. 41 (53 f.).

426 *Knott*, Anspruch auf Herausgabe, S. 78.

427 *O'Keefe v. Snyder* 405 A.2d 840, 847: "[...] in regard to replevin actions, the defences of adverse possession and limitation are the same on theory that the law refuses to recognize a title it will not protect". Zu Kritik an der adverse-possession-Doktrin für bewegliche Sachen, *Bibas*, The Yale Law Journal, 103 (1994), S. 2437 (2438 f.).

428 Vgl. *Knott*, Anspruch auf Herausgabe, S. 79. So im Ergebnis auch LG Hamburg v. 20.6.1996 – Az. 305 O 77/92, unveröff., abgedr. in IPRspr. 1996 Nr. 55, S. 121.

429 *O'Keefe v. Snyder* 405 A. 2d 840, 844. 1946 waren drei Gemälde von Georgia O'Keefe aus der Galerie ihres Ehemannes gestohlen worden; der Diebstahl wurde jedoch nie bei der Polizei angezeigt. Erst 1972 informierte O'Keefe die Art Dealers Association of America. Nachdem die Bilder im Besitz der Familie Frank waren, erwarb sie 1975 der

Die Länge der Verjährungsfristen im US-amerikanischen Recht variiert zwischen zwei und zehn Jahren.[430] Entscheidender als die Länge der Fristen ist jedoch wegen der verschiedenen Deliktstatbestände[431] für den Herausgabeanspruch im *common law* der Fristbeginn, der in den einzelnen Bundesstaaten unterschiedlichen Regeln folgt. Weit verbreitet ist insbesondere die *discovery rule*, nach welcher die Verjährungsfrist erst zu laufen beginnt, sobald der Eigentümer die Tatsachen, die den Herausgabeanspruch gegen den Besitzer begründen, kennt, oder bei Anwendung der entsprechenden Sorgfalt kennen musste.[432]

Im Staate New York als einem für den internationalen Kunsthandel wichtigen Umschlagsplatz gilt die besonders strenge *demand and refusal rule*.[433] Die (nur dreijährige) Verjährungsfrist beginnt erst dann zu laufen, wenn der Kläger den Gegenstand von dem derzeitigen Besitzer herausverlangt und dieser die Forderung zurückgewiesen hat.[434] Diese eigentumsfreundliche Regel wurde zwi-

---

Kunsthändler Snyder aus New Jersey. Als O'Keefe 1976 vom Verbleib der Bilder erfuhr, erhob sie replevin-Klage, die in erster Instanz wegen Ablaufs der sechsjährigen Verjährungsfrist abgewiesen wurde. Die *Appellate Division* in zweiter Instanz ging jedoch davon aus, dass der Lauf der Verjährungsfrist erst begänne, wenn der Besitzer die Voraussetzungen von *adverse possession* erfülle. Das Merkmal *visible or notorious* wurde aber durch das bloße offene Aufhängen im eigenen Haus nicht erfüllt; vielmehr hätte es hierzu einer öffentlichen Ausstellung bedurft. Der *Supreme Court* in letzter Instanz allerdings hob dieses Urteil in Abkehr seiner Rechtsprechung erneut auf und verwies den Fall an die erste Instanz mit der Maßgabe zurück, dass nicht die Grundsätze der *adverse possession* für den Fristlauf maßgeblich seien, sondern die Frist erst dann zu laufen beginne, wenn der Eigentümer bei der Suche nach seinem Eigentum nicht mit der erforderlichen Sorgfalt (*due diligence*) vorgegangen sei. Da sich die Parteien im weiteren Verlauf verglichen, unterblieb eine bindende Feststellung des Sorgfältigkeitsmaßstabs. Vgl. auch die Besprechung bei *Kowalski,* RdC 288 (2001), S. 17 (116 f.).

430 *Knott,* Anspruch auf Herausgabe, S. 40, Fn. 100 m. w. N.

431 Hierzu eingehend *Knott*, Anspruch auf Herausgabe, S. 28 f.; 41 f.; *Palmer* in: Palmer, Recovery of Stolen Art, S. 33 (34 ff.).

432 *Guttel/Novick,* University of Toronto Law Journal LIV (2004), S.129 (131, 136 f.).

433 Diese Regel gilt auch in den Staaten Connecticut, South Carolina und Kalifornien, vgl. *Knott,* Anspruch auf Herausgabe, S. 46 m. w. N.

434 Begründet wurde die *demand and refusal rule* im Fall *Menzel v. List* 22 A.D.2d 647, 253 N.Y.S.2d 43 (1964); 49 Misc. 2d 300; 267 N.Y.S.2d 804 (1966), *aff'd*, 24 N.Y.2d 91; 246 N.E.2d 742 (1969); 298 N.Y.S.2d 979. Die Klägerin *Erna Menzel* war im Zweiten Weltkrieg vor den Nationalsozialisten aus Belgien geflohen und hinterließ dabei ein Gemälde von Chagall, das 1941 vom „Einsatzstab Rosenberg" als „entartete Kunst" beschlagnahmt wurde. 1955 tauchte das Bild erstmals wieder auf und wurde von New Yorker Kunsthändlern in einer Galerie in Paris gekauft, in die USA gebracht und dort an *List* verkauft. Als *Menzel* 1962 von dem Verbleib ihres Bildes erfuhr, verlangte sie Herausgabe und erhob nach *List's* Weigerung *replevin*-Klage. *List* berief sich demgegenüber auf Verjährung. Zum Beginn der dreijährigen Verjährungsfrist führte das Gericht aus: "*In re-*

schenzeitlich dahingehend eingeschränkt, dass der Eigentümer bei vorwerfbarer Untätigkeit seinen Herausgabeanspruch verwirken kann; der Beginn der Verjährung ändert sich jedoch hierdurch nicht.[435]

Mit ihrer konsequenten Rechtsprechung nicht nur im Hinblick auf die strengen Maßstäbe für *adverse possession*, sondern auch bezüglich des eigentümerfreundlichen Beginns der Verjährungsfristen, haben US-amerikanische und insbesondere New Yorker Gerichte dafür gesorgt, dass der bereits durch die *nemo-dat*-Regel gewährleistete Vorrang der Eigentümerinteressen noch gestärkt wird.[436] So wurden in *O'Keefe v. Snyder* nicht nur hohe Anforderungen an *adverse possession* entwickelt, sondern auch betont, dass diese Merkmale eng auszulegen seien[437]; in *Autocephalous Greek-Orthodox Church of Cyprus v.*

---

plevin as well in conversion, the cause of action against a person who lawfully comes by a chattel arises not upon the stealing or taking, but upon the defendant's refusal to convey the chattel upon demand." Zur Kritik an dieser Entscheidung vgl. *Knott*, Anspruch auf Herausgabe, S. 43 ff. S. auch *Müller-Katzenburg*, Internationale Standards, S. 171 ff., mit weiteren Beispielen für im Kunsthandel bedeutsame entschiedene Fälle.

435 Kurzzeitig war im Verfahren *DeWeerth v. Baldinger*, [648 F.Supp. 688 (S.D.N.Y. 1987), *rev'd* 836 F.2d 103 (2d Circuit 1987), *cert. denied* 486 U.S. 1056 (1988), 108 S.ct. 2823 (1988), 100 L.Ed.2d 924 (1988); Wiederaufnahmeverfahren: 804 F.Supp. 539 (S.D.N.Y. 1992), *rev'd* 28 Fed.Rules Serv. 3d 1231 (2d Circuit 1994) , *amended opinion after petition for rehearing* 38 F. 3d 1266 (2d Circuit N.Y. 1994), *cert. denied* 130 L.ed.2d 419, 115 S.Ct. 512] vom Second Circuit vertreten worden, dass die Herausgabeklage verjähre, wenn der Eigentümer der ihm obliegenden Nachforschungspflicht nicht ausreichend genüge. Vgl. zum Sachverhalt und zur komplizierten Prozessgeschichte, *Siehr*, IPRax 1993, S. 339 ff., und *Furtak*, IPRax 1995, S. 128. In *Solomon R. Guggenheim Foundation v. Lubell*, 550 N.Y.S.2d 618 (App. Div. 1990) aff'd 569 N.E.2d 426 (N.Y. 1991) entschied jedoch der Court of Appeals von New York, dass die *demand and refusal rule* nicht mit einem *due diligence* Test zu verknüpfen sei und daher Untätigkeit niemals zur Verjährung führen könne. Der Beklagte könne aber die mangelnde Sorgfalt des Eigentümers mit dem Verwirkungseinwand (*defense of laches*) angreifen, wobei der Beklagte sowohl einen Schaden durch die mangelnde Sorgfalt als auch diese selbst beweisen muss. Auch der Second Circuit hat sich zwischenzeitlich in Abkehr von seiner *DeWeerth v. Baldinger*-Entscheidung wieder der New Yorker Rechtsprechung in Verjährungsfragen angeschlossen: "*[...] there is no due diligence requirement affecting running of statute limitations in actions for repossession of lost or stolen art [...]*", vgl. *Hoelzer v. City of Stamford, Connecticut*, 933 F.2d 1131 (2d Cir. 1991), affirming 722 F.Supp.1106 (S.D.N.Y. 1989), zum Sachverhalt s. *Müller-Katzenburg*, Internationale Standards, S. 175, Fn. 446.

436 Kritisch zur *discovery rule*, die einseitig die Klägerinteressen bevorzuge, *Guttel/Novick*, Toronto University Law Journal LIV (2004), S. 129 ff.

437 *O'Keefe v. Snyder* 405 A. 2d 840, 844.

Goldberg & Feldman Fine Arts[438] wurde die Bedeutung der *discovery rule* für den Eigentümerschutz hervorgehoben. Nicht zuletzt haben New Yorker Gerichte immer wieder darauf hingewiesen, dass die Bevorzugung des Eigentümers durch die Rechtsprechung zum Fristbeginn nach der *demand and refusal rule* auch unter dem Gesichtspunkt erfolgt, dem illegalen Kunsthandel entgegenzutreten.[439]

Zusammenfassend lässt sich damit sagen, dass die Rechte der USA dem Schutz des Eigentums eine noch höhere Stellung einräumen, als es bereits das englische Recht tut.[440] An gestohlenen und abhanden gekommenen Kulturgütern ist daher bei US-amerikanischer lex causae kaum Eigentum zu erwerben.

---

438 717 F. Supp. 1374, 1386 f. (S.D. Ind. 1989). Hier ging das Gericht davon aus, dass die Verjährung mit der Begründung des Herausgabeanspruchs beginne, was vom Gericht im Einzelfall unter Billigkeitserwägungen zu bestimmen sei. Im Fall der byzantinischen Mosaiken hielt das Gericht es für allein angemessen, die Frist erst ab dem Zeitpunkt laufen zu lassen, zu dem die Klägerin, die sofort nach dem Diebstahl der Mosaiken ausreichend sorgfältige Maßnahmen zu deren Wiedererlangung ergriffen hatte, Goldberg als aktuelle Besitzerin ausmachen konnte. Denn die zypriotische Republik hatte unmittelbar nach dem bekannt werden des Verlustes der Mosaiken zahlreiche internationale Organisationen – darunter die UNESCO, ICOM, Europa Nostra und den Europarat - , europäische und amerikanische Museen, Auktionshäuser sowie andere mit byzantinischer Kunst befasste Personen und Organisationen über das Geschehen in Kenntnis gesetzt. Der *Court of Appeal* bestätigte die erstinstanzliche Entscheidung und unterstützte deren Aussage, die *discovery rule* diene dem Zweck der Verjährung entsprechend dazu, den Eigentümer zur Wahrung seiner Rechte anzuhalten und Untätigkeit zu bestrafen.

439 Vgl. zuletzt Guggenheim v. Lubell N.E.2d 426, 431 (N.Y. 1991): "Our decision today is in part influenced by our recognition that New York enjoys a worldwide reputation as a pre-eminent cultural centre. To place the burden of proof of locating stolen artwork on the true owner and to foreclose the rights of that owner to recover its property if the burden is not met would, we believe, encourage illicit trafficking in stolen art. Three years after the theft, any purchaser, good faith or not, would be able to hold onto stolen art work unless the true owner was able to establish that it had undertaken a reasonable search for the missing art. This shifting of the burden onto the wronged owner is inappropriate. In our opinion, the better rule gives the owner relatively greater protection and places the burden of investigating the provenance of a work of art on the potential purchaser." Eingehend zur US-amerikanischen Rechtsprechung auf dem Gebiet der Verjährung von Herausgabeansprüchen auch *Müller-Katzenburg*, Internationale Standards, S. 168 ff; Kowalski, RdC 288 (2001) S. 17 (115 ff.).

440 *Kowalski,* RdC 288 (2001), S. 17 (112); ders. in: Torremans, Legal Convergence, S. 89 (97); a.A. *Schmeinck*, Internationalprivatrechtliche Aspekte, S. 133 ff., welche die Rechtsordnungen Englands und der USA nur als Mittellösungen einordnet; ebenso *Römer*, Gutgläubiger Mobiliarerwerb im französischen Recht, S. 45 ff.

cc. Portugal

Eine sehr weitgehende Stärkung der Rechte und Interessen des Eigentümers enthält unter den kontinentaleuropäischen Rechtssystemen das portugiesische Recht, welches einen gutgläubigen Erwerb grundsätzlich sogar dann ablehnt, wenn die Sache dem Eigentümer nicht abhanden gekommen ist.[441] Eine Ausnahme besteht nach Art. 1310 *Código civil*[442] für Gegenstände, die von einem Kaufmann erworben wurden, der mit Waren dieser Art zu handeln pflegt. Allerdings entsteht auch hier nur ein Lösungsrecht, das dem gutgläubigen Erwerber einen Anspruch auf Erstattung des von ihm gezahlten Kaufpreises gibt, im Übrigen aber die Eigentumslage an dem abhanden gekommenen Gegenstand unberührt lässt.[443] Dem Eigentümer ist es daher unbenommen, seinen Gegenstand gegen Kaufpreiserstattung herauszuverlangen. Damit enthielt das portugiesische Zivilgesetzbuch bereits vor Inkrafttreten der UNESCO-Konvention 1970 eine von ihrem inhaltlichen Gehalt den Anforderungen des Art. 7 (b) (ii) entsprechende Regelung.[444]

---

441 Art. 1260 Código civil lautet: "1. Possession is considered to be in good faith when the possessor acquires the object without knowledge of the rights of another. 2. Possession by the holder of the legal title is presumed to be in good faith; possession by one who does not have legal title to it is presumed to be in bad faith. 3. Possession acquired by violence, even by the holder of the title, is always considered in bad faith."; zit. nach *Prott/O'Keefe*, Movement, S. 405. Vgl. auch *Schmeinck*, Internationalprivatrechtliche Aspekte, S. 131; *Siehr*, ZVglRWiss 80 (1981), S. 273 (281), und *Reichelt*, Internationaler Kulturgüterschutz, S. 20. Auch Norwegen und Dänemark kennen einen erhöhten Schutz des Eigentümers nach dem Prinzip des nemo dat. Eine Ausnahme gilt nur dann, wenn dem Eigentümer ein besonderer Sorgfaltsverstoß vorgeworfen werden kann, vgl. zu diesen Staaten umfassend, *Kohls*, Kulturgüterschutz, S. 145 ff.

442 Código civil vom 25. November 1966, in Kraft getreten 1967, geändert aufgrund der neuen Verfassung im Jahre 1976.

443 Anders ist dies im spanischen Recht, das bei gestohlenen und abhanden gekommenen Gegenständen ebenso restriktiv ist und gleichfalls nur die Ausnahme des Messekaufs kennt. Art. 85 Código di Comercio lässt aber in diesen Fällen den sofortigen Eigentumserwerb zu, vgl. dazu *Jayme*, ZVglRWiss 95 (1996), S. 158 (165).

444 Die UNESCO-Konvention 1970 ist von Portugal in einem eigenen Kulturgüterschutzgesetz im Jahre 1985 umgesetzt worden, Gesetz Nr. 13/85 v. 6. Juli 1985, Diário da República 1985 I Nr. 153 (6.7.1985), vgl. zu diesem Gesetz *Jayme*, ZVglRWiss 95 (1996), S. 158 (165). Zur Übereinstimmung des portugiesischen Gesetzes mit der UNIDROIT-Konvention *Thorn*, UNIDROIT-Konvention, S. 220.

b. *Sofortiger Gutglaubenserwerb - Italien*

Eine extreme Gegenposition gegenüber den dargestellten Rechtsordnungen nimmt das italienische Recht ein, das dem gutgläubigen Erwerber einen sofortigen Eigentumserwerb auch an gestohlenen und abhanden gekommenen Sachen ermöglicht, Art. 1153-1157 *Codice civile.*[445] Das italienische Recht unterscheidet dabei nicht zwischen dem freiwilligen und unfreiwilligen Besitzverlust durch den früheren Eigentümer. Ausreichend für den gutgläubigen Erwerb sind ein wirksames Titelgeschäft und die Erlangung des Besitzes in gutem Glauben an die Eigentumsstellung des Veräußerers.[446] Der gute Glaube wird grundsätzlich vermutet, kann jedoch widerlegt werden, indem Umstände nachgewiesen werden, die geeignet sind, Zweifel an der Eigentümerstellung des Veräußerers aufkommen zu lassen.[447] Ohne gültigen Erwerbstitel kann der gutgläubige Besitzer nach 10 Jahren (Art. 1161 Abs. 1 *Codice civile*), der bösgläubige Besitzer nach 20 Jahren (Art. 1161 Abs. 2 *Codice civile*) das Eigentum ersitzen. Allerdings ist der Eigentumsherausgabeanspruch nach Art. 948 Abs. 3 *Codice civile* unverjährbar.

Insgesamt räumt das italienische Recht den Interessen des Erwerbers den Vorrang ein. Für den internationalen Kunsthandel ist dies von besonderer Bedeutung, da ein gutgläubiger Käufer von Kunstschätzen einen späteren Regress durch den Eigentümer nicht zu befürchten hat. Nach der herrschenden lex rei sitae heilt eine in Italien vorgenommene Eigentumsübertragung für immer den Makel der illegalen Herkunft des Kulturguts, da ein Aufleben der alten Rechtsordnung durch Rückkehr des Gegenstandes in seinen Heimatstaat nicht anerkannt wird.[448]

---

445 Ausführlich zum Erwerb von Kulturgut im italienischen Recht, *Kowalski*, RdC 288 (2001), S. 17 (119 ff.).

446 Wie im deutschen Recht wird der gute Glaube an die Verfügungsbefugnis nicht geschützt. Ebenso wenig ist es ausreichend, wenn der Erwerber von der unrechtmäßigen Herkunft der Sache weiß, jedoch irrtümlich von einem Eigentumserwerb des Veräußerers ausgeht, vgl. *Thorn*, Mobiliarerwerb, S. 129.

447 *Spaun*, Herausgabeanspruch, S. 63.

448 *Siehr*, in: Aufbruch nach Europa, S. 811 (824), insbes. Fn. 72; ders., RabelsZ 59 (1995) S. 455 (461 ff.). Traditionell enthält das italienische Recht weitreichende Beschränkungen des freien Handels mit Kulturgut durch Unveräußerlichkeitsregeln. Vor diesem Hintergrund erklärt sich die großzügige Zulassung gutgläubigen Erwerbs, vgl. hierzu *Kowalski*, RdC 2001 (Bd. 288), S. 17 (120 ff.).

c. *Mittellösungen*

Zahlreiche Rechtsordnungen bekennen sich auch bei gestohlenem und abhanden gekommenem Kulturgut weder einseitig zum Schutz der Interessen des Alteigentümers noch zum Schutz derjenigen des Neuerwerbers, sondern ziehen eine Kompromisslösung vor.

aa. *Frankreich*

Dem französischen Recht liegt das Kausalprinzip zugrunde. Demnach vollzieht sich der Eigentumserwerb in Frankreich bereits durch einen gültigen schuldrechtlichen Kaufvertrag, ohne dass es auf eine zusätzliche Besitzergreifung ankommt oder einer Einigung über den Eigentumsübergang bedarf, Art. 1138 *Code Civil* (CC).[449] Ein gutgläubiger Eigentumserwerb an beweglichen Sachen vom Nichtberechtigten wird durch Art. 2279 Abs. 1 CC ermöglicht, der den Grundsatz "*en fait des meubles, la possession vaut titre*" normiert.[450] Anders als im Falle des Eigentumserwerbs vom Berechtigten setzt der Erwerb vom Nichtberechtigten eine besondere Besitzposition des Erwerbers voraus. Der Erwerber muss eine von Besitzwillen getragene, tatsächliche Sachherrschaft (*possession réelle*) erlangt haben, wobei der Besitz fehlerfrei sein muss.[451] Sobald der Erwerber diesen qualifizierten Besitz erlangt hat, ersetzt die besitzrechtliche Beziehung das fehlende Eigentum des Veräußerers und damit den Fehler im

---

449 Art. 1138 f. CC. *Siehr*, RdC 243 (1993-VI), S.9 (57), teilt die verschiedenen Formen des Eigentumserwerbs in im Wesentlichen drei Gruppen ein, (i) den Erwerb durch gültigen Vertrag, (ii) den Erwerb durch gültigen Vertrag und Besitzergreifung und (iii) den Erwerb durch Einigung bezüglich Eigentumsübergang und Besitzergreifung.

450 Diese Vorschrift geht auf die Regel des mittelalterlichen germanischen Rechts „*Wo du deinen Glauben gelassen hast, da sollst du ihn suchen*“ zurück und wurde für das französische Recht vom Standpunkt des Erwerbers aus formuliert, vgl. *Kono*, in: Dolzer/Jayme/Mußgnug, Rechtsfragen, S. 105 (106).

451 Das Erfordernis des fehlerfreien Besitzes wird auf Art. 2229 CC zurückgeführt ("Pour pouvoir prescrire, il faut une possession continue et non interrompue, paisible publique, non équivoque et à titre de propriétaire"), vgl. *Schmeinck*, Internationalprivatrechtliche Aspekte, S. 138. Ausführlich zu den Anforderungen an den Besitz im Rahmen des Art. 2279 CC; *Römer*, Gutgläubiger Mobiliarerwerb im französischen Recht, S. 118 ff. Zu einer Mindermeinung, die Mängel im Besitz nur im Rahmen der Gutgläubigkeit bedeutsam werden lässt, vgl. *Thorn*, Mobiliarerwerb, S. 107 f. Das japanische BGB enthält in seinem § 192, der in Anlehnung an den französischen Code Civil entworfen wurde, eine Kombination der Art. 2279 und 2229 CC: „Hat der Besitzer eine bewegliche Sache ungestört und nicht heimlich erlangt, war er bei dem Erwerb des Besitzes in gutem Glauben und hat er dabei nicht fahrlässig gehandelt, so erwirbt er sofort das Recht an der Sache, das er ausübt.“, zit. nach *Kono*, in: Dolzer/Jayme/Mußgnug, Rechtsfragen, S. 105 (107).

schuldrechtlichen Veräußerungsgeschäft.[452] Die Gutgläubigkeit des Erwerbers findet in Art. 2279 CC keine Erwähnung, wird von der herrschenden Rechtsprechung aber ausnahmslos gefordert.[453] Art. 2268 CC stellt hierfür eine Gutglaubensvermutung auf.

Das französische Recht lässt grundsätzlich einen sofortigen gutgläubigen Erwerb an beweglichen Sachen zu. Eine Ausnahme bilden jedoch dem Eigentümer verloren gegangene oder gestohlene Gegenstände, wobei die französische Rechtsprechung streng an der Diebstahlsdefinition des Art. 379 *Code Pénal* festhält und veruntreute sowie unterschlagene Sachen ausnimmt, da der Eigentümer diese selbst aus der Hand gegeben hat.[454] Für verlorene oder gestohlene Sachen etabliert Art. 2279 Abs. 2 CC eine dreijährige Ausschlussfrist, innerhalb welcher der Eigentümer seinen Gegenstand zurückfordern kann, ohne dass der Erwerber sich auf seine Gutgläubigkeit berufen oder etwaigen Aufwendungsersatz fordern kann. Die Dreijahresfrist beginnt bereits im Zeitpunkt des Abhandenkommens zu laufen und kann anders als die Verjährung nicht gehemmt oder unterbrochen werden.[455] Mit Ablauf der Frist erlangt der Besitzer Eigentum an dem Gegenstand.[456]

Eine weitere Besonderheit besteht nach Art. 2280 Abs. 1 CC für gestohlene oder abhanden gekommene Gegenstände, die auf einer Messe, einem Markt, einer öffentlichen Versteigerung oder von einem Kaufmann, der mit Sachen dieser Art handelt, erworben wurden. Hier steht dem Eigentümer gegenüber dem gutgläubigen Erwerber ein Lösungsrecht zu, d. h. der Erwerber muss die Sache nur gegen Erstattung des von ihm gezahlten Kaufpreises herausgeben.[457] Der Herausgabeanspruch gegen den unredlichen Besitzer sowie den Dieb selbst verjährt nach 30 Jahren gemäß Art. 2262 CC. Allerdings geht die französische Rechtsprechung entgegen Art. 2262 CC seit 1993 von der Unverjährbarkeit des Vindikationsanspruchs gegen den unredlichen Besitzer oder den Dieb aus.[458]

---

452 *Thorn*, Mobiliarerwerb, S. 114.

453 Vgl. hierzu *Römer*, Gutgläubiger Mobiliarerwerb im französischen Recht, S. 134 ff., mit zahlreichen Nachweisen (insbes. S. 137, Fn. 57).

454 Vgl. *Römer*, Gutgläubiger Mobiliarerwerb im französischen Recht, S. 154.

455 *Spaun*, Herausgabeanspruch, S. 60.

456 Vgl. *Knott*, Anspruch auf Herausgabe, S. 59.

457 Vgl. *Schmeinck*, Internationalprivatrechtliche Aspekte, S. 139. Umstritten ist, ob auch dem Rechtsnachfolger des gutgläubigen Erwerbers dieser Lösungsanspruch zusteht, vgl. hierzu m. w. N., *Spaun*, Herausgabeanspruch, S. 61, Fn. 24.

458 *Remien*, AcP 201 (2001), S. 730 (738 f.), insbes. Fn. 28 m. w. N.

bb. Schweiz

Ebenso wie Frankreich erkennt auch die Schweiz einen sofortigen Gutglaubenserwerb von gestohlenen und abhanden gekommenen Sachen nicht an. Allein an dem Veräußerer anvertrauten Sachen kann sofort Eigentum vom Nichtberechtigten erworben werden, Art. 933 i. V. m. Art. 714 Abs. 2 des schweizerischen Zivilgesetzbuchs (ZGB).[459] Für gestohlene und abhanden gekommene Sachen sieht Art. 934 Abs. 1 ZGB eine fünfjährige Verwirkungsfrist vor, während welcher der Eigentümer vom gutgläubigen Besitzer die entschädigungslose Herausgabe seines Kulturguts verlangen kann.[460] Eine Ausnahme gilt für den Fall einer öffentlichen Versteigerung sowie für den Handelskauf, Art. 934 Abs. 2 ZGB; hier kann der Gegenstand nur gegen Erstattung des gezahlten Kaufpreises zurückgefordert werden.[461]

Die Verwirkungsfrist beginnt grundsätzlich mit dem Diebstahl des Kulturguts zu laufen. Die Gutgläubigkeit des Erwerbers muss sich entweder auf das Eigentum des Veräußerers oder auf seine Verfügungsbefugnis beziehen, wobei der Erwerber bis zum Ende der Verwirkungszeit gutgläubig gewesen sein muss.[462] Beim Besitzerwerb schadet bereits grobe Fahrlässigkeit, wohingegen später nur noch die positive Kenntnis vom mangelnden Eigentum die Gutgläubigkeit ausschließt. War neben der fehlenden Berechtigung des Veräußerers zur Eigentumsübertragung auch das Veräußerungsgeschäft unwirksam, so erwirbt der gutgläubige Besitzer nach fünf Jahren ununterbrochenen Eigenbesitzes Eigentum im Wege der Ersitzung gemäß Art. 728 Abs. 1 ZGB. Gegen einen bösgläubigen Erwerber sieht Art. 936 ZGB die Unverjährbarkeit des Herausgabeanspruchs vor.[463]

Was den guten Glauben anbetrifft, so enthält Art. 3 Abs. 1 ZGB eine grundsätzliche Gutglaubensvermutung, die jedoch von der Rechtsprechung des schweizerischen Bundesgerichts für den Antiquitätenhandel weitgehend relativiert wurde,

---

459 Anvertraut ist eine Sache, wenn der Eigentümer den Besitz bewusst und freiwillig einem anderen übertragen hat, vgl. *Knott*, Anspruch auf Herausgabe, S. 65. Zu den weiteren Voraussetzungen des gutgläubigen Erwerbs anvertrauter Sachen nach Schweizer Recht vgl. *Spaun*, Herausgabeanspruch, S. 74 f.

460 Damit geht auch das Schweizer Recht während der Verwirkungsfrist des Art. 934 Abs. 1 ZGB weiter als die internationalen Kulturgutkonventionen der UNIDROIT und der UNESCO, die beide ein Lösungsrecht vorsehen, vgl. zum Schweizer Recht *Rascher*, Kulturgütertransfer, S. 77.

461 Vgl. *Pawlytta*, ZErb 2005, S. 34 (36 f.).

462 *Thorn*, Mobiliarerwerb, S. 146 m. w. N.

463 BGE 48 II, 38 (46 f.).

indem die Anforderungen an die nach Art. 3 Abs. 2 ZGB zu verlangende Aufmerksamkeit verschärft wurden.[464] In einem Fall gestohlener antiker Waffen hat das Bundesgericht entschieden, dass der Antiquitätenhandel zu den Geschäftszweigen gehört, „*[...] die dem Angebot von Waren von zweifelhafter Herkunft in besonderem Maße ausgesetzt sind, und bei denen infolgedessen ein erhöhtes Risiko besteht, dass Waren mit Rechtsmängeln behaftet sind [...]*“.[465] Demzufolge wird dem Erwerber unabhängig von konkreten Verdachtsmomenten eine erhöhte Nachforschungspflicht auferlegt, sobald „*aufgrund der Umstände Anlass zu Misstrauen*“ gegeben sei. Je höher die Branchenkenntnis des jeweiligen Bewerbers ist, desto strenger fällt der an ihn angelegte Sorgfaltsmaßstab aus.[466]

Mit Inkrafttreten des Kulturgütertransfergesetzes vom 20. Juni 2003 (KGTG)[467] zum 1. Juni 2005 ist die sachenrechtliche Situation für Kulturgüter in der Schweiz gegenüber der bisherigen Rechtslage allerdings verbessert worden.[468] Die Ersitzungsfrist des Art. 728 Abs. 1 ZGB beträgt für Kulturgüter i. S. d. KGTG nun dreißig Jahre und auch die bisherige Verwirkungsfrist des Art. 934 Abs. 1 ZGB von fünf Jahren wird für Kulturgüter durch eine dreißigjährige absolute Frist ersetzt und zugleich durch eine einjährige relative Frist ergänzt, Art. 943 Abs. 1 ^{1bis} ZGB: Sobald also die rückforderungsberechtigte Person weiß, wo und bei wem sich das Kulturgut befindet, muss sie innerhalb eines Jahres Klage erheben, anderenfalls verwirkt ihr Anspruch.

Sowohl das französische als auch das schweizerische Recht verfolgen somit eine Mittellösung, die, ausgehend von den Umständen des Erwerbs, den Eigentümer oder den Erwerber bevorzugt. Hinzu kommen mehr oder weniger lange Er-

---

464 Der gute Glaube des Erwerbers muss sich auf die Verfügungsberechtigung des Veräußerers beziehen; eigens definiert ist der Begriff des guten Glaubens im Schweizerischen Recht jedoch nicht, vgl. *Pawlytta*, ZErb 2005, S. 34 (40, Fn. 7).

465 BGE 122 III 1 (4). Zu den erhöhten Anforderungen der Rechtsprechung an die Gutgläubigkeit des Erwerbers vgl. auch *Rascher/Baum/Fischer/Zen-Ruffinen*, Cultural Property Transfer, S. 251 f.

466 Vgl. dazu BGE 123 II, 134 Erwägung 6, wonach ein im Antiquitätenhandel nicht ganz Unerfahrener auf das erhöhte Risiko einer dunklen Herkunft der Objekte Acht geben und deshalb eine erhöhte Sorgfalt walten lassen muss. Vgl. zum Ganzen auch *Spaun*, Herausgabeanspruch, S. 75.

467 SR 444.1. Das Gesetz ist abrufbar unter http://www.kultur-schweiz.admin.ch (Stichwort Kulturgütertransfer und Raubkunst).

468 Ausführlich zur Rechtslage in der Schweiz nach Inkrafttreten des KGTG mit Blick auch auf erb- und steuerrechtliche Fragen sowie die Schwierigkeiten, die sich aus dem Zusammenspiel von Bund und Kantonen ergeben, s. *Pawlytta*, ZErb 2005, S. 34 ff. Vgl. auch *Rascher/Baum/Fischer/Zen-Ruffinen*, Cultural Property Transfer, S. 276 ff.

sitzungs- und Verjährungsfristen, die das Eigentumsrecht gefährden. Allerdings bleibt zumindest der Herausgabeanspruch gegenüber dem Dieb dauerhaft bestehen.

2. *Die internationale Rechtspraxis*

Nachdem nun Kollisionsrecht und Sachrechte betrachtet und so die theoretischen Grundlagen des Handels mit gestohlenem Kulturgut aufgezeigt wurden, mögen die folgenden, in der internationalen Rechtsprechung ergangenen Entscheidungen der praktischen Veranschaulichung der Auswirkungen der Regelanknüpfung an die lex rei sitae einerseits und der verschiedenen nationalen Sachrechte andererseits dienen.

a. *Winkworth v. Christie's, Manson and Woods Ltd.*

Der wohl klassischste und meist zitierteste Fall für den Anwendungsbereich der lex rei sitae im internationalen Kulturgüterverkehr ist die Entscheidung *Winkworth v. Christie's, Manson and Woods Ltd.*[469] Dem Eigentümer *William Wilberforce Winkworth* war eine Sammlung japanischer Holzschnitte aus seinem Privathaus in England gestohlen worden, nach Italien exportiert und dort an den gutgläubigen *Marchese da Pozzo* übereignet worden. Der *Marchese* brachte die Holzschnitte zurück nach London, um sie im Auktionshaus Christie's versteigern zu lassen. *Winkworth* wandte gegen den Erwerb des *Marchese* in Italien ein, dass dieser nach englischem Recht niemals möglich gewesen wäre, da die Voraussetzungen, der (damals noch geltenden) *market overt rule* nicht vorgelegen hätten. Seiner Ansicht nach war der Erwerb nach englischem und nicht italienischem Recht zu beurteilen. Zum einen habe er von der Verbringung seines Eigentums ins Ausland nie Kenntnis erlangt, zum anderen weise der Sachverhalt wesentlich engere Bindungen zum englischen Recht auf: die Holzschnitte seien in England gestohlen und zum erneuten Verkauf dorthin zurückgebracht worden; überdies habe er dort seinen Wohnsitz.

---

469 [1980] 1 Ch. 496, 500; vgl. All ER 1 (1980), S. 1121 ff. Besprochen von *Jaeger*, Internationaler Kulturgüterschutz, S. 59; *Byrne-Sutton*, Le trafic international, S. 136 f., 147 f.; ders. International Sales of Works of Art I, S. 483 (492 f.); *Garro*, International Sales of Works of Art I, S. 503 (509 ff.); *Hanisch*, in: FS Müller-Freienfels, S. 193 ff.; *Hipp*, Kulturgüterschutz in Deutschland, S. 164; *Müller-Katzenburg*, Internationale Standards, S. 159; *Reichelt*, Internationaler Kulturgüterschutz, S. 28 f.; *Berndt*, Internationaler Kulturgüterschutz, S. 122.

Entscheidende Vorfrage, über die eine separate Entscheidung erging, war somit die Frage des anwendbaren Rechts. Eine Abweichung von der lex rei sitae wurde verneint, da nach Ansicht des Richters durch eine zufällige Abkehr von der Grundregel eine unzumutbare Rechtsunsicherheit zu befürchten sei:

> *"The law to be applied in determining the title of goods was [...] Italian law rather than English law, and that was unaffected by the connection the goods may have had with England, since the introduction of a wholly fictional English situs merely because there happened to be a number of English connecting factors would lead to intolerable uncertainty in the law."*[470]

Den von *Winkworth* vorgebrachten Anknüpfungspunkten zu England maß der Richter keine ausreichende Bedeutung zu, um einem im Ausland wohlerworbenen Eigentumsrecht die Anerkennung zu versagen. Zwar gestand der Richter zu, dass die ausnahmslose Anwendung der situs-Regel für den früheren Eigentümer eine gewisse Härte darstelle. Im Verkehrsinteresse sei diese jedoch hinzunehmen zumal zumindest theoretisch die Möglichkeit der Nichtbeachtung des Ergebnisses des italienischen Rechts aufgrund Verstoßes gegen die englische *public policy* bestehe.[471] Zur Begründung verwies der Richter auf zahlreiche andere Urteile, die stets die situs-Regel als maßgeblich erachtet hatten. Diese Entscheidungen hätten allein durch die Rückverbringung des Objekts in das Land, dessen Recht angewandt werden soll, nachdem das Eigentum unter einer anderen Rechtsordnung verloren gegangen war, die lex rei sitae nicht außer Kraft gesetzt.[472] Die zur Stützung der lex rei sitae vom Richter zitierten Fälle beziehen sich jedoch allesamt nicht auf Fälle gestohlenen Kulturguts, so dass der Fall anhand gewöhnlicher sachenrechtlicher Maßstäbe entschieden wurde.

b. *Kunstsammlungen zu Weimar v. Elicofon*[473]

Den Gegenstand des Rechtsstreits bildeten zwei Dürer-Porträts der Weimarer Kunstsammlungen, die während des Zweiten Weltkriegs gestohlen und aus dem besetzten Deutschland ausgeführt wurden. Die genaueren Umstände des Ver-

---

470 All ER 1 (1980), S. 1121.

471 All ER 1 (1980), S. 1121.

472 All ER 1 (1980), S. 1121 (1127 f.).

473 536 F. Supp. 813 (1981) und 536 F. Supp. 829 (1981); 678 F. 2d 1150 (1982), abgedr. in ILM 20 (1981) S. 1122 ff und ILM 21 (1982), S. 773 ff. Besprochen von *Byrne-Sutton*, in: International Sales of Works of Art I, S. 483 (493 f.); ders. Le trafic international, S. 148 f.; 180 f.; *Garro*, in: International Sales of Works of Art I, S. 503 (505 ff.); *Strahl*, Brooklyn Journal of Int.'l Law 5 (1979) S. 103 ff.; *Jaeger*, Internationaler Kulturgüterschutz, S. 60.

schwindens der Bilder konnten nie geklärt werden. Der beklagte New Yorker Anwalt *Elicofon* gab an, die Porträts im Jahre 1946 in New York von einem ehemaligen amerikanischen Soldaten erworben zu haben. Vom wahren Wert sowie der Herkunft habe er erst im Jahr 1966 durch eine Veröffentlichung der Bilder in einem Katalog gestohlener Kunstwerke erfahren. Für den Zeitraum bis 1966 konnten ihm Bösgläubigkeit hinsichtlich Herkunft und Wert der Bilder nicht nachgewiesen werden. Der Schwerpunkt der Erörterungen des New Yorker Gerichts lag bei der Frage des maßgeblichen Rechts. Denn nach New Yorker Recht hätte *Elicofon* an den gestohlenen Bildern nicht gutgläubig Eigentum erwerben können, wohingegen das deutsche Recht gemäß § 937 BGB nach 10 Jahren einen Eigentumserwerb durch Ersitzung zugelassen hätte. Gleiches gilt für die Verjährung des Anspruchs des Eigentümers. Nach deutschem Recht hätten die Kunstsammlungen ihren Rückgabeanspruch nicht mehr geltend machen können, da die Verjährungsfrist von 30 Jahren seit Entstehung des Anspruches bereits abgelaufen war. In New York hingegen gilt für den deliktsrechtlichen Rückgabeanspruch aus *conversion*[474] die *demand and refusal rule*, wonach die Verjährung erst zu laufen beginnt, wenn der Eigentümer den Besitzer zur Herausgabe aufgefordert hat.[475] Demnach war das anwendbare Recht für eine Entscheidung in der Sache von größter Bedeutung.

Auch in den USA wird regelmäßig für sachenrechtliche Vorgänge an die situs-Regel angeknüpft.[476] Die Anwendung der lex rei sitae folgt dort der Annahme, dass das Recht des Lageorts regelmäßig die engsten Beziehungen zur Sache selbst, zu den Parteien und dem Beförderungsvorgang hat.[477] Eine Abkehr von dieser Grundregel kommt jedoch dann in Betracht, wenn nachgewiesen wird, dass der Sachverhalt wesentlich engere Beziehungen zu einem anderen Staat als dem Belegenheitsstaat aufweist. Entgegen der Ansicht des beklagten *Elicofon* hielt das Gericht die Beziehungen zu Deutschland nicht für ausreichend, um die "*most significant relationship*" zu begründen und so ein Abweichen von der lex rei sitae zu rechtfertigen. Schließlich seien die Bilder in New York erworben

---

474 Das common law kennt keine dingliche Herausgabeklage, so dass dem Kläger die Wahl zwischen den beiden deliktsrechtlichen Klagearten der *replevin* und *conversion* bleibt. Der deutschen Vindikationsklage entspricht eine Deliktsklage aus *conversion*, gerichtet auf eine Klage auf Rückgabe des Eigentums, gestützt auf die unerlaubte Handlung des Beklagten, der die fremde Sache gestohlen hat und/oder sie dem Eigentümer nicht zurückgibt. Näher dazu *Knott*, Anspruch auf Herausgabe, S. 28 f., 41 f.

475 Vgl. dazu oben unter 1.a.bb.

476 *Knott*, Anspruch auf Herausgabe, S. 70.

477 Vgl. § 244 Abs. 1, 2 Restatement (Second) of Conflict of Laws (1971).

worden, dort über 20 Jahre in Elicofons Eigenbesitz gestanden und befanden sich immer noch dort. Allein die Tatsache, dass die Bilder in der Bundesrepublik Deutschland gestohlen wurden, vermochte das Gericht nicht zu überzeugen. Denn entscheidend sei nur, dass ein Diebstahl stattgefunden habe und nicht wo. Auch dem Wohnsitz des Berechtigten wurde keinerlei Bedeutung zugemessen.[478]

c. *City of Gotha, Federal Republic of Germany v. Sotheby's and Cobert Finance S.A.*

Aufgrund seiner Kuriosität soll auch ein neuerer Fall des Londoner High Court of Justice nicht unbesprochen bleiben. Im Vordergrund des sog. *Wtewael-Falls*[479] standen Probleme der Verjährung des Herausgabeanspruchs und deren Vereinbarkeit mit der englischen *public policy*. Die Bundesrepublik Deutschland und die Stadt Gotha hatten das Auktionshaus Sotheby's sowie eine Panamaische Briefkastenfirma auf Herausgabe eines Gemäldes des niederländischen Malers *Wtewael* aus dem Jahre 1603 verklagt. Das Gemälde entstammte ursprünglich der privaten Gemäldesammlung des Herzogs von Sachsen-Coburg und Gotha, die im Jahre 1928 der von der herzoglichen Familie gegründeten Stiftung „Herzog von Sachsen-Coburg und Gothaeschen Stiftung für Kunst und Wissenschaft" zu Eigentum übertragen wurde. Um 1946 wurde das Gemälde in die damalige UdSSR verbracht und tauchte erst in den achtziger Jahren in Moskau wieder auf. 1987 beauftragte ein deutscher Kunstschmuggler die bereits öfter als Kurier eingesetzte Frau des Togolesischen Botschafters in Moskau, das Gemälde zu ihm nach Westberlin zu bringen, was jedoch nicht geschah. Das Gemälde wurde entweder von ihr oder einem weiteren Kunsthändler unterschlagen und veräußert. Das weitere Geschehen ließ sich nicht zweifelsfrei feststellen.

---

478 536 F. Supp. 829, 846 (1981): "In applying the New York rule that a purchaser cannot acquire good title from a thief, New York courts do not concern themselves with the question of where the theft took place, but simply whether one took place. Similarly, the residence of the true owner is not significant for the New York policy is not to protect resident owners, but to protect owners generally as a means to preserve the integrity of transactions and prevent the state from becoming a marketplace for stolen goods." In kollisionsrechtlicher Hinsicht wurde dieses Urteil durch das Verfahren De Weerth v. Baldinger bestätigt, in dem der Richter ebenfalls an der lex rei sitae festhielt, vgl. 658 F. Supp. 688, 692 (S.D.N. Y. 1987).

479 High Court of Justice, Queen's Bench Division, Urt. v. 9.9.1998, Case No. 1993 C 3428 und Case No. 1997 G 185 (1998 T.L.R. 593). Das Urteil ist in voller Länge in englischer und deutscher Sprache bei *Carl/Güttler/Siehr*, Kunstdiebstahl vor Gericht, S. 77 ff. abgedr.. Eine englische Fassung findet sich auch im Internet unter www.iecl.iuscomp.org/gla/judgements/foreign/gotha1.

Letztlich gelangte das Bild zu Sotheby's nach London, wo es die Panamaische Firma im März 1989 erwarb und sodann das Auktionshaus mit dem Weiterverkauf beauftragte, was im Jahre 1991 in einem Kaufangebot gegenüber der Stadt Gotha gipfelte.[480] Die Frage des Eigentums der Bundesrepublik Deutschland, der hier nicht näher nachgegangen werden soll,[481] wurde vom Gericht bejaht. Die Beklagten erhoben jedoch die Einrede der Verjährung.

Wie in *Winkworth v. Christie's* stellte der englische Richter auf die lex rei sitae ab und gelangte zur Maßgeblichkeit deutschen Verjährungsrechts. Nach eingehender Beschäftigung mit der deutschen Rechtslage kam der High Court zu dem Schluss, dass der Herausgabeanspruch der Bundesrepublik Deutschland nicht gemäß § 195 BGB a. F. nach 30 Jahren verjährt war. Denn der dingliche Anspruch des Eigentümers aus § 985 BGB entstehe mit jedem Besitzverlust gegen den Besitznachfolger neu, mit der Folge, dass auch die Verjährung erneut zu laufen beginnt.[482] Eine Anrechnung von Besitzzeiten der Rechtsvorgänger gemäß § 221 BGB a. F. komme nämlich nur in Betracht, wenn die Sache durch Rechtsnachfolge, also durch abgeleiteten und nicht originären Rechtserwerb, in den Besitz des Nachfolgers gekommen sei. Eine Rechtsnachfolge i. S. d. § 221 BGB a. F. läge nicht vor, da das Gemälde entweder durch die Frau des Botschafters oder einen weiteren Kunsthändler unterschlagen worden war. Der High Court war der Ansicht, dass derjenige, der eine Sache unterschlägt, seinen Fremdbesitz in Eigenbesitz wandelt.[483] Die Änderung der Besitzart begründe einen originären Eigentumserwerb durch verbotene Eigenmacht, so dass im Zeitpunkt der Unterschlagung im Jahre 1987 die Verjährungsfrist neu zu laufen begonnen habe.

Das eigentlich obskure an diesem Fall liegt jedoch darin, dass sich ausgerechnet die Bundesrepublik Deutschland darauf berief, dass – sollte der High Court zu dem Ergebnis kommen, der Herausgabeanspruch sei nach deutschem Recht bereits verjährt – das deutsche Recht wegen Unvereinbarkeit mit dem englischen ordre public nicht angewendet werden dürfe. Tatsächlich führte der High Court

---

480 Vgl. zur Sachverhaltsdarstellung insbesondere *Güttler*, in: Carl/Güttler/Siehr, Kunstdiebstahl vor Gericht, S. 7 (16 ff.); *Franz*, KUR 1999, S. 298 ff.

481 Dies war der schwierigste Teil des Prozesses. Eine ausführliche Erörterung hierzu bietet *Güttler*, in: Carl/Güttler/Siehr, Kunstdiebstahl vor Gericht, S. 7 (20 ff.).

482 Vgl. die Ausführungen des Gerichts bei *Carl/Güttler/Siehr*, Kunstdiebstahl vor Gericht, S. 187 ff.; *Soergel/Marly*, § 221 Rn. 1; *MüKo-Grothe*, § 221 Rn. 1; *Staudinger/Peters*, § 221 Rn. 2.

483 *Carl/Güttler/Siehr*, Kunstdiebstahl vor Gericht, S. 201.

abschließend aus, dass es der englischen *public policy* widerspräche, wenn sich ein Dieb oder bösgläubiger Erwerber wie die Panamaische Gesellschaft auf Verjährung berufen könne. Dies gelte umso mehr, als der rechtmäßige Eigentümer nicht einmal eine Chance zur rechtmäßigen Klageerhebung gehabt habe:

> *"It does seem to me possible to identify [...] a public policy in England that time is not to run either in favour of the thief or in favour of any transferee who is not a purchaser in good faith. The law favours the true owner of property which has been stolen, however long the period which has been elapsed since the original theft. [...] To permit a party which admits it has not been acted in good faith to retain the advantage of lapse of time during which the plaintiffs had no knowledge of the whereabouts of the painting and no possibility of recovering it, is, in my judgement, contrary to the public policy [...]."*[484]

Daher wurde dem Herausgabeverlangen der Bundesrepublik Deutschland stattgegeben.

Das Urteil, das von seinem Ergebnis viel Zustimmung erhalten hat, ist hinsichtlich des Ausschlusses des § 221 BGB a. F. auf Fälle der Unterschlagung stark kritisiert worden.[485] Demnach könne bei richtiger Anwendung des § 221 BGB a. F. eine Unterschlagung keinen Einfluss auf den Lauf der Verjährung haben. Denn der Besitz des Fremdbesitzers sei abgeleitet und werde auch durch die spätere Änderung des Besitzwillens nicht in originären Besitz umgewandelt. Es ändere sich allein die Besitzart von berechtigtem Fremdbesitz in unberechtigten Eigenbesitz. Nach herrschender Meinung hätte daher die richtige Anwendung des § 221 BGB a. F. an sich zu einer Verjährung des Herausgabeanspruches der Bundesrepublik Deutschland geführt.[486] Die lex rei sitae, die zugleich auch die lex originis des Kunstwerkes war, hätte hier bei nach h. M. richtiger Auslegung des § 221 BGB a. F. gegen den Eigentümer gewirkt, die fremde *public policy* als unantastbarer Teil der Rechtsordnung des Forumstaats hingegen hätte seine Interessen begünstigt, indem sie die deutsche Verjährungsvorschrift in diesem Fall nicht hätte zur Anwendung kommen lassen.

---

484 *Carl/Güttler/Siehr*, Kunstdiebstahl vor Gericht, S. 212.

485 Vgl. insbesondere *Hipp*, Kulturgüterschutz in Deutschland, S. 165 ff., und *Finkenauer*, JZ 2000, S. 241 ff.

486 Gegen das Vorliegen verbotener Eigenmacht des unmittelbaren gegenüber dem mittelbaren Besitzer und daher für eine Anrechnung nach § 221 BGB, *MüKo-Grothe*, § 221 Rn. 3; *Staudinger/Bund*, § 858 Rn. 4; *Soergel/Stadler* § 858 Rn. 3; *Remien*, AcP 201 (2001), S. 730 (740); *Hipp*, Kulturgüterschutz in Deutschland, S. 168; *Finkenauer*, JZ 2000, S. 241 (245). A.A. *Siehr*, in: Carl/Güttler/Siehr, Kunstdiebstahl vor Gericht, S. 53 (65 ff.).

d. *Autocephalous Greek-Orthodox Church of Cyprus*

Aufgrund der geschilderten, oftmals zufällig scheinenden Auswirkungen der Anknüpfung an die lex rei sitae bestehen seit längerem sowohl in der Rechtsprechung als auch in der Literatur Tendenzen, von der situs-Regel als allein maßgeblicher Kollisionsnorm abzuweichen.

Als Beispiel hierfür wird oft der in den USA entschiedene Fall *Autocephalous Greek-Orthodox Church of Cyprus v. Goldberg & Feldman Fine Arts*[487] genannt. Vier der nach dem Einmarsch der Türken in Nordzypern im Jahre 1974 aus einer griechisch orthodoxen Kirche in Nordzypern entwendeten byzantinischen Mosaiken[488] wurden der Galeriebesitzerin *Goldberg* am 1. Juli 1988 von einem Kunsthändler aus Indianapolis zum Kauf angeboten. Als diese Interesse zeigte, vermittelte der Kunsthändler ihr den Kontakt zu den Personen, welche die Mosaiken in ihrem Besitz hatten. Dies waren der in einschlägigen Kreisen bekannte niederländische Kunsthändler *Michel Van Rijn* und ein kalifornischer Rechtsanwalt.[489] Daraufhin kaufte Goldberg die Mosaiken für USD 1,08 Millionen in der Schweiz, wo die Mosaiken im Zollfreilager des Genfer Flughafens gelagert waren. Nachdem Goldberg bis Januar 1989 zahlreiche Kunsthändler über die zum Verkauf stehenden Mosaiken informiert hatte, erfuhr der zypriotische Botschafter in Washington D.C. von ihrem Verbleib. Nachdem *Goldberg* die Herausgabe verweigerte, klagten die Republik Zypern und die griechisch-orthodoxe Kirche auf Herausgabe vor dem *District Court for the Southern District of Indiana*.[490]

Maßgeblich für den Erfolg der Klage war auch hier die Frage des letztlich anwendbaren Sachrechts, da Verjährungsfragen sowie der gutgläubige Erwerb Goldbergs beurteilt werden mussten. Um das anwendbare Sachrecht zu bestimmen, führte das Gericht eine sorgfältige Analyse durch. Es stellte fest, dass das nach der lex rei sitae berufene Schweizer Recht kaum Verbindungsmomente zu dem zu beurteilenden Sachverhalt aufweise. Denn keine der Parteien habe einen Bezug zur Schweiz; die Mosaiken selbst verweilten nur vier Tage im zollfreien Bereich des Genfer Flughafens. Nach der *most significant relationship* Regel kam das Gericht zur Rechtsordnung von Indiana als anwendbarem Sachrecht, da die Beklagte ihren Wohnsitz sowie ihre Galerie in Indiana habe, auch sei die

---

487 717 F. Supp. 1374 (S.D. Ind. 1989), aff'd 917 F.2d 278 (7th Cir. 1990) mit Anmerkung von *Suede*, Harvard International Law Journal 31 (1990), S. 377 ff.

488 Vgl. dazu bereits Teil 1, B.III.3.b.

489 Vgl. hierzu *Augustinos*, in: Palmer, Recovery of Stolen Art, S. 217 (223, 238).

490 *Suede*, Harvard International Law Journal 31 (1990), S. 377 (378).

Verbringung der Mosaiken nach Indiana von vorneherein beabsichtigt gewesen. Nach dem Recht von Indiana kamen weder ein gutgläubiger Erwerb *Goldbergs*, noch die Verjährung der Herausgabeklage in Betracht.

Anschließend sicherte sich der Richter doppelt ab und unternahm eine nochmalige Überprüfung des Falles nach Schweizer Kollisions- und Sachrecht. Dabei stellte er zum einen fest, dass auch das schweizerische IPRG[491] die Ausnahme der *res in transitu* und damit die Anknüpfung an eine andere Rechtsordnung als die nach der situs-Regel berufene anerkennt und daher ebenfalls zum Recht von Indiana gekommen wäre. Zum anderen subsumierte er den Sachverhalt hypothetisch unter Schweizer Sachrecht und kam zu dem Ergebnis, dass die strengen Anforderungen des Schweizer Rechts an die Gutgläubigkeit einen Eigentumserwerb Goldbergs an den Mosaiken nicht zugelassen hätten.

Auch wenn diese Entscheidung immer wieder als Meilenstein des Kulturgüterschutzes gefeiert wird,[492] so trifft dies zumindest für die Frage der kollisionsrechtlichen Sonderanknüpfung nicht zu.[493] Denn die USA folgen der lex rei sitae aus der Überlegung hinaus, dass diese regelmäßig die engsten Verbindungsmomente zu dem zu beurteilenden Sachverhalt hat.[494] Diese Vermutung ist jedoch widerlegt, wenn der Sachverhalt zu einem anderen Recht engere Bindungen aufweist. Daher ist die Abkehr von der lex rei sitae in *Autocephalous* nur das Ergebnis einer konsequenten Anwendung des maßgeblichen Kollisionsrechts. Ferner sehen die meisten Rechtsordnungen wie das Schweizer Recht eine Ausnahme von der lex rei sitae für die *res in transitu* vor, so dass nach all jenen Kollisionsrechten ebenfalls eine andere Anknüpfung möglich gewesen wäre, ohne die grundsätzliche Geltung der lex rei sitae auch für Kulturgut in Frage zu stellen.[495] Erst jüngst wurde die grundsätzliche Anwendung der lex rei sitae durch

---

491 Bundesgesetz vom 18.12.1987 über das Internationale Privatrecht, in Kraft getreten am 01.01.1999, SR 291, abgedr. in IPRax 1988, S. 376 ff. Diese Ausnahme galt vor Inkrafttreten des IPRG bereits gewohnheitsrechtlich.

492 *Augustinos*, in: Palmer, Recovery of Stolen Art, S. 217 (239)

493 So auch *Suede* in seiner Urteilsanmerkung in: Harvard International Law Journal 31 (1990), S. 377 (383): "Despite the impression conveyed by many newspaper headlines when the return of the mosaics to Cyprus was ordered, this decision breaks no new ground."

494 Vgl. bereits oben unter 1.a.bb.

495 Der eigentliche Gehalt der Entscheidung liegt vielmehr in den allgemeinen Aussagen des Gerichts, das die herausragende Bedeutung der Mosaiken als nationales Erbe unterstreicht und auf die in der (auf den Fall nicht anwendbaren) UNESCO-Konvention zum Ausdruck kommenden Überzeugungen über das Recht jedes Staates auf den Schutz seines kulturellen Erbes zurückgreift, um die Rückgabepflicht zu untermauern, vgl. insoweit bereits Teil 1, B.III.3.b.

die amerikanische Rechtsprechung auch im Kulturgüterschutz wieder bestätigt.[496]

Mehr noch als die internationale Rechtsprechung diskutiert die Literatur Vorschläge für Sonderanknüpfungen im Kulturgüterrecht.[497] In Betracht gezogen werden vor allem die Anknüpfung an das Recht des Ursprungslandes (lex originis)[498] und den Ort des Diebstahls (lex furti)[499] oder die Belegenheit vor illegalem Export.[500] Für die derzeitige Rechtslage und –praxis lässt sich jedoch festhalten, dass sich bislang keine dieser kollisionsrechtlichen Sonderanknüpfungen durchzusetzen vermochte.

3. *Schlussfolgerung*

Allein die geschilderten Fälle zeigen, dass die Anknüpfung an die lex rei sitae zu sehr unterschiedlichen Ergebnissen für den Kulturgüterschutz führen kann. Dies gilt umso mehr, da der Statutenwechsel unabhängig davon eintritt, ob der Lageortswechsel rechtmäßig oder rechtswidrig, mit oder ohne Kenntnis des Eigentümers erfolgt.[501] Das nach der lex rei sitae erworbene Eigentum ist in allen Staaten anzuerkennen, die dieser Anknüpfungsregel folgen. Dies führt wie im Fall *Winkworth v. Christie's* zu dem Ergebnis, dass selbst der Staat, in dem der Eigentümer bestohlen wurde, dessen Recht einen gutgläubigen Erwerb an gestohlenen und abhanden gekommenen Kulturgütern nicht kennt und in den das Kulturgut später wieder zurückkehrt, unter einem anderen Statut erworbene Eigentumsrechte anerkennen muss. Andererseits muss klargestellt werden, dass die Anwendung der lex rei sitae per se eine Schlechterstellung des Eigentümers nicht bewirkt.[502] So wurden die Kunstsammlungen zu Weimar durch die An-

---

496 *Greek Orthodox Patriarchate of Jerusalem v. Christie's*, U.S. Dist.Lexis 13257 (S.D.N.Y. 1999), dazu *Köhling*, Art, Antiquity and Law 6 (2001), S. 249 ff.

497 Vgl. nur *Jayme*, IPRax 1990, S. 347 ff.; *Berndt*, Internationaler Kulturgüterschutz, S. 123 ff.; *Kienle/Weller*, IPRax 2004, S. 290 ff.; *Schwadorf-Ruckdeschel*, Rechtsfragen, S. 112 ff.; *Armbrüster*, NJW 2001, S. 3581 ff.

498 *Jayme*, Vanderbilt Journal of Transnational Law 2005, [im Erscheinen]; ders. IPRax 1990, S. 347 ff.; ders. in: Dolzer/Jayme/Mußgnug, Rechtsfragen, S. 35 ff.

499 *Mansel*, IPRax 1988, S. 268 (271).

500 *Armbrüster*, NJW 2001, S. 3581 ff. Näher zu diesen Vorschlägen vgl. Teil 3, A. II.1.

501 *Stoll*, in: Dolzer/Jayme/Mußgnug, Rechtsfragen, S. 53 (54); *Hipp*, Kulturgüterschutz in Deutschland, S. 175.

502 So insbes. *Byrne-Sutton*, in: International Sales of Works of Art I, S. 483 (496), der darauf verweist, dass der lex rei sitae als solcher ein materieller Gehalt nicht zukommt. Ebenso *Garro*, in: International Sales of Works of Art I, S. 503 (514); ihm folgend *Lalive*, SZIER 1 (1997), S. 13 (22).

wendung des New Yorker Rechts als nach der situs-Regel maßgebliches Sachstatut im Vergleich zur deutschen lex originis begünstigt.[503] Somit könnte sich bereits hier herauskristallisieren, dass die rein privatrechtlichen Probleme des illegalen Kunsthandels durch eine Veränderung der Anknüpfung nicht gelöst werden können und möglicherweise eine sachrechtliche anstelle einer kollisionsrechtlichen Lösung geboten zu sein scheint.[504]

Andererseits liegt eine der größten Schwächen der situs-Regel darin begründet, dass sie durch einfachen Lageortswechsel leicht manipulierbar ist und die durch sie klar zu bestimmende internationale Rechtslage im illegalen Kunsthandel gezielt zur „Waschung“ von Kunstgegenständen ausgenutzt wird. Die Objekte werden entweder so lange hin und her verschoben, bis ihre illegale Herkunft nicht mehr verfolg- und nachweisbar ist,[505] oder sie werden in den Geltungsbereich derjenigen Rechtsordnung verbracht, welche die jeweils günstigste Rechtsfolge vorsieht, sog. "*law shopping*".[506] In diesem Zusammenhang wird immer wieder auf die "*italian connection*" hingewiesen, da das italienische Recht den sofortigen gutgläubigen Erwerb zulässt und so das Kulturgut fortan auch für den legalen Handel „verkehrsfähig“ macht.[507] Insofern könnte doch wieder eine kollisionsrechtliche Lösung, welche die Anknüpfung weniger zufällig und manipulierbar macht, Bedeutung erlangen.[508]

IV. Die Behandlung gestohlenen Kulturguts vor deutschen Foren

In der Folge soll untersucht werden, wie die sach- und kollisionsrechtliche Problematik gestohlenen Kulturguts vor deutschen Foren gelöst wird. Neben den für die internationale Rechtslage bislang ausschließlich betrachteten materiellrechtlichen Fragen muss der Blick auch auf die prozessuale Seite gelenkt wer-

---

503 Dazu auch *Droz*, Rev. crit. 86 (1997) S. 239 (243).

504 Vgl. *Hanisch*, in: FS Müller-Freienfels, S. 193 (222); *Kreuzer*, RdC 1996 (259), S. 13 (202 f.); *Carducci*, La restitution internationale, S. 348.

505 "The more hands through which a stolen art objects passes, thus obscuring its origin, the more secure its sale becomes", zit. nach *Byrne-Sutton*, International Sales of Work of Art I, S. 483 (484) Fn. 3.

506 Vgl. *Lalive*, SZIER 1 (1997), S. 13 (21); *Kreuzer*, RdC 259 (1996), S. 13 (135); *Hipp*, Kulturgüterschutz in Deutschland, S. 176; *Mußgnug*, Kunstwerk, S. 15 (20); *Walter*, Rückführung S. 33; *Kienle/Weller*, IPRax 2004, S. 290 (291); *Berndt*, Internationaler Kulturgüterschutz, S. 122; *Reichelt*, in: Sladek, Das kulturelle Erbe, S. 61 (63).

507 *Müller-Katzenburg*, NJW 1999, S. 2551 (2555); *Droz*, Rev. crit. 86 (1997) S. 239 (242).

508 Vgl. zu dieser Problematik Teil 3 unter A.II.2. u. 3.

den. Denn für den ausländischen Staat ist der materielle Anspruch nutzlos, wenn er ihn gerichtlich nicht durchsetzen kann. Fragen der internationalen Zuständigkeit sowie der grundsätzlichen Zulassung ausländischer Staaten vor deutschen Foren sind im Zusammenhang des Kulturgüterrestitutionsrechts von elementarer Bedeutung. Ihnen soll deswegen vorab kurz nachgegangen werden.

1. Prozessuale Fragen

a. Internationale Zuständigkeit

In den nationalen Rechtsordnungen und so auch in der Bundesrepublik Deutschland existieren im Bereich der Zivilgerichtsbarkeit keine Sonderregeln für die Zuständigkeit für Ansprüche auf Herausgabe von Kulturgütern.[509]

Die von den deutschen Gerichten zu beachtenden Regeln über die internationale Zuständigkeit ergeben sich einerseits aus Staatsverträgen, andererseits aus den Vorschriften des autonomen Zivilverfahrensrechts, insbesondere der deutschen Zivilprozessordnung.[510] Wichtigste Rechtsquelle der internationalen Zuständigkeit deutscher Gerichte ist derzeit die *Verordnung (EG) Nr. 44/2001 über die gerichtliche Zuständigkeit und die Anerkennung und Vollstreckung von Entscheidungen in Zivil- und Handelssachen* (EuGVVO),[511] die mit Wirkung zum 1. März 2002 im Verhältnis der Mitgliedstaaten das *Brüsseler Übereinkommen über die gerichtliche Zuständigkeit und die Vollstreckung gerichtlicher Entscheidungen in Zivil- und Handelssachen vom 27. 9. 1968* (EuGVÜ) ersetzt hat.[512] Zwischen den Mitgliedstaaten der Europäischen Gemeinschaft und der Europäischen Freihandelsassoziation (EFTA) gilt das *Luganer Übereinkommen über die gerichtliche Zuständigkeit und die Vollstreckung gerichtlicher Entscheidungen in Zivil- und Handelssachen.*[513] Dieses erstreckt die wesentlichen

509 *Kreuzer*, RdC 259 (1996), S. 13 (183).

510 Mangels Unterzeichnung des UNIDROIT-Übereinkommens kann auf den dort in Art. 8 Abs. 1 1. HS etablierten Gerichtsstand des Belegenheitsortes nicht zurückgegriffen werden.

511 ABl. EG v. 16.1.2001, Nr L 12, 1 ff. Dänemark beteiligt sich aufgrund eines Protokolls zum Amsterdamer Vertrag nicht an der Annahme dieser Verordnung, so dass im Verhältnis der übrigen Mitgliedstaaten zu Dänemark weiterhin das EuGVÜ maßgebend ist.

512 Art. 76 und 68 EuGVVO.

513 Unterzeichnet am 16. September 1988 in Lugano, BGBl. 1994 II, S. 2660; *Staudinger/Magnus*, Anhang II zu Art. 27-37 EGBGB Rn. 3. Das Abkommen steht auch weiteren Staaten Mittel- und Osteuropas zum Beitritt offen, vgl. Art. 60, 62 des Übereinkommens von Lugano.

Errungenschaften des EuGVÜ, nämlich eine einheitliche europäische Zuständigkeitsordnung und ein beschleunigtes Anerkennungs- und Vollstreckungsverfahren, auf den gesamten europäischen Wirtschaftsraum. Sowohl die EuGVVO als auch das Übereinkommen von Lugano etablieren in ihrem Art. 2 Abs. 1 die Zuständigkeit des Gerichts am Wohnsitz des Beklagten. Ein besonderer Gerichtsstand am Ort der Belegenheit des rückzufordernden Kulturguts besteht auf europäischer Ebene hingegen nicht.

Soweit diese Staatsverträge nicht eingreifen, ergibt sich die internationale Zuständigkeit deutscher Gerichte aus dem autonomen staatlichen Verfahrensrecht. Für Herausgabeklagen von Kulturgut sind regelmäßig §§ 12, 13 und 23 ZPO von Bedeutung. Zwar regeln §§ 12 ff. ZPO die örtliche Zuständigkeit; grundsätzlich darf jedoch aus der örtlichen zugleich auf die internationale Zuständigkeit eines deutschen Gerichts geschlossen werden. Man spricht insoweit von der Doppelfunktionalität der Gerichtsstandsnormen: die örtliche indiziert die internationale Zuständigkeit.[514]

Danach kann der ausländische Staat am Wohnsitz des Beklagten (§§ 12, 13 ZPO) oder am Ort der Belegenheit des Kulturgutes (§ 23 ZPO) klagen, wobei der letzte Gerichtsstand nur dann greift, wenn der Beklagte keinen Wohnsitz im Inland hat. Er gilt nach herrschender Meinung auch dann, wenn der Kläger Ausländer ist.[515] Für gewöhnlich fallen aber ohnehin der Wohnsitz des derzeitigen Besitzers und die Belegenheit der Sache zusammen. Die Klageerhebung durch den rückfordernden Staat am Orte der Belegenheit der Sache hat den Vorteil, dass ein gegebenenfalls erwirktes Urteil dort einfacher zu vollstrecken ist. Dies gilt insbesondere auch für einstweilige Anordnungen, die dem Besitzer weitere Verfügungen über die Sache verbieten, sowie für Maßnahmen zur Sicherung vor Prozessbeginn wie die Sequestrierung des Kulturguts.[516] Für Sicherungsverfahren besteht daneben der Vorteil, dass auch bei Personen mit Wohnsitz in der EU, für die § 23 ZPO wegen der Vorrangigkeit der EuGVVO an sich keine Anwendung findet, der Gerichtsstand der Belegenheit erhalten bleibt, vgl. Art. 31 EuGVVO.

---

514 Grundlegend BGHZ 44, 46 (47 f); - seither st. Rspr., vgl. nur BGHZ 115, 90 (91 f.); BGHZ 120, 334 (337); BGH NJW 1996, S. 1411 (1412); BGH RiW 1997, S. 595; OLG Düsseldorf IPRax 1999, S. 38 (39); *Kropholler*, IPR, S. 593; *Geimer*, IZPR, Rn. 943 ff.

515 *Thomas/Putzo*, ZPO, § 23 Rn. 2.

516 *Kienle/Weller*, IPRax 2004, S. 290 (293 f.); *Jaeger*, Internationaler Kulturgüterschutz, S. 123.

b. *Klagemöglichkeit für ausländische Staaten vor deutschen Foren*

aa. *Völkerrechtliche Anerkennung*

Von immenser Bedeutung für den ausländischen Staat ist seine Partei- und Prozessfähigkeit vor deutschen Gerichten. Die Prozessfähigkeit richtet sich im deutschen Recht nach der Rechtsfähigkeit des Klägers, § 50 Abs. 1 ZPO. Für ausländische Staaten als juristische Personen des öffentlichen Rechts ergibt sich die Rechtsfähigkeit dagegen unmittelbar aus dem Völkerrecht.[517] Als Völkerrechtssubjekte sind Staaten damit zugleich parteifähig. Einigkeit herrscht dahingehend, dass ein ausländischer Staat unbestrittenermaßen Inhaber privater Rechte sein und grundsätzlich als juristische Person des öffentlichen Rechts vor inländischen Gerichten auftreten kann.[518]

Die Zulassung als Kläger vor den Gerichten der Bundesrepublik Deutschland könnte indes von der völkerrechtlichen Anerkennung des Klägerstaates bzw. dessen Regierung abhängig sein.[519] Angesichts der prozessualen Probleme der ehemaligen DDR im Verfahren *Kunstsammlungen zu Weimar v. Elicofon*, erscheint eine Auseinandersetzung mit dieser Problematik angebracht.[520] Obwohl die streitgegenständlichen Bilder sowohl vor als auch nach dem Zweiten Weltkrieg in Besitz und Eigentum der staatlichen Kunstsammlungen standen, erhob aus politischen Gründen die Bundesrepublik Deutschland Klage auf Herausgabe vor dem New Yorker District Court. Denn die Kunstsammlungen wurden erst nach der Anerkennung der DDR im Jahre 1975 durch die USA als alleinige Kläger zugelassen. Zuvor war ihnen als Stellvertreter und Behörde einer von den USA nicht anerkannten Regierung ein Klagerecht versagt worden.[521]

Besondere Aktualität erlangt in diesem Zusammenhang auch die Frage der TRNC, die bislang von keinem Staat außer der Türkei anerkannt worden ist.[522] Infolge des Einmarsches der Türken im nördlichen Teil Zyperns wurden Kunst-

---

517 *Habscheid*, in: BerDGVR 8 (1968); S. 159 (190 f.). Für natürliche und juristische Personen des Privatrechts ergibt sich die Rechtsfähigkeit vor deutschen Foren nach der Rechtsfähigkeit im Heimatland, also nach dem Personalstatut, vgl. Art. 7 EGBGB.

518 *Rösch*, Rechtsstellung, S. 89.

519 Vgl. hierzu auch *Prott/O'Keefe*, Movement, S. 621.

520 Ausführlich zun Sachverhalt und den Problemen des Falles *Thorn*, UNIDROIT-Konvention, S. 235 ff.

521 *Federal Republic of Germany v. Elicofon* 358 F. Supp. 747 (S.D.N.Y. 1972), vgl. dazu *Drobnig*, IPRax 1984, S. 61 ff.; *Eckstein*, Virginia Journal of International Law 14 (1974), S. 329 ff.

522 Vgl. *v. Laffert*, Die völkerrechtliche Lage des geteilten Zypern, S. 85 f., 111.

schätze im Milliardenwert auf geheimen Routen außer Landes gebracht, die nach und nach auf dem illegalen Kunstmarkt und unter anderem auch in der Bundesrepublik Deutschland wieder auftauchen.[523] Somit ist nicht auszuschließen, dass auch die TRNC Herausgabeansprüche vor deutschen Zivilgerichten geltend macht.

Die Anerkennung eines Staates als Völkerrechtssubjekt ist zwar nach herrschender Ansicht lediglich deklaratorischer Natur;[524] sie hat trotz allem erhebliche politische Bedeutung.[525] So wird ein Staat zu einem von ihm nicht anerkannten Staat keine diplomatischen Beziehungen aufnehmen. Allerdings sind derartige Akte solche der Exekutive, welcher allein die Befugnis zur Unterhaltung auswärtiger Beziehungen zukommt. Auf privatrechtlicher Ebene entfalten sie keine Bindungswirkung.[526] Vielmehr können deutsche Gerichte aufgrund des Gewaltenteilungsgrundsatzes in freier Beweiswürdigung entscheiden, ob es sich auf Klägerseite um einen Staat und damit ein parteifähiges Völkerrechtssubjekt handelt.[527] So haben deutsche Gerichte bei Vorliegen der drei konstitutiven Merkmale für eine Staatsbildung ausländische Staatsgebilde trotz fehlender Anerkennung durch die Exekutive als Staat i. S. d. Völkerrechts anerkannt,[528] wie es das Bundesverfassungsgericht für die ehemalige DDR vertreten hat:

> *„Die Deutsche Demokratische Republik ist im Sinne des Völkerrechts ein Staat und als solcher Völkerrechtssubjekt. Diese Feststellung ist unabhängig von einer völkerrechtlichen Anerkennung der Deutschen Demokratischen Republik durch die Bundesrepublik Deutschland. Eine solche Anerkennung hat die Bundesrepu-*

---

523 Vgl. dazu die Einleitung. Zum Einmarsch der Türken im Jahre 1974 bis hin zur Ausrufung der TRNC im Jahre 1983 *v. Laffert*, Die völkerrechtliche Lage des geteilten Zypern, S. 11 ff.

524 Vgl. *Doehring*, Völkerrecht, Rn. 943; *Hailbronner*, in: Vitzthum, Völkerrecht, S. 217, Rn. 171 f.; *Lipstein*, Recognition, in: EPIL IV, S. 35. *Verdross/Simma*, Universelles Völkerrecht, S. 602 f. (§§ 961 f.) Einen guten Überblick über den Meinungsstand gibt *Heintschel von Heinegg*, in: Ipsen, Völkerrecht, § 22 Rn. 25 ff.

525 Die in erster Linie nationale politische Bedeutung der Anerkennung neuer Staaten und insbesondere neuer Regierungen wird hervorgehoben von *Fountain*, Virginia Journal of International Law 29 (1989), S. 473 (476).

526 *Jaeger*, Internationaler Kulturgüterschutz, S. 124; *Soergel/Kegel*, 12. Aufl., Vor Art. 3 EGBGB Rn. 198 mit zahlreichen Nachweisen.

527 *Schweitzer/Weber*, Handbuch der Völkerrechtspraxis, Rn. 473.

528 *Verdross/Simma*, Universelles Völkerrecht, S. 605 f. (§ 968), zur Anerkennung von Polen und der Tschechoslowakei durch das deutsche Reichsgericht. Die gleichen Grundsätze gelten für nicht anerkannte Regierungen, vgl. *Rösch*, Rechtsstellung, S. 89.

blik nicht nur nie förmlich ausgesprochen, sondern im Gegenteil wiederholt ausdrücklich abgelehnt."[529]

Daneben ist zumindest für den konkreten Fall der TRNC denkbar, dass deutsche Zivilgerichte dem Beispiel anderer ausländischer Gerichte folgen und die TRNC freilich nicht als Staat anerkennen, aber immerhin deren Rechtsordnung respektieren, weil diese seit nun über dreißig Jahren effektiv gilt und die Regierung der Republik Zypern dieser Geltung nichts entgegenzusetzen vermag.[530] Denn die Nichtanerkennung bedeutet keineswegs, dass keinerlei Rechtsbeziehungen zwischen den Staaten bestehen, sondern lediglich, dass kein üblicher völkerrechtlicher Verkehr wie die Aufnahme diplomatischer Beziehungen erfolgt. Aus Gründen der Rechtssicherheit bzw. zum Schutz der jeweiligen Staatsangehörigen kann es daher geboten sein, das innerstaatliche Recht des jeweiligen Herrschaftsverbandes anzuwenden.[531] Auch nicht anerkannte Staaten, sofern sie *de-facto*-Staaten sind, erlassen also Rechtssätze, die im Ausland anerkannt werden, und können mit anderen Staaten Verträge abschließen, so dass ihnen die Rechts-, und damit die Partei- und Prozessfähigkeit nicht abgesprochen werden kann.[532]

Zusammenfassend lässt sich zumindest festhalten, dass die fehlende Anerkennung ausländischer Staaten oder Regierungen durch die Bundesrepublik Deutschland nicht zugleich zwingend die mangelnde Prozessfähigkeit vor deutschen Gerichten indiziert.

---

529 BVerfGE 36, 1 (22) (Grundlagenvertragsurteil); vgl. auch KG, JR 1951, S. 689. Anders ist dies in den USA, wo die Anerkennung eines fremden Staates, einer fremden Regierung oder eines fremden Gebietserwerbs nach jahrelanger Judikatur Sache der Regierung ist, an deren politische Entscheidung sich die Gerichte in der Anerkennungsfrage gebunden sehen. Diese Unterwerfung geht in der Sache soweit, dass sich die amerikanischen Gerichte für verpflichtet hielten, ihrer Entscheidung die Auskunft des Auswärtigen Amtes über die Anerkennungspraxis der Regierung ohne weitere Nachprüfung zugrunde zu legen, um so die Einheit des Staates nach außen zu demonstrieren, vgl. *Rösch*, Rechtsstellung, S. 90 ff. In neuerer Zeit ist jedoch eine Abkehr von dieser Politik zu beobachten, vgl. dazu *Fountain*, Virginia Journal of International Law 29 (1989), S. 473 ff.

530 So *Blumenwitz*, in: FS Ress, S. 3 (10) mit Verweis auf Hesperides Hotels Ltd. and Another v. Acegan Turkish Holidays Ltd. and Another (1978) 1 All ER 277 (278): "The English courts could recognise the laws or acts of a body which was in effective control of a territory even though that body had not been recognised by Her Majesty's Government de jure or de facto."; Polly Peck International v. Asil Nadir and Others (1992) 2 All ER 238; *Staudinger/Blumenwitz*, Art. 6 EGBGB, Rn. 176; *Talmon*, Recognition of Governments, S. 229 (insbes. Fn. 123).

531 Vgl. *Lipstein*, Recognition, in: EPIL IV, S. 36; *Schweitzer/Weber*, Handbuch der Völkerrechtspraxis, Rn. 470, 472.

532 *Habscheid*, in: BerDGVR 8 (1968); S. 159 (191).

bb. acta iure gestionis – acta iure imperii

Grundsätzlich sind also ausländische Staaten vor deutschen Zivilgerichten zugelassen.[533] Dies gilt zweifelsohne, wenn der Staat seine Eigentumsrechte wie ein Privater durchzusetzen sucht. Denn in diesen Fällen handelt der klagende Staat nicht hoheitlich, sondern gleichsam einem Privatmann wirtschaftlich, so dass eine Gleichstellung erforderlich ist.[534] Schwierigkeiten ergeben sich bei eindeutig privatrechtlichen Ansprüchen auch nicht aus der Staatenimmunität. Darunter versteht man das Recht der Staaten und ihrer Hoheitsträger, sich wegen ihrer Handlungen nicht vor den Gerichten anderer Staaten verantworten zu müssen.[535] Allerdings genießt der Staat diese Immunität nur hinsichtlich seines hoheitlichen Handelns, sog. *acta iure imperii*.[536] Handelt der Staat dagegen wie ein Privater (*acta iure gestionis*), so kann die Immunität nicht beansprucht werden. Wird ein Staat nun nicht zur Verantwortung gezogen, sondern unterwirft er sich freiwillig der Gerichtsbarkeit eines fremden Staates, indem er als Kläger auftritt, so werden dieselben Immunitätsgrundsätze in umgekehrter Anwendung herangezogen.[537] Daraus folgt, dass der Staat bezüglich seiner *acta iure gestionis* unproblematisch als Kläger auftreten kann. Andererseits bedeutet dies jedoch zugleich, dass ein Staat vor fremden Foren die Durchsetzung seiner Ansprüche aus

---

533 *Geimer*, IZPR Rn. 634 ff.; *Rösch*, Rechtsstellung, S. 89.

534 *Dormann Bessenich*, Der ausländische Staat als Kläger, S. 1; *Vischer*, IPRax 1991, S. 209 (210); *Stumpf*, Kulturgüterschutz, S. 299; *Prott/O'Keefe*, Movement, S. 621; *Fuchs*, IPRax 2000, S. 281 (283).

535 *Epping*, in: Ipsen, Völkerrecht, § 26 Rn. 18 ff.; *Dahm/Dehlbrück/Wolfrum*, Völkerrecht I/1, S. 453 f.; *Dormann Bessenich*, Der ausländische Staat als Kläger, S. 7.

536 Sog. Prinzip der beschränkten oder relativen Immunität; dazu *Dahm/Delbrück/Wolfrum*, Völkerrecht I/1, S. 456 ff. Die Doktrin der absoluten Immunität, nach welcher ein Staat unter keinen Umständen der Gerichtsbarkeit eines anderen unterstellt werden darf („*par in parem non habet imperium*"), wird nicht mehr vertreten, vgl. *Vischer*, IPRax 1991, S. 209 (212); *Kropholler*, IPR, S. 582. Der Grundsatz der beschränkten Immunität ist nunmehr auch im *Europäischen Übereinkommen über Staatenimmunität vom 16.05.1972* verankert, das vom Europarat erarbeitet wurde und für die Bundesrepublik Deutschland am 16.08.1990 (BGBl. II S. 34, 1400) in Kraft getreten ist. Vgl. zu diesem Abkommen, *Kronke*, IPRax 1991, S. 141 ff.; *Geimer*, IZPR, Rn. 666 ff. Auch die USA haben das Prinzip der beschränkten Immunität in ihrem *Foreign Sovereign Immunities Act of 1976* kodifiziert, 28 U.S.C. §§ 1602-1611 (1994), vgl. hierzu *Davis*, The International Lawyer 31 (1997), S. 321 ff. Für die deutsche Rechtspraxis vgl. BVerfGE 16, S. 31 (61). m.w.N.; BVerfGE 46, S. 364 (392).

537 *Mann*, FS Kegel S. 365 (375); *Turner*, Völkerrechtliche Zuordnung, S. 70.

öffentlichem Recht regelmäßig nicht verlangen kann.[538] Darin würde eine nach h. M. unzulässige Erzwingung ausländischen öffentlichen Rechts liegen, welche eine Verletzung der Souveränität des Forumstaates darstellen würde.[539] Für die hier interessierende verfahrensrechtliche Ebene würde sich in diesen Fällen eine Unzuständigkeit der Gerichte ratione materiae ergeben.[540]

Besondere Bedeutung erlangt diese Problematik bei Rückforderungsansprüchen, die jedenfalls vordergründig privatrechtlicher Natur zu sein scheinen, aber bei welchen dennoch der Verdacht der Durchsetzung hoheitlicher Ansprüche besteht. Ist es dem ausländischen Staat verwehrt, auf eigenem Territorium eine Sache zu enteignen oder sich sonst durch öffentlich-rechtliche Normen Eigentum zuzuweisen und aufgrund des so hoheitlich erworbenen Eigentumsrechts Ansprüche vor deutschen Gerichten geltend zu machen? Hier verlangt der ausländische Staat nicht die direkte Durchsetzung seines Hoheitsrechts (*enforcement*), da die rechtsgestaltende Wirkung bereits eingetreten ist, sondern allein deren Anerkennung (*recognition*).

Unbestritten ist jedenfalls, dass den jeweiligen Foren ein weiter Ermessensspielraum hinsichtlich der Zulassung der Klage zusteht und dem fremden Staat ein entsprechendes Recht jederzeit eingeräumt werden kann, da ein anderslautendes völkerrechtliches Verbot nicht besteht und jeder Staat als Ausfluss seiner Souveränität bestimmen kann, für welche Rechtsstreitigkeiten seine Gerichte im internationalen Verkehr zuständig sein sollen.[541] Für die nachfolgende Untersuchung

---

538 *Geimer*, IZPR, Rn. 157; *Dormann Bessenich*, Der ausländische Staat als Kläger, S. 1 f. Hierüber herrscht weitgehend Einigkeit. Umstritten jedoch ist die Begründung für diesen Grundsatz. Vgl. zu verschiedenen Theorien, *Dormann Bessenich*, a.a.O. S. 57 ff.

539 *Mann*, FS Kegel, S. 365 (375); *Vischer*, IPRax 1991, S. 209 (212); *Seidl-Hohenveldern*, International Economic Law, S. 118.

540 Vgl. *Turner*, Völkerrechtliche Zuordnung, S. 70. Gegen letzteres wird zum Teil eingewandt, dass in der bloßen Geltendmachung eines hoheitlichen Anspruchs eine völkerrechtswidrige Behauptung von Souveränitätsrechten noch nicht gesehen werden könne, da der ausländische Staat durch Einleitung gerichtlicher Verfahren im Inland lediglich darum bitte, ihm die inländische Gerichtsbarkeit zur Verfügung zu stellen, so *Frank*, RabelsZ 34 (1970), S. 56 (64).

541 *Turner*, Völkerrechtliche Zuordnung, S. 70; *Vischer*, IPRax 1991, S. 209 (211), wobei letzterer bezweifelt, ob es tatsächlich Aufgabe der Gerichte sein solle, im Hinblick auf internationale Solidarität und in der Hoffnung auf Reziprozität die Zulassung solcher Klagen voranzutreiben; dies sei zuvörderst Aufgabe der Exekutive durch Abschluss entsprechender völkerrechtlicher Vereinbarungen. Ähnlich *Mann*, in: FS Kegel, S. 365 (366), der eine Erlaubnis des Souveräns in Form von Staatsverträgen und Gesetzgebung verlangt.

der rein privatrechtlichen Ansprüche können diese Schwierigkeiten zunächst außer Betracht bleiben.

c. *Ausschluss des Klagerechts aufgrund der Zusicherung freien Geleits*

Ein besonderes prozessuales Problem stellt sich schließlich auf dem Gebiet des internationalen Leihverkehrs von Kulturgut. Im Zusammenhang mit der zunehmenden Globalisierung des Ausstellungswesens und den Befürchtungen ausländischer Verhandlungspartner, dass die zeitweilige Belegenheit von ihren Ausstellungsobjekten im Ausland zum Anlass für Herausgabeklagen vor den dortigen Gerichten genommen wurde, kam es mit § 20 zur Aufnahme einer Rückgabegarantie für den Verleiher in das deutsche Kulturgüterrückgabegesetz (KultGüRückG) v. 15. Oktober 1998.[542]

Konkreter Anlass der Aufnahme der Zusage freien Geleits in das KultGüRückG war der Rechtsstreit um das Bild des Niederländers Pieter van Laer „Szene um einen römischen Kalkofen". Das Gemälde ist nachweislich seit mindestens 1767 Bestandteil der fürstlich Liechtensteinischen Sammlung. Durch das Benesch-Dekret Nr. 12 vom 21. Juni 1945 des damaligen Präsidenten Benesch der Tschechoslowakei wurde das Bild entschädigungslos enteignet. Es gelangte 1991 anlässlich einer Ausstellung des Kölner Wallraf-Richartz-Museum unter dem Titel „I Bamboccianti – Niederländische Malerrebellen im Rom des Barock" im Wege der Leihgabe der tschechischen Denkmalanstalt in Brünn (Brno) nach Deutschland, wo der Fürst Hans-Adam II. aufgrund einer einstweiligen Verfügung die Sequestration des Bildes erwirkte.

In der Folge klagte sich der Prinz unter Berufung auf sein Eigentumsrecht erfolglos durch alle deutschen Instanzen. So wies das LG Köln durch Urteil vom 10. Oktober 1995[543] die Klage des Fürsten als unzulässig ab, da deutsche Gerichte aufgrund des Einwendungsverzichtes und Klagestopps im Sechsten Teil, Artikel 3 Abs. 1 und 3 des Überleitungsvertrages zu einer Entscheidung nicht

---

542 BGBl. 1998 I, S. 3162 ff.; Neubekanntmachung v. 08.07.1999, BGBl. 1999 I, S. 1754 ff. Siehe näher zum KultGüRückG Teil 2, C.IV.1.a. Auch die Schweiz hat in ihrem KGTG (Art. 10 ff.) eine solche Rückgabezusage verankert, vgl. dazu *Rascher/Baum/Fischer/Zen-Ruffinen*, Cultural Property Transfer, S. 252 ff.

543 LG Köln 5 O 182/92, IPRax 1996, S. 419 ff. mit Besprechung von *Seidl-Hohenveldern*, Völkerrechtswidrigkeit der Konfiskation eines Gemäldes aus der Sammlung des Fürsten von Liechtenstein als angeblich „deutsches" Eigentum, ibid. S. 410 ff.

befugt seien.[544]. Dieses Urteil des LG Köln wurde durch das OLG Köln mit Entscheidung vom 9. Juli 1996 bestätigt.[545] Auch das Bundesverfassungsgericht entschied die Verfassungsbeschwerde nicht zur Entscheidung anzunehmen.[546] Demzufolge hob das LG Köln den Antrag auf Erlass der einstweiligen Verfügung auf und händigte das Bild wieder an die Denkmalanstalt in Brünn aus.[547] Auch ein Individualbeschwerdeverfahren vor dem Europäischen Gerichtshof für Menschenrechte blieb erfolglos.[548] Da in der Folge auch die Bundesrepublik Deutschland nicht bereit war, über etwaige Entschädigungsansprüche zu verhandeln, erhob das Fürstentum schließlich Klage gegen die Bundesrepublik Deutschland vor dem IGH, die am 10. Februar 2005 als unzulässig zurückgewiesen wurde.[549]

Zumindest die vor den deutschen Gerichten jahrelang geführten Prozesse um das Gemälde blieben heute wegen des Freien Geleits für Kunstwerke aus. Denn nach § 20 Abs. 1 KultGüRückG kann dem ausländischen Verleiher rechtsverbindlich die Rückgabe von Kulturgut, das er zu einer Ausstellung im Bundesgebiet ausgeliehen hat, zugesichert werden.[550] Die rechtlichen Wirkungen einer solchen Rückgabezusage sind in den Absätzen 3 und 4 des § 20 KultGüRückG festgehalten:

---

[544] Vertrag zwischen der Bundesrepublik Deutschland, Frankreich, dem Vereinigten Königreich Großbritannien und Nordirland und den Vereinigten Staaten von Amerika zur Regelung aus Krieg und Besatzung entstandener Fragen in der gemäß Liste IV zu dem am 23. Oktober 1954 in Paris unterzeichneten Protokoll über die Beendigung des Besatzungsregimes in der Bundesrepublik Deutschland geänderten Fassung, BGBl. 1955 II, S. 405 (440).

[545] OLG Köln (22 U 215/95), VIZ 1998, S. 213 ff. Auch der II. Zivilsenat des BGH (II ZR 213/96) verweigerte durch Beschluss vom 25. September 1997 die Annahme der Revision des Klägers mangels grundsätzlicher Bedeutung der Sache und der fehlenden Erfolgsaussichten der Revision.

[546] BVerfG (2 BvR 1981/97), IPRax 1998, S. 482 f. mit Besprechung von *Weber*, Anmerkung zur „Liechtenstein-Entscheidung" des Bundesverfassungsgerichts vom 28. Januar 1998, AVR 36 (1998), S. 188 ff.

[547] Vgl. zum Bilderstreit als Hintergrund des freien Geleits auch *Jayme*, Freies Geleit, S.6 ff.

[548] Vgl. EGMR, Case of Prince Hans-Adam II of Liechtenstein v. Germany, Application no. 42527/98, Judgement, abgedruckt in AVR 40 (2002), S. 243 ff., besprochen von *Blumenwitz*, Die Liechtenstein-Entscheidung des Europäischen Gerichtshofes für Menschenrechte, AVR 40 (2002), S. 215 ff.

[549] Die Entscheidung ist abrufbar unter www.icj-cij.org/decisions. Vgl zu den prozessualen Fragestellungen des Rechtsstreits vor dem IGH *Schaffrath*, in: Blumenwitz/Wehner, Ordnungsfunktion des Rechts im Wandel, S. 193 ff.

[550] Zu den tatbestandlichen Voraussetzungen der Rückgabegarantie vgl. *Kempen*, in: FS Badura, S. 1079 (1087 ff.).

„(3) Die Zusage bewirkt, dass dem Rückgabeanspruch des Verleihers keine Rechte entgegengehalten werden können, die Dritte an dem Kulturgut geltend machen.

(4) Bis zur Rückgabe an den Verleiher sind gerichtliche Klagen auf Herausgabe, Arrestverfügungen, Pfändungen und Beschlagnahmen unzulässig.“

Die hier allein interessierenden prozessualen Wirkungen der Rückgabegarantie ergeben sich Abs. 4.[551] Die Ausschlusswirkung des § 20 Abs. 4 KultGüRückG bezieht sich auf die prozessuale Durchsetzung der Rechte Dritter, welche dieser nach Erteilung einer verbindlichen Rückgabezusage geltend macht. Ausdrücklich ausgeschlossen sind Herausgabeklagen, Arrestverfügungen, Pfändungen sowie strafprozessuale Beschlagnahmen. Aber auch die nicht ausdrückliche genannte einstweilige Verfügung, die nach der Systematik der ZPO nur einen Unterfall der Arrestverfügung darstellt, ist unzulässig.[552] Demnach kann ein Dritter vor deutschen Gerichten für die zeitliche Dauer der Rückgabegarantie seine vermeintlichen Eigentumsrechte an dem ausgeliehenen Kulturgut nicht geltend machen. Er ist vielmehr auf ein Vorgehen nach Rückgabe des ausgeliehen Kulturgutes an den Verleiher und vor den Gerichten am Wohnsitz des Verleihers beschränkt.

Fraglich ist allerdings, ob die Rechtswirkungen der Rückgabezusage dem zivilrechtlichen Herausgabeanspruch anderer Staaten entgegengehalten werden können. Auch ausländische Staaten müssen ihre Ansprüche aus Eigentum, seien sie privatrechtlich oder hoheitlich begründet, vor deutschen Gerichten nach Maßgabe des deutschen Prozessrechtes geltend machen. Da aber § 20 Abs. 4 KultGüRückG die prozessuale Durchsetzung jeglicher Herausgabeklagen, und damit auch den auf § 985 BGB gestützten Herausgabeanspruch für die Dauer der Rückgabezusage hemmt und somit eine entsprechende Klage unzulässig macht, ist nicht einzusehen, warum ein Staat, der sich wie ein Privater eines Anspruches aus § 985 BGB berühmt, anders behandelt werden soll.[553]

Damit kann im Einzelfall die rechtsverbindliche Zusage freien Geleites bereits der prozessualen Geltendmachung von Eigentumsansprüchen ausländischer Staaten entgegenstehen.

---

551 Zu den materiellen Wirkungen des Abs. 3 vgl. *Kempen*, in: FS Badura, S. 1079 (1090).

552 Arg. § 936 ZPO, vgl. *Kempen*, in: FS Badura, S. 1079 (1091).

553 *Kempen*, in: FS Badura, S. 1079 (1093 f.). Umstritten ist hingegen, ob die Rückgabezusage auch dem öffentlich-rechtlichen Rückgabeanspruch aus § 5 KultGüRückG entgegengehalten werden kann, vgl. hierzu *Jayme*, Freies Geleit, S. 16 ff. m.w.N.

2. *Kollisionsrecht*

In der Bundesrepublik Deutschland gilt gleichfalls der Weltrechtssatz der lex rei sitae, welcher mit der Kodifizierung des internationalen Sachenrechts durch den deutschen Gesetzgeber im Jahre 1999 in Art. 43 Abs. 1 EGBGB verankert wurde, vorher aber bereits nach ständiger Rechtsprechung des BGH Geltung kraft Gewohnheitsrechts beanspruchte.[554] Eine andere Anknüpfung gegenüber der lex rei sitae konnte sich bislang nicht durchsetzen.[555] Begründet wird die Anwendung der lex rei sitae vor allem mit Ordnungs- und Verkehrsinteressen. So diene die Regelanknüpfung an den Lageort dem internationalen Entscheidungseinklang, der Rechtsklarheit sowie der einfacheren Durchsetzbarkeit ergangener Entscheidungen.[556] Besonders hervorgehoben wird in diesem Zusammenhang die sichere Vorhersehbarkeit des Sachstatuts für alle Beteiligten sowie die Tatsache, dass der Anknüpfungspunkt eindeutig festläge: es bestünden kaum je Zweifel, wo in dem für die Anknüpfung maßgeblichen Zeitpunkt der Lageort der Sache war.[557] Staatseigentum wird grundsätzlich wie das eines Privatmannes behandelt und damit ebenso der situs-Regel unterstellt.

Als Beispiel aus der neueren Rechtsprechung soll eine Entscheidung des LG Hamburg aus dem Jahre 1996 dienen.[558] Die Republik Portugal klagte in der Bundesrepublik Deutschland gegen den derzeitigen Besitzer auf Herausgabe zweier gestohlener antiker Pistolen, die sich seinerzeit in einem Auktionshaus in London befanden. Das Landgericht Hamburg erklärte sich gemäß Art. 2 Abs. 1 EuGVÜ, § 13 ZPO als Wohnsitzgerichtsstand des Beklagten für zuständig. Das Gericht führte aus, dass sich die Frage des Eigentumserwerbs nach englischem Recht als dem Ort der Belegenheit der Sache beurteile, da die gewohnheitsrechtlich anerkannte lex rei sitae ebenso auf gestohlene Kulturgüter Anwendung finde. Die von der Literatur zum Teil vorgeschlagene Sonderanknüpfung an den

---

554 Vgl. zuletzt BGH NJW 1997, S. 461 (462); BGH NJW 1998, S. 1321; BGH NJW 1998, S. 3205; *MüKo-Wendehorst*, Vor Art. 43-46 EGBGB Rn. 12. Eine ausführliche Besprechung des neu kodifizierten internationalen Sachenrechts bieten *Stoll*, IPRax 2000, S. 259 ff., und *Pfeiffer*, IPRax 2000, S. 270 ff.

555 *Palandt/Heldrich*, Art. 43 EGBGB, Rn. 2 m.w.N.; *Stoll*, IPRax 2000, S. 259 (269); *Spaun*, Herausgabeanspruch, S. 131 ff., 165.

556 S. näher hierzu *Berndt*, Internationaler Kulturgüterschutz, S. 124 f.; *Kegel/Schurig*, IPR, S. 765; *Kropholler*, IPR, S. 541.

557 *Rogerson*, Current Legal Problems 2003, S. 265 (275); *Stoll*, Diskussionsbeitrag, in: Dolzer/Jayme/Mußgnug, Rechtsfragen, S. 127; *Lalive*, Transfer of Chattels, S. 112.

558 LG Hamburg v. 20.6.1996 – Az. 305 O 77/92, unveröff., abgedr. in IPRspr. 1996 Nr. 55, S. 120 ff.

Ort des Diebstahls oder den Herkunftsort des Kulturguts wurde aus Gründen der mangelnden Bestimmtheit dieser Ansätze abgelehnt.[559]

3. *Das deutsche Sachrecht und seine Anwendung in der deutschen Rechtspraxis*

a. *Gutgläubiger Erwerb gestohlenen Kulturguts durch öffentliche Versteigerung*

In Deutschland besteht bislang kein spezielles Privatrecht für Kunstkäufe, so dass die allgemeinen sachenrechtlichen Regelungen zum Tragen kommen, wenn das deutsche Sachstatut für Klagen auf Herausgabe gestohlenen Kulturguts maßgeblich ist.[560] Für dingliche Rechtsgeschäfte gilt im deutschen Recht das Abstraktionsprinzip. Demnach ist ein dingliches Rechtsgeschäft in seiner Wirksamkeit nicht vom Vorliegen eines gültigen Kausalgeschäfts abhängig.[561] Der dingliche Rechtserwerb vom Nichtberechtigten verlangt gemäß § 932 BGB, dass die Parteien sich über den Eigentumsübergang einig sind und der Erwerber Besitz an der zu übereignenden Sache erlangt.[562] Die verschiedenen Anforderungen an den Besitzerwerb ergeben sich aus §§ 932 Abs. 1 S. 2, 933 und 934 BGB. Der Erwerber muss darüber hinaus gutgläubig sein, wobei sich sein guter Glaube auf das Eigentum beziehen muss. Den guten Glauben an die Verfügungsberechtigung schützt ausnahmsweise § 366 HGB unter der Voraussetzung, dass der Veräußerer Kaufmann i. S. d. HGB ist und der Kunstgegenstand im Rahmen seines Handelsgeschäfts veräußert wird. Der grundsätzlichen Gutglaubensvermutung schaden positive Kenntnis von der fehlenden Eigentümerstellung sowie grobe Fahrlässigkeit, die dann anzunehmen ist, wenn der Erwerber trotz sich aufdrängender Zweifel keine Nachforschungen anstellt. Die Entgeltlichkeit des Veräußerungsgeschäfts ist für den Eigentumserwerb nicht ausschlaggebend; vom unentgeltlichen Erwerber kann aber der frühere Eigentümer sein Kulturgut

---

559 LG Hamburg v. 20.6.1996 – Az. 305 O 77/92, unveröff., abgedr. in IPRspr. 1996 Nr. 55, S. 120 f.

560 Vgl. *Jayme*, ZVglRWiss 95 (1996), S. 158 (167). Einige wenige Sonderregeln wurden von der Rechtsprechung entwickelt. Sie betreffen jedoch in erster Linie Freizeichnungserklärungen von Kunsthändlern bezüglich Falschangaben in ihren Katalogen (BGH, NJW 1980, S. 1619) oder Gewährleistungsfragen wie die implizite Zusicherung der Authentizität eines Kunstwerkes (BGH WM 1993, S. 1374 ff.).

561 *Hanisch*, in: International Sales of Works of Art I, S. 157 (183 f.); *Baur/Stürner*, Sachenrecht, S. 47.

562 *Baur/Stürner*, Sachenrecht, S. 592.

im Wege der Eingriffskondiktion gemäß § 816 Abs. 1 S. 2 BGB herausverlangen.[563]

Allerdings schließt § 935 Abs. 1 BGB den gutgläubigen Erwerb von gestohlenen und abhanden gekommenen Gegenständen prinzipiell aus. Eine Ausnahme besteht aus Verkehrsschutzgründen lediglich für Kunstwerke, die im Rahmen öffentlicher Versteigerungen nach § 383 Abs. 3 BGB erworben wurden, § 935 Abs. 2 BGB.[564] Nach der Definition des § 383 Abs. 3 BGB hat die Versteigerung durch einen Gerichtsvollzieher oder einen zur Versteigerung befugten anderen Beamten oder durch einen öffentlich angestellten Versteigerer öffentlich, also für jedermann zugänglich, zu erfolgen.[565] Bei Bösgläubigkeit des Ersteigernden ist ein Eigentumserwerb nicht möglich.[566] Der gute Glaube muss sich auf das Eigentum des Einlieferers und die Zulässigkeit der Versteigerung beziehen, wobei die Anforderungen an die Gutgläubigkeit im Rahmen von § 935 Abs. 2 BGB i.V.m. § 383 Abs. 3 BGB generell die gleichen sind wie in § 932 Abs. 2 BGB.[567] Bei der Versteigerung von Kunstwerken legt die Rechtsprechung jedoch einen strengeren Maßstab an. So entschied der BGH bereits im Jahre 1973, dass die Gutgläubigkeit des Erwerbers eines griechischen Kykladenidols aus dem 3. Jahrtausend v. Chr. zu verneinen sei, da dieser keine der Situation angemessene Nachforschungen betrieben hatte.[568] Begründet wurden die hohen Anforderungen an eine Nachforschungspflicht mit dem außergewöhnlichen Wert des Kunstwerkes, seinem Alter und dem generellen Wissen um ausländische Exportverbote.

---

563 *Hanisch*, in: International Sales of Works of Art I, S. 157 (186). Dem liegt der allgemeine Rechtsgedanke zugrunde, dass ein unentgeltlicher, wenn auch gutgläubiger Erwerb nicht auf Kosten des Geschädigten aufrechterhalten werden soll, vgl. *Palandt/Sprau*, § 816 Rn. 13.

564 Nicht erfasst von § 935 Abs. 2 BGB sind öffentlichrechtliche Versteigerungen im Wege der Zwangsvollstreckung. Denn in diesen Fällen erfolgt die Eigentumszuordnung kraft hoheitlicher Gewalt, so dass Herkunft der Sache sowie Gutgläubigkeit des Erwerbers keine Rolle spielen.

565 Ausführlich zu den Anforderungen an die Person des Versteigerers im Kulturgüterrecht, *Hipp*, Kulturgüterschutz in Deutschland, S. 57 f.

566 So bereits RGZ 103, S. 288.

567 Vgl. *Palandt/Bassenge*, § 935 Rn. 5.

568 BGH, 10.1.1973, WarnR 1973 Nr. 3, zit. nach *Jayme*, Status of Cultural Property, S. 181 (183) Fn. 19.

Im *Hamburger Stadtsiegelfall* nahm der BGH zur Möglichkeit des gutgläubigen Erwerbs von Kulturgut in Versteigerungen Stellung.[569] 1987 tauchte in Köln auf einer Kunstmesse ein im Zuge des Zweiten Weltkrieges abhanden gekommenes Siegel der Stadt Hamburg auf, das diese polizeilich beschlagnahmen ließ und sodann die Händlerin auf Herausgabe verklagte. Die Händlerin wies jedoch nach, dass sie das Siegel im Jahr zuvor auf einer Auktion eines Kunsthauses erworben hatte. Das Siegel war im Auktionskatalog beschrieben gewesen, der Katalog zahlreichen Museen – auch solchen in Hamburg – sowie dem Bundeskriminalamt zugänglich gemacht worden. Darüber hinaus wurde auf die Auktion in überregionalen Tageszeitungen hingewiesen. Auftraggeber des für die Versteigerung öffentlich bestellten und vereidigten Auktionators war ein Ehepaar, welches das Siegel Jahre zuvor auf einem Trödelmarkt erworben hatte. Der BGH stellte fest, dass die Privilegierung des gutgläubigen Erwerbers in öffentlichen Versteigerungen vom Gesetz bewusst so gewollt sei und sich in den Schranken der verfassungsrechtlichen Eigentumsgarantie des Art. 14 Abs. 1 S. 2 GG halte. Dies gelte auch für einen Erwerb in freiwilliger Versteigerung, solange die Voraussetzungen des § 383 Abs. 3 BGB gewahrt blieben, also der Versteigerer nach § 34 b Abs. 5 GewO öffentlich bestellt und die Versteigerung der Allgemeinheit zugänglich sei.[570] Die Bevorzugung des gutgläubigen Erwerbers sei in diesen Fällen aus Gründen der Verkehrssicherheit geboten. Neben der Öffentlichkeit der Versteigerung ergebe sich dies in besonderem Maße aus den hohen Anforderungen an die Person des Versteigerers hinsichtlich Sachkunde und Funktion als unparteiischer Mittler zwischen Verkäufer und Käufer.[571]

b. Ersitzung und Verjährung

Im deutschen Recht kann der Käufer eines gestohlenen oder abhanden gekommenen Kulturguts nach Ablauf von 10 Jahren durch Ersitzung Eigentum erwerben, wenn er den Gegenstand solange gutgläubig in Eigenbesitz gehabt hat, § 937 BGB. Anders als beim Erwerb vom Nichtberechtigten muss sich der gute Glaube darauf beziehen, dass der Besitzer sich für den berechtigten Eigentümer hält.[572] Der Gutgläubigkeit schadet gemäß § 937 Abs. 2, 2. Alt. BGB allein die

---

569 BGH, NJW 1990, S. 899 ff.; besprochen von *Kowalski*, RdC 288 (2001), S. 17 (106); *Hipp*, Kulturgüterschutz in Deutschland, S. 158 f.

570 BGH, NJW 1990, S. 899 (900); so auch *Soergel/Mühl*, § 935 Rn. 14.

571 Zustimmend *Mußgnug*, Diskussionsbeitrag, in: Dolzer/Jayme/Mußgnug, Rechtsfragen, S. 134.

572 *Palandt/Bassenge*, § 937 Rn. 1.

positive Kenntnis vom fehlenden Eigentum. Im Falle der gesetzlichen oder rechtsgeschäftlichen Rechtsnachfolge während der Eigenbesitzzeit wird dem Rechtsnachfolger die Besitzzeit seines Vorgängers nach § 943 BGB angerechnet.

Auch die Verjährungsvorschriften des deutschen Rechts können zum Verlust des Herausgabeanspruchs des Eigentümers von gestohlenem Kulturgut führen. Der Anspruch des Eigentümers aus § 985 BGB verjährt in 30 Jahren seit Anspruchsentstehung, was seit der Schuldrechtsreform explizit in § 197 Abs. 1 Nr. 1 BGB n. F. festgelegt ist.[573] Danach kann auch der Dieb dem Herausgabeanspruch des Eigentümers trotz nach wie vor bestehenden Eigentumstitels die Einrede der Verjährung entgegenhalten. Das dauernde Auseinanderfallen von Besitz und Eigentum wird in Kauf genommen. Neben dem Dieb können sich auch sein gesetzlicher und rechtsgeschäftlicher Rechtsnachfolger auf die Verjährung des Herausgabeanspruchs berufen. Bereits begonnene Verjährungszeiten können dem Rechtsnachfolger nach § 198 BGB n. F. angerechnet werden, der an die Stelle des § 221 BGB a. F gerückt ist. Eine Anrechnung kommt dagegen nicht in Betracht, wenn der Besitz erneut originär durch den Dritten, z. B. infolge verbotener Eigenmacht, erworben wurde.[574] Hier läuft die Frist neu.

Zur Problematik der Anrechnung von Verjährungszeiten hat auch das Landgericht München im Jahr 1993 in einem grenzüberschreitenden Sachverhalt Stellung genommen.[575] Der zu entscheidende Fall betraf unter anderem die Frage der Verjährung des dinglichen Herausgabeanspruchs beim Wechsel des Lageorts eines Kunstwerks. Im Streit stand ein Bild von Paul Klee, das 1937 als „entartete Kunst" eingezogen wurde. Das Bild, das mehrmals den Besitzer gewechselt hatte, wurde 1962 in die Schweiz veräußert und im Jahre 1982 in Luzern durch eine Stiftung erworben, welche das Bild dem Lenbach-Haus in München zu

573 Nach altem Recht war streitig, ob der dingliche Herausgabeanspruch des § 985 BGB verjährt. Die überwiegende Ansicht in der Literatur hatte diese Frage mit dem Argument bejaht, dass auch der Herausgabeanspruch ein Anspruch i. S. d. § 194 BGB sei und damit der Regelverjährung von 30 Jahren gem. § 195 BGB a. F. unterliege, vgl. nur *Erman/ Ebbing*, § 985 Rn. 25; *MüKo-Medicus*, § 985 Rn. 24; kritisch *Remien*, AcP 201 (2001), S. 730 (735 ff.); a.A. *Müller*, Sachenrecht, S. 162 f. In der Sache hat sich für den Herausgabeanspruch also nichts geändert.

574 Auch die Schuldrechtsreform wurde vom Gesetzgeber nicht zum Anlass genommen, den Begriff der Rechtsnachfolge in § 198 BGB n. F legal zu definieren, um die Streitfrage um die Umwandlung des Fremdbesitzes in Eigenbesitz endgültig verbindlich zu lösen.

575 LG München I, Urteil v. 08.12.1993 – 9 O 15935/93, auszugsweise wiedergegeben in IPRax 1995, S. 43.

Ausstellungszwecken zur Verfügung stellte. Der Erbe der Eigentümerin, welcher das Bild von den Nazis entzogen worden war, verlangte nun das Bild von der Landeshauptstadt München heraus.[576] Das Gericht gab letztlich der von der Beklagten erhobenen Verjährungseinrede mit der Begründung statt, dass die Frist im Jahre 1937 mit der Einziehung des Bildes zu laufen begonnen habe, nicht durch die zeitweiligen Besitzverhältnisse in der Schweiz gehemmt oder unterbrochen worden sei und auch 1982 durch die Rückkehr in die Bundesrepublik Deutschland nicht neu zu laufen begonnen habe. Damit sei die Verjährung bereits im Jahre 1967 abgelaufen.

Bei seiner Würdigung hat das LG jedoch verkannt, dass der dingliche Herausgabeanspruch aus § 985 BGB mit jedem Besitzerwechsel erneut entsteht, mit der Folge, dass jedenfalls gegenüber der Beklagten die 30-jährige Frist des § 195 BGB a. F. nicht abgelaufen war.[577] Nur so ergibt die Regelung nach § 221 BGB a. F. Sinn, welche die Anrechnung von Besitzzeiten der Rechtsvorgänger zulässt; sie wurde allerdings vom Gericht erst gar nicht gesehen. Aber auch die Anrechnung hätte nicht zwingend zu einer Verjährung des Herausgabeanspruchs geführt. Denn nach der lex rei sitae unterstehen der Herausgabeanspruch sowie seine Verjährung dem Recht des Lageorts. Die Schweiz kennt hingegen eine Verjährung dinglicher Herausgabeansprüche nicht.[578] Daher hätte – Bösgläubigkeit unterstellt - die Zeit, in der das Bild sich in der Schweiz befand, auch nicht nach § 221 BGB a. F. angerechnet werden können. Hinsichtlich der früheren Besitzzeiten in der Bundesrepublik Deutschland hätte von einem Untergehen durch den Statutenwechsel in die Schweiz ausgegangen werden müssen, die bei erneutem Statutenwechsel zurück in die Bundesrepublik Deutschland auch nicht wieder aufleben.[579] Dies steht im Einklang mit der Prägungstheorie, nach der die Sachen mit derjenigen Prägung zurückkehren, die sie nach dem ausländischen Statut erworben haben.[580]

---

576 Eine ausführliche Sachverhaltsdarstellung findet sich bei *Hipp*, Kulturgüterschutz in Deutschland, S. 175.

577 *Staudinger/Gursky*, § 985 Rn. 52, *Palandt/Heinrichs*, § 221 Rn. 1.

578 Vgl. *Müller-Katzenburg*, NJW 1999, S. 2551 (2557); *Spaun*, Herausgabeanspruch, S. 77 m. w. N. und oben III.1.c.bb.

579 Urteilsanmerkung IPRax 1995, S. 43; *Palandt/Heldrich*, Art. 43 EGBGB Rn. 5; *Kegel/ Schurig*, IPR, S. 771; a.A. *Kropholler*, IPR, S. 548.

580 Zur Prägungstheorie vgl. BGHZ 39, 173 ff. (175); BGH IPRax 1987, S. 374 (377) sowie *Kienle/Weller*, IPRax 2004, S. 290 (291).

c. *Fazit*

Besonders deutlich treten die Schwächen des deutschen Rechts für den Schutz des Eigentümers bedeutsamen Kulturguts zutage, wenn man sich nochmals den *Hamburger Stadtsiegelfall* sowie die Entscheidung des englischen Gerichts im *Wtewael-Fall* vergegenwärtigt, die beide auf der Grundlage deutschen Sachrechts zu entscheiden waren.

Die Ausdehnung des Anwendungsbereiches der öffentlichen Versteigerung im Rahmen des § 935 Abs. 2 BGB auf jegliche private Versteigerung, soweit sie durch einen öffentlichen Auktionator durchgeführt und der Öffentlichkeit zugänglich gemacht wurde, bewirkt eine empfindliche Lücke für den Kulturgüterschutz, da wertvolles Kulturgut nicht selten seinen Weg durch Versteigerungen zu seinem neuen Besitzer bzw. Eigentümer findet. Gerade bei Kulturgut von besonderem öffentlichem Interesse wie Archiv- und Museumsgut vermögen auch die hohen Anforderungen an die Person des Auktionators nicht über die aufgezeigten Schwachstellen hinwegzuhelfen. Denn das Kulturgut ist in diesen Fällen für das nationale kulturelle Erbe des betroffenen Staates sowie für die Öffentlichkeit verloren. So richtig und begrüßenswert die Entscheidung des BGH im Hinblick auf den Schutz von Verkehrsinteressen im Allgemeinen gewesen sein mag, so sehr ist sie im Hinblick auf den sensiblen Bereich von bedeutungsvollem Kulturgut zu bedauern.

Gravierende Nachteile für den Eigentümer von Kulturgut ergeben sich darüber hinaus aus den Möglichkeiten der Ersitzung und Verjährung, insbesondere im Zusammenhang mit der Anrechnung von Besitzzeiten des Rechtsvorgängers nach § 221 BGB a. F. wie der *Wtewael-Fall* zeigt. Denn wäre dieser Fall nach der im deutschen Recht vorherrschenden Auslegung des § 221 BGB a. F. entschieden worden, wäre der Herausgabeanspruch aufgrund der Anrechnungsmöglichkeit längst verjährt gewesen. Positiv zu bewerten sind hingegen die hohen Anforderungen, die deutsche Gerichte an die Gutgläubigkeit des Erwerbers von Kunstgegenständen stellen. So hat sich der Erwerber nach der Rechtsprechung im *Kykladen-Idol-Fall* eingehend nach der Herkunft des Kulturguts zu erkundigen und bei Zweifeln über eine möglicherweise illegale Herkunft sämtliche zur Verfügung stehende Informationsmöglichkeiten auszuschöpfen. Sogar die Tatsache, dass sich der Erwerber von dem angeblichen Eigentümer eine eidesstattliche Versicherung hatte ausstellen lassen, wurde angesichts des Wertes des Kunstgegenstandes als nicht ausreichend erachtet.[581] Eine kulturgutschutz-

---

581 BGH WarnR 1973, Nr. 3, 9.

freundliche Auslegung der Gutgläubigkeit im Rahmen des bestehenden materiellen Rechts im Hinblick auf gestohlene oder abhanden gekommene Kulturgüter kann daher als gesicherter Standard im deutschen Recht angenommen werden.

4. Der ordre-public-Vorbehalt bei der Anwendung fremden Sachrechts

Wendet nun der deutsche Richter nicht sein eigenes, sondern fremdes Sachrecht an, so bestehen je nach der angewandten Rechtsordnung die oben im Rahmen des Rechtsvergleichs aufgeführten Unterschiede hinsichtlich gutgläubigen Erwerbs, Ersitzung und Verjährung. Für Sachrechte, die den Eigentümer eines gestohlenen oder abhanden gekommen Kulturguts schlechter stellen als es das deutsche Sachrecht tut, stellt sich die Frage, inwieweit die Anwendung solchen Rechts durch einen Rückgriff auf den nationalen ordre public ausgeschaltet werden kann. Nach Art. 6 EGBGB kommt die Rechtsnorm eines anderen Staates ausnahmsweise dann nicht zur Anwendung, wenn „*ihre Anwendung zu einem Ergebnis führt, das mit wesentlichen Grundsätzen des deutschen Rechts offensichtlich unvereinbar ist*“. Die nationale Vorbehaltsklausel bezweckt vergleichbar anderen europäischen Rechtsordnungen den Schutz grundlegender innerstaatlicher Wertentscheidungen vor den grundsätzlich zugelassenen Auswirkungen der Anwendung fremden Rechts. Wird durch die Anwendung im Einzelfall im Ergebnis der Kernbestand der inländischen Rechtsordnung angetastet[582], so gibt Art. 6 EGBGB deutschen nationalen Behörden und Gerichten das Recht, die durch Kollisionsnormen berufene fremde Rechtsordnung abzuwehren.[583] Über den ordre public könnte man also erreichen, dass ausländische Rechtsnormen, die den gutgläubigen Erwerb an gestohlenem Kulturgut in weitem Umfange zulassen oder im Verhältnis zum deutschen Recht sehr kurze Verjährungs- und Ersitzungsfristen haben, nicht beachtet werden.

Insbesondere für Fälle, in welchen die *italian connection* zur Legalisierung illegaler Ware genutzt worden ist, wurde der Vorschlag gemacht, die Rekursmöglichkeit auf den deutschen ordre public für den internationalen Kulturgüterschutz fruchtbar zu machen und so die italienischen Gutglaubensregeln auszu-

---

582 Die Formulierung geht auf die amtliche Regierungsbegründung zum IPR-Reformgesetz, BT-Drucks. 10/504, S. 42 zurück.

583 *Staudinger/Blumenwitz*, Art. 6 EGBGB Rn. 1; *Lorenz*, in: FS Geimer, S. 555 (557); *Heiz*, Das fremde öffentliche Recht, S. 76.

schließen.[584] Dieser Ansatz jedoch hat und wird sich für das deutsche Recht nicht durchsetzen können. Schließlich finden sich auch im deutschen Recht einige Ausnahmetatbestände, die den gutgläubigen Erwerb an gestohlenem oder abhanden gekommenem Kulturgut zulassen bzw. zumindest den Herausgabeanspruch verjähren lassen, was einem Eigentumsverlust faktisch gleichkommt. Insofern erkennt die deutsche Rechtsordnung die Schutzwürdigkeit des Erwerbers und des allgemeinen Rechtsverkehrs an, so dass dieser Gedanke der deutschen Rechtsordnung nicht völlig fremd und mit ihren wesentlichen Grundsätzen unvereinbar ist.[585] Immerhin kann selbst der Dieb dem Herausgabeanspruch nach dreißig Jahren den Einwand der Verjährung entgegensetzen. Sogar der Richter im Fall *Winkworth v. Christie's, Manson and Woods Ltd.* entschied, dass die Gutglaubensvorschriften des italienischen Rechts nicht von vorneherein gegen die englische *public policy* verstießen, obwohl die englische Rechtsordnung im Vergleich zur deutschen die Erwerbsinteressen sehr viel restriktiver schützt. Zwar stellte der Richter im *Wtewael-Fall* im Wege einer hypothetischen Betrachtung einen Verstoß deutscher Verjährungsvorschriften gegen die *public policy* fest, weil das englische Recht zugunsten des bösgläubigen Erwerbers eine Verjährung nicht kenne. Die Besonderheit in diesem Falle liegt jedoch gerade in der Bösgläubigkeit des Erwerbers begründet. Eine allgemeine Aussage dergestalt, dass allein die Schlechterstellung des Eigentümers eines Kulturguts durch die ausländische Rechtsordnung einen ordre public Verstoß begründet, trifft die Entscheidung aber gerade nicht.[586]

5. *Probleme im rechtstatsächlichen Bereich*

Zu den aufgezeigten kollisions- und sachrechtlichen Schwierigkeiten, mit denen der rechtmäßige Eigentümer eines gestohlenen oder abhanden gekommenen Kulturguts vor deutschen Foren zu kämpfen hat, treten oftmals Probleme tatsächlicher Art hinzu. So entstehen in einem zivilgerichtlichen Verfahren, das sich regelmäßig durch mehrere Instanzen hinzieht, exorbitante Prozesskosten durch die Ausrichtung am Gegenstandswert, der in Kulturgüterrechtsstreitigkeiten beträchtliche Summen aufweisen kann.[587] Die hohen Kosten aufwendiger

---

584 *Mußgnug*, in: Cassens, Kunst und Recht, S. 15 (23); zustimmend *Walter*, Rückführung, S. 195.

585 Im Ergebnis ebenso *Berndt*, Internationaler Kulturgüterschutz, S. 127; *Stoll*, in: Dolzer/Jayme/Mußgnug, Rechtsfragen, S. 53 (56).

586 So auch *Hipp*, Kulturgüterschutz in Deutschland, S. 175.

587 Vgl. hierzu bereits *Prott/O'Keefe*, Movement, S. 622.

Prozesse wiegen zwar regelmäßig bei Staatenklagen weniger schwer als bei Privaten, die diese Gelder noch seltener zur Verfügung haben dürften. Sie treffen jedoch vor allem die kulturgüterreichen Entwicklungsländer besonders hart.

Darüber hinaus stellt sich häufig die Klärung der zivilrechtlichen Eigentumslage und der Herkunft des Kulturguts als ein schwieriges, wenn manchmal nicht gar unmögliches Unterfangen dar. Dies zeigt sich insbesondere dann, wenn ein Kulturgut über zahlreiche Staatsgrenzen verschoben, jahrelang untergetaucht oder aus seinem ursprünglichen Kontext herausgerissen und in mehrere Stücke aufgeteilt wurde, was bereits wiederholt bei größeren Mosaiken oder ansonsten unverkäuflichen, da zu bekannten Gegenständen geschehen ist. In solchen Fällen muss der fordernde Staat sein behauptetes Eigentum erst einmal zweifelsfrei identifizieren und ausreichende Beweise für das Bestehen seines Anspruches erbringen, um die jeweiligen Gerichte zur Genüge zu überzeugen.[588]

Auch politische Turbulenzen können sich erschwerend auf ein zivilrechtliches Verfahren auswirken. Das wohl anschaulichste Beispiel hierfür bietet der anhaltende Konflikt um die Mittelmeerinsel Zypern. Tauchen nun Kunstgegenstände auf dem deutschen Markt auf, die aus dem türkisch besetzten, nördlichen Teil der Insel stammen, so besteht durchaus die Möglichkeit, dass neben der das Alleinvertretungsrecht hinsichtlich der gesamten Insel beanspruchenden Regierung der Republik Zypern auch die TRNC oder die Türkei zivilrechtliche Ansprüche gelten machen.[589] Obwohl die TRNC von der Bundesrepublik als Staat nicht anerkannt ist, ist nach dem oben ausgeführten durchaus möglich, dass deutsche Zivilgerichte trotz fehlender Anerkennung der TRNC als Staat zumindest deren Rechtsordnung achten.[590] Anderenfalls könnte immer noch die Türkei als Besatzungsmacht befugt sein, die Eigentumsordnung im besetzten Inselteil durchzusetzen.[591] Unabhängig davon, zu welchem konkreten Ergebnis die deutschen Zivilgerichte in einer solchen Konstellation gelangen würden, sähen sich die Gerichte jedenfalls gezwungen, zu den aufgezeigten Schwierigkeiten Stellung zu

---

588 Vgl. zu diesen Problemen auch *Prott/O'Keefe*, Movement, S. 612 f.

589 Zu den Ansprüchen der Türkei vgl. das nordzypriotische Presseorgan Kibris vom 23. Juni 2002.

590 Vgl. oben 1.b.aa.

591 So ordnet Art. 43 HLKO an: „Nachdem die gesetzmäßige Gewalt tatsächlich in die Hände des Besetzenden übergegangen ist, hat dieser alle von ihm abhängenden Vorkehrungen zu treffen, um nach Möglichkeit die öffentliche Ordnung und das öffentliche Leben wiederherzustellen." Dazu gehören nach Art. 46 und 56 HLKO auch die Eigentumsordnung, und zwar sowohl das private wie öffentliche Eigentum.

nehmen und den Konflikt mehrerer Anspruchssteller zu lösen, was wiederum zusätzliche Zeit und Kosten in Anspruch nimmt.

V. Ergebnis

Nach derzeit geltender Rechtslage bestehen aufgrund der Fortgeltung der situs-Regel und der gewichtigen Unterschiede der nationalen Sachrechte für einen Staat erhebliche Schwierigkeiten, sein einmal abhanden gekommenes Kulturgut zurückzuerlangen. Dies gilt für die deutsche und internationale Rechtslage gleichermaßen. Obwohl sich bereits gewisse Standards herausgebildet haben, das betreffende Sachrecht zugunsten eines effektiven Kulturgüterschutzes streng auszulegen, können ein wirksamer Schutz des Alteigentümers vor gutgläubigem Erwerb und vor dem Verlust seiner Rechte durch Zeitablauf auf der rein privatrechtlichen Ebene regelmäßig nicht gewährleistet werden. Ein weiterer Nachteil liegt in den immensen Kosten und hohem Zeitaufwand von zivilrechtlichen Verfahren, die sich über mehrere Instanzen erstrecken können.

B. Öffentliches Eigentum als Rechtsgrundlage der Rückführung

I. Problemstellung

Nachdem das rein privatrechtliche Eigentum von Staaten betrachtet wurde, muss das Augenmerk auf die Besonderheiten gelenkt werden, die bestehen, wenn das Staatseigentum am Kulturgut auf hoheitliche Regelungen zurückgeht. Nahezu alle Staaten der Erde haben öffentlich-rechtliche Sondergesetze zum Schutz nationalen Kulturguts erlassen.[592] Dabei unterscheiden sich die nationalen Regelungen bereits erheblich, was den sachlichen Anwendungsbereich sowie Regelungstechniken angeht. So hängt insbesondere die Reichweite der Schutzgesetze entscheidend von der Definition des erfassten Kulturguts ab. Weitere Unterschiede bestehen in der Art der verwendeten Gesetzestechnik. Die Bandbreite der verwendeten Regelungstypen reicht von der Erklärung nationalen Kulturguts als Staatseigentum über den Ausschluss des Eigentumsverlustes durch Unveräußerlichkeitsregeln für solches Eigentum bis hin zu Einziehungs- und Verfallsre-

---

592 Vgl. die Darstellungen nationaler Schutzgesetze bei *Burnham*, Handbook of National Legislation, 1974; *Saba*, Protection I u. II; *Prott/O'Keefe*, Handbook of National Legislations.

gelungen bei illegaler Aus- und Einfuhr von Kulturgut.[593] Kennzeichnend für all diese Rechtsinstitute ist die Verfolgung staatlicher Zwecke durch die hoheitliche Gestaltung dinglicher Rechtsverhältnisse.[594] Die Auswirkungen solcher Regelungen auf Herausgabeansprüche von Staaten sollen im Folgenden untersucht werden, wobei zunächst die Formen hoheitlichen Eigentumserwerbs behandelt und sodann die Möglichkeiten betrachtet werden, den Eigentumsverlust des Staates auszuschließen. Da es sich jeweils um hoheitliche Regelungen handelt, kommt man nun mit der Problematik der Durchsetzung und Anerkennung ausländischen öffentlichen Rechts in Berührung.

II. Staatlicher Eigentumserwerb an archäologischen Funden

1. Vorüberlegung: Kollisionsrechtliche Behandlung hoheitlich erlangten Eigentums

Zahlreiche Länder verankern in nationalen Gesetzen Bestimmungen, die das Eigentum von auf Staatsgebiet entdeckten oder ausgegrabenen Gegenständen dem Staat zuordnen, sog. Titular- oder Patrimonialeigentum. So lautet bspw. Art. 724 Abs. 1 des schweizerischen ZGB: „*Werden herrenlose Naturkörper oder Altertümer von erheblichem wissenschaftlichem Wert aufgefunden, so gelangen sie im Zeitpunkt ihrer Auffindung in das Eigentum des Kantons, in dessen Gebiet sie gefunden worden sind.*“[595] Erheblich weiter reichen die *umbrella statutes* vieler lateinamerikanischer, afrikanischer und asiatischer Staaten, die einen gewissen Kreis an Kulturgütern pauschal selbst dann zu Staatseigentum erklären, wenn diese weder entdeckt noch ausgegraben worden sind.[596] Derlei

593 Zur Bildung verschiedener Gruppen vgl. *Siehr*, in: FS Lorenz, S. 525 (527 ff.).

594 *Staudinger/Stoll*, Int. SachenR, Rn. 178.

595 Hervorhebung durch die Verfasserin. Im Zuge der Umsetzung der UNESCO 1970 sollte mit der Neuformulierung des Art. 724 ZGB Rechtsklarheit geschaffen werden. Das ursprüngliche Gesetz enthielt den markierten Zusatz nicht. Eine vergleichbare Regelung, allerdings ohne den klarstellenden Hinweis auf den Zeitpunkt des Eigentumsübergangs hat die Türkei in Art. 679 des türkischen Zivilgesetzbuches von 1926: „*(1) Werden natürliche Gegenstände von erheblichem wissenschaftlichen Wert und Antiquitäten gefunden, gelangen sie in das Eigentum des Schatzamtes. Die Eigentümer, in deren Grundstücken solche Gegenstände gefunden werden, müssen die erforderlichen Ausgrabungen gegen den Ersatz des gesamten dadurch verursachten Schadens gestatten.*“ (zit. nach *Siehr/Üstün*, IPRax 1999, S. 489 (490).

596 So z. B Art. 9 des ecuadorianischen Gesetzes über das Kulturerbe von 1979 oder Art. 27 des mexikanischen *Federal Act on Monuments and Archaeological, Artistic and Historic Zones* v. 1972. Vgl. zu weiteren Beispielen *Prott/O'Keefe*, Discovery, S. 190 ff., und

Regelungen dienen dem Zweck, dem Staat eine möglichst umfassende Rechtsposition zur Verwirklichung seiner kulturpolitischen Ziele einzuräumen.

Die entscheidende Frage lautet nun, ob solch hoheitlich erworbenes Eigentum des Staates an Funden im Ausland anerkannt wird. Wenig problematisch erscheint die kollisionsrechtliche Behandlung hoheitlich erlangten Eigentums, wenn sich die erfassten Kulturgüter im Zeitpunkt des Hoheitsaktes auf dem Gebiet des hoheitlich handelnden Staates befinden und dieser durch tatsächlichen Zugriff auf die Sache von seinem Eigentumsrecht Gebrauch gemacht hat. Denn in diesen Fällen erkennen regelmäßig die Gerichte ausländischer Staaten die unter Geltung der lex rei sitae dinglich erworbene Rechtsposition an.[597] Die sachenrechtliche Prägung, die das Kulturgut unter der Rechtsordnung seines es schützenden Herkunftsstaates erworben hat, wird somit auch nach einem Statutenwechsel außerhalb des Herkunftsstaates anerkannt.[598] Zusätzlich gestützt wird die Anerkennung bereits erworbener Rechte in den Staaten des *common law* mit der act-of-state-Doktrin und für den kontinentaleuropäischen Rechtskreis mit dem Territorialitätsprinzip, die, obwohl sie ihren Ursprung sowie Schwerpunkt im internationalen Enteignungsrecht haben, auch für alle sonstigen Hoheitsakte Anwendung finden.[599] Die act-of-state-Doktrin besagt, dass amerikanische Gerichte die Hoheitsakte fremder Staaten nicht auf ihre Rechtmäßigkeit hin überprüfen, wenn sich der ausländische Staat dabei in den Grenzen seines Hoheitsgebietes und seiner Hoheitsgewalt hält.[600] Das Territorialitätsprinzip begrenzt Hoheitsakte ausländischer Staaten auf deren Staatsgebiet, da hoheitliche Maßnahmen auf dem Gebiet eines anderen Staates dessen Gebietshoheit verletzen. Zugleich bedeutet dies jedoch, dass die durch innerterritoriale Hoheitsakte bereits erworbenen Eigentumsrechte ausländischer Staaten von ande-

---

Moore, Enforcing Foreign Ownership Claims, Yale Law Journal 97 (1988), S. 466 (471) Fn. 26; *Jote*, International Legal Protection, S. 129 ff.

597 Zur so genannten Transpositionslehre *MüKo-Wendehorst*, Art. 43 EGBGB, Rn. 97 f.; 101 ff.; *Siehr*, IPR, S. 271.

598 *Staudinger/Stoll*, Int. SachenR, Rn. 179; *Hanisch*, in: FS Müller-Freienfels, S. 193 (210 f.). Gesprochen wird insofern auch von der Anerkennung wohlerworbener Rechte, vgl. *Müller-Katzenburg*, Internationale Standards, S. 237 ff.

599 Vgl. hierzu auch *Staudinger/Stoll*, Int. SachenR, Rn. 199. Einen Überblick über Bedeutung und Anwendungsgebiete des Territorialitätsprinzips geben *Kegel/Seidl-Hohenveldern*, in: FS Ferid, S. 233 ff. *Müller-Katzenburg*, Internationale Standards, S. 239 und S. 273 ff. zum Verhältnis zwischen situs-Regel und Territorialitätsprinzip.

600 *Dahm/Delbrück/Wolfrum*, Völkerrecht I/1, S. 488 ff.; *Verdross/Simma*, Universelles Völkerrecht, S. 776 (§ 1180); *Dormann Bessenich*, Der ausländische Staat als Kläger, S. 88 f. Kritisch gegenüber der act-of-State-Doktrin *Geimer*, IZPR, Rn. 466.

ren Staaten anerkannt werden.[601] Anders als die act-of-state-Doktrin, welche die Berufung darauf, dass der ausländische Hoheitsakt gegen die *public policy* verstoße, ausschließt, erlaubt das Territorialitätsprinzip den ordre public Einwand.[602]

Aus dem Vorgenannten folgt, dass die Herausgabeklage des jeweiligen Staates Erfolg haben wird, soweit nicht ein zwischenzeitlicher Eigentumserwerb Dritter erfolgt ist. Schwierigkeiten im Hinblick auf die Durchsetzung ausländischen öffentlichen Rechts stellen sich deshalb nicht, weil die bloße Verteidigung bereits bestehender Eigentumspositionen zur Debatte steht.[603] Auf die Frage, wie der fremde Staat seinen Eigentumstitel erlangt hat, kommt es also hier nicht an. Folgerichtigerweise wird in diesen Fällen auch nicht die Zulässigkeit der Klage des ausländischen Staates in Zweifel gezogen, da es sich nicht um die erzwingende Durchsetzung eines öffentlich-rechtlichen Anspruchs handelt.[604]

Problematischer stellen sich jedoch diejenigen Fälle dar, in welchen die Gesetze ausländischer Staaten Kulturgüter als Staatseigentum deklarieren, unabhängig davon, ob sie entdeckt oder von dem betreffenden Staat in Besitz genommen worden sind. Wurden nun solche Objekte illegal ausgegraben und außer Landes gebracht, so weiß der Staat oft jahrelang weder vom Fund, noch von dessen rechtswidriger Verbringung ins Ausland. Stellen sich hier Besonderheiten hinsichtlich der kollisionsrechtlichen Behandlung oder ist gar die Zulassung der Klage des fremden Staates vor dem inländischen Forum davon betroffen? Der Frage, wie die internationale Staatenwelt derartige Fälle handhabt, soll nun anhand verschiedener Beispiele aus der Rechtsprechung nachgegangen werden.

---

601 Die positive und negative Seite des Territorialitätsprinzips hervorhebend, *Staudinger/Stoll*, Int. SachenR, Rn. 205 f.

602 *Staudinger/Stoll*, Int. SachenR, Rn. 210; *Verdross/Simma*, Universelles Völkerrecht, S. 637 (§ 1021).

603 *Dormann Bessenich*, Der ausländische Staat als Kläger, S. 145; *Carducci*, La restitution internationale, S. 316 und S. 326; *Turner*, Völkerrechtliche Zuordnung, S. 124; *Kreuzer*, RdC 1996 S. 17 (190 f.).

604 Sogar *Mann*, RabelsZ 1959, S. 1 (15), als der wohl vehementeste Verfechter eines völkerrechtlichen Verbots von hoheitlichen Klagen ausländischer Staaten hält eine Klage vor dem fremden Forum für zulässig, wenn der Staat seinen Eigentumstitel durch Besitzergreifung vervollständigt hat und ihm die Sache anschließend gestohlen wurde.

2. *Die internationale Rechtspraxis*

a. *U.S. v. McClain*

Obwohl die Entscheidung *McClain*[605] sich mit der Frage befasste, ob illegaler Export als Diebstahl nach dem *National Stolen Property Act* (NSPA)[606] anzusehen und somit strafrechtlicher Natur war, ist sie hier von Bedeutung, weil entscheidungserhebliche Vorfrage der hoheitliche Eigentumserwerb Mexikos war. Die Kunsthändlerin *McClain* bot verschiedene präkolumbianische Kunstgegenstände in Texas zum Verkauf an, die von einer unbekannten Ausgrabungsstätte stammten und nicht im archäologischen Register Mexikos eingetragen waren. Zum Eigentumserwerb des mexikanischen Staates führte das Gericht aus, dass das für eine Anwendung des NSPA zu fordernde Eigentum nur vorliege, wenn der Staat echte Eigentümerrechte beanspruche. Von besonderer Bedeutung sei hierbei die Abgrenzung der Eigentumserklärung von der Erklärung der Objekte zum nationalen Erbe. Das Vorliegen von bloßen Eigentumsbeschränkungen für nationales Kulturgut oder Exportverboten bei gleichzeitigem Bestehen von Privateigentum genüge nicht.[607]

Entscheidend war daher die Auslegung der mexikanischen Kulturgutschutzgesetzgebung seit 1897. Das Gericht kam zu dem Schluss, dass erst durch den mexikanischen *Federal Act on Monuments and Archaeological, Artistic and Historic Zones* von 1972 an illegal ausgegrabenen und geschmuggelten Objekten Staatseigentum erworben wurde. Vor Erlass dieses Gesetzes konnte noch durch Fund Privateigentum erworben werden, welches lediglich durch öffentlichrechtliche Regelungen beschränkt war.[608] Damit konnten die Täter nur für die nach 1972 ausgegrabenen Gegenstände nach dem NSPA belangt werden. Der Tatsache, dass der mexikanische Staat nie von den betreffenden Gegenständen Besitz ergriffen hatte, maß das Gericht allerdings keine Bedeutung für die

---

605 545 F.2d 988 (5th Cir. 1977); 551 F.2d 52 (5th Cir. 1977); 593 F.2d 658 (5th Cir. 1979); 444 U.S. 918, 100 S.Ct. 234; 62 L.Ed.2d 173 (1979). Vgl. zu diesem Fall *Yasaitis*, IJCP 12 (2005), S. 95 (97 ff.); *Bator*, International Trade in Art, S. 70 ff.; *Church*, Columbia Journal of Transnational Law 30 (1992), S. 179 (185 ff.).

606 18 U.S.C. § 2315 (1997). Abgedr. bei *Church*, Columbia Journal of Transnational Law 30 (1992), S. 179 (Fn. 26).

607 545 F.2d 988 (5th Cir. 1977), insbes. S. 1002. Vgl. auch S. 1000: "We hold that a declaration of national ownership is necessary before illegal exportation of an article can be considered theft, and the exported article considered 'stolen' within the meaning of the NSPA [...]."

608 Vgl. zu den vier anderen untersuchten mexikanischen Gesetzen, *Church*, Columbia Journal of Transnational Law 30 (1992), S. 179 (186 ff.).

Qualifizierung des Eigentumserwerbs zu. Das mexikanische Gesetz von 1972 schreibe nämlich die Besitzergreifung nicht als Tatbestandsvoraussetzung vor.[609] Auch die Berufung der Angeklagten wurde im Wesentlichen mit den gleichen Argumenten abgelehnt.[610]

b. *Peru v. Johnson*

In *Peru v. Johnson*[611] wurde an diesen Grundsätzen festgehalten. Hier klagte die peruanische Regierung in einem zivilrechtlichen Verfahren auf Herausgabe von Kunstgegenständen, die vom amerikanischen Zoll beschlagnahmt worden waren. Die Klage scheiterte bereits daran, dass nicht bewiesen werden konnte, ob die fraglichen Gegenstände tatsächlich aus Peru stammten. In einem obiter dictum nahm das Gericht jedoch zur Frage des Eigentumsnachweises der Regierung Stellung.[612] In Anwendung der *McClain*-Rechtsprechung stellte das Gericht fest, dass das peruanische Recht dem Staat kein klares Eigentum zuweise. Die Erklärung, die Objekte seien Teil des nationalen kulturellen Erbes, ihre Unveräußerlichkeit, Unverjährbarkeit und das strikte Verbot ihrer Ausfuhr beträfen allesamt lediglich ihren Schutz, wirkten aber nicht eigentumsbegründend.[613] Soweit zum Teil Regelungen vorlagen, die als eigentumsbegründend hätten angesehen werden können,[614] fehlte es an einer Umsetzung und einer Wahrnehmung der Eigentumsrechte durch Peru, so dass diesen Vorschriften letztlich wieder nur die Wirkung reiner Exportverbote zugesprochen wurde.[615]

---

609 545 F.2d 988 (5th Cir. 1977), S. 992: "Possession is but a frequent incident, not the sine qua non of ownership, in the common law or the civil law." So bereits U.S. v. Hollinshead, 495 F.2d 1154, 1155 (9th Cir. 1974), wo die zersägte und illegal exportierte „Machaquilá-Stele“ wissenschaftlich dokumentiert, aber unbewacht im Urwald belegen war. Entscheidend war für das Gericht nur die Begründung des Eigentumsrechts durch die Kulturgutschutzgesetze Guatemalas. Vgl. Yasaitis, IJCP 12 (2005), S. 95 (97 f.).

610 McClain II, 593 F.2d 658, 671.

611 720 F. Supp. 810 (C.D. Cal. 1989). Dazu *Truslow*, N.Y.U.J. Int'l. L & Pol. 15 (1983), S. 839 ff.

612 Vgl. *Church*, Columbia Journal of Transnational Law 30 (1992), S. 179 (191).

613 720 F. Supp. 810 (814).

614 So galt nach einem Gesetz vom 13. Juni 1929 zwar die Regelung, dass unangemeldeter, und nicht in einem speziellen Register eingetragener privater Kulturbesitz nach einem bestimmten Zeitablauf in Staatseigentum überging. Allerdings war zweifelhaft, ob und wann ein solches Register überhaupt eingerichtet wurde, vgl. *Church*, Columbia Journal of Transnational Law 30 (1992), S. 179 (192).

615 720 F. Supp. 810 (814): "There is no indication that Peru has ever sought to exercise its ownership in such property, so long as there is no removal from that country. The laws of Peru concerning its artefacts could reasonably be considered to have no more effect than export restrictions."

Im Anschluss an die *McClain*-Rechtsprechung machte sich der amerikanische Zoll die Aufgabe zueigen, möglichst umfassend präkolumbianische Kunstwerke aus Zentral- und Südamerika zu beschlagnahmen, die von jenen Ländern als Staatseigentum deklariert worden waren.[616] Diese Zollpraxis stieß auf heftigen Widerstand und gipfelte in einem Gesetzesentwurf *Relating to Archaeological Property* des Senators *Moynihan*, der eine Inanspruchnahme amerikanischer Gesetze durch ausländische Staaten verhindern sollte.[617] Der Entwurf sah vor, dass "*any archaeological or ethnological material taken from a foreign country would no longer be considered stolen on grounds that they are national treasures in country of origin, and the people who took them in ignorance of such grounds would no longer be prosecutable*".[618] Als in der Folge die Auslegung des NSPA i. S. d. *McClain*-Doktrin nicht bestätigt wurde, betrachtete man sie bereits als "*fading star*".[619] Dies sollte sich jedoch als Irrtum herausstellen. Der eingebrachte Gesetzesentwurf gelangte nie über das Entwurfsstadium hinaus[620] und bereits ab Beginn der neunziger Jahre beschäftigten sich immer wieder amerikanische Gerichte mit der *McClain* Doktrin, ohne jemals die ihr zugrunde liegenden Prinzipien in Frage zu stellen.[621] Den Höhepunkt und vorläufigen Abschluss dieser Entwicklung bildet der jüngst in New York entschiedene Fall *Frederick Schultz*, der die Gültigkeit der *McClain*-Doktrin nun endgültig bestätigt.

---

616 *Fitzpatrick*, N.Y.U.J. Int'l. L & Pol. 15 (1983), S. 857 (865); *Shanaberger*, N.Y.U.J. Int.&Comp.L 4 (1982), S. 157 (179 ff.).

617 *Knott*, Anspruch auf Herausgabe, S. 165 ff.

618 Zit. nach *v. Schorlemer*, Internationaler Kulturgüterschutz, S. 547.

619 *Fitzpatrick*, N.Y.U.J. Int'l. L & Pol. 15 (1983), S. 857 (875); *v. Schorlemer*, Internationaler Kulturgüterschutz, S. 547.

620 Vgl. zu den zahlreichen Mängeln des Gesetzesentwurfes *Knott*, Anspruch auf Herausgabe, S. 166 f. Auch ein weiterer Gesetzesentwurf, der unter anderem von Senator Moynihan eingebracht wurde, scheiterte. Der sog. *Cultural Property Procedural Reform Act* sollte die Möglichkeit der amerikanischen Regierung den nach dem CPIA gestellten Anträgen auf Erlass von Importverboten für Kulturgut ausländischer Staaten zu entsprechen deutlich reduzieren, scheiterte, vgl. hierzu *Phelan*, The International Lawyer 34 (2000), S. 697 (700); *Phelan/Roussin*, The International Lawyer 35 (2001), S. 649 (652).

621 *Republic of Turkey v. Metropolitan Museum of Art*, 762 F. Supp. 44 (S.D.N.Y. 1990); *United States v. An Antique Platter of Gold & Steinhardt*, 991 F. Supp. 222 (S.D.N.Y. 1997). Vgl. dazu *Yasaitis*, IJCP 12 (2005), S. 95 (99 f.); *Gerstenblith*, Culture without Context 10 (2002), S. 27 (28); *Phelan*, The International Lawyer 33 (1999), S. 443 (446 f.).

c. *U.S. v. Frederick Schultz*

In diesem Verfahren war der namhafte New Yorker Antiquitätenhändler *Frederick Schultz* im Juni 2002 wegen Konspiration zum Zwecke des Erwerbs und Handels mit gestohlenen ägyptischen Antiquitäten unter dem NSPA zu 33 Monaten Haft, einer hohen Geldstrafe und der Rückgabe eines noch in seinem Besitz befindlichen Reliefs verurteilt worden.[622] Die von Schultz gegen das Urteil des Southern District Court von New York eingelegte Berufung wurde vom Court of Appeals ein Jahr später zurückgewiesen.[623] Seit Anfang der neunziger Jahre arbeitete *Schultz* mit dem in Kairo wohnhaften Restaurator *Jonathan Tokeley-Parry* zusammen, um Antiquitäten aufzufinden, getarnt als billigen Touristenkitsch zu exportieren und an internationale Händler weiterzureichen.[624] Am 16. Juli 2001 wurde *Schultz* schließlich von der amerikanischen Regierung unter dem NSPA angeklagt.[625] Gegen seine Verurteilung wandte *Schultz* ein, dass – selbst wenn man die ihm gemachten Vorwürfe als richtig unterstellte – eine Verurteilung nach dem NSPA nicht in Betracht komme. Denn Anknüpfungspunkt für seine Strafbarkeit sei das ägyptische Gesetz Nr. 117 von 1983. Dieses Gesetz weist das Eigentum an allen nach 1983 auf ägyptischem Staatsgebiet entdeckten Antiquitäten dem Staat zu. Nach der Ansicht *Schultz'* stellte jenes Gesetz aber in Wahrheit eine Exportregulierung dar, deren Verletzung keinen Diebstahl i. S. d. NSPA begründen kann.[626]

Das Berufungsgericht beschäftigte sich ausführlich mit dem Gehalt des ägyptischen Gesetzes und kam zu dem Schluss, dass dieses als echte Eigentumsregelung zu qualifizieren war. Dafür war notwendig, dass das Gesetz zum einen von seinem Inhalt her als Eigentumsregelung zu erkennen war und darüber hinaus auch als solche in Ägypten durchgesetzt wurde. Die erste Voraussetzung wurde

---

622 *United States v. Schultz*, 178 F. Supp. 2d 445 (S.D.N.Y. 2002).

623 *United States v. Schultz*, 333 F.2d 393 (2d Cir. 2003).

624 Ausführlich zur Arbeit von *Schultz* und *Tokeley-Parry* sowie zu den weiteren Hintergründen des Falles, *Watson*, Culture without Context 10 (2002), S. 21 ff.; *Gerstenblith*, Culture without Context 10 (2002), S. 27 ff.

625 Den Gerichtsverfahren war bereits ein Klageabweisungsantrag von Schultz vorausgegangen, der am 3. Januar 2002 abschlägig beschieden worden war. Diese ‚order' ist zu finden unter http://www.archaeology.org/online/news/schultz.html. Zu diesem Verfahrensstadium auch *Eck/Gerstenblith/Phelan*, The International Lawyer 36 (2002), S. 607 (614 ff.).

626 Zu weiteren Einwänden Schultz' und deren Zurückweisung durch das Berufungsgericht vgl. *Yasaitis*, IJCP 12 (2005), S. 95 (103 ff.); *Gerstenblith*, Culture without Context 13 (2003), S. 5 (7); dies. Culture without Context 10 (2002), S. 27 ff. sowie *Eck/Gerstenblith*, The International Lawyer 38 (2004), S. 469 (475 f.).

nach der Meinung des Gerichts angesichts des klaren Gesetzeswortlauts erfüllt, der sämtliches gefundenes archäologisches Gut dem Staat verfallen ließ und private Eigentümerrechte nur an vor 1983 gefundenem Kulturgut zuließ.[627] Die sorgfältige Überprüfung der ägyptischen Rechtspraxis, die zahlreichen Strafen bei Zuwiderhandlungen gegen das Gesetz Nr. 117 und bereits erfolgte Beschlagnahmen und Einziehungen durch den ägyptischen Staat ließen das Gericht zu der Überzeugung gelangen, dass Ägypten seine Eigentumsposition auch zu verwirklichen suchte.[628] Es führte weiter aus, dass der Begriff „Diebstahl" i.S.d. NSPA weit zu definieren sei und genauso Eigentum erfasse, das im Ausland gestohlen und anschließend in die USA gebracht worden sei:

> *"Although we recognize the concerns raised by Schultz and the amici*[629] *about the risks that this holding poses to dealers in foreign antiquities, we cannot imagine that it 'creates an insurmountable barrier to the lawful importation of cultural property in the United States'. Our holding does assuredly create a barrier to the importation of cultural property owned by a foreign government. We see no reason that property stolen from a foreign sovereign should be treated any differently from property stolen from a museum or private home. The means rea requirement of the NSPA will protect innocent art dealers who unwittingly receive stolen goods, while our appropriately broad reading of the NSPA will protect the property of foreign nations."*[630]

Die Entscheidung des New Yorker Berufungsgerichts hat viel Zustimmung erfahren.[631] Sie ist für den internationalen Kunsthandel deshalb so bedeutend, weil sie für den Staat New York als einen der wichtigsten Umschlagplätze weltweit für unrechtmäßig gehandeltes Kulturgut die Rechtslage geklärt hat und auch für andere amerikanische Gerichte als Präzedenzfall dienen wird.[632]

Zusammenfassend zeigt sich, dass die amerikanische Rechtsprechung eine eindeutige Erklärung von Funden zu Staatseigentum verlangt. Die entsprechende Gesetzgebung muss daneben aus verfassungsrechtlichen Gründen so klar sein,

---

627 *United States v. Schultz*, 333 F.2d 399-402 (2d Cir. 2003).

628 *United States v. Schultz*, 333 F.2d 400-402, 407, 408 (2d Cir. 2003).

629 Die „amici", ein Lobbyverein amerikanischer Sammler, Gönner, Händler und Anwälte hatten sich für Schultz in dem Verfahren eingesetzt. Ihre Stellungnahme ist im Internet unter www.archaelogical.org/pdfs/AIA_Schultz_amicus_brief_A55.pdf abrufbar.

630 *United States v. Schultz*, 333 F.2d 410 (2d Cir. 2003).

631 Vgl. Kulturweltspiegel v. 10. November 2002 „Der Fluch der bösen Tat: Schmuggelaffäre um einen Pharao – Wie die Machenschaften des New Yorker Antiquitätenhändlers Frederick Schultz aufflogen"; Die Zeit Nr. 32/2003 v. 31. Juli 2003 „Florierende Raubkunst".

632 *Gerstenblith*, Culture without Context 13 (2003), S. 5 ff.

dass amerikanische Bürger ihren Inhalt erfassen und sich dementsprechend verhalten können, um sich nicht unter dem NSPA strafbar zu machen. Im Übrigen erachtet die Rechtsprechung es für ausreichend, wenn das das Eigentum zuweisende Gesetz in der Praxis nicht völlig unbeachtet und ohne jeglichen Vollzug bleibt. Unerheblich ist dagegen ein Vollzugsakt durch Besitzergreifung im konkreten Einzelfall, wenn das betreffende Gesetz die Inbesitznahme nicht als Voraussetzung der Begründung von Eigentum vorschreibt. Allerdings müssen die Gegenstände nach Inkrafttreten der einschlägigen Gesetzgebung und innerhalb der modernen Grenzen des jeweiligen Staates entdeckt worden sein, um den Vorschriften keinen extraterritorialen Effekt zu verleihen.[633] Sind die vorgenannten Voraussetzungen erfüllt, so steht der Anerkennung hoheitlich begründeten Eigentums nichts im Wege. Damit bewegt sich die amerikanische Rechtsprechung auf einer Linie mit Art. 3 Abs. 2 des UNIDROIT-Übereinkommens, welches ebenfalls illegal ausgegrabenes Kulturgut als gestohlen ansieht, soweit dies die Gesetze des Ursprungslandes zulassen.

d. Die Meinung in der Lehre

Diese Rechtsprechung ist in der Literatur sehr kontrovers beurteilt worden und zum Teil auf heftige Kritik gestoßen.[634] Bemängelt wurde hauptsächlich die zu weitreichende Anerkennung pauschaler Eigentumszuweisungen ohne Besitzergreifung und die Erklärung von Kulturgut in Privatbesitz zu öffentlichem Eigentum. Insbesondere Merryman zieht in Zweifel, ob derart erlangtes Eigentum überhaupt als dem zivilrechtlichen Eigentum vergleichbar angesehen werden könne, wo doch der Staat keinerlei Ambitionen habe, seine Rechte auszuüben und regelmäßig von seinem Eigentum noch nicht einmal Kenntnis habe.[635] Die Zulassung hierauf gestützter Herausgabeverlangen liefe auf eine unzulässige Durchsetzung ausländischer Eingriffsnormen hinaus.[636] Dem ist nicht zuzustimmen. Zwar nimmt gesetzlich begründetes Eigentum in der Tat eine gewisse Sonderstellung ein. Diese lässt sich jedoch für den Bereich national wertvoller

---

633 Hieran scheiterten die Verfahren *Peru v. Johnson,* 720 F. Supp. 810 (C.D. Cal. 1989) und *Lebanon v. Sotheby's*, 167 A.D. 2d 142 (N.Y. App. Div. 1990).

634 *Bator*, Stanford Law Review 34 (1982), S. 275 (350); *Merryman*, U.C. Davis Law Review 83 (1985-II), S. 477 (487 f.); *Knott*, Anspruch auf Herausgabe, S. 98 f. m. w. N.; *Seidl-Hohenveldern*, in: FS Schindler, S. 137 (144).

635 *Merryman*, in: International Sales of Works of Art I, S. 425 (432).

636 *Merryman*, U.C. Davis Law Review 83 (1985-II), S. 477 (487); *Kenety*, Cornell International Law Journal 23 (1990), S. 1 (35); *Knott*, Anspruch auf Herausgabe, S. 97 f.; *Bator*, International Trade in Art, S. 70 ff.

Kulturgüter damit rechtfertigen, dass es für zahlreiche Länder gar nicht möglich ist, sämtliches auf ihrem Territorium vorhandenes Kulturgut zu registrieren und in Besitz zu nehmen. Für noch unentdeckte oder illegal ausgegrabene Gegenstände verbietet sich diese Möglichkeit bereits aus der Natur der Sache heraus.[637] Solange eigentumszuweisende Gesetze sich nicht als bloße Willkürakte oder in der Praxis bedeutungslose Formalien herausstellen, muss dem ausländischen Recht Respekt gezollt werden.[638] Die amerikanische Rechtsprechung hat hierfür bereits eine Linie gefunden, indem sie bestimmte Minimumanforderungen aufstellt, um solchen Gesetzen Wirkung zu verleihen. Für den kontinentaleuropäischen Rechtskreis lassen sich im Einzelfall unerträgliche Ergebnisse mit dem ordre public Einwand vermeiden. Allerdings kommt eine Ausschaltung des fremden Rechts nicht allein deshalb in Betracht, weil es den Eigentumserwerb unter leichteren Voraussetzungen ermöglicht als der Forumstaat.[639] Dies ergibt sich bereits aus der Souveränität eines jeden Staates, seine Eigentumsordnung für sein Hoheitsgebiet frei zu gestalten.[640]

3. Die deutsche Rechtspraxis

a. Schleswig-Holsteinischer Münzenfall

Auch vor deutschen Foren ist hoheitlich erworbenes Staatseigentum an Funden anerkannt worden. So hat das OLG Schleswig in einer Entscheidung aus dem Jahre 1989 den Forderungen entsprochen, gesetzlich begründete Eigentumsrechte auch dann international anzuerkennen, wenn die betreffenden Gegenstände noch unentdeckt oder nicht vom Staat in Besitz genommen worden sind.

Ein griechischer Staatsangehöriger hatte beim Abriss seines Hauses in Griechenland 75 bislang verborgene griechische Münzen aus der Zeit von etwa 400 v. Chr. bis ins 12. Jahrhundert n. Chr. gefunden. Diese Münzen führte er im Som-

637 Der Schutz und die Bewachung der teils entlegen gelegenen Ausgrabungsstätten sind den in erster Linie betroffenen kulturgutreichen Entwicklungsländern mangels sächlicher und persönlicher Mittel regelmäßig nicht möglich.

638 *Byrne-Sutton*, Le trafic international, S. 89 f.; *Jaeger*, Internationaler Kulturgüterschutz, S. 77; *Seidl-Hohenveldern*, International Economic Law, S. 135; *Müller-Katzenburg*, Internationale Standards, S. 244.

639 *Müller-Katzenburg*, Internationale Standards, S. 244.

640 *Prott/O'Keefe*, Movement, S. 623. Vgl. zu weiteren überzeugenden Argumenten statt aller *Müller-Katzenburg*, Internationale Standards, S. 245 ff. Auch *Moore*, Yale Law Journal 97 (1988), S. 466 ff., fordert eine Anerkennung gesetzlich begründeter Eigentumsrechte.

mer 1985 in die Bundesrepublik Deutschland ein, um sie dort zu verkaufen. Das Justizministerium der Republik Griechenland ersuchte mit Schreiben vom 22. April 1988 um die Sicherstellung und Herausgabe der im Eigentum des griechischen Staates stehenden und daher unterschlagenen Münzen. Das zuständige AG Kiel lehnte die Beschlagnahme im Wege der Rechtshilfe ab, da die Handlung des Griechen nach deutschem Recht nicht strafbar sei und legte den Fall dem OLG Schleswig gemäß § 61 IRG zur Entscheidung vor.[641]

Die Zulässigkeit der Rechtshilfe in der Sache setzte die Strafbarkeit der Handlung des Griechen sowohl nach griechischem als auch nach deutschem Recht voraus. Voraussetzung für eine Strafbarkeit nach deutschem Recht war wiederum, dass dem griechischen Staat das Eigentum an den Münzen zustand, da sie nur dann fremd und ihre Inbesitznahme eine Unterschlagung i. S. d. § 246 StGB darstellen konnte. Das OLG stellte fest, dass aufgrund der einschlägigen griechischen Gesetze alle in Griechenland in Privatgrundstücken befindlichen beweglichen und unbeweglichen Antiquitäten seit den ältesten Jahren dem Staat gehören, wozu auch Münzen bis zur Zeit des mittelalterlichen Griechentums zählten. Daher konnte der Grieche durch seinen Fund kein Eigentum an ihnen erwerben, so dass sie für ihn fremd waren. Durch die Ausfuhr aus Griechenland und den Versuch, sie in der Bundesrepublik Deutschland zu verkaufen, habe er sie sich zugeeignet.[642] Die in Griechenland empfangene Prägung werde durch den Statutenwechsel von dem nun anwendbaren deutschen Statut übernommen und anerkannt. Da die in Griechenland erworbene sachenrechtliche Prägung mit der deutschen Sachenrechtsordnung nicht völlig unverträglich sei, komme eine Eigentumsänderung zugunsten des Griechen unter dem Gesichtspunkt des deutschen ordre public gleichfalls nicht in Betracht. Denn auch Art. 73 EGBGB gestatte den Ländern die Einrichtung eines landesrechtlichen Schatzregals, das den anwendbaren griechischen Bestimmungen als vergleichbar zu werten sei.[643]

b. *Bewertung*

Der Vergleich des Gerichts mit dem althergebrachten Schatzregal der Länder ist in der Tat überzeugend. Denn zahlreiche Länder, die von der Möglichkeit der Einrichtung eines landesrechtlichen Schatzregals Gebrauch gemacht haben,

641 Vgl. zum Sachverhalt OLG Schleswig, NJW 1989, S. 3105.

642 OLG Schleswig, NJW 1989, S. 3105. Auf die Vergleichbarkeit mit dem Schatzregal weisen auch *Prott/O'Keefe*, Movement, Rn. 718, und *Stoll*, in: Dolzer/Jayme/Mußgnug, Rechtsfragen, S. 53 (60), hin.

643 OLG Schleswig, NJW 1989, S. 3105 (3106).

sehen ähnlich den Kulturgutschutzgesetzen vieler Staaten einen ex lege Eigentumserwerb des betreffenden Landes vor, ohne dass es auf eine Besitzergreifung ankommt. So lautet § 23 des baden-württembergischen Denkmalschutzgesetzes:

> *„Bewegliche Kulturdenkmale, die herrenlos sind oder solange verborgen gewesen sind, dass ihr Eigentümer nicht mehr zu ermitteln ist, werden mit der Entdeckung Eigentum des Landes, wenn sie bei staatlichen Nachforschungen oder in Grabungsschutzgebieten entdeckt werden oder wenn sie einen hervorragenden wissenschaftlichen Wert haben."*

Mit Ausnahme von Bayern, Hessen und Nordrhein-Westfalen haben alle übrigen 12 Länder der baden-württembergischen Vorschrift ähnlich lautende Regelungen erlassen.[644] Die Verfassungsmäßigkeit des Schatzregals und damit des ex lege Eigentumserwerbs ist nicht zuletzt auch vom Bundesverfassungsgericht[645] bestätigt worden, so dass für künftige Urteile deutscher Gerichte von der Anerkennung hoheitlicher Eigentumszuweisungen an Funden ausgegangen werden kann. Das dürfte wohl auch für die in ihrem Inhalt noch weiter reichenden *umbrella statutes* vieler lateinamerikanischer, asiatischer und afrikanischer Länder gelten, die dem Staat das Eigentum bereits vor Entdeckung der Objekte zuweisen, da dieser Unterschied lediglich gradueller Natur ist. Erheblich wird die Zuweisung ohnehin erst im Zeitpunkt des Fundes. Zumindest soweit es sich bei dem in Rede stehenden Funden um national bedeutsames Kulturgut handelt und die entsprechende Gesetzgebung im Dienste des Kulturgutschutzes steht und

---

644 Vgl. *Weber*, Unveräußerliches Kulturgut, S. 180, insbes. Fn. 38 mit Angabe der einschlägigen Gesetze. Umfassend zur historischen Entwicklung des Schatzregals bis hin zur aktuellen Gesetzgebung der einzelnen Länder, vgl. *Fischer zu Cramburg*, Das Schatzregal. Vgl. zum Schatzregal ferner *Abele*, in: Fechner/Oppermann/Prott, Prinzipien des Kulturgüterschutzes, S. 67 (71 f.); *Koch*, NJW 2006, S. 557 (558).

645 BVerfG NJW 1988, S. 2593 ff. Gegenstand der Verfassungsbeschwerde war der *Alemannenschatz vom Runden Berg*. Ein Schatzsucher hatte den „Runden Berg" bei Bad Urach mit einem Metalldetektor nach altertümlichen Sachen abgesucht, bis er schließlich auf einem Grundstück der Stadt Urach einen sog. Hortfund, der aus verschiedenen Gegenständen aus der alemannischen Zeit bestand, machte. Die gefundenen Stücke nahm er an sich, um sie zu behalten. Daraufhin wurde er vom Amtsgericht Urach wegen Unterschlagung verurteilt, seine Rechtsmittel blieben sämtlich erfolglos. Im Rahmen der erhobenen Verfassungsbeschwerde führte das BVerfG aus, dass die Länder aufgrund der Regelung des Art. 73 EGBGB berechtigt seien, kulturhistorisch oder wissenschaftlich bedeutsame Funde, die herrenlos sind oder deren Eigentümer nicht ermittelt werden kann, mit Entdeckung in das Eigentum der öffentlichen Hand fallen zu lassen. Ein solches in den Dienst des Denkmalschutzes gestelltes Schatzregal verstoße weder gegen die Eigentumsgarantie noch gegen sonstige verfassungsrechtliche Bestimmungen. Vgl. zu diesem Fall auch *Jayme*, in: Reichelt, Neues Recht zum Schutz von Kulturgut, S. 11 (23), und *Fischer zu Cramburg*, Das Schatzregal, S. 22.

nicht als bloß willkürliche Ausübung staatlicher Gewalt anzusehen ist, spricht nichts gegen eine grundsätzliche Anerkennung derartiger Gesetze. Vielmehr ist unter kollisionsrechtlichen Gesichtspunkten der nach dem ausländischen Recht vollendete Erwerb anzuerkennen. Eine für die Vollendung zu fordernde Besitzergreifung oder das Fehlen eines sonstigen Vollzugsakts ist vom OLG zu Recht nicht problematisiert worden, da das griechische Recht ihn nicht vorschreibt. Eine Berücksichtigung ausländischer Eigentumszuweisungen ergibt sich zudem nicht zuletzt aus Erwägungen der internationalen Solidarität und Gegenseitigkeit, da auch die Bundesrepublik Deutschland selbst ein Interesse daran hat, dass die Schatzregalien ihrer Länder im Ausland anerkannt werden. Um im Einzelfall unerträgliche Ergebnisse bei der Anerkennung ausländischer Eigentumszuweisungen auszuschalten, bleibt immer noch der Rekurs auf den nationalen ordre public.

c. *Rechtstatsächliche Problematik*

Die Anerkennung hoheitlich erworbener Rechte an unentdeckten oder nicht in Besitz genommenen Funden ist ein entscheidender Schritt, um die Rückführung des betroffenen Kulturguts sicherzustellen. Allerdings befreit dies den rückfordernden Staat nicht von den Problemen des tatsächlichen Bereichs.[646] So muss der klagende Staat beweisen, dass das Kulturgut aus seinem Territorium stammt und nach Inkrafttreten der entsprechenden Gesetzgebung gefunden wurde. Die Identifizierung bereitet oft nahezu unlösbare Schwierigkeiten, die sich zum einen daraus ergeben, dass die heutigen Staatsgrenzen mit dem Verbreitungsgebiet alter Kulturen nicht mehr unbedingt übereinstimmen und allein die (oftmals ebenso schwierige) Zuordnung von Objekten zu einer bestimmten Kultur noch keinen zweifelsfreien Rückschluss auf den jeweiligen Herkunftsstaat ermöglicht.[647] Zum anderen können sich schwierige Fragen bezüglich der Ermittlung und Auslegung des ausländischen Rechts ergeben, zumal sich die Titulargesetzgebung der einzelnen Länder im Laufe der Jahre ändern kann. Beides kann zeitaufwendige und kostenträchtige Sachverständigengutachten erfordern, deren Ergebnis ungewiss ist. Nicht nur die Klage Perus in *Gouvernment of Peru v. Johnson* scheiterte in erster Linie an Beweisproblemen.[648] Dazu kommt, dass bei

---

646 *Prott*, National Legal Control, S. 26 f.

647 Vgl. hierzu auch *Prott*, National Legal Control, S. 41 f. So konnten auch in McClain letztlich nicht alle Gegenstände an Mexiko zurückgegeben werden, da ein Expertengutachten feststellte, dass manche Funde ursprünglich aus Guatemala, Honduras, Panama und Costa Rica stammten.

648 Vgl. zu weiteren Beispielen *Müller-Katzenburg*, Internationale Standards, S. 193 f.

heimlich ausgegrabenen Objekten der Zeitpunkt der Ausgrabung kaum nachzuweisen sein wird.

Betrachtet man nun überdies so schwierig gelagerte Fälle wie den eingangs geschilderten Fall um die zypriotischen Kulturgüter, so ist man zusätzlich gezwungen, sich mit der Frage auseinander zusetzen, ob die Republik Zypern, die hinsichtlich aller Altertümer und Antiquitäten über und unter der Erde Obereigentum beansprucht, dies auch dann tun kann, wenn sie im Norden der Insel effektive Staatsgewalt nicht auszuüben vermag.[649] Hinzu kommt, dass auch die TRNC selbst einen Anspruch auf Patrimonialeigentum erhebt.[650] Lehnt man für diese Fallsituation die Anerkennung des zypriotischen Obereigentums ab, so könnte die Republik Zypern in einem zivilrechtlichen Herausgabeverfahren keine dingliche Rechtsposition als Grundlage eines Herausgabeanspruchs geltend machen.

4. *Ergebnis*

Solange ausländische Rechtsnormen, welche ein staatliches Eigentumsrecht an noch unentdeckten oder nicht in Besitz genommenen Funden begründen, in ihrer Eigentumszuweisung unbedingt sind und zumindest einen gewissen Willen der betreffenden Staaten erkennen lassen, diese Ordnung auch durchzusetzen, kann bei bereits abgeschlossenen Erwerbstatbeständen von der grundsätzlichen Anerkennung des ausländischen Eigentumsrechts in der internationalen und deutschen Rechtspraxis ausgegangen werden. Dies steht in Einklang mit der inzwischen unbestrittenen Auffassung, dass die Anwendung eines ausländischen Rechtssatzes nicht allein deswegen ausgeschlossen wird, weil ihm ein öffentlich-rechtlicher Charakter zukommt.[651] Anders liegen die Dinge möglicherweise dann, wenn ein Staat die Hilfe ausländischer Gerichte in Anspruch nehmen muss, um seinen Rechtstitel zu vervollständigen. Dies ist hier aber gerade nicht

---

649 § 7 des Gesetzes über Altertümer und Antiquitäten der Republik Zypern. Diese Frage wirft *Blumenwitz*, FS Ress, S. 3 (10), auf.

650 "All unmoveable properties, buildings and installations which were found abandoned on 13 February 1975 when the Turkish Federated State of Cyprus was proclaimed [...] shall be the property of the TRNC." Zit. nach *Blumenwitz*, in: FS Ress, S. 3 (Fn. 38).

651 *Kropholler*, IPR S. 153; *Keller/Siehr*, Allgemeine Lehren des IPR, S. 491; *Habscheid*, in: BerDGV 11 (1973), S. 7 (37); *Mann*, RabelsZ 21 (1956), S. 1 (3); *Lipstein*, in: Holl/Klinke, Internationales Privatrecht, Referate, S. 39 (53); *Frank*, RabelsZ 34 (1970), S. 57 (59). Dieser Grundsatz ist mittlerweile ausdrücklich im schweizerischen IPR verankert, vgl. Art. 13 S. 2 ISRG, dazu *Siehr/Üstün*, IPRax 1999, S. 489 (491).

der Fall. Eine Pflicht zur Anerkennung eigentumsbegründender Rechtsakte besteht hingegen nicht.[652]

Ungeachtet der hoheitlichen Einkleidung des Erwerbsgrunds sind die Fragen der Eigentumszuweisung bei archäologischen Funden von der internationalen Staatenpraxis als zivilrechtliche Fragen beurteilt und die Problematik der Wirkung der eigentumsbegründenden Hoheitsakte als materielle Frage entschieden worden. Die Zulässigkeit des Auftretens des ausländischen Staates vor dem inländischen Forum wurde in der Praxis nicht in Zweifel gezogen; Probleme der internationalen Unzuständigkeit ratione materiae stellten sich mit Recht nicht. Denn in all diesen Fällen ging es um die Problematik der Vervollständigung des materiellen Titels – hier des Eigentumserwerbs – und somit um eine Frage des materiellen Rechts. Obwohl der Erwerbsgrund öffentlich-rechtlicher Natur war, stand lediglich die indirekte Anwendbarkeit und nicht die erzwingende Durchsetzung des ausländischen Rechtsatzes in Rede.

III. Staatlicher Eigentumserwerb durch Einziehung und Verfall

1. Innerstaatliche Regeln

Neben Eigentumszuweisungen an Funden haben viele Staaten Vorschriften erlassen, die einen Eigentumsentzug von Kulturgut in Privateigentum zugunsten des Staates in Fällen illegaler Ausfuhr vorsehen. Nachfolgend soll untersucht werden, ob diese Art des Eigentumserwerbs geeignet ist, dem ausländischen Staat als Grundlage eines Herausgabeanspruchs zu dienen. Ausgegrenzt bleiben zunächst die Problematik des illegalen Exports selbst und dessen isolierte Fruchtbarmachung für ein staatliches Rückführungsrecht.[653] Maßgeblich sind hier somit nur die hoheitliche Eigentumszuweisung und ihre Anerkennung im Forumstaat.

Derartige Regelungen lassen sich im Wesentlichen in zwei Gruppen einteilen. Die erste Gruppe ordnet für den Fall des illegalen Exports die Beschlagnahme und Einziehung der betreffenden Gegenstände an,[654] die zweite sieht einen

---

652 Vgl. *Verdross/Simma*, Universelles Völkerrecht, S. 636 f. (§§ 1020 f.)

653 Dazu unten C.

654 So z. B. Art. 16 des deutschen Kulturgüterschutzgesetzes vom 6. August 1955 (BGBl. 1955 I, S. 501, Neufassung vom 08.07.1999, BGBl. 1999 I, S. 1755): *„Neben der Strafe kann auf die Einziehung des Kulturguts [...] erkannt werden."*

automatischen Eigentumsübergang auf den Staat vor.[655] Hierbei begegnet man der Problematik der extraterritorialen Durchsetzung ausländischen öffentlichen Rechts, eine Erfahrung, die der italienische Staat im Fall *King of Italy and Italian Government v. Marquis Cosimo de Medici Tornaquinci and Christie's, Manson & Woods*[656] machen musste.

2. *Internationale Durchsetzung*

a. *King of Italy v. de Medici*

Archive, die entgegen einem italienischen Ausfuhrverbot nach England verbracht worden waren, standen zum Teil in Staatseigentum und zum Teil im Eigentum der Familie *de Medici*. Sämtliche Dokumente befanden sich in Besitz der Medici und wurden von *Cosimo de Medici* selbst illegal ausgeführt, um sie bei *Christie's* versteigern zu lassen.[657] Der italienische Staat wollte nun neben einem einstweiligen Verfügungsverbot die Rückführung der Archivgegenstände nach Italien bewirken. Dies gelang ihm jedoch nur für die bereits in Staatseigentum befindlichen Archive. Bezüglich der im Eigentum der Medici stehenden Archive prüfte das Gericht zwar, ob der italienische Staat an diesen ein Eigentumsrecht erwerben konnte, gelangte aber zu einem ablehnenden Ergebnis. Denn die italienischen Ausfuhrverbote und die Vorschrift des Art. 33 des italienischen Kunst- und Antiquitätengesetzes, der die Beschlagnahme illegal exportierter Kulturgüter zugunsten des italienischen Staates anordnet, könnten nur innerhalb Italiens angewendet werden. Mit dem Export würden diese unanwendbar, eine Durchsetzung des Ausfuhrverbots (und damit der Eigentumszuweisung an den italienischen Staat) im Wege der Beschlagnahme in England durch englische Staatsorgane käme aufgrund der erzwingenden Durchsetzung ausländischen öffentlichen Rechts nicht in Betracht.[658]

---

655 Der australische Protection of Movable Cultural Heritage Act v. 1986 (Fn. 125) sieht in Sect. 9 (1) vor: "Where a person exports an Australian protected object otherwise than in accordance with a permit or certificate, the object is forfeited [...]" und in Sect. 38 (a): "When a protected object is forfeited by or under this Act – all title and interest in the object is vested in the Commonwealth without further proceedings." Darüber hinaus bestimmt Sect. 9 (4) eine genaue Definition sowie Beginn des illegalen Exports. Zu weiteren Beispielen solcher Regelungen vgl. *Prott/O'Keefe*, Handbook of National Legislations.

656 (1918) 34 T.L.R. 623 (Chan. Div.).

657 Vgl. *Kreuzer*, RdC 259 (1996), S. 13 (139).

658 Vgl. *Kreuzer*, RdC 1996 (Bd. 259), S. 13 (139); *Müller-Katzenburg*, Internationale Standards, S. 88.

In Fällen, in welchen zum Eigentumsverfall nach dem Recht des Herkunftsstaats noch eine Beschlagnahme oder Einziehung auf fremdem Staatsgebiet erforderlich ist, hat sich der Eigentumserwerb des Staates nach seinem Recht noch nicht verwirklicht. Damit gibt es auch kein Eigentumsrecht, das vom Forumstaat aufgrund der Anknüpfung an die situs-Regel anerkannt werden könnte, vielmehr handelt es sich hier um die Durchsetzung öffentlich-rechtlicher Ansprüche ausländischer Staaten. Die Enteignung durch Beschlagnahme auf eigenem Hoheitsgebiet für einen fremden Staat ist jedoch ausgeschlossen.[659]

b. *Attorney General of New Zealand v. Ortiz and others*

Anders könnten jedoch die Fälle automatischen Verfalls bei illegaler Ausfuhr zu behandeln sein. Um diese Problematik ging es im Fall *Attorney General of New Zealand v. Ortiz and others*.[660] Eine Maori-Holzschnitzerei, die in einem Sumpf in Neuseeland durch einen Ureinwohner entdeckt wurde, war illegal ausgeführt worden und stand bei *Sotheby's* in London zum Verkauf. Der Generalstaatsanwalt von Neuseeland klagte auf Feststellung des Eigentums der Regierung von Neuseeland, Untersagung des Verkaufs, Herausgabe und Schadensersatz. Die beiden wesentlichen zu beantwortenden Fragen waren, ob (i) die Krone nach den Regelungen des *Historic Articles Act 1962* und den *Customs Acts von 1913 und 1966* berechtigte Eigentümerin der Schnitzerei geworden war und ob (ii) diese neuseeländischen Rechtsvorschriften mit möglichem Steuer-, Straf- oder sonst hoheitlichen Charakter auch in England durchgesetzt werden konnten.[661] Beides wurde letztlich verneint.

Für einen Eigentumserwerb der Krone musste Sect. 12 (2) des *Historic Articles Act 1962* ausgelegt werden:

> *"An historic article knowingly exported or attempted to be exported in breach of this Act shall be forfeited to Her Majesty and, subject to the provisions of this Act, the provisions of the Customs Act 1913 relating to the forfeited goods shall apply to any such article in the same manner as they apply to goods forfeited under the Customs Act 1913."*[662]

---

[659] *Turner*, Völkerrechtliche Zuordnung, S. 103. Zur Enteignungsproblematik im Kulturgüterschutz, *Jaeger*, Internationaler Kulturgüterschutz, S. 84 ff.

[660] [1982] 3 All. ER 432; [1982] 3 All. ER 451 (Court of Appeal); [1983] 2 All. ER 93 (House of Lords). Zum Sachverhalt *Verheul*, NIRL 31 (1984), S. 419 (422 ff.); *Nafziger*, N.Y.U.J. Int'l. L & Pol. 15 (1983), S. 789 (795 ff.).

[661] [1982] 3 All. ER 432 (437); [1982] 3 All. ER 451 (452).

[662] Zit. nach [1982] 3 All. ER 432 (438).

Dabei war umstritten, ob der Eigentumserwerb ex lege (*automatical forfeiture*) eintrat oder noch eine Besitzergreifung durch staatliche Organe (*seizure*) hinzutreten musste. Der Richter erster Instanz legte die vom Wortlaut her zweideutige Formulierung im Hinblick auf Sinn und Zweck des *Historic Articles Act* und im Interesse des Kulturgüterschutzes dahingehend aus, dass das Eigentum im Moment des illegalen Exports automatisch an die Krone verfalle.[663] Was die Durchsetzbarkeit dieser Vorschrift in England anging, so war der Richter zwar der Ansicht, dass es hier nicht nur um die bloße Anerkennung fremden Rechts ginge, sondern um die Durchsetzung des *Historic Articles Act*, da erst durch diesen ein Eigentumsrecht der Krone begründet werden könne und es vorher mangels Beschlagnahme an einem nach außen sichtbaren Akt gefehlt habe.[664] Allerdings lehnte er den öffentlich-rechtlichen Charakter der Verfallsregelung ab; Sect. 12 (2) käme vielmehr einer Eigentumsregelung gleich.[665] Gestützt wurde das Ergebnis der Durchsetzung des *Historic Articles Act* mit der internationalen Solidarität.[666]

Zu einem gegenteiligen Ergebnis hinsichtlich beider Fragen kam dann jedoch *Lord Denning* in zweiter Instanz. Er hielt für einen Verfall die Besitzergreifung durch den neuseeländischen Staat für erforderlich, die dann allerdings auf den Zeitpunkt der Entstehung des Verfallsgrundes zurück wirken würde.[667] Da eine Besitzergreifung fehlte, war nach seiner Ansicht die Enteignung nicht vollzogen, ihr Vollzug durch einen ausländischen Staat schied aus. Für den Fall eines automatischen Verfalls argumentierte er hypothetisch, dass dieser auf fremdem Territorium aufgrund seines Strafcharakters nicht anzuerkennen sei.[668]

c. *Anerkennung der Wirkung von Verfallsgesetzen in der neueren amerikanischen Rechtsprechung*

Sehr liberal urteilte hingegen der Northern District Court von Illinois in der Sache *United States v. Pre-Columbian Artifacts and the Republic of Guatemala* im

663 [1982] 3 All. ER 432 (442 f.)
664 [1982] 3 All. ER 432 (444).
665 [1982] 3 All. ER 432 (450).
666 [1982] 3 All. ER 432 (451): "Comity requires that we should respect the national heritage of other countries, by according both recognition and enforcement to their laws which affect the title to property while it is within their territory. The hope of reciprocity is an additional ground of public policy leading to the same conclusion."
667 [1982] 3 All. ER 451 (454).
668 [1982] 3 All. ER 451 (459 f.). Diese Ansicht wurde vom House of Lords bestätigt, [1983] 2 All. ER 93.

Jahre 1993.[669] Wie in *McClain* ging es auch hier um die Strafbarkeit nach dem NSPA wegen illegalen Exports von Kunstschätzen aus Guatemala in die USA. Der entscheidende Unterschied dieses Urteils liegt darin begründet, dass die Thematik des Nachweises des Eigentumserwerbs von Funden im Wege staatlicher Titulargesetzgebung nicht angeschnitten wurde, sondern das Gericht sogleich die Anwendbarkeit der guatemaltekischen Exportgesetzgebung untersuchte. Die Republik Guatemala stützte sich in ihrer Einlassung auf Art. 21 des guatemaltekischen Exportgesetzes und erklärte *"[...] the law of Guatemala provides that upon export without authorization, the artefacts are confiscated in favor of the Republic of Guatemala and become property of Guatemala."*[670] Die Angeklagten wandten hiergegen ein, die Gegenstände hätten der Regierung vor der illegalen Ausfuhr nicht gehört, so dass sie nicht als gestohlen angesehen werden könnten. Das Gericht gestand den Angeklagten zwar zu, dass die bloße Verletzung eines Exportverbotes zur Anwendung des NSPA nicht ausreiche, erachtete aber in konsequenter Anwendung der *McClain* Rechtsprechung durch fremde Gesetzgebung erlangtes Staatseigentum als auch dann vom NSPA geschützt, wenn ein Besitzerwerb nie stattgefunden habe. Es akzeptierte sodann den von Guatemala vorgebrachten Inhalt seines Exportverbots und kam demzufolge zu dem Schluss, dass in dem Moment, in dem die Gegenstände die Republik Guatemala verlassen hätten, diese in das Eigentum der Republik übergegangen und damit gleichzeitig auch gestohlen worden seien. Indem sich das Gericht allein auf das Exportstatut stützte, um einen Eigentumserwerb zu begründen, ersparte es sich die Mühe, fremde eigentumszuweisende Gesetze zu untersuchen und auszulegen, was den Gerichten in *McClain* und *Peru v. Johnson* erhebliche Schwierigkeiten bereitet und viel Zeit gekostet hatte.

Allerdings ist anzumerken, dass diese Entscheidung im Rahmen eines Zwischenantrags der Verteidigung der Angeklagten auf Abweisung der Eigentumsherausgabeklage Guatemalas erging. Nachdem das Gericht den Antrag der Angeklagten abschlägig beschieden hatte, wurden die Gegenstände an Guatemala zurückgegeben, ohne dass es je zu einem Hauptsacheverfahren kam. Da es mithin nie zu einem eigentumsrechtlichen Prozess gekommen ist, lässt sich die Entscheidung wohl nur schwerlich als Präzedenzfall anführen.[671]

---

669 845 F.Supp. 544 (ND Ill. 1993). Zum Sachverhalt vgl. *Eyster*, IJCP 5 (1996), S. 185 ff.

670 Zit. nach *Eyster*, IJCP 5 (1996), S. 185 (186).

671 *Eyster*, IJCP 5 (1996), S. 185 (189 f.).

3. *Die Rechtslage in der Bundesrepublik Deutschland*

Soweit der Verfasserin ersichtlich, existiert bislang keine einschlägige deutsche Rechtsprechung, die sich mit der Anerkennung ausländischer Verfallsgesetze im internationalen Kulturgüterschutz auseinandergesetzt hat. Daher lassen sich für eine Handhabung jener Problematik vor deutschen Foren nur einige allgemeine Überlegungen anstellen.

a. *Eigene Gesetzeslage*

Das deutsche Kulturgutschutzgesetz vom 6. August 1955 (KGSchG) sieht in § 16 Abs. 3 vor, dass privates Kulturgut, welches in die Schutzliste nach dem KGSchG eingetragen und entgegen der Genehmigungspflicht nach § 1 Abs. 4 ausgeführt wurde, zugunsten des Bundeslandes, in dem es belegen war, beschlagnahmt und eingezogen werden kann.[672] Aufgrund der Strafandrohung nach § 16 Abs. 1 des KGSchG handelt es sich hierbei um eine Einziehung mit Strafcharakter.[673] Bereits der Versuch der verbotenen Ausfuhr ist strafbar. Da sich in diesem Stadium das Kulturgut noch im Inland befindet, lässt sich die Einziehung problemlos erwirken. Ist der Export aber bereits vollendet und befindet sich das Kulturgut daher im Ausland, so stellt sich die Frage, ob auch hier das Kulturgut durch die Einziehung wieder ins Inland gebracht werden kann. Nach dem eindeutigen Wortlaut des § 16 Abs. 3 ist ein automatischer Verfall nicht vorgesehen, so dass die Norm bei der Anwendung vor fremden Gerichten ins Leere greifen wird. Einen eigentumsrechtlichen Herausgabeanspruch könnte die Bundesrepublik Deutschland zur Durchsetzung der Rückgabe ihrer widerrechtlich ausgeführten Kulturgüter also nicht geltend machen, so dass sie auf die Vollstreckung der Einziehung im Ausland angewiesen wäre. Dies wird jedoch für öffentlich-rechtliche Ansprüche aufgrund des Territorialitätsprinzips allgemein abgelehnt.[674]

b. *Anerkennung ausländischer Verfallsregelungen*

Aus dem vorgenannten folgt umgekehrt zugleich, dass auch deutsche Gerichte ausländische Verfallsgesetze allenfalls dann anerkennen, wenn diese einen automatischen Eigentumserwerb des Staates anordnen und so der Herausgabean-

---

672 BGBl. 1955 I, S. 501, Neufassung vom 08.07.1999, BGBl. 1999 I, S. 1755. Öffentliches und kirchliches Kulturgut erfasst das KGSchG hingegen nicht.

673 *Tröndle/Fischer*, § 74 StGB Rn. 2.

674 *Mann*, in: FS Kegel, S. 365 ff.; *Kegel/Schurig*, IPR, S. 1092 f.; *Turner*, Völkerrechtliche Zuordnung, S. 103.

spruch auf ein Eigentumsrecht gestützt werden kann. Vergleichbar der Rechtslage bei der Titulargesetzgebung stellt sich die Frage, ob ein ausländischer Eigentumserwerb im Wege automatischen Verfalls anerkannt wird, obwohl der begünstigte Staat einen äußeren Akt der Besitzergreifung nicht gesetzt hat. Die Argumente, die für die Anerkennung staatlicher Titulargesetzgebung sprechen, lassen sich in ähnlicher Weise auch hier heranziehen. Zumindest für den Bereich national wertvoller Kulturgüter ist nicht einzusehen, warum die auf einen Eigentumstitel gestützte Herausgabeklage abgewiesen werden soll, soweit sich nach dem anwendbaren ausländischen Recht der Titelerwerb bereits vervollständigt hat. Allein die Tatsache, dass der Erwerb wiederum auf öffentlich-rechtlichen Vorschriften beruht, die der Durchsetzung staatlicher Ziele dienen, stellt für sich genommen keinen ausreichenden Grund für die Nichtanerkennung dar. Denn schließlich ergibt sich aus dem Gedanken der völkerrechtlichen Souveränität, dass jeder Staat grundsätzlich frei darüber entscheidet, was er in seinem Herrschaftsbereich befiehlt.[675] Ausschlaggebend kann nur sein, dass bestimmte Rechtssätze im Allgemeinen nicht unbefolgt und ohne jegliche Konsequenz bleiben, da sie dann auf Papier stehen geblieben und nicht zu Recht geworden sind.

Überdies lässt sich eine Parallele zum Internationalen Enteignungsrecht ziehen. Dort wird eine Enteignung, die auf fremdem Territorium bereits vollendet wurde, im Ausland hingenommen, soweit sie nicht den ordre public des Forumstaates verletzt.[676] Denn Zweck des dem Enteignungsrecht entstammenden Territorialitätsprinzips ist gerade „*die Hinnahme einer Rechtstatsache um der beteiligten Individualinteressen willen*".[677] Der internationale Enteignungsbegriff ist weit zu verstehen; er erfasst nicht nur die hoheitliche Entziehung des Eigentums oder beschränkten dinglichen Rechts an einer Sache, sondern vielmehr jede „*aus wirtschafts- oder allgemeinpolitischen Gründen erfolgende, gänzliche oder teilweise (finale) Entziehung oder wirkungsgleiche Beschränkung jeglichen Vermögenswerts*".[678] Darunter kann man ebenfalls die vorliegende Art von Kulturgutschutzbestimmungen fassen und so zu ihrer Anerkennung durch deutsche Ge-

---

675 Auf die Befugnis eines Staates zu Eigentumserklärungen als Ausfluss staatlicher Souveränität wies auch der Richter in *U.S. v. McClain*, 545 F.2d 1002 (5th Cir. 1977), hin: "*The State comes to own property [...] or when it declares itself the owner; the declaration of ownership is an attribute of sovereignty.*"

676 *v. Bar*, IPR 1, Rn. 272; *Staudinger/Stoll*, Int. SachenR, Rn. 206.

677 *Staudinger/Stoll*, Int. SachenR, Rn. 199.

678 *MüKo-Kreuzer*, Nach Art. 38 EGBGB Anh. III Rn. 20; *Staudinger/Stoll*, Int. SachenR, Rn. 202.

richte kommen, zumal im internationalen Enteignungsrecht die Auffassung vertreten wird, dass eine Inbesitznahme für die Vollendung nicht erforderlich ist.[679] Aber auch soweit ein tatsächlicher Zugriff gefordert wird, so ist zumindest für den Internationalen Kulturgüterschutz darauf hingewiesen worden, dass schon die „abstrakte" Inanspruchnahme des Gegenstandes genügen soll.[680]

Für eine Anerkennung spricht außerdem der Gesichtspunkt der Interessengleichheit. Decken sich nämlich fremde und eigene Staatsinteressen, so sollte dies zu einer erleichterten Anerkennung ausländischen öffentlichen Rechts führen.[681] Für national besonders wertvolles Kulturgut herrscht ein übereinstimmendes Interesse an seiner Bewahrung am Herkunftsort. Dies zeigt sich unter anderem darin, dass mittlerweile nahezu alle Länder kulturgutschützende Gesetze erlassen haben und auf internationaler und europäischer Ebene zunehmend Maßnahmen zum Schutz von Kulturgut ergriffen wurden und werden. Die deutsche Bundesregierung hat zudem bereits im Rahmen der Verhandlungen zur UNESCO 1970 die Bedeutung der territorialen Bindung von Kulturgut hervorgehoben:

> *"It appears to be of foremost importance to preserve cultural property in territories where it has grown. Such tying to the territory of origin is best guaranteed when leaving cultural property within its original context. Thus it will be possible to preserve the individual pieces as a part of a larger uniform entity [...]"*[682]

Die deutsche Rechtspraxis allerdings hat bislang lediglich die Vorschrift des § 138 BGB herangezogen, wenn der Grundsatz der Interessengleichheit eine Anerkennung des ausländischen öffentlichen Rechts nahe legen würde; ein Ansatz, der allenfalls zu einer indirekten Berücksichtigung des ausländischen Rechtssatzes führt.[683] Obwohl also aus dogmatischer Sicht keine Bedenken bestehen, ausländische automatische Verfallsregelungen ebenso wie den Eigentumserwerb an Funden anzuerkennen und anzuwenden, lässt sich keine sichere Aussage darüber treffen, wie deutsche Gerichte bei der Befassung mit einem solchen Fall agieren würden.

---

679 *Kegel/Schurig*, IPR, S. 1099.

680 *Stoll*, in: Dolzer/Jayme/Mußgnug, Rechtsfragen, S. 53 (64), *Staudinger/Stoll*, Int. SachenR, Rn. 176.

681 *Kegel/Schurig*, IPR, S. 1096.

682 UNESCO Doc. SHC/MD/5 Add.1, S. 4.

683 So im Nigeria-Kulturgut-Fall des BGH, näher hierzu unten C.IV.2.b. Vgl. auch *Kegel/Schurig*, IPR, S. 1098.

4. *Bewertung*

Die Chancen auf Anerkennung eines staatlichen Eigentumsrechts aufgrund innerstaatlicher Verfallsregelungen bei illegalem Export sind bedeutend geringer als in Fällen des Eigentumserwerbs an Funden. Der Staat kann sich selbst dann nicht auf eine Anerkennung seines Rechts verlassen, wenn der Eigentumserwerb wie bei automatischen Verfallsregelungen bereits auf eigenem Territorium erfolgt und nach der lex rei sitae eine Besitzergreifung hierfür nicht erforderlich ist. So hatte auch die erste Instanz in *Attorney General of New Zealand* bei Verfall ohne Besitzergreifung einen Fall von *enforcement* gesehen,[684] obwohl konsequenterweise auch hier nur die Anerkennung einer erlangten Rechtsposition anzunehmen gewesen wäre. Im konkreten Fall spielte dies zwar keine Rolle, da der Richter Kulturgutschutznormen fremder Staaten unter dem Gesichtspunkt der *comitas* für beachtlich hielt. Auf eine solche Sichtweise kann sich der rückfordernde Staat jedoch nicht verlassen. Die hypothetischen Erwägungen von *Lord Denning* zeigen, dass auch einem automatischer Verfall von illegal exportiertem Kulturgut im Ausland die Anerkennung versagt werden kann, wenn darin eine extraterritoriale Ausübung von Hoheitsgewalt und damit zugleich ein Verstoß gegen das Souveränitätsprinzip gesehen wird.[685] Hier zeigt sich, dass nicht erst die Mithilfe des Forumsstaates beim Vollzug eines ausländischen Eingriffsakts, sondern bereits die Hinnahme der privatrechtlichen Wirkungen des vollzogenen Eingriffs als Förderung eines in erster Linie staatspolitischen und damit privatrechtsfremden Zwecks angesehen und somit abgelehnt wird. Die Anerkennung eines staatlichen Eigentumsrechts aufgrund Verfallsregelungen ist daher mit erheblichen Risiken behaftet, so dass der Ansicht, der Staat habe es selbst in der Hand, durch eine hinreichend klare Gesetzeslage und -formulierung den notwendigen Schutz zu schaffen, zumindest derzeit nur bedingt zugestimmt werden kann.[686]

Für die prozessuale Situation ist anzumerken, dass die Probleme der unzulässigen Erzwingung ausländischen öffentlichen Rechts auch in dieser Fallgruppe lediglich unter dem Gesichtspunkt des materiellen Rechts diskutiert wurden. Die Zulassung des ausländischen Staats als Kläger wurde in keiner der untersuchten

---

684 Dieser Aspekt wird in vielen Entscheidungsbesprechungen übersehen.

685 *Chamberlain*, Art, Antiquity and Law 7 (2002), S. 231 (241) folgert hingegen aus der Entscheidung *Attorney General of New Zealand*, dass im englischen Recht ausländische Verfallsregelungen angewendet und durchgesetzt werden können, wenn ein automatischer Verfall noch auf dem eigenen Hoheitsgebiet eintritt.

686 Vgl. *Jaeger*, Internationaler Kulturgüterschutz, S. 83; *Siehr*, in: FS Lorenz, S. 525 (536).

Entscheidungen in Zweifel gezogen. Dies ergibt sich wiederum daraus, dass die Klagen auf ein Eigentumsrecht gestützt wurden. Ob die Wirkungen der geltend gemachten Eigentumszuweisung letztlich anerkannt wurden, war von der Auslegung der einschlägigen Gesetze durch die jeweiligen Gerichte und dem Grad ihrer Aufgeschlossenheit gegenüber dem fremden, aus öffentlichem Recht abgeleiteten Staatseigentum abhängig.

IV. Ausschluss des Eigentumsverlustes aufgrund öffentlich-rechtlicher Normen

Das einmal anerkannte, hoheitlich begründete Eigentum eines Staates hilft diesem jedoch nicht viel weiter, wenn sein Recht durch gutgläubigen Erwerb, Ersitzung, Verjährung oder Verwirkung wieder untergeht. Daher bestimmen zahlreiche Staaten Sonderregelungen für Kulturgut im öffentlichen Eigentum, welche die gewöhnlichen Verkehrsschutzregeln für solches Kulturgut einschränken oder ausschließen, indem sie es für unveräußerlich und unverjährbar erklären.[687] Für diese besonders geschützten Objekte wird verbreitet die Bezeichnung *res extra commercium* gebraucht. Vergleichbare Regelungen bestehen für die *res sacrae* des Kirchenrechts.[688] *Res sacrae* sind bewegliche oder unbewegliche Sachen, die durch eine kirchliche Widmung als Sakralgegenstände einer besonderen, gottesdienstlichen Zweckbindung unterworfen sind, wie Kirchenglocken, Reliquien, Altäre, Bildnisse, Statuen etc. Selbst durch gutgläubigen rechtsgeschäftlichen Erwerb ist diese Zweckbindung nicht zu überwinden.[689]

1. Kollisionsrechtliche Behandlung der Unveräußerlichkeitsregeln in der internationalen Praxis

a. Unveräußerlichkeitsregeln als Teil des anwendbaren Sachstatuts

Grundsätzlich gehören Regelungen, die die Veräußerlichkeit und Verjährbarkeit von Eigentumsrechten betreffen, zum Sachstatut, so dass nach der lex rei sitae die Normen des jeweiligen Belegenheitsstaates Anwendung finden. Daraus folgt

---

687 Vgl. zu Beispielen, *Siehr*, in: FS Trinkner, S. 703 ff; *Turner*, Völkerrechtliche Zuordnung, S. 116 ff.

688 Zu den *res sacrae* auch *Hipp*, Kulturgüterschutz in Deutschland, S. 359 f.; *Mußgnug*, in: Dolzer/Jayme/Mußgnug, Rechtsfragen, S. 199 ff.; *Renck*, DÖV 1990, S. 333 ff.; *Weber*, Unveräußerliches Kulturgut, S. 199 f.

689 *Renck*, DÖV 1990, S. 333 (334).

zugleich, dass die zum Schutz des öffentlichen Interesses an Kulturgütern bestehenden Normen im fremden Staat berücksichtigt werden, wenn sich der Veräußerungstatbestand, den der Herkunftsstaat verbietet, in seinem Territorium vollzogen hat.[690] In diesen Fällen führt die lex rei sitae zu klaren und insbesondere für den Herkunftsstaat befriedigenden Ergebnissen, da sämtliche öffentlichrechtliche Veräußerungsverbote als Teil der anwendbaren Rechtsordnung Beachtung finden.[691] Eine wirksame Eigentumsübertragung des Kulturguts kann damit nicht stattfinden.

Deutlich wird dies im Fall *Danusso*, der während verschiedener Aufenthalte in Ecuador archäologische Funde aus illegalen Ausgrabungen erwarb.[692] Nach Berichten in der Presse über *Danussos* Funde klagte die Republik Ecuador auf Herausgabe vor einem italienischen Zivilgericht.[693] Gegenüber dem Herausgabeanspruch berief *Danusso* sich auf gutgläubigen Erwerb. Maßgebliche lex rei sitae zur Beurteilung des Eigentumserwerbs *Danussos* stellte das ecuadorianische Recht dar. Nach der damaligen Rechtslage erwarb der ecuadorianische Staat zwar kein Eigentum an archäologischen Funden, so dass private Eigentumsrechte an solchen Funden bestehen konnten.[694] Jedoch standen diese Kulturgüter zugleich unverjährbar und unveräußerlich unter einer Art „Obereigentum" – sog. *dominio eminente* – des ecuadorianischen Staates, so dass ein derivativer oder originärer Eigentumserwerb ohne staatliche Genehmigung nicht möglich war. Als der Richter den gutgläubigen Erwerb *Danussos* untersuchte, bezog er dieses öffentliche Recht Ecuadors bedenkenlos in seine Überprüfung ein und kam zu dem Ergebnis, dass aufgrund dieses Obereigentums *Danusso* nicht wirksam Eigentum hatte erwerben können.

---

690 Dies ergibt sich aus der Anerkennung der empfangenen Prägung des Kulturguts unter der Rechtsordnung seines Herkunftsstaates und dem Territorialitätsprinzip.

691 *Mann*, RabelsZ 21 (1956), S. 1 (3); *Palandt/Heldrich*, Art. 34 EGBGB, Rn. 6.

692 *Repubblica dell'Ecuador contro Danusso*, Trib. Torino 25.03 1982, Riv.dir.int.priv.proc. 18 (1982) S. 625 ff.

693 Die entscheidende Frage des Falles war, auf welche Rechtsposition Ecuador seine Herausgabe stützen konnte, da die Untersuchung ergab, dass Ecuador kein Eigentumsrecht an den Funden erworben hatte. Das Gericht leitete letztlich aus dem Obereigentum Ecuadors einen eigenständigen Herausgabeanspruch ab, vgl. hierzu *Müller-Katzenburg*, Internationale Standards, S. 74 f. Allgemein zur Problematik von besonderen sachenrechtlichen Positionen des Staates an Objekten in privatem Eigentum und zur Ablehnung eines hierauf gestützten eigenen Herausgabeanspruchs, *Turner*, Völkerrechtliche Zuordnung, S. 71 ff.

694 Art. 13 des *Ecuadorian Cultural Heritage Act* v. 1974. Inzwischen hat sich die Rechtslage geändert. Gem. Art. 9 (1) des *Cultural Heritage Act* vom 7. Juli 1979 wird durch Fund nun Staatseigentum im Sinne *McClains* erworben.

b. Unveräußerlichkeitsregeln außerhalb des Sachstatuts

Aufgrund der nahezu weltweit geltenden situs-Regel und des damit verbundenen Statutenwechsels entscheidender ist hingegen, ob öffentlich-rechtliche Schutznormen des Ursprungslandes auch dann anerkannt werden, wenn der Veräußerungsvorgang ganz oder teilweise im Ausland stattgefunden hat. In diesem Zusammenhang von besonderer Relevanz ist der Fall der *Madonna von Batz sur Mer*.[695]

Die aus einer französischen Kirche gestohlene Madonnenfigur unterfiel dem französischen Gesetz von 1913 über historische Monumente und war als klassifiziertes, im Staatseigentum stehendes Objekt unveräußerlich.[696] Als die Madonna drei Jahre später bei einem Kunsthändler in Maastricht, der die Statue in Brüssel erworben hatte, beschlagnahmt wurde, wollte der zuständige Staatsanwalt sie nach Frankreich in den Besitz der Kirche zurückgeben. Da die niederländische Strafprozessordnung vorsieht, dass die Rückgabe im Falle ungeklärter Eigentumsverhältnisse an den vorerst letzten Besitzer (und damit den Kunsthändler) zu erfolgen hat, legte dieser Beschwerde gegen die Entscheidung des Staatsanwalts ein. Das Beschwerdegericht bestätigte jedoch die Entscheidung des Staatsanwalts, die Madonna an Frankreich zurückzugeben. Obwohl das niederländische Recht als maßgebliche lex rei sitae einen Eigentumserwerb des Händlers gemäß Art. 2014 *Burgerlijk Wetboek* zugelassen hätte, kam das Gericht zu dem Schluss, das der Eigentumswechsel aufgrund der französischen Unveräußerlichkeitsregel nicht als wirksam anerkannt werden könnte. Die Anwendung der niederländischen Rechtsordnung würde dem niederländischen ordre public zuwiderlaufen, wenn dadurch die französischen Regelungen zum nationalen Kulturgüterschutz unbeachtet blieben.[697]

Um die Anerkennung ausländischer Unveräußerlichkeitsregelungen ging es auch in *Frankreich v. De Contessini et al.*[698] Der französische Staat klagte auf

---

695 Hoge Raad v. 18.01.1983 Nederlandse Jurisprudentie 445, S. 1402 ff.

696 Art. 18 (1) Loi du 31 décembre 1913 sur les monuments historiques.

697 Die erstinstanzliche Entscheidung wurde auf weitere Beschwerde des Kunsthändlers hin vom *Hoge Raad* aufgehoben. Er verwies den Rechtsstreit an das Zivilgericht, weil er das lediglich summarische Verfahren als ungeeignet ansah, um schwierige Eigentumsfragen zu klären und daher eine Benachteiligung des Kunsthändlers für nicht ausgeschlossen hielt. Das Zivilverfahren endete später mit einem Vergleich: Die Figur wurde gegen Ersatz des gezahlten Kaufpreises zurückgegeben, vgl. *Verheul* NILR 31 (1984), S. 419 (422, Fn. 10). Die Anerkennung der Schutznormen des Ursprungsstaates wurde indes nicht in Zweifel gezogen.

698 Tribunale di Roma, 18.03.1987, in: Dir. Comm. Int. 2 (1988), S. 611 ff.

die Herausgabe zweier Wandteppiche aus der Manufaktur Amiens, die im Juni 1977 aus dem Justizpalast in Riom gestohlen worden waren. Die Objekte unterfielen ebenfalls dem französischen Gesetz von 1913 und waren als Staatseigentum "*inaliénables et imprescriptibles*". Die Beklagten beriefen sich dagegen darauf, die Teppiche in Italien gutgläubig nach Art. 1153 *Codice civile* erworben zu haben. Anders als das erstinstanzliche niederländische Gericht entschied das Tribunale di Roma, dass das nach der lex rei sitae anwendbare italienische Recht einer Berücksichtigung der französischen Kulturgutschutzregeln entgegenstehe. Eine ausnahmsweise Berücksichtigung der *lex originis*, also des Herkunftsortes, wurde ausdrücklich abgelehnt. Daraufhin untersuchte das Gericht die Anwendbarkeit der italienischen Unveräußerlichkeitsregeln für Kulturgut, stellte jedoch fest, dass diese nur für italienisches Kulturgut gälten. Schließlich wurde noch überprüft, ob die Berücksichtigung ausländischer Inalienabilitätsregeln auf der Grundlage der UNESCO-Konvention von 1970 in Betracht kam. Die Anwendbarkeit der Konvention wurde mit der Begründung abgelehnt, dass diese und insbesondere ihr Art. 7 (b) (ii) nur eine Verpflichtung gegenüber Staaten darstelle. Um daraus eine automatische Anwendung fremder Unveräußerlichkeitsregelungen abzuleiten, müsste die Norm erst dementsprechend privatrechtlich umgesetzt worden sein, was aber bislang nicht erfolgt sei.

c. *Ergebnis*

Diese Entscheidungen zeigen, dass ein sein Eigentum rückfordernder Staat nicht sicher sein kann, ob seine nationalen Veräußerungsverbote im Ausland anerkannt werden, wenn zwischenzeitlich ein Eigentumserwerb stattgefunden hat, der sich nicht nach dem Recht des Ursprungsstaates beurteilt. Zumindest mittelbar können die Normen des Ursprungsstaats allerdings in Fällen Anwendung finden, in welchen die lex rei sitae einen gültigen Kausalvertrag für den Eigentumserwerb verlangt.[699] Denn über diese Vorfrage entscheidet das selbstständig anzuknüpfende Vertragsstatut.[700] Hier kann sich dann die Nichtigkeit des Grundvertrages aus dem Verstoß gegen das ausländische Verbotsgesetz oder wegen Sittenwidrigkeit ergeben und so zugleich den Eigentumserwerb vereiteln, wenn das ausländische Recht als Schuldstatut anzuwenden ist oder als Recht

---

699 Dies gilt bspw. für das französische Recht, vgl. dazu oben A.III.1.c.aa. Auch das schweizerische, italienische und niederländische Recht verlangen für den gutgläubigen Erwerb von Eigentum einen gültigen Kausalvertrag, dazu *Byrne-Sutton*, Le trafic international, S. 109.

700 *Palandt/Heldrich*, Einl. v. Art. 3 EGBGB, Rn. 29.

eines Drittstaats über etwaige Sonderanknüpfungen zur Geltung kommt.[701] Insgesamt gesehen jedoch führt die lex rei sitae bei Erwerbsvorgängen außerhalb des Ursprungsstaats zu zufälligen Ergebnissen und Konflikten zwischen den Statuten des Ursprungs- und Einfuhrstaates.

2. *Anerkennung von Unveräußerlichkeitsregelungen für Kulturgut vor deutschen Foren*

a. *Gesetzeslage*

Das deutsche Recht selbst kennt keine Regeln der Unveräußerlichkeit für bewegliche Sachen und damit grundsätzlich auch nicht für Kulturgut im privaten oder öffentlichen Eigentum.[702] Nach deutschem Recht sind auch Objekte in der Hand von Trägern öffentlicher Gewalt Gegenstand privater dinglicher Rechte, und zwar unabhängig davon, ob sie in Staats- oder Privateigentum stehen. Somit können sie frei veräußert, erworben oder belastet werden.[703] Anerkannt ist jedoch die Unveräußerlichkeit von *res sacrae*. Sie sind, falls es sich bei der Religionsgemeinschaft um eine Körperschaft des öffentlichen Rechts handelt, öffentliche Sachen.[704] Zwar ist an ihnen Privateigentum möglich, allerdings ist die Verkehrsfähigkeit durch die Widmung zu religiösen Zwecken beschränkt.[705] So wurde entschieden, dass die Zweckbestimmung eines Gegenstandes als Grabmal die privaten Eigentumsrechte daran so weit einschränke, dass kein Verfügungsrecht, sondern nunmehr nur noch ein Verwaltungsrecht daran bestehe, es sich also um eine *res extra commercium* handle.[706]

b. *Entscheidung des LG Hamburg vom 20. Juni 1996*

Nachdem die deutsche Rechtsordnung abgesehen von den *res sacrae* eine Unveräußerlichkeit von öffentlichen Sachen nicht kennt, stellt sich freilich die Frage, ob deutsche Gerichte nicht dennoch die nach ausländischem Recht verliehe-

---

701 Vgl. *Carducci*, La restitution internationale, S. 326 ff.

702 Parallelen zu den *res extra commercium* gibt es im deutschen Recht allenfalls noch im Bereich des Rechts der öffentlichen Sachen, vgl. hierzu *Siehr*, in: FS Trinkner, S. 703 (704 ff.); *Weber*, Unveräußerliches Kulturgut, S. 47 ff.; *Mußgnug*, in: Dolzer/Jayme/Mußgnug, Rechtsfragen, S. 199 (202 ff.).

703 *Weber*, Unveräußerliches Kulturgut, S. 48.

704 *Soergel/Marly*, Vor § 90 Rn. 36; *Schwadorf-Ruckdeschel*, Rechtsfragen, S. 61.

705 *Soergel/Marly*, Vor § 90 Rn. 36.

706 LG Koblenz, NJW 1956, 949 f. mit Anm. 1480 f., dass der völlige Verlust der Verkehrsfähigkeit die Ausnahme darstelle.

ne Unveräußerlichkeit beachten. Findet der Veräußerungsvorgang noch im Herkunftsland statt, so ergibt sich die Anwendung ausländischer Unveräußerlichkeitsregeln aufgrund der lex rei sitae und die nachfolgende Anerkennung im Inland nach den Grundsätzen der Prägungstheorie.[707] Mit der Konstellation, dass sich der Veräußerungsvorgang außerhalb des Herkunftsstaates vollzogen hat, hat sich soweit ersichtlich bislang lediglich das LG Hamburg befasst.[708]

Die Republik Portugal begehrte die Herausgabe zweier antiker Pistolen, die sich seinerzeit in einem englischen Auktionshaus befanden, wo der Beklagte sie erstmals im Oktober 1990 zur Versteigerung anbot. Mitte Februar 1991 teilte das Auktionshaus mit, dass die Waffen nicht zur Versteigerung freigegeben werden könnten, da die portugiesische Polizei angezeigt habe, es handele sich möglicherweise um Diebesgut. Der Beklagte erhielt die Waffen ein Jahr später wieder zurück und bot sie dann erneut zur Versteigerung an. Das Auktionshaus rief sodann die englischen Gerichte an, um die Eigentumsverhältnisse klären zu lassen. Diese erklärten sich jedoch wegen des deutschen Wohnsitzes des Beklagten für unzuständig. Noch während des Berufungsverfahrens legte die Republik Portugal vor dem LG Hamburg Klage auf Herausgabe ein. Die Klägerin brachte vor, dass die Pistolen im Jahre 1973 in Lissabon gestohlen worden und als öffentliches Eigentum nicht verkehrsfähig seien. Zudem sei der Beklagte bösgläubig gewesen, da er die Pistolen ohne Verzollung und Ausfuhrpapiere zunächst in die Bundesrepublik Deutschland verbracht habe. Weder nach deutschem, nach englischem oder portugiesischem Recht habe der Beklagte Eigentum erwerben können. Der Beklagte wandte hiergegen ein, dass er die Pistolen 1980 als Teil einer Waffensammlung von seinem Vater für 500.000 DM in der Bundesrepublik Deutschland erworben und sich nach ihrer Herkunft erkundigt habe. Der Vater des Beklagten gab an, die streitgegenständlichen Pistolen von einem Antiquitätenhändler erworben zu haben.

Das Gericht kam zu dem Schluss, dass der Herausgabeanspruch nach Sektion 3 und 4 des englischen *Limitation Act 1980* verjährt sei. Einen etwaigen gutgläubigen Erwerb des Beklagten in Deutschland ließ das Gericht offen. Eine Ersitzung nach deutschem Recht kam mangels zehnjährigen Eigenbesitzes in Deutschland vor der Verbringung der Waffen nach England nicht in Betracht. Die Vollendung des Erwerbes richte sich daher nach dem neuen Belegenheitsort

---

707 Vgl. oben die Ausführungen zum Fall Danusso.

708 LG Hamburg v. 20.6.1996 – Az. 305 O 77/92, unveröff., abgedr. in IPRspr. 1996 Nr. 55.

als maßgeblicher lex rei sitae und somit nach englischem Recht.[709] Infolge der Beweisaufnahme wurde die Gutgläubigkeit des Beklagten bejaht. Zum Ausschluss des Eigentumserwerbs durch die portugiesische Qualifizierung der Waffen als *res extra commercium* nahm das Gericht nur am Rande Stellung. Es führte aus, dass es auf die wirksame Einstufung als unveräußerlich nach portugiesischem Recht nicht ankomme. Denn der privatrechtliche Eigentumserwerb des Beklagten richte sich allein nach dem englischen Recht als lex rei sitae. Der *Limitation Act 1980* schließe aber für solche Fälle einen Eigentumserwerb nicht aus. An diesem Ergebnis vermöge auch die Nigeria-Kulturgutentscheidung des BGH[710] nichts zu ändern, da die Sittenwidrigkeit nach § 138 BGB verlange, dass beiden Vertragsparteien die die Sittenwidrigkeit begründenden Umstände bekannt seien. Der Beklagte sei jedoch gutgläubig gewesen. Da die UNESCO 1970 damals weder von der Bundesrepublik Deutschland noch von Großbritannien ratifiziert war, konnte sich die Klägerin auf die in den Art. 7 und 13 d) enthaltene Verpflichtung, ausländische Unveräußerlichkeitsregeln anzuerkennen, nicht berufen. Eine Durchsetzung der Konvention über die ordre public Klausel des Art. 6 EGBGB lehnte das Gericht ab, da sich diese nur auf zwingendes deutsches Recht beziehe.[711]

Die deutsche Rechtsprechung befindet sich somit ganz auf der Linie der internationalen Rechtspraxis. Zwar ist für den Bereich des Kulturgüterschutzes vorgeschlagen worden, zumindest die Eigenschaft einer Sache als unveräußerlich an den Herkunftsort anzuknüpfen.[712] Dies hätte die Sonderanknüpfung nur der Sacheigenschaft, nicht aber des Sachstatuts insgesamt zur Folge. Eine solche Regel ist bislang jedoch noch von keinem Staat anerkannt oder befolgt worden. Auch der Richter in *De Hoge Raad* hat sich nicht für eine solche Sonderanknüpfung entschieden, sondern seine Entscheidung unter Bezugnahme auf den internationalen ordre public begründet.

---

709 LG Hamburg v. 20.6.1996 – Az. 305 O 77/92, unveröff., abgedr. in IPRspr. 1996 Nr. 55, S. 121.

710 BGHZ 59, S. 82 ff.

711 LG Hamburg v. 20.6.1996 – Az. 305 O 77/92, unveröff., abgedr. in IPRspr. 1996 Nr. 55, S. 123.

712 *Mußgnug*, in: Dolzer/Jayme/Mußgnug, Rechtsfragen, S. 199 (209 ff.); *Jayme*, in: Dolzer/Jayme/Mußgnug, Rechtsfragen, S. 35 (43 ff.); *Hanisch*, in: FS Müller-Freienfels, S. 193 (211 ff.); *Siehr*, in: Aufbruch nach Europa, S. 811 (824).

3. *Ergebnis*

Zusammenfassend lässt sich festhalten, dass nationale Gesetze, die einen bestimmten Kreis von Kulturgut zu *res extra commercium* erklären, ihre Schutzwirkung nur für den eigenen Hoheitsbereich entfalten. Gelangt das betreffende Objekt ins Ausland, verliert es seine Sacheigenschaft als unveräußerlich. Keinerlei Bedeutung kommt dabei der Frage zu, ob das Kulturgut in Staats- oder Privateigentum steht; beide Gruppen verlieren ihre Exkommerzialität, sobald zum Statutenwechsel ein neuer Erwerbsvorgang tritt. Damit ist es nicht der öffentlich-rechtliche Charakter jener Regelungen, sondern die Geltung der lex rei sitae, welche die erfolgreiche Klage im Ausland verhindert. Auch eine mittelbare Berücksichtigung ausländischer Unveräußerlichkeitsregeln über das Vertragsstatut kann dem ausländischen Staat nur helfen, wenn das betreffende Recht einen gültigen Kausalvertrag verlangt. Vorschriften zur Sittenwidrigkeit vergleichbar dem deutschen § 138 BGB vermögen den ausländischen Staat nur dann mittelbar zu begünstigen, wenn der Erwerber bösgläubig ist.

C. Illegaler Export als Grundlage eines Rückgaberechts

An Kulturwerten, deren Abwanderung ins Ausland verhindert werden soll, kommen einerseits solche im Eigentum der öffentlichen Hand, andererseits solche in Privatbesitz in Betracht. Im Folgenden soll die Situation des Staates als Herausgabekläger im Falle illegal exportierten Kulturguts betrachtet werden, ohne dass dem Staat zugleich ein Eigentumsrecht an den betreffenden Gegenständen zusteht oder ein solches im Wege des Verfalls begründet werden soll. Da für bedeutsames öffentliches Kulturgut regelmäßig spezielle Vorschriften existieren, welche die Eigentumsübertragung regeln und so eine den öffentlichen Interessen zuwiderlaufende Veräußerung und Ausfuhr zu vermeiden suchen, betrifft das Exportkontrollrecht in erster Linie Kulturgut in Privateigentum.[713]

I. Bedeutung von Exportverbotsvorschriften

Der Erlass von Exportverboten hat eine weit zurückreichende Tradition. Vorreiter der heute weltweit verbreiteten Exportverbotsvorschriften war die Pontifi-

---

713 *Jayme*, Status of Cultural Property, S. 87 (88).

kalgesetzgebung.[714] Der Ursprung nationaler Bestrebungen gegen die Abwanderung kultureller Werte wird allgemein in einer Bulle des Papstes Pius II. vom 28. April 1462 gesehen, mit welcher die Ausfuhr von Kunst aus dem Vatikanstaat verboten wurde; weitere Bedeutung erlangten die *Doria Pamphili* vom 1. Oktober 1802 und das Edikt *Pacca* vom 7. April 1820 unter Pius VIII.[715] Während erstere noch ein striktes Verbot der Ausfuhr aus dem Kirchenstaat enthielt, dessen Verletzung unter schwere Strafen gestellt wurde, sah das Edikt *Pacca* die Möglichkeit einer Exportgenehmigung vor. Inspiriert von der Pontifikalgesetzgebung begannen zu Ende des 19. und zu Beginn des 20. Jh. zunächst die kulturgüterreichen Länder sehr restriktive Schutzvorschriften für ihr nationales Kulturgut zu erlassen. Bis zum heutigen Tage haben weltweit die meisten Länder[716] solche Gesetze erlassen, die sich jedoch in ihrem Umfang und ihrer Regelungstechnik unterscheiden.[717]

Derlei nationale Schutzmaßnahmen in Form von öffentlich-rechtlichen Verbotsgesetzen sind Teil des internationalen Verwaltungsrechts, das prinzipiell vom Territorialitätsprinzip beherrscht wird.[718] Maßgeblich ist somit nicht die Wirkung des Eigentums, sondern die Bedeutung fremden öffentlichen Rechts vor inländischen Foren.

---

714 Vgl. *Genius-Devime*, Erbe der Menschheit, S. 125.

715 Vgl. *Engstler*, Territoriale Bindung, S. 28 f.; *Nafziger*, The International Lawyer 19 (1985), S. 835 (836); *Fraoua*, Le trafic illicite, S. 42 ff.; *Jayme*, in: Liber amicorum Siehr, S. 281 (282 f.).

716 Die Schweiz und die USA sind einige der wenigen Länder, die keine Ausfuhrverbote für Kulturgut vorsehen. Auch das neue schweizerische Kulturgütertransfergesetz beschränkt nicht die Ausfuhr von in Privateigentum stehendem Kulturgut, wie von vielen Privateigentümern befürchtet worden war, vgl. dazu von *Segesser/Jolles*, KUR 7 (2005), S. 175 (179).

717 Die einzelnen nationalen Regelungen können hier nicht näher dargestellt werden. Zu den sehr unterschiedlichen Reaktionen von Staaten auf Kunstexporte, *Siehr*, in: Dolzer/Jayme/Mußgnug, Rechtsfragen, S. 83 (85 ff.). Vgl. zu verschiedenen Modellen von Exportgesetzgebungen *Nafziger*, The International Lawyer 19 (1985), S. 835 (844); *Prott/O'Keefe*, National Legal Control, S. 37 ff.; *v. Schorlemer*, Internationaler Kulturgüterschutz, S. 518 ff., letztere auch zu den Vor- und Nachteilen der einzelnen Regelungstypen. Vgl. auch die Darstellung einzelner nationaler Gesetzen bei *Knapp*, in: International Sales of Works of Art II, S. 15 ff.; *Burnham*, Handbook of National Legislation, 1974; *Saba*, Protection I u. II; *Prott/O'Keefe*, Handbook of National Legislations. Eine Zusammenfassung in historischer Folge bietet *Niec*, Hastings Law Journal 27 (1975/76), S. 1089 ff.

718 *Siehr*, in: Dolzer/Jayme/Mußgnug, Rechtsfragen, S. 83 (88).

II. Die Behandlung ausländischer Exportverbote in der internationalen Rechtspraxis

Das Fallmaterial zur Durchsetzung ausländischer Exportverbote im internationalen Kulturgüterschutz ist nicht eben vielfältig. Es lassen sich kaum Entscheidungen finden; die wenigen, die ergangen sind, sind zumeist zu alt, um als echte Präzedenzfälle zu dienen. Fälle, welche die Durchsetzung anderen öffentlichen Rechts betreffen, sind aufgrund der Besonderheiten des Kulturgüterschutzes gleichsam wenig geeignet, um Aufschluss über die Praxis der Gerichte zu geben. Dennoch soll versucht werden, anhand zweier ausgewählter Fälle und einiger grundsätzlicher Überlegungen zum internationalen Verwaltungsrecht den derzeitigen Stand in der Rechtsprechung zu veranschaulichen.

1. Der-De Medici-Fall

Mit den Schwierigkeiten der extraterritorialen Durchsetzung reiner Ausfuhrverbote hatte der italienische Staat schon im Jahre 1918 zu kämpfen, als er vor den englischen Gerichten klagte, um die Versteigerung widerrechtlich aus Italien ausgeführter Archive zu verhindern.[719] Nachdem der englische Richter im Fall der illegal exportierten Medici-Archive zu dem Ergebnis gekommen war, dass der italienische Staat an den ausgeführten Archiven, die der Medici-Familie gehörten, kein Eigentum hatte erwerben können, stellte er fest, dass allein aufgrund eines Exportverstoßes die Rückgabe verbotswidrig exportierter Gegenstände an ihr Herkunftsland nicht angeordnet werden könne. Denn die Exportvorschriften würden unanwendbar, sobald sich die betreffenden Gegenstände außerhalb Italiens befänden.[720] Damit konnte auch dem Antrag auf einstweilige Verfügung nicht stattgegeben werden, da diese einen möglichen Herausgabebefehl zugunsten des italienischen Staates voraussetzte. Zu einer Entscheidung in der Hauptsache ist es nie gekommen. Die Archive im Eigentum der Familie Medici sollen trotz richterlicher Warnung vor möglichen Schadensersatzansprüchen gegen Veräußerer und Erwerber im Mai 1919 versteigert worden sein.[721]

---

719 Vgl. zum Sachverhalt oben B.I.2.a.aa.

720 *King of Italy and Italian Government v. Marquis of Medici and Christies* (1918) 34 T.L.R. 623 (625), vgl. die Besprechung von *Prott/O'Keefe*, Movement, S. 628; *Kreuzer*, RdC 1996 S. 17 (139); *Sandrock*, in: International Sales of Works of Art I, S. 457 ff.

721 *Prott/O'Keefe*, Movement, S. 628. Die im Staatseigentum stehenden Archive sollen dem italienischen Staat zurückgegeben worden sein, vgl. *Knott*, Anspruch auf Herausgabe, S. 123, Fn. 206.

2. *Das Goya-Porträt*

Mehr Erfolg war ca. 60 Jahre später der spanischen Regierung im Fall *Kingdom of Spain v. Christie, Manson and Woods Ltd.*[722] beschert. Hier ging es um ein Goya-Porträt[723] im Familienbesitz der Señora Valdés, welches diese 1983 für ca. 180.000 USD an einen Spanier verkauft hatte.[724] Noch im gleichen Jahr wurde das Gemälde mittels gefälschter spanischer Exportbewilligungen nach Zürich gebracht und dort an eine englische Gesellschaft verkauft. Sodann wurde es über einen Londoner Kunsthändler für ca. eine Million USD weiterverkauft und sollte schließlich bei Christie's am 11. April 1986 für mindestens 20 Millionen USD versteigert werden.[725] Die spanische Regierung erfuhr hiervon und erhob in England Klage auf Feststellung, dass die spanischen Exportbewilligungen gefälscht seien und der Export gegen spanisches Recht verstoße. Die Herausgabe wurde hingegen nicht geltend gemacht, weil man aus dem Prozess um die neuseeländischen Maori-Schnitzereien wusste, dass englische Gerichte ein ausländisches Exportverbot nicht honorieren würden; erst recht, da das damalige spanische Gesetz dem Staat im Falle illegaler Ausfuhr keinerlei Eigentumsrechte zubilligte. Der Feststellungsklage wurde aller Begründungsschwierigkeiten zum Trotz schließlich stattgegeben. Der Richter begründete das Feststellungsinteresse des Klägers damit, dass mit der begehrten Feststellung das Kunstwerk im seriösen Kunsthandel wegen des "Dealers Code of Practice", dem sich auch das Auktionshaus Christie's freiwillig unterworfen hatte, unverkäuflich würde.[726] Gestützt wurde die Entscheidungsfindung auf ein Präjudiz aus dem 19. Jh., wonach ein ausländischer Staat vor englischen Gerichten auf Feststellung klagen kann, wenn er auf diese Weise einen geldwerten Schaden von sich oder seinen Bürgern abwehren kann.[727] Ein solcher Schaden sei für Spanien zu bejahen, da der Gebrauch von gefälschten Exportlizenzen die rechtmäßigen Lizenzen und zugleich auch die von ihnen geschützten Kunstgegenstände entwerte. Nach erfolgreichem Abschluss des Verfahrens konnte der spanische Staat schließlich das Gemälde für 6 Millionen USD zurückkaufen.[728]

---

722 (1986) 1 W.L.R. 1120 (Chan.Div.). Dazu *Siehr*, RdC, S. 169 ff.; *Jayme*, Kunstwerk und Nation, S. 7 (15 f.).

723 Vgl. zu dem großen Interessen von Sammlern an dem Bild bereits zu Beginn des 20. Jh., *Siehr*, in: Reichelt, Neues Recht zum Schutz von Kulturgut, S. 29 f.

724 *Greenfield*, Return of Cultural Treasures, S. 245.

725 *Greenfield*, Return of Cultural Treasures, S. 245 f.

726 Zum Dealer's Code of Practice: *Müller-Katzenburg*, Internationale Standards, S. 197 ff.

727 Vgl. hierzu *Siehr*, in: FS Lorenz, S. 525 (538), insbes. in Fn. 76.

728 *Greenfield*, Return of Cultural Treasures, S. 245 f.

3. *Bewertung*

Klagen ausländischer Staaten auf Herausgabe wegen Verletzung eines staatlichen Exportverbotes ist also regelmäßig kein Erfolg beschieden, da sich aus den Regeln des internationalen Verwaltungsrechts ergibt, dass die Hoheitsgewalt des Ursprungsstaats an dessen Grenzen grundsätzlich ihr Ende findet. So haben sich seit jeher nationale Gerichte geweigert, als der verlängerte Arm anderer Staaten tätig zu werden.[729] Die oben festgestellte Abkehr vom Grundsatz der Nichtanwendbarkeit ausländischen öffentlichen Rechts im Kulturgüterschutz betrifft bislang lediglich die privatrechtliche Wirkung bestimmter öffentlicher, eigentumszuweisender Gesetze.

Wenn aber wie bei Exportverboten die öffentlich-rechtliche Regelungsmacht im Vordergrund steht, so können nach vorherrschender Ansicht öffentlich-rechtliche Ansprüche anderer Staaten nicht mit hoheitlichem Zwang und daher auch nicht mittels gerichtlicher Klagen durchgesetzt werden.[730] Solange keine einschlägigen völkerrechtlichen Verträge oder entsprechendes Gewohnheitsrecht bestehen, welche die Staaten zur Durchsetzung solcher Vorschriften verpflichten, hat der ausländische Staat nach dem autonomen Verwaltungsrecht nur dann eine Chance auf direkte Anerkennung seiner Exportverbote, wenn im jeweiligen Inland die fremden Verbote mit eigenen Importverboten gestützt werden.[731] Auf freiwilliger Basis hat sich bislang noch kein Staat bereit erklärt, ausländische Exportverbote für Kulturgut im Inland anzuerkennen, sie durchzusetzen und das illegal gehandelte Kulturgut zurückzugeben, selbst wenn im Inland übereinstimmende Exportverbote für eigenes Kulturgut bestehen.[732]

---

729 *Seidl-Hohenveldern*, Völkerrecht, Rn. 1509; *Staudinger/Stoll*, Int. SachenR, Rn. 147; *Fuchs*, IPRax 2000, S. 281 (283).

730 *Mann*, RabelsZ 21 (1956), S. 1 (4); *Lipstein*, in: Holl/Klinke, Internationales Privatrecht, Referate, S. 39 (53 f.).

731 So z. B. Kanada oder die USA hinsichtlich präkolumbianischer Kunst, vgl. Importation of Pre-Columbian Monumental or Architectural Sculpture or Murals Law, 19 U.S.C.A. §§ 2091-2095, dazu *Kenety*, Cornell International Law Journal 23 (1990), S. 1 ff.

732 *Droz*, Rev. crit. 86 (1997) S. 239 (243 f.); *Siehr*, SZIER 2005, S. 53 ( ). Für die EG- und EWR-Staaten vgl. Bericht der Kommission vom 25.05.2000 an den Rat, das Europäische Parlament und den Wirtschafts- und Sozialausschuss über die Durchführung der Verordnung (EWG) Nr. 3911/92 des Rates über die Ausfuhr von Kulturgütern und die Richtlinie 93/7/EWG des Rates über die Rückgabe von unrechtmäßig aus dem Hoheitsgebiet eines Mitgliedstaates verbrachten Kulturgütern, KOM (2000) 325.

III. Besonderheiten im Rahmen der EG

1. Restitutionsanspruch für unrechtmäßig verbrachtes Kulturgut nach der Richtlinie 93/7/EWG

Auf der Ebene der EG hat sich die Problematik der extraterritorialen Wirkung von Exportgesetzen mittlerweile entschärft. Mit der Verwirklichung des Binnenmarktes hat sich die EG zugleich dem Schutz der Kulturgüter ihrer Mitgliedstaaten angenommen, da der freie Binnenmarkt den nationalen Kulturgüterschutz in die Gefahr versetzt, leer zu laufen.[733] Zum einen schreibt die Verordnung VO 3911/92 des Rates vom 9. Dezember 1992 über die Ausfuhr von Kulturgütern eine allgemeine Genehmigungspflicht zur Ausfuhr in Drittländer vor, deren Einhaltung die Mitgliedstaaten durch entsprechende Sanktionsvorschriften zu sichern haben;[734] die Kulturgüterrichtlinie 93/7/EWG[735] stellt auf der anderen Seite sicher, dass die aus einem Mitgliedstaat unrechtmäßig in einen anderen Mitgliedstaat verbrachten Kulturgüter zurückgegeben werden.[736] Die Anordnung der Rückgabe erfolgt als Ausgleich dafür, dass es mangels Grenzkontrollen an den Binnengrenzen nicht möglich ist, die Ausfuhr von einem in einen anderen EG-Staat zu verhindern.[737]

Ein in einem Mitgliedstaat befindliches Kulturgut eines anderen Mitgliedstaates ist nach der Richtlinie zurückzugeben, wenn es (i) nach dem 31. Dezember 1992 unrechtmäßig aus dem ersuchenden Mitgliedstaat in das Gebiet des ersuchten Mitgliedstaates verbracht wurde, (ii) der Gegenstand vor oder nach der Verbrin-

---

733 Zum Verhältnis zwischen nationalem und europäischem Kulturgüterschutz vgl. *Mußgnug*, in: Mußgnug/Roellecke, S. 11 ff.; *Poli*, Revue du marché commun 1998, S. 89 ff.

734 *Verordnung 3911/92/EWG über die Ausfuhr von Kulturgütern vom 9. Dezember 1992*, Abl. EG 1992 Nr. L 395, 1. Vgl. zur Verordnung, *Hipp*, Kulturgüterschutz in Deutschland, S. 268 ff.; *Müller-Katzenburg*, Internationale Standards, S. 114 ff.; *Bila*, Kulturgüterschutz, S. 145 ff.; *Fuchs*, IPRax 2000, S. 281 (282); *Mußgnug*, in: Mußgnug/Roellecke, S. 11 (14 ff.); *Siehr*, ZVglRWiss 95 (1996), S. 170 (173 ff.) mit Beispielen zur praktischen Wirkung der Verordnung.

735 Richtlinie 93/7/EWG des Rates vom 15. März 1993 über die Rückgabe von unrechtmäßig aus dem Hoheitsgebiet eines Mitgliedstaats verbrachten Kulturgütern (Ri 93/7), ABl. EG 1993 Nr. L 74, 74.

736 Vgl. zur Ri 93/7/EWG *Mußgnug*, in: Mußgnug/Roellecke, S. 11 (17 ff.); *Siehr*, in: Reichelt, Neues Recht zum Schutz von Kulturgut, S. 29 ff.; *Bila*, Kulturgüterschutz in der EU, S. 145 ff. Zur Vereinbarkeit der UNIDROIT-Konvention mit europäischem Gemeinschaftsrecht und insbesondere der Ri 93/7 vgl. *Poli*, Revue du marché commun 1998, S. 89 (92 ff.).

737 BR-Drs. 137/92, S. 31. Gesprochen wird auch von der Kompensation entfallener Grenzkontrollen durch die Restitutionsregelung, so *Asam*, in: FS Jayme, S. 1651 (1657).

gung öffentlich als nationales Kulturgut eingestuft wurde, und (iii) entweder in eine der im Anhang der Kulturgüterrichtlinie genannten Kategorien[738] fällt, Teil einer öffentlichen Sammlung ist oder im Bestandsverzeichnis kirchlicher Einrichtungen verzeichnet ist.[739] Als unrechtmäßig verbracht gilt (i) jede Verbringung aus dem Hoheitsgebiet eines Mitgliedstaates entgegen dessen Rechtsvorschriften für den Schutz nationaler Kulturgüter, oder entgegen der VO 3911/92 sowie (ii) jede nicht erfolgte Rückkehr nach Ablauf der Frist für eine vorübergehende rechtmäßige Verbringung bzw. jeder Verstoß gegen eine andere Bedingung für diese vorübergehende Verbringung.[740] Nationales Kulturgut meint nach Art. 1 Nr. 1 der Ri 93/7/EWG einen Gegenstand, der nach einzelstaatlichem Recht eines Mitgliedstaates als nationales Kulturgut von künstlerischem, geschichtlichem oder archäologischem Wert i.S.d. Art. 36 EGV eingestuft wird.[741] Daher müssen sich nationale Schutzvorschriften an dem europarechtlichen Kulturgutbegriff des Art. 30 EGV orientieren. Das bedeutet, dass nicht jeder Kunstgegenstand, auch wenn er einem bestimmten Land und seiner Kultur zugeordnet werden kann, „nationales Kulturgut“ ist, sondern es sich bei den nationalen Kulturgütern, die im Land bleiben sollen, tatsächlich um „national treasures“ handeln muss.[742] Obwohl also letztlich jeder Staat souverän bestimmt, was er als

738 Die insgesamt 15 Kategorien im Anhang sehen zwei Einschränkungen vor. So wird je nach Objekt ein bestimmtes Alter gefordert und gewisse Wertgrenzen aufgestellt. Die Einführung der Wertkategorien war sehr umstritten. Zum Teil wurde gegen sie eingewandt, dass sie für Kulturgüter als einer besonderen Güterkategorie fehl am Platze seien, vgl. *Fechner*, DÖV 1992, S. 609 (616). Andere wiederum beurteilen sie positiv, insbesondere da der EGV von einem wirtschaftlichen Standpunkt ausgeht, vgl. *Uhl*, Handel mit Kunstwerken, S. 160.

739 § 5 Abs. 1 Kulturgüterrückgabegesetz.

740 § 5 Abs. 3, 4 Kulturgüterrückgabegesetz.

741 Der Vorschlag für eine Richtlinie des Rates betreffend die Rückgabe von Kulturgütern, die unrechtmäßig aus dem Staatsgebiet eines Mitgliedstaates verbracht wurden, vom 20.01.1992, KOM (91) 447, Abl.EG 1992 Nr. C 53/11 definierte Kulturgut noch ausdrücklich als einen Gegenstand, der nach der einzelstaatlichen Gesetzgebung i. S. v. Art. 36 des Vertrages zum "nationalen Kulturgut" gehört.

742 So auch *Siehr*, ZVglRWiss 95 (1996), S. 170 (185), und *Taschner*, in: Reichelt, Wiener Symposium, S. 97 (98); *Uhl*, Handel mit Kunstwerken, S. 158; *Bila*, Kulturgüterschutz in der EU, S. 132. Allerdings bestehen hier bislang keine konkreten Begrifflichkeiten oder Definitionen, so dass stark umstritten ist, wie eine Abgrenzung der „national treasures“ zu „gewöhnlichem“ Kulturgut erfolgen kann, vgl. den Überblick bei *Hipp*, Kulturgüterschutz in Deutschland, S. 230 f., und *Turner*, Völkerrechtliche Zuordnung, S. 178 ff. Auch in Kommentierungen zu Art. 30 EGV heißt es lediglich vage, dass den einzelnen Mitgliedstaaten ein Gestaltungsermessen eingeräumt wird, das jedenfalls dann überschritten ist, wenn es sich um Konsumgüter handelt, und dass die besondere Bedeutung

sein „nationales Kulturerbe“ ansieht, steht es nicht im freien Belieben der Staaten, jeglichen Kunstgegenstand von der Warenverkehrsfreiheit auszunehmen, zumal Art. 36 EGV als Ausnahmeregelung zu einer Grundfreiheit des Gemeinsamen Marktes eng auszulegen ist.[743] Ein zu exzessives Verbringungsverbot würde nicht nur die Rückgabe leer laufen lassen, sondern bereits an sich einen Verstoß gegen die Warenverkehrsfreiheit darstellen.

Eine Klage auf Rückgabe können ausschließlich die Mitgliedstaaten, nicht aber private Eigentümer erheben. Anspruchsberechtigt ist nach Art. 5 i.V.m. Art. 1 Nr. 3 Ri 93/7/EWG der Staat, aus dessen Hoheitsgebiet das Kulturgut unrechtmäßig verbracht wurde. Anspruchsschuldner der Rückgabe ist der Inhaber der tatsächlichen Sachherrschaft, und zwar auch dann, wenn er an dem betreffenden Gegenstand Eigentum erworben hat, Art. 5.[744] Damit wird ein vom Eigentum unabhängiger, allein auf die Tatsache illegalen Exports gestützter, öffentlich-rechtlicher Herausgabeanspruch begründet. Ist allerdings der Eigentümer beim Erwerb mit der erforderlichen Sorgfalt vorgegangen, so hat ihm das zuständige Gericht eine Entschädigung in der Höhe, die es für angemessen erachtet, zu gewähren, Art. 9 Abs. 1 Ri 93/7/EWG.[745]

Inhaltlich ist der Anspruch auf die Rückführung des Gegenstandes auf das Territorium des Herkunftsstaats gerichtet.[746] Dies stellt Art. 1 Nr. 5 Ri 93/7/EWG klar, der die Rückgabe als *„materielle Rückkehr des Kulturguts in das Hoheitsgebiet des ersuchenden Mitgliedstaates“* definiert. Die Eigentumsfrage selbst bleibt offen, da der Gemeinschaft wegen Art. 295 EGV die Kompetenz zur Regelung von Eigentumsfragen fehlt.[747] Gleichwohl enthält die Richtlinie mit Art. 12 eine Vorschrift, die das Eigentum nach erfolgter Rückgabe betrifft und bestimmt, dass sich die Frage des Eigentums nach dem Recht des ersuchenden Mitgliedstaates richtet. Somit wird für die der Richtlinie unterliegenden Fälle die Geltung der lex rei sitae ausgeschaltet und allein auf das Recht des Ur-

---

des betreffenden Gegenstandes in nachvollziehbarer Weise begründet werden muss, vgl. bspw. *Calliess/Ruffert*, Kommentar zu EUV und EGV, Art. 30 Rn. 37.

743 So jüngst *Merryman*, IJCP 12 (2005), S. 11 (31) m. w. N.

744 *Mußgnug*, Überlegungen zur Umsetzung, S. 1225 (1232); *Hipp*, Kulturgüterschutz in Deutschland, S. 282. Zur uneinheitlichen Verwendung der Begriffe Eigentümer und Besitzer durch die Richtlinie vgl. *Hipp*, Kulturgüterschutz in Deutschland, S. 282 f., und *Müller-Katzenburg*, Internationale Standards, S. 121.

745 Näher zum Entschädigungsanspruch *Hipp*, Kulturgüterschutz in Deutschland, S. 285 f.

746 Die Rechtsnatur des Anspruchs des Staates auf Rückführung auf sein Territorium wird uneinheitlich beurteilt, vgl. dazu *Turner*, Völkerrechtliche Zuordnung, S. 257 ff. m. w. N.

747 So die Erläuterung zum Vorschlag der Kommission, S. 18, 21.

sprungslandes (lex originis) verwiesen.[748] Dieses entscheidet also darüber, ob gegebenenfalls im Ausland empfangene sachenrechtliche Prägungen im Ursprungsland anerkannt werden.[749] Nach herrschender Ansicht handelt es sich bei Art. 12 um eine Norm des einheitlichen Kollisionsrechts, die lediglich auf das Sachrecht, nicht aber auch auf die Kollisionsnormen des Ursprungsstaates verweist.[750] Der kollisionsrechtliche Charakter des Art. 12 geht bereits aus der Begründung zu Art. 13 des ursprünglichen Richtlinienvorschlags hervor:

> *„Art. 13 legt eine einheitliche Kollisionsnorm fest, die von dem Grundsatz abweicht demzufolge das Recht der Belegenheit je nach den Rechtsvorschriften des Landes, in dem sich der Gegenstand zur Zeit der Transaktion befindet, durch einen reinen Transfer des Gegenstandes in das Staatsgebiet eines anderen Landes nicht berührt wird."*[751]

Erheblich wird dies freilich erst nach der Rückkehr des Kulturguts in das Herkunftsland.

In Bezug auf die Verjährung des Rückführungsanspruches enthält die Richtlinie wie die UNIDROIT-Konvention eine relative und eine absolute Verjährungsfrist. Nach Art. 7 Abs. 1 Ri 93/7/EWG verjährt der Rückgabeanspruch ein Jahr nach dem Zeitpunkt, zu dem der ersuchende Mitgliedstaat Kenntnis von der Belegenheit des Kulturguts und der Identität seines Besitzers erhält; in jedem Falle aber 30 Jahre nach dem Zeitpunkt der unrechtmäßigen Verbringung. Für öffentliche Sammlungen und kirchliches Kulturgut beträgt die Frist 75 Jahre seit der Verbringung; hiervon ausgenommen sind allerdings die Mitgliedstaaten, in denen der Rückgabeanspruch unverjährbar ist, oder für die aufgrund bilateraler Abkommen eine längere Verjährungsfrist gilt. Erstere können sich nun einseitig

---

748 Str., zum Meinungsstand vgl. *Pfeiffer*, IPRax 2000, S. 270 (278 ff.); *Jayme*, ZVglRWiss 95 (1996), S. 158 (168); *Bila*, Kulturgüterschutz in der EU, S. 173 ff.; *Schmeinck*, Internationalprivatrechtliche Aspekte, S. 196.

749 So auch *Turner*, Völkerrechtliche Zuordnung, S. 253.

750 *Pfeiffer*, IPRax 2000, S. 270 (278 ff.); *Carducci*, La restitution internationale, S. 150; *Jayme*, ZVglRWiss 95 (1996), S. 158 (168); a.A. *Müller-Katzenburg*, Internationale Standards, S. 285, die eine Gesamtverweisung annimmt. *Siehr*, ZVglRWiss 95 (1996), S. 170 (180 ff.) und RabelsZ 1995, S. 455 (465 ff.), wiederum vertritt die Auffassung, dass Art. 12 ein Abweichen vom Grundsatz wohlerworbener Rechte zulässt mit der Folge, dass, soweit an einem Kulturgut nach dessen unrechtmäßiger Verbringung Eigentumsrechte wirksam begründet worden seien, diese nach Rückkehr in den Herkunftsstaat wieder untergehen. Einen Überblick über den Meinungsstand und die Auswirkungen der unterschiedlichen Ansichten gibt *Hipp*, Kulturgüterschutz in Deutschland, S. 287 ff.

751 Begründung der Richtlinie, III/5426/91 – Rev. 1-DE, S. 30.

auf die Unverjährbarkeit ihres Rückgabeanspruchs hinsichtlich der Kulturgüter ihrer domaine public berufen.

Schließlich stellt Art. 15 klar, dass neben dem öffentlich-rechtlichen Rückführungsanspruch diejenigen Möglichkeiten neben der Richtlinie bestehen bleiben, die dem ersuchenden Mitgliedstaat (und/oder dem Eigentümer des Kulturguts) nach zivil- oder strafrechtlichen Vorschriften zur Erlangung des Kulturguts zur Verfügung stehen. Ist der ersuchende Staat selbst Eigentümer und hat er sein Eigentum zwischenzeitlich nicht verloren, so kann er zwischen dem Anspruch aus der Richtlinie und einem zivilrechtlichen Herausgabeverfahren wählen. Aufgrund der oben dargestellten Nachteile eines Zivilrechtsstreites, insbesondere wegen der damit verbundenen hohen Kosten, schwieriger Beweisfragen und langer Verfahrensdauer wird regelmäßig der allein auf den illegalen Export gestützte Anspruch der sein, der dem ersuchenden Staat schneller zum Erfolg verhilft.[752]

2. *Bedeutung der Richtlinie für den internationalen Kunsthandel*

Die gemeinschaftsrechtlichen Regelungen zur Ausfuhr von Kulturgut sind ebenso wie die beiden multilateralen Konventionen auf gemischte Reaktionen gestoßen. Zum Teil werden sie als *„geschlossenes Überwachungs- und Rückholsystem für Kulturgüter und Kunstgegenstände innerhalb Europas und an den europäischen Außengrenzen“*[753] bezeichnet, andere sprechen von einer Überregulierung.[754] Kritisiert wurde vor allem der weite sachliche Anwendungsbereich, der zu viele Kulturgüter erfasse und somit zu unzumutbaren Handelshemmnissen für den internationalen Kunsthandel führen würde.[755] Diese Gefahr dürfte jedoch zumindest teilweise durch die gemeinschaftskonforme Auslegung des Begriffs nationales Kulturgut in den Griff zu bekommen sein. Die Probleme liegen vielmehr an anderer Stelle. Mit der Umsetzung der Richtlinie in den europäischen Ländern können zwar nunmehr innerhalb der Gemeinschaft auch nur illegal exportierte Kulturgüter herausverlangt werden, ohne dass die Gerichte auf die Unanwendbarkeit des ausländischen öffentlichen Rechts verweisen kön-

---

[752] Zur Konkurrenz zwischen öffentlich-rechtlichem Anspruch des Staates und zivilrechtlichem Anspruch des Eigentümers vgl. *Hipp*, Kulturgüterschutz in Deutschland, S. 292, und *Turner*, Völkerrechtliche Zuordnung, S. 254 f. Zu diesem Problem auch *Bila*, Kulturgüterschutz in der EU, S. 178 ff.

[753] *Berndt*, Internationaler Kulturgüterschutz, S. 150.

[754] *Siehr*, NJW 1993, S. 2206 (2209).

[755] *Siehr*, NJW 1993, S. 2206 (2208 f.).

nen. So könnten heute der italienische und spanische Staat ohne weitere Umstände die Herausgabe ihrer Archive bzw. des berühmten Goya-Porträts verlangen; eine sicher begrüßenswerte Errungenschaft, wenn man bedenkt, dass selbst in einem Raum, in welchem dem Prinzip der Warenverkehrsfreiheit ein so überragender Rang eingeräumt wird, die Durchsetzung von Beschränkungen zum Schutz des nationalen Erbes erleichtert wird. Andererseits endet dieser Schutz an den EU-Außengrenzen, was die Gefahr birgt, dass Schmuggelgut vermehrt in dritte Länder verbracht wird und so dem EU-System entzogen ist.[756] Zudem betrifft der überwiegende Teil von Kulturgüterrechtsstreitigkeiten Kulturgut aus afrikanischen, asiatischen, südamerikanischen Ländern sowie aus Ozeanien. Insofern wird sich die Lage auf dem internationalen Kunstmarkt für illegal exportiertes Kulturgut durch die Richtlinie und ihre Umsetzung nur teilweise entspannen.

IV. Illegal exportiertes Kulturgut vor deutschen Foren

1. Allgemeine Überlegungen

a. Kulturgut aus EG-Mitgliedstaaten

Auch die Bundesrepublik Deutschland hat die Ri 93/7/EWG mittlerweile in ihrem Kulturgüterrückgabegesetz vom 15. Oktober 1998 umgesetzt.[757] In einem Punkt weicht das deutsche Gesetz allerdings von der Richtlinie ausdrücklich ab. So etabliert § 5 Abs. 1 des KultGüRückG eine Rückgabepflicht nur für diejenigen Gegenstände anderer Mitgliedstaaten, die bereits vor der Verbringung als nationales Kulturgut eingestuft worden sind bzw. deren Einstufung eingeleitet

---

756 In diesem Zusammenhang wurde darauf hingewiesen, dass auf bestimmte Regionen begrenzte Maßnahmen die Probleme eines internationalen Kulturgüterschutzes nicht beheben, sondern lediglich verlagern, vgl. *Müller-Katzenburg*, Internationale Standards, S. 130.

757 Gesetz zur Umsetzung von Richtlinien der Europäischen Gemeinschaften über die Rückgabe von unrechtmäßig aus dem Hoheitsgebiet eines Mitgliedstaates verbrachten Kulturgütern und zur Änderung des Gesetzes zum Schutz deutschen Kulturguts gegen Abwanderung (Kulturgutsicherungsgesetz – KultgutSiG) vom 15. Oktober 1998), BGBl. 1998 I, S. 3162 ff. Das Kulturgutsicherungsgesetz schafft einerseits das Kulturgüterrückgabegesetz und ändert zugleich das KGSchG v. 1955, indem mit § 20 eine Vorschrift über die Sicherung freien Geleits für ausländische Leihgaben eingeführt wurde. Vgl. zu letzterem *Kempen*, in: FS Badura, S. 1079 ff. Die Umsetzung erfolgte allerdings mehr als vier Jahre zu spät, weshalb gegen die Bundesrepublik bereits ein Vertragsverletzungsverfahren eingeleitet worden war, Rs. C-413/97 und Tätigkeitsbericht des EuGH Nr. 33/98. Die Klage wurde jedoch inzwischen zurückgenommen.

und öffentlich bekannt gemacht wurde. Die Richtlinie hingegen lässt auch die Einstufung als nationales Kulturgut zeitlich nach der unrechtmäßigen Verbringung zu.[758] Begründet wurde die Ablehnung der nachträglichen Erklärung zu nationalem Kulturgut vom deutschen Gesetzgeber mit dem Verstoß gegen „*höherrangige Grundsätze des Gemeinschaftsrechts*", so insbesondere aus Gründen der Rechtssicherheit und Beachtung des Rückwirkungsverbots.[759]

Im Hinblick auf die rückwirkende Anwendung der lex originis nach erfolgter Rückkehr des Kulturguts sind die deutschen §§ 4, 8 des KultGüRückG klarer als diejenigen der Richtlinie. Insbesondere verweist § 4 Abs. 1 KultGüRückG eindeutig auf die Anwendung des deutschen Sachrechts, § 8 auf die Anwendung ausländischer Sachvorschriften. Die geschaffenen Sonderkollisionsnormen zugunsten einer rückwirkenden Anwendung der lex originis nehmen bewusst das Risiko eines Auseinanderfallens des öffentlich-rechtlichen Rückgabeanspruchs und der privatrechtlichen Eigentumslage in Kauf.[760] So sieht § 4 Abs. 2 KultGüRückG vor, dass bürgerlich-rechtliche Ansprüche und Rechte auf das Kulturgut von der Rückgabe unberührt bleiben. Somit kann durchaus wirksam Eigentum an dem rechtswidrig verbrachten deutschen Kulturgut erworben werden, der Eigentümer muss jedoch das Kulturgut auf deutsches Territorium zurückführen.[761] Ebenso kann es sich bei ausländischem Kulturgut verhalten, das zurückgegeben wird. Die Vorschrift des § 8 KultGüRückG enthält mit ihrem Verweis auf die Sachvorschriften des Ursprungsstaates keine automatische Negierung des im Ausland erfolgten Eigentumserwerbs.[762] Das Recht des Ursprungslandes kann einen solchen Erwerb also durchaus für wirksam halten.[763] Dies geht auch aus der Entschädigungsregelung des § 9 Abs. 3 KultGüRückG hervor: Sichert der Ursprungsstaat zu, dass die Rechte des Rückgabeschuldners an dem Kulturgut erhalten bleiben, so wird dem Ursprungsstaat ermöglicht, dem Gutgläubigen nur die Kosten zu erstaaten, die dem Erwerber daraus entstanden sind, dass er darauf vertraut hat, das Kulturgut in der Bundesrepublik Deutschland belassen zu dürfen.

---

758 *Fuchs*, IPRax 2000, S. 281 (283). Diese Möglichkeit war einer der wesentlichen Bedenken gegen den Inhalt der Ri 93/7/EWG und daher Grund der verspäteten Umsetzung.

759 BT-Drs. 13/10789, S. 8.

760 *Pfeiffer*, IPRax 2000, S. 270 (280); *Fuchs*, IPRax 200, S. 281 (285). *Siehr*, KUR 7 (2005), S. 33 (45), hingegen sieht in § 8 KultGüRückG eine unnötige Wiederholung der ohnehin geltenden lex rei sitae.

761 *Pfeiffer*, IPRax 2000, S. 270 (280).

762 So aber fälschlich *Siehr*, RabelZ 59 (1995), S. 454 (467).

763 *Fuchs*, IPRax 2000, S. 281 (285); *Pfeiffer*, IPRax 2000, S. 270 (280).

Verfahrensrechtlich besteht ein öffentlich-rechtlicher Rückgabeanspruch, auf den die EuGVVO keine Anwendung findet. Nach § 12 KultGüRüG „*kann der ersuchende Mitgliedstaat den Rückgabeschuldner auf dem verwaltungsgerichtlichen Rechtsweg auf Rückgabe verklagen*“. Die sachliche Zuständigkeit der Verwaltungsgerichte folgt aus § 45 VwGO, die örtliche aus § 52 Nr. 5 VwGO. Der Wohnsitz des Beklagten als örtlicher Gerichtsstand hat den Vorteil, dass, da die Klage sich gegen den Inhaber der tatsächlichen Sachherrschaft richtet, die Belegenheit des Kulturguts mit dem örtlichen Gerichtsstand regelmäßig zusammenfällt.[764]

b. Behandlung sonstigen ausländischen Kulturguts nach Internationalem Verwaltungsrecht

Soweit allerdings der Anwendungsbereich der Richtlinie nicht gegeben ist, geht auch die deutsche Rechtsprechung allgemein davon aus, dass deutsche Gerichte mangels einschlägiger völkervertraglicher oder gewohnheitsrechtlicher Bindungen nicht verpflichtet sind, öffentlich-rechtlichen Verfügungsbeschränkungen, wie sie typischerweise in Exportverboten zum Ausdruck kommen, Beachtung zu verschaffen und auf dieser Grundlage die Rückstellung des illegal exportierten Kulturguts anzuordnen. Nach den Feststellungen des BGH wird das öffentliche Kollisionsrecht vom Grundsatz der Territorialität beherrscht, so dass ein ausländisches, dem öffentlichen Recht zuzuordnendes Verfügungsverbot in seinen Wirkungen auf den ausländischen Territorialbereich beschränkt ist.[765] Dies gilt jedenfalls dann, wenn die betreffenden ausländischen Bestimmungen nicht dem Ausgleich schutzwürdiger privater Belange, sondern der Verwirklichung wirtschafts- und staatspolitischer Ziele des rechtssetzenden Staates selber dienen.[766] Obwohl grundsätzlich jeder Staat und damit auch die Bundesrepublik Deutschland frei ist, öffentlich-rechtliche Ansprüche fremder Staaten in seinem Hoheitsgebiet zu vollziehen,[767] wird dem Staat regelmäßig der Wille fehlen, die Interessen fremder Staaten durchzusetzen.[768]

---

764 Zu den damit zusammenhängenden Vorzügen vgl. Teil 2, A.IV.1.a.

765 BGHZ 31, S. 367 (371); 43, S. 162; 64, S. 183. Vgl. hierzu auch *Staudinger/Blumenwitz*, Art. 6 EGBGB Rn. 31.

766 BGHZ 64, S. 183 (189).

767 Völkerrechtlich gesehen besteht kein Verbot, fremde Hoheitsakte zu vollziehen, so dass sich der Staat aus Courtoisie jederzeit bereit erklären kann, fremde Exportverbote zu vollstrecken, vgl. *Geimer* IZPR, Rz. 158; *Dormann Bessenich*, Der ausländische Staat als Kläger, S. 83; *Dahm/Delbrück/Wolfrum*, Völkerrecht I/1, S. 484. Vgl. hierzu bspw. BVerfGE 63, 343 (361 f.): „*Ein Staat ist nach allgemeinem Völkerrecht grundsätzlich nicht verpflichtet, in seinem Hoheitsbereich die Vornahme oder Vollstreckung von*

c. *Zwischenergebnis*

Damit lässt sich bereits hier festhalten, dass die deutsche Rechtsprechung eine unmittelbare Durchsetzung des ausländischen Exportverbots als Grundlage eines öffentlich-rechtlichen Rückführungsrechts ohne entsprechende vertragliche Verpflichtung nicht zulässt. In prozessualer Hinsicht bedeutet dies, dass eine Rückgabeklage gestützt auf ein ausländisches Exportverbot schon aus Gründen der Unzuständigkeit abgewiesen würde.[769] Wäre die Problematik der ausländischen Verbotsnormen allein auf den Weg des autonomen Internationalen Verwaltungsrechts beschränkt, so stünde es schlecht um die Wirkung nationaler Exportverbote. Denn die deutsche Rechtsordnung sieht bislang keine korrespondierenden Importverbote vor. Daher fragt sich, ob Exportverboten zumindest auf der privatrechtlichen Ebene Wirkung zukommen kann.

2. *Mittelbare Berücksichtigung von Exportverboten*

a. *Exportverbote als „Eingriffsnormen"*

Aus der Sicht des IPR fallen Verbotsvorschriften meist unter die „international zwingenden Bestimmungen", auch „Eingriffsnormen" oder „lois d'application immédiate" genannt.[770] Sie beanspruchen unabhängig vom jeweils anwendbaren oder gewählten Vertragsstatut Geltung. Da sie die Grenzen der Parteiautonomie bestimmen, bilden sie den härtesten Eingriff in die Privatrechtsordnung. Von ihnen zu unterscheiden sind die einfachen zwingenden Normen, die zwar innerhalb einer Rechtsordnung zwingend gelten, aber durch die Parteien im Rahmen einer Rechtswahl abgewählt werden können.[771] Ein Indiz für die Unterscheidung zwischen Eingriffsnorm und einfach zwingender Norm bietet die Durchsetzungsmacht des rechtssetzenden Staates. Hat ein Verstoß gegen die Norm lediglich privatrechtliche Auswirkungen, so wird man es im Allgemeinen mit einer einfachen Verbotsvorschrift, begrenzt auf die eigene Rechtsordnung, zu tun ha-

---

Hoheitsakten eines anderen Staates zu dulden ... oder dafür – im Wege der Rechtshilfe – seine Hand zu reichen; das Völkerrecht verbietet freilich solche Duldung oder Mithilfe auch nicht; es stellt sie den Staaten frei." Auf den Kooperationswillen des Belegenheitsstaates weist auch *Seidl-Hohenveldern*, RGDIP 82 (1993), S. 395 (404), hin.

768 *Habscheid*, in: BerDGV 11 (1973), S. 7 (37); *Dormann Bessenich*, Der ausländische Staat als Kläger, S. 83.

769 *Kegel/Schurig*, IPR, S. 1094.

770 *MüKo-Martiny*, Art. 34 EGBGB Rn. 7; *Schmeinck*, Internationalprivatrechtliche Aspekte, S. 82.

771 *Kropholler*, IPR, S. 19.

ben. Erfolgt die Einhaltung der Norm dagegen mit hoheitlichen Mitteln oder steht ein Verstoß unter Strafandrohung, so handelt es sich um eine echte Eingriffsnorm.[772]

Im deutschen Recht besteht auch auf der privatrechtlichen Ebene bislang im kodifizierten IPR keine Regelung zur Anwendung ausländischer Eingriffsgesetze, da Art. 7 Abs. 1 des *Europäischen Übereinkommens vom 19. Juni 1980 über das auf vertragliche Schuldverhältnisse anzuwendende Recht* (EVÜ)[773] bislang nicht umgesetzt wurde.[774] Art. 34 EGBGB, der sich mit Eingriffsnormen beschäftigt, erfasst nur solche deutschen Rechts. Eine Bestimmung zur Geltung ausländischer Vorschriften in dinglichen Rechtsverhältnissen fehlt bereits auf der gemeinschaftsrechtlichen Ebene. Demzufolge bildet die Problematik der Eingriffsnormen eines der meistdiskutiertesten Themen in der rechtswissenschaftlichen Literatur. Aber auch die deutsche Rechtsprechung hat einen Weg gefunden, ausländischen Eingriffsnormen eine gewisse Wirkung im Inland zu verleihen.

b. *Nigeria-Kulturgut-Entscheidung des BGH*

Einmal mehr muss der berühmten Nigeria-Kulturgut-Entscheidung des BGH Beachtung gezollt werden.[775] Zur Erinnerung: der Kläger verlangte von seiner Versicherung Schadensersatz für beim Seetransport verlorengegangene nigerianische Masken, die entgegen einem nigerianischen Exportverbot ausgeführt worden waren; die beklagte Versicherung wandte hiergegen die Unwirksamkeit des Versicherungsvertrages wegen Verstoßes gegen die guten Sitten ein. Unmittelbare Verbindlichkeit konnte das nigerianische Verbot nicht entfalten, da Schuldstatut das deutsche Recht war und somit § 134 BGB keine Anwendung fand.[776] Allerdings befand der BGH das ausländische Exportgesetz zumindest

---

772 *MüKo-Martiny*, Art. 34 EGBGB Rn. 14; *Erman/Hohloch*, Art. 34 EGBGB Rn. 12.

773 ABl. EG 1980 Nr. L 266/1; BGBl. 1986 II, S. 810.

774 Vgl. zur nicht erfolgten Umsetzung BR-Drs. 224/1 vom 20.06.1983 und 224/83 vom 01.07.1983. Art. 7 Abs. 1 EVÜ lautet: „Bei der Anwendung des Rechts eines bestimmten Staates auf Grund dieses Übereinkommens kann den zwingenden Bestimmungen des Rechts eines anderen Staates, mit dem der Sachverhalt eine enge Verbindung aufweist, Wirkung verliehen werden, soweit diese Bestimmungen nach dem Recht des letztgenannten Staates ohne Rücksicht darauf anzuwenden sind, welchem Recht der Vertrag unterliegt. Bei der Entscheidung, ob diesen zwingenden Bestimmungen Wirkung zu verleihen ist, sind ihre Natur und ihr Gegenstand sowie die Folgen zu berücksichtigen, die sich aus ihrer Anwendung oder Nichtanwendung ergeben." Näher zu Art. 7 Abs. 1 EVÜ, Martiny, IPRax 1987, S. 277 ff.

775 BGHZ 59, S. 82 ff.

776 BGHZ 59, S. 82 (85).

mittelbar für die Frage bedeutsam, ob das versicherte Interesse gegen die guten Sitten verstößt. Nach den Ausführungen des BGH folgt die Nichtigkeit eines gegen ein ausländisches Verbotsgesetz verstoßenden Rechtsgeschäfts aus § 138 BGB nicht nur dann, wenn das fremde Gesetz mittelbar auch deutsche Interessen schützt, sondern auch, wenn seine Umgehung den allgemein zu achtenden Interessen aller Völker zuwiderläuft:

> *„Hier handelt es sich nicht um ein Ausfuhrverbot, durch das mittelbar auch deutsche Interessen geschützt würden und das schon deshalb zur Anwendung des § 138 BGB führen könnte [...], sondern um ein Verbot, das die Erhaltung des künstlerischen Erbes im Ursprungsland [...] bezweckt. Die Umgehung eines solchen Schutzgesetzes muß, da sie dem nach heutiger Auffassung allgemein zu achtenden Interesse aller Völker an der Erhaltung von Kulturwerten an Ort und Stelle zuwiderhandelt, als verwerflich betrachtet werden [...]“.*[777]

Die Anerkennung eines solchen allgemein zu achtenden Interesses folgerte der BGH aus den Beratungen zur UNESCO 1970 und deren Annahme durch die Generalkonferenz.

Die Entscheidung des BGH ist in der Literatur auf reges Interesse gestoßen.[778] So wurden die vom BGH angesprochenen, auf allgemeinem Konsens beruhenden Grundüberzeugungen zum Teil als „internationaler ordre public“ bezeichnet und das Urteil als die Leitentscheidung zur Etablierung eines „internationalen ordre public“ gefeiert.[779] Allerdings wird dieser Begriff sehr uneinheitlich verstanden und gebraucht, so dass er für die Zwecke dieser Arbeit vermieden wird.[780] Inhaltlich hat der BGH mit der Nigeria-Kulturgutentscheidung im

---

777 BGHZ 59, S. 82 (86).

778 Vgl. nur *Mann*, Anmerkung zu BGHZ 59, S. 82 ff. (Nigeria-Kulturgutentscheidung), NJW 1972, S. 2179; *Bleckmann*, ZaÖRV 34 (1974), S. 112 ff.; *Sandrock*, in: International Sales of Works of Art I, S. 457 (473); *Reichelt*, IPRax 1986, S. 73 (74); dies. in: Sladek, Das kulturelle Erbe, S. 61 (65); *Rudolf*, in: FS Doehring, S. 853 (864); *Hailbronner*, JZ 2002, S. 957 (961); *Siehr*, in: FS Lorenz, S. 525 f.; *Jaeger*, Internationaler KGS, S. 91 f.; *Berndt*, Internationaler KGS, S. 117 ff.; *Fraoua*, Le trafic illicite, S. 147 f.; *v. Schorlemer*, Internationaler Kulturgüterschutz, S. 527 ff.; *Müller-Katzenburg*, Internationale Standards, S. 182 f., 294 ff.

779 Vgl. bspw. *Pentzlin*, Universeller ordre public, S. 38; *Berndt*, Internationaler Kulturgüterschutz, S. 117 f.; *Rudolf*, in: FS Doehring, S. 853 (864); *Hailbronner*, JZ 2002, S. 957 (961).

780 *Bleckmann*, ZaÖRV 34 (1974), S. 112 (113, 131), will darunter bspw. auch internationale Kollektivinteressen verstanden haben. Für den Begriff des internationalen ordre public haben sich mittlerweile in Deutschland im Wesentlichen zwei zu unterscheidende Verständnisweisen herausgebildet: zum einen ein völkerrechtlicher ordre public, der seinen Geltungsgrund im Völkerrecht hat und dem Schutz der zwischenstaatlichen Ordnung

Gegensatz zur vornehmlich kollisionsrechtlichen Diskussion über Eingriffsnormen in der Literatur ein ausländisches Exportverbot materiell-rechtlich berücksichtigt, indem er es mittelbar als wertausfüllendes Tatbestandsmerkmal eines unbestimmten Rechtsbegriffs in die Generalklausel der guten Sitten einbezogen hat.[781] Angewandt – und dies wird oft verkannt – hat der BGH die ausländische Rechtsnorm als solche indes nicht.[782] Relevant war für ihn allein die Übereinstimmung der Wertungen der ausländischen Norm mit den vom deutschen Recht verfolgten grundlegenden Interessen und Wertungen. Das echte Novum der Entscheidung ist darin zu sehen, dass das deutsche Recht nun neben dem Schutz spezifisch deutscher Interessen wie selbstverständlich auch zum Schutz allgemein zu achtender Interessen und Wertvorstellungen aller Völker aufgerufen und genutzt wird. Für den Kulturgüterschutz ist aus dem Urteil gefolgert worden, dass fortan jedes Rechtsgeschäft, welches unter Verstoß gegen ein ausländisches Ausfuhrverbotsgesetz geschlossen wurde, nach deutschem Recht wegen Sittenwidrigkeit nichtig sein soll.[783]

Daneben gibt es jedoch Stimmen, die der Entscheidung weniger enthusiastisch begegnen und in Frage stellen, ob dem Urteil für die deutsche Rechtspraxis wirklich die herausragende Bedeutung zukommt, die ihm vielfach beigemessen wird.[784] *Siehr* gibt zu bedenken, dass die Entscheidung des BGH mit dem unerlaubten Export durch eine ansonsten berechtigte Person nur einen kleinen As-

---

dient; er wendet sich an die dem Völkerrecht unterliegenden Subjekte (näher zum völkerrechtlichen ordre public, *Staudinger/Blumenwitz*, Art. 6 EGBGB Rn. 64, und *Pentzlin*, Universeller ordre public, S. 33 ff.), zum anderen ein unter Rückgriff auf das Völkerrecht und übernationale Wertungsmaßstäbe ausgelegter nationaler ordre public. Er verpflichtet die Staaten, bei zwischenstaatlichen Sachverhalten außerstaatlich entwickelte völkerrechtliche Grundwerte zu schützen und befreit so den rein nationalen ordre public vom Vorwurf nationalen Protektionismus und der Tendenz, fremden Rechtsordnungen innerstaatliche Wertungen aufzuzwingen, vgl. *Siehr*, IPR, S. 488, *Siehr/Keller*, Allgemeine Lehren, S. 540 f.; *Brüning*, Beachtlichkeit, S. 88; *Voltz*, Menschenrechte, S. 217 ff. Den Begriff des internationalen ordre public lehnen wegen seiner Unklarheit gänzlich ab: *MüKo-Sonnenberger*, Art. 6 EGBGB Rn. 71 a. E.; *Kropholler*, IPR, S. 248; *Müller-Katzenburg*, Internationale Standards, S. 223.

781 Vgl. *Siehr*, RdC 243 (1993-VI), S. 190 f.; *Knott*, Anspruch auf Herausgabe, S. 132.

782 *Kegel/Schurig*, IPR, S. 1147.

783 *Berndt*, Internationaler Kulturgüterschutz, S. 117 f., der jedoch nicht näher spezifiziert, was er unter „internationaler ordre public“ verstanden wissen will.

784 Das Urteil ist auch wegen seines sachrechtlichen Ansatzes im Hinblick auf die Beachtung ausländischer Eingriffsnormen kritisiert worden, vgl. *Drobnig*, in: FS Neumayer, S. 159 (172 ff.). Für die Belange der Feststellung des status quo der deutschen Rechtsprechung im internationalen Kulturgüterschutz ist der sachrechtliche Ansatz des BGH in jedem Falle zu akzeptieren.

pekt des umfassenden Gebietes des internationalen Kulturgüterschutzes erfasse. Überdies habe er nur über die Wirksamkeit des Seeversicherungsvertrags und die aus ihm resultierenden Ansprüche zu entscheiden, nicht aber über das Recht des Herkunftsstaates auf Herausgabe der fraglichen Kulturgüter. Ebenso wenig habe er Stellung zu einer etwaigen Unwirksamkeit eines Kaufvertrages über von Exportverboten geschützte Kulturgüter beziehen müssen.[785] Auch *Knott* zweifelt an der Präzedenzwirkung der Nigeria-Kulturgut Entscheidung: da die Klage bereits aus prozessualen Gründen wegen § 539 ZPO unzulässig war, seien die Ausführungen des Gerichtes zur Begründetheit der Klage nur dicta gewesen und daher nur bedingt verallgemeinerungsfähig.[786]

Der letzten Einwendung ist entgegenzuhalten, dass der BGH bereits vor seiner Entscheidung im Rahmen des internationalen Kulturgüterschutzes ausländischen Exportverboten auf der sachrechtlichen Ebene Beachtung geschenkt hat. Für einen Verstoß gegen die guten Sitten hatte er aber noch gefordert, dass die umgangenen Bestimmungen neben den Interessen des ausländischen Staates zumindest mittelbar auch deutschen Interessen dienen.[787] Seit der Nigeria-Kulturgut-Entscheidung hat der BGH seinen Ansatz im Hinblick auf die allgemein anerkannten Interessen fortgeführt.[788]

Im Jahre 1993 schloss sich das OLG Hamburg der Auffassung des BGH an und bestätigte die Möglichkeit, allgemein anerkannte rechtliche Erwägungen in die Generalklausel der guten Sitten einzubeziehen. Zu entscheiden war über die Wirksamkeit eines Versicherungsvertrages, wenn auch nicht vor dem Hintergrund des internationalen Kulturgüterschutzes. Anders als im Nigeria-Fall verstieß hier die zugrunde liegende Lieferung nicht gegen ein Exportverbot, sondern gegen – wiederum nigerianische – Zoll- und Einfuhrbestimmungen.[789] Die Frage der Sittenwidrigkeit des Versicherungsvertrages nach § 138 BGB wurde jedoch vom Gericht letztlich mit der Begründung verneint, dass die von der Beklagten angeführten Zoll- und Einfuhrbestimmungen allein handelspolitischen Beschränkungen des freien Warenverkehrs, fiskalischen Interessen sowie der

---

785 *Siehr*, in: FS Lorenz, S. 525 (526).

786 *Knott,* Anspruch auf Herausgabe, S. 132, Fn. 254.

787 BGHZ 34, S. 169 (176 ff.) (Borax), und BGH NJW 1962, S. 1436 (1437) (Borsäure).

788 Vgl. BGHZ 69, S. 295 (296 ff.) (DDR-Fluchthelfervertrag); BGHZ 94, S. 268 (271) (Schmiergeld); BGH NJW 1991, S. 634 (635) (Südafrika-Embargo I); BGH NJW 1993, S. 194 (195) (Südafrika-Embargo II). S. zu dieser Rechtsprechung auch *Brüning*, Beachtlichkeit, S. 126 ff.

789 OLG Hamburg, RIW 1994, S. 686 ff. mit Anm. *Mankowski*.

Verhinderung verschleierten Devisentransfers ins Ausland dienten. Nach Ansicht des Gerichts schützten sie weder deutsche Interessen, noch beruhten sie auf allgemein anerkannten Erwägungen wie bspw. den in der UNESCO-Konvention festgeschriebenen. Vielmehr spreche die ordre public Klausel des Art. 6 EGBGB eher gegen eine Heranziehung der Vorschriften, da diese kaum mit den Grundsätzen des deutschen Rechts zu vereinbaren seien. Auf die Gründe für eine Unvereinbarkeit mit deutschem Recht wurde nicht näher eingegangen.[790] Abgelehnt wurde somit lediglich das Vorliegen eines achtenswerten Interesses im konkreten Fall, wohingegen die grundsätzliche Einbeziehung allgemein anerkannter Wertungen nicht in Frage gestellt wurde. Daher kann man für die deutsche Rechtsprechung davon ausgehen, dass eine rechtliche Pflicht zur Beachtung ausländischer Verbotsvorschriften anzunehmen ist, wenn der mit ihnen verfolgte Zweck einem legitimen und allgemeinen Interesse des überwiegenden Teils der Staatenwelt dient und somit im Interesse internationaler Solidarität geboten erscheint.[791]

c. *Schlussfolgerungen aus der deutschen Rechtsprechung*

Die deutsche Rechtsprechung wendet das Territorialitätsprinzip also nicht streng an, sondern bezieht zumindest mittelbar ausländische Verbotsgesetze auf der materiell-rechtlichen Ebene bei deutschem Vertragstatut ein. In diesem Zusammenhang ist vorgebracht worden, dass der sachrechtliche Ansatz nicht zu helfen vermöge, wenn der Vertrag einer ausländischen lex causae unterliege.[792] Soweit ersichtlich ist in diesem Zusammenhang noch kein Fall entschieden worden, in dem ein anderes Recht als das deutsche zur lex causae berufen war. Konsequenterweise müssen bei ausländischer lex causae die entsprechenden Öffnungsnormen des ausländischen Rechts herangezogen werden.[793]

Keine Probleme stellen sich dann, wenn das Recht der zu beachtenden Eingriffsnorm selbst das Vertragstatut ist. Denn hier findet die durch die Kollisionsnorm oder gegebenenfalls Rechtswahl berufene Rechtsordnung als Ganzes Anwendung. Öffentlich-rechtliche Verbote des Herkunftsstaates, Kulturgut zu exportieren, werden dann also über die entsprechenden zivilrechtlichen Vor-

---

790 OLG Hamburg, RIW 1994, S. 686 (687) mit Anm. *Mankowski*.

791 So auch *Pentzlin*, Universeller ordre public, S. 61; im Ergebnis ebenso *Drobnig*, in: FS Neumayer, S. 159 (178).

792 Vgl. *Brüning*, Beachtlichkeit, S. 91.

793 *Mankowski*, RIW 1994, S. 688 (691); *Müller-Katzenburg*, Internationale Standards, S. 297.

schriften des Herkunftsstaates berücksichtigt und können so zur Nichtigkeit des entsprechenden Vertrages führen.[794]

Obwohl sich die Nigeria-Kulturgutentscheidung nur mit der Nichtigkeit eines Versicherungsvertrages beschäftigt hat, bestehen keine Bedenken, die vom BGH entwickelten Prinzipien auf den Kaufvertrag und die dingliche Einigung hinsichtlich eines Kulturguts zu übertragen. Denn diese verdienen erst recht keinen zivilrechtlichen Schutz, da sie im Vergleich zum bloßen Transport das Interesse der Völkergemeinschaft am Erhalt ihres Kulturguts wesentlich stärker beeinträchtigen. Für die Übereignung als dingliches Rechtsgeschäft folgt in Rechtsordnungen mit Kausalprinzip die Nichtigkeit ohnehin aus dem Grundgeschäft. Gilt hingegen für das obligatorische und dingliche Rechtsgeschäft das Abstraktionsprinzip wie im deutschen oder griechischen Recht, so greift die Nichtigkeit auf das dingliche Rechtsgeschäft über, wenn sich die Sittenwidrigkeit gerade im dinglichen Rechtsgeschäft manifestiert.[795] In der Sache entspricht dies der Aufforderung des Art. 13 a) der UNESCO-Konvention, welcher verlangt, dass die Vertragsstaaten untereinander ihre Schutzgesetze achten. Dennoch bleibt die Wirkung einer solch mittelbaren Anerkennung beschränkt. Die Nichtigkeit etwaiger Übereignungen hilft dem rückfordernden Staat nämlich nicht weiter, wenn er kein Eigentum an der Sache innehatte, sondern lediglich Privateigentum mit einem Exportverbot belegt hat.

Zu einem Herausgabeanspruch des Herkunftsstaates vor deutschen Foren kann die mittelbare Berücksichtigung im internationalen Schuld- und Sachenrecht bei Bestehen eines reinen Exportverbots oder bloßer Verfügungsbeschränkungen für Kulturgut von öffentlichem Interesse, das im Privateigentum steht, also nicht führen. Der Kulturgüterschutz wird jedoch zumindest indirekt gefördert, als über den betreffenden illegal exportierten Gegenstand im internationalen Verkehr zumindest dann nicht mehr wirksam (schuld- und sachenrechtlich) verfügt werden kann, wenn beide Vertragsparteien bösgläubig sind. Dies wiederum bewirkt, dass das Kulturgut, wie beispielweise im *Goya*-Fall geschehen, einigermaßen erschwinglich zurückgekauft werden kann. Auch insgesamt werden illegale Transaktionen wegen nun zunehmend zu befürchtender Nichtigkeit der Veräußerungsgeschäfte weniger attraktiv.[796]

---

794 *Siehr*, in: Dolzer/Jayme/Mußgnug, Rechtsfragen, S. 83 (98 f.).

795 *Palandt/Heinrichs*, § 138 Rn. 11; *Palandt/Bassenge*, Einl. v. § 854 Rn. 12.

796 *Prott/O'Keefe*, National Legal Control, S. 117.

3. *Ergebnis*

1. Obwohl ein weltweiter Konsens innerhalb der Staatengemeinschaft besteht, dass Exportbeschränkungen für Kulturgut notwendig und gerechtfertigt sind,[797] konnte sich ein eigenständiger Rückführungsanspruch des Staates in sein Territorium, gestützt auf die Verletzung von Exportverboten, bislang nicht durchsetzen, und zwar nicht einmal dann, wenn das anzuwendende Sachrecht das des Ursprungsstaates war.[798]

2. Im Ergebnis ist zumindest anerkannt, dass Exportvorschriften des öffentlichen Rechts nicht völlig unbeachtlich sind, sondern über zivilrechtliche Einfallstore des Forumstaates oder als Teil des fremden Rechts, wenn dieses das anwendbare Sachrecht darstellt, berücksichtigt werden. Mangels staatsvertraglicher Abreden entscheidet allerdings jeder Staat frei, welchen öffentlich-rechtlichen Kulturgutschutznormen er Gültigkeit verleiht und auf welche Weise er das tut.

3. Die mittelbare Berücksichtigung über das internationale Privatrecht ist von der direkten Durchsetzung und Vollstreckung eines Exportverbotes streng zu unterscheiden. Folgen der von der deutschen Rechtsprechung praktizierten mittelbaren Berücksichtigung über Sachvorschriften sind lediglich unwirksame Verträge und ggf. unwirksame Eigentumsübergänge. Somit wirkt sich der Verstoß gegen ein fremdes Exportverbot nur zwischen den am Rechtsverhältnis beteiligten Personen aus, während der Staat, dessen Exportvorschriften verletzt wurden, der aber regelmäßig an diesem Rechtsverhältnis nicht beteiligt ist, außen vor bleibt.

4. Verlangt ein Staat illegal exportiertes Kulturgut als Nichteigentümer heraus, so besteht gegebenenfalls die Möglichkeit, eine Klage auf Feststellung der illegalen Ausfuhr zu erheben und so einen Weiterverkauf zu verhindern und zugleich den Rückkauf zu erreichen.

---

797 *v. Schorlemer*, Internationaler Kulturgüterschutz, S. 405; *Genius-Devime*, Erbe der Menschheit, S. 126.

798 Auf die hier bestehende Paradoxie weisen auch *Roellecke*, in: Mußgnug/Roellecke, Beiträge zur Reform, S. 30 (33), und *Siehr*, in: Aufbruch nach Europa, S. 811 (815), hin.

D. Wiedererlangung unrechtmäßig verbrachten Kulturguts mit den Mitteln des Strafrechts

Nicht jeder verbindet das Strafrecht mit der Rückgabe abhanden gekommener Sachen. Gerade im Bereich der Kulturgüter kann aber das nationale Strafrecht Normen bieten, die dem früheren Berechtigten zur Wiedererlangung abhanden gekommener Kunstschätze verhelfen. Im Folgenden werden daher zunächst die speziell im illegalen Kunsthandel verwirklichten Straftaten dargestellt; sodann werden die Möglichkeiten der Strafverfolgung, insbesondere Sicherstellungsmaßnahmen, bezüglich des ausländischen Kulturguts betrachtet sowie schließlich die Rückführungsmöglichkeiten erörtert.

I. Straftaten im Zusammenhang mit dem illegalen Kunsthandel

Fragt man nach den Straftaten, die im illegalen Kunsthandel begangen werden, so kommen einem zunächst Diebstahl, Unterschlagung, Hehlerei, Sachbeschädigung an Denkmälern und Altertümern, Verstöße gegen strafrechtlich sanktionierte Exportverbote etc. in den Sinn.[799] Daneben werden jedoch zumeist zahlreiche Straftaten im Zusammenhang mit der Aus- und Einfuhr verwirklicht, die wenig bekannt sind. Hierbei handelt es sich um den Bereich des Zoll- und Steuerstrafrechts. Da diese Materie eine weitgehend unbekannte ist, soll zunächst ein kurzer Überblick über die maßgeblichen zollrechtlichen Bestimmungen und abgabenrechtliche Tatbestände gegeben werden, bevor auf die in diesem Zusammenhang verwirklichten Straftaten eingegangen wird.

1. Die zoll- und umsatzsteuerrechtlichen Bestimmungen

a. Grundlagen

Das Zollrecht unterscheidet für den grenzüberschreitenden Warenverkehr die Einfuhr, Ausfuhr und Durchfuhr von Waren.[800] Zollrechtlich relevanter Grenzübertritt ist seit Einführung des Europäischen Binnenmarktes[801] nicht mehr in

---

799 Ausführlich zum strafrechtlichen Schutz von Kulturgütern, insbesondere bei Beschädigung, Zerstörung, Vermögensentziehung und unerlaubter Ausfuhr nach dem deutschen Recht, *Haag*, KUR 6 (2004), S. 136 ff.; *Koch*, NJW 2006, S. 557 ff.

800 *Janovsky*, NStZ 1998, S. 117 (118).

801 Der Europäische Wirtschaftsraum umfasst das Gebiet der Mitgliedstaaten der Europäischen Gemeinschaft, der EFTA (Europäische Freihandelsassoziation, dieser gehören unter anderem Norwegen, Island und Liechtenstein an) und der mit dieser assoziierten Staaten, vgl. Art. 23 EGV, Art. 10 EWR-Abkommen.

erster Linie das Verbringen von Waren in, aus oder durch die Bundesrepublik Deutschland, sondern in, aus oder durch den gesamtem Europäischen Wirtschaftsraum, Art. 2 Zollkodex (ZK).[802] Die Einfuhr von Waren und damit auch von Kunstgegenständen in den Wirtschaftsraum unterliegt zoll- und umsatzsteuerrechtlichen Bestimmungen. Eine Einfuhr in das Gemeinsame Zollgebiet findet allerdings noch nicht statt, wenn die Kulturgüter wie in der Praxis oftmals üblich, zunächst in Freizonen oder Freilager verbracht werden, Art. 166 ZK.[803] Abgabenrechtlich erheblich wird erst die Überführung der Gegenstände in den freien Verkehr im Gemeinschaftsgebiet. Verboten ist die Einfuhr von Waren außerhalb der zugelassenen Grenzübergänge, Art. 37 ff. ZK.

b. Besteuerung

aa. Grundsätze

Bei der Einfuhr von Gegenständen in das Zollgebiet fallen Zoll und Einfuhrumsatzsteuer an. Ob und in welcher Höhe ein Zollanspruch besteht, ergibt sich aus dem *Integrierten Tarif der Europäischen Gemeinschaften* („TARIC").[804]

Daneben unterliegen Einfuhren aus Drittländern der deutschen Umsatzsteuer, die jedoch in besonderer Form – Einfuhrumsatzsteuer – von den Zollbehörden

---

802 *VO (EWG) Nr. 2913/92 des Rates vom 12. Oktober 1992 zur Festlegung des Zollkodex der Gemeinschaften* (Abl. EG Nr. L 302 v. 19.10.1992). Der Zollkodex fasst die allgemeinen Vorschriften für den Warenverkehr zwischen der Gemeinschaft und Drittländern sowie die dazugehörigen Regelungen und Verfahren zu einem einheitlichen und kohärenten Regelwerk zusammen. Er wird seit dem 1. Januar 1994 angewendet, Art. 253 ZK.

803 Anders ist dies nun für die Rechtslage von Kulturgütern in der Schweiz; gem. Art. 19 Abs. 3 KGTG gilt bereits die Einlagerung von Gegenständen in Zolllager als Einfuhr, vgl. dazu *Rascher/Baum/Fischer/Zen-Ruffinen*, Cultural Property Transfer, S. 267.

804 In der jeweils aktuellen Fassung abrufbar unter www.europa.eu.int/comm/taxation_customs. Der TARIC löste den Gemeinsamen Zolltarif (GZT) ab, der am 01.07.1968 in Kraft getreten war. Zur zollrechtlichen Lage von Kunstgegenständen vor dem 01.01.1993 vgl. *Pieroth/Kampmann*, NJW 1990, S. 1385 (1389 ff.). Vorbemerkungen zum TARIC finden sich in ABl. EG 2000 C 115/1. Der TARIC besteht aus zwei Grundbestandteilen, dem Zolltarifschema und den Zollsätzen. Das Zolltarifschema stellt eine systematische Auflistung aller Waren dar, die als Handelsgüter im grenzüberschreitenden Verkehr auftreten können (Warennomenklatur), vgl. *Witte/Wolffgang*, Europäisches Zollrecht, S. 402. Der anfallende Zoll bemisst sich nach dem für die jeweilige Ware im TARIC festgesetzten Zollsatz. Dieser Satz wird mit dem Zollwert multipliziert. Der Zollwert wiederum bestimmt sich nach Art. 28 ff. ZK. Dabei handelt es sich um einen Transaktionswert, der als Idealpreis für die Waren bei einem Verkauf zur Ausfuhr tatsächlich gezahlt wird oder zu zahlen wäre, mithin im Allgemeinen um den Kaufpreis der Ware am Ursprungsort, vgl. *Janovsky*, NStZ 1998, S. 117 (118). Ausführlich zum Zollwert *Witte/Wolffgang*, Europäisches Zollrecht, S. 402 ff.

erhoben wird, § 1 Abs. 1 Nr. 4 UStG.[805] Die Einfuhrumsatzsteuer ist im Gegensatz zur Mehrwertsteuer eine Verbrauchssteuer, § 21 Abs. 1 UStG, die sinngemäß nach den Vorschriften für Zölle erhoben wird, § 21 Abs. 2 UStG.[806] Damit handelt es sich zugleich um eine Einfuhrabgabe i. S. d. Zollrechts.[807]

bb. Besonderheiten für Kunstgegenstände

(1) Die zollrechtliche Behandlung bei der Einfuhr von Kunstgegenständen, Sammlungsstücken und Antiquitäten in den Europäischen Wirtschaftsraum erfolgt auf der Grundlage von Abschnitt XXI Kapitel 97 TARIC. Dieser enthält für Kunstgegenstände, Sammlungsstücke und Antiquitäten tarifliche Zollfreiheiten.[808] Daneben bestehen außertarifliche Zollbefreiungen nach Maßgabe des XII. Titels (50-59) der *Verordnung (EWG) Nr. 918/83 des Rates vom 28. März 1983 über das gemeinschaftliche System der Zollbefreiungen* (ZollbefreiungsVO).[809]

Die Tarifpositionen des Abschnitts XXI Kapitel 97 TARIC sehen einen Zollsatz von 0 % vor, d. h. die unter Kapitel 97 fallenden Gegenstände sind tariflich zollfrei, so dass eine Einfuhrzollschuld für sie nicht entsteht. Tariflich zollfrei sind die in den ersten drei Tarifpositionen umschriebenen Kunstgegenstände:

---

805 Dies bestimmt Art. 2 Nr. 2 der Sechsten Richtlinie des Rates vom 17.5.1977 zur Harmonisierung der Rechtsvorschriften der Mitgliedstaaten über die Umsatzsteuern – Gemeinsames Mehrwertsteuersystem: einheitliche steuerpflichtige Bemessungsgrundlage (77/388/EWG) (ABl. EG Nr. L 145/1).

806 Bei der Einfuhr wird der Umsatz nach dem Wert des Gegenstandes nach den jeweiligen Vorschriften über den Zollwert bemessen. § 11 Abs. 3 UStG sieht weitere Beträge vor, die dem Zollwert hinzuzurechnen sind, wie außerhalb des Inlandes geschuldete Einfuhrabgaben, Steuern und sonstige Abgaben. Darunter fallen bspw. die auf den Gegenstand wegen der Einfuhr entstandenen Zölle und Abschöpfungen oder Beförderungskosten. Der so errechnete Wert bildet sodann die Bemessungsgrundlage für die Berechnung des steuerpflichtigen Umsatzes in Höhe von derzeit 16 % gem. § 12 Abs. 1 UStG.

807 Die Einfuhrumsatzsteuer ist keine Einfuhrabgabe i.S.d. Gemeinschaftszollrechts, wird aber gem. § 1 Abs. 1 S. 3 des Zollverwaltungsgesetzes (ZollVG, BGBl. I 1992, S. 2125) national den zollrechtlichen Einfuhrabgaben zugerechnet, vgl. *Müller-Eiselt* in: Reiß/Kraeusel/Langer, UStG, § 21 Rn. 9.

808 Zu zum Teil erheiternden Schwierigkeiten der Einordnung von Kunstgegenständen in den Zolltarif vgl. *Siehr*, in: Schmid/Ackermann, Wiedererlangung widerrechtlich entzogener Vermögenswerte, S. 1 (14 f.).

809 ABl. EG 1983 L 105/1, ber. ABl. EG 1983 L 274/40 und ABl. 1985 L 256/47. Die ZollbefreiungsVO gilt auch nach Inkrafttreten des ZK gem. Art. 184 ZK weiter.

„97.01 Gemälde und Zeichnungen, vollständig mit der Hand geschaffen, sowie Collagen und ähnliche dekorative Bildwerke
97.02 Originalstiche, -schnitte und -steindrucke
97.03 Originalerzeugnisse der Bildhauerkunst, aus Stoffen aller Art [...]"

Ausschlaggebend ist damit die Originalität des Kunstwerks, wobei die persönliche Mitwirkung des Künstlers bei seiner Entstehung entscheidend ist.[810] Sammlungsgegenstände der Tarifpositionen 4 und 5 sind seit dem 1. Januar 1984 nur noch dann zollfrei, wenn es sich um Raritäten von exemplarischer Bedeutung für die Geschichte, die Archäologie, die Paläantologie, die Münzkunde oder die Völkerkunde handelt. Zusätzlich müssen sie zur Aufnahme in eine nach wissenschaftlichen Grundsätzen aufgebaute öffentliche Sammlung auf den genannten Gebieten geeignet sein.[811]

(2) Daneben besteht für Kunstgegenstände, die nicht tariflich zollfrei sind, unter bestimmten Voraussetzungen eine Befreiung nach Art. 51 der ZollbefreiungsVO. Danach sind Kunstgegenstände von den zollrechtlichen Einfuhrabgaben befreit, wenn sie nicht zum Verkauf, sondern zur Verwendung in Museen, Galerien oder anderen Einrichtungen bestimmt worden sind. Zudem muss die betreffende Einrichtung von den deutschen Zollbehörden zur zollfreien Einfuhr dieser Gegenstände ermächtigt worden sein.[812] Allerdings steht die außertarifliche Zollbefreiung unter einer strengen Zweckbindung. So dürfen die betreffenden Gegenstände auch nach ihrer Einfuhr nicht veräußert, vermietet oder in sonstiger Weise Dritten überlassen werden. Ansonsten muss der Gegenstand gemäß Art. 57 Abs. 2 S. 2 ZollbefreiungsVO nachverzollt werden. Eine Nachverzollung findet auch dann statt, wenn die Voraussetzungen der Abgabenbefreiung bei der Einrichtung nachträglich wegfallen oder diese den Gegenstand zweckwidrig verwendet, Art. 58 Abs. 2 ZollbefreiungsVO.[813] Trotz der Zollbefreiung behalten damit die betreffenden Gegenstände ihren Charakter als einfuhrabgabenpflichtige Ware.[814]

---

810 Ausführlich hierzu Schreiben des BMF v. 27. Dezember 1983 (IV A 1 – S7220 – 44/83), BStBl. 1983 I, S. 567 (592 ff.).

811 *Picker*, in: Cassens, Kunst und Recht, S. 43.

812 Art. 51 i.V.m. Anhang II/Abschnitt B der ZollbefreiungsVO.

813 Einzelheiten der Nachverzollung sind in der VO (EWG) Nr. 2290/83 der Kommission vom 29. Juli 1983 zur Durchführung der Artikel 50 bis 59 der Verordnung (EWG) Nr. 918/83 des Rates über das gemeinschaftliche System der Zollbefreiungen (KulturgutdurchführungsVO, ABl. EG 1983 L 220/20) geregelt.

814 *Kampf*, in: Witte, Zollkodex, Vor. Art. 201 Rn. 4; *Pieroth/Kampmann*, NJW 1990, S. 1385 (1390).

(3) Auch im Rahmen der Einfuhrumsatzsteuer bestehen Besonderheiten für Kunstgegenstände. Der Einfuhrumsatzsteuersatz ermäßigt sich gemäß § 12 Abs. 2 Nr. 2 UStG von derzeit 16 % auf 7 % für Gegenstände, die in der Anlage 2 zu § 12 Abs. 2 Nr. 1 und 2 des UStG aufgeführt sind. Für Kunstgegenstände einschlägig ist die Nr. 53.[815] Hiervon erfasst sind die Tarifpositionen 97.01, 97.02 und 97.03 des TARIC. Damit besteht im Rahmen der Einfuhrumsatzsteuerermäßigung Parallelität zur tariflichen Zollfreiheit; was tariflich zollfrei ist, genießt auch den ermäßigten Einfuhrumsatzsteuersatz.

Eine Parallele des Einfuhrumsatzsteuerrechts besteht ebenfalls zu den außertariflichen Zollbefreiungen. Für Kunstgegenstände von Bedeutung ist hier die *Einfuhrumsatzsteuerbefreiungsverordnung vom 11. August 1992* (EUStBV) auf der Grundlage des § 5 Abs. 2 UStG.[816] Im Unterschied zur Ermäßigung für tariflich zollfreie Gegenstände fällt die Einfuhrumsatzsteuer hier gänzlich weg. § 4 S. 1 EUStBV schreibt für die Einfuhrumsatzsteuerfreiheit von Kunstgegenständen die gleichen Voraussetzungen vor, die für eine außertarifliche Zollbefreiung erforderlich sind. Zusätzlich müssen die Gegenstände unentgeltlich oder nicht von einem Unternehmer geliefert werden, § 4 S. 2 EUStBV.[817]

c. *Gestellung*

aa. *Anforderungen an die Gestellungspflicht*

Eine der praktisch bedeutsamsten steuerwidrigen Handlungen ist die Nichtbeachtung der Gestellungspflicht für Waren, die in das Zollgebiet verbracht werden. Aus Art. 40, 38 Abs. 1, 4 Nr. 19 ZK ergibt sich die Verpflichtung, mitgeführte Waren bei Grenzübertritt zu gestellen.[818] Durch die Gestellung teilt der

---

815 Früher bildeten die Kunstgegenstände die Nr. 47 der Anlage, in älterer Literatur wird daher auf die alte Ziffer Bezug genommen.

816 BGBl. 1992 I, S. 1526, geändert BGBl. 1994 I, S. 302 und ber. S. 523.

817 Vgl. näher hierzu *Meyer* in: Vogel/Schwarz, UStG Praxiskommentar, § 5 Rn. 58-63.

818 Art. 4 Nr. 19 ZK bestimmt: „Im Sinne dieses Zollkodex ist oder sind […] 19. Gestellung: die Mitteilung an die Zollbehörden in der vorgeschriebenen Form, dass sich die Waren bei der Zollstelle oder an einem anderen von den Zollbehörden bezeichneten oder zugelassenen Ort befinden." Art. 38 Abs. 1 ZK sieht vor: „Die in das Zollgebiet der Gemeinschaft verbrachten Waren sind von dem Verbringer unverzüglich und gegebenenfalls unter Benutzung des von den Zollbehörden bezeichneten Verkehrsweges nach Maßgabe der von diesen Behörden festgelegten Einzelheiten zu befördern: a) zu der von den Zollbehörden bezeichneten Zollstelle oder an einen anderen von diesen Behörden bezeichneten oder zugelassenen Ort […]." Art. 40 ZK lautet: „Waren, die nach Maßgabe des Art. 38 Abs. 1 Buchst. a) bei der Zollbehörde oder an einem anderen von den Zollbehörden

Gestellende den Zollbehörden mit, dass sich eine eingeführte Ware bei der Zollstelle befindet. Hierfür genügt es nicht, etwaige Nachfragen der kontrollierenden Zollbeamten abzuwarten, vielmehr müssen sämtliche zollpflichtigen Waren freiwillig angemeldet werden, Art. 59 Abs. 1, 4 Nr. 17 ZK;[819] dies gilt nicht nur im gewerblichen Verkehr, sondern auch im Reiseverkehr.[820] Andererseits ist es ausreichend, auf das Vorhandensein von Waren hinzuweisen; eine genaue Bezeichnung ist nicht erforderlich.[821] Die Form der Mitteilung ist durch das nationale Recht vorgeschrieben und erfolgt gewöhnlich formlos durch schlüssige Handlung wie der Übergabe von Zollpapieren. Einer ausdrücklichen Mitteilung bedarf es zur Gestellung nur ausnahmsweise dann, wenn eine Ware versteckt oder sonst verheimlicht wird, § 8 S. 2 ZollV.[822] Denn die Gestellung bezweckt, dass die Zollbehörden in der Lage sind, gegebenenfalls notwendige zollamtliche Maßnahmen zu treffen. Dies ist jedoch nur möglich, wenn sie eine grobe Kenntnis von den an ihrer Zollstelle befindlichen Waren haben.[823]

bb. Gestellender

Gestellungspflichtige Person ist derjenige, der die Ware in das Zollgebiet verbracht hat. Stark umstritten ist allerdings, wer darunter zu verstehen ist. Dies spielt insbesondere dann eine Rolle, wenn ein ahnungsloser Fahrer versteckte Waren in das Zollgebiet verbringt. So hatte der BFH entschieden, dass in derartigen Fällen nicht der Fahrer, sondern der Hintermann Verbringer und Gestellungspflichtiger sei.[824] Andere wiederum halten streng an der wörtlichen Auslegung des Art. 40 ZK fest, wonach gestellungspflichtig nur die Personen sind, welche die Ware unmittelbar in das Zollgebiet verbracht haben.[825] Letztere Auf-

---

bezeichneten oder zugelassenen Ort eintreffen, sind von der Person zu gestellen, welche die Waren in das Zollgebiet der Gemeinschaft verbracht hat oder die gegebenenfalls die Beförderung der Waren nach dem Verbringen übernimmt."

819 *Janovsky*, NStZ 1998, S. 117 (118).

820 Zwar dürfen Reisende bestimmte Waren als Reisemitbringsel zollfrei einführen, § 3 Einreisefreimengenverordnung, BGBl. 1974 I, S. 3377 ff., diese Zollfreiheit entfällt allerdings, wenn der Reisende bereits bei der Einfuhr vorhat, diese Gegenstände an Dritte weiter zu verkaufen.

821 *Witte*, in: Witte, Zollkodex, Art. 4, Gestellung.

822 Zollverordnung vom 23. Dezember 1993, BGBl. 1993 I, S. 2449; dazu *Witte*, in Witte, Zollkodex, Art. 4, Gestellung.

823 Vgl. *Bender*, wistra 2004, S. 368 (369).

824 BFH v. 12.07.1999, ZfZ 1999, S. 379 und v. 07.05.2002, ZfZ 2002, S. 309.

825 *Kampf*, ZfZ 2000, S. 392 ff.

fassung hat jüngst der EuGH verbindlich in einem Vorlageverfahren nach Art. 234 EGV bestätigt.[826]

cc. *Abgabenpflicht und Folgen der Nichtgestellung*

Art. 202 ZK bestimmt die Folgen der Nichtbeachtung der Gestellungspflicht.[827] Die Einfuhrzollschuld entsteht gemäß Art. 202 Abs. 1 lit. a), Abs. 2 ZK bereits in dem Zeitpunkt, zu dem die Ware erstmals vorschriftswidrig in das Zollgebiet der Gemeinschaft verbracht wurde.[828] Wird ein Kulturgut von einem Drittland in das Zollgebiet der Gemeinschaft eingeführt, so entsteht regelmäßig die Zollschuld bevor der Gegenstand in das Gebiet der Bundesrepublik eingeführt wird. Nach Art. 215 Abs. 3 ZK gilt aber in den Fällen, in welchen das Zollverfahren nicht erledigt worden ist, die Zollschuld als an dem Ort entstanden, an dem die Ware in das Zollverfahren überführt worden ist. Hierdurch und durch den Verweis des Art. 202 Abs. 1 S. 2 ZK auf die Art. 38 bis 41 ZK wird das vorschriftswidrige Verbringen auf den gesamten Zeitraum bis zur Gestellung ausgedehnt.[829] Damit besteht, solange eine Gestellung nicht erfolgt ist, auch bei der Einfuhr in die Bundesrepublik Deutschland aus einem Staat des Zollgebiets der

---

826 EuGH v. 4.3.2004 – C-238/02 und C-246/02, wistra 2004, S. 376; kritisch *Bender*, wistra 2004, S. 368 ff.

827 „(1) Eine Einfuhrzollschuld entsteht,
- a) wenn eine einfuhrabgabenpflichtige Ware vorschriftswidrig in das Zollgebiet der Gemeinschaft verbracht wird oder
- b) wenn eine solche Ware, die sich in einer Freizone oder einem Freilager befindet, vorschriftswidrig in einen anderen Teil des Zollgebiets der Gemeinschaft verbracht wird.

Im Sinne dieses Art. ist vorschriftswidriges Verbringen jedes Verbringen unter Nichtbeachtung der Art. 38 bis 41 [...].

(2) Die Zollschuld entsteht in dem Zeitpunkt, in dem die Ware vorschriftswidrig in dieses Zollgebiet verbracht wird.

(3) Zollschuldner sind:
- die Person, welche die Ware vorschriftswidrig in dieses Zollgebiet verbracht hat;
- die Personen, die an diesem Verbringen beteiligt waren, obwohl sie wussten oder vernünftigerweise hätten wissen müssen, dass sie damit vorschriftswidrig handeln;
- die Personen, welche die betreffende Ware erworben oder im Besitz gehabt haben, obwohl sie im Zeitpunkt des Erwerbs oder Erhalts der Ware wussten oder vernünftigerweise hätten wissen müssen, dass diese vorschriftswidrig in das Zollgebiet verbracht worden war."

828 *Olbrich*, Zollkodex im Überblick, S. 102 f.

829 *Witte*, in: Witte, Zollkodex, Art. 202, Rn. 2.

Gemeinschaft noch die Gestellungspflicht, die erneut verletzt wird und erneut zur Entstehung der Zollschuld führt.[830]

Voraussetzung für die Entstehung der Zollschuld ist jedoch, dass die betreffende Ware einfuhrabgabenpflichtig ist.[831] Einfuhrabgabenpflichtig ist eine Ware, wenn bei Erfüllung aller weiteren Merkmale ungeachtet besonderer Befreiungstatbestände (Vorzugsbehandlungen oder tarifliche Zollbegünstigungen) ein Abgabenbetrag zu entrichten ist.[832] Der Begriff rekurriert somit auf den Zolltarif. Allgemein wird eine Ware daher als abgabenpflichtig bezeichnet, wenn der Zolltarif der EG für sie einen Zollsatz vorsieht, 20 Abs. 1 ZK.[833] Beträgt der Zollsatz 0 %, so ist die Ware nicht abgabenpflichtig mit der Folge, dass auch bei ihrer Überführung in den zollrechtlich freien Verkehr oder ihrer Entziehung aus der zollamtlichen Überwachung keine Zollschuld entsteht.[834] Anders ist dies hingegen bei den außertariflichen Zollbefreiungen; wegen der strengen Zweckbindung ist die Zollschuld lediglich derzeit nicht entstanden ohne an der grundsätzlichen Abgabenpflicht etwas zu ändern. Demgemäss ist der Gegenstand gestellungspflichtig.[835]

Zugleich mit der Einfuhrzollschuld entsteht auch die Einfuhrumsatzsteuer, §§ 13 Abs. 2 UStG i.V.m. § 21 Abs. 2 UStG und § 4 ZollVG.[836] Sind die Kunstgegenstände ausnahmsweise zollfrei, so ist die Einfuhr dennoch vorschriftswidrig, wenn bei Einfuhrumsatzsteuerpflichtigkeit keine Gestellung erfolgt, da die Vorschriften des ZK für die Einfuhrumsatzsteuer entsprechend gelten.[837]

---

830 *Witte*, in: Witte, Zollkodex, Art. 202, Rn. 1; Saarländisches OLG, wistra 1999, S. 276 (277).

831 *Hohrmann*, in: HHSp, Einf. ZK, Rz. 119.

832 *Olbrich*, Zollkodex im Überblick, S. 99.

833 *Stüwe*, in: HHSp, Art. 201 ZK, Rn. 12; *Witte*, in: Witte, Zollkodex, Vor Art. 201, Rn. 4 m. w. N.

834 *Olbrich*, Zollkodex im Überblick, S. 99.

835 *Stüwe*, in: HHSp, Art. 201 ZK, Rn. 13.

836 Zollverwaltungsgesetz vom 21. Dezember 1992 (BGBl. I, S. 2125). Zum Zeitpunkt der Entstehung der Einfuhrumsatzsteuer *Müller-Eiselt* in: Reiß/Kraeusel/Langer, UStG, § 21, Rn. 25, 31.

837 Davon geht auch *Meyer*, in: Vogel/Schwarz, UStG Praxiskommentar, § 21 Rz. 30 ff., aus.

2. *Verwirklichte Straftatbestände*

a. *Steuerhinterziehung und Schmuggel*

Durch die (versuchte) illegale Einfuhr von Kulturgütern wird Steuerhinterziehung begangen. Eine Steuerhinterziehung nach § 370 Abs. 1 Nr. 1 AO kommt bei unrichtigen Angaben über den Wert[838] der Waren, deren unrichtige Bezeichnung, über die Menge der eingeführten Waren oder ihre Herkunft in Betracht.[839] Durch die Nichtanmeldung mitgeführter Waren (Verletzung der Gestellungspflicht, Art. 202, 40, 4 Nr. 19 ZK) liegt eine Steuerhinterziehung gemäß § 370 Abs. 1 Nr. 2 AO vor, da die Zölle gemäß § 3 Abs. 1 S. 2 AO den Steuern i. S. d. Abgabenordnung gleichgesetzt werden.[840] Vollendet ist die Steuerhinterziehung, sobald die falschen Angaben gemacht werden, bzw. die Anmeldung umgangen wird, nicht erst wenn die Waren im Rahmen einer Grenzkontrolle entdeckt werden.[841] Gegebenfalls kommt Steuerhinterziehung in einem besonders schweren Fall in Betracht, § 370 Abs. 3 AO, wenn der Täter aus grobem Eigennutz handelt, als Amtsträger oder unter Mithilfe eines Amtsträgers schmuggelt oder wiederholt gefälschte Belege verwendet, die er mit der Zollerklärung vorlegt. Weitere qualifizierte Tatbestände enthält § 373 AO für den gewerbsmäßigen und bandenmäßigen Schmuggel sowie den Schmuggel mit Waffen.[842]

b. *Steuerhehlerei*

Wer die unter Verstoß gegen § 370 AO eingeführten Kulturgüter ankauft, sich oder einem Dritten verschafft, sie absetzt oder absetzen hilft, um sich oder einen Dritten rechtswidrig zu bereichern, begeht eine Steuerhehlerei gemäß § 374 AO. Eine Steuerhehlerei kommt insbesondere für die Gehilfen und Anstifter des

---

838 Zu falschen Angaben hinsichtlich des Wertes von Kunstgegenständen vgl. *United States v. One Tintoretto Painting,* 527 F. Supp. 1071 (S.D.N.Y. 1981).

839 Hier kommt nur eine Strafbarkeit durch aktives Tun in Betracht, *Dumke,* in: Schwarz, AO, § 370 Rn. 41. Zu falschen Herkunftsangaben im Kunsthandel vgl. *United States v. An Antique Platter of Gold & Steinhardt,* 991 F. Supp. 222 (S.D.N.Y. 1997).

840 Die zollrechtlichen Einfuhrabgaben des Gemeinschaftsrechts erfüllen an sich nicht den Steuerbegriff, da sie nicht auf die Erzielung von Einnahmen gerichtet sind, sondern den Schutz der Wirtschaft der Gemeinschaft bezwecken, vgl. *Hohrmann,* in: HHSp, Einf. ZK, Rz. 1.

841 BayObLG wistra 1997, S. 111 ff. Allerdings betrifft der Tatbestand der Steuerhinterziehung allein die Verkürzung deutscher Abgaben. Wird hingegen versucht, Kunstgegenstände durch falsche Angaben in ein Land außerhalb des Zollgebietes einzuschmuggeln, so fällt dies nicht unter § 370 AO.

842 Näher *Janovsky,* NStZ 1998, S. 117 (119).

Steuerhinterziehers in Betracht. Denn für den Täter der Steuerhinterziehung selbst ist die Steuerhehlerei mitbestrafte Nachtat, es sei denn, die Verfolgung der Steuerhinterziehung wird nach § 154 StPO eingestellt, da § 374 AO nicht voraussetzt, dass ein anderer die Gegenstände eingeschmuggelt hat.[843]

II. Maßnahmen der Strafverfolgung

1. Strafgewalt

Maßnahmen der Strafverfolgung durch deutsche Behörden im Hinblick auf Straftaten im Zusammenhang mit Kulturgut kommen unter mehreren Gesichtspunkten in Betracht. In erster Linie lässt sich danach unterscheiden, ob die Maßnahmen der Vorbereitung und Durchführung eines deutschen Strafverfahrens dienen, oder zur Unterstützung fremder Strafverfahren und somit im Wege der internationalen Rechtshilfe geleistet werden. Zum Teil bestehen diese Möglichkeiten nebeneinander. Die Durchführung eines deutschen Strafverfahrens setzt jedoch das Bestehen der deutschen Strafgewalt voraus.

Eigene deutsche Strafgewalt besteht unproblematisch für die zuvor skizzierten Steuerstraftaten, die im Inland begangen worden sind, § 3 StGB. Zuständig zur Strafverfolgung sind grundsätzlich die örtlich zuständigen Hauptzollämter, §§ 386, 387 Abs. 1, 388 AO.[844] Für diejenigen Straftaten hingegen, die an dem Kulturgut im Ausland verübt worden sind, wie regelmäßig der Diebstahl, die Unterschlagung, Beschädigung, Ausgrabung etc. selbst, besteht deutsche Strafgewalt und die Anwendbarkeit deutschen Strafrechts allenfalls nach Maßgabe des § 7 Abs. 2 StGB.[845] Dies setzt voraus, dass die Tat am Tatort mit Strafe bedroht ist oder der Tatort keiner Strafgewalt unterliegt und der Täter zur Zeit der Tat Deutscher war oder es danach geworden ist (§ 7 Abs. 2 Nr. 1 StGB) oder der Täter

---

843 *Weyand,* in: Schwarz, AO, § 374 Rn. 2; *Janovsky*, NStZ 1998, S. 117 (123). Mangels deutscher Importverbote für illegal eingeführtes Kulturgut kommt eine Strafbarkeit wegen Bannbruchs hingegen nicht in Betracht, § 372 Abs. 2 AO. Eine Strafbarkeit wegen Bannbruchs kommt überdies nur dann zum Tragen, wenn das Verbot nicht selbst als Straftat oder Ordnungswidrigkeit bewehrt ist, *Wannemacher/Meyer,* in: Beermann, Steuerliches Verfahrensrecht, § 372 AO Rn. 3.

844 Zu von deutschen Zollbehörden beschlagnahmten Kulturgütern vgl. z. B. Die Welt v. 27. März 2004 „Kunstschmuggel aufgeflogen: Russische Ikonen und Münzen sichergestellt“ und *Dietrich*, IJCP (2002), S. 294 ff.

845 § 6 StGB sieht zwar die deutsche Strafgewalt und die Geltung des deutschen Strafrechts auch für Auslandstaten gegen international geschützte Rechtsgüter vor; der illegale Handel mit Kulturgut fällt indes bislang nicht darunter.

Täter zur Tatzeit Ausländer war, im Inland betroffen und nur deshalb nicht ausgeliefert wird, weil ein Auslieferungsersuchen nicht gestellt oder abgelehnt wird oder die Auslieferung aus tatsächlichen Gründen nicht durchführbar ist (§ 7 Abs. 2 Nr. 2 StGB).[846] Wird mit dem im Ausland gestohlenen Kulturgut jedoch im Inland z. B. gehehlt, so besteht nach § 3 StGB für diese Taten die deutsche Strafgewalt.

Eine wichtige Ausnahme besteht im Rahmen der Geldwäsche. Werden die aus einer rechtswidrigen Tat nach § 261 Abs. 1 S. 2 StGB erlangten Kulturgüter verborgen, ihre Herkunft verschleiert, die Ermittlung ihrer Herkunft, ihr Auffinden, der Verfall, die Einziehung oder Sicherstellung gefährdet oder vereitelt, also „gewaschen", so werden im Interesse der Bekämpfung der organisierten internationalen Kriminalität auch solche Gegenstände von der Strafbarkeit und damit der inländischen Strafgewalt erfasst, die aus Auslandstaten herrühren. § 261 Abs. 8 StGB. Einzige Voraussetzung ist, dass die Tat auch am Tatort mit Strafe bedroht ist.[847]

2. *Innerstaatliches Strafverfahren*

a. *Beschlagnahme des Kulturguts*

aa. *Beschlagnahmemöglichkeiten der §§ 94 Abs. 2, 111 b ff. StPO*

Im Falle des Bestehens eigener Strafgewalt können die entdeckten Kulturgüter für die Zwecke des durchzuführenden Strafverfahrens und für eine sich gegebenenfalls anschließende Rückgabe im Wege der Beschlagnahme sichergestellt werden. Eine Rechtsgrundlage hierfür bieten § 94 Abs. 2 und §§ 111 b ff. StPO.

Eine einfache Sicherstellung der entdeckten Kulturgüter nach § 94 Abs. 1 StPO wird zumeist nicht in Betracht kommen, da der Gewahrsamsinhaber selten freiwillig zur Herausgabe bereit sein wird. Gleichgültig ist indes, ob sich die in Verwahrung zu nehmenden Kulturgüter im Eigentum oder Gewahrsam des Beschuldigten oder eines anderen befinden. Entscheidend ist nur ihre Eignung als Beweisgegenstand.[848] Die angestrengten Ermittlungen werden dann ergeben, ob das Kulturgut dem Täter oder abweichend von der grundsätzlichen Eigentums-

---

[846] Die Auslieferung muss also grundsätzlich zulässig sein, näher hierzu *MüKo-Ambos*, § 7 StGB, Rn. 27 ff.

[847] *Tröndle/Fischer*, StGB, § 261 Rn. 17.

[848] *Meyer-Goßner*, StPO, § 94 Rn. 1.

vermutung des § 1006 BGB Dritten gehören. Die Beschlagnahme des Kulturguts dient damit nicht nur der Beweissicherung für das anzustrengende Strafverfahren, sondern stellt zugleich den ersten Schritt für eine mögliche Rückgabe des Kulturguts an den Ursprungsstaat dar. Besteht die Möglichkeit, dem Kulturgut einen zivilrechtlichen Eigentümer zuzuordnen, so ist die Beschlagnahme regelmäßig auf § 94 Abs. 2 StPO zu stützen, mit dem Ziel den Gegenstand nach Abschluss etwaiger Ermittlungen und Strafverfahren wieder seinem rechtmäßigen Eigentümer zuzuführen.[849]

Die Beschlagnahme nach § 111 b i. V. m. § 111 c StPO bietet sich dagegen dann an, wenn die zu beschlagnahmenden Gegenstände der Einziehung oder dem Verfall unterliegen; eine einfache Sicherstellung genügt hierfür nicht. Kommt ein Beweisgegenstand zugleich als Verfalls- oder Einziehungsgegenstand in Betracht, so ist eine Beschlagnahme nach § 94 Abs. 2 StPO zwar ausreichend. Jeder nach § 94 Abs. 2 StPO beschlagnahmte Gegenstand steht also für die Sicherung des Verfalls und der Einziehung der Verfügung, umgekehrt kann jeder nach § 111 b StPO beschlagnahmte Gegenstand zugleich als Beweismittel verwertet werden.[850] Dennoch empfiehlt sich die gleichzeitige Beschlagnahme nach § 111 b Abs. 1 StPO wegen des so entstehenden Veräußerungsverbotes nach § 111 c Abs. 5 StGB.[851] Allerdings verlangt die Beschlagnahme nach §§ 111 b, 111 c StPO, dass die Kulturgüter im Zeitpunkt der Entscheidung über die Beschlagnahme im Eigentum eines Tatbeteiligten stehen.[852] Dies ergibt sich aus dem Charakter der Beschlagnahme nach §§ 111 b, 111 c StPO, die der Einziehung des entdeckten Kulturguts dient und somit die Einziehungsvoraussetzungen erfüllen muss.[853] Die Beschlagnahme nach §§ 111 b, 111 c StPO kommt daher vor allem für diejenigen Fälle in Betracht, in welchen (i) entweder der Eigentümer selbst das Kulturgut aus seinem Herkunftsstaat illegal exportiert hat, (ii) der ursprüngliche Eigentümer durch Vorschriften zum gutgläubigen Erwerb, Ersitzung oder Verjährung seine Rechtsposition an den Täter verloren hat oder (iii) dem Kulturgut kein rechtmäßiger Eigentümer zugeordnet werden kann.

---

849 *Schumann/Schmidt-Bremme*, NJW 2002, S. 574 (575).
850 *Meyer-Goßner*, StPO, § 94 Rn. 2.
851 Vgl. auch *Tröndle/Fischer*, § 74 e StGB, Rn. 2.
852 Zur Ausnahme des § 74 StGB s. sogleich unter b.
853 Näher zur Einziehung unter b.

bb. *Die Sondervorschrift des Art. 233 Zollkodex*

Eine Spezialregelung für den Fall der Beschlagnahme geschmuggelter Gegenstände findet sich in Art. 233 lit. d) ZK. Hier besteht die Besonderheit, dass wenn gleichzeitig oder später die Einziehung der geschmuggelten Gegenstände erfolgt, die bereits entstandene Zollschuld erlischt.[854] Das ist allerdings nur dann der Fall, wenn die Ware nicht zuvor in den Wirtschaftskreislauf eingegangen ist, also bereits unmittelbar beim vorschriftsmäßigen Verbringen beschlagnahmt wurde.[855] Da der Einfuhrschmuggel aber häufig erst im Nachhinein entdeckt wird, führt die Einziehung nur noch in wenigen Fällen zum Erlöschen der Zollschuld. Zudem ordnet Art. 233 S. 2 ZK an, dass im Rahmen des auf Zollverstöße anwendbaren Strafrechts die Zollschuld als nicht erloschen gilt, wenn das nationale Strafrecht vorsieht, dass die Zölle als Grundlage für die Verhängung von Strafmaßnahmen herangezogen werden oder dass aufgrund der Zollschuld strafrechtliche Verfolgungen eingeleitet werden.[856]

b. *Einziehung*

aa. *Gegenstände, die der Einziehung unterliegen*

Über die bloße Beschlagnahme der Kunstgegenstände hinaus kann gegebenenfalls eine Einziehung erforderlich werden. Die Einziehungsvorschriften (§§ 74-75 StGB) haben gemeinsam, dass die Tat, an die sich die Einziehung anschließt (Anknüpfungstat), vorsätzlich begangen sein muss. Zu unterscheiden sind die Straf- und die Sicherungseinziehung. Bei der Strafeinziehung (§ 74 Abs. 2 Nr. 1 StGB) ist erforderlich, dass die Anknüpfungstat strafbar und damit schuldhaft begangen sein muss, während für die Sicherungseinziehung die Rechtswidrigkeit der Tat genügt (§ 74 Abs. 2 Nr. 2, Abs. 3 StGB).[857]

(1) Die Einziehung als Strafmaßnahme betrifft den tatverstrickten Gegenstand, der zum Zeitpunkt der Tat und der Entscheidung über die Einziehung im Eigentum des Täters oder eines Tatbeteiligten steht.[858] Der einzuziehende

---

854 *Olbrich*, Zollkodex im Überblick, S. 105.

855 *Witte*, in: Witte, Zollkodex, Art. 233, Rn. 16, 18.

856 Näher hierzu *Witte*, in: Witte, Zollkodex, Art. 233, Rn. 24.

857 *MüKo-Joecks*, StGB, Vor §§ 73 ff. Rn.1.

858 Der Verfall hingegen zielt darauf ab, dem Täter die wirtschaftlichen Vorteile der Tat zu entziehen, vgl. *Wolf*, in: Pohlmann/Jabel/Wolf, Strafvollstreckungsordnung, § 60 Rn. 2. Für den Bereich der Kulturgüterrückgabe sind die Verfallsvorschriften jedoch nicht relevant: wegen § 73 Abs. 1 S. 2 StGB scheidet der Verfall bei Eigentums- und Vermögensdelikten sowie auch Steuerstraftaten aus, da es einen individuell Verletzten gibt, vgl. *Tröndle/Fischer*, § 73 StGB, Rn. 14 m. w. N.

Gegenstand muss durch die Tat (*producta sceleris*) hervorgebracht oder zu ihrer Begehung gebraucht worden sein (*instrumenta sceleris*), § 74 Abs. 1 StGB.[859] Nicht als *producta sceleris* eingezogen werden können die „Früchte des Verbrechens" (*scelere quaesita*); damit also grundsätzlich nicht die gestohlenen Kulturgüter selbst.[860] Ebenso wenig erfasst sind Beziehungsgegenstände. Darunter versteht man solche Sachen, die nicht Werkzeuge der Tatbegehung sind, sondern notwendiger Gegenstand der Tat selbst, ohne jedoch deren Produkt zu sein.[861] Der typische Fall von Beziehungsgegenständen ist das Schmuggelgut. Seine Einziehung ist mithin nur aufgrund von Sondervorschriften möglich.

Eine solche Sondervorschrift besteht für illegal eingeführte Kulturgüter mit § 375 Abs. 2 S. 1 Nr. 1 AO. Im Falle einer Steuerhinterziehung, des Schmuggels und der Steuerhehlerei können daher auch Beziehungsgegenstände und damit das eingeschmuggelte Kulturgut eingezogen werden.[862] Da § 369 Abs. 2 AO im Übrigen die Geltung der Einziehungsvorschriften der §§ 74 ff. StGB anordnet, findet auch § 74 a StGB Anwendung, der die täterbezogene Einziehung auf Gegenstände erweitert, die nicht im Eigentum eines Tatbeteiligten stehen. § 74 a StGB setzt voraus, dass der Eigentümer entweder wenigstens leichtfertig zur Benutzung des Tatgegenstandes beigetragen hat (sog. Quasi-Beihilfe, § 74 a Nr. 1 StGB)[863] oder der Dritte den Gegenstand nach der Tat, aber vor der Entscheidung über die Einziehung in verwerflicher Weise erworben hat (sog. Quasi-Hehlerei, § 74 a Nr. 2 StGB).[864] Hierbei spricht man von strafähnlicher Einziehung, um zum Ausdruck zu bringen, dass den Dritten ein selbstständiger Vorwurf trifft.[865] Die erste Alternative kommt insbesondere dann in Betracht, wenn der Eigentümer das Kulturgut nicht selbst illegal einführt, sondern einen Dritten hierbei in irgendeiner Form unterstützt, ohne dass dieser Tatbeitrag kausal wird.[866]

---

859 *Schönke/Schröder-Eser*, § 74 StGB, Rn. 8 ff.; *MüKo-Joecks*, § 74 StGB, Rn. 10, 12.

860 *MüKo-Joecks*, § 74 StGB, Rn. 11.

861 *Tröndle/Fischer*, § 74 StGB, Rn. 10; *Schönke/Schröder-Eser*, § 74 Rn. 12 a; BGH wistra 1995, S. 30.

862 Bloße Beweisgegenstände dürfen nach dem Vorgenannten niemals eingezogen werden; ihre Beschlagnahme ist daher auf § 94 Abs. 2 StPO und keinesfalls auf §§ 111 b ff. StPO zu stützen.

863 Näher *MüKo-Joecks*, § 74 a StGB, Rn. 8 ff.

864 Dazu *MüKo-Joecks*, § 74 a StGB, Rn. 13 ff.

865 *MüKo-Joecks*, § 74 StGB, Rn. 5.

866 Ansonsten läge Tatbeteiligung vor, vgl. *Tröndle/Fischer*, § 74 a StGB, Rn. 4.

Eine weitere Sondervorschrift findet sich im Rahmen der Geldwäsche. Ebenso wie § 375 Abs. 2 S. 1 Nr. 1 AO ermöglicht auch § 261 Abs. 7 StGB die Einziehung von Gegenständen, auf die sich die Straftat bezieht (Beziehungsgegenstände).[867]

(2) Daneben besteht die Möglichkeit einer Sicherungseinziehung gegenüber gänzlich tatunbeteiligten Dritten gemäß den Alternativen des § 74 Abs. 2 Nr. 2 StGB. Vorausgesetzt ist jeweils, dass die Einziehung Sicherungszwecken dient und somit die Allgemeinheit vor Gefahren schützt. Da Kulturgüter keine Gegenstände sind, die "nach ihrer Art und den Umständen die Allgemeinheit gefährden", also selbst abstrakt gefährlich sind (1. Alternative), muss die Gefahr bestehen, dass der einzuziehende Gegenstand der Begehung rechtswidriger Taten dienen wird (individuelle Gefährlichkeit, 2. Alternative). Hierbei ist streitig, ob auch die Beziehungsgegenstände künftiger rechtswidriger Taten erfasst sind oder die einzuziehenden Gegenstände als Tatwerkzeug verwendet werden müssen.[868] Gegen die Einziehung von Beziehungsgegenständen im Rahmen des § 74 Abs. 2 Nr. 2, 2. Alt. StGB spricht, dass § 74 Abs. 4 StGB die Norm ist, die auf einzelne Sondervorschriften wie § 375 Abs. 2 Nr. 1 AO verweist, welche die Einziehung von Gegenständen über die in § 74 Abs. 1 StGB vorgesehenen Tatprodukte und Tatmittel hinaus ausdehnen.[869] Die Vorschrift des § 74 Abs. 2 StGB ist jedoch von ihrer Systematik darauf angelegt, den Anwendungsbereich von Abs. 1 zu präzisieren und zu beschränken. Insofern erscheint es systemwidrig, zugleich eine Erweiterung durch Abs. 2 Nr. 2, 2. Alt. anzunehmen. Die Einziehung geschmuggelten Kulturguts kann nach der hier vertretenen Ansicht somit allein auf § 375 Abs. 2 Nr. 1 AO i.V.m. §§ 74 Abs. 4, Abs. 2 Nr. 1, 74 a StGB gestützt werden.

(3) Schließlich kann die Einziehung auf Antrag auch später (§ 76 StGB) und gegebenenfalls selbstständig (§ 401 AO, § 76 a StGB, § 440 StPO) angeordnet werden, wenn aus bestimmten Gründen – etwa der Strafverfolgungsverjährung – die Verurteilung einer bestimmten Person nicht möglich ist.

---

867 *Tröndle/Fischer*, StGB, § 261 Rn. 40.

868 Für die Einziehung von Beziehungsgegenständen *Schumann/Schmidt-Bremme*, NJW 2002, S. 574 (576); *Tröndle/Fischer*, StGB, 50. Aufl. § 74 Rn. 16 mit zahlreichen Nachweisen aus der älteren Rechtsprechung; diese Ansicht wurde von *Fischer* jedoch ab der 51. Aufl. aufgegeben, vgl. *Tröndle/Fischer*, StGB, § 74 Rn. 16. A.A. *MüKo-Joecks*, § 74 StGB Rn. 41; *LK-Schäfer*, § 74 StGB, Rn. 61; BayObLGSt 63, S. 106 (110).

869 In diesem Sinne wohl auch *Schönke/Schröder-Eser*, § 74 StGB, Rn. 33.

bb. Verhältnismäßigkeit der Einziehung

Für illegal eingeführtes Kulturgut, dem im Herkunftsland kein zivilrechtlicher Eigentümer zugeordnet werden kann, das also im Eigentum des Täters steht oder dessen zivilrechtlicher Eigentümer zumindest leichtfertig zur Tatbegehung beigetragen hat, ist daher in erster Linie die Strafeinziehung bzw. die strafähnliche Einziehung relevant. Da die Einziehung hier den Charakter einer Nebenstrafe aufweist, muss diese verhältnismäßig sein.[870] Der Grundsatz der Verhältnismäßigkeit hat in § 74 b StGB seine besondere, einziehungsrechtliche Ausprägung erhalten.[871] Da § 375 Abs. 2 Nr. 1 AO die Einziehung von Schmuggelgut nicht obligatorisch vorschreibt, sondern in das Ermessen des Tatrichters stellt, bestimmt § 74 b StGB, dass die Einziehung tat- und schuldangemessen sein muss.[872] Wichtig ist vor allem, allein die abzuurteilende Straftat im Blick zu behalten. Da das deutsche Strafrecht und die deutsche Strafgewalt wie oben ausgeführt zumeist nur für die Zoll- und Steuerstraftaten gegeben sind, dürfen auch nur diese abgeurteilt werden. Falsch wäre es daher, in die Überlegungen zum Schuld- und Strafmaß den gegebenenfalls vorangegangenen Diebstahl, die Raubgrabung oder sonst verwirklichte Straftatbestände mit einfließen zu lassen.

Verhältnismäßig ist die Einziehung dann, wenn sie zur Sühne des begangenen Unrechts geeignet, erforderlich und angemessen ist. Ein wichtiger Punkt bei der Bekämpfung und Ahndung weltweiten Schmuggels ist, dass die zunehmende Öffnung der Grenzen einen Anreiz bietet, dies für Schmuggelgut auszunutzen. Hier ist der Staat gefordert, für die Täter spürbar einzugreifen. Über den Ausgleich des begangenen Unrechts hinaus soll die Strafe auch general- und spezialpräventiven Zwecken dienen und so den Täter wie Dritte von der Begehung solcher Taten abhalten bzw. abschrecken. Für beide Zwecke ist die Einziehung des Schmuggelguts als Beziehungsgegenstand geeignet;[873] bereits der BGH hat die Einziehung seit jeher als wirksame Waffe zur Bekämpfung des Schmuggler-

---

870 Da die Einziehung dem Täter sein Eigentum an den eingezogenen Gegenständen entzieht, ist die Verhältnismäßigkeit auch im Hinblick auf die verfassungsrechtlichen Grenzen des Art. 14 GG von entscheidender Bedeutung. Zum Problem der Verfassungsmäßigkeit der strafrechtlichen Einziehungs- und Verfallsvorschriften vgl. *Julius*, ZStW 109 (1997), S. 58 ff.

871 *Engelhardt*, in: HHSp., § 375 AO, Rn. 32.

872 *Schönke/Schröder-Eser*, § 74 StGB, Rn. 39.

873 Vgl. *Engelhardt*, in: HHSp., § 375 AO, Rn. 17; *Schumann/Schmidt-Bremme*, NJW 2002, S. 574 (576).

unwesens angesehen.[874] Darüber hinaus erscheint eine Einziehung erforderlich, da sie zumeist den empfindlichsten Einschnitt für die Täter und ihre Hintermänner darstellt. Wird das geschmuggelte Kulturgut eingezogen, so kann es nicht mehr mit Gewinn weiterveräußert werden; gerade darauf aber zielt der illegale Kunsthandel. Damit trifft die Einziehung des Schmuggelguts die Täter weitaus härter als die üblichen Geldstrafen, zumal sich die Anzahl der zu verhängenden Tagessätze an der Schadenshöhe der Abgabenverkürzung orientiert. Die Abgabenschuld für die hinterzogene Einfuhrumsatzsteuer bemisst sich lediglich am Mehrwertsteuersatz von 16 % bzw. 7 % und wird mithin der kriminellen Energie bei der Schleusung wertvoller Kulturgüter nicht einmal ansatzweise gerecht.[875] Weil aber der Wert der einzuziehenden Kulturgüter regelmäßig weitaus höher ist als die hinterzogenen Abgaben, stellt sich zugleich das Problem der Verhältnismäßigkeit im engeren Sinn. Dies hat auch die höchstrichterliche Rechtsprechung gesehen:

> *„Regelmäßig wird der Wert der einzuziehenden Sache höher sein als die Abgabenschuld […]; er mag sogar beträchtlich über ihr liegen können."*[876]

Unter Einbeziehung sämtlicher Umstände des grenzüberschreitenden Schmuggels kam der BGH jedoch zu dem Schluss, dass gerade bei einer relativ geringen Hauptstrafe allein die Einziehung das gesamte Unrecht der Tat sühnen kann:

> *„[D]ie Schwere der Tat und das Maß der Schuld [bestimmen sich] nicht allein und nicht einmal in der Hauptsache notwendig nach der Höhe der hinterzogenen Abgaben. […] Unterschiede im Wertverhältnis zwischen der Abgabenschuld und der einzuziehenden Ware sind nicht zufallsbedingt, sondern beruhen auf verschiedenen Einsätzen. Wer großen Einsatz wagt, um viel zu gewinnen, muss auch den größeren Verlust hinnehmen, wenn das Wagnis misslingt."*[877]

Insofern wird die Einziehung des Schmuggelguts in der Regel verhältnismäßig sein.

---

874 BGHSt 16, 281 (288 f.). Auf die hohe kriminalpolitische Bedeutung der Einziehung weist auch *Wolf*, in: Pohlmann/Jabel/Wolf, Strafvollstreckungsordnung, § 60 Rn. 3 hin.

875 Ebenso *Schumann/Schmidt-Bremme*, NJW 2002, S. 574 (576).

876 BGHSt 16, 281 (287).

877 BGHSt 16, 281 (287 f.). Ebenso *Schönke/Schröder-Eser*, § 74 StGB, Rn. 40.

cc. *Rechtsfolgen der Einziehung*

Die Rechtsfolgen der Einziehung ergeben sich aus § 74 e StGB und § 60 der Strafvollstreckungsordnung (StVollstrO).[878] § 74 e Abs. 1 StGB hebt das Eigentum des Täters bzw. ausnahmsweise des Dritten auf und geht mit Rechtskraft der Entscheidung über die Einziehung auf den Staat über. Der Rechtswechsel tritt unmittelbar mit der Anordnung der Einziehung durch das Gericht zugunsten des Trägers der Strafhoheit und nicht des Trägers der Steuerhoheit ein.[879] Dies rührt daher, dass die Rechtsfolge der Einziehung in einer Strafvorschrift angeordnet wird. Steuerstrafsachen sind erstinstanzlich den ordentlichen Gerichten zugewiesen. Da die Zuständigkeit für die ordentlichen Gerichte erster Instanz in die Zuständigkeit der Länder fällt, geht das Eigentum an den eingezogenen Gegenständen auf das Bundesland über, zu dem das Gericht erster Instanz gehört, § 60 StVollstrO.[880]

c. *Fazit*

Während die Beschlagnahme von Kulturgütern aufgrund von § 94 Abs. 2 StPO auch dann möglich ist, wenn sie als bloße Beweisgegenstände für das anzustrengende Strafverfahren in Betracht kommen, verlangt die eine Einziehung vorbereitende Beschlagnahme nach §§ 111 b StPO das Vorliegen der Einziehungsvoraussetzungen. Eingezogen werden kann nur geschmuggeltes Kulturgut als Beziehungsgegenstand über § 375 Abs. 2 Nr. 1 AO, das im Eigentum des Täters oder eines Tatbeteiligten steht sowie zusätzlich bei Vorliegen der Voraussetzungen des § 74 a Nr. 1 StGB. Die Bedeutung der Einziehung liegt darin zu verhin-

---

878 BAnz. Nr. 87, S. 9157. Der Wortlaut der StVollstrO wurde zwischen dem Bundesminister der Justiz und den Landesjustizverwaltungen vereinbart und als bundeseinheitliche Verwaltungsvorschrift eingeführt. Art. 60 der derzeit gültigen Fassung lautet: „*Mit der Rechtskraft der Entscheidung geht das Eigentum an den verfallenen oder eingezogenen Sachen auf das Land (Justizfiskus) über, dessen Gericht im ersten Rechtszug entschieden hat. Dies gilt auch dann, wenn im ersten Rechtszug in Ausübung der Gerichtsbarkeit des Bundes entschieden worden ist. Hat das Gericht den Verfall oder die Einziehung zugunsten des Bundes angeordnet, so wird die Bundesrepublik Deutschland (Justizfiskus) Eigentümer.*"

879 *Schumann/Schmidt-Bremme*, NJW 2002, S. 574 (577).

880 *Wolf*, in: Pohlmann/Jabel/Wolf, Strafvollstreckungsordnung, § 60 Rn. 1, 29 f.; *Tröndle/Fischer*, § 74 e StGB, Rn. 1; *LK-Schäfer*, § 74 e StGB, Rn. 2; *Kühn/Hoffmann*, AO, § 375 Rn. 4 h; *Engelhardt*, in: HHSp. § 375 Rn. 35, zumindest noch in 96. Lieferung Oktober 1980; BGHSt 2, 337.

dern, dass nach Beendigung der Beschlagnahme der Gegenstand wieder an den letzten Gewahrsamsinhaber herauszugeben wäre.[881]

3. *Rechtshilfe nach dem IRG für ausländische Strafverfahren*

a. *Überblick*

Neben Strafverfolgungsmaßnahmen für ein innerstaatliches Strafverfahren kommen Maßnahmen der Strafverfolgung zur Unterstützung für ein ausländisches Strafverfahren in Betracht. Denn auch wenn Kulturgüter bereits für die Zwecke eines deutschen Straf- oder Ermittlungsverfahrens beschlagnahmt und so zunächst dem Gewahrsam des Beschuldigten entzogen wurden, kann eine erneute Beschlagnahme auf der Grundlage des IRG notwendig werden. Dies ist bspw. dann der Fall, wenn die innerstaatlichen Verfahren kurz vor ihrem Abschluss stehen und die Kulturgüter alsbald nach Abschluss freigegeben und dem ursprünglichen Gewahrsamsinhaber zurückgegeben werden müssten.[882]

Nachdem im ersten Teil der Untersuchung die völkerrechtlichen Rechtshilfeabkommen und damit die Verpflichtung der Bundesrepublik Deutschland zur Leistung von Rechtshilfe im Vordergrund standen, wird hier das deutsche innerstaatliche Recht der internationalen Rechtshilfe dargestellt. Vorrangige Rechtsquelle bildet das IRG, das die gesamte zwischenstaatliche Rechtshilfe im vertraglosen Bereich regelt sowie ergänzend und subsidiär im völkervertraglichen Bereich gilt, da letzterer nur Mindestrechte und Mindestpflichten begründet.[883] Insoweit bestimmt § 1 Abs. 3 IRG den Vorrang der völkerrechtlichen Vereinbarungen: „*Regelungen in völkerrechtlichen Vereinbarungen gehen, soweit sie unmittelbar anwendbares innerstaatliches Recht geworden sind, den Vorschriften dieses Gesetzes vor.*“ Der Vorrang völkerrechtlicher Rechtshilferegeln kommt allerdings nur dann zum Tragen, wenn und soweit diese speziell und abschließend sind. Enthält die völkerrechtliche Vereinbarung dagegen Lücken, ist

---

881 Näher hierzu unter III.

882 Dies war bspw. im Fall der zypriotischen Kulturgüter notwendig, weil das deutsche Ermittlungsverfahren am 11. August 2000 wegen Eintritts der Verfolgungsverjährung gegen den Beschuldigten A. Dikmen eingestellt werden musste, vgl. *Blumenwitz*, in: FS Ress, S. 3 (5).

883 *Schomburg/Lagodny-Lagodny*, IRG, § 1 Rn. 17; *Vogel,* in: Grützner/Pötz, Rechtshilfeverkehr, I A 2, § 1 IRG Rn. 14, 18.

die Anwendung der Vorschriften des IRG möglich.[884] Oftmals ist es in der Praxis freilich nicht leicht zu entscheiden, ob eine Normenkollision vorliegt oder ob nationales Recht ergänzend hinzuzuziehen ist. Dies bleibt daher der richterlichen Entscheidung im Einzelfall überlassen.[885] Neben dem IRG wiederum können ergänzend die Vorschriften des sonstigen deutschen Strafverfahrensrechts und insbesondere die StPO herangezogen werden, § 77 Abs. 1 IRG.

b. Beschlagnahme und Einziehung

Die rechtshilferechtlichen Voraussetzungen der Beschlagnahme von Gegenständen im Rahmen der vertragslosen Rechtshilfe sind in §§ 39 und 67 IRG geregelt. Wie im Bereich der völkervertraglichen Rechtshilfe wird zwischen der Rechtshilfe, die akzessorisch zu einer Auslieferung erfolgt (§ 39 IRG) und sonstiger, kleiner Rechtshilfe (§ 67 IRG) unterschieden. Nach § 39 Abs. 1 S. 1 IRG können *„Gegenstände, deren Herausgabe an einen ausländischen Staat in Betracht kommt, [...] auch schon vor Eingang des Auslieferungsersuchens, beschlag-*

---

884 BGH NJW 1984, S. 2046; OLG Köln, NStZ-RR 2003, S. 339; *Vogel*, in: Grützner/Pötz, Rechtshilfeverkehr, I A 2, § 1 IRG Rn. 23 f. Eine besondere Form der international arbeitsteiligen Zusammenarbeit findet sich im *Rechtsakt des Rates vom 18.12.1997 über die Ausarbeitung des Übereinkommens aufgrund von Artikel K.3 des Vertrages über die Europäische Union über gegenseitige Amtshilfe und Zusammenarbeit der Zollverwaltungen (98/C24/01)* (Neapel II-Übereinkommen), ABl. EG 1998 C 24/01. Dieses Abkommen wurde von der Bundesrepublik Deutschland mit Gesetz vom 3. Juni 2002 mit Wirkung gegenüber Dänemark, Frankreich, den Niederlanden, Schweden, Spanien und Großbritannien zum 10. Februar 2003 für vorläufig anwendbar erklärt, BGBl. 2002 II, S. 1387, 2003 II, S. 518. Zweck des Abkommens ist die Zusammenarbeit der Mitgliedstaaten über ihre Zollverwaltungen um Zuwiderhandlungen gegen nationale und gemeinschaftsrechtliche Zollvorschriften zu verhindern, ermitteln, verfolgen und zu ahnden (Art. 1). Titel IV sieht besondere Formen der Zusammenarbeit vor; so sieht Art. 19 Abs. 2 lit. a das grenzüberschreitende Zusammenwirken bei der Verfolgung, Verhinderung und Ermittlung des illegalen Handels mit Kulturgütern vor. Zu diesem Zweck lässt das Abkommen zu, dass ausländische Behörden mit Zustimmung der ersuchten Behörde auf fremdem Staatsgebiet tätig werden und schränkt so das Territorialitätsprinzip ein. Ermöglicht werden vor allem die grenzüberschreitende Nacheile (Art. 20), die grenzüberschreitende Observation (Art. 21), und verdeckte Ermittlungen (Art. 23). Auf diese Weise kann die im eigenen Land begonnene Ermittlungstätigkeit auf fremdem Staatsgebiet fortgeführt werden. Diese Form der grenzüberschreitenden Zusammenarbeit ist von der Rechtshilfe i. S. d. IRG zu unterscheiden, ergänzt diese aber, Art. 3 (2) des Neapel II Übereinkommens lautet: *„Werden strafrechtliche Ermittlungen von einer Justizbehörde oder unter deren Leitung durchgeführt, so bestimmt diese Behörde, ob hiermit verbundene Ersuchen um Amtshilfe oder Zusammenarbeit aufgrund der geltenden Bestimmungen über die Rechtshilfe in Strafsachen oder aufgrund dieses Übereinkommens vorgelegt werden.“*

885 Zu diesem Problem bereits *Corves/Bartsch*, ZStW 96 (1984), S. 505 (523).

nahmt oder sonst sichergestellt werden." Entsprechend sieht § 67 Abs. 1 S. 1 IRG vor, dass „*Gegenstände, deren Herausgabe an einen ausländischen Staat in Betracht kommt, [...] auch schon vor Eingang des Ersuchens um Herausgabe beschlagnahmt oder sonst sichergestellt werden [können].*"

Anders als die Herausgabe der Gegenstände selbst, setzt die Beschlagnahme ein Herausgabe- bzw. Auslieferungsersuchen noch nicht voraus.[886] Damit wird der praktischen Erkenntnis Rechnung getragen, dass mitunter Maßnahmen des sofortigen Zugriffs unerlässlich sind, wenn sie ihren kriminalpolitischen Zweck erfüllen sollen.[887] Es genügt daher, wenn ein ausländisches Ersuchen „*in Betracht kommt*". Dies ist der Fall, wenn es entweder angekündigt ist oder nach der Lage des Falles in einer auf Tatsachen gegründeten Weise zu erwarten ist. Eine solche Erwartung kann sich aus den Erfahrungen im Rechtshilfeverkehr mit bestimmten Staaten, aus einem laufenden Rechtshilfeverkehr oder durch ein deutlich gemachtes Interesse ergeben.[888] Wird wertvolles Kulturgut erkennbar ausländischer Provenienz auf dem eigenen Staatsgebiet bei straftatverdächtigen Personen aufgefunden, so ist zu erwarten, dass ein ausländischer Staat um die Herausgabe dieser Gegenstände ersuchen wird, sobald er über die entsprechende Kenntnis verfügt. Darüber hinaus muss das zu erwartende Ersuchen ein nicht von vorneherein unzulässiges Ersuchen um Herausgabe von Gegenständen zu einem der in §§ 38, 66 IRG abschließend genannten Zwecke beinhalten können.[889] Zulässige Zwecke sind insbesondere die Herausgabe von Gegenständen als Beweismittel und von Gegenständen, die durch die zugrundeliegende Tat oder als Entgelt für solche Gegenstände vom Täter oder einem Beteiligten erlangt worden sind.[890]

Im Hinblick auf diese rechtshilferechtlichen Voraussetzungen einschließlich der Zwecke, für welche Rechtshilfemaßnahmen zulässig sind, gehen die §§ 39 und 67 IRG den Regelungen der StPO vor und verdrängen diese. Umfang, Art und Weise der Durchführung und Aufhebung der Beschlagnahme richten sich jedoch

---

886 Für die akzessorische Herausgabe verlangt § 38 Abs.1 IRG ohnehin kein gesondertes Herausgabeersuchen.

887 *Vogler/Wilkitzki-Wilkitzki,* IRG, § 39 Rn. 3; § 67 Rn. 1, in: Grützner/Pötz, Rechtshilfeverkehr.

888 *Vogler/Wilkitzki-Wilkitzki,* IRG, § 39 Rn. 4; § 67 Rn. 2, in: Grützner/Pötz, Rechtshilfeverkehr.

889 *Vogler/Wilkitzki-Wilkitzki,* IRG, § 39, Rn. 4, § 67 Rn. 2, in: Grützner/Pötz, Rechtshilfeverkehr,

890 Näher hierzu unter III.3.a.dd.

gemäß § 77 IRG ausschließlich nach deutschem Verfahrensrecht, mithin den soeben erörterten §§ 94 ff. StPO.

Die Beschlagnahme ausländischen Kulturguts kann auch zu dem Zwecke erfolgen, eine später im ersuchenden Staat zu verfügende Einziehungsentscheidung sicherzustellen.[891]

c. *Zuständigkeiten*

Soll die Beschlagnahme zur Erledigung einer zur Auslieferung akzessorischen Herausgabe angeordnet werden, ist das OLG nach § 13 Abs. 1 IRG zuständig, wenn es bereits mit dem Auslieferungsverfahren befasst ist. Ansonsten ist nach § 39 Abs. 2 IRG zunächst das Amtsgericht zuständig, in dessen Bezirk die Beschlagnahme vorzunehmen ist.[892] Für die Erledigung eines isolierten Herausgabeersuchens von Gegenständen weist § 67 Abs. 3 IRG dem Amtsgericht die Zuständigkeit zur Anordnung der Beschlagnahme zu. Örtlich zuständig ist das Amtsgericht, in dessen Bezirk die Handlungen vorzunehmen sind, und damit von dem Amtsgericht, in dessen Bezirk sich die betreffenden Gegenstände befinden. Sind mehrere Amtsgerichte örtlich zuständig, so entscheidet das zuerst mit der Sache befasste Gericht, § 61 Abs. 2 S. 2 IRG. Herbeigeführt werden die gerichtlichen Beschlüsse über die Beschlagnahme jeweils von der zuständigen Staatsanwaltschaft. Bei Gefahr im Verzug kann die Beschlagnahme von der Staatsanwaltschaft und ihren Hilfsbeamten angeordnet werden, §§ 39 Abs. 3, 67 Abs. 4 IRG.

III. Die verschiedenen Möglichkeiten zur Herausgabe

Die aufgezeigten Sicherstellungsmaßnahmen des aufgegriffenen Kulturguts können nur ein erster Schritt auf dem Weg zum eigentlichen Ziel sein. Denn nur die Rückgabe allein vermag letztlich den Interessen des Herkunftsstaates wertvollen Kulturguts gerecht zu werden. Den verschiedenen Möglichkeiten zur Herausgabe und den sich hierbei stellenden Schwierigkeiten wird daher nun nachgegangen.

---

891 Str., *Vogler/Wilkitzki-Wilkitzki,* IRG, § 67 Rn. 2, in: Grützner/Pötz, Rechtshilfeverkehr.

892 Wird nicht von vorneherein das OLG tätig, so sind die zuvor erfolgten Vorgänge später der für das Auslieferungsverfahren zuständigen Generalstaatsanwaltschaft vorzulegen, Nr. 51 Abs. 2 RiVASt.

1. Herausgabe beschlagnahmter Kulturgüter nach § 111 k StPO

a. Bestehen amtlichen Gewahrsams

Beschlagnahmte Gegenstände sind herauszugeben, wenn sie für die Zwecke des Strafverfahrens nicht mehr benötigt werden.[893] Die Herausgabe hat nach der Rechtsprechung grundsätzlich an den letzten Gewahrsamsinhaber zu erfolgen.[894] Ansprüche Dritter stehen dem nur entgegen, wenn der Gewahrsamsinhaber sie anerkennt oder ein bereits vollstreckbarer Titel über die Ansprüche vorliegt, da es nicht Aufgabe der Strafgerichte ist über zivilrechtliche Ansprüche zu entscheiden.[895] Eine für den illegalen Kunsthandel praktisch wichtige Ausnahme davon macht § 111 k StPO, wenn es sich bei der beschlagnahmten Sache um eine solche handelt, die dem Verletzten durch die Straftat entzogen worden ist. Denn die Rückgabe der Sache an den Rechtsbrecher, dem sie zum Zwecke des Strafverfahrens entzogen worden ist, würde dazu führen, dass der rechtswidrige Zustand des unrechtmäßigen Besitzes an der Sache aufrechterhalten bzw. wieder hergestellt würde.[896]

Erfasst werden von § 111 k StPO ausschließlich nach §§ 94, 111 c Abs. 1 StPO beschlagnahmte Sachen, die sich noch im amtlichen Gewahrsam befinden.[897] Die Vorschrift ist zudem nur dann anwendbar, wenn die Sache von dem Beschuldigten, oder von einem anderen, auf den die Sache infolge der Straftat übergangen ist, in den Besitz der Strafverfolgungsbehörden gelangt ist. Denn nur dann besteht die Gefahr der Aufrechterhaltung des rechtswidrigen Zustandes, an dem sich der Staat gerade nicht beteiligen soll.[898] Eine Herausgabe an den Verletzten kommt nur in Betracht, wenn dieser dem Gericht bekannt ist; Ermittlungen stellt das Gericht grundsätzlich nicht an. Ist ein Verletzter nicht

---

893 *Meyer-Goßner*, StPO, § 111k Rn. 1, § 94 Rn. 22. Vgl. auch Nr. 75 I RiStBV.

894 BGH, NJW 2000, S. 3218; BGHZ 72, 302; OLG Düsseldorf NStZ 1984, S. 567; OLG Frankfurt GA 72, S. 212; LG Mainz MDR 1983, S. 934.

895 OLG München, Beschluss v. 3. Juni 2004 – Az. 13/01 (13/04), unveröff., S. 39; OLG Düsseldorf, NJW 1990, S. 723 (724).

896 *Meyer-Goßner*, StPO, § 111 k, Rn. 1 m. w. N. aus der Rechtsprechung; *Löffler*, NJW 1991, S. 1705 (1706).

897 *Meyer-Goßner*, StPO, § 111 k, Rn. 3.

898 Ganz überwiegende Ansicht, vgl. *Meyer-Goßner*, StPO, § 111 k, Rn. 3; *Löwe-Rosenberg/Schäfer*, § 111 k, Rn. 9 ; *SK-Rudolphi*, § 111 k, Rn. 2; a.A. *KK-Nack*, § 111 k, Rn. 4.

bekannt, und darf die Herausgabe auch nicht an den letzten Gewahrsamsinhaber erfolgen, weil dieser zweifelsfrei der Täter war, so ist die Sache einzuziehen.[899]

b. Problematik des Verletzten

aa. Entzug des unmittelbaren Besitzes am Kulturgut

Fraglich ist, wer als Verletzter i. S. d. § 111 k StPO anzusehen ist. Nach dem Wortlaut der Vorschrift ist nur derjenige verletzt, dem der Besitz an der Sache durch die Straftat unmittelbar entzogen worden ist, also allein der, der durch die Straftat den unmittelbaren Besitz an dem später beschlagnahmten Gegenstand verloren hat.[900] Der Eigentümer, der nicht zugleich unmittelbarer Besitzer war, ist somit nach vorherrschender Ansicht nicht Verletzter im Sinne dieser Vorschrift, sondern Dritter.[901] Eine Mindermeinung scheint hingegen jeden als Verletzten anzusehen, dem aus der Straftat ein Anspruch erwachsen ist.[902]

Für die Ansicht, die nur denjenigen als Verletzten ansieht, dem der Gegenstand durch die Straftat unmittelbar entzogen wurde, spricht, dass es nicht Aufgabe der Strafgerichte und Ermittlungsbehörden ist, festzustellen, wem Ansprüche aus der Straftat entstanden sind. Zweck der Vorschrift ist vielmehr, den vor der Beschlagnahme bestehenden tatsächlichen Zustand wiederherzustellen. Weiter hat dieses Verständnis den Vorteil, dass es zu zweifelsfreien Lösungen führt, da es im Normalfall nur einen unmittelbaren Besitzer gibt; Konflikte zwischen mehreren Verletzten wird es somit nicht geben.

bb. Auswirkungen auf Kulturgut in Staatseigentum

Diese Frage ist von besonderer Bedeutung für beschlagnahmte Kulturgüter, die aufgrund von Vorschriften über archäologische Funde im Staatseigentum ausländischer Staaten stehen. Hier übt der Staat regelmäßig keine Besitzrechte aus, oftmals hat er von den betroffenen Gegenständen ja noch nicht einmal Kenntnis.

---

899 Für gewöhnlich wird in diesen Fällen nach § 983 BGB verfahren, was zu einer öffentlichen Versteigerung der beschlagnahmten Sachen nach §§ 979-982 BGB führt. Voraussetzung ist allerdings, dass § 111 k StPO im Übrigen erfüllt ist, also auch keine Ansprüche oder Rechte Dritter bestehen. Für wertvolles ausländisches Kulturgut kommt dies nicht in Betracht, so dass die Einziehung vorzuziehen ist.

900 *Meyer-Goßner*, StPO, § 111 k, Rn. 5; *SK-Rudolphi*, § 111 k, Rn. 3; *Löffler*, NJW 1991, S. 1705; *Hoffmann/Knierim*, NStZ 2000, S. 461 (463). Unter den unmittelbaren Entzug fällt freilich auch der freiwillige Gewahrsamsverlust etwa bei Unterschlagung und Betrug.

901 Vgl. die bereits in der vorherigen Fn.Genannten.

902 *KK-Nack*, § 111 k, Rn. 4; § 111 g, Rn. 2.

Somit besteht die Besonderheit, dass es bei unentdeckten archäologischen Funden überhaupt keinen Besitzer gibt, dem sie unmittelbar durch die Straftat entzogen werden könnten; vielmehr ist der Raubgräber der erste, der die Gegenstände in unmittelbaren Besitz nimmt.[903]

Bei bereits entdeckten Funden, die sich im Gebiet der Ausgrabungsstätte befinden, hat derjenige Besitz, der unmittelbar die Herrschaftsgewalt über die Stätte ausübt. Dies wird in der Regel die die Ausgrabung leitende Behörde sein, welche zwar staatlich sein kann, aber nicht staatlich sein muss. Hatte der Staat an den entzogenen Kulturgütern den unmittelbaren Besitz inne, so kommt eine Herausgabe an ihn als Verletzten in Betracht, vorausgesetzt, die restlichen Anforderungen des § 111 k StPO sind erfüllt. Wurde der unmittelbare Besitz dagegen nicht vom Staat, sondern von Dritten ausgeübt, so sind nur diese Verletzte i. S. d. § 111 k StPO; mithin kann eine Herausgabe auch nur an sie bewirkt werden. Dies ist im Allgemeinen für den Zweck einer Rückführung des Kulturguts an seinen Herkunftsort auch ausreichend.

Besonders gelagert ist der Fall jedoch für den Bereich des besitzlosen Eigentums. Hier gibt es streng genommen überhaupt keinen Verletzten i. S. d. § 111 k StPO, da niemandem der Gegenstand unmittelbar entzogen wurde. § 111 k StPO selbst regelt lediglich den Fall eines Interessenwiderstreits zwischen dem Verletzten und dem letzten Gewahrsamsinhaber, nicht aber denjenigen zwischen Drittem und letztem Gewahrsamsinhaber.[904] Ausnahmsweise könnte jedoch eine Herausgabe an den Staat als Dritten gemäß der Vorschrift Nr. 75 IV 1 RiStBV[905] in Betracht kommen:

> *„Stehen der Herausgabe nach Abs. 2 [Herausgabe an den letzten Gewahrsamsinhaber] offensichtlich begründete Ansprüche eines Dritten entgegen, so werden die Sachen an diesen herausgegeben."*

Die Richtlinien für das Straf- und Bußgeldverfahren sind zwar interne Verwaltungsvorschriften und kein bindendes Recht. Dennoch stellen sie für Richter und Staatsanwälte einen Maßstab für die Ermessensausübung auf, an den diese gebunden sind, wenn der Einzelfall keine abweichende Beurteilung erfordert. Eine Rechtsgrundlage für eine bestimmte Art der Herausgabe können sie allerdings

903 Dieses Problem sprechen *Schumann/Schmidt-Bremme*, NJW 2002, S. 574 (575), nicht an.

904 Vgl. hierzu auch *Löffler*, NJW 1991, S. 1705 (1708).

905 OLG Düsseldorf NStZ 1990, S. 202; *Hoffmann/Knierim*, NStZ 2000, S. 461 (462).

nicht darstellen.[906] Daher müsste § 111 k StPO selbst eine ausreichende Rechtsgrundlage für die Rückgabe an einen Dritten bilden. Der BGH hat in diesem Zusammenhang allerdings festgestellt, dass § 111 k StPO nur dem Verletzten oder dem letzten Gewahrsamsinhaber einen Anspruch einräumt und Ansprüche anderer Personen auf Rückgabe vom Gesetz nicht vorgesehen seien.[907] Zur möglichen Gesetzeswidrigkeit und damit der Unwirksamkeit der nach Nr. 75 IV 1 RiStBV erfolgten Herausgabe brauchte er sich nicht zu äußern, da in dem zu entscheidenden Fall ein offensichtlich begründeter Anspruch nicht gegeben war. Das OLG Düsseldorf hingegen hielt die Vorschrift bereits 10 Jahre zuvor für rechtswidrig, da sie vom Gesetz nicht gedeckt sei. Die bei Beendigung oder Aufhebung der Beschlagnahme erforderliche Rückabwicklung gestatte keine weiteren Eingriffe in die zivilrechtlichen Besitzverhältnisse.[908]

Auch die Literatur sieht eine Herausgabe gemäß Nr. 75 IV 1 RiStBV überwiegend als rechtswidrig an, da die Strafgerichte bzw. die Ermittlungsbehörden eine Art zivilrechtliche Entscheidung träfen, wenn sie die offensichtliche Anspruchsberechtigung des Dritten festzustellen und danach zu handeln hätten.[909] Dem lässt sich freilich entgegenhalten, dass die Strafgerichte an sich die gleiche Feststellung zu treffen haben, wenn sie das Bestehen des vorrangigen Besitzrechts oder Eigentums des Verletzten prüfen, was letztlich erst die Herausgabe an diesen rechtfertigt. Zu überzeugen vermag allein das Argument, dass das Gesetz die Herausgabe an den Dritten nicht vorsieht und es somit an einer Rechtsgrundlage fehlt.

cc. Lösungsansatz

Dieses Ergebnis erscheint für den speziellen Bereich des Kulturgüterschutzes unbefriedigend und wird den Besonderheiten des ausländischen, besitzlosen Staatseigentums nicht gerecht. Daher sollte derselbe Gedanke herangezogen werden, der für die Anerkennung des besitzlosen Staatseigentums spricht. Die zivilrechtliche Untersuchung hat ergeben, dass der automatische Eigentumserwerb des Staates auch ohne Besitzergreifung anzuerkennen ist und die illegale Ausgrabung einen Diebstahl darstellen kann, wenn das ausländische Recht die Besitzergreifung nicht voraussetzt. In Übertragung dieser Grundsätze ließe sich

906 *Hoffmann/Knierim*, NStZ 2000, S. 461 (462).

907 BGH, NJW 2000, S. 3218.

908 OLG Düsseldorf, NStZ 1990, S. 202.

909 Insbesondere *Löffler*, NJW 1991, S. 1705 (1708 f.); BT-Drs. 13/9742; *Löwe-Rosenberg/Schäfer*, StPO, § 111 k, Rn.6, *KK-Nack*, StPO, § 111 k, Rn. 6.

hier argumentieren, dass der Staat als Eigentümer der besitzlosen Kulturgüter ausnahmsweise als Verletzter i. S. d. § 111 k StPO angesehen werden kann, da es einen unmittelbaren Besitzer nicht gibt und der rechtmäßige Eigentümer als einziger Verletzter in Betracht kommt. Der Vorteil dieser Lösung liegt darin begründet, dass sie sich innerhalb des Systems des § 111 k StPO hält und keinen über ihn hinausreichenden Anspruch schafft.

Nach der hier vertretenen Auffassung würde § 111 k StPO also die Herausgabe an den ausländischen Staat als Verletzten erlauben, sofern dieser sein Eigentum offenkundig machen kann. Da eine zivilrechtliche Beweisaufnahme nicht erfolgt, muss die Herkunft des Kulturguts und die Gesetzeslage mit hoher Wahrscheinlichkeit dargetan werden. Für die Praxis kann jedoch nicht sicher gesagt werden, ob deutsche Behörden in einem solchen Fall die Herausgabe bewirken oder nicht doch den ausländischen Staat auf den Zivilrechtsweg verweisen und das Kulturgut solange einbehalten würden.

c. *Entziehung durch die Straftat*

Ein weiteres Problem stellt sich mit der Voraussetzung, dass die herauszugebende Sache durch die Straftat entzogen worden sein muss, die Gegenstand des Straf- oder Ermittlungsverfahrens war.[910] Dies ist bei den oben angesprochenen Zoll- und Steuerstraftaten aber gerade nicht der Fall. Hier sind die Kulturgüter Beziehungsgegenstand der begangenen Straftat, nicht aber durch die verfolgten Straftaten entzogene Gegenstände. Der Anwendungsbereich des § 111 k StPO ist mithin nachdem Wortlaut nur dann gegeben, wenn die Kulturgüter zumindest auch wegen der Straftat beschlagnahmt wurden, durch welche sie dem unmittelbaren Besitzer entzogen wurden.[911] In der Mehrzahl der Fälle werden die Strafverfolgungsbehörden insbesondere bei größeren Mengen geschmuggelten Kulturguts nicht nur die abgabenrechtlichen Straftatbestände verfolgen, sondern auch wegen des illegalen Handels mit den Kulturgütern ein Ermittlungsverfahren anstrengen. Obwohl eine Verurteilung zu der Tat, durch die dem Verletzten das Kulturgut entzogen wurde, nicht Voraussetzung für die Rückgabe ist, muss dennoch gerade diese Tat zumindest erwiesen sein.[912]

---

910 So *Löffler*, NJW 1991, S. 1705 (1707), *Meyer-Goßner*, StPO, § 111 k, Rn. 6.

911 Auch diese Voraussetzung wird von *Schumann/Schmidt-Bremme*, NJW 2002, S. 574 (576), nicht problematisiert.

912 *Meyer-Goßner*, StPO, § 111 k, Rn. 6.

d. Keine Ansprüche Dritter

Schließlich dürfen der Herausgabe keine Ansprüche Dritter entgegenstehen. Dritter kann hier auch der Beschuldigte selbst oder der letzte Gewahrsamsinhaber sein, wenn diese behaupten, unabhängig von der Straftat Ansprüche zu haben und solche zumindest möglich erscheinen.[913] In Betracht kommen sowohl dingliche als auch schuldrechtliche Ansprüche, erforderlich ist aber in jedem Falle ein Besitzrecht des Dritten, welches das des Verletzten in Frage stellt.[914] Festzustehen brauchen die Ansprüche des Dritten nicht, eine zweifelhafte Rechtslage ist ausreichend, um die Herausgabe an den Verletzten zu verhindern. Sind dem Gericht Ansprüche Dritter bekannt, so setzt es diesem eine Frist zur gerichtlichen Geltendmachung seiner Rechte. Lässt der Dritte diese Frist ungenutzt verstreichen, kann eine Herausgabe an den Verletzten erfolgen.[915]

e. Rechtsfolgen

Sind die Voraussetzungen des § 111 k StPO gegeben, so soll grundsätzlich die Herausgabe an den Verletzten erfolgen, ohne dass dieser speziell darum ersuchen muss. Obwohl die Herausgabe an den Verletzten durch das Gesetz nicht zwingend angeordnet wird, besteht ein eingeschränktes Ermessen dergestalt, dass die Herausgabe grundsätzlich zu erfolgen hat, wenn nicht besondere Gründe vorliegen, die eine abweichende Entscheidung erfordern.[916] Umstritten ist in diesem Zusammenhang, wer für die Herausgabe der beschlagnahmten Gegenstände an den Verletzten zuständig ist. Generell ist die Stelle zuständig, welche die Verfahrensherrschaft in dem jeweiligen Verfahrensabschnitt hat, damit die Staatsanwaltschaft während des Ermittlungsverfahrens, und für alle hier relevanten nachfolgenden Verfahrensstadien das befasste Gericht.[917] Zum Teil wird jedoch verlangt, dass für den Fall der Herausgabe an den Verletzten unabhängig vom Verfahrensstadium immer eine gerichtliche Entscheidung erforderlich sei.[918]

---

913 *Meyer-Goßner*, StPO, § 111 k, Rn. 8.
914 *SK-Rudolphi*, StPO, § 111 k, Rn.7.
915 *Meyer-Goßner*, StPO, § 111 k, Rn. 8.
916 *SK-Rudolphi*, StPO, § 111 k, Rn. 9; *Löwe-Rosenberg/Schäfer*, StPO, § 111 k, Rn. 4.
917 *Hoffmann/Knierim*, NStZ 2000, S. 461 (462); BGH NStZ 84, S. 409; OLG Stuttgart, NStZ-RR 2002, S. 111.
918 Vgl. hierzu *Meyer-Goßner*, StPO, § 111 k, Rn. 9 m. w. N.

Die Herausgabe ist lediglich eine vorläufige Besitzstandsregelung;[919] gegebenenfalls muss der die Sache Beanspruchende zusätzlich den Zivilrechtsweg verfolgen. Der große Vorteil für den Bereich wertvoller Kulturgüter ist jedoch, dass jedenfalls zunächst die Herausgabe an den Verletzten, respektive den ausländischen Staat, bewirkt werden kann und so eine zügige Rückgabe gefördert wird. Freilich darf nicht übersehen werden, dass die Anwendung des § 111 k StPO sehr strenge Voraussetzungen aufstellt; oftmals wird gerade im illegalen Kunsthandel die Herausgabe an den Rechten Dritter scheitern, da zumindest der Beschuldigte sich darauf berufen wird, selbst Eigentümer der beschlagnahmten Kunstschätze zu sein.

2. *Herausgabe eingezogener Kulturgüter*

Weitaus schwieriger stellt sich die Sachlage dar, wenn Kulturgüter zurückgegeben werden sollen, denen im Herkunftsland kein zivilrechtlicher Eigentümer zuzuordnen war oder wenn der zivilrechtliche Eigentümer gegen Ausfuhrvorschriften des Herkunftslandes verstoßen und das Kulturgut in die Bundesrepublik eingeschmuggelt hat. Denn in diesen Fällen waren die Kulturgüter einzuziehen. Endziel muss hier die Rückgabe an den Herkunftsstaat sein. Fraglich ist jedoch, wie sich eine Herausgabe in diesen Konstellationen bewerkstelligen lässt. Denn oben wurde festgestellt, dass das Eigentum an dem einzuziehenden Kulturgut an das jeweilige Bundesland fällt. Damit unterfällt seine weitere Behandlung den Regelungen der Haushaltsordnung des betreffenden Bundeslandes.

§ 63 der Bundeshaushaltsordnung (BHO) regelt den Erwerb und die Veräußerung von Vermögensgegenständen. Grundsätzlich dürfen Vermögensgegenstände nur veräußert werden, wenn sie zur Erfüllung der Aufgaben des Bundes bzw. der Länder nicht mehr benötigt werden und das Vermögen zu vollem Wert veräußert wird; § 63 Abs. 1, 2 BHO. Ausnahmen sehen § 63 Abs. 3 S. 2 und S. 3 BHO vor. Danach kann aufgrund einer Ausnahme im Haushaltsplan und bei geringem Wert oder dringendem Bundesinteresse durch den Bundesminister der Finanzen eine unentgeltliche Herausgabe der eingezogenen Vermögensgegenstände zugelassen werden.

---

919 BayObLGE 17, S. 118; 23, S. 19.

Gleichlautende Regelungen finden sich in den Haushaltsordnungen der meisten Länder.[920] Die Bayerische Haushaltsordnung bspw. hat die Regelung der BHO in ihrem Art. 63 BayHO nahezu wortgleich übernommen. Auch Art. 63 Abs. 3 BayHO kennt somit die Ausnahme durch den Haushaltsplan und Abs. 4 die Ausnahme durch den Finanzminister, soweit der Haushaltsplan keine Ausnahme zuläßt, bei geringem Wert oder dringendem Staatsinteresse. Die Ausnahmeerteilung durch den Finanzminister kann allgemein, insbesondere durch Verwaltungsvorschriften zur BayHO oder im Einzelfall erteilt werden. Sie setzt voraus, dass der Wert des betreffenden Gegenstandes 25.000 € nicht übersteigt; bei dringendem Staatsinteresse muss die Angelegenheit zudem zeitlich zwingend sein.[921]

Die derzeit geltenden Haushaltspläne und die zu ihnen erlassenen Durchführungsvorschriften sehen keine Ausnahmeregelungen für eingezogenes Kulturgut ausländischer Provinienz vor. In Betracht kommt daher allenfalls eine Ausnahmeerteilung durch den Finanzminister im Einzelfall. Aufgrund der strengen Anforderungen an Wertgrenze und das zeitliche Dringlichkeitserfordernis würde die Herausgabe eingezogener Kulturgüter bislang auf große Schwierigkeiten stoßen, da ohne Rechtsgrundlage ein Verzicht auf dem Haushalt unterfallende Gegenstände nicht in Betracht kommt.[922]

3. Herausgabe im Wege der Rechtshilfe

Verlangt ein ausländischer Staat sein Kulturgut im Wege der Rechtshilfe zurück, so sind die Anforderungen an ein zulässiges Rechtshilfeersuchen zu beachten. Der Weg über die Rechtshilfe stellt zum einen zusätzliche Voraussetzungen für die Rückgabe eines ausländischen Kulturgutes auf; andererseits aber gelten im Rechtshilfeverfahren besondere Maßstäbe, die im Idealfall durchaus zu einer erleichterten Rückgabe führen können. Die Herausgabe über die Rechtshilfe kommt insbesondere dann in Betracht, wenn ein Dritter, nicht aber der ausländische Staat Eigentümer des sichergestellten Kulturguts ist und somit § 111 k StPO zugunsten des Staates keine Anwendung findet.

---

920 *Piduch/Nebel*, Bundeshaushaltsrecht, 3. Kap., Vorbem., Rn. 25.

921 *Birkner*, Bayerisches Haushaltsrecht, Kommentierung zu Art. 63 BayHO.

922 A.A., allerdings ohne hinreichende Begründung, *Schumann/Schmidt-Bremme*, NJW 2002, S. 574 (577).

a. *Rechtshilferechtliche Anforderungen an ein Herausgabeersuchen*

aa. *Zuständigkeiten*

Zuständig für die Erledigung eines isolierten Herausgabeersuchens ist gemäß § 66 Abs. 3 S. 1 IRG die Staatsanwaltschaft bei dem Landgericht, in dessen Bezirk sich die Gegenstände befinden, sog. Vornahmebehörde.[923] Auch wenn die herauszugebenden Gegenstände zuvor beschlagnahmt wurden, wofür eine richterliche Anordnung erforderlich ist,[924] wird das hierfür angegangene Amtsgericht nicht für die Leistung der Rechtshilfe zuständig.[925] Für die akzessorische Herausgabe ist hingegen nach § 13 Abs. 2 IRG die Staatsanwaltschaft beim Oberlandesgericht zuständig, da die Gegenstände zusammen mit der Übergabe des Verfolgten ausgehändigt werden sollen. Ausnahmsweise liegt die Zuständigkeit auch bei der isolierten Herausgabe bei der Staatsanwaltschaft beim Oberlandesgericht, wenn eine Zulässigkeitsentscheidung über die Gewährung der Rechtshilfe erforderlich ist. Hier folgt die Zuständigkeit der Staatsanwaltschaft beim Oberlandesgericht nach §§ 77, 143 GVG der nach § 61 Abs. 2 IRG bestimmten örtlichen Zuständigkeit des entscheidenden Oberlandesgerichts.

Die Bewilligung der Rechtshilfe als zwischenstaatlicher Akt hingegen ist nach § 74 Abs. 1 S. 1 IRG Sache der Bundesregierung, sog. Bewilligungsbehörde. Zuständiges Bundesorgan ist der Bundesminister der Justiz oder der Bundesminister, zu dessen Geschäftsbereich die für die Leistung der Rechtshilfe zuständige Behörde gehört. Der zuständige Minister entscheidet dabei im Einvernehmen mit dem Auswärtigen Amt und gegebenenfalls anderen Bundesministern, deren Geschäftsbereich betroffen ist. Nach § 74 Abs. 2 S. 1 IRG kann die Bundesregierung ihre Bewilligungsbefugnis auf die Landesregierungen übertragen, die ihrerseits ein Recht zur weiteren Übertragung haben, S. 2. In diesem Zusammenhang wurde zwischen dem Bund und den Ländern eine *Vereinbarung über die Zuständigkeit im Rechtshilfeverkehr mit dem Ausland in strafrechtlichen Angelegenheiten* (Zuständigkeitsvereinbarung) als Verwaltungsabkommen geschlossen, demzufolge den Landesregierungen weitreichende Zuständigkeiten übertragen wurden.[926] Übertragen wird jedoch nur die Ausübung der Befugnisse der Bundesregierung, nicht die Befugnis als solche, da Entscheidungen im

---

923 Vgl. dazu OLG Stuttgart, NJW 1989, S. 3104.

924 § 67 Abs. 3 S. 1 IRG.

925 Ausführlich hierzu OLG Stuttgart, NJW 1989, S. 3104 f.; a.A. *Vogler*, GA 1989, S. 541 (542 f.).

926 Die derzeit aktuelle Vereinbarung vom 1. Juli 1993 ist im BAnz. v. 1. Juli 1993, S. 6383 veröffentlicht; sie ist ebenfalls bei *Grützner/Pötz*, Rechtshilfeverkehr unter I A 3 abgedr.

Rechtshilfeverkehr nicht der Einflussnahme der Bundesregierung entzogen werden dürfen.[927]

Da das IRG im Unterschied zu den völkervertraglichen Rechtshilfeabkommen keine Verpflichtungen, sondern nur Befugnisse begründet, hat die Bewilligungsbehörde ein weites außenpolitisches Ermessen, ob sie zulässige Rechtshilfe leistet oder nicht. Soweit eine völkerrechtliche Verpflichtung zur Leistung von Rechtshilfe nicht besteht, darf die Bundesregierung als Herrin des Rechtshilfeverfahrens eine ansonsten zulässige Rechtshilfe ohne Angabe von Gründen ablehnen.[928]

Die Bewilligung der akzessorischen Herausgabe von Gegenständen ist wegen der Anbindung an die Auslieferung an deren vorherige Zulässigkeitserklärung durch das nach §§ 13 Abs. 1, 14 IRG sachlich und örtlich zuständige Oberlandesgericht gebunden, § 12 IRG.[929] Fällt die Entscheidung über die Zulässigkeit negativ aus, darf die Rechtshilfe nicht bewilligt werden; insofern ist die gerichtliche Entscheidung bindend. Erklärt das OLG hingegen die Rechtshilfe für zulässig, so ist in einem zweiten Schritt über die Frage der Bewilligung zu entscheiden. Die isolierte Herausgabe von Gegenständen bedarf der vorherigen gerichtlichen Zulässigkeitserklärung hingegen nur, wenn eine Entscheidung über die Zulässigkeit nach § 61 Abs. 1 IRG beantragt wird. Für die Entscheidung auf Antrag ist ebenfalls das OLG sachlich zuständig; die Bindungswirkung seiner Entscheidung ordnen § 61 Abs. 3 und Abs. 4 IRG an.

bb. Die allgemeinen Voraussetzungen

Nur für die isolierte Herausgabe von Gegenständen bedarf es nach § 66 Abs. 1 IRG eines eigenständigen Herausgabeersuchens einer zuständigen Stelle. Zuständige Stellen sind dabei in erster Linie Gerichte, Staatsanwaltschaften, Polizei-, Steuer- und Zollfahndungsbehörden.[930] In dem Ersuchen sollen die heraus-

---

927 Vgl. dazu *Vogler/Wilkitzki-Vogel*, IRG, § 74 Rn. 28, in: Grützner/Pötz, Rechtshilfeverkehr.

928 *Schomburg/Lagodny*, IRG, Einl. Rn. 62.

929 Die Anbindung an die gerichtliche Entscheidung sollte früher der Bundesregierung außenpolitische Rückendeckung erteilen, vgl. *Schomburg/Lagodny*, IRG, Einl. Rn. 114, 141 f., § 12 Rn. 3. Heute stellt sie eine objektive Rechtmäßigkeitskontrolle dar, welche die Garantie effektiven Rechtsschutzes verwirklichen soll, so *Vogler/Wilkitzki-Vogel*, IRG, Vor § 1 Rn. 103, in: Grützner/Pötz, Rechtshilfeverkehr.

930 Zu weiteren Beispielen *Vogler/Wilkitzki-Wilkitzki*, IRG, § 59 Rn. 12, in: Grützner/Pötz, Rechtshilfeverkehr.

zugebenden Gegenstände möglichst genau bezeichnet werden.[931] Für die akzessorische Herausgabe hingegen, die ein eigenständiges Ersuchen um Herausgabe nicht voraussetzt, entfallen diese Anforderungen.[932] Herausgegeben werden können prinzipiell sämtliche Gegenstände, welche die rechtshilferechtlichen Voraussetzungen im Übrigen erfüllen.

Weitere Zulässigkeitsvoraussetzungen der isolierten Herausgabe enthält § 66 Abs. 2 IRG. Das Prinzip der doppelten Strafbarkeit, das ansonsten für den Bereich der kleinen Rechtshilfe aufgeben wurde, wird für die Herausgabe von Gegenständen in § 66 Abs. 2 Nr. 1 IRG teilweise aufrecht erhalten, da diese stärker in Individualrechte des Betroffenen eingreift als andere Maßnahmen der sonstigen Rechtshilfe.[933] Ausreichend ist jedoch, wenn die Tat nach deutschem Recht objektiv einen Straf- oder Bußgeldtatbestand verwirklicht. Unerheblich ist, ob Rechtfertigungs-, Schuld- oder Strafausschließungsgründe sowie sonstige Strafverfolgungshindernisse, etwa Verjährung, bestehen.[934] Damit wird der Anwendungsbereich gegenüber der akzessorischen Herausgabe nach § 38 IRG erweitert, wo wegen der Anbindung an die Auslieferung grundsätzlich eine rechtswidrige, verfolgbare Straftat zugrunde liegen muss.[935] Die beiderseitige Verfolgbarkeit ist allerdings nur dann erforderlich, wenn für die Tat nach deutschem Strafanwendungsrecht auch die deutsche Strafgerichtsbarkeit begründet ist. In diesen Fällen darf die Strafverfolgung nicht wegen Verjährung oder Amnestie ausgeschlossen sein, § 9 Nr. 2 IRG; andere Verfolgungshindernisse spielen dagegen keine Rolle.[936] § 9 Nr. 2 IRG ist damit weiter als die entsprechende Regelung in Art. 10 EuAlÜbk, der unabhängig von einem eigenen Strafanspruch des ersuchten Staates die doppelte Strafbarkeit voraussetzt.[937]

---

931 *Vogler/Wilkitzki-Wilkitzki,* IRG, § 66 Rn.5, in: Grützner/Pötz, Rechtshilfeverkehr.

932 Sinngemäß *Vogler/Wilkitzki-Wilkitzki,* IRG, § 38 Rn. 8, in: Grützner/Pötz, Rechtshilfeverkehr. Das EuAlÜbk ist diesbezüglich strenger und verlangt in Art. 20 Abs. 1 ein gesondertes Herausgabeersuchen.

933 Schomburg/Lagodny-Lagodny, IRG, § 59 Rn. 18.

934 OLG München, Beschluss v. 3. Juni 2004 – Az. 13/01 (13/04), unveröff., S. 34; *Vogler/Wilkitzki-Wilkitzki,* IRG, § 66 Rn. 15 f., in: Grützner/Pötz, Rechtshilfeverkehr.

935 Wegen der strengen Anbindung an die Auslieferung mussten diese Voraussetzungen nicht erneut in § 38 IRG aufgenommen werden; sie gelten ohnehin automatisch. Eine schuldhafte Tat wird nicht verlangt, § 10 IRG. Der Schuldnachweis ist schon deshalb überflüssig, weil das IRG keine Rechtspflichten begründet, sondern nur zur Auslieferung ermächtigt.

936 *Vogler/Wilkitzki-Wilkitzki,* IRG, § 9, Rn. 17, in: Grützner/Pötz, Rechtshilfeverkehr.

937 Vgl. Teil 1, A.III.2.

Für die isolierte Herausgabe von Gegenständen verzichtet das IRG auf den Grundsatz der Gegenseitigkeit, der dem völkerrechtlichen *do ut des* entspringt und für den Bereich der Auslieferung in § 5 IRG ausdrücklich aufrechterhalten wurde. Das Prinzip, dass Leistungen nur nach dem Gegenseitigkeitsprinzip gewährt werden dürfen, stellt freilich nur eine politische Handlungsmaxime, aber keinen Grundsatz des Völkerrechts dar.[938] Indem § 5 IRG für den vertragslosen Bereich der Auslieferung und damit auch für die akzessorische Herausgabe die Gegenseitigkeit vorschreibt,[939] geht er somit über das völkerrechtlich gebotene hinaus.

§ 66 Abs. 2 Nr. 2 IRG fordert daneben, dass für die herauszugebenden Gegenstände eine Beschlagnahmeanordnung des ersuchenden Staates vorliegt und ersetzt damit für den Bereich der sonstigen Rechtshilfe den nach § 10 Abs. 1 IRG für die akzessorische Herausgabe notwendigen Haftbefehl. Ausreichend ist, wenn der Beschlagnahmebeschluss zum Zeitpunkt der Entscheidung über die Herausgabe vorliegt.[940] Das Gesetz verzichtet auf die Vorlage eines Beschlagnahmebeschlusses, wenn nach dem Recht des ersuchenden Staates die Beschlagnahme nur für Gegenstände angeordnet werden kann, die sich auf seinem Territorium befinden.[941] Hier genügt die Erklärung der ausländischen Stelle, dass die Beschlagnahmevoraussetzungen vorlägen, wenn sich die Gegenstände im ersuchenden Staat befänden.[942]

cc. Der Vorbehalt der Rückgabe und Rechte Dritter

Die in der Praxis wichtigste Einschränkung der Herausgabe sind die Vorschriften der §§ 66 Abs. 2 Nr. 3 IRG und 38 Abs. 2 IRG. Danach muss gewährleistet sein, dass Rechte Dritter an den herauszugebenden Gegenständen unberührt bleiben. Keine Dritten sind der Verfolgte, der Betroffene oder Beteiligte i. S. d. §§ 38 Abs. 1 Nr. 2, 66 Abs. 1 Nr. 2 IRG.[943] Stehen die herauszugebenden Gegenstände jedoch im sonstigen Vermögen des Betroffenen, so scheitert die Herausgabe an §§ 66 Abs. 1 Nr. 1, 38 Abs. 1 Nr. 1 IRG. Die notwendigen Feststellungen über das Bestehen von Rechten Dritter oder deren mögliches Vorhanden-

---

938 BGHSt 24, S 297 (303).

939 *Vogler/Wilkitzki-Wilkitzki*, IRG, § 38, Rn. 24, in: Grützner/Pötz, Rechtshilfeverkehr.

940 *Vogler/Wilkitzki-Wilkitzki*, IRG, § 66, Rn. 17, in: Grützner/Pötz, Rechtshilfeverkehr.

941 *Hackner/Schomburg/Lagodny/Wolf*, Rechtshilfe, S. 129.

942 Näher hierzu *Vogler/Wilkitzki-Wilkitzki*, IRG, § 66, Rn. 18, in: Grützner/Pötz, Rechtshilfeverkehr.

943 *Schomburg/Lagodny-Lagodny*, IRG, § 66, Rn. 25; a.A. *Hackner/Schomburg/Lagodny/Wolf*, Rechtshilfe, S. 130 m. w. N.

sein trifft das über die Zulässigkeit der Rechtshilfe entscheidende Gericht oder, wenn eine gerichtliche Entscheidung nicht notwendig ist, die Bewilligungsbehörde. Da die Interessen Dritter nur ausnahmsweise eine Ablehnung der Herausgabe rechtfertigen,[944] wird im Regelfall bei der Bewilligung ein Vorbehalt zu machen sein, wonach der ersuchende Staat die vorläufig herausgegebenen Gegenstände auf Verlangen unverzüglich an den ersuchten Staat zurückzugeben hat. Die Erklärung des Vorbehalts ist allein Sache der Bewilligungsbehörde, nicht des Gerichts.[945]

dd. Die zulässigen Herausgabezwecke

§ 66 Abs. 1 Nr. 1 und 2 IRG bestimmen und begrenzen abschließend die Zwecke, für welche die isolierte Herausgabe von Gegenständen zulässig ist. Inhaltlich nahezu identische Eingrenzungen für die akzessorische Herausgabe enthalten § 38 Abs. 1 Nr. 1 und 2 IRG:

§§ 66 Abs. 1 Nr. 1 und 38 Abs. 1 Nr. 1 IRG gestatten die Herausgabe von Gegenständen, *„die als Beweismittel dienen können"*, und greifen damit auf die Formulierung in Art. 20 Abs. 1 lit. a EuAlÜbk zurück. Ebenso wie dort genügt die bloße Möglichkeit der Beweiserheblichkeit. Die Beurteilung soll allein dem ersuchenden Staat überlassen bleiben, der den Beweiswert der herausgeforderten Gegenstände zuverlässig erst nach deren Erhalt einschätzen kann.[946] Während § 38 Abs. 1 Nr. 1 die Beweiserheblichkeit für die der Auslieferung zugrunde liegende Tat verlangt, genügt im Rahmen der isolierten Herausgabe die Beweistauglichkeit für ein beliebiges Verfahren.

Die Herausgabe der Beute aus einer Straftat sowie deren Surrogate, die der Betroffene oder ein Beteiligter durch die Tat erlangt hat, ermöglicht § 66 Abs. 1 Nr. 2 IRG; auch für die akzessorische Herausgabe verzichtet § 38 Abs. 1 Nr. 2 IRG nun auf das Erfordernis, dass die Beute im Besitz des Verfolgten stand.[947] Betroffener i. S. d. § 66 Abs. 1 Nr. 1 ist regelmäßig der Täter der Haupttat; Beteiligter der Anstifter oder Gehilfe zur Haupttat bzw. der Haupttäter oder Teil-

---

944 Dies betont der BGHSt 27, S. 222 (227 f.).

945 OLG München, Beschluss v. 3. Juni 2004 – Az. 13/01 (13/04), unveröff., S. 41.

946 Vgl. insoweit bereits Teil 1, A.III.2.b.bb. Speziell zur sonstigen Rechtshilfe nach dem IRG, *Schomburg/Lagodny-Lagodny*, IRG, § 66 Rn. 12 m. w. N.; *Vogler/Wilkitzki-Wilkitzki*, IRG, § 66 Rn. 10, in: Grützner/Pötz, Rechtshilfeverkehr.

947 So noch § 34 Abs. 1 Nr. 3 des *Deutschen Auslieferungsgesetzes vom 29. Dezember 1929*, BGBl. I, S. 469 (DAG) und Art. 20 Abs. 1 EuAlÜbk.

nehmer an einer Tat nach §§ 257 oder 259 StGB.[948] Auch hier genügt die Möglichkeit, dass die Gegenstände durch die Straftat erlangt sind.[949] Gehören die Gegenstände hingegen zum sonstigen Vermögen des Betroffenen, ist die Herausgabe unzulässig.[950]

Eine Begrenzung auf bestimmte Herausgabezwecke besteht für die Tatbeute und ihre Surrogate nicht. Im Gegensatz zu dem in Teil 1 erörterten EuRHÜbk, wo diese Frage kontrovers diskutiert wird, ist im Rahmen der vertraglosen Rechtshilfe damit klar, dass auch eine Herausgabe zum Zwecke der Aushändigung an den Geschädigten möglich ist.[951]

b. *Modifizierung der Rechtshilfevoraussetzungen im Kulturgüterschutz*

aa. *Eingeschränkter Prüfungsmaßstab im Rechtshilfeverfahren*

Eine für die Praxis bedeutungsvolle Entscheidung über die Herausgabe von Kulturgütern im Rechtshilfeverkehr hat jüngst das OLG München mit Beschluss vom 3. Juni 2004 im Falle der zypriotischen Kulturgüter gefällt.[952] Indem es teilweise die allgemeinen Grundsätze der Rechtshilfe modifiziert hat, um den Besonderheiten der Beute „Kulturgut" gerecht zu werden, hat es neue Maßstäbe gesetzt, die es künftig zu beachten gilt.

Mit Noten vom 29. September 1997, 29. Mai 1998 und 17. Februar 1999 hatte der Generalstaatsanwalt der Republik Zypern um die Herausgabe der sichergestellten Gegenstände zur Weiterleitung an die rechtmäßigen Eigentümer – vor allem an die autozephale griechisch-orthodoxe Kirche – ersucht, nachdem das Auslieferungsbegehren gegen den Beschuldigten und damit die akzessorische

---

948 OLG München, Beschluss v. 3. Juni 2004 – Az. 13/01 (13/04), unveröff., S. 34; *Schomburg/Lagodny-Lagodny*, IRG, § 66 Rn. 17.

949 *Schomburg/Lagodny-Lagodny*, IRG, § 66, Rn. 16.

950 *Hackner/Schomburg/Lagodny/Wolf*, Rechtshilfe, S. 156.

951 *Hackner/Schomburg/Lagodny/Wolf*, Rechtshilfe, S. 156; *Vogler/Wilkitzki-Wilkitzki*, IRG, § 66, Rn. 12, in: Grützner/Pötz, Rechtshilfeverkehr. Die Tendenz der Rückgabe von Gegenständen zum Zwecke der Herausgabe an den Verletzten zeigt sich auch in neueren Rechtshilfeverträgen. So sieht beispielweise das *Gesetz zu dem Vertrag vom 13. Mai 2002 zwischen der Bundesrepublik Deutschland und Kanada über die Rechtshilfe in Strafsachen vom 5. Juli 2004* (BGBl. 2004 II, S. 962) ausdrücklich die Herausgabe zum Zwecke der Rückgabe an den Geschädigten vor, Art. 4 (1): *„Auf Rechtshilfeersuchen werden Gegenstände, die im ersuchenden Staat für Ermittlungen oder als Beweismittel für ein Strafverfahren dienen können, vom ersuchten Staat unter den von ihm für geeignet erachteten Bedingungen an den ersuchenden Staat herausgegeben. Außerdem können Gegenstände dem Geschädigten zurückgegeben werden."*

952 OLG München, Beschluss v. 3. Juni 2004 – Az. 13/01 (13/04), unveröff.

Herausgabe der sichergestellten Kunstschätze wegen Eintritts der Strafverfolgungsverjährung für unzulässig erklärt werden musste.[953] Aber auch der Beschuldigte selbst sowie zwei weitere Beteiligte forderten die Herausgabe der bei ihnen sichergestellten Gegenstände. Sowohl diese als auch die Staatsanwaltschaft bei dem OLG München stellten sodann Antrag auf gerichtliche Entscheidung über die Zulässigkeit der beantragten Rechtshilfe gemäß § 61 Abs. 1 S. 2 IRG. Das OLG München untersuchte daraufhin die Zulässigkeit der Rechtshilfe nach den maßgeblichen Bestimmungen der Art. 1, 3 Abs. 1, 5 Abs. 1 und 14 des EuRhÜbk und des § 66 IRG. In seiner Entscheidung hat das OLG ausdrücklich die Interessen des Kulturgüterschutzes berücksichtigt. Mit Nachdruck wurde auf den gegenüber einem Zivilverfahren reduzierten Prüfungsmaßstab im Rechtshilfeverfahren hingewiesen und die Anforderungen an das Vorliegen einer Straftat reduziert:

(1) Nachdem das OLG festgestellt hatte, dass der Eintritt der Strafverfolgungsverjährung im Rahmen des Art. 5 Abs. 1 EuRhÜbk und des § 66 IRG bedeutungslos war, führte es aus:

> *„Ebenso ist ohne Belang, dass die deutsche Staatsanwaltschaft das Verfahren aus tatsächlichen Gründen eingestellt hat [...] und dass der Beschuldigte die ihm zur Last gelegten Straftaten bestreitet. Für die Zwecke des Rechtshilfeverfahrens reicht es aus, dass hinreichend Grund zur Annahme seiner Täterschaft bzw. Beteiligung besteht."*[954]

Dabei verglich das OLG die sonstige Rechtshilfe mit dem Auslieferungsverfahren. Schon dort finde eine nähere Prüfung des Tatverdachts bzw. der Schuld nicht statt. Da die Auslieferung mit der Überstellung des Beschuldigten mitsamt den bei ihm sichergestellten Gegenständen einen weitergehenderen Einschnitt treffe, erscheine es nicht angebracht, im Verfahren der isolierten Herausgabe von Gegenständen höhere Anforderungen zu stellen.[955] Den hinreichenden Tatverdacht – zumindest in Form der Beteiligung an der illegalen Ausfuhr der Kunstschätze aus Zypern und als Hehler – sah das Gericht als gegeben an. Es stützte sich hierbei unter anderem auf die Aussagen des einstigen Geschäftspartners des Beschuldigten und auf die Ermittlungen des Bayerischen Landeskriminalamtes, das in drei Wohnungen des Beschuldigten kistenweise Kunstschätze, nach Schätzungen im Wert von 30 Mio.

---

[953] OLG München, Beschluss v. 24. Juli 1998 – Ausl. 166/97 (unveröff.).

[954] OLG München, Beschluss v. 3. Juni 2004 – Az. 13/01 (13/04), unveröff., S. 34.

[955] Ibid.

Euro sichergestellt hatte. Aus der Art der Aufbewahrung der Gegenstände sowie aus Feststellungen eines gegen den Beschuldigten gerichteten Steuerstrafverfahrens und gefälschten Zollpapieren folgerte das Gericht einen nahezu zwingenden Tatverdacht.[956]

Der Beschuldigte versuchte demgegenüber die sichergestellten Kunstgegenstände als sein Eigentum darzustellen und bestritt die ihm zur Last gelegten Straftaten. Dem hielt das Gericht entgegen, dass nach deutschem Recht ein gutgläubiger Erwerb an den Kulturgütern bereits an § 935 BGB scheitere. Was andere Rechtsordnungen betreffe, so bestünden erhebliche Zweifel an der Gutgläubigkeit des Beschuldigten als türkischem Archäologen und Restaurator, der über die fortwährenden Plünderungen in Nordzypern seit dem Einmarsch der Türken informiert war.[957] Darauf kam es nach Ansicht des Gerichts letztlich aber ohnehin nicht an, da die bloße Möglichkeit genüge, dass die Gegenstände durch die Straftat erlangt seien. Denn nur wenn zweifelsfrei fest stünde, dass die Kunstschätze zum Vermögen des Beschuldigten gehörten, sei die Herausgabe unzulässig.[958]

(2) Was die Herkunft der sichergestellten Kunstschätze aus Zypern anbelangt, so sah das OLG durch Vorlage einer achtbändigen Dokumentation seitens der Zyprioten als hinreichend glaubhaft gemacht an, dass die Gegenstände infolge der türkischen Invasion aus Kirchen, Klöstern, archäologischen Ausgrabungsstätten und Privatsammlungen in Nordzypern gestohlen und unrechtmäßig außer Landes gebracht wurden. So konnten nahezu sämtliche Gegenstände konkreten Tatorten zugewiesen werden, während der Beschuldigte seinerseits keinerlei konkrete und schlüssige Nachweise für seine behaupteten Eigentumsrechte geltend machen konnte.[959] Hierbei zog das OLG München den im Rechtshilfeverkehr reduzierten Prüfungsmaßstab heran, dem die zypriotischen Behörden genügt hätten. Nach den Ausführungen des Gerichts sei es nicht Aufgabe des Rechtshilfeverfahrens, die zivilrechtliche Eigentumslage zu klären. Auch erfolge die Herausgabe nicht direkt an die von den Zyprioten benannten Eigentümer, was die Natur der Rechtshilfe als ausschließlich zwischenstaatliches Verfahren verböte. Die Herausgabe an die Geschädigten selbst sei ausschließlich Sache der Republik Zypern, die

956 OLG München, Beschluss v. 3. Juni 2004 – Az. 13/01 (13/04), unveröff., S. 35 f.

957 OLG München, Beschluss v. 3. Juni 2004 – Az. 13/01 (13/04), unveröff., S. 36.

958 OLG München, Beschluss v. 3. Juni 2004 – Az. 13/01 (13/04), unveröff., S. 37 mit Verweis auf *Schomburg/Lagodny-Lagodny*, IRG, § 66 Rn. 16.

959 OLG München, Beschluss v. 3. Juni 2004 – Az. 13/01 (13/04), unveröff., S. 37 f.

nach zypriotischem Recht darüber zu entscheiden habe. Dabei berief sich das Gericht auf den vom deutschen Gesetzgeber verfolgten Zweck, den ersuchenden Staat in die Rechtshilfe einzubinden.[960]

Da aber auch die Bundesrepublik Deutschland sich nicht völlig ihrer Verantwortung entziehen könne, stellte das Gericht zugleich fest, dass diese Vorgehensweise auch den Beschuldigten nicht unverhältnismäßig benachteilige: Vor dem Hintergrund, dass zuverlässige Feststellungen, dass die sichergestellten Gegenstände durch Straftaten erlangt sind und zu wessen Nachteil, mit letzter Sicherheit leichter im ersuchenden Staat möglich sind, erscheine es angezeigt, dem Beschuldigten zuzumuten, bezüglich etwaiger bestehender Ansprüche auf den Rechtsweg vor den ausländischen Gerichten verwiesen zu werden.[961] Denn da die Herausgabe im Wege der Rechtshilfe eine nur vorläufige Besitzstandsregelung schafft, bleibe ihm der Zivilrechtsweg jedenfalls offen. Gestützt wird die Begründung des Gerichts durch die Tatsache des oftmals komplizierten Rechts der Zuweisung von Eigentum an Funden, das sich vor den Gerichten des Herkunftsstaates regelmäßig einfacher feststellen und auslegen lässt.

bb. Förderung der Rückgabe an den Geschädigten durch § 111 k StPO und Verzicht auf Sachhaftung

Da im Rahmen der Rechtshilfe grundsätzlich nur eine (zeitweilige) Herausgabe an den ersuchenden Staat in Betracht kommt, kann gegebenenfalls die Vorschrift des § 111 k StPO in die internationale Rechtshilfe „eingebettet" werden, um letztlich die Rückgabe an den Geschädigten zu erreichen, wenn dies nicht der Staat selbst ist.[962] Eine direkte Sachbehandlung nach § 111 k StPO über § 77 IRG kommt im Rahmen der Rechtshilfe nicht in Betracht, weil – wie auch das OLG München festgestellt hat – eine Herausgabe nur an Staaten als Partner der Rechtshilfe in Strafverfahren erfolgt, nicht aber an von ausländischen Staaten benannte Eigentümer.[963] Dennoch ist ein rückgewährfreundliches Verständnis der §§ 66 Abs. 1, 38 Abs. 1 IRG möglich. Danach sichert der um Herausgabe

---

960 OLG München, Beschluss v. 3. Juni 2004 – Az. 13/01 (13/04), unveröff., S. 39, mit Verweis auf BT-Drs. 9/1338.

961 OLG München, Beschluss v. 3. Juni 2004 – Az. 13/01 (13/04), unveröff., S. 39 f.

962 So *Schumann/Schmidt-Bremme*, NJW 2002, S. 574 (576).

963 OLG München, Beschluss v. 3. Juni 2004 – Az. 13/01 (13/04), unveröff., S. 39: „Zutreffend hat deshalb bereits die Staatsanwaltschaft festgestellt, dass eine Sachbehandlung nach § 111 k StPO (über § 77 IRG) nicht in Betracht kommt."

ersuchende Staat ausdrücklich zu, die Gegenstände (gegebenenfalls nach Ende des ausländischen Strafverfahrens) an die Berechtigten zurückzugeben. Eine solche Kooperation war erstmals im Jahre 2001 bei der Rückgabe von geschmuggelten Ikonen erfolgreich und im Einvernehmen des Auswärtigen Amtes mit den Bundesministerien der Justiz und der Finanzen sowie dem damaligen Beauftragten der Bundesregierung für Kultur und Medien erzielt worden.[964]

Was die Sachhaftung der einzelnen sichergestellten und herauszugebenden Kunstgegenstände als Recht Dritter betrifft, so können die jeweiligen Zoll- und Steuerbehörden, die Pfandrechte an den Gegenständen wegen der Abgabenschulden des Beschuldigten erlangt haben, auf diese verzichten.[965] So hatte im Falle der zypriotischen Kulturgüter die entsprechende Behörde bereits im Jahre 1998 erklärt, sie sei nur an der Pfändung und Verwertung solcher Gegenstände interessiert, die keiner strafbaren Handlung zugeordnet werden können.[966] Im Übrigen wird man davon ausgehen können, dass regelmäßig das Interesse der Steuer- und Zollverwaltungen an der fiskalischen Sachhaftung hinter dem Ausgleichsinteresse desjenigen, dem ein wertvolles Kulturgut entzogen wurde, zurücktreten wird und eine Freigabe daher geboten erscheint.[967] Ansonsten kann, wie dies auch die zypriotischen Behörden getan haben, eine Erklärung abgegeben werden, dass die Gegenstände auf Verlangen unverzüglich zurückgegeben werden. Hier würde jedoch dann die Herausgabe unter dem Vorbehalt der Rückgabe erfolgen und damit nur eine zeitweilige Herausgabe bewirkt werden.

cc. *Bewilligungsfragen*

Bereits oben wurde darauf hingewiesen, dass die Bewilligungsbehörde im Bereich der vertraglosen Rechtshilfe über ein weites politisches Ermessen verfügt. Obwohl das OLG München die Herausgabe der sichergestellten Kunstschätze an Zypern für zulässig erklärt hat, ist die für die Leistung der Rechtshilfe erforderliche Bewilligung über ein Jahr später noch immer nicht erteilt worden. Hier half es auch nichts, dass sowohl Zypern als auch die Bundesrepublik Deutschland Vertragsstaaten des EuRhÜbk sind, denn die Herausgabe zum Zweck der Rückgabe an den Geschädigten gemäß § 66 Abs. 1 Nr. 2 IRG geht über den völkerrechtlich verpflichtenden Bereich des EuRHÜbk hinaus. Allerdings ist be-

---

964 *Schumann/Schmidt-Bremme*, NJW 2002, S. 574 (576).

965 Vgl. § 76 AO zur abgabenrechtlichen Sachhaftung und § 13 ZollVG zur zollrechtlichen Sachhaftung.

966 OLG München, Beschluss v. 3. Juni 2004 – Az. 13/01 (13/04), unveröff., S. 40.

967 *Schumann/Schmidt-Bremme*, NJW 2002, S. 574 (576).

dauerlicherweise bislang noch nicht einmal eine Herausgabe unter Vorbehalt der Entscheidung des zwischenzeitlich eingeleiteten zivilrechtlichen Herausgabeverfahrens der autozephalen griechisch-orthodoxen Kirche sowie der zypriotischen Regierung erfolgt, obwohl das OLG ausdrücklich auf die Möglichkeit der vorübergehenden Herausgabe hingewiesen hatte. Insofern ist zu erwarten, dass die Bewilligungsbehörde – in diesem Fall der bayerische Justizminister – das Ergebnis der zivilrechtlichen Herausgabeverfahren abwarten wird. Dem Sinn und Zweck der Rechtshilfe, die zivilrechtliche Eigentumslage gerade nicht zu klären und große Zeitverluste durch aufwendige Beweisfragen zu vermeiden, entspricht dies keinesfalls. Im Hinblick auf einen effektiven Kulturgüterschutz, der die Rückführung rechtswidrig nach Deutschland verbrachter Kulturgüter an das Herkunftsland fordert, ist diese Situation nicht wünschenswert, zumal die rechtliche Möglichkeit bestünde, die Herausgabe zu vollziehen.

c. *Fazit und Vorteile des Rechtshilfeverfahrens*

Die vorangehende Untersuchung und insbesondere der Beschluss des OLG München haben gezeigt, dass die Rechtshilfe ein probates Mittel sein kann, um die Herausgabe ausländischen Kulturguts zu bewirken. Obwohl das OLG aufgrund der angemeldeten Ansprüche des Beschuldigten gehalten war, jedes einzelne der herausverlangten Kulturgüter zuzuordnen, konnte dies unter dem eingeschränkten Prüfungsmaßstab des Rechtshilfeverfahrens erfolgen. In einem Zivilrechtsverfahren hingegen muss die Eigentumslage zweifelsfrei bewiesen werden, was oft nicht nur schwierig, sondern auch äußerst kostenintensiv ist. Ein weiterer Vorteil des Rechtshilfeverfahrens im konkreten Fall der zypriotischen Kulturgüter war, dass die Bundesrepublik Deutschland das entsprechenden Rechtshilfeersuchen der TRNC nicht beachten musste, da zur TRNC keine vertraglichen Rechtshilfeverpflichtungen bestehen und diese überdies bereits als Staat nicht anerkannt ist.[968] Damit entfallen im Rechtshilfeverfahren komplizierte rechtstatsächliche Fragen, wie die Untersuchung etwaigen konkurrierenden Patrimonialeigentums der Republik Zypern und der TRNC sowie die Frage, inwieweit die TRNC als de facto Regime die Eigentumsordnung durchsetzen kann oder die Türkei Rechte als Besatzungsmacht auszuüben vermag.

---

968 Das Rechtshilfeersuchen der Türkei wurde vom OLG München – Beschluss v. 16. Juni 2004 – Ausl. 13/01(14/04), S. 3 (unveröff.), als unzulässig abgelehnt, da nicht ersichtlich sei, dass die Gegenstände als Beweismittel benötigt würden. Auch werde nicht dargetan, dass die Gegenstände vom Beteiligten sonst aus einer Straftat erlangt wurden. Schließlich fehle es auch an einer Beschlagnahmeanordnung nach § 66 Abs. 2 Nr. 2 IRG.

E. Ergebnis zu Teil 2

Dem Ursprungsstaat steht grundsätzlich der Weg offen, vor den nationalen deutschen Gerichten auf Rückgabe seines Kulturguts zu klagen, wobei sich gegebenenfalls Probleme aus der mangelnden Anerkennung eines Staates ergeben können. Rückgabeansprüchen von Ursprungsländern, gestützt auf die Verletzung ihrer eigenen Exportgesetzgebung oder sonstiger öffentlich-rechtlicher Kulturgutschutzgesetze außerhalb des Geltungsbereiches des KultGüRückG, steht das Territorialitätsprinzip des öffentlichen Rechts entgegen, wonach jeder Staat ausschließlich sein eigenes Verwaltungsrecht anwendet. Hier fehlt den deutschen Verwaltungsgerichten nach vorherrschender Ansicht bereits die internationale Zuständigkeit ratione materiae. Rückgabeansprüche nach autonomen internationalem Verwaltungsrecht können lediglich dann Erfolg haben, wenn der Belegenheitsstaat die Exportverbote des Ursprungslandes mit eigenen Importverboten unterstützt. Die Bundesrepublik jedoch hat bislang solche korrespondierenden Importverbote nicht eingeführt.

Erfolgversprechender sind hingegen Rückforderungen auf privatrechtlicher Ebene, wobei man hier zwischen illegal exportiertem und gestohlenem Kulturgut zu unterscheiden hat. Ist das betreffende Kulturgut unter Verstoß gegen kulturgüterschützende Vorschriften ausgeführt worden und weisen diese nationalen Regelungen dem Staat keine Eigentumsposition zu, die sich noch im Ursprungsland verwirklicht, kommt der betreffenden Regelung aufgrund des Territorialitätsprinzips, das von der deutschen Rechtsprechung angewendet wird, keine Wirkung zu. Haben die entsprechenden Verbote von vorneherein keine das Eigentum betreffenden Sanktionsmechanismen, so gilt dies nach dem soeben Ausgeführtem erst recht. Hier kommt nach der bisherigen deutschen Rechtsprechung allenfalls eine mittelbare „Durchsetzung" über materielle Vorschriften zur Sittenwidrigkeit und sonstige Generalklauseln in Betracht, indem Veräußerungs- und Übereignungsvorgängen die Wirksamkeit versagt wird. Diese Methode kann allerdings eine Rückgabe des betreffenden Objektes an seinen Ursprungsstaat nicht sicherstellen. Da illegale Veräußerungsvorgänge dadurch jedoch dem Problem begegnen, dass sie sowie gegebenenfalls mit ihnen zusammenhängende Verträge zivilrechtlich nicht durchgesetzt werden können, werden solche Geschäfte zumindest weniger attraktiv.

Tritt hingegen ein Eigentumsverfall an den Ursprungsstaat noch auf dessen Territorium ein, so wird dieser aufgrund der Prägungstheorie anerkannt. Ebenso werden Gesetze des Ursprungsstaates, die Kulturgut zu Staatseigentum erklären, von deutschen Gerichten anerkannt, wenn sie sich auf Kulturgut beziehen, welches sich zum Zeitpunkt der hoheitlichen Eigentumszuweisung auf dem Territorium des rückfordernden Staates befand. Insgesamt ist der rückfordernde Staat daher in einer besseren Lage, wenn er sich auf ein Eigentumsrecht, sei dies öffentlich-rechtlich oder privatrechtlich begründet, berufen kann. Andererseits ist auch hier die Rückforderung aufgrund der unterschiedlichen nationalen Regelungen des gutgläubigen Erwerbs, der Ersitzung und Verjährung im Zusammenspiel mit der manipulierbaren Anknüpfungsregel der lex rei sitae oftmals erschwert. Denn nationale, öffentlich-rechtliche Veräußerungsbeschränkungen verlieren trotz der grundsätzlich geltenden Prägungstheorie ihre Wirkung, sobald ein Veräußerungsvorgang außerhalb des Herkunftslandes dazwischentritt. Hinzu treten Schwierigkeiten rechtstatsächlicher Art, die eine Rückgabe verzögern oder gar ausschließen können.

Auch das nationale Strafrecht sowie die internationale Rechtshilfe halten taugliche Mittel parat, um die Rückgabe unrechtmäßig nach Deutschland verbrachten Kulturguts an das Ausland zu bewerkstelligen. Selbst wenn Diebstahl, Unterschlagung oder Hehlerei nicht nachweisbar oder verjährt sind, so fördern die strafrechtlichen Untersuchungen zumeist wenigstens Steuer- und Zollstraftaten zu Tage. Die Vorschriften der §§ 94, 111 b ff., 440 StPO, §§ 74 ff. StGB sowie §§ 375, 385, 401 AO geben hinreichende Möglichkeiten zur Sicherstellung und gegebenenfalls zur Einziehung der aufgefundenen Kunstschätze.

Für die Rückgabe des sichergestellten Kulturguts selbst eröffnen die Vorschriften des IRG sowie des § 111 k StPO weitreichende Möglichkeiten. Besondere Bedeutung kommt dabei einem kooperativem Verständnis der einschlägigen Normen und dem im Rechtshilfeverfahren reduzierten Prüfungsmaßstab zu. Indem der um Rechtshilfe ersuchende Staat endgültig über die zivilrechtliche Eigentumslage und die Herausgabe der Kunstschätze an die jeweiligen Eigentümer zu entscheiden hat und Dritten unbenommen bleibt, sich an diesen Verfahren zu beteiligen, wird zwischen der Beachtlichkeit der Rechte Dritter und den Interessen des Herkunftslandes an der Rückgabe seiner Kulturgüter ein sachgerechter Ausgleich geschaffen. Die Reduzierung des Prüfungsmaßstabes trägt zudem dazu bei, dass gewisse rechtstatsächliche Probleme umgangen werden können. Lässt sich hingegen die Herkunft eines ausländischen Kulturguts noch nicht einmal hinreichend glaubhaft machen, so vermag auch die Rechtshilfe die Rückführung nicht zu bewirken.

Andererseits bleibt zu bedenken, dass die Herausgabe im Wege des Strafrechts trotz vieler Vorteile nur eine vorläufige Regelung mit dem Charakter einer Art vorläufigen Rechtsschutzes bietet. Dies gilt sowohl für die Herausgabe nach § 111 k StPO als auch für die Herausgabe im Rahmen der Rechtshilfe. Allerdings besteht hier die Möglichkeit, dass die Bundesrepublik Deutschland auf die Rückgabe der herausgegebenen Gegenstände verzichtet, soweit dies nach den Umständen angebracht erscheint, insbesondere Dritten dadurch keine unverhältnismäßigen Nachteile entstehen. Auch der politische Charakter der Bewilligung der Rechtshilfe kann zu Verzögerungen der Rückgabe sichergestellter Gegenstände führen. Hier werden in der Praxis die Möglichkeiten für eine Herausgabe unter Vorbehalt nicht ausreichend ausgeschöpft. Was schließlich die Kulturgüter anbelangt, die im Herkunftsland keinem zivilrechtlichen Eigentümer zuzuordnen sind und demnach einzuziehen waren, fehlt es bislang an einer Rechtsgrundlage, um die Herausgabe an den Herkunftsstaat zu bewirken.

Insgesamt lässt sich jedoch festhalten, dass derzeit die Rechtshilfe im Idealfall der kostengünstigste und schnellste Weg der Wiedererlangung widerrechtlich entzogener Kunstschätze ist. Dies nicht zuletzt aufgrund der Tatsache, dass im vertraglosen Bereich nach Maßgabe des IRG und der Rechtsprechung des OLG München in weitem Umfang Rechtshilfe geleistet werden kann, die über das hinausgeht, was die völkerrechtliche Ebene verpflichtend fordert. Je besser die zwischenstaatlichen Beziehungen sind, desto unproblematischer wird im Einzelfall die Gewährung von Rechtshilfe sein. Aber weder das geltende Zivilrecht noch die Möglichkeiten des Strafrechts vermögen bislang dem ausländischen Staat einen eigentumsunabhängigen Rückführungsanspruch, wie ihn die UNESCO-Konvention und das UNIDROIT-Übereinkommen vorsehen, zu geben.

DRITTER TEIL

Reformvorschläge und Lösungsansätze

A. Förderung der Rückführung mit den Mitteln des Zivilrechts

I. Vorüberlegung - Verhältnis Privatrecht und internationaler Kulturgüterschutz

Anhand der bisherigen Ausführungen wurde deutlich, dass bei sämtlichen Ansätzen zur Regulierung und Reglementierung des internationalen Kunsthandels auf der zivilrechtlichen Ebene zwei, zum Teil sehr gegenläufige Interessen in Einklang gebracht werden müssen: Das Interesse am Schutz des kulturellen Erbes und das Interesse an einem möglichst freien Warenverkehr. Zu dieser vom Ergebnis her unterschiedlichen Zweckrichtung kommt hinzu, dass sich privatrechtliche und öffentlichrechtliche Vorschriften vielfach überschneiden. So ist zwar der Kulturgüterschutz, der auf die Bewahrung des kulturellen Erbes abzielt und somit staatliche Zwecke verfolgt, in weiten Teilen öffentlich-rechtlich. Andererseits beeinflussen die nationalen Regelungen zum Eigentumserwerb an Funden, zum Verfall bei Export oder zur Unveräußerlichkeit und Unverjährbarkeit von Rechten an Kulturgut sachenrechtliche Vorgänge und damit den privatrechtlichen Rechtsverkehr. Obwohl also die Zweckrichtung eine öffentlichrechtliche, staatliche ist, besteht das Mittel, mit welchem jene Ziele erreicht werden sollen, häufig in der Einwirkung auf das private Sachenrecht.

Bislang gehen der öffentlich-rechtliche Kulturgüterschutz und das Sachenrecht allerdings von verschiedenen Maximen aus. Während im Sachenrecht der privatrechtliche Schutz von Kulturgut im Wesentlichen von dem nach der lex rei sitae anwendbaren Sachrecht bestimmt wird, und die Frage der Abwägung zwischen Erwerber- und Eigentümerschutz im Vordergrund steht, taucht im öffentlichen Kulturgüterschutzrecht der Begriff des nationalen Kulturguts auf. Das private Sachenrecht akzeptiert den Lageortswechsel mitsamt seinen Konsequenzen. Die Nationalisierung in den öffentlichrechtlichen Kulturgutschutzgesetzen dagegen verfolgt die Zuordnung bestimmter Kulturgüter zu einer Rechtsordnung, die allgemein und unabhängig von einem Statutenwechsel Geltung beanspruchen soll.[969]

---

[969] *Jayme*, in: Dolzer/Jayme/Mußgnug, Rechtsfragen, S. 35 (36 ff.).

Auch wenn man dieser nationalen Zuordnung kritisch gegenüber stehen mag, und stattdessen favorisiert, Kulturgut als Erbe der gesamten Menschheit zu betrachten,[970] so muss man doch als Tatsache hinnehmen, dass die meisten Staaten von einer nationalen Bindung von Kulturgut ausgehen und das Recht jedes Staates, sein nationales Kulturgut zu erhalten, zu den staatlichen Souveränitätsrechten gehört.[971] Deutlich wird dies nicht nur in einzelstaatlichen Schutzgesetzen, sondern auch in verschiedenen internationalen Instrumenten zum Kulturgüterschutz.[972] So stellt insbesondere die UNESCO-Konvention in verschiedenen Bestimmungen neben dem allgemeinen Ziel des Kulturgüterschutzes und –austausches explizit auf die Zuordnung von Kulturgut an einen Staat ab.[973] Selbst der europäische Binnenmarkt nimmt trotz des Gebots, Handelshemmnisse zwischen den Mitgliedstaaten weitgehend abzubauen, in Art. 30 EGV eine Ausnahme zum Schutz nationalen Kulturguts hin. Obwohl der mit dem Schutz und der Erhaltung des gesamten Weltkulturerbes verfolgte Zweck international ausgerichtet ist und nicht an einzelnen Staatsgrenzen halt macht, ergibt sich aus der Anerkennung einer nationalen Schutzrichtung kein Widerspruch: denn das Welterbe ist immer gleichzeitig aus dem nationalen Kulturerbe der einzelnen Staaten zusammengesetzt.[974]

Zudem betont nicht zuletzt die Rechtsprechung das Recht eines jeden Staates auf den Schutz seines kulturellen Erbes.[975] Insbesondere die Richter in *Autocephalous Greek-Orthodox Church of Cyprus v. Goldberg & Feldman Fine Arts* hoben die Bedeutung der gestohlenen Mosaiken für das nationale Erbe der Republik Zypern hervor.[976] Schließlich erkennen auch die Vertreter des Kultur-

---

970 So die Anhänger eines „Kulturinternationalismus“ (auch Prinzip der „Wahrung des Gemeinsamen Erbes der Menschheit“), vgl. *Merryman,* AJIL 80 (1986), S. 831 (847 f.); *Müller*, in: Fechner/Oppermann/Prott, Prinzipien des Kulturgüterschutzes, S. 257 ff.

971 *Mußgnug*, in: FS Ress, S. 1531 (1535); zur Nationalisierung der Kunst auch *Jayme*, in: Liber amicorum Siehr, S. 281 ff.; *Maurer*, Ausfuhr, S. 37.

972 Zum Zuordnungsgedanken im Kulturgüterschutz vgl. auch *Thorn*, UNIDROIT-Konvention, S. 42 ff.

973 Vgl. nur Art. 2 Abs. 1, Art. 4, Art. 5 lit. b, Art. 7, Art. 9, Art. 14. *Williams*, International and National Protection of Movable Cultural Property, S. 54, führt in diesem Zusammenhang aus: "[UNESCO 1970] *is the first multinational convention whose aim is to protect cultural property from destructive threats in time of peace. It refers, however, not to international culture but to national culture.*" Die Haager Konvention v. 1954 wird dagegen als Ausdruck eines „kulturellen Internationalismus“ angesehen, vgl. *Rudolf*, in: FS Doehring, S. 853 (861).

974 *Müller-Katzenburg*, Internationale Standards, S. 155.

975 BGHZ 59, S. 82 ff.

976 717 F. Supp. 1374 (1376). Vgl. auch Teil 2, Fn. 105 und begleitenden Text.

internationalismus die Notwendigkeit an, den Kulturgüterverkehr bis zu einem gewissen Maße zu regulieren.[977] Zugleich stellt sich allerdings die Frage nach der Bestimmung des Nationalen sowie nach der internationalen Verträglichkeit von Normen, die eine solche Zuordnung vornehmen. Obwohl jeder Staat völkerrechtlich gesehen frei ist, Kulturgut als national bedeutsam einzustufen und entsprechend zu schützen[978], bleibt noch zu untersuchen, inwieweit die nationale Zuordnung eine Begrenzung erfahren muss, was ihre Anerkennung in der Staatenwelt betrifft.

Festzuhalten bleibt, dass sich Privatrecht und öffentliches Recht zunehmend überlagern, und der aus dem öffentlich-rechtlichen Kulturgüterschutz herrührende Gedanke der nationalen Zuordnung allgemein anerkannt ist. Vor diesem Hintergrund ist nun zu prüfen, wie das deutsche Recht im Hinblick auf gestohlene und illegal exportierte Kulturgüter in einem restitutionsfreundlichen Sinn ausgelegt und fortgebildet werden kann. Ein besonderes Augenmerk gilt dabei der Frage, ob nicht zugleich den bislang auseinanderfallenden Maximen von privatem und öffentlichem Recht abgeholfen werden kann.[979]

II. Änderung der kollisionsrechtlichen Anknüpfung

Die Untersuchung im zweiten Teil offenbart, dass für die Herausgabe gestohlenen Eigentums in erster Linie das Vindikationsstatut entscheidend ist. Somit sind die Probleme der widerstreitenden Interessen des Alteigentümers und des Erwerbers von Kulturgut zuvörderst im Rahmen des internationalen Sachenrechts anzugehen. Aber auch für die Fallgruppe illegal exportierten Kulturguts stellt sich die Frage, wie sich Exportverbote auf nachfolgende sachenrechtliche Erwerbsvorgänge auswirken. Aufgrund der dargestellten Schwächen der derzeit maßgeblichen situs-Regel kommt zunächst eine kollisionsrechtliche Lösung über die Veränderung der sachenrechtlichen Anknüpfung in Betracht. Diese kann unterschiedlich ausgestaltet sein, je nachdem, ob man sich für eine Sonderanknüpfung der gesamten sachrechtlichen Vorgänge entscheidet oder nur einzelne Vorfragen oder Tatbestände gesondert anknüpfen will.

---

977 *Merryman*, IJCP 12 (2005), S. 11 (12): "No thinking person argues for free trade in cultural property. Regulation is necessary in order to preserve cultural property and to support its proper international circulation. Appropriate regulation serves the international interest of 'all mankind' in the preservation and enjoyment of its 'cultural heritage'."

978 Vgl. dazu *Merryman*, NYU Journal for Int.'l Law & Pol. 15 (1983), S. 757 ff.; jüngst *Mußgnug*, in: FS Ress, S. 1531 (1535).

979 So auch *Jayme*, in: Dolzer/Jayme/Mußgnug, Rechtsfragen, S. 35 (39).

1. Die einzelnen Änderungsvorschläge

a. Anknüpfung an das Recht des Herkunftsstaates – lex originis

Jayme schlägt vor, den sachenrechtlichen Erwerbsvorgang von Kulturgut statt an den jeweiligen Lageort an die lex originis und damit das Heimatrecht des Kulturguts anzuknüpfen.[980] Hier stellt sich die Problematik der nationalen Zuordnung des betreffenden Kulturguts, wofür *Jayme* verschiedene Anknüpfungsmomente heranzieht.[981] In Anlehnung an den Katalog des Art. 4 der UNESCO-Konvention soll die Nationalität des Künstlers Ausgangspunkt sein. Je namhafter und bedeutender der Künstler in seinem jeweiligen Heimatland ist, desto stärker soll dieses Zuordnungskriterium wirken.[982] Es setzt jedoch zwingend voraus, dass die Nation das jeweilige Kunstwerk als Teil ihrer nationalen kulturellen Identität ansieht. Im Vordergrund soll also nicht die Nationalität des Künstlers als solche stehen, sondern die Wertschätzung und Rezeption, die der Gegenstand derzeit von einer Nation erfährt.[983]

Ein weiterer Bezugspunkt ist der „Sitz des Kulturguts", worunter *Jayme* den Entstehungs- und Bestimmungsort des Kunstwerks versteht.[984] Dieses Kriterium kann in den Vordergrund rücken, wenn der Künstler für die betreffende Nation von untergeordneter Bedeutung ist und/oder der Künstler das Kunstwerk in einem anderen und/oder für ein anderes Land geschaffen hat.[985] Neben Auftragswerken, die für einen bestimmten Ort geschaffen wurden, will *Jayme* auch den Platz beachtet wissen, an dem sich das Kulturgut nach dem Willen seines letzten rechtmäßigen Eigentümers dauerhaft befindet. Damit ist der Ort gemeint, an den das Werk letztlich bestimmungsgemäß zurückkehren soll, bspw. ein Museum oder auch eine private Sammlung.[986]

---

980 *Jayme*, in: Dolzer/Jayme/Mußgnug, Rechtsfragen, S. 35 (42 ff.); ders. Kunstwerk und Nation, S. 7 ff. Auch *Prott/O'Keefe*, National Legal Control, S. 126, haben diesen Ansatz schon früh favorisiert. Zustimmend auch *Blumenwitz*, in: FS Ress, S. 3 (16), und *Kienle/ Weller*, IPRax 2004, S. 290 ff.

981 Statt von Nationalität spricht *Mußgnug*, in: FS Ress, S. 1531 ff., von der Staatsangehörigkeit des Kulturguts.

982 So *Müller-Katzenburg*, Internationale Standards, S. 149.

983 *Jayme*, Vanderbilt Journal of Transnational Law 2005, [im Erscheinen]; ders., in: Liber amicorum Siehr, S. 281 (288).

984 *Jayme*, in: Dolzer/Jayme/Mußgnug, Rechtsfragen, S. 35 (48).

985 *Jayme*, Kunstwerk und Nation, S. 7 (32); zustimmend *Müller-Katzenburg*, Internationale Standards, S. 150.

986 *Jayme*, in: Dolzer/Jayme/Mußgnug, Rechtsfragen, S. 35 (48).

Der Bestimmungsort eines Kulturguts setzt sich insbesondere dann durch, wenn Gegenstände zu einem fortwirkenden Kult gehören, die für diesen von so herausragender religiöser, ritueller oder spiritueller Bedeutung sind, dass *„ohne die physische Präsenz des Kultgegenstandes am Kultort die Religion selbst ihr Zentrum verlöre"*.[987] Der aktuelle Aufenthaltsort soll hingegen nur ausnahmsweise maßgeblich sein, und auch nur dann, wenn sich das Kulturgut nicht gegen den Willen des Herkunftsstaates dort befindet.[988] Für archäologische Gegenstände wird schließlich der Fundort als maßgebliches Zuordnungskriterium hervorgehoben, welcher der Erhaltung des historischen Fundzusammenhangs dienen soll, der ansonsten unwiederbringlich zerstört wird.[989]

Die Kritiker einer kollisionsrechtlichen Anknüpfung an die lex originis wenden ein, dass sie zu keinem eindeutigen Anknüpfungspunkt führe, da sich mit den gewählten Kriterien regelmäßig mehrere Bezüge herstellen ließen.[990] Dadurch sei die Rechtssicherheit nicht gewährleistet.[991] Zudem führe auch die lex originis nicht zu weniger zufälligen Ergebnissen als die lex rei sitae. Als Beispiel wird angeführt, dass im Falle *Winkworth v. Christie's*[992] der Erwerb bei Heranziehung der lex originis unter Umständen nach japanischem Recht zu beurteilen gewesen wäre. Hätte sich unter diesen „japanischen" Kunstwerken gegebenenfalls ein Objekt mit besonders enger Verbindung zur chinesischen oder koreanischen Kultur befunden, so wären gar jene Sachrechte in Betracht zu ziehen gewesen.[993] Außerdem bestehe die Gefahr, dass mit der Anknüpfung an das Recht des Herkunftslandes ein Recht zur Anwendung gelange, welches hieran letztlich gar kein Interesse habe.[994] Sachgerecht sei die Anknüpfung an das Recht des Herkunftslandes allenfalls, wenn es auch in der Sache um die Zuordnung von Kulturgut zu einer bestimmten Rechts- und Kulturgemeinschaft gehe, mithin dann, wenn das betreffende Kulturgut entgegen von Gesetzen in ein anderes

---

987 So *Jayme*, in: Dolzer/Jayme/Mußgnug, Rechtsfragen, S. 35 (45). Dies war der Fall der Afo-A-Kom Statue eines Stammes in Kamerun, vgl. dazu *Siehr*, in: Dolzer/Jayme/Mußgnug, Rechtsfragen, S. 83 (98); *Kenety*, Cornell International Law Journal 23 (1990), S. 1 (6 f.).

988 Vgl. *Müller-Katzenburg*, Internationale Standards, S. 150.

989 *Jayme*, in: Dolzer/Jayme/Mußgnug, Rechtsfragen, S. 35 (49).

990 *Spinellis*, Vertrags- und Sachenrecht des internationalen Kunsthandels, S. 379 ff.; *Kreuzer*, RdC 259 (1996), S. 13 (205 ff.); *Berndt*, Internationaler Kulturgüterschutz, S. 123; *Jaeger*, Internationaler Kulturgüterschutz, S. 67; *Spaun*, Herausgabeanspruch, S. 159.

991 *Armbrüster*, NJW 2001, S. 3581 (3582).

992 [1980] 1 Ch. 496, 500.

993 Vgl. dazu *Müller-Katzenburg*, Internationale Standards, S. 230.

994 *Müller-Katzenburg*, Internationale Standards, S. 230.

Land verbracht wurde, die der Erhaltung und Bewahrung nationalen Erbes dienen, nicht aber im Rahmen des bloßen Diebstahls.[995]

b. Anknüpfung an den Ort des Diebstahls

Ein weiterer Vorschlag, den gesamten Erwerbstatbestand abhanden gekommenen Kulturguts einer anderen Sachenrechtsordnung zu unterstellen, besteht in der Anknüpfung an den Ort des Diebstahls statt an den Lageort, weil das Objekt ohne Wissen und Veranlassung des Eigentümers ins Ausland verbracht wurde. Maßgeblich soll danach die Sachenrechtsordnung des Landes sein, indem das Kulturgut vor seiner Veräußerung im Ausland dem früheren Eigentümer widerrechtlich entzogen wurde.[996] Dadurch sei es nicht mehr möglich, gezielt ein für die Weiterveräußerung günstiges Anknüpfungsmoment herbeizuführen. Die Beeinträchtigung der Verkehrsinteressen wird dabei bewusst in Kauf genommen. Verwandt mit diesem Lösungsversuch ist ein weiterer Ansatz, welcher die Vorfrage des Diebstahls bzw. Abhandenkommens selbstständig an diesen Ort anknüpfen, es im Übrigen aber bei der Anwendung des Sachenrechts am jeweiligen Lageort belassen will.[997]

Ebenfalls in diesem Zusammenhang soll der Vorschlag erwähnt werden, den Erwerbsvorgang an den Wohnsitz des bestohlenen Eigentümers anzuknüpfen. Danach soll eine Sache der lex domicilii ihres Eigentümers unterliegen. Dieses Statut beruht auf dem Gedanken, dass eine bewegliche Sache keinen eigenen festen Sitz hat und daher dem Personalstatut ihres Eigentümers unterfallen soll.[998]

Gegen die Anknüpfung an den Diebstahlsort wurde vorgebracht, dass sie zu ebenso zufälligen Ergebnissen wie die lex rei sitae führe und den Eigentümer nicht zwangsläufig besser stelle[999]; außerdem sei nicht ersichtlich, wieso durch den unfreiwilligen Besitzverlust eine wesentlich engere Verbindung zum Staat des Abhandenkommens begründet werden solle.[1000] Würde man nur die Vorfrage des Abhandenkommens selbstständig anknüpfen, bringe dies das Gleichgewicht und die Abstimmung der Normen über Besitz, unfreiwilligen Besitzverlust

---

995 *Müller-Katzenburg*, Internationale Standards, S. 231 f.
996 *Mansel*, IPRax 1988, S. 286 (271).
997 *Hanisch*, in: FS Müller-Freienfels, S. 198 (215 f.).
998 Dazu *Schwadorf-Ruckdeschel*, Rechtsfragen 119 f. m. w. N.
999 *Hanisch*, in: Symposium Müller-Freienfels, S. 19 (31).
1000 *Armbrüster*, NJW 2001, S. 3581 (3582).

und gutgläubigen Erwerb durcheinander.[1001] Die enge Verknüpfung des Kulturguts mit dem Wohnsitz des Eigentümers fehle schließlich insbesondere bei Kulturgut, das nicht zum persönlichen Umfeld eines Menschen gehöre. Bei Staatseigentum sei dies von vorneherein ausgeschlossen, da hier eine enge personalisierte Bindung nicht denkbar sei.[1002] Ein weiterer Nachteil dieser Vorschläge ist, dass sie lediglich auf den Bereich gestohlenen Kulturguts zugeschnitten sind; wünschenswert wäre jedoch eine Anknüpfung, die sich gleichzeitig auch für illegal exportiertes Kulturgut gebrauchen lässt.

c. *Anknüpfung an den Ort, an dem sich das Kulturgut vor seinem illegalen Export befand*

Schließlich wird vorgeschlagen, den Erwerbstatbestand an diejenige Rechtsordnung anzuknüpfen, unter welcher sich das Kulturgut vor seinem rechtswidrigen Export befand.[1003] Dies setzt allerdings voraus, dass das Kulturgut nicht nur gestohlen, sondern auch unter Verstoß gegen ein staatliches Exportverbot in einen anderen Staat verbracht wurde. Die Vertreter dieses Ansatzes stellen klar, dass es hierbei lediglich um einen sachgerechten Anknüpfungspunkt für die Beurteilung der sachenrechtlichen Vorgänge gehen soll, nicht aber um die Durchsetzung des Exportverbotes.[1004] Diese Anknüpfung solle zu einer Gesamtverweisung i. S. d. Art. 4 Abs. 1 S. 1 EGBGB führen.[1005]

Hiergegen lässt sich einwenden, dass für die Anknüpfung auf ein Moment abgestellt wird, das für lediglich gestohlenes Kulturgut nicht vorliegt, da illegaler Export und Diebstahl nicht immer zwangsnotwendig zusammenfallen. Insofern bleibt unklar, wie dieser Ansatz die kollisionsrechtliche Anknüpfung bei bloßem Diebstahl lösen will.

2. *Grundsätzliche Rechtfertigung einer abweichenden Anknüpfung*

Eine kollisionsrechtliche Abweichung von der lex rei sitae zugunsten anderer Anknüpfungsmomente ist vielfach auf Kritik gestoßen; die vorgebrachten Argumente sind zahlreich. Allgemein beanstandet wird vor allem, dass die von den

---

1001 *Kono*, in: Dolzer/Jayme/Mußgnug, Rechtsfragen, S. 105 (118).
1002 *Schwadorf-Ruckdeschel*, Rechtsfragen, S. 120.
1003 *Armbrüster*, NJW 2001, S. 3581 (3582); ders., Rev. crit. 93 (2004), S. 723 (741 f.); *Asam*, in: FS Jayme, S. 1651 (1664).
1004 *Armbrüster*, NJW 2001, S. 3581 (3582).
1005 *Armbrüster*, NJW 2001, S. 3581 (3582).

Parteien beabsichtigten Wirkungen eines Rechtsgeschäfts einer Rechtsordnung unterstellt würden, mit deren Anwendung die Parteien nicht gerechnet hatten und meist auch gar nicht rechnen konnten, und so der legale Handel beeinträchtigt werde.[1006] Insbesondere sei den Verkehrsinteressen gegenüber den Interessen des Eigentümers oder des Herkunftslandes der Vorrang einzuräumen.[1007]

Nach der hier vertretenen Auffassung sollte dennoch vom Grundsatz der lex rei sitae bei Kulturgut zugunsten einer geeigneteren Anknüpfung abgewichen werden. Denn dem der lex rei sitae zugrunde liegenden Verkehrsschutzaspekt kann bei Kulturgut als besonderem Vindikationsobjekt ein geringerer Stellenwert beigemessen werden als bei gewöhnlichen Sachen.[1008] Dies erscheint vor allem deswegen sach- und interessengerecht, weil sich die Beteiligten regelmäßig bewusst sind, ein kulturell bedeutsames und wertvolles Objekt zu erwerben. Insbesondere vor dem Hintergrund eines zunehmend florierenden illegalen Kunstmarktes kann von den am Erwerb eines echten Kulturguts zweifelsfreier Herkunft interessierten Marktteilnehmern erwartet werden, dass sie hinnehmen, dass das Vertrauen auf die üblicherweise geltenden Verkehrsschutznormen nicht in gleichem Maße honoriert werden kann, wie bei gewöhnlichen Alltags- und Handelsgeschäften. Derjenige, der von vorneherein bereit ist, ein Kulturgut ungeachtet dessen möglicherweise illegaler Provenienz zu erwerben, darf nicht zum Maßstab gemacht werden.

Im zweiten Teil wurde aufgezeigt, dass gerade die für den Verkehr sichere Vorhersehbarkeit der lex rei sitae dazu führt, dass gezielt eine für das abzuwickelnde Geschäft günstige Anknüpfungssituation herbeigeführt werden kann. Insofern wird eine manipulationsresistente Anknüpfung erforderlich.[1009] Nachfolgend soll dargestellt werden, dass und warum die Anknüpfung des sachenrechtlichen Erwerbstatbestandes an die lex originis trotz bestehender Schwächen als das geeignetste Instrument erscheint, um den Herausforderungen des internationalen Kunsthandels zu begegnen.

1006 *Kohls*, Kulturgüterschutz, S. 136; *Stoll*, in: Dolzer/Jayme/Mußgnug, Rechtsfragen, S. 53 (59).

1007 Vgl. die Diskussionsbeiträge in: Dolzer/Jayme/Mußgnug, Rechtsfragen, S. 123 ff.; *Berndt*, Internationaler Kulturgüterschutz, S. 124 f.

1008 *Kienle/Weller*, IPRax 2004, S. 290 (291); *Armbrüster*, NJW 2001, S. 3581 (3582).

1009 Darauf weisen auch *Jayme*, IPRax 1990, S. 347, und *Kono*, in: Dolzer/Jayme/Mußgnug, Rechtsfragen, S. 105 (119), hin.

3. *Lösungsansätze für bestehende Schwächen der lex originis*

a. *Abgrenzungs- und Zuordnungsfragen*

aa. *Problematik mehrerer Anknüpfungsmomente*

Zuzugeben ist den Kritikern einer lex-originis-Anknüpfung, dass in der Tat mehrere Anknüpfungskriterien gleichzeitig erfüllt sein können und unter Umständen auf verschiedene Rechtsordnungen hinweisen. So fragt *Kreuzer* nach der Zuordnung von Van Gogh Gemälden, die in Aix-en Provence entstanden sind, nach den Gemälden von Picasso und den japanischen Holzschnitten im Falle *Winkworth v. Christie's.*[1010] Ganz allgemein stellt er in den Raum, wie ein ursprüngliches griechisches Kulturgut, das aus der Türkei illegal exportiert wurde, zu behandeln sei und ob ein ursprünglich römisches Kulturgut, welches aus dem heutigen Tunesien stamme, an Tunesien oder gar Italien herauszugeben sei.[1011]

Zudem kann sich das Problem stellen, dass auf den ersten Blick manche Gegenstände von den aufgestellten Kriterien gar nicht erfasst werden, so z. B. Kultgegenstände eines bereits ausgestorbenen Kults oder religiöse Gegenstände, die zwar für den Glauben eine wichtige Bedeutung entfalten, aber dennoch die Religionsausübung nicht unmöglich machen.[1012]

Diese Schwachstellen wurden bereits von den Vertretern des lex-originis-Ansatzes eingeräumt.[1013] Zumeist kann man jedoch auch diese Fälle lösen, indem man die verschiedenen Anknüpfungspunkte nicht absolut sieht, sondern miteinander verknüpft und stuft: Nach der hier vertretenen Auffassung könnte das so aussehen, dass man den Kultort, die Nationalität und den Fundort von Kulturgut zunächst als Ausgangspunkt betrachtet. In einem weiteren Schritt sind diese Anknüpfungsmomente anhand des Entstehungs- und Bestimmungsortes („Sitzort"), worunter auch der Ort des langjährigen Aufenthalts, verstanden im Sinne einer rechtmäßigen territorialen Belegenheit zu fassen ist, zu überprü-

---

1010 *Kreuzer*, RdC259 (1996), S. 13 (205).

1011 *Kreuzer*, RdC259 (1996), S. 13 (206). Vgl. auch *Rudolf*, in: FS Doehring, S. 853 (869), zu Problemen der Feststellung des Ursprungsstaates.

1012 *Spinellis*, Vertrags- und Sachenrecht des internationalen Kunsthandels, S. 379; *Schwadorf-Ruckdeschel*, Rechtsfragen, S. 115.

1013 *Jayme*, Kunstwerk und Nation, S. 7 (31 ff.); ders. Diskussionsbeitrag in: Dolzer/Jayme/Mußgnug, Rechtsfragen, S. 138; *Kienle/Weller*, IPRax 2004, S. 290 (292).

fen.[1014] Diese Ergänzung wird notwendig, um sicherzugehen die engste Verbindung des Sachverhalts zu einer Rechtsordnung zu erhalten.[1015] Im Einzelnen ergäbe sich daraus Folgendes:

bb. Lösungsansatz

(1) Was zunächst die Kultgegenstände anbelangt, so liegt eine Erweiterung dieser Fallgruppe auf all diejenigen Gegenstände nahe, die dem Kult zugeordnet werden können, d. h. sämtliche für gewöhnlich zur Religionsausübung verwendete Gegenstände, sowie bei Kirchen oder ähnlichen Räumen, in denen Glaubensgemeinschaften zur Ausübung ihres gemeinsamen Glaubens regelmäßig zusammenkommen, das gesamte dort vorhandene, einen kulturellen Bezug aufweisende Inventar. Damit würden zwar auch Gegenstände wie Heiligenbilder, Messkelche und ähnliches erfasst, bei welchen die Religion zwar nicht unausübbar würde; dennoch schafft die dortige bestimmungsgemäße Belegenheit und die Zugehörigkeit zu den Gesamtgegenständen des Kultes eine nähere Beziehung als der von vielen Zufälligkeiten abhängige Belegenheitsort zum Zeitpunkt der Veräußerung. Gleiches muss für Kultgegenstände gelten, die zwar heute nicht mehr verwendet werden, aber ebenso in diesen Zusammenhang gehören, weil sich der frühere Kult fortentwickelt hat. Sind jedoch Kulturen längst untergegangen, so sollte das Kriterium des Sitzortes i. S. d. Aufbewahrungsortes zum Zuge kommen. Damit könnte sich der Ort durchsetzen, an dem die Objekte über viele Jahre aufbewahrt wurden, z. B. in Tempeln, Sammlungen oder Museen. Denn aus diesem Aufbewahrungszusammenhang wurde der Gegenstand letztlich entfernt und dem illegalen Handel zugeführt.

(2) Bei archäologischen Gegenständen ist *Jaymes* Vorschlag entsprechend zunächst der Fundort als maßgebliches Zuordnungskriterium heranzuziehen. Die herausragende Bedeutung des Fundortes für archäologisches Material wird in der *Berliner Erklärung über Kunstexport, Neuerwerbungen und Leihgaben von 1987* bestätigt, welche den Ausgrabungsort als maßgebliche Erkenntnisquelle für den historischen Zeugniswert eines Fundes hervor-

---

[1014] Ohnehin wird vielfach auf eine rein territoriale Zuordnung abgestellt, vgl. *Engstler*, Territoriale Bindung, S. 78 ff.; *Rudolf*, in: FS Doehring, S. 853 (861); *Stumpf*, Kulturgüterschutz, S. 240.

[1015] *Reichelt*, IPRax 1986, S. 73 (74); *Kienle/Weller*, IPRax 2004, S. 290 (292).

hebt.[1016] Auch die Rechtsprechung anerkennt den Fundort von ausgegrabenen Objekten als das Merkmal an, das den Ausschlag für die Zuordnung an den rückfordernden Staat gibt, wie die Entscheidung des OLG Schleswig im griechischen Münzenfall und die US-amerikanischen Fälle *U.S. v. McClain* und *Peru v. Johnson* zeigen. Jedenfalls bei bis zum Zeitpunkt der unrechtmäßigen Ausgrabung und Verbringung noch nicht entdeckten und ausgegrabenen Gegenständen weist der Fundort die engste Verbindung zu dem betreffenden Objekt auf.

Gewiss lässt sich in manchen Fällen der Fundort nicht zweifelsfrei aufklären wie im Fall *Peru v. Johnson.*[1017] Dies liegt jedoch in der Natur des Vindikationsobjektes Kulturgut begründet und kann nicht der lex originis als innewohnende Schwäche angelastet werden. Denn auch bei der Anknüpfung des sachenrechtlichen Erwerbstatbestandes an die lex rei sitae wird die vorgreifliche Frage des ursprünglichen Eigentums des rückfordernden Staates gesondert angeknüpft. Lässt sich das Objekt jedoch nicht einem bestimmten Staat zuordnen, so kann bereits diese Vorfrage und damit der ursprünglich Berechtigte nicht festgestellt werden. Dies führt auch bei der Anwendung der lex rei sitae zu einer Klageabweisung wie in *Peru v. Johnson.*

Anders stellt sich die Situation dar, wenn es sich um bereits ausgegrabene archäologische Materialien handelt, die als Teil einer Sammlung in einem bestimmten Aufbewahrungszusammenhang stehen.[1018] Hier setzt sich dann wieder der bestimmungsgemäße Aufbewahrungsort, der „Sitzort", gegenüber dem Fundort durch. Die neue rechtmäßige territoriale Belegenheit kann damit vom ursprünglichen Fundort abweichen und das letztlich entscheidende Anknüpfungsmoment bieten.

(3) Auch das Nationalitätskriterium lässt sich stufen und anhand des Entstehungs- und Bestimmungsortes sachgerecht differenzieren.[1019] Die Nationali-

---

1016 Verabschiedet auf dem 13. Internationalen Kongress für Klassische Archäologie, abgedr. in: NZZ 16./17.6. 1990, S. 67. Vgl. hierzu *Jayme*, in: Dolzer/Jayme/Mußgnug, Rechtsfragen, S. 35 (49). Die überragende Bedeutung des Fundortes wird auch von deutschen Archäologen immer wieder betont, vgl. bereits Teil 1, Fn. [116].

1017 *Müller-Katzenburg*, Internationale Standards, S. 143.

1018 Darauf wird auch in der Berliner Erklärung hingewiesen.

1019 Kritisch zu Entstehungsort und Nationalität des Künstlers, *Mußgnug*, in: FS Ress, S. 1531 (1537). Allerdings bemängelt er nur die Brauchbarkeit der Kriterien als solche, ohne die hier verfolgte Verknüpfung mit dem Bestimmungsort und der rechtmäßigen Belegenheit zu machen.

tät des Künstlers sollte primär für die Zuordnung ausschlaggebend sein, wenn das Kunstwerk im Heimatland geschaffen wurde. Schuf der Künstler hingegen sein Werk außerhalb seines Heimatstaates, so ist in einem zweiten Schritt zu prüfen, zu welchem Ort der Gegenstand die engste Beziehung aufweist. Eine engere Beziehung zu einem anderen Ort kann sich daraus ergeben, dass der Künstler selbst eine Bestimmung für den Aufenthalt seines Kunstwerkes getroffen hat. Dies kann bspw. dann der Fall sein, wenn der Künstler seine Werke speziell zum Verbleib an ihrem Entstehungsort geschaffen hat oder für einen Auftraggeber gearbeitet hat.[1020] Wurde eine solche Bestimmung nicht getroffen oder lässt sie sich nicht feststellen, so sollte auf die Bedeutung des Künstlers für seinen Heimatstaat abgestellt werden. Ist diese nur gering, so z. B. weil der Künstler sich von seiner Heimat distanziert hat und sich anderenorts einen neuen Lebensmittelpunkt gesucht hat, muss sich der Erschaffungsort durchsetzen. Ist der Künstler jedoch von wichtiger Bedeutung für eine Nation und ihr Selbstverständnis,[1021] überwiegt das Nationalitätsband das territoriale Element. Malt also Van Gogh in Aix-en Provence Bilder der Stadt, so muss gefragt werden, ob er durch seine Werke zum kulturellen Selbstverständnis der Franzosen beiträgt, oder seine Werke viel eher einer künstlerischen Phase seines Lebens entstammen, ohne an der Zuordnung zu seiner niederländischen Nationalität als Künstler etwas zu ändern.[1022] Steht hingegen bei Auftragswerken nicht der Ort der Erschaffung, sondern die Schaffung für die Person des Auftraggebers im Vordergrund, so bildet der Ort, an dem sich das Werk nach dem Willen seines Verfügungsberechtigten dauerhaft befindet, mithin der Sitz im Sinne rechtmäßiger territorialer Belegenheit, das entscheidende Anknüpfungsmoment.

Überträgt man diese Kriterien auf die Praxis, so wäre man auch im Falle *Winkworth* sicher nicht zum japanischen Recht gekommen. Denn die Holzschnitte befanden sich nach dem Willen ihres rechtmäßigen Eigentümers dauerhaft in England und nicht in Japan. Steht damit also für ein bestimmtes Kulturgut die Nationalität des Künstlers nicht im Vordergrund, weil er von seinem Heimatstaat nicht als national bedeutungsvoller Künstler angenommen und auch von jenem Künstler keine Bestimmung für den Aufenthalt

---

1020 *Jayme*, in: Dolzer/Jayme/Mußgnug, Rechtsfragen, S. 35 (48).

1021 Entscheidend ist die Rezeption durch den jeweiligen Staat, der die Werke des betreffenden Künstlers als national bedeutungsvolle begreifen muss, vgl. *Jayme*, Kunstwerk und Nation, S. 7 (30); ders., IPRax 1991, S. 358.

1022 Diesen Gedanken greift *Jayme*, Kunstwerk und Nation, S. 7 (33), auf.

seines Kunstwerkes getroffen wurde, übernimmt das Kulturgut den Stempel der Rechtsordnung, unter welcher es sich nach dem Willen seines rechtmäßigen Eigentümers ständig befindet. Anders ist es hingegen dann, wenn der Verfügungsberechtigte die Kunstschätze nur zeitweilig verlagert, nicht aber darauf verzichten möchte, sie jederzeit wieder in ihre alte Heimat zurückzubringen.[1023]

Mit den vorgenannten Erwägungen lassen sich auch die von *Kreuzer* aufgeworfenen Überlegungen lösen. Befindet sich ein ursprünglich griechisches Kulturgut in der Türkei, so ist dieses der Türkei zuzuordnen, wenn diese rechtmäßig die territoriale Hoheitsmacht daran erworben hat und es dort seit langer Zeit in einem bestimmten Aufbewahrungszusammenhang steht. Ebenso ist klar, dass ein römisches Kulturgut nicht allein deshalb Italien zuzuordnen ist, weil es ursprünglich der Kultur der Römer zuzurechnen ist, deren Verbreitungsgebiet im heutigen Italien ihren Ausgangspunkt fand. Bei der lex-originis-Anknüpfung soll es allein *„um den rechtlichen Schutz des jetzigen Bestandes an Kulturgütern, wie er sich heute darstellt“*[1024] gehen, also um die Probleme des heutigen illegalen Kunsthandels, nicht um die Lösung der Diskussion um die Rückführung von Kulturgut an ehemals kolonisierte Herkunftsstaaten[1025] oder eine grundsätzliche Neuordnung und Umverteilung des Bestandes an Kulturgütern und Kunstschätzen auf dieser Erde.[1026]

(4) Die Ausführungen zeigen, dass man regelmäßig bei jedem Kulturgut ein Hauptkriterium bzw. einen Ausgangspunkt für die Zuordnung zu einer Rechtsordnung finden kann: die Nationalität des Künstlers, den Kultort oder den Fundort. Diese Anknüpfungsmomente bedürfen sodann in einem zweiten Schritt einer kritischen Überprüfung, ob sie dem Prinzip der engsten Verbindung gerecht werden. Dies sollte anhand des Sitzkriteriums erfolgen, wodurch der bisherigen Belegenheit des Kulturguts Rechnung getragen werden kann. Die Anknüpfung an die lex originis wird damit zumeist nicht von der Anknüpfung abweichen, die auf das Recht des Landes abstellen

---

1023 So auch *Mußgnug*, in: FS Ress, S. 1531 (1538).

1024 *Jayme*, Kunstwerk und Nation, S. 7 (14).

1025 Vgl. zu dieser Problematik *Walter*, Rückführung, S. 93 ff.; *Prott/O'Keefe*, Movement, S. 861 ff.

1026 Vgl. *Jayme*, Kunstwerk und Nation, S. 7 (14). Auch in Vanderbilt Journal of Transnational Law 2005 [im Erscheinen] weist *Jayme* nachdrücklich auf die "*present-day interests*" hin.

will, in dem sich das Objekt vor seinem illegalen Export befand. Auch besteht vom Ergebnis her große Ähnlichkeit mit der im Rahmen der UNESCO-Konvention vertretenen Auffassung der Bestimmung des Ursprungsstaates: Ursprungsstaat sollte nach Art. 4 derjenige sein, der als letzter rechtmäßig die territoriale Hoheitsgewalt an dem Kulturgut innehatte, bevor das Kulturgut unrechtmäßig verbracht wurde.[1027]

b. Internationale Verträglichkeit nationaler Kulturgutschutzgesetzgebung

aa. Gefahr nationalen Protektionismus'

Von den Gegnern einer lex-originis-Anknüpfung wird weiter vorgebracht, diese bevorzuge einseitig die Schutzinteressen der Herkunftsstaaten und fördere damit eine Zunahme staatlichen Protektionismus'. Diese Bedenken sind zum Teil berechtigt. Denn die lex originis als Anknüpfungspunkt im internationalen Sachenrecht bietet den Staaten die Möglichkeit, sämtliches, auf ihrem Territorium befindliches Kulturgut zum nationalen, nicht veräußerlichen Kulturgut zu erklären, mit Exportverboten zu belegen und so unhandelbare Güter zu schaffen.[1028]

Dies wird deutlich, wenn man die Definition von Kulturgut in einzelstaatlichen Gesetzen betrachtet. Oftmals nämlich setzen jene Gesetze nicht als unbedingt notwendig voraus, dass das betreffende Objekt einen spezifisch nationalen Bezug aufweist, um es in ihren Geltungsbereich einzubeziehen.[1029] Vielmehr genügt es, wenn sich das Kulturgut unabhängig von seiner Herkunft im Geltungsbereich des jeweiligen Gesetzes befindet; ausschlaggebend ist mithin das territoriale Moment.[1030] Teilweise ist noch nicht einmal eine gewisse Dauer der

---

1027 Vgl. Teil 1, A.I.4.a.aa.(4). Dem scheint i. E. auch *Mußgnug*, in: FS Ress, S. 1531 (1537 ff.), zuzustimmen. Auch *Müller-Katzenburg*, Internationale Standards, S. 280, räumt ein, dass „*[d]as Land, zu dem ein Kulturgut die engsten Beziehungen hat und das deshalb als sein 'Herkunftsland' angesehen werden kann, [...] meistens [...] der Ort seiner ursprünglichen Belegenheit*“ ist.

1028 So erklärte z. B. Mexiko sämtliche auf seinem Territorium befindliche präkolumbianische Kunst zum unverkäuflichen Eigentum der mexikanischen Nation, vgl. *Law on Archaeological, Artistic, Historical Monuments and Zones* v. 1972. Es stellt eines der restriktivsten Kulturgutschutzgesetze der Welt dar, vgl. *Jote*, International Legal Protection, S. 153 ff.

1029 Die meisten Gesetze sprechen zwar von französischem, deutschem oder italienischem Kulturgut, sie schweigen jedoch dazu, was die Kulturgüter zu deutschen, italienischen oder französischen macht.

1030 Vgl. zu diesem Problem, dass das Kulturgut allein durch sein Verbringen in eine Rechtsordnung den dortigen Schutzgesetzen fallen kann, *Mußgnug*, in: FS Ress, S. 1531 (1534). Auch Russland hat in seinem Kulturgüterschutzgesetz vom 15. April 1998 die nach dem Zweiten Weltkrieg aus der sowjetischen Besatzungszone abtransportierten

Belegenheit unter jener Rechtsordnung vonnöten, um von ihr erfasst zu werden. Die territoriale Zuordnung von Kulturgut in einzelstaatlichen Normen lässt sich gut anhand der Erwägungen der Kultusministerkonferenz zum Beschluss eines Kriterienkataloges zum Vollzug des KGSchG veranschaulichen. Dort heißt es:

> „*Das Gesetz erfasst auch Kulturgut, das nicht aus Deutschland stammt. Auch Kunstwerke, die erst kürzlich aus dem Ausland eingeführt wurden, sind nicht anders zu beurteilen als solche, die sich schon längere Zeit im Geltungsbereich des Gesetzes befinden.*"[1031]

Diese Position vertritt auch die deutsche Rechtsprechung. So entschied der VGH München:

> „*Voraussetzung für die Zugehörigkeit zum deutschen Kulturbesitz ist nicht, dass das Kulturgut in Deutschland entstanden und somit ein wichtiges Zeugnis gerade der deutschen Kultur ist. Vielmehr werden alle Kulturgüter erfasst, die sich nicht nur vorübergehend im Geltungsbereich des Gesetzes befinden. [...] Maßgeblich ist die Belegenheit des Kulturbesitzes in der Bundesrepublik Deutschland, gleichgültig, ob er deutscher oder ausländischer Herkunft ist und ob er sich schon lange oder erst kurze Zeit im Geltungsbereich des Gesetzes befindet.*"[1032]

Allerdings enthält das KGSchG keine Normen zur Unveräußerlichkeit oder zum automatischen Verfall von unrechtmäßig verbrachtem, deutschem Kulturgut. Damit besteht nicht die Gefahr, dass das KGSchG der Bundesrepublik Deutschland als Grundlage eines umfassenden staatlichen Rückforderungsverlangens dienen kann.

Dies ist jedoch in der Gesetzgebung vieler Staaten anders. Würde man nun im Rahmen der kollisionsrechtlichen Anknüpfung an die lex originis die einzelstaatlichen Gesetze in ihrer vollen Reichweite zur Anwendung kommen lassen, so hätten es die einzelnen Staaten in der Hand, durch umfassende Eigentumszuweisung an Funden und Verfallsregelungen bei Privateigentum zugunsten des Staates, kombiniert mit anschließender Unveräußerlichkeit für sämtliches auf dem Territorium befindliches Staatseigentum, einen großen Kreis von Objekten dem privaten Verkehr zu entziehen. Insbesondere durch weitreichende Verfallsregelungen bei illegalem Export würde so auch übertriebenen Exportverboten über den Umweg des hoheitlichen Eigentums als Grundlage für die Rückforde-

---

Zweiten Weltkrieg aus der sowjetischen Besatzungszone abtransportierten deutschen Kulturgüter zu russischem Eigentum erklärt, vgl. ausführlich hierzu *Stumpf*, Kulturgüterschutz im internationalen Recht, S. 129 ff.

1031 GMBl. 1983 Nr. 27, S. 442.

1032 VGH München, NJW 1992, S. 2584 (2586).

rung zur Geltung verholfen. Zwar ist es nach der hier vertretenen Auffassung prinzipiell anzuerkennen, dass bezüglich gestohlener Kulturgüter den Interessen des Eigentümers der Vorrang einzuräumen ist, unter anderem auch vor dem Hintergrund, dass überall auf der Welt der Diebstahl beweglicher Sachen als rechtswidrig gilt. Durch staatliche Verfallsgesetzgebung werden aber andere Zwecke verfolgt; der hoheitliche Eigentumserwerb ist hier nur das Mittel, um eine Rechtsgrundlage für die Rückforderung an sich „bloß" illegal exportierten Kulturguts zu erreichen. Demnach stellt sich nicht nur für ausländische Exportvorschriften, sondern auch für die Fallgruppe von aus hoheitlichem Eigentum gestohlenen Kulturguts die Frage nach einer sinnvollen Beschränkung der Anerkennung nationaler Kulturgutschutzgesetzgebung, die Auswirkungen auf den Erwerb und Verlust von Eigentumsrechten hat.

bb. Lösungsansätze

(1) Die Ri 93/7/EWG und ihre deutsche Umsetzung setzen für eine Rückgabeverpflichtung und die rückwirkende lex-originis-Verweisung in §§ 5, 8 KultGüRückG voraus, dass ihnen unterfallendes Kulturgut als nationales eingestuft worden ist.[1033] Würde man diese Regelung nun auf einen allgemeinen lex-originis-Ansatz übertragen, müsste nationales Kulturgut zunächst einmal klassifiziert und in Listen erfasst werden. Bei den Ausführungen zur UNESCO-Konvention wurde bereits darauf hingewiesen, dass jenes Registrierungserfordernis diejenigen Länder benachteiligt, denen hierzu die Mittel fehlen und illegal ausgegrabenes Kulturgut ohnehin nicht zu erfassen vermögen.[1034] Dahinter steht zwar der grundsätzlich anzuerkennende Gedanke, dass jeder Staat selbst für den Schutz seiner Kulturgüter zu sorgen hat und gehalten ist, Raubgrabungen auf seinem Territorium zu verhindern. Andererseits erscheint es nicht sachgerecht, die weltweit am stärksten vom illegalen Kulturgüterhandel betroffenen Länder von vorneherein in weiten Teilen von der lex-originis-Anknüpfung auszunehmen. Insofern wird hier dafür plädiert, zunächst für sämtliches gestohlenes und illegal exportiertes Kulturgut, unabhängig von seiner Einstufung in Listen, die lex originis als maßgebliches Anknüpfungsmoment für jeglichen späteren Erwerbsvorgang anzuwenden und eine Begrenzung exzessiver Schutzgesetzgebung an anderer Stelle vorzunehmen.

1033 Vgl. Teil 2 unter C.III.1 und IV.1.a.
1034 Vgl. Teil 1 unter A.I.4.d.

(2) Anhand der Rechtsprechung zum internationalen Kulturgüterschutz offenbart sich, dass die Gerichte grundsätzlich bereit sind, die nationale Kulturgutschutzgesetzgebung und damit auch die Bindung von Kulturgut an eine Nation als legitimes Interesse der Staaten zu akzeptieren und sogar zu fördern. So waren die Gerichte in *Kingdom of Spain v. Christie, Manson and Woods Ltd.*[1035] und in *Kunstsammlungen zu Weimar v. Elicofon*[1036] sichtlich von dem Bestreben geleitet, die Rückgabe der Werke von Goya und Dürer als bedeutungsvollen spanischem bzw. deutschem Künstler an ihren jeweiligen Herkunftsort zu erreichen.[1037] Hier zeigt sich die Bereitschaft der Rechtsprechung, die Nationalität eines herausragenden Künstlers als gerechtfertigtes Zuordnungskriterium anzuerkennen. Gleiches gilt für den Fundort archäologischen Guts.[1038] Andererseits war die Rechtsprechung freilich bislang nur gewillt, solche nationale Bestimmungen anzuerkennen, welche eine international verträgliche Zuordnung von Kulturgut vornehmen. Dies wird besonders deutlich am Fall *Jeanneret v. Vichey*,[1039] wo die amerikanischen Gerichte die Zuordnung eines Gemäldes von Matisse zum nationalen italienischen Erbe durch den italienischen Staat aufgrund der *"[...] somewhat surprising conclusion that exportation of a painting by a prolific French post-impressionist master would represent a 'tremendous loss to the national heritage' of Italy [...]"* ablehnten. Die italienischen Behörden rechtfertigten die Anwendung der italienischen Schutzgesetzgebung damit, dass das betreffende Gemälde auf der Biennale in Venedig gezeigt wurde. Das Gericht ließ diese Begründung nicht ausreichen und stellte fest, dass derart weitreichenden Verboten keine Beachtung zu schenken sei.[1040]

Insgesamt machen die Gerichte die Anwendung nationaler Schutzgesetzgebung davon abhängig, ob das Kulturgut, auf welches das Schutzgesetz Anwendung finden soll, dem rückfordernden Staat auch international verträglich zugeordnet werden kann. Dies ist nach der Rechtsprechung nur dann der Fall, wenn das betreffende Objekt eine signifikante Nähebeziehung

---

1035 (1986) 1 W.L.R. 1120 (Chan.Div.).

1036 536 F. Supp. 813 (1981); 678 F. 2d 1150 (1982).

1037 *Drobnig*, IPRax 1984, S. 61 (65).

1038 US v. McClain, 545 F.2d 988 (5th Cir. 1977); 551 F.2d 52 (5th Cir. 1977); 593 F.2d 658 (5th Cir. 1979); 444 U.S. 918, 100 S.Ct. 234; 62 L.Ed.2d 173 (1979)

1039 693 F. 2d 259, 263 (2nd Cir. 1982).

1040 693 F. 2d 259, 268 (2nd Cir. 1982).

zu einer bestimmten Nation aufweist und zudem für sie von besonderer kultureller Bedeutung ist.[1041]

(3) Aus diesen Wertungen der Rechtsprechung lassen sich hilfreiche Ansatzpunkte entnehmen, um die Folgen einer kollisionsrechtlichen lex-originis-Anknüpfung sachgerecht zu beschränken. Geht die interne Zuordnung in den einzelstaatlichen Schutzgesetzen, welche die Verkehrsfähigkeit von Kulturgut ausschließen oder beschränken, über das hinaus, was als anerkennungsfähig erachtet wird, so wird man folgern können, dass in diesen Fällen keine Schutzinteressen des Herkunftslandes betroffen sind, die gegenüber den Verkehrsinteressen des Forumstaates vorrangige Beachtung verdienen. Nur dann, wenn ein signifikantes Näheverhältnis des Kulturguts zu der es schützenden nationalen Rechtsordnung besteht und es eine besondere Bedeutung für die kulturelle Identität der betreffenden Nation aufweist, sollten sich die von der Kulturgutschutzgesetzgebung der lex originis angeordneten Rechtsfolgen auch bei einem gutgläubigem Weitererwerb außerhalb des Herkunftsstaates durchsetzen. Das Kulturgut muss mithin schutzwürdig sein. Auf diese Weise würden übertriebene Handelsrestriktionen unbeachtet bleiben. Dies entspricht vom Ergebnis her auch weitgehend den Forderungen in der Literatur.[1042]

(4) Zu klären bleibt, wann ein Kulturgut so bedeutungsvoll ist, dass mit der Schutzgesetzgebung verbundene Einschränkungen der gewöhnlichen Verkehrsfähigkeit hinzunehmen sind. Die Einordnung eines Kulturguts als national bedeutungsvoll und schutzwürdig stellt dabei eine Wertungsfrage dar, für die sich nur schwer allgemeingültige Kriterien aufstellen lassen. Einigkeit scheint zumindest dahingehend zu bestehen, dass letztlich die subjektive Bedeutung eines Kulturguts für die jeweilige Nation ausschlaggebend sein soll.[1043] Denn wichtiger als der objektive, insbesondere materielle Wert des Kulturguts sind sein Symbolgehalt, seine Aussagekraft, und vor allem seine

---

1041 *Jayme*, Kunstwerk und Nation, S. 7 (17), spricht insoweit von einer Doppelfunktion; so auch *Müller-Katzenburg*, Internationale Standards, S. 151.

1042 *Wyss*, Kultur als eine Dimension der Völkerrechtsordnung, S. 149; *Abele*, in: Fechner/Oppermann/Prott, Prinzipien des Kulturgüterschutzes, S. 67 (82); *Siehr*, in: FS Lorenz, S. 525 (542); *Knott*, Anspruch auf Herausgabe, S. 133 ff.; *Seidl-Hohenveldern*, FS Schindler, S. 137 (139 ff.).

1043 So weist *Stumpf*, Internationaler Kulturgüterschutz, S. 241, darauf hin, dass nur das Volk, das den Verlust von Kulturgut zu beklagen hat, über die Wertigkeit des betreffenden Kulturguts und den Grad seines Verlustes befinden kann. Vgl. auch *Müller-Katzenburg*, Internationale Standards, S. 152.

Relevanz für die kulturelle Identität einer Gemeinschaft. In diesem Zusammenhang sei nur an das geheiligte T-Shirt des Häuptlings der Sioux-Indianer erinnert;[1044] ein Gegenstand, den hierzulande gewiss nicht jeder als wertvolles Kulturgut ansehen würde. Weitere Merkmale können das Maß öffentlichen Interesses, das dem Objekt zukommt, seine (Heimat-)Geschichte, seine Häufigkeit und Verbreitung darstellen. Hinzu kommt die Überlegung, dass diejenigen Länder ein größeres Schutzinteresse auch an weniger bedeutungsvollem Kulturgut haben, die bereits Opfer massiver Plünderungen geworden sind. Bis zu einem gewissen Grad muss die Bewertung eines Kulturguts als bedeutungsvoll und damit schutzwürdig der Entscheidung im konkreten Einzelfall überlassen bleiben. Nur so kann den Unterschieden des Kulturgutbegriffes in den einzelnen Nationen und ihrem kulturellen Selbstverständnis Rechnung getragen werden.[1045]

(5) Die gewöhnlichen sachenrechtlichen Bestimmungen des Herkunftslandes über den Erwerb von Mobilien hingegen bedürfen der Beschränkung i. S. d. vorgenannten Regeln nicht. Die eben dargestellte Problematik ergibt sich aus der Schnittstelle zum öffentlichen Recht und aus dem hoheitlichen Charakter der sich auf sachenrechtliche Vorgänge auswirkenden öffentlich-rechtlichen Schutzgesetzgebung. Die rein privatrechtlichen Regeln wurden auch bislang unstreitig in ihrer ganzen Tragweite angewendet, wenn die lex rei sitae sie zur Anwendung berufen hatte. Schloss also das berufene Sachrecht den gutgläubigen Erwerb, die Ersitzung oder die Verjährung des Eigentums an gestohlenen Sachen aus, so partizipierten selbstverständlich auch Kulturgüter als gewöhnliche Mobilien am Schutzgrad der jeweils anwendbaren Rechtsordnung. Im Einzelfall blieb und bleibt hier allenfalls der Verstoß gegen den ordre public des Forumstaates.

c. *Flexibilität der lex-originis-Anknüpfung versus Verkehrsschutz*

Der lex originis mag zwar in manchen Fällen die Absolutheit und Klarheit der lex rei sitae fehlen. Dafür aber zeigt sie die notwendige „objektbezogene Flexibilität“[1046], die im rechtlichen Umgang mit Kulturgütern erforderlich erscheint;

1044 Vgl. dazu Teil 1, B.III.2.b.

1045 *v. Segesser/Jolles*, KUR 7 (2005), S. 175 (177). Vgl. auch die Hinweise des schweizerischen Bundesrates in seiner Botschaft über die UNESCO-Konvention 1970 und das Bundesgesetz über den internationalen Kulturgütertransfer vom 21. November 2001 (Botschaft), BBl. 2002, S. 535 (572 f.), abrufbar unter www.bak.admin.ch.

1046 *Schwadorf-Ruckdeschel*, Rechtsfragen, S. 118.

besonders, da bereits der Begriff des Kulturguts seinerseits der dem Juristen wünschenswert erscheinenden Schärfe entbehrt. Die Anpassungsfähigkeit der lex originis an die besonderen Merkmale und Umstände jedes einzelnen Kulturguts ist daher ein Gewinn und die adäquateste Anknüpfungsmethode für den sensiblen Bereich des Kulturgüterverkehrs, bei dem die zugrunde liegenden Objekte und ihre Wertschätzung einem stetigen Wandel der Bedeutungsauffassung unterworfen sind und sich darüber hinaus von Nation zu Nation unterscheiden.[1047]

Demgegenüber steht der Gesichtspunkt der Verkehrs- und Rechtssicherheit. So ist zumindest im Einzelfall durchaus denkbar, dass sich die Parteien eines Rechtsgeschäftes über die Herkunft und damit das anzuwendende Heimatrecht eines Kulturguts nicht im Klaren sind.[1048] Insofern könnte die Anwendung einer unvorhersehbaren Rechtsordnung dem Gebot der Rechtssicherheit zuwiderlaufen.[1049] Bereits oben wurde darauf hingewiesen, dass die Verkehrsinteressen durch die lex rei sitae für den Bereich der Kulturgüter bislang überbetont wurden und wegen der Besonderheit des Vindikationsobjektes zumindest teilweise zurücktreten müssen. Denn Kulturgüter sind nicht in erster Linie leicht handelbares Alltagsgut, sondern Gegenstände, „*die das kulturelle Gedächtnis der Menschheit vermitteln*".[1050] Gerade deshalb soll im legalen Handel kein Kulturgut ungeklärter Herkunft erworben und verkauft werden, wozu sich viele Museen, Auktionshäuser und Kunsthändler in ihren Erwerbsregeln verpflichtet haben.[1051] Sieht man also Kulturgut nicht als gewöhnliche Sachen an, sondern als „*Verkörperung nationaler kultureller Identität*",[1052] so scheint ihre Sonderbehandlung und demzufolge die Anwendung der lex originis trotz mancher Unsicherheit im Einzelfall aus rechtsstaatlichen Gesichtspunkten vertretbar.

1047 Botschaft, S. 535 (572 f.).

1048 *Schwadorf-Ruckdeschel*, Rechtsfragen, S. 119; *Pfeiffer*, IPRax 2000, S. 270 (279).

1049 *Schmeinck*, Internationalprivatrechtliche Aspekte, S. 173.

1050 Vgl. *Blumenwitz*, in: FS Ress, S. 3 (14).

1051 Vgl. ausführlich zu diesen selbstauferlegten Erwerbsregeln des Kunsthandels, der Beschreibung einiger Codes und ihrer Auswirkungen auf Rechtsprechung und Gesetzgebung *Müller-Katzenburg*, Internationale Standards, S. 196 ff. Auch die Berliner Erklärung über Kunstexporte, Neuerwerbungen und Leihgaben (vgl. Fn. 998) besagt in Nr. 8 S. 2: „*Die Museen müssen sich vergewissern, keine Gegenstände durch Neuerwerb, Geschenk oder Leihgabe aus einem Handel zu erhalten, der die Gesetze der Herkunftsländer verletzt und deswegen die Herkunftsangaben unterlassen hat*".

1052 *Jayme*, ZVglRWiss 95 (1996), S. 158 (168 f.); *Pfeiffer*, IPRax 2000, S. 270 (280).

4. *Dogmatische Rechtfertigung der lex originis*

a. *Grundsätzliche Eignung des kollisionsrechtlichen Ansatzes*

Schließlich wurde gegen die lex originis vorgebracht, sie vermöge den Alteigentümer nicht besser zu schützen als die Anwendung der lex rei sitae und sei daher lediglich ein untauglicher Versuch, eine materiell-rechtlich befriedigende Endlösung im Wege des hierfür nicht zur Verfügung stehenden Kollisionsrechts zu erzielen. Das Kollisionsrecht aber bezwecke gerade keine materiell-rechtliche Lösung bestimmter Richtung, noch könne es eine solche jemals erreichen. So sei es zwar grundsätzlich ein anzuerkennendes Ziel, öffentlich-rechtliche Interessen zu verfolgen und zu schützen, insbesondere auch durch nationale Gesetzgebung zu Schatzfunden und Verfall bei illegalem Export, der gewählte Weg über das Kollisionsrecht zur Berücksichtigung derselben sei hingegen völlig verfehlt.[1053] Teilweise wird der lex-originis-Ansatz zumindest für den nachfolgenden Erwerb illegal exportierten Kulturguts als zustimmungswürdig erachtet.[1054] Andere Stimmen lehnen aber auch hier eine Sonderkollisionsnorm als ungeeignet ab, da es um den Schutz staatlicher Interessen geht.[1055]

Dem ist entgegenzusetzen, dass mit dem lex-originis-Ansatz nicht intendiert wird, bestimmte materiell-rechtliche Interessen und Wertungen von ihrem Ergebnis her zu bevorzugen. Die lex originis soll gerade unabhängig vom konkreten Ergebnis in der Sache angewandt werden und zwar auch dann, wenn sie im Einzelfall zu einem für den rückforderndem Staat nachteiligeren Ergebnis führt als unter Anwendung der herkömmlichen lex rei sitae. Es geht also nicht um das Auffinden des sachlich besten Rechts, denn dies würde bereits dem System des IPR widersprechen, das sich der Anwendung des sachlich nächsten Rechts verpflichtet sieht.[1056] Die Gründe, die für eine Veränderung der kollisionsrechtlichen Anknüpfung zugunsten der lex originis führen, sind vielmehr andere.

1053 Ausführlich hierzu *Kreuzer*, RdC 259 (1996), S. 13 (202 ff.); ihm zustimmend *Spaun*, Herausgabeanspruch, S. 162. Gegen eine eigenständige Kollisionsnorm für Kunstgegenstände auch *Hanisch*, in: FS Müller-Freienfels, S. 193 (222).

1054 *Müller-Katzenburg*, Internationale Standards, S. 279.

1055 So insbesondere *Stoll*, IPRax 2000, S. 259 (269), und *MüKo-Kreuzer*, Anhang zu Art. 38 EGBGB, Rn. 198, 204. Andere hingegen, welche eine lex-originis-Anknüpfung für gestohlenes Kulturgut ablehnen, halten die Schaffung einer Sonderkollisionsnorm für illegal exportiertes Kulturgut für eher vertretbar, vgl. *Müller-Katzenburg*, Internationale Standards, S. 283 f.

1056 *Kropholler*, IPR, S. 25. Ansonsten entstünde ein nicht hinzunehmender Widerspruch zu dem kollisionsrechtlichen Grundsatz der Gleichrangigkeit und Gleichwertigkeit der einzelnen Sachrechtsordnungen, vgl. *von Bar/Mankowski*, IPR 1, § 4 Rn. 4.

Wendet man für Kulturgut die lex originis an, so wird dadurch eine Anknüpfung geschaffen, die von Dritten nicht manipuliert werden kann.[1057] Indem auf den Nationalitätsgedanken und den Funktionszusammenhang des Kulturguts abgestellt wird, wird den Bestrebungen Rechnung getragen, das Kulturgut dem Staat zuzuordnen, wo ihm der größte Identifikations- und Erfahrungswert zukommt und zu dessen Rechtsordnung es somit auch die engste Beziehung aufweist. Begreift man dies als wichtigste und vordringlichste Überlegung, so wird man auch akzeptieren können, dass das Kulturgut den Stempel der Sachenrechtsordnung seines Heimatstaates trägt und diese somit an der kulturellen Identität des Objektes teilhat.[1058] Damit kommt dem Objekt also der Schutzgehalt zu, den seine Heimatrechtsordnung ihm gewährt; gleich ob diese das Kulturgut im Verhältnis zur Rechtsordnung des jeweiligen Belegenheitsstaates bevorzugt oder benachteiligt. Die von der Heimatrechtsordnung erfahrene Prägung trägt das Kulturgut daher mit sich.

Dies erscheint deshalb sachgerecht, weil jeder Staat dazu angehalten werden soll, für den Schutz von Kulturgütern, die der Herrschaftsmacht seines eigenen Territoriums entstammen, ausreichend Sorge zu tragen und für seine eigene Rechtsordnung den gutgläubigen Erwerb, Ersitzung und Verjährung gestohlener Sachen zu überdenken.[1059] Tut er das nicht, so muss er die notwendigen Konsequenzen tragen, indem die durch seine Untätigkeit verbleibenden Risiken dem Kulturgut anhaften. Eine Konstellation wie im *Wtewael-Fall*[1060] sollte tunlichst vermieden werden. So ist es doch geradezu paradox, wenn ein Staat für den eigenen Rechtsraum in Anspruch nimmt, dem freien Handel und dem Verkehrsschutz des Erwerbers durch die Möglichkeit des Gutglaubenserwerbs und der Ersitzung und Verjährung von Herausgabeansprüchen den Vorrang einzuräumen; für Fälle aber, in welchen wertvolles eigenes Kulturgut zurückgefordert wird, unter ordre public Gesichtspunkten die eigene, nach der lex rei sitae zur Anwendung berufene Rechtsordnung ausschließen zu wollen.[1061]

[1057] *Jayme*, IPRax 1990, S. 347.

[1058] *Kienle/Weller*, IPRax 2004, S. 290 (291, Fn. 13).

[1059] *Siehr*, in: Aufbruch nach Europa, S. 811 (824).

[1060] High Court of Justice, Queen's Bench Division, a.a.O., Fn. 464.

[1061] Auch *Remien*, AcP 201 (2001), S. 730 (752), empfindet es als grotesk, dass die deutsche h. M. die Vindikationsverjährung bejaht, deutsche staatliche Museen jedoch von den abweichenden Rechtsanschauungen in England oder den USA profitieren wollen und den dortigen ordre public gegen die Anwendung deutschen Rechts ins Feld führen.

b. *Andere normative Grundlagen der lex-originis-Regel*

Für den Weg über das Kollisionsrecht spricht zudem, dass er sich bereits in einzelnen Normen und Regelungsvorschlägen durchgesetzt hat und mit bestehenden Tendenzen zur Aufweichung und Flexibilisierung der bislang anerkannten lex rei sitae übereinstimmt.

Bereits im Jahr 1991 hat das Institut de Droit International[1062] auf seiner Sitzung in Basel eine Resolution betreffend „*La vente internationale d'objets d'art sous l'angle de la protection du patrimoine culturel*" angenommen.[1063] Ihr entscheidender Art. 2 lautet:

> *„Le transfert de la propriété des objets d'art appartenant au patrimoine culturel du pays d'origine du bien est soumis à la loi de ce pays."*

Das Herkunftsland wird definiert als „*celui auquel, du point du vue culturel, l'objet en question se trouve rattaché par le lien le plus étroit*".[1064] Art. 1 lit. 1 a) wiederum setzt vergleichbar der UNESCO-Konvention voraus, dass das geschützte Kulturgut als zum nationalen Erbe gehörig klassifiziert, registriert oder auf eine andere, international anerkannte Weise als nationales publiziert ist. Ferner sieht Art. 3 vor, dass die Exportvorschriften des Herkunftslandes Anwendung finden. Gestohlenes Kulturgut erfasst der Vorschlag nicht. Die Resolution stellt allerdings weder verbindliches Recht noch den Entwurf für einen internationalen Staatsvertrag auf. Sie ist daher zuvörderst der Appell einer Vereinigung international renommierter Juristen; dem Institut selbst fehlt jeglicher offizieller Charakter.

Eine praktische Bestätigung für Sonderkollisionsnormen sowohl für illegal exportiertes und gestohlenes Kulturgut findet sich neben den bereits erwähnten Vorschriften der Art. 12 der Ri 93/7/EWG und den §§ 4, 8 des deutschen KultGüRückG in der neuen Fassung des belgischen IPR-Gesetzes (DIP). Dessen Art. 90 mit der Überschrift "droit applicable au bien culturel" lautet:

1062 Das Institut wurde als private Vereinigung internationaler Juristen am 8. September 1873 in Belgien gegründet.

1063 Résolutions adoptées par l'Institut de Droit International à sa session de Bâle, 26 août – 3 septembre 1991, RabelsZ 56 (1992), S. 556 (567 ff.). Die Resolution kann auch im Internet unter www.idi-iil.org/idiF/resolutionsF abgerufen werden. Zur Resolution auch *Ferrer-Correia*, in: International Sales of Works of Art IV, S. 41 (45 ff.); *Jayme*, IJCP 6 (1997), S. 376 ff.

1064 Art. 1 lit. 1 b).

„Lorsqu' un bien qu'un Etat inclut dans son patrimoine culturel a quitté le territoire de cet Etat de manière illicite au regard du droit de cet Etat au moment de son exportation, sa revendication par cet Etat est régie par le droit dudit Etat en vigueur à ce moment, ou, au choix de celui-ci, par le droit de l'Etat sur le territoire duquel le bien est situé au moment de sa revendication. Toutefois, si le droit de l'Etat qui inclut le bien dans son patrimoine culturel ignore toute protection du possesseur de bonne foi, celui-ci peut invoquer la protection que lui assure le droit de l'Etat sur le territoire duquel le bien est situé au moment de sa revendication.“[1065]

Hiermit wird zumindest für den Bereich des illegal exportierten Kulturguts eine Sonderkollisionsnorm zugunsten der lex originis geschaffen. Für den gutgläubigen Erwerber besteht jedoch die Möglichkeit, sich auf gegebenenfalls günstigere Verkehrsschutznormen des aktuellen Belegenheitsstaates zu berufen. Darüber hinaus sieht das belgische IPR in Art. 92 eine Sonderkollisionsnorm für den Bereich aller gestohlenen Sachen, also nicht nur für Kulturgut vor:

„La revendication d'un bien volé est régie, au choix du propriétaire originaire, soit par le droit de l'Etat sur le territoire duquel le bien était situé au moment de sa disparition, soit par celui de l'Etat sur le territoire duquel le bien est situé au moment de sa revendication.“

Zwar wird hier in Übereinstimmung mit dem Vorschlag *Mansels*[1066] auf das Recht am Diebstahlsort abgestellt und somit die lex rei sitae zeitlich fixiert; aber dennoch wird aus Gründen der Flexibilität von der starren und uneingeschränkten Geltung der lex rei sitae abgewichen.

Auffallend ist zudem, dass sich sämtliche Normen und Regelungsvorschläge, welche die lex originis als maßgebliches Sachstatut für Kulturgut etablieren, nicht daran stören, dass öffentliche Belange und Interessen mit den Mitteln des Privatrechts erreicht werden. Diese Strömungen sind Ausdruck der Erkenntnis, dass in den Fällen schützenswerten Kulturguts die herkömmliche Interessenbewertung der lex rei sitae, welche den Verkehrsschutz in den Vordergrund stellt, nicht passt. Dies rührt daher, dass bei national wertvollem Kulturgut, welches gegen seine unrechtmäßige Verbringung und Veräußerung durch öffentlichrechtliche Vorschriften besonders geschützt wird, seine ausländische Herkunft

---

1065 DIP in der Bekanntmachung des Belgischen Gesetzblatts (moniteur belge) vom 27. Juli 2004.

1066 *Mansel*, IPRax 1988, S. 286 (271).

regelmäßig erkennbar ist und schon deshalb seine Verbindung zum Herkunftsland stärker ausgeprägt ist als zum Lageort.[1067]

c. *Art. 46 EGBGB als Rechtsgrundlage der lex originis?*

Als dogmatische Grundlage für die lex originis im deutschen Recht bietet sich Art. 46 EGBGB an. Dieser ermöglicht von der Regelanknüpfung der lex rei sitae abzuweichen, wenn eine wesentlich engere Verbindung mit dem Recht eines anderen Staates besteht.[1068] Die Funktion von Art. 46 EGBGB als kollisionsrechtliche Ausweichklausel ist allgemein anerkannt. Streit herrscht allerdings dahingehend, inwieweit der Ausnahmeklausel ein Auftrag an die Rechtsprechung und Literatur entnommen werden kann, rechtsfortbildend tätig zu werden. Denn der Gesetzgeber selbst hat es versäumt, durch Regelbeispiele oder präzisere Formulierungen klarzustellen, inwieweit der Ausweichklausel Ausnahmecharakter zukommt.[1069]

Einer Ansicht zufolge gestattet Art. 46 EGBGB im Wege der Rechtsfortbildung eigenständige Anknüpfungsregeln für ganze Sachtypen zu entwickeln.[1070] Es sei Motiv des Gesetzgebers gewesen, angesichts des generellen Grundsatzes der lex rei sitae für den klar abweichend gelagerten Einzelfall eine angemessenere und richtige Kollisionsnorm zu schaffen. Die starre und unverrückbare Geltung der situs-Regel scheine für den Gesamtbereich der sachenrechtlichen Verhältnisse nicht mehr richtig und zeitgemäß.[1071] Dabei diene Art. 46 sowohl der Einzelfallkorrektur als auch für eine ganze Fallgruppe, für welche die generell anwendbare Kollisionsnorm keine angemessenen Rechtsanwendungsergebnisse erbringe.[1072] Bereits in den Gesetzesmaterialien werde deutlich, dass es der Rechtsprechung überlassen sein solle, im Bedarfsfall Grundsätze für besondere Fallgruppen zu entwickeln.[1073] Für den speziellen Bereich des Kulturgüterschutzes wurde zum Teil die Einschränkung gemacht, dass sich die Anwendung der lex originis zumindest für Verfügungen, die dem illegalen Export eines Kulturguts nachfol-

---

1067 *Müller-Katzenburg*, Internationale Standards, S. 283.

1068 *MüKo-Wendehorst*, Art. 46 EGBGB Rn. 1.

1069 *MüKo-Wendehorst*, Vor. Art. 43-46 EGBGB Rn. 19.

1070 *Stoll*, IPRax 2000, S. 259 (269); *Kreuzer*, RabelsZ 65 (2001), S. 383 (455 f.); wohl auch *Pawlytta*, ZErb 2005, S. 34 (37).

1071 *Erman/Hohloch*, Art. 46 EGBGB Rn. 1; BT-Drs. 14/343, S. 18 f.

1072 *Erman/Hohloch*, Art. 46 EGBGB Rn. 6.

1073 BT-Drs. 14/343, S. 14. Auch *Armbrüster*, Rev. crit. 93 (2004), S. 723 (737); ders. NJW 2001, S. 3581 (3582), und *Spickhoff*, NJW 1999, S. 2209 (2210), scheinen Anknüpfungsregeln für ganze Sachgruppen im Rahmen von Art. 46 EGBGB als zulässig zu erachten.

gen, nicht über Art. 46 EGBGB begründen lasse. Die Verlängerung des räumlichen Anwendungsbereiches jener Vorschriften diene nämlich nicht dem Ausgleich beteiligter Privatinteressen, sondern der Durchsetzung übergeordneter staatlicher Ziele.[1074] Andere wiederum sehen in Art. 46 EGBGB die geeignete Vorschrift, um die Etablierung der lex originis dogmatisch zu rechtfertigen.[1075] So habe Art. 46 EGBGB insbesondere den Vorteil, dass sich der Sachnormcharakter der lex originis erkläre und damit eine Rückverweisung ausgeschlossen sei.[1076]

Der Gegenansicht zufolge ist Art. 46 EGBGB insgesamt eine ungeeignete Rechtsgrundlage zur Herausbildung abstrakt-genereller Regelungen, um die lex rei sitae zu ergänzen und/oder zu modifizieren.[1077] Art. 46 EGBGB könne vielmehr nur im konkreten Einzelfall zur Anwendung kommen, wenn die Regelanknüpfung zu einer extrem sachfremden Rechtsordnung führe, ein anderes Recht erheblich sachnäher sei und mit dem Grundgedanken des Internationalen Sachenrechts, nämlich dem hohen Stellenwert des Verkehrsschutzes in dem Staat der an sich berufenen Rechtsordnung zu vereinbaren sei.[1078] Das richtige Instrument, um einen effektiveren Kulturgüterschutz zu erreichen, müsse in der internationalen Vereinheitlichung des Sachrechts gesucht werden; übergangsweise habe man sich mit der Sonderanknüpfung und gegebenenfalls dem ordre public Vorbehalt zu behelfen.[1079]

Nach dem Wortlaut der Vorschrift lassen sich wohl beide Meinungen vertreten. Allerdings sprechen die besseren Gründe dafür, Art. 46 EGBGB als ausreichende Rechtsgrundlage einer grundsätzlichen Abweichung von der lex rei sitae für eine ganze Fallgruppe abzulehnen. Zwar werden sich zwangsläufig im Laufe der Zeit gewisse Fallgruppen durch die Rechtsprechung bilden. Dies muss aber von einer generellen Festlegung einer bestimmten Fallgruppe bereits im Vorfeld streng unterschieden werden. Darüber hinaus ist gerade im Bereich des Sachenrechts eine enge Auslegung von Ausnahmevorschriften geboten, da dieses vom Grundsatz des Typenzwanges beherrscht wird. Zudem ist fraglich, ob die deutsche Rechtsprechung bereit sein wird, auf der Grundlage von Art. 46 EGBGB eine eigenständige Fallgruppe für Kulturgut zu entwickeln. Immerhin wurde bis-

---

1074 *Stoll*, IPRax 2000, S. 259 (269), zu gestohlenem Kulturgut äußert sich *Stoll* jedoch nicht.
1075 *Kienle/Weller*, IPRax 2004, S. 290 (294); *Armbrüster*, Rev. crit. 93 (2004), S. 723 (737).
1076 *Kienle/Weller*, IPRax 2004, S. 290 (294).
1077 *MüKo-Wendehorst*, Art 46 EGBGB, Rn. 4, 26.
1078 *MüKo-Wendehorst*, Art. 46 EGBGB, Rn. 11 ff.
1079 *MüKo-Wendehorst*, Art. 43 EGBGB, Rn. 13.

lang stetig am Grundsatz der lex rei sitae festgehalten. Ohne eine eigenständige Kollisionsnorm wird sich daher der lex-originis-Ansatz kaum verwirklichen lassen. Eine eigenständige Norm hätte schließlich den Vorteil, dass sie besser auf die Bedürfnisse der Beteiligten im Kulturgüterhandel abgestimmt werden könnte als eine Norm, die den gesamten Bereich des Sachenrechts erfasst.

III. Folgen der lex-originis-Anknüpfung

1. Anwendung der Kulturgutschutzbestimmungen des Herkunftslandes

Die Etablierung einer Sonderkollisionsnorm für Kulturgut, die in Abkehr von der herkömmlichen lex rei sitae die Anwendung des Rechts des Ursprungsstaates vorsieht, hätte zur Folge, dass neben den herkömmlichen sachrechtlichen Vorschriften über den Erwerb von Gegenständen sämtliche Kulturgutschutzgesetze mitsamt der einschlägigen Ausfuhrbestimmungen als Teil der berufenen Rechtsordnung Anwendung finden. Die Bestimmungen des Rechts des Herkunftslandes werden über den Statutenwechsel hinaus „verlängert" und überlagern somit anderweitige, gegebenenfalls verkehrsfreundlichere Normen über den gutgläubigen Erwerb am neuen Belegenheitsort.[1080] Dem Schutz und der Bewahrung von Kulturgut an seinem Heimatort wird damit gegenüber dem Verkehrsschutz bewusst der Vorrang eingeräumt.

Zum Teil wird eingewandt, dass sich diese Ergebnisse weitgehend auch mit dem Prinzip der Anerkennung wohlerworbener Rechte erreichen ließen. So wird vorgeschlagen, unter Beibehaltung der lex rei sitae die Prägungstheorie konsequent anzuwenden und somit die unter dem Recht des Herkunftslandes wirksam begründeten Sachenrechte auch nach ihrer Verbringung in eine andere Rechtsordnung fortbestehen zu lassen.[1081] Jenes Prinzip der Anerkennung wohlerworbener Rechte soll nach dieser Auffassung möglichst weit und kulturgutfreundlich ausgelegt werden. Damit könne man erreichen, dass zum einen eigentumszuweisende Gesetze ohne vorherige Besitzergreifung und zum anderen – zumindest bis zur Grenze entgegenstehenden Wortlauts – ausländische Verfallsregelungen im Falle illegalen Exports als wirksam eigentumsbegründend anzuerkennen seien.[1082] Allerdings gestehen die Vertreter dieses Lösungsansatzes ein, dass ein

---

[1080] *Stoll*, IPRax 2000, S. 259 (269).

[1081] *Müller-Katzenburg*, Internationale Standards, S. 312.

[1082] *Müller-Katzenburg*, Internationale Standards, S. 239 ff.; 263 ff.

Herausgabeanspruch nach dem Prinzip der Anerkennung wohlerworbener Rechte nur solange besteht, als noch kein gutgläubiger Erwerb seit dem Statutenwechsel stattgefunden hat.[1083] Daher wird auch hier die Notwendigkeit gesehen, zusätzlich Abhilfe zu schaffen, um den Schutzinteressen des Herkunftsstaates als dem ursprünglichen, rechtmäßigen Eigentümer des betreffenden Kulturguts gerecht zu werden.[1084] Vorherrschend ist in erster Linie der Weg über die Sonderanknüpfung fremder Unveräußerlichkeitsvorschriften und fremder Exportverbote.

Soweit die Gesetze des Herkunftsstaates Vorschriften zur Unveräußerlichkeit und Unverjährbarkeit des öffentlichen Eigentums enthalten, so sollen diese als zwingende Normen im Wege der Sonderanknüpfung zur Anwendung gelangen. Das gleiche gilt für ausländische Exportverbote.[1085] Im Gegensatz zur kollisionsrechtlichen Veränderung der Anknüpfung des gesamten sachenrechtlichen Erwerbsvorganges betrifft die Sonderanknüpfung nur die besonderen Kulturgutschutzvorschriften. Die Theorie der Sonderanknüpfung zwingender Normen entstammt ursprünglich dem internationalen Vertragsrecht.[1086] Dort betrifft sie die Frage der Nichtigkeit des (gegebenenfalls nach der lex rei sitae für den Eigentumserwerb erforderlichen) Kausalgeschäftes wegen Verstoßes gegen die öffentlich-rechtlichen Kulturgutschutzgesetze des Herkunftsstaates. In der herrschenden Lehre besteht für das Schuldrecht Einigkeit dahingehend, dass eine Sonderanknüpfung zwingender Normen des Herkunftslandes sachgerecht ist, wenn (i) eine enge Verbindung des Sachverhalts zum Herkunftsland der Norm gegeben ist, (ii) die Norm auch außerhalb des Herkunftslandes Geltung beansprucht und (iii) als solche legitimen Interessen dient, also einer Art gemeinsamen Grundüberzeugung der Staatenwelt entspricht.[1087]

Im Zusammenhang mit der Rückführung von Kulturgut entscheidender ist hingegen die sachenrechtliche Problematik der Veräußerbarkeit und des gutgläubigen Erwerbs. Die früher gegen eine Sonderanknüpfung im Sachenrecht vorge-

---

1083 *Müller-Katzenburg*, Internationale Standards, S. 262; *Hanisch*, in: FS Müller-Freienfels, S. 193 (211 ff.).

1084 Auch *Spaun*, Herausgabeanspruch, S. 162, weist auf dieses Manko hin.

1085 Vgl. ausführlich *Kohls*, Kulturgüterschutz, S. 123 ff.; *Kropholler*, IPR, S. 450 f.; *Turner*, Völkerrechtliche Zuordnung, S. 131 m. w. N.

1086 Vgl. Art. 7 Abs. 1 EVÜ sowie *MüKo-Martiny*, Art. 34 EGBGB, Rn. 38 ff.

1087 *MüKo-Martiny*, Art. 34 EGBGB, Rn. 133 ff. m. w. N.; *Staudinger/Magnus*, Art. 34 EGBGB, Rn. 115 ff.; *Schmeinck*, Internationalprivatrechtliche Aspekte, S. 99 f. Die Lehre der Sonderanknüpfung geht auf *Wengler*, ZVglRW 54 (1941), S. 168 ff., zurück und wurde von *Zweigert*, RabelsZ 14 (1942), S. 283 ff., weiterentwickelt.

brachten Bedenken[1088] gelten mittlerweile als überholt.[1089] Denn die gleichen Erwägungen, die für eine Sonderanknüpfung im Schuldrecht sprechen, gelten auch hier: die ausländische Norm, welche die Verkehrsfähigkeit des Kulturguts ausschließt, will gerade auch außerhalb ihres Territoriums Geltung beanspruchen, um das Kulturgut dem Herkunftsland zu erhalten; eine hinreichend enge Verbindung des Sachverhalts zum Recht des Herkunftslandes besteht dadurch, dass der Erwerb entgegen dessen Vorschriften stattgefunden hat; schließlich entspricht die Bewahrung nationalen Kulturguts letztlich auch einem legitimen Interesse der einzelnen Staaten, welches von der internationalen Staatenwelt grundsätzlich anerkannt wird.[1090] Einer übermäßigen Bevorzugung des revendizierenden Staates kann im Einzelfall durch die nationale Zuordnung des betreffenden Kulturguts sowie durch die Heranziehung des ordre public begegnet werden.[1091] Eine normative Grundlage für die Sonderanknüpfung ausländischen zwingenden Rechts findet sich überdies mittlerweile in Art. 19 Abs. 1 des schweizerischen IPRG, der sich gerade nicht auf das Schuldrecht beschränkt, sondern eine Sonderanknüpfung auch für sachenrechtliche Verhältnisse ermöglicht.[1092]

1088 Gegen sie wurde vorgebracht, dass sie im Sachenrecht als ungewöhnlich erscheine und dem Bedürfnis des internationalen Rechtsverkehrs nach klaren sachenrechtlichen Verhältnissen nicht ausreichend Rechnung trage und einseitig die Interessen des rückfordernden Staates bevorzuge, *Byrne-Sutton*, Le trafic international, S. 159 f.; *Carducci*, La restitution internationale, S. 337; *Berndt*, Internationaler Kulturgüterschutz, S. 123 ff.; *Knott*, Anspruch auf Herausgabe, S. 130 f.

1089 *Spinellis*, Vertrags- und Sachenrecht des internationalen Kunsthandels, S. 508. Vgl. zu weiteren Argumenten gegen eine Sonderanknüpfung im Sachenrecht und ihre Entkräftung, *Jaeger*, Internationaler Kulturgüterschutz, S. 100 ff. m. w. N.

1090 Letzteres betont der BGH, BGHZ 59, S. 82 ff. Auch *Armbrüster*, Rev. crit. 93 (2004), S. 723 (735), sieht diese Voraussetzungen als erfüllt an.

1091 Gegen die Sonderanknüpfung im deutschen Recht kann auch nicht vorgebracht werden, der deutsche Gesetzgeber habe sich bereits gegen die Sonderanknüpfung im Schuldrecht ausgesprochen, weil er Art. 7 I EVÜ nicht umgesetzt habe. Denn begründet wurde die Ablehnung mit der offenen und unbestimmten Formulierung des Art. 7 Abs. I EVÜ und der Befürchtung hieraus resultierender Rechtsunsicherheit, nicht aber weil man die Berücksichtigung jeglichen ausländischen Rechts ausschließen wollte, vgl. BT-Drs. 10/504, S. 100, 106; BT-Drs. 10/5632, S. 45; näher hierzu *Martiny*, IPRax 1987, S. 277 ff.

1092 Art. 19 Abs. 1 IPRG: „Anstelle des Rechts, das durch dieses Gesetz bezeichnet wird, kann die Bestimmung eines anderen Rechts, die zwingend angewandt sein will, berücksichtigt werden, wenn nach schweizerischer Rechtsauffassung schützenswerte und offensichtlich überwiegende Interessen einer Partei es gebieten und der Sachverhalt mit jenem Recht einen engen Zusammenhang aufweist."

Die Anhänger einer Sonderanknüpfung ausländischen Rechts wollen zum Teil die unmittelbaren Rechtsfolgen, die sich für die dinglichen Rechtsbeziehungen der Beteiligten ergeben, dem nach der lex rei sitae anwendbaren Sachstatut entnehmen.[1093] Eine weitere Einschränkung wird dahingehend gemacht, dass neben der zwingenden Anwendung des ausländischen Rechts auch die zwingenden Verkehrsschutznormen des Belegenheitsstaates zu beachten sein sollen.[1094] Im Wege der Abwägung sei dann zu bestimmen, ob den Interessen des Ursprungsstaates an der Beachtung seiner Schutznormen oder den betroffenen Verkehrsinteressen im Staate der Belegenheit der Vorrang einzuräumen ist. Je bedeutender ein Objekt für das nationale Erbe ist, desto eher könnten die Verkehrsinteressen in den Hintergrund treten mit der Folge, dass auch ein gutgläubiger Erwerber das betreffende Kulturgut herauszugeben hat.[1095] Andere hingegen wollen stets die Verkehrsinteressen des Belegenheitsstaates überwiegen lassen.[1096]

Diese Einschränkungen und Unwägbarkeiten, die keinen klaren Regeln folgen, stellen jedoch die praktische Handhabe in Frage und schaffen erhebliche Rechtsunsicherheit, was die letztlich in der Praxis erzielbaren Ergebnisse betrifft.[1097] Aber nicht nur aus diesen Erwägungen ist die Lösung über die lex originis vorzuziehen. Denn anstatt die althergebrachten Grundsätze des Kollisionsrechts für gewöhnliche Sachen durch Ausnahmen, Sonderanknüpfungen und sonstige Kunstgriffe mehr und mehr zu überlagern und zu durchbrechen, bietet die lex originis für den sensiblen Bereich der Kulturgüter eine in sich geschlossenere und besser geeignete Anknüpfung.

2. *Folgen für die Rückführung*

a. *Gestohlenes Kulturgut*

Ein staatliches Rückführungsrecht an gestohlenem Kulturgut besteht nach dem lex-originis-Ansatz nur, soweit der Staat nach seiner Heimatrechtsordnung ein Eigentumsrecht an dem betreffenden Kulturgut innehatte und dieses nicht verloren gegangen ist. Dies setzt voraus, dass entweder bereits nach der herkömmli-

---

1093 *Kropholler*, IPR, S. 489; *MüKo-Martiny*, Art. 34 EGBGB Rn. 62 ff.; a.A. *Mülbert*, IPRax 1986, S. 140.

1094 *Hanisch*, in: FS Müller-Freienfels, S. 193 (212 f.).

1095 Für eine solche Differenzierung *Müller-Katzenburg*, Internationale Standards, S. 291.

1096 *Hanisch*, in: FS Müller-Freienfels, S. 193 (212 f.).

1097 *Armbrüster*, Rev. crit. 93 (2004), S. 723 (731).

chen Sachenrechtsordnung der gutgläubige Erwerb an gestohlenen Sachen, die Ersitzung und Verjährung ausgeschlossen sind, bzw. etwaige Fristen noch nicht abgelaufen sind, oder aber besondere Bestimmungen für Kulturgut bestehen, die das Eigentum erhalten. Lässt hingegen die Heimatrechtsordnung den gutgläubigen Erwerb, die Ersitzung und Verjährung von Kulturgut zu, so ist ein Rückforderungsrecht ausgeschlossen. Damit ist die Rückforderungsmöglichkeit vom Sachrecht des Herkunftsstaates abhängig. Das Kollisionsrecht allein kann und soll somit nicht die unbedingte Rückstellung gestohlenen Kulturguts erreichen. Daher bedarf es weiterer Schritte, um den unfreiwilligen Verlust von Kulturgut einzuschränken, auf die sogleich noch einzugehen sein wird.

b. Illegal exportiertes Kulturgut

Noch deutlicher kommt die Unvollständigkeit des kollisionsrechtlichen Ansatzes bei illegal exportiertem Kulturgut zum Tragen: Die Schaffung einer Sonderkollisionsnorm zugunsten des Rechts des Herkunftsstaates allein vermag nicht zu bewirken, dass der Staat sein illegal exportiertes Kulturgut zurückverlangen kann, wenn ihm ein dingliches Recht an dem Kulturgut nicht zusteht.

Denn die lex originis kann nicht die Vollstreckung und damit Durchsetzung des Exportverbotes mit der Folge einer Rückgabeanordnung bewirken. Hierfür schafft sie keinerlei Rechtsgrundlage. Deshalb sehen sowohl die *Resolution des Institut de Droit International* als auch die Ri 93/7/EWG und ihre deutsche Umsetzung einen eigenständigen Rückgabeanspruch als materiell-rechtliche Ergänzung vor. Die kollisionsrechtliche Anknüpfung an das Recht des Herkunftsstaates führt nur dann zu einer Herausgabe, wenn der rückfordernde Staat Eigentümer des Kulturguts ist.[1098] Somit stellt sich die Frage, ob und wie in den Fällen, in denen die ausländischen Gesetzgeber Kulturgut nicht zu Staatseigentum erklären, sondern lediglich anderweitige Verfügungsbeschränkungen wie Exportverbote und Veräußerungsverbote mit Nichtigkeitsanordnung für Privateigentum vorsehen, eine Rückgabe erreicht werden kann.

Im Zusammenhang mit der Prägungstheorie wurde der Vorschlag gemacht, dass die Kulturgut schützenden Gesetze der Herkunftsstaaten, die den Staaten unmittelbar keine Eigentumsposition verleihen, daraufhin untersucht werden sollen, ob ihnen nicht eine sonstige dingliche Wirkung entnommen werden kann, die den Statutenwechsel überdauert.[1099] Diese Rechtspositionen können sodann in

---

1098 *Jaeger*, Internationaler Kulturgüterschutz, S. 96 f., 100 f.

1099 *Müller-Katzenburg*, Internationale Standards, S. 270.

ein dingliches Herausgabe- und Aneignungsrecht übersetzt werden.[1100] Gesprochen wird hierbei von einer *„wohlwollenden Übersetzung dinglich wirkender Verfügungsbeschränkungen“*.[1101] Als Beispiel für eine solch dinglich wirkende Verfügungsbeschränkung wird das *dominio eminente* Ecuadors genannt, welches das Turiner Gericht im Fall *Danusso*[1102] zur Begründung eines Herausgabeanspruchs ausreichen ließ. Der bloße Erlass Kulturgut schützender Spezialgesetze soll dagegen noch nicht ausreichend sein.

Einer anderen Auffassung zufolge verleiht die Gesamtheit der Kulturgutschutzvorschriften dem Staat eine besondere eigentumsähnliche Position, die ihn zu einem Herausgabeanspruch berechtigen würde. Zum Teil wird dabei auf eine besondere, das Privateigentum überlagernde Eigentumsteilposition abgestellt, eine Art Eigentum „zweiten Grades“.[1103] Andere wiederum vertreten die Ansicht, dass der Staat durch diese Gesetzgebung erkennen lasse, dass er das Objekt als Bestandteil seines nationalen Erbes beanspruche; diese Zugehörigkeit zum nationalen Erbe ist demzufolge die Rechtsgrundlage für den staatlichen Rückgabeanspruch.[1104]

Für das deutsche Recht selbst wird verschiedentlich der Standpunkt vertreten, dass an Gegenständen im Gebrauch der Verwaltung, die eine Widmung zur Erfüllung öffentlicher Aufgaben erfahren haben, eine öffentlich-rechtliche Dienstbarkeit besteht.[1105] Eine solche Widmung könne entsprechend für Museums- und Archivgut angenommen werden. Der Unterschied zu den obigen Ansätzen besteht darin, dass an solchen Gegenständen zwar privates Eigentum zulässig ist, jedoch diese Position vom öffentlichen Zweck überlagert werden soll und der Gegenstand somit zum widmungsgemäßen Gebrauch vom Eigentümer herauszugeben sein soll. Diese Belastung zugunsten des öffentlichen Zwecks könne auch gutgläubig nicht „wegerworben“ werden. Somit würde ein eigentumsunab-

---

1100 *Stoll*, in: Dolzer/Jayme/Mußgnug, Rechtsfragen, S. 53 (65 f.); *Müller-Katzenburg*, Internationale Standards, S. 258, 270.

1101 *Müller-Katzenburg*, Internationale Standards, S. 256.

1102 *Repubblica dell'Ecuador contro Danusso*, Trib. Torino 25.03 1982, Riv.dir.int.priv.proc. 18 (1982) S. 625 ff.

1103 *Koumantos*, in: Council of Europe, International Legal Protection of Cultural Property, S. 12 ff.

1104 *Byrne-Sutton*, Le trafic international, S. 91.

1105 Vgl. hierzu *Mußgnug*, in: Dolzer/Jayme/Mußgnug, Rechtsfragen, S. 199 (202 f.)

hängiger öffentlich-rechtlicher Rückgabeanspruch nach dem Vorbild der *res sacrae* des Kirchenrechts bestehen.[1106]

Sämtliche Vorschläge, die versuchen, eine besondere sachenrechtliche Position des Staates bei ansonsten bestehendem Privateigentum zu begründen, vermögen jedoch nicht zu überzeugen.[1107] Zum einen erscheint es problematisch, im Einzelfall zwischen Schutznormen zu unterscheiden, aus denen sich eine dingliche Rechtsposition ableiten lässt und solchen, die hierfür nicht als ausreichend erachtet werden. Die amerikanische Rechtsprechung hat diesem Konzept eine klare Absage erteilt: "*[...] restrictions on exportation are just like any other police power restriction. They do not create 'ownership' in the state*".[1108] Auch in *Peru v. Johnson* wurde erneut deutlich, dass amerikanische Gerichte nicht bereit waren, Vorschriften über die Zugehörigkeit zum nationalen Erbe, zur Unverjährbarkeit, Unveräußerlichkeit und Ausfuhrverboten eigentumszuweisende Wirkung zu entnehmen.[1109]

Die Idee eines abgespaltenen staatlichen Eigentumsrechts durch Kulturgutschutzgesetzgebung, welche das Privateigentum überlagern soll, stößt bereits in dogmatischer Hinsicht auf Bedenken. Anerkennt man ein solches „Sondereigentum", so wird von dem Forumstaat verlangt, fremde Hoheitsmacht auszuüben. Denn in der Sache geht es hierbei um öffentliches Recht, das letztlich in einen Herausgabeanspruch vollstreckt werden soll. Ohne eine entsprechende völkerrechtliche Verpflichtung muss aber der Entscheidung des angerufenen Gerichts überlassen bleiben, ob es das tun will.[1110]

Die These von der öffentlich-rechtlichen Dienstbarkeit schließlich wurde von der deutschen Rechtsprechung mangels gesetzlicher Grundlage abgelehnt. Nach der Abweisung des zivilrechtlichen Anspruches der Stadt Hamburg im Hamburger Stadtsiegelfall vor dem BGH, klagte jene vor den Verwaltungsgerichten auf Herausgabe des Siegels zum widmungsgemäßen Gebrauch. Das OVG Münster hob die dem Begehren stattgebende erstinstanzliche Entscheidung des VG Köln[1111] auf und wies die Klage ab, da nach seiner Ansicht keinerlei Rechtsgrundlage für die geltend gemachten Rechtswirkungen der Widmung bestünde.

1106 *Mußgnug*, in: Dolzer/Jayme/Mußgnug, Rechtsfragen, S. 199 (201). Zu den *res sacrae Kohls*, Kulturgüterschutz, S. 141.

1107 So auch *Kohls*, Kulturgüterschutz, S. 140 f.

1108 *US v. McClain*, 545 F.2d 988, 1002.

1109 720 F. Supp. 810 (814).

1110 Ebenso *Armbrüster*, Rev. crit. 93 (2004), S. 723 (731).

1111 NJW 1991, S. 2584.

Eine Einschränkung privater Eigentumsrechte könne auch nicht im Wege einer Analogie, sondern wegen Art. 14 Abs. 1 S. 2 GG nur durch Gesetz erfolgen.[1112]

Daher sind sämtliche Vorschläge zur Umdeutung von Verfügungsbeschränkungen oder Exportverboten an Kulturgut in Privateigentum in dingliche Herausgaberechte des Staates oder die Konstruktion eines öffentlich-rechtlichen Herausgabeanspruchs für Kulturgüter in Museen oder Archiven für das deutsche Recht abzulehnen.

3. *Schlussfolgerung*

1. Die kollisionsrechtliche Anknüpfung des sachenrechtlichen Erwerbs von gestohlenem und illegal exportiertem Kulturgut an das Heimatrecht bietet eine sachgerechte Möglichkeit, um auf einer ersten Stufe manchen Problemen des illegalen Kunsthandels abzuhelfen, indem eine manipulationsfeste Anknüpfung geschaffen wird. Die gezielte Umgehung von staatlichen Schutzvorschriften ist damit nicht mehr möglich.

2. Die einheitliche Anwendung der lex originis auf sachenrechtliche Erwerbsvorgänge gestohlenen und illegal exportierten Kulturguts bewirkt den Gleichlauf beider Fallgruppen. Zumeist werden ohnehin beide Tatbestände vorliegen, so dass es in diesen Fällen misslich wäre, wenn die anzuwendenden Regeln auseinanderfallen. Die Einschränkung der Verkehrsinteressen lässt sich nach der hier vertretenen Ansicht sowohl für gestohlenes als auch für illegal exportiertes Kulturgut rechtfertigen. Übertriebene Schutzvorschriften, die durch die lex originis zur Anwendung gelangen, lassen sich dadurch ausschalten, dass für Kulturgut, welches nicht als national bedeutungsvoll angesehen werden kann, die Verkehrsschutzinteressen des Forumstaates überwiegen und ausnahmsweise dem Heimatrecht vorgehen. Im Übrigen kommt dem Kulturgut nur der sachenrechtliche Schutz zu, den ihm seine Heimatrechtsordnung gewährt.

3. Die kollisionsrechtliche Abweichung zugunsten der lex originis im Sachenrecht bedarf der Schaffung einer eigenständigen Kollisionsnorm. Da aber allein eine Veränderung der kollisionsrechtlichen Anknüpfung für sich ge-

---

1112 NJW 1993, S. 2635. Näher hierzu *Mußgnug*, in: Dolzer/Jayme/Mußgnug, Rechtsfragen, S. 199 (203 f.); *Sprecher*, Beschränkungen, S. 59 f. Auch *Fechner*, in: Fechner/Oppermann/Prott, Prinzipien des Kulturgüterschutzes, S. 11 (40), weist auf das Fehlen einer Rechtsgrundlage hin.

nommen nicht ausreicht, muss neben einer eigenständigen Kollisionsnorm eine öffentlich-rechtliche Rechtsgrundlage für einen Rückgabeanspruch illegal exportierten Kulturguts geschaffen werden.[1113]

IV. Sachrechtliche Vorschläge

Vermehrt wurde bereits darauf hingewiesen, dass das eigentliche Grundübel des illegalen grenzüberschreitenden Kulturgüterverkehrs die bestehenden Unterschiede in den nationalen Sachrechten der einzelnen Staaten sind. Wirkliche Abhilfe leisten könnte hier nur die internationale Vereinheitlichung der Normen über den gutgläubigen Erwerb, die Ersitzung und Verjährung beweglicher Sachen und die Schaffung einer Rechtsgrundlage, die dem ausländischen Staat einen eigentumsunabhängigen Rückgabeanspruch gestohlenen und illegal exportierten Kulturguts einräumt. Solange dies nicht der Fall ist, müssen die Mittel des innerstaatlichen Rechts ausgeschöpft werden, um dennoch den illegalen Handel soweit wie möglich in seine Schranken zu verweisen und um die Rechte des rückfordernden Staates zu stärken.

1. Strenge Anforderungen an die Gutgläubigkeit des Erwerbers

Was den gutgläubigen Erwerb gestohlener Kunstgegenstände im deutschen Recht betrifft, so ist an dem von der Rechtsprechung eingeschlagenem Weg festzuhalten. Im zweiten Teil wurde festgestellt, dass die deutsche Rechtsprechung trotz der in § 932 Abs. 2 BGB festgehaltenen Beweislastregelung, welche eine Vermutung für die Gutgläubigkeit des Erwerbers aufstellt, dem Erwerber eine Obliegenheit zu Nachforschungen auferlegt, wenn die Umstände dazu Anlass geben.[1114] Obwohl der Kläger die Umstände vortragen und gegebenenfalls auch beweisen muss, die Anlass für die Bösgläubigkeit des Erwerbers geben,[1115] muss der Erwerber, will er einen solchen Befund ausräumen, darlegen, dass er seinen Erkundigungspflichten nachgekommen ist.[1116] Bei ersichtlich wertvollem Kulturgut ausländischer Herkunft ergeben sich diese Nachforschungspflichten

[1113] Vgl. dazu unten C.III.3.

[1114] Teil 2, A.IV.3.a.

[1115] *Palandt/Bassenge*, § 932 Rn. 15.

[1116] *Staudinger/Wiegand*, § 932, Rn. 56, 87. So auch der BGH im Kykladenidolfall, WarnR 1973, Nr. 3, 9.

nach der Rechtsprechung von selbst.[1117] Weitere Kriterien können die Art und Gestaltung des Erwerbsgeschäfts, die Besitzdauer des Vorbesitzers, die Geschäftserfahrung der beteiligten Parteien, die konkrete Veräußerungssituation oder auch die soziale Stellung von Erwerber und Veräußerer sein.[1118] Der Erwerber hat sich insbesondere über die Person und Berechtigung des Veräußerers, nach Herkunftsangaben sowie Ein- und Ausfuhrpapieren zu erkundigen. Genügt der Erwerber den an ihn gestellten Pflichten nicht, so wird seine Gutgläubigkeit verneint.

Von der Literatur werden teilweise noch darüber hinaus gehende Sorgfaltspflichten gefordert. Diese reichen von der Einführung eines „Stammbaumes" bzw. „Kunstobjekt-Briefes" für Kulturgüter, der über Herkunft und sämtliche Erwerbsvorgänge Aufschluss geben soll und von einer international anerkannten Stelle oder Kommission ausgestellt werden soll[1119], bis hin zur grundsätzlichen Überprüfung von Datenbanken und Registern von als gestohlen gemeldeter Kunstschätze oder der Anrufung von Behörden des mutmaßlichen Herkunftsstaats.[1120] Wer sich einen solchen Brief nicht vorzeigen und übergeben lasse oder einschlägige Informationsmöglichkeiten ungenutzt lasse, sei als grob fahrlässig und damit bösgläubig zu betrachten.[1121] Wichtige Anhaltspunkte werden dabei auch in den selbstauferlegten Erwerbs- und Verhaltensregeln der Museen, Auktionshäuser und Kunsthändler gesehen.[1122] Aus dieser Selbstregulierung

---

1117 Dazu auch *MüKo-Quack*, § 932, Rn. 48.

1118 Vgl. hierzu *Palandt/Bassenge*, § 932 Rn. 10; *MüKo-Quack*, § 932, Rn. 32 ff.

1119 *Hanisch*, in: FS Müller-Freienfels, S. 193 (223 f.). Kritisch zur Tauglichkeit eines solchen „Briefes" *Spaun*, Herausgabeanspruch, S. 167.

1120 *Müller-Katzenburg*, Internationale Standards, S. 315, möchte dies zumindest professionellen Kunsthändlern grundsätzlich vorschreiben; so auch *Spaun*, Herausgabeanspruch, S. 167. *Schmeinck*, Internationalprivatrechtliche Aspekte, S. 150, möchte die Gutgläubigkeit für sämtliches in irgendwelchen Datenbanken als vermisst gemeldetes Kulturgut gänzlich ausschließen. Als solche Datenbanken kommen in Betracht www.artloss.de, www.invaluable.com, www.interpol.com/Public/WorkOfArt/Default.asp. Weiterhin besteht die Möglichkeit der Hinzuziehung der UNESCO oder der International Foundation for Art Research. Zur Bedeutung von Datenbanken für abhanden gekommene Kulturgüter auch *Franz*, KUR 1 (1999), S. 345 ff.

1121 *Hanisch*, in: FS Müller-Freienfels, S. 193 (223). Ihm zustimmend, *Fechner*, in: Fechner/ Oppermann/Prott, Prinzipien des Kulturgüterschutzes, S. 11 (45).

1122 *Spaun*, Herausgabeanspruch, S. 166; *Müller-Katzenburg*, Internationale Standards, S. 196 ff., insbes. S. 317 f. Auch die UNESCO hat im Jahre 1999 für den professionellen Kunsthandel einen *Code of Ethics for Dealers in Cultural Property* verabschiedet. Der Code ist veröffentlicht unter www.unesco.org/culture/legalprotection/committee/html.eng/ethics3.shtml sowie bei *Merryman*, IJCP 12 (2005), S. 11 (27 f.).

könne die Rechtsprechung sodann Folgerungen ziehen und die anzustrengenden Sorgfaltspflichten dementsprechend hoch ansetzen.[1123]

Obwohl also das geltende deutsche Recht für den gutgläubigen Erwerb von Kunstgegenständen keine expliziten Erkundigungspflichten vorschreibt, ist die geltende Beweislastregelung und Gutglaubensvermutung flexibel genug, um den Anforderungen des Kulturgüterverkehrs gerecht zu werden.[1124] Die schon jetzt geltende Rechtsprechung und die Zunahme sich mehr und mehr herauskristallisierender Standards ist ein geeignetes Mittel, um auch in Zukunft den Erwerb gestohlenen Kulturguts in erträglichen Grenzen zu halten. In Anbetracht dieser Entwicklung erscheint es nicht notwendig, die bestehende Beweislastregelung des deutschen Rechts zu Lasten des Erwerbers umzukehren.[1125] Zu denken wäre allenfalls daran, ob das deutsche Recht nicht auch ohne den gutgläubigen Erwerb gestohlener Sachen auskommt, mithin also für Kulturgut die Ausnahme des gutgläubigen Erwerbs in öffentlichen Versteigerungen abgeschafft werden könnte bzw. der Gutgläubige zur Rückgabe des Kulturguts gegen Zahlung einer Entschädigung in Höhe des Kaufpreises und notwendigerweise aufgewandter Kosten verpflichtet wäre.[1126] Neben einer verbesserten Situation für ausländisches Kulturgut hätte dies zugleich den Vorteil, sollte sich die Anknüpfung an die lex originis allgemein weiter durchsetzen, dass der Schutz des eigenen Kulturguts gestärkt wirkt. Bekommt man aber das eigene Kulturgut leichter zurück,

---

[1123] *Hanisch*, in: FS Müller-Freienfels, S. 193 (224). Vehement abgelehnt wird ein solcher „Kulturgutpass“ von den Vertretern des deutschen Kunsthandels, vgl. die Stellungnahme des Arbeitskreises Deutscher Kunsthandelsverbände zur Berliner Konferenz „Illegale Archäologie? - Über zukünftige Probleme bei unerlaubtem Antikentransfer“ (23.-25. Mai 2003): Der Pass verstoße gegen zahlreiche internationale und deutsche Gesetze sowie den Datenschutz, sei unpraktikabel, und *„stranguliere die wirtschaftliche Dynamik des Kunsthandels“*.

[1124] *Siehr*, in: Reichelt, Wiener Symposium, S. 41 (66).

[1125] Dem zustimmend *Hartung*, Kunstraub, S. 281, Fn. 1163. Diese Beweislastumkehrung ist allerdings in Art. 4 Abs. 4 des UNIDROIT-Übereinkommens erfolgt, vgl. Teil 1, A.II.3.a.cc. Die Umkehrung der Beweislast fordert auch *Szemethy*, Zeitschrift für klassische Archäologie v. 7. Juni 1998.

[1126] *Jaeger*, Internationaler Kulturgüterschutz, S. 112; *Siehr*, in: Aufbruch nach Europa, S. 811 (823), führt in diesem Zusammenhang zutreffend aus: *„Naturrecht gibt keinen Anspruch auf Schutz gutgläubigen Erwerbs. In der Vergangenheit und Gegenwart kam und kommt man noch heute ohne einen solchen Schutz aus, ohne daß der Rechtsverkehr vor lauter Unsicherheit zusammenbricht.“* Er verweist zugleich darauf, dass auch England erst vor einigen Jahren die *market-overt*-Regel abgeschafft hat, vgl. dazu Teil 2, A.III.1.a.aa. A.A. *Armbrüster*, NJW 2001, S. 3581 (3585), der es de lege ferenda nicht für geboten hält, Kulturgut von § 935 Abs. 2 BGB auszunehmen; vielmehr genügten strenge Anforderungen an die Gutgläubigkeit.

so wird man auch eher bereit sein, anderen Staaten, die ihr Kulturerbe zurückverlangen, entgegenzukommen. Hier überwiegt dann weniger das rechtliche als mehr ein psychologisches Moment.[1127]

2. *Erweiterung des Begriffes „Abhandenkommen"*

Eine weitere Möglichkeit, um den gutgläubigen Erwerb weiter einzudämmen, ist die Berücksichtigung von Wertungen der Heimatrechtsordnung des betreffenden Kulturguts, wenn es um die Beurteilung der Frage des Abhandenkommens i.S.d. § 935 Abs. 1 BGB geht.[1128] Dem kommt insbesondere bei illegal ausgegrabenen Kulturgütern Bedeutung zu, an denen der Ursprungsstaat vor Entdeckung und Entwendung keinerlei unmittelbare Besitzrechte innehatte. Da ein Abhandenkommen i. S. d. § 935 Abs. 1 BGB voraussetzt, dass der unmittelbare Besitzer den Besitz an der Sache ohne seinen Willen oder ohne sein Zutun verloren hat,[1129] fehlt es hier an sich am Abhandenkommen, so dass ein gutgläubiger Erwerb möglich ist. Gleiches gilt für Kulturgut, welches dem Staat erst im Zeitpunkt illegalen Exports zu Eigentum verfällt. Auch hier hatte der Staat regelmäßig zuvor keine Besitzposition inne. Im Interesse eines wirksamen Kulturgüterschutzes scheint es daher geboten, die ausländischen Vorstellungen über besitzloses Eigentum anzuerkennen und das ausländische Kulturgut als abhanden gekommen zu betrachten.[1130]

3. *Einschränkung von Verjährung und Ersitzung*

a. *Säumnis einer Lösung durch die Schuldrechtsreform*

Ein Hauptproblem des deutschen Sachrechts ist neben dem gutgläubigen Erwerb der Verlust von Herausgabeansprüchen durch Zeitablauf. Oftmals sind die einschlägigen Ersitzungs- und Verjährungsfristen abgelaufen, bevor der Berechtigte

---

[1127] Auf diesen Zusammenhang weist auch *Blumenwitz*, in: FS Ress, S. 3 f., hin.

[1128] *Müller-Katzenburg*, Internationale Standards, S. 305 nennt dies „*tatbestandliche Berücksichtigung ausländischer Rechtsvorstellungen*" und fordert eine Anpassung inländischer Sachvorschriften an die Besonderheiten des Auslandssachverhalts.

[1129] *Staudinger/Wiegand*, § 935, Rn. 4; *Müko-Quack*, § 935, Rn. 5; RGZ 101, S. 224 (225).

[1130] *Müller-Katzenburg*, Internationale Standards, S. 304 ff.; ihr folgend *Asam*, in: FS Jayme, S. 1651 (1666).

überhaupt von seinem Anspruch und dem richtigen Anspruchsschuldner erfährt.[1131] Der Schuldner hat dagegen regelmäßig nichts zu tun außer abzuwarten.

Forderungen, für die Frage der Vindikationsverjährung eine subjektive Komponente einzubauen und den Beginn der Verjährungsfrist nicht von der objektiven Entstehung des Anspruchs abhängig zu machen, sondern auf den Zeitpunkt abzustellen, zu dem der Gläubiger von den Anspruch begründenden Umständen und der Person des Schuldners Kenntnis erlangt hat, sind im Rahmen der Schuldrechtsreform nicht berücksichtigt worden.[1132] Die Vindikationsverjährung beginnt gemäß § 200 S. 1, 1. Alt. BGB n. F. mit der objektiven Entstehung des Anspruchs; eine subjektive Komponente spielt hier keine Rolle. Nach § 197 Abs. 1 Nr. 1 BGB n. F. beträgt die Vindikationsverjährung dreißig Jahre. Damit ist auch Appellen für eine Unverjährbarkeit des dinglichen Herausgabeanspruchs eine klare Absage erteilt worden.[1133] Während unter Geltung des alten Schuldrechts die Frage der Vindikationsverjährung noch kontrovers diskutiert wurde,[1134] lässt die Neufassung des Verjährungsrechts in § 197 Abs. 1 Nr. 1 BGB n. F. keinen Spielraum für etwaige Auslegungen.[1135]

[1131] Zu diesem Problem auch *Siehr*, in: Aufbruch nach Europa, S. 811 (825). Eine besondere Rolle wegen des lang zurückliegenden Verlustes spielt dies bei Kulturgut, das im Zuge des Zweiten Weltkriegs und der sich anschließenden Besatzungszeit abhanden gekommen ist, vgl. dazu *Hartung*, Kunstraub, S. 299 ff. u. S. 317 ff.

[1132] *v. Plehwe*, KUR 3 (2001), S. 49 (55). Nur für die regelmäßige Verjährungsfrist des § 195 BGB n. F. von drei Jahren wird der Beginn der Verjährungsfrist neben der Entstehung des Anspruchs an die subjektive Kenntnis des Gläubigers von den Anspruch begründenden Umständen und der Person des Schuldners bzw. dem Zeitpunkt zu dem der Gläubiger diese Kenntnis ohne grobe Fahrlässigkeit hätte erlangen müssen, gekoppelt, in § 199 Abs. 1 Nr. 1 und 2 BGB n. F. Die Verjährung endet für alle Ansprüche außer Schadensersatzansprüchen spätestens nach Ablauf von zehn Jahren seit Anspruchsentstehung, § 199 Abs. 4 BGB n. F. Zu den Auswirkungen der Schuldrechtsreform auf den Kunsthandel insgesamt s. *Müller-Katzenburg*, NJW 2006, S. 553 ff.

[1133] Gefordert wurde die Unverjährbarkeit der Vindikation bspw. von *Müller*, Sachenrecht, Rn. 455. Lediglich die Unverjährbarkeit von Herausgabeansprüchen auf öffentliches Kulturgut fordern *Finkenauer*, JZ 2000, S. 241 (247), und *Jaeger*, Internationaler Kulturgüterschutz, S. 112.

[1134] Vgl. hierzu Teil 2 Fn. [171] und begleitenden Text. S. auch *v. Plehwe*, KUR 3 (2001), S. 49 ff.

[1135] Kritisch zu den Konsequenzen der Unverjährbarkeit, *Müller*, Sachenrecht, Rn. 455; *Siehr*, in: Carl/Güttler/Siehr, Kunstdiebstahl vor Gericht, S. 53 (63, 73 f.); *Armbrüster*, NJW 2001, S. 3581 (3586).

b. *Rechtsfortbildung?*

Ebenso wenig kann man vergleichbar den im US-amerikanischen Recht entwickelten Maßstäben im Wege der Rechtsfortbildung durch richterliche Auslegung subjektive Elemente für den Beginn der Verjährungsfristen einfließen lassen, um so zu einer sorgfältigen Interessenabwägung zwischen objektiver Rechtssicherheit und subjektiver Einzelfallgerechtigkeit zu gelangen.[1136] Denn zum einen wurden die in Teil 2 untersuchte *discovery* und *demand and refusal rule* von der US-amerikanischen Rechtsprechung wegen der Kürze der geltenden Verjährungsfristen entwickelt; zum anderen kennt das common law als Fallrecht einen wesentlich weiteren Auslegungsspielraum. Einer solchen Auslegung steht im deutschen Recht aber der Wortlaut des § 200 Abs. 1 S.1 BGB n. F. entgegen.

c. *Missbrauchseinwand*

Möglich bleibt dem Eigentümer, wenn auch in engen Grenzen, den Rechtsmissbrauch des Verjährungseinwandes nach § 242 BGB geltend zu machen. Die Anforderungen an den Rechtsmissbrauch sind freilich streng. Durch bloßes Nichtstun wird sich der Besitzer nicht dem Einwand des Rechtsmissbrauchs aussetzen, denn nach dem geltenden Recht besteht keine Pflicht zur ungefragten Offenbarung des Aufenthaltsortes eines Kunstwerkes. Dieses Ergebnis stimmt mit der Wertung des Gesetzes hinsichtlich des Ablaufs der Verjährung überein: die bloße Unkenntnis des Eigentümers vom Lageort und dem Besitzer hemmt nicht den Ablauf der Verjährungsfrist.[1137] Etwas anderes kann sich freilich ergeben, wenn die Rechtsverfolgung des Eigentümers aktiv vereitelt oder beeinträchtigt wird, so durch bewusstes Hin- und Herverschieben, die Einschaltung von Strohmännern, um das Auffinden des Kulturguts zu erschweren etc.

d. *Änderungen de lege ferenda*

Aufgrund der derzeit für den Kulturgüterschutz nicht zufriedenstellenden Rechtslage der Verjährungsvorschriften ist *de lege ferenda* eine Neuregelung bzw. Ergänzung der bestehenden Regelungen für Kulturgüter angezeigt. Eine solche Änderung ist trotz der eben erst erfolgten Reformierung des Schuldrechts nicht unwahrscheinlich, da die Bundesregierung bereits mit der Vorbereitung eines Gesetzes für die Ratifizierung und Umsetzung der UNESCO-Konvention

---

1136 Diese Möglichkeit wurde eingehend untersucht von *Müller-Katzenburg*, Internationale Standards, S. 346 f., und *Spinellis*, Vertrags- und Sachenrecht des internationalen Kunsthandels, S. 420 ff., und letztlich von beiden verneint.

1137 *v. Plehwe*, KUR 3 (2001), S. 49 (54).

1970 begonnen hat. Auch die Schweiz hat erst jüngst im Zuge der Umsetzung der UNESCO-Konvention in ihrem KGTG bislang bestehende sachrechtliche Vorschriften des ZGB den Anforderungen des Kulturgüterschutzes angepasst.[1138]

Zu beantworten bleibt damit die Frage, welche Forderungen man an eine Änderung stellen kann, die realistisch auch erreichbar scheinen. Insoweit bietet es sich an, sich an die deutsche Umsetzung der Ri 93/7/EWG anzulehnen. Für unrechtmäßig verbrachtes Kulturgut sieht § 10 Abs. 1 KultGüRückG eine Kombination von relativer und absoluter Verjährung vor. Danach verjährt der Rückgabeanspruch in einem Jahr von dem Zeitpunkt an, zu dem der ausländische Staat Kenntnis vom Belegenheitsort und der Person des Schuldners hat (S. 1) sowie in spätestens dreißig Jahren seit der illegalen Ausfuhr (S. 3). Übertragen auf den Eigentumsherausgabeanspruch würde dies für den Eigentümer eine Verschlechterung gegenüber dem bisherigen Recht bewirken, weil die absolute Verjährungsfrist gleich bliebe, aber die relative Verjährungsfrist von einem Jahr beachtet werden müsste. Dies könnte indes dadurch aufgewogen werden, dass man vergleichbar § 10 Abs. 2 KultGüRückG bei Kulturgut, das Teil einer öffentlichen Sammlung oder einer kirchlichen Einrichtung ist, den Rückgabeanspruch erst nach 75 Jahren oder gar nicht verjähren lässt. Gegebenenfalls ließe sich diese Regelung darüber hinaus auf sämtliches öffentlich registriertes Kulturgut erstrecken, um zumindest einem gewissen Teil von Kulturgut, darunter auch dem der Allgemeinheit zugänglichen Kulturgut, besonderen Schutz zu verleihen. Eine Verlängerung der Verjährungsfrist oder Unverjährbarkeit für sämtliches abhanden gekommenes Kulturgut wird sich dagegen wohl nicht durchsetzen lassen. Die Stärkung des Schutzes für öffentliches Kulturgut, so insbesondere von Museums- und Archivgut,[1139] auf der einen Seite und die Einbeziehung des Eigentümers auf der anderen Seite durch die kurze, relative Verjährungsfrist, sind eine Möglichkeit, einen sachgerechten Ausgleich zwischen den Interessen der Beteiligten herzustellen.

Eine andere Möglichkeit bestünde darin, die Regelung des § 935 BGB auch für die Verjährung fruchtbar zu machen.[1140] Der Anspruch des Eigentümers auf Herausgabe von Kulturgut würde demnach nicht der Verjährung unterliegen, so-

---

1138 Vgl. dazu Teil 2, A.III.1.c.bb.

1139 Ein stärkerer Schutz von Museums- und Archivgut wird schon seit langem gefordert, vgl. *Mußgnug*, in: Dolzer/Jayme/Mußgnug, Rechtsfragen, S. 199 ff.; *Weber*, Unveräußerliches Kulturgut, S. 57, 62.

1140 Dieser Vorschlag stammt insbesondere von *v. Plehwe*, KUR 3 (2001), S. 49 (55).

weit die Voraussetzungen des § 935 BGB vorliegen, das Kulturgut also gestohlen wurde, verloren gegangen oder sonst abhanden gekommen ist. Zusätzlich würde sich die Klarstellung anbieten, dass auch illegal ausgegrabenes Kulturgut als in diesem Sinne abhanden gekommen gilt. Dieser Weg ist freilich erheblich weitreichender als der Vorschlag, die Verjährung des Eigentumsherausgabeanspruchs für Kulturgut an § 10 KultGüRückG anzulehnen, so dass Bedenken bestehen, ob er Anklang finden würde.

Die Ersitzungsfrist für bewegliche Sachen beträgt gemäß § 937 Abs. 1 BGB zehn Jahre. Sie ist damit zwar kürzer als die Verjährungsfrist, hat aber den Vorteil, dass sich aufgrund des Gutgläubigkeitserfordernisses unter Heranziehung der oben dargestellten strengen Anforderungen an den guten Glauben im Einzelfall sachgerechte Ergebnisse für den Kulturgüterschutz erreichen lassen.[1141] Auch hier ließen sich jedoch noch Verbesserungen erzielen, würde man, wie für die Verjährung vorgeschlagen, die Vorschrift des § 935 BGB entsprechend anwenden oder die Ersitzungsfrist für Kulturgut auf 30 Jahre verlängern, wie es jüngst die Schweiz in Art. 32 KGTG, Art. 934 Abs. 1, 728 Abs. 1 ZGB getan hat. Zudem sollte sowohl für die Verjährung als auch für die Ersitzung erwogen werden, Kulturgüter von der Anrechnung von Besitz- bzw. Verjährungszeiten des Rechtsvorgängers auszunehmen.

4. *Verschärfung der Pflichten des Eigentümers?*

Schließlich ist daran zu denken, auch dem Eigentümer über bestehende Beweislastregelungen und eine relative Verjährungsfrist hinaus weitere Pflichten aufzuerlegen, um den Erwerber im Kulturgüterverkehr nicht einseitig zu belasten. Sollte sich durchsetzen, dass auch gutgläubig erworbenes Kulturgut dem ursprünglich Berechtigten gegen Entschädigung zurückgegeben werden muss, so wurde vorgeschlagen, die Höhe der Entschädigungszahlung von weiteren Faktoren abhängig zu machen. Hat der bestohlene Eigentümer sein Kulturgut nicht geschützt oder den Verlust nicht bei einem Register (z. B. Art Loss Register)

[1141] So auch *Armbrüster*, NJW 2002, S. 3581 (3586). Zum Teil wird darauf hingewiesen, dass unter Umständen schuldvertragliche Ansprüche des ehemaligen Eigentümers noch Bedeutung erlangen können, auch nachdem die Ersitzungsfrist abgelaufen ist, so etwa bei Nichtigkeit des zugrundeliegenden Kaufvertrages wegen Sittenwidrigkeit aus Leistungskondiktion. Voraussetzung ist aber ein ursprünglich bestehendes Schuldverhältnis, denn ansonsten auch kein Abwicklungsverhältnis. Bestehen also zwischen Eigentümer und Besitzer keine vertraglichen Beziehungen, so bleibt allein das Sachenrecht, welches das Verhältnis umfassend regelt.

oder einer zuständigen Stelle (z. B. Interpol) angezeigt, so muss dem Erwerber der volle Wert des Kunstgegenstandes ersetzt werden.[1142] Weitergehend wurde eine allgemeine Meldepflicht für Bestohlene gefordert. Meldet der Bestohlene den Diebstahl nicht, so soll er seinen Rückgabeanspruch ganz verlieren.[1143]

Solchen Forderungen lässt sich entgegen halten, dass sie einen zu großen Eingriff in die Eigentumsgarantie darstellen und überdies schwierige Probleme bei der praktischen Umsetzung aufwerfen würden. Kulturgut aus Raubgrabungen würde ohnehin nicht gemeldet werden können, da es vor seiner Ausgrabung nicht bekannt war. Zudem besteht kein von der Staatenwelt für eine solche Meldepflicht anerkanntes, einheitliches Register.

B. Strafrechtliche Wege zur Förderung der Kulturgutrückgabe

I. Ausgangslage

Grundsätzlich bietet das geltende Strafrecht mitsamt der vertraglosen internationalen Rechtshilfe nach derzeit geltendem deutschem Recht vielversprechende Möglichkeiten zur Rückführung ausländischen Kulturguts. Dennoch bestehen Lücken und Schwachstellen, denen abgeholfen werden muss. Dies betrifft zum einen die Grundlagen der Strafbarkeit, unter anderem die Ausgestaltung des illegalen Handels mit Kulturgut als Straftatbestand, sowie die Schaffung von Freigabemöglichkeiten für eingezogenes Kulturgut. Zum anderen müssen die im Rahmen der Rechtshilfe auftretenden Probleme des Vorbehalts der Rechte Dritter, vor allem im Zusammenhang mit der Erteilung der Bewilligung der Rechtshilfeleistung gelöst werden.

II. Erweiterungen der Grundlagen für Strafverfahren und Strafverfolgung

1. Einführung neuer Straftatbestände

Bislang stellt § 16 KultGSchG die illegale Ausfuhr von registriertem nationalem Kulturgut aus Deutschland unter Strafe. Ebenso strafbar ist nach § 13 KultGü-RückG die Vorenthaltung, Beschädigung oder Zerstörung nationalen Kulturguts

---

1142 *Siehr*, in: Aufbruch nach Europa, S. 811 (823).
1143 Botschaft, S. 604. *Staechelin*, in: UNIDROIT, Recht und Ethik, S. 63 (67).

aus einem EG-Mitgliedstaat, nachdem das Kulturgut von der zuständigen Stelle gemäß § 7 Abs. 2 KultGüRückG angehalten hat. Dies setzt voraus, dass die entsprechende Behörde Kenntnis von unrechtmäßig in die Bundesrepublik Deutschland eingeführtem Kulturgut hat und anstrebt die Rückgabe einzuleiten. Die bestehenden speziellen Straftatbestände haben mithin nur einen engen Anwendungsbereich.

Für ein effektives Vorgehen im Rahmen der Strafverfolgung, die eine anschließende Rückgabe vorbereiten und sichern soll, ist daher eine Ausweitung der bislang bestehenden Grundlagen der Strafbarkeit nötig. Die Bedeutung der Erweiterung der Grundlagen der Strafbarkeit liegt zuvörderst in der Möglichkeit des Zugriffs auf die Beute und ihrer Rückführung. Die Abschreckung des Täters, die zu weniger Diebstählen und Schmuggel führen soll, tritt dagegen in den Hintergrund. In diesem Zusammenhang sollte die illegale Einfuhr von Kulturgut unabhängig von der Verwirklichung abgaben- und zollrechtlicher Tatbestände als Vergehen ausgestaltet werden.[1144] Dies hat den Vorteil, dass im Moment des Grenzübertritts im Inland eigene, deutsche Strafgewalt besteht und so der Zugriff auf das Objekt erleichtert ist. Auf das Vorliegen weiterer Inlandstaten kommt es somit nicht an.

Darüber hinaus bietet sich an, speziell den Handel mit gestohlenem und geschmuggeltem Kulturgut unter Strafe zu stellen. Zwar sieht das geltende deutsche Recht mit den Tatbeständen der Hehlerei und Geldwäsche bereits Mittel zur Bekämpfung des Schmuggels mit Gegenständen, damit auch Kulturgut vor. Die Einführung eines eigenen Straftatbestandes für den Handel mit Kulturgut ermöglicht dessen Anpassung an die speziellen Bedürfnisse des Kunsthandels. Insbesondere sollten sowohl der Handel mit gestohlenem oder abhanden gekommen Kulturgut unter Strafe gestellt werden, als auch der Handel mit rechtswidrig eingeführtem Kulturgut. Eine entsprechende Bestimmung könnte lauten wie folgt:

> *„Wer gestohlene oder sonst abhanden gekommene Kulturgüter einführt, verkauft, vertreibt, vermittelt, erwirbt oder ausführt, wird mit Freiheitsstrafe von drei Monaten bis zu fünf Jahren bestraft, sofern die Tat nicht in anderen Bestimmungen mit höherer Strafe bedroht ist. Ebenso wird bestraft, wer rechtswidrig eingeführte Kulturgüter verkauft, vertreibt, vermittelt, erwirbt oder ausführt.“*

1144 Dies fordert auch *Siehr*, KUR 6 (2005), S. 33 (43).

Hierdurch würde im Vergleich zur Hehlerei auf eine Bereicherungsabsicht verzichtet; im Hinblick auf die Geldwäschetatbestände entfiele der Vortatenkatalog. Auch die Voraussetzung des Abhandenkommens ist weiter als die Bezugnahme auf eine gegen fremdes Vermögen gerichtete rechtswidrige Tat in § 259 StGB. Daneben empfehlen sich Strafmilderungen für fahrlässiges Handeln und Verschärfungen für gewerbs- und bandenmäßiges Vorgehen sowie die Strafbarkeit des Versuchs.

Für die Ausdehnung der strafrechtlichen Ahndung des Kunstschmuggels sprechen auch internationale Tendenzen.[1145] So geht der *Rahmenbeschluss 2003/577/JI des Rates vom 22. Juli 2003 über die Vollstreckung von Entscheidungen über die Sicherstellung von Vermögensgegenständen oder Beweismitteln in der EU*[1146] (Rahmenbeschluss) in seinem Art. 3 Abs. 2, Spiegelstrich 19 von der Strafbarkeit des illegalen Handels mit Kulturgut einschließlich Antiquitäten und Kunstgegenständen aus. Überdies hat auch die Schweiz jüngst speziell den Handel mit Kulturgut unter Strafe gestellt, vgl. Art. 24 KGTG.

2. *Materielle Verschärfungen*

Daneben kommen materiell-rechtliche Verschärfungen des bereits bestehenden Rechts in Betracht. Vor allem im Hinblick auf die im Rechtshilfeverkehr bestehenden Anforderungen sollten strafbare Handlungen, die gegen Kulturgut gerichtet sind, unverjährbar sein.[1147] Denn sowohl das IRG als auch die meisten Rechtshilfeverträge setzen zumindest für die akzessorische Herausgabe von Gegenständen noch die doppelte Strafbarkeit und Verfolgbarkeit voraus. Ansonsten besteht die Gefahr, dass wie im Fall der zypriotischen Kulturgüter die Strafvorschriften anderer Länder leer laufen, die Diebstahl, Hehlerei etc von Altertümern nicht verjähren lassen und daher an sich eine Auslieferung von Täter und Beute zuließen. Zumindest für nationales Kulturgut von Weltrang, das zugleich im Herkunftsland registriert oder dessen Registrierung bereits eingeleitet

---

1145 Teilweise wurde sogar gefordert, den Handel mit Kulturgut als internationales Verbrechen auszugestalten, vgl. dazu *Bassiouni*, Syracuse Journal of International Law and Commerce 10 (1983), S. 281 ff. (insbes. S. 304 ff.), und dessen Vorschlag zu einem „International Criminal Code".

1146 Abl. EG 2003 Nr.L 196/45. Dieser Rahmenbeschluss wäre von der Bundesrepublik Deutschland an sich zum 2. August 2005 in deutsches Recht umzusetzen gewesen, Art. 14 Abs. 2, was aber bislang noch nicht erfolgt ist.

1147 So *Blumenwitz*, in: FS Ress, S. 3 (14).

ist, erscheint die Unverjährbarkeit auch unter dem Gesichtspunkt der Rechtssicherheit im sensiblen Bereich des Strafrechts angemessen.

III. Freigabe eingezogenen Kulturguts

Eine der größten Schwächen des geltenden nationalen Strafrechts ist die fehlende Rechtsgrundlage für eine Herausgabe eingezogenen Kulturguts. Für die Schaffung einer solchen im deutschen Recht sprechen neben einem rechtspolitischen Interesse der Bundesrepublik an der Rückgabe von Kunstgegenständen unter dem Gesichtspunkt der Gegenseitigkeit[1148] einige normative Grundlagen auf internationaler Ebene sowie die jüngst von der Schweiz geschaffenen Normen zur Freigabe eingezogenen Kulturguts im Zuge der Umsetzung der UNESCO 1970.

1. European Convention on the International Validity of Criminal Judgements

Bereits das *Europäische Übereinkommen über die internationale Gültigkeit von Strafurteilen vom 28. Mai 1970* (Validity Convention)[1149], das von der Bundesrepublik Deutschland bislang nicht ratifiziert worden ist[1150], enthält eine Vorschrift über die Behandlung eingezogener Gegenstände. Die Validity Convention regelt die Vollstreckung eines nationalen Strafurteils in einem anderen Staat. Für den Bereich der Kulturgüterrückführung von besonderer Relevanz ist der Fall, dass der rückfordernde Staat vor seinen eigenen nationalen Gerichten ein Strafurteil gegen den Täter erwirkt, in dem zugleich die Einziehung des Kulturguts angeordnet wird. Wendet sich nun der rückfordernde Staat an den Belegenheitsstaat des rückzufordernden Kulturguts, so wird der ersuchte Staat das betreffende Objekt vorläufig beschlagnahmen[1151] und gegebenenfalls einziehen.[1152] Im Hinblick auf die Einziehung sieht Art. 47 der Validity Convention Folgendes vor:

1148 Vgl. hierzu *Schumann/Schmidt-Bremme*, NJW 2002, S. 574 f.

1149 E.T.S. No. 70; eine amtliche Übersetzung Österreichs findet sich bei *Grützner/Pötz*, Internationaler Rechtshilfeverkehr, III 5, und auf der Homepage des Council of Europe.

1150 Zu den Gründen vgl. *Grützner/Pötz*, Internationaler Rechtshilfeverkehr, III 5 Rn. 4.

1151 Art. 36 der Konvention.

1152 Art. 46 der Konvention.

„1. Gezahlte Geldstrafen und Geldbußen sowie der Erlös aus Einziehungen fließen, unbeschadet der Rechte Dritter, dem ersuchten Staat zu.

2. Eingezogene Gegenstände, die von besonderem Interesse sind, können dem ersuchenden Staat auf Verlangen überlassen werden."

Der dazugehörige Explanatory Report des Europarates stellt zwar klar, dass die Validity Convention den Problembereich der Rückgabe gestohlener Objekte an den Geschädigten nicht erfasst.[1153] Dennoch wird zumindest die Rückgabe an den ersuchenden Staat ermöglicht, wenn der eingezogene Gegenstand von *"historical, criminological or other special interest"* für den ersuchenden Staat ist.[1154] Diese Regelung ist ausreichend, da nach deutschem Recht eine Einziehung von Kulturgut ohnehin nur dann sachgerecht ist, wenn dem betreffenden Kulturgut im Herkunftsland kein Eigentümer zuzuordnen ist.[1155]

2. *Die Geldwäscheübereinkommen des Europarates*

Auch das erste *Übereinkommen über Geldwäsche sowie Ermittlung, Beschlagnahme und Einziehung von Erträgen aus Straftaten des Europarates vom 8. November 1990* (Geldwäscheübereinkommen)[1156] beschäftigt sich mit der Einziehung von Tatwerkzeugen und Erträgen oder Vermögensgegenständen, deren Wert diesen Erträgen entspricht. Die Bundesrepublik Deutschland hat das Übereinkommen mit Wirkung zum 9. April 1998 ratifiziert.[1157] Obwohl späteren Datums als die Validity Convention geht das erste Geldwäscheübereinkommen noch von dem Grundsatz aus, dass die um Einziehung ersuchte Vertragspartei nach ihrem innerstaatlichen Recht über alle von ihr eingezogenen Vermögensgegenstände verfügt, vgl. Art. 15 1. Hs.

Nach Art. 15 2. Hs. gilt dies allerdings nur, sofern die betroffenen Vertragsparteien nichts anderes vereinbaren. Solche Vereinbarungen können nach dem erläuternden Report des Europarates sowohl in multi- oder bilateralen Verträgen

---

1153 Council of Europe, Explanatory Report on the Convention on the International Validity of Criminal Judgments, History (c).

1154 Council of Europe, Explanatory Report on the Convention on the International Validity of Criminal Judgments, Art. 47.

1155 Dieses Erfordernis ergibt sich aus Art. 46 Abs. 1 der Validity Convention, der die Einziehung durch den ersuchten Staat nur dann erlaubt, wenn sie nach dem Recht des ersuchten Staates wegen derselben Handlung zulässig ist.

1156 E.T.S. No. 141.

1157 BGBl. 1998 II, S. 519.

sowie auch in ad hoc Vereinbarungen über das einzuziehende Objekt enthalten sein.[1158] Regelungen über die Rückgabe der eingezogenen Gegenstände an den Geschädigten selbst kennt das Übereinkommen jedoch gleichfalls nicht.[1159]

Mittlerweile hat der Europarat ein neues Geldwäscheübereinkommen ausgearbeitet, die *Council of Europe Convention on Laundering, Search, Seizure and Confiscation of the Proceeds from Crime and on the Financing of Terrorism vom 16. Mai 2005.*[1160] Das neue Übereinkommen wurde nötig, um den Problemen einer stetig zunehmenden internationalen Kriminalität gerecht zu werden.[1161] Im Hinblick auf die Einziehung von Erträgen, Tatwerkzeugen und sonstigen Vermögensgegenständen nach Art. 23, 24 der Konvention stellt nun erstmals Art. 25 Abs. 2 klar, dass diese auch zum Zwecke der Entschädigung oder Rückgabe an den Geschädigten oder den berechtigten Eigentümer erfolgen kann:

> *"When acting on the request made by another Party in accordance with Articles 23 and 24 of this Convention, Parties shall, to the extent permitted by domestic law and if so requested, give priority consideration to returning the confiscated property to the requesting Party so that it can give compensation to the victims of the crime or return such property to their legitimate owners."*

Deutlich wird dieses Anliegen auch im Erläuterungsbericht des Europarates:

> *"Moreover, the measures under Article 23 may be used to provide compensation or restitution for an injured party or a rightful owner."*[1162]

und:

> *"It seems logical that if provisions in a convention are deemed necessary, such a provision should also relate to the method of distribution of the confiscated property. Therefore, the drafters of this Convention gave a first indication in paragraph 2 of Article 25, which provides that priority consideration should be*

1158 Council of Europe, Explanatory Report on the Convention on Laundering, Search, Seizure and Confiscation of the Proceeds from Crime and on the Financing of Terrorism, Art. 15.

1159 *Frey*, in: Schmid/Ackermann (Hrsg.), Wiedererlangung widerrechtlich entzogener Vermögenswerte, S. 75 (81).

1160 C.E.T.S. No. 198.

1161 Council of Europe, Explanatory Report on the Convention on Laundering, Search, Seizure and Confiscation of the Proceeds from Crime and on the Financing of Terrorism, Introduction, Sec. 7 ff.

1162 Council of Europe, Explanatory Report on the Convention on Laundering, Search, Seizure and Confiscation of the Proceeds from Crime and on the Financing of Terrorism, Sec. 177.

given to returning the confiscated property to the requesting Party, in order to compensate victims or return the property to the legitimate owner."[1163]

Allerdings ist das zweite Geldwäscheübereinkommen bislang mangels ausreichender Ratifizierungen noch nicht in Kraft getreten.

3. *Schweiz: Vorbild der Art. 28 KGTG, 27 KGTVO*

Konkrete Anhaltspunkte für eine Freigabe eingezogenen Kulturguts lassen sich der schweizerischen Lösung entnehmen, die im Zuge der Umsetzung der UNESCO 1970 in innerstaatliches Recht getroffen worden ist. So sieht Art. 28 S. 1 KGTG vor, dass von schweizerischen Behörden eingezogene Kulturgüter an den Bund fallen. Eine mit der deutschen Rechtslage vergleichbare Situation liegt insofern vor, als auch nach schweizerischem Recht eingezogene Gegenstände zu Eigentum verfallen. Ein Unterschied besteht lediglich darin, dass nicht die einzelnen Kantone vergleichbar den Ländern in der Bundesrepublik Deutschland Eigentum erwerben, sondern der Bund. Zugleich besagt Art. 28 S. 2, 3 KGTG, dass die weitere Verwendung des eingezogenen Kulturguts durch den Bundesrat geregelt wird, der hierbei die Ziele des KGTG zu berücksichtigen hat. Hiermit wird für den Bundesrat die notwendige Ermächtigungsgrundlage für eine Freigabe geschaffen, der dieser in seiner *Verordnung über den internationalen Kulturgütertransfer vom 13. April 2005* (KGTVO) nachgekommen ist.[1164]

Nach Art. 27 Abs. 1 KGTVO sind eingezogene Kulturgüter in deren Ursprungsstaat zu überführen. Das Bundesamt für Kultur entscheidet über die Rückführung und kann deren Vollzug gegebenenfalls aussetzen, bis das Kulturgut bei einer Überführung nicht mehr gefährdet ist, Art. 27 Abs. 2 KGTVO. Dies spielt insbesondere bei der Rückgabe von Kulturgut eine Rolle, das im Zuge militärischer Konflikte wie im Falle der amerikanischen Besetzung des Irak oder der türkischen Invasion in Nordzypern abhanden gekommen ist und zum Zeitpunkt der Rückgabeforderung die sichere Verwahrung am Herkunftsort noch nicht gewährleistet werden kann. Die im deutschen Recht bisher bestehenden Haushaltsregelungen der Länder ließen eine solche Regelung ebenfalls zu, da sie bei einer Ausnahme im Haushaltsplan oder bei dringendem Interesse des Landes durch den Finanzminister eine unentgeltliche Herausgabe des Schmuggelguts

---

1163 Council of Europe, Explanatory Report on the Convention on Laundering, Search, Seizure and Confiscation of the Proceeds from Crime and on the Financing of Terrorism, Sec. 193.

1164 SR 444.11, abrufbar unter www.bak.admin.ch.

ermöglichen.[1165] Das Interesse der Bundesrepublik Deutschland und aufgrund des Prinzips der Bundestreue auch der Länder ergibt sich bereits aus der Tatsache des (versuchten) Schmuggels in das Inland sowie dem eingangs erwähnten Gegenseitigkeitsgedanken. Die entsprechende Ausnahme müsste also nur geschaffen werden.

IV. Maßnahmen im Bereich der Rechtshilfe

Obwohl sowohl die vertragliche als auch die vertraglose Rechtshilfe in der Bundesrepublik Deutschland gut etablierte Verfahren sind, so lassen sich doch für den Bereich des illegalen Kulturgüterhandels einige Erleichterungen anstreben.

1. Aufgabe des Prinzips der doppelten Strafbarkeit

Zunächst ist die Aufgabe des Prinzips der doppelten Strafbarkeit zu fordern; vielmehr sollte diejenige im ersuchenden Staat genügen. Das Erfordernis der doppelten Strafbarkeit wurde früher mit dem Gegenseitigkeitsgedanken begründet: so solle ein Staat nicht wegen eines Verhaltens ausliefern müssen, das aus seiner Sicht in einem vergleichbaren Fall mangels Strafbarkeit keine Möglichkeit eines Ersuchens hätte.[1166] Heute erfolgt die Begründung indes über rechtsstaatliche und individualschützende Gesichtspunkte: ein nach dem Recht des ersuchten Staates unschuldig Verfolgter dürfe nicht in Haft genommen und der ersuchte Staat nicht zum „*willenlosen Schergen fremder Ungerechtigkeit*" werden.[1167]

Demgegenüber lässt sich einwenden, dass Rechtshilfe nur eine Hilfe zu fremder Strafverfolgung, nicht aber eigene ist, die sich aufgrund des eigenen geltenden Rechts legitimieren müsste.[1168] Solange bestehende Menschenrechte und die Grundfesten der inländischen Rechtsordnung eingehalten werden, erzwingen weder deutsches Verfassungsrecht noch internationales Recht ein solches Erfordernis.[1169] Das Prinzip der doppelten Strafbarkeit könnte somit durch einen

---

1165 Vgl. Teil 2, D.III.2.

1166 *Schomburg/Lagodny-Lagodny*, IRG, § 3 Rn. 2, ders. Einl. Rn. 64; *Vogler/Wilkitzki-Vogel*, IRG, Vor § 1 Rn. 74, in: Grützner/Pötz, Rechtshilfeverkehr.

1167 Dazu *Vogler/Wilkitzki-Vogel*, IRG, Vor § 1 Rn. 74, in: Grützner/Pötz, Rechtshilfeverkehr.

1168 *Vogel*, JZ 2001, S. 937 (942).

1169 In diese Richtung *Vogel*, Revue de droit international pénal 70 (1999), S. 323 (348).

Menschenrechtsvorbehalt oder den ordre public Vorbehalt abgelöst werden.[1170] Zumindest für die Herausgabe, Durchsuchung und Beschlagnahme von Gegenständen als dem nicht ganz so menschen- und grundrechtssensiblen Bereich der Rechtshilfe wie die Auslieferung des Täters selbst, sollte das Prinzip der doppelten Strafbarkeit aufgegeben werden.

In die gleiche Richtung weisen jüngst Tendenzen auf EU-Ebene. Der bereits erwähnte Rahmenbeschluss betrifft zwar nur einen Teil der Rechtshilfe, nämlich die Vollstreckung einer Sicherstellungsentscheidung eines anderen Mitgliedstaates, die im Rahmen eines Strafverfahrens erlassen wurde. Sicherstellungsentscheidung kann auch eine ausländische Einziehungsentscheidung sein. Für die Vollstreckung einer solchen Sicherstellungsentscheidung eines anderen Mitgliedstaates, die dieser im Rahmen eines Strafverfahrens erlassen hat, verzichtet der Rahmenbeschluss auf das Erfordernis der doppelten Strafbarkeit. Voraussetzung ist, dass die Straftat dem Katalog des Art. 3 Abs. 2 des Rahmenbeschlusses unterfällt und die Tat in dem um Vollstreckung ersuchenden Mitgliedstaat (Entscheidungsstaat) mit einer Freiheitsstrafe im Höchstmaß von mindestens drei Jahren bedroht ist. Explizit als Katalogtat aufgezählt ist der illegale Handel mit Kulturgut.[1171]

2. *Das Bestehen von Rechten Dritter am Kulturgut*

Das in der Praxis bedeutsamste Hindernis der Rückgabe von Kulturgut ausländischer Provenienz ist das Bestehen von Rechten Dritter trotz im Übrigen erfüllter Herausgabevoraussetzungen. Dreh- und Angelpunkt des Problems besteht in der sachgerechten Abwägung zwischen den Interessen des Ursprungsstaates an der Rückführung seines Kulturguts einerseits und der Rechtsdurchsetzung betroffener Dritter andererseits.[1172]

a. *Problemstellung*

Sowohl bei der Untersuchung der vertraglichen als auch der vertraglosen Rechtshilfe wurde deutlich, dass, soweit Rechte Dritter an dem Gegenstand bestehen und deswegen die Herausgabe nur unter Vorbehalt erklärt wurde, der

---

1170 *Schomburg/Lagodny-Lagodny*, IRG, § 3 Rn. 2; a.A. *Vogler/Wilkitzki-Vogler*, IRG, § 3 Rn. 2, in: Grützner/Pötz, Rechtshilfeverkehr.

1171 Art. 3 Abs. 2 Spiegelstrich 19.

1172 Ähnlich *Markees*, in: Oehler/Pötz, Aktuelle Probleme, S. 92 (94), der auf den Interessenwiderstreit zwischen Alteigentümer und Erwerber abstellt.

Gegenstand auf Verlangen dem ersuchten Staat zurückgegeben werden muss, vgl. §§ 38 Abs. 2, 66 Abs. 2 Nr. 3 IRG, Art. 20 Abs. 4 EuAlÜbk, Art. 6 Abs. 2 EuRhÜbk. Die Anordnung der Rückgabe erfolgt schematisch und undifferenziert immer an den ersuchten Staat zur dortigen Klärung der endgültigen Rechtslage. Unerheblich ist also, in welchem Staat der Gegenstand gestohlen wurde, ob er gestohlen oder auf andere Weise abhanden gekommen oder verloren gegangen ist, oder in welchem Staat der betroffene Dritte und der Alteigentümer Wohnsitz oder gewöhnlichen Aufenthalt haben. Bisweilen erfolgt jedoch noch nicht einmal eine Herausgabe unter dem Vorbehalt der Rückgabe, wenn Rechte Dritter im Raum stehen. Die zur Bewilligung der Rechtshilfe zuständigen Behörden warten vielmehr zunächst die endgültige Klärung der zivilrechtlichen Eigentumslage ab, wie es derzeit im Fall der zypriotischen Kulturgüter geschieht.

Es müssen folglich miteinander zusammenhängende Problembereiche angegangen werden: (i) in welchen Fällen sollte zumindest eine zeitweilige Herausgabe erfolgen; (ii) wo soll die wegen des möglichen Bestehens von Rechten Dritter zweifelhafte Rechtslage endgültig geklärt werden und (iii) kann unter Umständen auf den Rückgabevorbehalt trotz Rechte Dritter zugunsten der Rückführung in den Ursprungsstaat verzichtet werden?

b. *Lösungsmöglichkeit: differenzierte Handhabung des Rückgabevorbehalts*

Das OLG München hat hier bereits einen Weg eingeschlagen, der konsequent in Theorie und Praxis umgesetzt und ausgebaut werden muss.[1173] So wies das Gericht ausdrücklich auf den Gedanken hin, dass dem Dritten gegebenenfalls die Verfolgung seiner Rechte im Herkunftsland zugemutet werden kann. Zugleich betonte es, dass Rechte Dritter auch durch die Erklärung eines Rückgabevorbehaltes gesichert werden können.[1174] In Weiterentwicklung dieses Ansatzes sollte im Interesse einer angemessenen Berücksichtigung sowohl des Restitutionsinteresses des Ursprungsstaates als auch des Erwerbers von Rechten an dem betroffenen Kulturgut m. E. Folgendes gelten:

Sobald feststeht, dass die Rechtshilfeleistung zulässig ist, sollte die Rückgabe des Kulturguts an den Ursprungsstaat umgehend bewilligt und sodann auch tatsächlich geleistet werden. Was die Gewährleistung der Rechte Dritter betrifft, so

---

1173 OLG München, Beschluss v. 3. Juni 2004 – Az. 13/01 (13/04), unveröff.

1174 OLG München, Beschluss v. 3. Juni 2004 – Az. 13/01 (13/04), unveröff., S. 41.

sind diese gegebenenfalls durch einen Vorbehalt zu sichern. In bestimmten Fällen sollte jedoch auf die Erklärung eines solchen Vorbehalts verzichtet werden: nämlich immer dann, wenn es dem Dritten zugemutet werden kann, seine Rechte im Herkunftsland durchzusetzen. Dies ist freilich nicht nur dann angemessen, wenn wie im Fall der zypriotischen Kulturgüter Rechte Dritter erst gar nicht glaubhaft gemacht werden und der Vorbehalt mehr zur Absicherung noch nicht einmal konkret im Raume stehender Rechte dient. Der Ursprungsstaat hat schon allein durch den Verlust seines Kulturguts erhebliche Umstände und Beschwerlichkeiten hinzunehmen und die Nachteile zu tragen, die eine Wiedererlangung mit sich bringt, wenn seine Rechte bestritten oder Gegenansprüche geltend gemacht werden. Das Gleiche gilt für einen vom Ursprungsstaat verschiedenen Eigentümer. Deshalb kann dem Erwerber etwaiger Rechte am Kulturgut von vorneherein grundsätzlich eher die zusätzliche Last einer Rechtsdurchsetzung vor fremden Foren zugemutet werden.[1175] Dies ist insbesondere dann der Fall, wenn für die Klärung der zivilrechtlichen Eigentumslage das Recht des ersuchenden Staates maßgeblich ist und zumindest eine der am Rechtsstreit beteiligten Parteien dort ihren Wohnsitz bzw. gewöhnlichen Aufenthalt hat sowie bei Staatseigentum des ersuchenden Staates. Die endgültige Klärung der Rechtslage am Kulturgut im ersuchenden Staat bietet sich ebenso an, wenn das Recht dritter Staaten anwendbar ist, zumindest dann, wenn wenigstens eine der streitenden Parteien dort ihren gewöhnlichen Aufenthalt hat.[1176]

Ein Vorbehalt der Rückgabe sollte dagegen erklärt werden und somit die Auseinandersetzung im ersuchten Staat stattfinden, wenn das Recht des ersuchten Staates anwendbar ist und im ersuchten Staat erworbene Rechte geltend gemacht werden. Haben allerdings sowohl der frühere Eigentümer als auch der vermeintliche Erwerber im ersuchenden Staat ihren Wohnsitz oder gewöhnlichen Aufenthalt, so bietet sich dort die Durchführung an. Auf einen Rückgabevorbehalt sollte daher verzichtet werden. Ist das Recht eines dritten Staates anwendbar, so bietet sich entsprechend der grundlegenden Interessenabwägung die Durchführung im ersuchenden Staat an. Anders beurteilt sich die Lage allenfalls dann, wenn ursprünglich Berechtigter nicht der ersuchende Staat selbst, sondern ein Dritter ist und keine der streitenden Parteien ihren Wohnsitz oder gewöhnlichen Aufenthalt im um Rechtshilfe ersuchenden Staat hat. Hier sollten die Klärung der zivilrechtlichen Eigentumslage im ersuchten Staat und die Herausgabe daher unter Vorbehalt der Rückgabe erfolgen.

[1175] Vgl. *Markees*, in: Oehler/Pötz, Aktuelle Probleme, S. 92 (96 f.).
[1176] *Markees*, in: Oehler/Pötz, Aktuelle Probleme, S. 92 (99).

Zusammenfassend lässt sich damit festhalten, dass im Interesse der Herausgabe von Gegenständen zum Zwecke der Rückgabe an den Berechtigten (Staat oder privater Eigentümer) die Bundesrepublik Deutschland die Herausgabe immer dann ohne Vorbehalt bewilligen und leisten sollte, wenn an dem rückzuführenden Kulturgut keine im Inland erworbenen Rechte geltend gemacht werden oder wenn keine der streitenden Parteien im Inland ihren Wohnsitz oder gewöhnlichen Aufenthalt haben.

C. Internationale Vereinheitlichung: Überlegungen zur Förderung der Kulturgüterrückgabe durch Umsetzung der UNESCO 1970 in deutsches Recht

In Anbetracht der aktuellen Bemühungen der Bundesregierung, die UNESCO-Konvention in innerstaatliches Recht umzusetzen, sollen einige grundlegende Überlegungen zum Inhalt eines solchen Gesetzes angestellt werden. Mittlerweile existiert ein Kabinettsentwurf,[1177] mit dem sich nun Bundestag und Bundesrat zu befassen haben. Aufgrund des bislang nur sehr vagen Standes der Kodifizierungsarbeiten wird auf ein Eingehen auf den Kabinettsentwurf verzichtet. Stattdessen werden im Folgenden lediglich allgemeine Erwägungen für die geplante Umsetzung der UNESCO 1970 getroffen. Der Zielsetzung der Arbeit entsprechend werden dabei nicht sämtliche Umsetzungsverpflichtungen betrachtet, sondern hauptsächlich solche, welche die Rückführung von ausländischem Kulturgut fördern.

I. Anwendungsbereich eines Umsetzungsgesetzes

Gegenstand des neuen Gesetzes ist der internationale Handel mit Kulturgütern. Aller Definitionsschwierigkeiten zum Trotz muss das deutsche Umsetzungsgesetz seinen Anwendungsbereich umschreiben und daher den Begriff des Kulturguts definieren. Dies ist schon deshalb notwendig, um den legalen vom illegalen Handel abzugrenzen, den Kulturgüterhandel vom gewöhnlichen Warenverkehr zu unterscheiden und überdies im grenzüberschreitenden Verkehr die richtige Einordnung der Objekte im Rahmen des Zoll- und Abgabenrechts sicherzustellen. Hierfür bietet sich ein Rückgriff auf die Kategorien nach Art. 1 der UNES-

---

[1177] Vgl. Teil 1, B.I.6.b.

UNESCO-Konvention an.[1178] Allerdings ist die UNESCO-Konvention vielfach wegen der Weite ihrer Objektkategorien kritisiert worden.[1179] Der weite Anwendungsbereich erklärt sich freilich daraus, dass die Konvention den Schutz von Kulturgütern auf der ganzen Welt und somit den verschiedensten Kulturkreisen bezweckt. Im Vordergrund steht daher nicht die Beschaffenheit in Form von Material, Gestalt oder ähnlichem, sondern die Bedeutung und Funktion des Kulturguts für die nationale und kulturelle Identität des betroffenen Kulturkreises. Anstelle des UNESCO-Kategorienkatalogs käme indes auch die Anwendung der Liste der Ri 93/7/EWG in Betracht; eine Lösung, welche die Bundesregierung im Interesse möglichst einheitlicher und widerspruchsfreier Regelungen wohl bevorzugen wird, zumal bereits das KultGüRückG auf diese verweist.[1180]

II. Änderung deutschen Privatrechts zum Schutz ausländischen Kulturguts

Für den Schutz und die Förderung der Rückführung ausländischen Kulturguts mit den Mitteln deutschen Privatrechts lassen sich verschiedene Gruppen von Kulturgütern unterscheiden: archäologische Funde, für verfallen erklärte Kulturgüter, res extra commercium und sonstige Kulturgüter. Während das Staatseigentum an archäologischen Funden in der Bundesrepublik Deutschland nach geltender Rechtslage anerkannt und geschützt wird, bestehen für illegal exportiertes Kulturgut und die Anerkennung ausländischer Unveräußerlichkeitsvorschriften noch erhebliche Lücken. Auch die sonstigen Kulturgüter sind den Schwächen des jeweils nach der lex rei sitae anwendbaren Sachrechts ausgesetzt.

1. Verankerung der lex originis

Ein erster Ansatzpunkt, um diesen Mängeln abzuhelfen, wäre die Einführung der lex-originis-Regel für sämtliche Erwerbsvorgänge an ausländischem Kulturgut. Entsprechend den obigen Ausführungen käme dem Kulturgut also der

---

1178 So Art. 2 Abs. 1 KGTG, der den ersten Teil der Definition der UNESCO 1970 übernimmt und auf die dort aufgelisteten elf Objektkategorien verweist, vgl. *Pawlytta*, ZErb 2005, S. 34 (36).

1179 Zur Kritik vgl. Teil 1, B.I.3.

1180 Vgl. Eckpunktepapier, S. 3. Dies sieht auch der Kabinettsentwurf vor, welcher das KultGüRückG entsprechend auf die UNESCO-Verragsstaaten ausdehnt.

Schutz seines Heimatrechts zugute, insbesondere etwaige Regelungen zur Unveräußerlichkeit oder der Ausschluss gutgläubigen Erwerbs nach dem nationalen Sachenrecht.[1181] Die Verbesserung des deutschen Sachrechts für Kulturgut wäre dann in erster Linie für den Schutz des eigenen Kulturguts von Bedeutung, falls sich der lex-originis-Ansatz international mehr und mehr durchsetzt.[1182]

2. *Nichtigkeit von Rechtsgeschäften über unrechtmäßig verbrachtes Kulturgut*

Lehnt man den lex originis Ansatz jedoch ab,[1183] erlangen die Änderungen des deutschen Sachrechts an Bedeutung. Neben der Verschärfung der Anforderungen an einen gutgläubigen Erwerb von Kulturgut, wurde bereits die Möglichkeit angesprochen, auf einen gutgläubigen Erwerb zu verzichten.[1184] In diesem Zusammenhang beabsichtigt die Bundesregierung die Einführung einer Regelung, wonach Rechtsgeschäfte über unrechtmäßig in die Bundesrepublik Deutschland verbrachtes Kulturgut nichtig sein sollen.[1185] Damit wäre ein gutgläubiger derivativer Erwerb ausgeschlossen. Nach bisherigem Stand der Kodifizierungsarbeiten soll dies jedoch nur für „nationales Kulturgut" gelten. Nationales Kulturgut soll nur das von den Vertragsstaaten öffentlich klassifizierte und in öffentlich publizierte Listen oder Verzeichnisse aufgenommene Kulturgut sein bzw. solches, für das die entsprechende Aufnahme bereits eingeleitet und öffentlich bekannt gemacht wurde.[1186] Illegal ausgegrabenem Kulturgut käme dieser Schutz indes nicht zugute. Die angestrebte Regelung sollte aber Gegenstände aus archäologischen Raubgrabungen miteinbeziehen, die vor ihrer Entdeckung nicht individuell bestimmbar und somit auch nicht registrierbar waren. Möglich wäre dies durch folgenden Zusatz:

> *„Als unrechtmäßig verbrachtes nationales Kulturgut gelten auch archäologische Gegenstände, die im Zeitpunkt ihres illegalen Exports nur deshalb nicht als nationales Kulturgut registriert sind, weil sie wegen illegaler Ausgrabung dem*

1181 Einzelheiten s. bereits oben A.III.1.

1182 Hierzu *Siehr*, KUR 7 (2005), S. 33 (42). *Reichelt*, in: Sladek, Das kulturelle Erbe, S. 61 (75), hat schon früh darauf hingewiesen, dass jedes Land den Kulturgüterschutz hat, den es verdient, also jede Rechtsordnung selbst bestimmt, was ihr der Schutz eigenen Kulturguts wert ist.

1183 So der Kabinettsentwurf.

1184 Vgl. oben A.IV.1.

1185 Eckpunktepapier, S. 4.

1186 Ibid, S. 2.

Ursprungsstaat unbekannt waren, und der Ursprungsstaat die Registrierung der betreffenden Kulturgüter nachgeholt hat, sobald er von deren Existenz erfahren hat.“

3. *Verlängerung der Verlustfristen*

Der Eigentumserwerb durch Ersitzung soll nach den Plänen der Bundesregierung dagegen auch bei nationalem Kulturgut weiterhin möglich sein; ebenso soll der dingliche Herausgabeanspruch der Verjährung unterliegen.[1187] In diesem Zusammenhang ist zu fordern, dass die Verlustfristen im deutschen Recht verlängert werden. Wünschenswert wäre eine dreißigjährige Ersitzungsfrist und eine absolute Verjährungsfrist von 75 Jahren zumindest für nationales Kulturgut.[1188] In Anlehnung an das KultGüRückG sollte auch eine Regelung aufgenommen werden, die den dinglichen Herausgabeanspruch auf nationales Kulturgut unberührt lässt, soweit das Heimatrecht keine Verjährung oder Erlöschen durch Zeitablauf vorsieht.[1189]

4. *Anerkennung fremder Unveräußerlichkeitsvorschriften und Verfallsregelungen*

Was nach ausländischem Recht unveräußerliche Kulturgüter betrifft, so verlangt bereits Art. 13 (d) der UNESCO-Konvention, dass die Vertragsstaaten „*im Rahmen ihrer innerstaatlichen Rechtsordnung*“ das Recht jeden Staates anerkennen, bestimmte Kulturgüter als unveräußerlich einzustufen.[1190] Das deutsche Recht selbst kennt bislang nur die Unveräußerlichkeit von *res sacrae.*[1191] Auch in der deutschen Literatur ist vermehrt gefordert werden, deutsches Kulturgut, insbesondere Museums- und Archivgut für unveräußerlich zu erklären, um es besser zu schützen und der Allgemeinheit zu erhalten.[1192] Selbst wenn man aber für das

---

[1187] Ibid, S. 4.

[1188] Vgl. ausführlich dazu oben A.IV.3.

[1189] Vgl. § 8 Abs. 2 S. 2 KultGüRückG. Dieser erfasst allerdings nur Rückgabeansprüche auf unrechtmäßig verbrachtes Kulturgut. Auch der Kabinettsentwurf sieht eine 75-jährige Verjährungsfrist für Kulturgut, das aus öffentlichen Sammlungen stammt, und die Unverjährbarkeit für Kulturgüter vor, deren Heimatrecht eine Unverjährbarkeit vorsieht, § 11 Abs. 2. Aber auch diese Regelung findet keine Anwendung auf lediglich gestohlenes Kulturgut.

[1190] Hierzu *Hönes*, BayVBl. 2006, S. 165 (171).

[1191] Vgl. hierzu Teil 2, B.IV.2.a.

[1192] *Mußgnug*, in: Dolzer/Jayme/Mußgnug, Rechtsfragen, S. 199 ff.; *Weber*, Unveräußerliches Kulturgut, S. 57, 62.

deutsche Privatrecht eine solche Kategorie der unveräußerlichen Kulturgüter ablehnt, sollte bei einer Umsetzung der UNESCO-Konvention diese Eigenschaft bei ausländischem Kulturgut auch nach einem Statutenwechsel anerkannt werden.[1193] Denn die von der UNESCO-Konvention geforderte „Anerkennung" erfährt nur dann praktische Bedeutung, wenn ausländische Kulturgüter diese Qualität auch im Inland besitzen und unveräußerlich bleiben. Ansonsten käme Art. 13 (d) der UNESCO-Konvention lediglich deklaratorischer Gehalt zu, indem etwas erklärt wird, was völkerrechtlich gesehen ohnehin selbstverständlich ist: jeder Staat ist frei, seinem Kulturgut innerstaatlich den Schutz einzuräumen, den er für angemessen hält. Auch deutsche Gerichte scheinen davon auszugehen, dass die UNESCO-Konvention dazu verpflichtet, ausländische Unveräußerlichkeitsvorschriften anzuerkennen. So untersuchte das LG Hamburg im oben erörterten Pistolenfall die aus Art. 13 (d) der UNESCO-Konvention resultierende Verpflichtung, die portugiesische Unveräußerlichkeitsregel anzuwenden. Es lehnte eine solche Verpflichtung jedoch zu Recht ab, da die UNESCO-Konvention im Zeitpunkt der Entscheidung nicht unmittelbar anwendbar war.[1194]

Auch Kulturgut, das im Falle seines rechtswidrigen Exports nach den Rechtsvorschriften des Ursprungsstaates diesem verfällt, sollte als gestohlen/abhanden gekommen gelten, soweit der Verfall nach den Rechtsvorschriften des Ursprungsstaates noch auf dessen Territorium eintritt.[1195] Durch die Anerkennung eines so erworbenen staatlichen Eigentumsrechts würde der zukünftige öffentlich-rechtliche Schutz illegal exportierten Kulturguts durch einen privatrechtlichen Schutz flankiert.

1193 Zu den Vorteilen einer solchen Vorschrift jüngst auch *Siehr*, KUR 7 (2005), S. 33 (41). Die Schweiz hat im Zuge der Umsetzung der UNESCO-Konvention Art. 724 ZGB ergänzt und Schatzfunde für unververäußerlich erklärt: „*Ohne Genehmigung der zuständigen kantonalen Behörden können solche Sachen [herrenlose Naturkörper und Altertümer von wissenschaftlichem Wert] nicht veräußert werden. Sie können weder ersessen noch gutgläubig erworben werden. Der Herausgabeanspruch verjährt nicht.*" (Art. 724 Abs. 1 bis). Auch *Armbrüster*, NJW 2001, S. 3581 (3584) scheint einer Anerkennung ausländischer Unveräußerlichkeitsregeln grundsätzlich positiv gegenüber zu stehen.

1194 LG Hamburg v. 20.6.1996 – Az. 305 O 77/92, unveröff., abgedr. in IPRspr. 1996, Nr. 55, S. 123.

1195 Zur Vereinbarkeit der Anerkennung der Vorschriften des Verfalls in diesen Fällen vgl. bereits Teil 2, B.III.3. u. 4.

III. Verwaltungsrechtlicher Schutz ausländischen Kulturguts

Da nach bisherigem internationalem Verwaltungsrecht die Ausfuhrverbotsgesetze ausländischer Staaten für ihr Kulturgut im Inland nicht durchsetzbar sind und der ausländische Staat daher keinen Anspruch auf Rückführung solch illegal exportierten Kulturguts hat, muss ein nationales Umsetzungsgesetz die entsprechende Möglichkeit schaffen.

1. Importverbot und öffentlich-rechtlicher Rückgabeanspruch bei illegalem Export

Die Einfuhr von Kulturgütern, deren Export aus dem Herkunftsstaat verboten ist bzw. nur mit staatlicher Genehmigung erlaubt ist und für die keine gültige Exporterlaubnis des Herkunftsstaates nachgewiesen werden kann, muss im nationalen Umsetzungsgesetz verboten werden. Auf diese Weise wird das staatliche ausländische Exportverbot mit einem inländischen Importverbot gestützt und so im Inland durchsetzbar gemacht.[1196] Auch die Schweiz, die wie die Bundesrepublik Deutschland in der Vergangenheit keine Einfuhrbeschränkungen für ausländisches Kulturgut kannte, hat in Art. 2 Abs. 5 KGTG die Einfuhr von Kulturgut unter bestimmten Voraussetzungen für rechtswidrig erklärt.[1197]

Allerdings sollte das deutsche Umsetzungsgesetz das Verbot der Einfuhr illegal exportierten Kulturguts sowie einen sich anschließenden Rückgabeanspruch nicht wie die Schweiz[1198] oder die USA[1199] von einem Verstoß gegen bilaterale Vereinbarungen oder gegen eine besondere Maßnahme zum Schutz gefährdeten Kulturguts abhängig machen. Der Schwerfälligkeit solch bilateraler Vereinbarungen ist eine klare und einfachere Regelung der deutschen Rückführungspflicht vorzuziehen.

Die Bundesregierung beabsichtigt in diesem Zusammenhang den Rückführungsanspruch des § 5 KultGüRückG auf die Vertragsstaaten der UNESCO-Konvention zu erstrecken.[1200] Danach könnte jeder Vertragsstaat von der Bundesrepublik Deutschland die Rückgabe von Kulturgut verlangen, das unrechtmäßig aus dem Hoheitsgebiet des rückfordernden Vertragsstaates verbracht

---

1196 *Siehr*, KUR 7 (2005), S. 33 (44).
1197 *v. Segesser/Jolles*, KUR 7 (2005), S. 175 (187 ff.).
1198 Art. 7, 8 KGTG, näher hierzu *v. Segesser/Jolles*, KUR 7 (2005), S. 175 (187 ff.).
1199 Vgl. Teil 1, B.I.5.b.aa.
1200 Eckpunktepapier, S. 4.

wurde. Aus Gründen der Rechtssicherheit für Behörden und den Kunst- und Antiquitätenhandel erachtet sie es jedoch für von grundlegender Wichtigkeit, dass jener Anspruch nur „nationales Kulturgut" im obigen Sinne [II.2] erfasst. Das Kulturgut muss daher vor seiner Verbringung als nationales Kulturgut von künstlerischem, geschichtlichem oder archäologischem Wert öffentlich eingestuft worden sein. Eine nachträgliche Klassifizierung des Kulturguts als nationales soll demnach ebenso wie in § 5 Abs. 1 Nr. 1 KultGüRückG unbeachtlich für den Herausgabeanspruch sein.[1201] Ein solches Vorhaben erscheint freilich unzureichend. Bereits mehrfach wurde darauf hingewiesen, dass gerade archäologisches Raubgut eines verbesserten Schutzes bedarf. Daher muss der bislang schon bestehende privatrechtliche Schutz für solche Güter ausgebaut und durch den Schutz vor illegalem Export flankiert werden. Auch hier sollte daher eine Ergänzung erfolgen, wie sie für die Nichtigkeit von Rechtsgeschäften über unrechtmäßig verbrachtes Kulturgut vorgeschlagen wurde:

> *„Als unrechtmäßig verbrachtes nationales Kulturgut gelten auch archäologische Gegenstände, die im Zeitpunkt ihres illegalen Exports nur deshalb nicht als nationales Kulturgut registriert sind, weil sie wegen illegaler Ausgrabung dem Ursprungsstaat unbekannt waren und der Ursprungsstaat die Registrierung der betreffenden Kulturgüter nachgeholt hat, sobald er von deren Existenz erfahren hat."*[1202]

Für den öffentlich-rechtlichen Rückgabeanspruch steht im deutschen Recht bislang kein Verfahren zur Verfügung, das Einzelheiten hinsichtlich der verpflichteten und berechtigten Partei, etwaiger Entschädigungsansprüche und der Eigentumslage am rückzuführenden Kulturgut, Klagefristen sowie den Rechtsweg regelt. Somit ist ein solches Verfahren durch das nationale Umsetzungsgesetz zu schaffen.

2. *Rückgabeschuldner und Rückgabegläubiger*

Einen Anspruch auf Rückführung national wertvollen Kulturguts, das entgegen öffentlich-rechtlicher Verbotsvorschriften aus dem Territorium seines Ursprungsstaates ausgeführt wurde, kann nur der betreffende Staat selbst haben. Rückgabegläubiger ist damit der Ursprungsstaat. Inhalt des Rückführungsrechts ist die Rückgabe des Kulturgutes in das Hoheitsgebiet des berechtigten Staa-

---

[1201] Ibid.

[1202] S. unter 1.b.aa. a.E. Eine vergleichbare Regelung ist im Kabinettsentwurf, § 6 Abs. 2 enthalten.

tes.[1203] Rückgabeschuldner ist nach der UNESCO 1970 an sich der Belegenheitsstaat, Art. 7 (b) (ii) der Konvention. Bei der deutschen Umsetzung sollte jedoch entsprechend § 6 Abs. 2 KultGüRückG sowie bereits erfolgter Umsetzungen anderer Staaten der Inhaber der tatsächlichen Sachherrschaft als Rückgabeschuldner bezeichnet werden.[1204] Dies hat den Vorteil, dass ein entsprechendes Urteil einfacher zu vollstrecken ist und nicht eine zusätzliche Rechtsgrundlage für die Wegnahme des verpflichteten Staates gegenüber dem Besitzer geschaffen werden muss.

3. Eigentumslage an zurückgegebenem Kulturgut und Entschädigung Gutgläubiger

Die materielle Rückkehr des Kulturguts in seinen Ursprungsstaat lässt die Eigentumslage an dem betreffenden Kulturgut offen, da der Rückführungsanspruch vom Eigentum unabhängig und allein auf die Tatsache illegalen Exports gestützt ist. Somit ist ein gutgläubiger Erwerber an sich nur gehalten, das Kulturgut im Ursprungsland aufzubewahren.[1205] Dennoch empfiehlt sich die Aufnahme einer Vorschrift zur Regelung der Eigentumslage an dem zurückgegebenen Kulturgut. Hierfür bietet sich die Vorschrift des § 8 KultGüRückG an, mit der die Geltung des Sachrechts des Ursprungsstaates für die Eigentumslage an dem Kulturgut nach erfolgter Rückgabe und somit die rückwirkende Anwendung der lex originis angeordnet wird.[1206] Dies hat zugleich mehrere Vorteile.

Zum einen bleibt die Regelung der Eigentumslage an dem zurückgegebenen Kulturgut dem rückfordernden Staat überlassen. Dieser entscheidet, ob und gegebenenfalls wie sein Sachrecht einen Erwerb trotz rechtswidriger Ausfuhr rückwirkend sanktioniert; erreicht wird mithin primär die Rückführung auf das Territorium des Ausfuhrstaates. Auf diese Weise kommt dem zurückgegebenen Kulturgut wiederum nur der Schutz der lex originis zu; unvollkommenes Sachrecht anderer Staaten wird mithin nicht korrigiert. Lässt also das Sachrecht den

---

1203 Ausführlich zu Inhalt und Rechtsgrundlagen des staatlichen Rückführungsrechts nach illeagler Ausfuhr *Turner*, Völkerrechtliche Zuordnung, S. 21 ff.

1204 Vgl. Art. 9 Abs. 1 KGTG. So auch *Siehr*, KUR 7 (2005), S. 33 (45).

1205 *Siehr*, KUR 7 (2005), S. 33 (45). Ebenso verhält es sich im Rahmen der UNIDROIT-Konvention, vgl. Teil 1, B.II.3.b.aa.

1206 Zur Auslegung der deutschen Transformationsvorschrift in diesem Sinne vgl. Teil 2, C.III.1. Die Einführung der rückwirkenden lex originis an dieser Stelle ist selbstredend dann obsolet, wenn man sie bereits auf der kollisionsrechtlichen Ebene einführt. Dann würde man hier nur wiederholen, was privatrechtlich ohnehin bereits gilt.

(gutgläubigen) Eigentumserwerb Dritter zu, so kann der Dritte sein Eigentum behalten, muss aber das Kulturgut auf dem Territorium des Ausfuhrstaates belassen.

Zum anderen lassen sich dadurch zufriedenstellende Ergebnisse im Zusammenspiel mit der Entschädigungsfrage erreichen. Auch hier kann man auf die Regelung des § 9 KultGüRückG zurückgreifen. Wer die unrechtmäßige Verbringung kannte oder grob fahrlässig nicht kannte, und deshalb bösgläubig war, hat ohnehin das Kulturgut dem Eigentümer entschädigungslos herauszugeben. Der gutgläubige Erwerber hingegen, der das Kulturgut dennoch an den Ursprungsstaat herausgeben muss, ist dafür grundsätzlich zu entschädigen; die Entschädigung stellt hierbei unter anderem den Ausgleich für die Entziehung der Nutzung des Kulturguts dar, § 9 Abs. 1 KultGüRückG. In Anlehnung an § 9 Abs. 3 KultGüRückG kann die Höhe der Entschädigung davon abhängig gemacht werden, inwieweit die Rechte des Rückgabeschuldners an dem zurückgegebenen Kulturgut durch das Sachrecht des Ursprungsstaates beeinträchtigt werden: Bleiben diese Rechte unberührt und sichert der Ursprungsstaat dies schriftlich zu, so ist er nur verpflichtet, dem Rückgabeschuldner „*die Kosten zu erstatten, die ihm daraus entstanden sind, dass er darauf vertraut hat, das Kulturgut im Bundesgebiet belassen zu dürfen*“.[1207] Wird dem Gutgläubigen das Eigentumsrecht durch die lex originis allerdings rückwirkend beschränkt oder gänzlich entzogen, so fällt die Entschädigung entsprechend der Eingriffstiefe höher aus. Dadurch gibt man den Vertragsstaaten die Möglichkeit, durch ihre eigene Gesetzgebung sowohl auf den Schutz des Kulturguts als auch auf die Höhe etwaiger Entschädigungszahlungen Einfluss zu nehmen, was die finanzschwachen Länder entlasten kann.[1208]

4. *Rechtsweg, Fristen und Beweislast*

Der Anspruch auf Rückführung illegal exportierten Kulturguts auf das Territorium des Ausfuhrstaates ist hoheitlicher Natur und daher vor den Verwaltungsgerichten gelten zu machen. Dies sieht bereits § 12 Abs. 1 KultGüRückG auf gemeinschaftsrechtlicher Ebene vor.

1207 § 9 Abs. 3 KultGüRückG.

1208 Letzterer Gedanke entstammt § 6 Abs. 3 des UNIDROIT-Übereinkommens, vgl. Teil 1, B.II.3.b.bb.

Im Übrigen könnte weitestgehend auf die Regelung des § 12 KultGüRückG zurückgegriffen werden, der die Geltung deutschen Rechts für die Fragen der Beweislast anordnet (Abs. 3) und dem über die Rückgabe entscheidenden Gericht zugleich die Entscheidung über die Entschädigung zuweist (Abs. 4). Auch für die Frage der Verjährung bietet sich an, die Regelung des § 10 KultGüRückG zu übernehmen, der relative (ein Jahr) und absolute Verjährung (30 Jahre) kombiniert, für Kulturgut aus öffentlichen Sammlungen und kirchlichen Einrichtung die absolute Verjährung auf fünfundsiebzig Jahre verlängert und für letztere eine Verjährung gänzlich ausschließt, wenn das Rückgaberecht nach der lex originis unverjährbar ist.

Aus Praktikabilitätsgründen sollte erwogen werden, einen etwaigen Zivilprozess des Eigentümers auf Herausgabe und das öffentlich-rechtliche Verfahren auf Rückführung vor dem Verwaltungsgericht zu verbinden.[1209] Dies hätte den Vorteil, dass ein zusammenhängender Sachverhalt nicht von verschiedenen Gerichten entschieden wird, zumal sich beide Ansprüche gegen den aktuellen Inhaber der Sachherrschaft richten.[1210]

5. *Erstreckung des öffentlich-rechtlichen Rückgabeanspruchs auf gestohlenes Kulturgut*

Die Untersuchung in Teil 1 der Arbeit hat gezeigt, dass die UNESCO-Konvention in Art. 7 (b) (ii) verpflichtend die Rückgabe von Kulturgut verlangt, welches aus Museen, religiösen oder weltlichen Bauwerken oder ähnlichen Einrichtungen gestohlen wurde und in diesem Zusammenhang einen öffentlich-rechtlichen, eigentumsunabhängigen Rückgabeanspruch vorsieht. Neben den bislang erfolgten privatrechtlichen Umsetzungsvorschlägen ist daher auch für gestohlenes Kulturgut ein öffentlich-rechtlicher Anspruch auf Rückgabe einzuführen. Wie die Reaktionen der Bundesrepublik Deutschland auf das UNIDROIT-Übereinkommen zeigen,[1211] ist mit der Einführung eines allgemeinen Rückgabeanspruchs auf sämtliches gestohlenes Kulturgut, das einer der Katego-

---

1209 Art. 98 a des schweizerischen IPRG sieht eine Verbindung der Verfahren vor dem Zivilgericht vor.

1210 So auch *Siehr*, KUR 7 (2005), S. 33 (45). § 12 Abs. 6 KultGüRückG, sieht eine solche Verbindungsmöglichkeit nicht vor.

1211 Vgl. Teil 1, B.II.5.

rien der UNESCO-Konvention oder auch der Ri 93/7/EWG unterfällt, nicht zu rechnen.[1212]

Zumindest aber sollte gestohlenes Kulturgut unter den gleichen Voraussetzungen wie illegal exportiertes Kulturgut zurückgefordert werden können, nämlich dann, wenn folgende Bedingungen kumulativ erfüllt sind: (i) das Kulturgut gehört dem Kriterienkatalog des Umsetzungsgesetzes an oder ist als Teil einer öffentlichen Sammlung in ein Bestandsverzeichnis eines Museums, eines Archivs oder einer kirchlichen Einrichtung eingetragen, und (ii) das betreffende Kulturgut wurde vor seiner Verbringung als nationales Kulturgut von künstlerischem, geschichtlichem oder archäologischen Wert öffentlich eingestuft. An die Stelle der unrechtmäßigen Verbringung tritt hier der Diebstahl des Kulturguts. Im Übrigen sollten die gleichen Verfahrensvoraussetzungen gelten, mit dem Unterschied, dass Rückgabegläubiger der jeweilige Eigentümer des betreffenden Kulturguts ist. Auf diese Weise ist zumindest registriertes, gestohlenes Kulturgut auch dann geschützt und dessen Rückkehr sichergestellt, wenn im Ursprungsland keine Ausfuhrverbotsvorschriften bestehen.

1212 Auch der Kabinettsentwurf sieht dies nicht vor.

Zusammenfassung

1. Das enorme Ausmaß illegalen Kunsthandels und die damit verbundenen Verluste für die kulturelle Identität der betroffenen Staaten sowie die Gefahren für die Substanz des Kulturguts selbst, verdeutlichen wie wichtig es ist, den Herausforderungen der unrechtmäßigen Verbringung von Kulturgut zu begegnen.

2. Die UNESCO-Konvention als bislang bedeutendstes und meist akzeptiertestes Kulturgutschutzabkommen insbesondere auch auf dem Gebiet der Kulturgüterrückführung entfaltet für die Bundesrepublik Deutschland immer noch keine rechtsverbindliche Wirkung. Der Ratifizierungsprozess ist jedoch im Gange, so dass in naher Zukunft mit dem Inkrafttreten eines entsprechenden Umsetzungsgesetzes gerechnet werden kann, wohingegen von deutscher Seite eine Ratifizierung der UNIDROIT-Konvention wegen ihrer weitreichenden Auswirkungen auf das nationale Privatrecht weiter abgelehnt wird. Aufgrund des nur sehr eingeschränkten Anwendungsbereiches der in der UNESCO 1970 statuierten Rückführungspflichten wird die Bedeutung der deutschen Ratifizierung maßgeblich von der Ausgestaltung des Umsetzungsgesetzes abhängen.

3. Das auf völkerrechtlicher Ebene derzeit wichtigste Instrument zur Durchsetzung von Rückführungsansprüchen fremder Staaten stellen die für die Bundesrepublik Deutschland verbindlichen Rechtshilfeabkommen dar. Obwohl die Rückgabe von Kulturgut auf dem Weg der Rechtshilfe nicht immer eine endgültige Regelung zu schaffen vermag und bei entgegenstehenden Rechten Dritter an ihre Grenzen stößt, ist sie nach wie vor das praxisnächste und effektivste Mittel, um den Ursprungsländern zügig zur Wiedererlangung ihrer Kunstschätze zu verhelfen.

4. Das verbindliche Völkergewohnheitsrecht hingegen vermag auch heute noch kaum zu einer Verbesserung der Kulturgüterrückführung für gestohlenes und illegal exportiertes Kulturgut beizutragen, da sich bislang eine einheitliche Staatenpraxis und Rechtsüberzeugung, die über die bereits in der UNESCO statuierten Verpflichtungen hinausgeht oder auch nur deren Standard erreicht, nicht gebildet hat. Von größter Bedeutung hingegen sind die sich inzwischen zunehmend abzeichnenden internationalen Standards, die von den Staaten im Bereich der Kulturgüterrückführung freiwillig eingehalten werden. Dazu gehört bspw. die Erkenntnis, dass Kulturgüter eines be-

sonderen Schutzes bedürfen, dass die territoriale Anbindung von besonders schutzwürdigen Kulturgütern einem legitimen Interesse der Staatenwelt entspricht und ihre Rückführung daher zu fördern ist. Die zunehmende Herausbildung solcher, auch als comitas gentium bezeichneten Regeln sowie die restitutionsfreundliche Auslegung des geltenden nationalen Rechts im Sinne internationaler Konventionen kommen mehr und mehr in der Rechtsprechung der einzelnen Staaten zum Ausdruck und leisten auf ihre Weise einen Beitrag zur Förderung der Rückgabe von Kulturgut.

5. Was die rechtlichen Möglichkeiten der Rückforderung von Kulturgut durch ausländische Staaten vor deutschen Foren und nach Maßgabe des innerstaatlichen deutschen Rechts betrifft, so nimmt die Bundesrepublik Deutschland im internationalen Vergleich eine vordere Stellung ein.

6. Die Interessenabwägung im Bürgerlichen Gesetzbuch zeigt, dass dem Eigentümerschutz eine wichtige Stellung zukommt, da ein gutgläubiger Erwerb an gestohlenen und abhanden gekommenen Sachen nur in der öffentlichen Versteigerung möglich ist. Hinzukommen noch die unter dem geltenden innerstaatlichen Recht bereits vorhandenen verschärften Anforderungen, die Rechtsprechung und Lehre an den gutgläubigen Erwerb wertvollen Kulturguts stellen. Für illegal ausgeführtes Kulturgut tritt an die Stelle des Eigentümerschutzes das Interesse der Staaten, ihr nationales kulturelles Erbe vor Ausplünderung zu bewahren. Auch dieses Interesse wird von Rechtsprechung und Lehre anerkannt wie die verschiedenen Ansätze zur Anwendung ausländischer Kulturgutschutznormen erkennen lassen.

7. Nicht zu vernachlässigen sind jedoch die Probleme, die sich aus der Geltung der manipulierbaren situs-Regel im internationalen Privatrecht sowie die hierdurch zum Tragen kommenden starken Unterschiede in den nationalen Sachrechten der Einzelstaaten ergeben, die vom illegalen Kunsthandel gezielt zur „Reinwaschung" von Kulturgut ausgenutzt werden.

8. Weiter erschweren die nur beschränkte Anerkennung und Anwendung ausländischer Kulturgutschutzbestimmungen nach wie vor die Durchsetzung ausländischer Rückführungsansprüche in der Bundesrepublik Deutschland. Obwohl die Klagebefugnis ausländischer Staaten, welche aus ihrem Eigentumsrecht vor deutschen Foren vorgehen, auch dann nicht in Zweifel gezogen wird, wenn die Eigentumsposition aus öffentlich-rechtlichen Vorschriften abgeleitet wird, findet die Durchsetzung solcher Vorschriften zur Gel-

tendmachung eines staatlichen Rückführungsrechts im Territorialitätsgrundsatz ihre Grenzen.

9. Wird die Rückführung gar direkt auf die Verletzung ausländischer Exportverbote und damit auf eine rein öffentlich-rechtliche Grundlage gestützt, so scheitern derartige Herausgabeverlangen außerhalb des Anwendungsbereiches der Ri 93/7/EWG bereits an der Zuständigkeit deutscher Gerichte ratione materiae. Allerdings führt die zumindest mittelbare Anerkennung ausländischer Exportverbote über die zivilrechtliche Nichtigkeit von Verfügungsgeschäften über illegal exportiertes Kulturgut durch die deutsche Rechtsprechung dazu, dass solche Geschäfte an Lukrativität verlieren.

10. Auch auf der Ebene des innerstaatlichen Rechts kommt dem Strafrecht und den Bestimmungen der deutschen internationalen Rechtshilfe enorme Bedeutung zu, welche die völkerrechtlichen Abkommen flankieren und stärken. Mittels einer geschickten Verzahnung von Zoll-, Straf- und Strafprozessrecht sowie den Bestimmungen der internationalen Rechtshilfe bestehen durchaus taugliche Wege, um die Rückgabe ausländischen Kulturguts zu fördern und zu erleichtern, wobei die vorhandenen Möglichkeiten von Rechtsprechung und Praxis bislang noch nicht immer ausgeschöpft werden. Das derzeit wohl größte Manko besteht hier im Fehlen von Regelungen zur Freigabe eingezogenen Kulturguts.

11. Die festgestellten Schwächen des geltenden Rechts geben Anlass für folgende Reformforderungen.

12. Um die Eigenverantwortung aller Staaten für den Schutz ihrer Kulturgüter zu stärken und gleichzeitig eine manipulationsfeste Anknüpfung zu schaffen sollte im internationalen Verkehr für die Beurteilung der dinglichen Rechtslage von Kulturgut auf die lex originis abgestellt werden. Um ein insgesamt einheitliches Anknüpfungskriterium im internationalen Kulturgüterverkehr zu erreichen, sollte die lex originis sowohl für gestohlenes wie illegal exportiertes Kulturgut etabliert werden. Gewichtige Ansätze für eine vermehrte Durchsetzung der lex originis finden sich nicht nur auf internationaler Ebene, sondern auch in den nationalen IPR-Gesetzen einzelner Staaten.

13. Da viele Grundübel, welche einer effektiven Kulturgüterrückführung entgegen stehen, in den unterschiedlichen Sachrechten begründet sind, muss neben der Änderung der internationalprivatrechtlichen Anknüpfung weiter die Angleichung der nationalen Sachrechte verfolgt werden. Vordergründig

sind hier die Schaffung einheitlicher Fristen, was die Verjährung und Ersitzung anbetrifft. Daneben gilt es die bereits in vielen Staaten schon strengen Anforderungen an die Gutgläubigkeit weiter zu verschärfen sowie die Auslegung von nationalen Gesetzen und Tatbestandsmerkmalen im Geiste ausländischer Kulturgutschutznormen für eine effektive Rückführung fruchtbar zu machen.

14. Auf der strafrechtlichen Ebene ist neben der Erweiterung der Grundlagen der Strafbarkeit und der Unverjährbarkeit von Straftaten gegen Kulturgut von Weltrang die Schaffung einer Freigabemöglichkeit für eingezogenes Kulturgut im Lichte aktueller Rechtsentwicklungen auf internationaler Ebene am vordringlichsten.

Schlussbetrachtung und Ausblick

Die Rückführung von Kulturgut steht seit jeher im Spannungsfeld verschiedener Rechtsgebiete, dem Völkerrecht, internationalem Verwaltungsrecht, Strafrecht sowie dem Privatrecht. Auf der einen Seite bringt dies die Schwierigkeit mit sich, diese miteinander in Einklang zu bringen; so stellt bereits die Bekämpfung des Kunsthandels und die Förderung der Rückgabe von Kulturgut an seinen Ursprungsstaat mit internationalen Instrumenten aufgrund der unterschiedlichen Ansätze der nationalen Rechtssysteme kein leichtes Unterfangen dar. Auf der anderen Seite bietet gerade die Diversität des Rechts auch Chancen. Deutlich wurde dies am Beispiel der Bundesrepublik Deutschland: Obwohl der Verpflichtungsstand auf der völkerrechtlichen Ebene sehr schwach ausgestaltet ist, bestehen im deutschen, innerstaatlichen Recht gute und taugliche Möglichkeiten, die Rückführung von Kulturgut zu bewirken. Diese gilt es voll auszuschöpfen. Denn die bloße Bindung an völkerrechtliche Verträge allein, zumal dann, wenn sie nicht unmittelbar anwendbar sind, hilft für sich genommen nicht viel. Wichtig ist vielmehr das in Praxis und Rechtsprechung gelebte Recht, wenn es im Geiste internationaler Konventionen ausgelegt und angewendet werden kann.

Dennoch ist es auch für die Bundesrepublik noch ein langer Weg bis hin zu einem umfassenden Kulturgüterschutz, der die zügige Rückgabe unrechtmäßig verbrachten Kulturguts an die Herkunftsstaaten garantieren kann. In diesem Zusammenhang ist die Ratifizierung und Umsetzung der UNESCO 1970 in nationales Recht ein wichtiger und bedeutender Schritt. Sie ermöglicht für den Bereich des Kulturgüterschutzes ein einheitliches System für das deutsche Recht zu schaffen, das die verschiedenen Rechtsgebiete und Rechtsstrukturen mit einbezieht und auf dieser Grundlage ein umfassendes Schutzsystem schafft. In der heutigen verflochtenen Welt kann Kulturgüterschutz nur wirksam werden, wenn nationale Rechtsvorschriften und internationale Regelungen einander nicht widersprechen, sondern gemeinsam wirksam werden. Viele der oben vorgestellten Reformvorschläge und Lösungsansätze ließen sich in einem Umsetzungsgesetz verwirklichen. Eine sinnvolle Umsetzung der UNESCO 1970 und die Anpassung bestehender nationaler Rechtsvorschriften würde überdies die Ratifizierung der in Deutschland stark umstrittenen UNIDROIT-Konvention entbehrlich machen. Hierbei ist zu hoffen, dass das wichtigste Ziel des Gesetzesgebers die Schaffung einer praxistauglichen Lösung sein wird. Denn da die Probleme der Kulturgüterrückführung oftmals im rechtstatsächlichen Bereich liegen, können nur klare, von unnötigen Beweisfragen losgelöste Regelungen helfen. Inspirieren könnte hier der grenzüberschreitende Artenschutz. Dort wird nicht gefragt, ob das gehandelte Elfenbein von einem vor dem Stichtag gewilderten Tier stammt oder von einem natürlich verendeten; es wird schlicht konfisziert. Solche Vorschriften zeitigen Wirkung. Das Weltkulturerbe gilt es gleichermaßen zu bewahren wie das Weltnaturerbe. Dementsprechend bietet sich eine Übertragung bereits erprobter Mechanismen an.

Eine Umsetzung der UNESCO 1970 sowie eine sich weiter intensivierende grenzüberschreitende Zusammenarbeit im Geiste des Kulturgüterschutzes ist für die Bundesrepublik Deutschland zudem durch übergeordnete, öffentliche und außenpolitische Interessen, gedeckt. Im Zeitalter der Internationalisierung von Wirtschaft und Gesellschaft erhalten die Stärkung des Völkerrechts und die Harmonisierung des Rechts zwischen den einzelnen Staaten eine herausragende Bedeutung. Wie die Stellungnahmen und der Einsatz des Auswärtigen Amtes und der Bundesregierung zeigen, fühlt sich auch die Bundesrepublik Deutschland zur internationalen Solidarität verpflichtet, was rechtswidrig gehandeltes und unrechtmäßig verbrachtes Kulturgut ausländischer Staaten anbetrifft. Aber allein die ethisch-moralische Ablehnung der Praktiken des illegalen Kunsthandels ist nicht ausreichend, wenn die Ursprungsländer ihr Kulturgut nicht zurückerhalten. Als Kehrseite der Medaille ist zu befürchten, dass die Bundesrepublik Deutschland selbst ihr eigenes Kulturgut aus dem Ausland nicht zurückerhält. Beeinträchtigt werden zudem auch der legale Kunsthandel sowie der internationale Leihverkehr. Denn ein Staat, der sich nicht sicher sein kann, sein national bedeutsames Kulturgut zurückzuerhalten, wird schwerer bereit sein, es am Leihverkehr teilhaben zu lassen. So hat es die Schweiz große Mühe gekostet, für seine Tutanchamun-Ausstellung in Basel im Jahre 2004 die ägyptische Regierung sowie das ägyptische Museum in Kairo dazu zu bewegen, Ausstellungsstücke von Weltrang zur Verfügung zu stellen; die berühmte Maske verblieb aller diplomatischer Anstrengungen zum Trotz in Kairo.

Zudem lassen sich die Ziele und Interessen des Kulturgüterschutzes auf internationaler, kooperativer Ebene am sinnvollsten verfolgen, da die Verpflichtungen hier unter dem Gegenseitigkeitsprinzip stehen. Insbesondere im internationalen Familien- und darunter dem Kindesrecht sowie der internationalen Rechtshilfe werden die Erfolge einer sich zunehmend intensivierenden internationalen Zusammenarbeit sichtbar. Selbst wenn jedoch die deutsche Umsetzung der UNESCO 1970 den von vielen in sie gesetzten Erwartungen und Ansprüchen am Ende vielleicht doch nicht gerecht werden mag, so bleibt doch zu hoffen, dass, wie in der Vergangenheit auch, zumindest in Politik und Rechtsprechung zunehmend Wege eines kooperativen Verhältnisses gefunden werden, die auf ihre Weise die Rückführung von Kulturgut in der Praxis voranbringen.

Literaturverzeichnis

Abele, Klaus:
Ist das Verhältnis von Kulturgüterschutz und Eigentum ein Finanzierungsproblem? Daneben auch ein Beitrag zum Begriff des Kulturgüterschutzes. In: Fechner, Frank / Oppermann, Thomas / Prott, Lyndel V. (Hrsg.), Prinzipien des Kulturgüterschutzes – Ansätze im deutschen, europäischen und internationalen Recht, Berlin 1996, S. 67 ff.
(zit.: Abele, in: Fechner/Oppermann/Prott, Prinzipien des Kulturgüterschutzes)

Abramson, Ronald D. / Huttler, Stephen B.:
The Legal Response to the Illicit Movement of Cultural Property. In: Law and Policy in International Business (5) 1973, 932 ff.

Aloisi, Ugo:
Examen des observations des Gouvernements sur la première rédaction du projet, Rapport à l'Office International des Musées. In: Art et Archéologie, Recueil de législation comparé et de droit international 1 (1939) S. 53 ff.

Armbrüster, Christian:
Privatrechtliche Ansprüche auf Rückführung von Kulturgütern ins Ausland. In: NJW 2001, 3581 ff.

Armbrüster, Christian:
La revendication de biens culturels du point de vue du droit international privé. In: RCDIP 93 (2004), S. 723 ff.

Asam, Herbert:
Rechtsfragen des illegalen Handels mit Kulturgütern – Ein Überblick. In: Mansel, Heinz-Peter / Pfeiffer, Thomas / Kronke, Herbert / Kohler, Christian / Hausmann, Rainer (Hrsg.), Festschrift für Erik Jayme, München 2004, S. 1651 ff.
(zit.: Asam, in: FS Jayme)

Augustinos, Nicholas:
The Protection of Cultural Heritage in the Event of Armed Conflict: the Cyprus Experience. In: Palmer, Norbert (Hrsg.), The Recovery of Stolen Art – a collection of essays, London 1998, S. 210 ff.
(zit.: Augustinos, in: Palmer, Recovery of Stolen Art)

Bar, Christian v.:
Internationales Privatrecht – Zweiter Band, Besonderer Teil, 1. Aufl. München 1991.
(zit.: v. Bar, IPR 2)

Bar, Christian v. / Mankowski, Peter:
Internationales Privatrecht – Allgemeine Lehren 1, 2. Aufl., München 2003.
(zit.: v. Bar/Mankowski, IPR 1)

Bassiouni, Cherif:
Reflections on criminal jurisdiction in international protection of cultural property. In: Syracuse Journal of International Law and Commerce 10 (1983), S. 281 ff.

Bator, Paul M.:
The International Trade in Art, Chicago 1983 = An Essay on the International Trade in Art, in: Stanford Law Review 34 (1982), S. 275 ff.
(zit.: Bator, International Trade in Art)

Baur, Jürgen F. / Stürner, Rolf:
Sachenrecht, 17. Aufl., München 1999.
(zit.: Baur/Stürner, Sachenrecht)

Baxter, R. R.:
Multilateral Treaties as Evidence of Customary International Law. In: British Yearbook of International Law 1965/66 XLI, S. 275 ff.

Baxter, R. R.:
Treaties and Custom. In: Collected Courses of the Hague Academy of International Law, RdC 129 (1970-I), S. 27 ff.
(zit.: Baxter, RdC 129 (1970-I))

Becher, Karl:
On the Obligation of Subjects of International Law to Return Cultural Property to its Permanent Place. In: Annuaire de (A.A.A.) l'association des auditeurs et anciens auditeurs de l' academie de droit international de la Haye 44 (1974), S. 96 ff.

Beermann, Albert:
Steuerliches Verfahrensrecht – Abgabenordnung, Finanzgerichtsordnung, Nebengesetze, Kommentar, Band 1 (Texte, §§ 1-100 AO), Stand: 45. EL 2004.
(zit.: Bearb. in: Beermann, Steuerliches Verfahrensrecht)

Berber, Friedrich:
Lehrbuch des Völkerrechts, I. Band, Allgemeines Friedensvölkerrecht, 2. Aufl., München 1975.
(zit.: Berber, Lehrbuch des Völkerrechts I)

Bergé, Jean-Sylvestre:
La Convention d'Unidroit sur les biens culturels: remarques sur la dynamique des sources en droit international. In: Journal du droit international 127 (2000), S. 215 ff.

Berndt, Joachim:
Internationaler Kulturgüterschutz – Abwanderungsschutz, Regelungen im innerstaatlichen Recht, im Europa- und Völkerrecht (Zugl.: Münster (Westfalen), Univ., Diss., 1996), Köln et. al.1998.
(zit.: Berndt, Internationaler Kulturgüterschutz)

Bernecker, Rolf:
Die internationale Diskussion zur UNESCO Konvention über „Maßnahmen zum Verbot und zur Verhütung der unzulässigen Einfuhr, Ausfuhr und Übereignung von Kulturgut" von 1970. In: Mitteilungsblatt. Museumsverband für Niedersachen und Bremen e.V. Nr. 61 Okt. 2001, S. 61 ff.

Bertram, Wilhelm:
Museumsbezogene Völkerrechtsinstrumente der UN und der UNESCO. In: Auer, Hermann (Hrsg.), Das Museum und die Dritte Welt, Bericht über ein internationales Symposium, veranstaltet von den ICOM-Nationalkomitees der Bundesrepublik Deutschland, Österreichs und der Schweiz vom 7. bis 10. Mai 1979 am Bodensee, München/New York/London/Paris 1981, S. 125 ff.
(zit.: Bertram, in: Auer, Das Museum und die Dritte Welt)

Bibas, Steven A.:
The Case against Statutes of Limitations for Stolen Art. In: The Yale Law Journal 103 (1994), S. 2437 ff. = IJCP 5 (1996), S. 73 ff.

Bila, Jaqueline:
Nationaler Kulturgüterschutz in der Europäischen Union (Zugl.: Bonn, Univ., Diss., 1996), Bonn 1997.
(zit.: Bila, Kulturgüterschutz in der EU)

Birkner, Erwin / Bachmayer, Hans / Kellner, Hans / Haferkorn, Michael:
Bayerisches Haushaltsrecht, Bayerische Haushaltsordnung, einschließlich Rechts- und Verwaltungsvorschriften für den Bayerischen Staatshaushalt, 2. Aufl., München, Stand 1. Juli 2005.
(zit.: Birkner, Bayerisches Haushaltsrecht)

Bleckmann, Albert:
Sittenwidrigkeit wegen Verstoßes gegen den Ordre Public International - Anmerkungen zum Urteil des BGH vom 22. Juni 1972. In: ZaÖRV 34 (1974), S. 112 ff.

Bleckmann, Albert:
Self-executing Treaty Provisions. In: Bernhardt, Rudolf (Hrsg.), EPIL Vol. IV, Amsterdam et. al. 2000, S. 347.
(zit.: Bleckmann, Self-executing Treaty Provisions, EPIL IV)

Blumenwitz, Dieter:
Staatennachfolge und die Einigung Deutschlands. Teil I Völkerrechtliche Verträge, Berlin 1992.
(zit.: Blumenwitz, Staatennachfolge)

Blumenwitz, Dieter:
Die Liechtenstein-Entscheidung des Europäischen Gerichtshofes für Menschenrechte. In: AVR 40 (2002), S. 215 ff.

Blumenwitz, Dieter:
Der Streit um die Rückgabe der rechtswidrig nach Deutschland verbrachten zypriotischen Kunstwerke. In: Philia 2004, S. 5 ff.

Blumenwitz, Dieter:
Rechtliche Schwierigkeiten bei der Rückgabe rechtswidrig nach Deutschland verbrachter Kunstschätze an die Herkunftsstaaten und künftige Lösungsansätze. In: Bröhmer, Jürgen / Bieber, Roland / Calliess, Christian / Langenfeld, Christine / Weber, Stefan / Wolf, Joachim (Hrsg.), Internationale Gemeinschaft und Menschenrecht, Festschrift für Georg Ress, Köln et. al. 2005, S. 3 ff.
(zit.: Blumenwitz, in: FS Ress)

Boguslavsky, Mark M.:
Der Begriff des Kulturguts und seine rechtliche Relevanz. In: Dolzer, Rudolf / Jayme, Erik / Mußgnug, Reinhard (Hrsg.), Rechtsfragen des internationalen Kulturgüterschutzes – Symposium vom 22./23. Juni 1990 im Internationalen Wissenschaftsforum Heidelberg, Heidelberg 1994, S. 3 ff.
(zit.: Boguslavsky, in: Dolzer/Jayme/Mußgnug, Rechtsfragen)

Brüning, Sybille:
Die Beachtlichkeit des fremden ordre public (Zugl. Passau, Univ., Diss., 1996), Berlin 1997.
(zit.: Brüning, Beachtlichkeit)

Burnham, Bonnie:
La protection du patrimoine culturel (Protection of Cultural Heritage), Manuel des législations nationales (Handbook of National Legislations), Office International des Musées (International Council of Museums), Paris 1974.
(zit.: Burnham, Handbook of National Legislations)

Byrne-Sutton, Quentin:
Le trafic international des biens culturels sous l'angle de leur revendication par l' Etat d'origine. Aspects de droit international privé. Zürich 1988.
(zit.: Byrne-Sutton, Le trafic international)

Byrne-Sutton, Quentin:
Qui est le propriétaire légitime d'un objet d'art volé? Une source de conflits dans le commerce international. In: International Sales of Works of Art I, Geneva Workshop, 11-13 April 1985, S. 483 ff.
(zit.: Byrne-Sutton, in: International Sales of Works of Art I)

Caravaca, Alfonso-Luis Calvo:
Private International Law and the Unidroit convention of 24th June 1995. In: Mansel, Heinz-Peter / Pfeiffer, Thomas / Kronke, Herbert / Kohler, Christian / Hausmann, Rainer (Hrsg.), Festschrift für Erik Jayme, München 2004, S. 87 ff.
(zit.: Caravaca, in: FS Jayme)

Carducci, Guido:
La restitution internationale des biens culturels et des objets d'art volés ou illicitement exportés – Droit commun, Directive CEE, Conventions de l'Unesco et d'Unidroit, Paris 1997.
(zit.: Carducci, La restitution internationale)

Chamberlain, Kevin:
UK-accession to UNESCO. In: Art, Antiquity and Law 7 (2002), S. 231 ff.

Charalambidou, I.:
Zypriotische Antiquitäten verbleiben noch in München. Kunstschätze gefährdet. In: Politis vom 27. November 2001.

Church, Judith:
Evaluating the Effectiveness of Foreign Laws on National Ownership of Cultural Property in U.S. Courts. In: Columbia Journal of Transnational Law 30 (1992), S. 179 ff.

Corves, Erich / Bartsch, Hans-Jürgen:
Strukturen und Methoden internationaler und regionaler Zusammenarbeit auf dem Gebiet des Strafrechts – Landesbericht für die Bundesrepublik Deutschland. In: ZStW 96 (1984), S. 505 ff.

Cot, Jean-Pierre:
Affaire du Temple du Préah Vihéar. In: AFDI 1962, S. 217 ff.

Cramburg, Ralf Fischer zu:
Das Schatzregal. Der obrigkeitliche Anspruch auf das Eigentum an Schatzfunden in den deutschen Rechten (Zugl.: Trier, Univ., Diss., 2001), Höhr-Grenzhausen 2001.
(zit.: Cramburg, Das Schatzregal)

Dahm, Georg / Delbrück, Jost / Wolfrum, Rüdiger:
Völkerrecht, Band I/1, Die Grundlagen. Die Völkerrechtssubjekte, 2. Aufl., Berlin/ New York 1989.
(zit.: Dahm/Delbrück/Wolfrum, Völkerrecht I/1)

D'Amato Anthony:
Manifest Intent and the Generation by Treaty of Customary Rules of International Law. In: AJIL 64 (1970) S. 893 ff.

Davis:
Sovereign Immunity and the Foreign Sovereign Immunity Act. In: The International Lawyer 31 (1997), S. 321 ff.

Dicke, Detlev Christian:
The Instruments and the Agencies of the International Protection of Cultural Property. In: Council of Europe, International Legal Protection of Cultural Property, Proceedings of the thirteenth Colloquy on European Law, Delphi, 20-22 September 1983, Straßburg 1984, S. 17 ff.
(zit.: Dicke, in: Council of Europe, International Legal Protection of Cultural Property)

Dietrich, Reinhard:
Cultural Property on the Move – Legally, Illegally. In: IJCP 11 (2002), S. 294 ff.

Doehring, Karl:
Völkerrecht, 2. Aufl., Heidelberg 2004.
(zit.: Doehring, Völkerrecht)

Doehring, Karl:
Gewohnheitsrecht aus Verträgen. In: ZaöRV 36 (1976), S. 77 ff.

Doehring, Karl:
Die Deklaration des Kulturguts zum „common heritage of mankind". In: Dolzer, Rudolf / Jayme, Erik / Mußgnug, Reinhard (Hrsg.), Rechtsfragen des internationalen Kulturgüterschutzes – Symposium vom 22./23. Juni 1990 im Internationalen Wissenschaftsforum Heidelberg, Heidelberg 1994, S. 13 ff.
(zit.: Doehring, in: Dolzer/Jayme/Mußgnug, Rechtsfragen)

Dolzer, Rudolf:
Kulturgüter im Friedensvölkerrecht. In: Dolzer, Rudolf / Jayme, Erik / Mußgnug, Reinhard (Hrsg.), Rechtsfragen des internationalen Kulturgüterschutzes – Symposium vom 22./23. Juni 1990 im Internationalen Wissenschaftsforum Heidelberg, Heidelberg 1994, S. 149 ff.
(zit.: Dolzer, in: Dolzer/Jayme/Mußgnug, Rechtsfragen)

Dormann Bessenich, Agnes:
Der ausländische Staat als Kläger (Zugl.: Basel, Univ., Diss., 1993), Basel et. al. 1993.
(zit.: Dormann Bessenich, Der ausländische Staat als Kläger)

Doyal, Stephanie:
Implementing the Unidroit Convention on Cultural Property into domestic law: The case of Italy. In: Columbia Journal of Transnational Law 39 (2001), 657 ff.

Dreyer, Wolfgang:
Der gutgläubige rechtsgeschäftliche Erwerb beweglicher Sachen im englischen Recht (Zugl.: Regensburg, Univ., Diss., 1994), Aachen 1996.
(zit.: Dreyer, Gutgläubiger Erwerb im englischen Recht)

Drobnig, Ulrich:
Amerikanische Gerichte zum internationalen Sachenrecht auf dem Hintergrund der Teilung Deutschlands. In: IPRax 1984, S. 61 ff.

Drobnig, Ulrich:
Die Beachtung von ausländischen Eingriffsgesetzen – eine Interessenanalyse. In: Barfuß, W. / Dutoit, B. / Forkel, H. / Immenga, U. / Majoros, F. (Hrsg.), Festschrift für Karl H. Neumayer zum 65. Geburtstag, Baden-Baden 1985, S. 159 ff.
(zit.: Drobnig, in: FS Neumayer)

Droz, Georges A. L.:
La convention d'Unidroit sur le retour international des biens culturels volés ou illicitement exportés (Rome, 24 juin 1995). In: RCDIP 86 (1997), S. 239 ff.

Duisberg, Claus J.:
Fragen der Staatensukzession bei der Wiedervereinigung Deutschlands – Erfahrungen aus den Verhandlungen über die deutsche Einheit. In: Götz, Volkmar / Selmer, Peter / Wolfrum, Rüdiger (Hrsg.), Liber amicorum Günther Jaenicke – Zum 85. Geburtstag, Berlin et. al 1998, S. 931 ff.
(zit.: Duisberg, in: Liber amicorum Jaenicke)

Eck/Gerstenblith, Patty:
Cultural Property. In: The International Lawyer 38 (2004), S. 469 ff.

Eck/Gerstenblith, Patty/Phelan:
International Cultural Property. In: The International Lawyer 36 (2002), S. 607 ff.

Eckstein, John A.:
Recent Decisions: Recognition – Standing to Sue – Arm and Agency of Unrecognized Government not Entitled to Sue or Intervene in United States Courts. In: Virginia Journal of International Law 14 (1973-74), S. 329 ff.

Engstler, Ludwig:
Die territoriale Bindung von Kulturgütern im Rahmen des Völkerrechts, Köln et. al. 1964.
(zit.: Engstler, Territoriale Bindung)

Erman Bürgerliches Gesetzbuch:
Handkommentar (Hrsg.: Westermann, Harm Peter), Bd. II (§§ 812-2385, EGBGB et. al.), 11. Aufl., Köln et. al. 2004.
(zit.: Erman/Bearb., BGB)

Eser, Albin / Lagodny, Otto / Wilkitzki, Peter:
Internationale Rechtshilfe in Strafsachen. Rechtssprechungssammlung 1949-1992, 2. Aufl., Freiburg 1993.
(zit.: Eser/Lagodny/Wilkitzki, Rechtsprechungssammlung IRG)

Eyster, Jason:
Expansion of NSPA in its Application to Illegally Exported Cultural Property. In: IJCP 5 (1996), S. 185 ff.

Fastenrath, Ulrich:
Das Recht der Staatensukzession. In: BerDGVR 35 (1995), S. 9 ff.

Fechner, Frank:
Rechtlicher Schutz archäologischen Kulturguts, Regelungen im innerstaatlichen Recht, im Europa- und Völkerrecht sowie Möglichkeiten zu ihrer Verbesserung, Berlin 1991.
(zit.: Fechner, Rechtlicher Schutz archäologischen Kulturguts)

Fechner, Frank:
Die Vorhaben der EG zum Kulturgüterschutz. In: DÖV 1992, S. 609 ff.

Fechner, Frank:
Prinzipien des Kulturgüterschutzes. Eine Einführung. In: Fechner, Frank / Oppermann, Thomas / Prott, Lyndel V. (Hrsg.), Prinzipien des Kulturgüterschutzes – Ansätze im deutschen, europäischen und internationalen Recht, Berlin 1996, S.11 ff.
(zit.: Fechner, in: Fechner/Oppermann/Prott, Prinzipien des Kulturgüterschutzes)

Ferrer-Correira, Antonio:
Nouvelles règles de conflit de lois sur la vente internationale d'objets d'art. In: Briat, Martine / Freedberg, Judith A. (Hrsg.), International Sales of Works of Art IV, Paris et. al. 1993, S. 41 ff.
(zit.: Ferrer-Correira, in: International Sales of Works of Art IV)

Fiedler, Wilfried:
Zur Entwicklung des Völkergewohnheitsrechts im Bereich des internationalen Kulturgüterschutz. In: Hailbronner, Kay / Ress, Georg / Stein, Torsten (Hrsg.), Staat und Völkerrechtsordnung, Festschrift für Karl Doehring, Berlin et. al. 1989, S. 199 ff.
(zit.: Fiedler, in: FS Doehring)

Fiedler, Wilfried:
Neue völkerrechtliche Ansätze des Kulturgüterschutzes. In: Reichelt, Gerte (Hrsg.), Internationaler Kulturgüterschutz, Wiener Symposium vom 18./19. Oktober 1990, Wien 1992, S. 69 ff.
(zit.: Fiedler, in: Reichelt, Wiener Symposium)

Fiedler, Wilfried:
Vom territorialen zum humanitären Kulturgüterschutz. Zur Entwicklung des Kulturgüterschutzes nach kriegerischen Konflikten. In: Fechner, Frank / Oppermann, Thomas / Prott, Lyndel V. (Hrsg.), Prinzipien des Kulturgüterschutzes – Ansätze im deutschen, europäischen und internationalen Recht, Berlin 1996, S.159 ff.
(zit.: Fiedler, in: Fechner/Oppermann/Prott, Prinzipien des Kulturgüterschutzes)

Fiedler, Wilfried:
Zwischen Kriegsbeute und internationaler Verantwortung - Kulturgüter im Internationalen Recht der Gegenwart. In: Reichelt, Gerte (Hrsg.), Neues Recht zum Schutz von Kulturgut – Internationaler Kulturgüterschutz, EG-Richtlinie, UNIDROIT-Konvention und Folgerecht, Wien 1997, S. 147 ff.
(zit.: Fiedler, in: Reichelt, Neues Recht zum Schutz von Kulturgut)

Finkenauer, Thomas:
Zum Begriff der Rechtsnachfolge in § 221 BGB. In: JZ 2000, S. 241 ff.

Fitzpatrick, James F.:
A Wayward Course: The Lawless Customs Policy Towards Cultural Properties. In: N.Y.U.J. Int'l. L & Pol. 15 (1983), S. 857 ff.

Fountain, Edwin L.:
Out from the Precarious Orbit of Politics: Reconsidering Recognition and the Standing of Foreign Governments to Sue in U.S. Courts. In: Virginia Journal of International Law 29 (1989), S. 473 ff.

Frank, Rainer:
Öffentlich-rechtliche Ansprüche fremder Staaten vor inländischen Gerichten. In: RabelsZ 34 (1970), S. 56 ff.

Frank, Rainer:
Der Anspruch Griechenlands auf die „Elgin Marbles" im Britischen Museum in London. In: Frank, Rainer (Hrsg.), Recht und Kunst, Symposium aus Anlaß des 80. Geburtstages von Wolfram Müller-Freienfels, Heidelberg 1996, S.1 ff.
(zit.: Frank, in: Symposium Müller-Freienfels)

Franz, Michael:
Datenbanken abhanden gekommener Kulturgüter am Beispiel der Koordinierungsstelle der Länder für die Rückführung von Kulturgütern. In: KUR 1 (1999), S. 345 ff.

Fraoua, Ridha:
Le trafic illicite des biens culturels et leur restitution – Analyse des réglementations nationales et internationales critiques et propositions (Zugl.: Fribourg, Univ., Diss., 1984), Fribourg 1985.
(zit.: Fraoua, Le trafic illicite)

Fraoua, Ridha:
Convention concernant les mesures à prendre pour interdire et empêcher l'importation, l'exportation et le transfert de propriété illicites des biens culturels, Commentaire et apercu de quelques mesures nationales d'exécution, UNESCO Doc. CC-86/WS/40, 1986.
(zit.: Fraoua, Commentaire)

Frey, Beat:
Die Wiedererlangung deliktischer Vermögenswerte in der Praxis der internationalen Rechtshilfe. In: Schmid, Niklaus / Ackermann, Jürg-Beat (Hrsg.), Wiedererlangung widerrechtlich entzogener Vermögenswerte mit Instrumenten des Straf-, Zivil-, Vollstreckungs- und internationalen Rechts, Zürich 1999, S. 75 ff.
(zit.: Frey, in: Schmid/Ackermann, Wiedererlangung widerrechtlich entzogener Vermögenswerte)

Freytag, Christiane:
„Cultural Heritage": Rückgabeansprüche von Ursprungsländern auf „ihr" Kulturgut? In: Fechner, Frank / Oppermann, Thomas / Prott, Lyndel V. (Hrsg.), Prinzipien des Kulturgüterschutzes – Ansätze im deutschen, europäischen und internationalen Recht, Berlin 1996, S. 175 ff.
(zit.: Freytag, in: Fechner/Oppermann/Prott, Prinzipien des Kulturgüterschutzes)

Frowein, Jochen Abr.:
The Reunification of Germany - Current Developments. In: AJIL 86 (1992), S. 152 ff.

Fuchs, Angelika:
Kulturgüterschutz im Kulturgutsicherungsgesetz. In: IPRax 2000, 281 ff.

Furtak, Oliver:
Abschluss im New Yorker Verfahren De Weerth v. Baldinger um den gutgläubigen Erwerb eines Monet. In: IPRax 1995, S. 128.

Ganslmeyer, Herbert:
Wem gehört die Benin-Maske?. In: VN 1980, S. 88 ff.

Garro, Alejandro M.:
The Recovery of Stolen Art Objects From Bona Fide Purchasers. In: International Sales of Works of Art I, Geneva Workshop, 11-13 April 1985, Genf 1988, S. 503 ff.
(zit.: Garro, in: International Sales of Works of Art I)

Geimer, Reinhold:
Internationales Zivilprozessrecht, 5. Aufl., Köln 2005.
(zit.: Geimer, IZPR)

Genius-Devime, Barbara:
Bedeutung und Grenzen des „Erbes der Menschheit" im völkerrechtlichen Kulturgüterschutz (Zugl.: Saarbrücken, Univ., Diss., 1996), Baden-Baden 1996.
(zit.: Genius-Devime, Erbe der Menschheit)

Gerstenblith, Patty:
United States v. Schultz. In: Culture without Context 10 (2002), S. 27 ff.

Gerstenblith, Patty:
The McClain/Schultz Doctrine: Another Step Against Trade in Stolen Antiquities. In: Culture without Context 13 (2003), S. 5 ff.

Goy, Raymond:
Le régime international de l'importation, de l'exportation et du transfert de propriété des biens culturels. In: AFDI 16 (1970), S. 605 ff.

Goy, Raymond:
Le retour et la restitution des biens culturels a leur pays d´origine en cas d´appropriation illégale. In: RGDIP 86 (1997), S. 962 ff.

Graf Vitzthum, Wolfgang :
Völkerrecht, 2. Aufl., Berlin 2001.
(zit.: Bearb., in: Vitzthum, Völkerrecht)

Greenfield, Jeanette:
The Return of Cultural Treasures, 2. Aufl., Cambridge/New York 1996.
(zit.: Greenfield, Return of Cultural Treasures)

Grützner, Heinrich / Pötz, Paul-Günter:
Internationaler Rechtshilfeverkehr in Strafsachen: die für die Rechtsbeziehungen der Bundesrepublik Deutschland mit dem Ausland in Strafsachen maßgeblichen Bestimmungen, Kommentar, 70. EL zur 2. Aufl., Heidelberg Dez. 2005.
(zit.: Grützner/Pötz, Rechtshilfeverkehr)

Güttler, Herbert:
Der Gotha-Fall und die Bundesrepublik Deutschland – Wtewaels „Heilige Familie" und Deutschlands „unheilige" Gegensätze. In: Carl, Michael H. / Güttler, Herbert / Siehr, Kurt (Hrsg.), Kunstdiebstahl vor Gericht, City of Gotha v. Sotheby's/Cobert Finance SA, Berlin 2001, S. 7 ff.
(zit.: Güttler, in: Carl/Güttler/Siehr, Kunstdiebstahl vor Gericht)

Guttel, Ehud / Novik, Michael T.:
A New Approach to Old Cases: Reconsidering Statutes of Limitation. In: University of Toronto Law Journal LIV (2004), S.129 ff.

Haag, Maximilian:
Der strafrechtliche Schutz von Kulturgütern. In: KUR 6 (2004), S. 136 ff.

Habscheid, Walther, J.:
Die Immunität ausländischer Staaten nach deutschem Zivilprozessrecht. In: BerDGVR 8 (1968), S. 159 ff.

Habscheid, Walther, J.:
Territoriale Grenzen der staatlichen Rechtssetzung. In: BerDGV 11 (1971), S. 47 ff.

Hackner, Thomas / Schomburg, Wolfgang / Lagodny, Otto / Wolf, Norbert:
Internationale Rechtshilfe in Strafsachen – Ein Leitfaden für die Praxis, München 2003.
(zit.: Hackner/Schomburg/Lagodny/ Wolf, Rechtshilfe)

Hailbronner, Kay:
Völker- und Europarechtliche Fragen der deutschen Wiedervereinigung. In: JZ 1990, S. 449 ff.

Hailbronner, Kay:
Frachtgut gesunkener Schiffe und Kulturgüterschutz vor deutschen Gerichten. In: JZ 2002, S. 957 ff.

Hammer, Felix:
Zur Geschichte des rechtlichen Kulturgüter- und Denkmalschutzes. In: Fechner, Frank / Oppermann, Thomas / Prott, Lyndel V. (Hrsg.), Prinzipien des Kulturgüterschutzes – Ansätze im deutschen, europäischen und internationalen Recht, Berlin 1996, S. 47 ff.
(zit.: Hammer, in: Fechner/Oppermann/Prott, Prinzipien des Kulturgüterschutzes)

Hanisch, Hans:
Internationalprivatrechtliche Fragen im Kunsthandel. In: Dieckmann, Albrecht / Frank, Rainer / Hanisch, Hans / Simitis, Spiros (Hrsg.), Festschrift für Wolfram Müller-Freienfels, Baden-Baden 1986, S.193 ff.
(zit.: Hanisch, in: FS Müller-Freienfels)

Hanisch, Hans:
Aspects juridiques du commerce international de l'art en République fédérale d'Allemagne. In: International Sales of Works of Art I, Geneva Workshop, 11-13 April 1985, Genf 1988, S. 157 ff.
(zit.: Hanisch, in: International Sales of Works of Art I)

Hanisch, Hans:
Der Fall des Liotard und die nationale Zuordnung eines Kunstwerks. In: Rainer Frank (Hrsg.), Recht und Kunst, Symposium aus Anlaß des 80. Geburtstages von Wolfram Müller-Freienfels, Heidelberg 1996, S. 19 ff.
(zit.: Hanisch, in: Symposium Müller-Freienfels)

Hartung, Hannes:
Kunstraub in Krieg und Verfolgung, Berlin 2005 (Zugl. Zürich, Univ., Diss. 2004).
(zit.: Hartung, Kunstraub in Krieg und Verfolgung)

Heinbuch, Holger:
Aktuelle Fragen des Kunsthandels in der Bundesrepublik Deutschland. In: International Sales of Works of Art I, Geneva Workshop, 11-13 April 1985, Genf 1988, S. 195 ff.
(zit.: Heinbuch, in: International Sales of Works of Art I)

Heintschel v. Heinegg, Wolff:
Die Vereinigung der beiden deutschen Staaten und das Schicksal der von ihnen abgeschlossenen völkerrechtlichen Verträge. In: BB 1990, Beilage 23 zu Heft 18.

Heiz, Rudolf:
Das fremde öffentliche Recht im internationalen Kollisionsrecht – Der Einfluß der Public Policy auf internationales Straf-, Steuer-, Devisen-, Konfiskations- und Enteignungsrecht, Zürich 1977 (Zugl.: Zürich, Univ., Diss., 1959), Nachdruck der Ausgabe Zürich 1959.
(zit.: Heiz, Das fremde öffentliche Recht)

Henze, Wolfgang:
Unidroit: hehre Ziele, verfehlte Mittel. In: Schweizerische Akademie der Geistes- und Sozialwissenschaften (Hrsg.), Unidroit: Recht und Ethik im Handel mit Kulturgut, Tagung der Schweizerischen Akademie der Geistes- und Sozialwissenschaften gemeinsam mit der Schweizerischen Ethnologischen Gesellschaft am 27. Juni 1998 in Bern, Bern 1998, S. 37 ff.
(zit.: Henze, in: UNIDROIT, Recht und Ethik)

Herdegen, Matthias:
Kulturgüterschutz im Kriegsvölkerrecht. In: Dolzer, Rudolf / Jayme, Erik / Mußgnug, Reinhard (Hrsg.), Rechtsfragen des internationalen Kulturgüterschutzes – Symposium vom 22./23. Juni 1990 im Internationalen Wissenschaftsforum Heidelberg, Heidelberg 1994, S. 161 ff.
(zit.: Herdegen, in: Dolzer/Jayme/Mußgnug, Rechtsfragen)

Hipp, Anette:
Schutz von Kulturgütern in Deutschland (Zugl.: Heidelberg, Univ., Diss., 1999/2000), Berlin 2000.
(zit.: Hipp, Kulturgüterschutz in Deutschland)

Hönes, Ernst-Rainer:
Die UNESCO-Konvention über Maßnahmen zum Verbot und zur Verhütung der rechtswidrigen Einfuhr, Ausfuhr und Übereignung von Kulturgut vom 14. November 1970. In: BayVBl. 2006, S. 165 ff.

Hoffmann, Volker H. / Knierim, Thomas C.:
Rückgabe von im Strafverfahren sichergestellten oder beschlagnahmten Gegenständen. In: NStZ 2000, S. 461 ff.

Hübschmann/Hepp/Spitaler:
Kommentar zur Abgabenordnung und Finanzgerichtsordnung, 10. Aufl., Köln, 186. EL., Okt. 2005.
(zit.: Bearb., in: HHSp, AO)

Ipsen, Knut:
Völkerrecht, 5. Aufl., München 2004.
(zit.: Bearb., in: Ipsen, Völkerrecht, § Rn.)

Jaeger, Andrea:
Internationaler Kulturgüterschutz, Rechtslage – Rechtspraxis – Rechtsentwicklung (zugl.: Köln, Univ., Diss., 1992/93), Köln et. al. 1993.
(zit.: Jaeger, Internationaler Kulturgüterschutz)

Janovsky, Thomas:
Die Strafbarkeit des illegalen grenzüberschreitenden Warenverkehrs. In: NStZ 1998, S. 117 ff.

Jayme, Erik:
Internationaler Kulturgüterschutz: Lex originis oder lex rei sitae – Tagung in Heidelberg. In: IPRax 1990, S. 347 ff.

Jayme, Erik:
Kunstwerk und Nation: Zuordnungsprobleme im internationalen Kulturgüterschutz, vorgetragen am 27. Oktober 1990. In: Sitzungsberichte der Heidelberger Akademie der Wissenschaften, Heidelberg 1990, S. 7 ff. = Eröffnungsvortrag: Die Nationalität des Kunstwerks als Rechtsfrage, in: Reichelt, Gerte (Hrsg.), Internationaler Kulturgüterschutz, Wiener Symposium vom 18./19. Oktober 1990, Wien 1992, S. 7 ff.
(zit.: Jayme, Kunstwerk und Nation)

Jayme, Erik:
Neue Anknüpfungsmaximen für den Kulturgüterschutz im Internationalen Privatrecht. In: Dolzer, Rudolf / Jayme, Erik / Mußgnug, Reinhard (Hrsg.), Rechtsfragen des internationalen Kulturgüterschutzes – Symposium vom 22./23. Juni 1990 im Internationalen Wissenschaftsforum Heidelberg, Heidelberg 1994, S. 35 ff.
(zit.: Jayme, in: Dolzer/Jayme/Mußgnug, Rechtsfragen)

Jayme, Erik:
The Status of International Cultural Property in German Private International Law. In: Jayme, Erik (Hrsg.), German National Reports in Civil Law Matters for the XIVth Congress of Comparative Law in Athens, Heidelberg 1994, S. 87 ff. und in: Jayme, Erik (Hrsg.), Nationales Kunstwerk und Internationales Privatrecht – Vorträge, Aufsätze, Gutachten, Heidelberg 1999, S. 181 ff.
(zit.: Jayme, Status of Cultural Property)

Jayme, Erik:
Kulturgüterschutz in ausgewählten europäischen Ländern. In: ZVglRWiss 95 (1996), S. 158 ff.

Jayme, Erik:
Eröffnungsvortrag – Rechtsbegriffe und Kunstgeschichte. In: Reichelt, Gerte (Hrsg.), Neues Recht zum Schutz von Kulturgut – Internationaler Kulturgüterschutz, EG-Richtlinie, UNIDROIT-Konvention und Folgerecht, Wien 1997, S. 11 ff.
(zit.: Jayme, in: Reichelt, Neues Recht zum Schutz von Kulturgut)

Jayme, Erik:
Protection of Cultural Property and Conflict of Laws: The Basel Resolution of the Institute of International Law. In: IJCP 6 (1997), S. 376 ff.

Jayme, Erik:
Antonia Canova und die Nationalisierung der Kunst. In: Basedow, Jürgen / Meier, Isaak / Schnyder, Anton K. / Einhorn, Talia / Girsberger, Daniel (Hrsg.), Private Law in the International Arena. From National Conflict Rules Towards Harmonization and Unification – Liber amicorum Kurt Siehr, Zürich 2000, S. 281 ff.
(zit.: Jayme, in: Liber amicorum Siehr)

Jayme, Erik:
Das freie Geleit für Kunstwerke, Wien 2001 (Heft 11). In: Reichelt, Gerte (Hrsg.), Ludwig Boltzmann Institut für Europarecht, Vorlesungen und Vorträge.
(zit.: Jayme, Freies Geleit)

Jayme, Erik:
Globalization in Art Law: Clash of Interests and International Tendencies. In: Vanderbilt Journal of Transnational Law 2005, Vol. 8 (Symposium Issue: International Legal Dimensions of Art and Cultural Property).

Jayme, Erik / Hausmann, Rainer:
Internationales Privat- und Verfahrensrecht, Textausgabe, 12. Aufl., München 2004.

Jote, Kifle:
International Legal Protection of Cultural Heritage (Zugl.: Stockholm, Univ., Diss., 1994), Stockholm 1994.
(zit.: Jote, International Legal Protection)

Karlsruher Kommentar
zur Strafprozessordnung und zum Gerichtsverfassungsgesetz mit Einführungsgesetz (Hrsg.: Pfeiffer, Gerd), 5. Aufl., München 2003.
(zit.: KK-Bearb.)

Kaufmann, Christian:
Pro Unidroit – Überlegungen eines Ethnologen. In: Schweizerische Akademie der Geistes- und Sozialwissenschaften (Hrsg.), Unidroit: Recht und Ethik im Handel mit Kulturgut, Tagung der Schweizerischen Akademie der Geistes- und Sozialwissenschaften gemeinsam mit der Schweizerischen Ethnologischen Gesellschaft am 27. Juni 1998 in Bern, Bern 1998, S. 29 ff.
(zit.: Kaufmann, in: UNIDROIT, Recht und Ethik)

Kaufmann, Claudia:
Internationaler Kulturgütertransfer – UNESCO-Konvention 1970 und UNIDROIT-Konvention 1995; Bericht der Arbeitsgruppe (hrsg. vom Bundesamt für Kultur, Schweiz), Bern 1998.
(zit.: Kaufmann, Internationaler Kulturgütertransfer)

Kegel, Gerhard / Seidl-Hohenfeldern, Ignaz:
Zum Territorialitätsprinzip im internationalen öffentlichen Recht. In: Heldrich, Andreas / Henrich, Dieter / Sonnenberger, Hans Jürgen (Hrsg.), Konflikt und Ordnung, Festschrift für Murad Ferid zum 17. Geburtstag, München 1978, S. 231 ff.
(zit.: Kegel/Seidl-Hohenveldern, in: FS Ferid)

Kegel, Gerhard / Schurig, Klaus:
Internationales Privatrecht, 9. Aufl., München 2004.
(zit.: Kegel/Schurig, IPR)

Keller, Max / Siehr, Kurt:
Allgemeine Lehren des internationalen Privatrechts, Zürich 1986.
(zit.: Keller/Siehr, Allgemeine Lehren)

Kempen, Bernhard:
Internationaler Kulturgüteraustausch: Die Bedeutung der „Rechtsverbindlichen Rückgabezusage". In: Brenner, Michael / Huber, Peter M. / Möstl, Markus (Hrsg.), Der Staat des Grundgesetzes – Kontinuität und Wandel, Festschrift für Peter Badura zum siebzigsten Geburtstag, 2004, S. 1079 ff.
(zit.: Kempen, in: FS Badura)

Kenety, William H.:
Who Owns the Past? The Need for Legal Reform and Reciprocity in the International Art Trade. In: Cornell International Law Journal 23 (1990), S. 1 ff.

Kienle, Florian / Weller, Marc-Philippe:
Die Vindikation gestohlener Kulturgüter im IPR. In: IPRax 2004, S. 290 ff.

Klein, Frederic-Edouard:
En réalisant la Convention Unidroit du 24 juin 1995 sur les biens culturels volés ou illicitement exportés: Réflexions et suggestions. In: ZSR 118 (1999), S. 263 ff.

Knapp, Blaise:
General Report: Restrictions to the Importation and Exportation in the Art Trade. In: Briat, Martine (Hrsg.) International Sales of Works of Art II, Paris et. al. 1990, S. 11 ff.
(zit.: Knapp, in: International Sales of Works of Art II)

Knott, Hermann J.:
Der Anspruch auf Herausgabe gestohlenen und illegal exportierten Kulturguts – Internationalprivatrechtliche und rechtsvergleichende Aspekte zum Herausgabeanspruch des privaten Eigentümers und des Herkunftsstaates (Zugl.: Köln, Univ., Diss., 1989), Baden-Baden 1990.
(zit.: Knott, Anspruch auf Herausgabe)

Koch, Arnd:
Schatzsuche, Archäologie und Strafrecht – Strafrechtliche Aspekte so genannter „Raubgräberei". In: NJW 2006, S. 557 ff.

Kohler, Josef:
Recht an Denkmälern und Altersfunden. In: DJZ 9 (1904), S. 771 ff.

Köhling:
Greek Orthodox Patriarchate of Jerusalem v. Christie's, Case note and Reflections on Recent Developments in US Law. In: Art, Antiquity and Law 6 (2001), S. 249 ff.

Kohls, Frank:
Kulturgüterschutz: Wirkungen von Verstößen gegen Ausfuhrverbote und Möglichkeiten der Rückführung illegal verbrachter Kulturgüter – Eine vergleichende Untersuchung mit den Rechten Dänemarks, Norwegens und Schwedens (Zugl.: Freiburg, Univ., Diss., 2000), Frankfurt a.M. et. al. 2001.
(zit.: Kohls, Kulturgüterschutz)

Kolb, Robert:
Selected Problems in the Theory of Customary International Law. In: NILR 50 (2003), S. 119 ff.

Kono, Toshiyuki:
Kulturgüterschutz im japanischen IPR unter besonderer Berücksichtigung des Gutglaubenserwerbs im japanischen Zivilrecht. In: Dolzer, Rudolf / Jayme, Erik / Mußgnug, Reinhard (Hrsg.), Rechtsfragen des internationalen Kulturgüterschutzes – Symposium vom 22./23. Juni 1990 im Internationalen Wissenschaftsforum Heidelberg, Heidelberg 1994, S. 105 ff.
(zit.: Kono, in: Dolzer/Jayme/Mußgnug, Rechtsfragen)

Koumantos, Georges:
International Legal Protection of Cultural Property, Introductory Report. In: Council of Europe, International Legal Protection of Cultural Property, Proceedings of the thirteenth Colloquy on European Law, Delphi, 20-22 September 1983, Straßburg 1984, S. 12 ff.
(zit.: Koumantos, in: Council of Europe, International Legal Protection of Cultural Property)

Kowalski, Hab Wojciech:
Purchase of a Stolen Work of Art. In: Torremans, Paul L.C. (Hrsg.), Legal Convergence in the Enlarged Europe of the New Millenium, Den Haag et. al. 2000, S. 89 ff.
(zit.: Kowalski, in: Torremans, Legal Convergence)

Kowalski, Hab Wojciech:
The Restitution of Works of Art. In: Collected Courses of the Hague Academy of International Law, Receuil des Cours 288 (2001-I), S. 13 ff.
(zit.: Kowalski, RdC 288)

Kreuzer, Karl:
La propriété mobilière en droit international privé. In: Collected Courses of the Hague Academy of International Law, Receuil des Cours 259 (1996-I), S. 13 ff.
(zit.: Kreuzer, RdC 259)

Kronke, Herbert:
Europäisches Übereinkommen über Staatenimmunität – Element der Kodifizierung des deutschen internationalen Zivilverfahrensrechts. In: IPRax 1991, S. 141 ff.

Kropholler, Jan:
Internationales Privatrecht, 5. Aufl., Tübingen 2004.
(zit.: Kropholler, IPR)

Kropholler, Jan / Krüger, Hilmar / Riering, Wolfgang / Samtleben, Jürgen / Siehr, Kurt:
Außereuropäische IPR-Gesetze, Hamburg/Würzburg 1999.

Kühn, Rolf / Hofmann, Ruth:
Abgabenordnung, Finanzgerichtsordnung, Nebengesetze – Kommentar, 17. Aufl., Stuttgart 1995.
(zit.: Bearb., in: Kühn/Hofmann, AO)

Kunig, Philip:
Deutsches Verwaltungshandeln und Empfehlungen internationaler Organisationen. In: Hailbronner, Kay / Ress, Georg / Stein, Torsten (Hrsg.), Staat und Völkerrechtsordnung, Festschrift für Karl Doehring, Berlin et. al. 1989, S. 529 ff.
(zit.: Kunig, in: FS Doehring)

Laffert, Gerd v.:
Die völkerrechtliche Lage des geteilten Zypern und Fragen seiner staatlichen Reorganisation (Zugl.: Würzburg, Univ., Diss., 1994), Frankfurt a.M. 1995.
(zit.: v. Laffert, Völkerrechtliche Lage des geteilten Zypern)

Lagodny, Otto / Schomburg, Wolfgang:
Internationale Rechtshilfe in Strafsachen: Bundesrepublik Deutschland. In: Gilles, Peter (Hrsg.), Transnationales Prozessrecht, Deutsche Landesberichte zur Weltkonferenz für Prozessrecht in Taormina, Sizilien 1995, Baden-Baden 1995, S. 43 ff.
(zit.: Lagodny/Schomburg, in: Transnationales Prozessrecht)

Lalive, Pierre:
The Transfer of Chattels in the Conflict of Laws, Oxford 1955.
(zit.: Transfer of Chattels)

Lalive, Pierre:
Une avancée du droit international: la Convention de Rome d'Unidroit sur les biens culturels volés ou illicitement exportés. In: RDU 1996-3, S. 40 ff.

Lalive, Pierre:
La Convention Unidroit sur les biens culturels volés ou illicitement exportés (du 24 juin 1995). In: SZIER 7 (1997), S. 13 ff.

Leipziger Kommentar:
Strafgesetzbuch (Hrsg.: Jähnke, Burkhard / Laufhütte, Heinrich Wilhelm / Odersky, Walter), 11. Aufl., Berlin 2003.
(zit.: LK-Bearb.)

Linke, Robert:
Grundriß des Auslieferungsrechts, Wien 1983.

Linke, Robert:
Aktuelle Fragen der Rechtshilfe in Strafsachen. In: NStZ 1982, S. 416 ff.

Lipstein, Kurt:
Öffentliches Recht und internationales Privatrecht. In: Holl, Wolfgang / Klinke, Ulrich (Hrsg.), Internationales Privatrecht, Internationales Wirtschaftsrecht, Referate eines Symposiums der Alexander von Humboldt-Stiftung vom 26. bis 30. September 1983 in Ludwigsburg, Köln et. al. 1985, S. 39 ff.
(zit.: Lipstein, in: Holl/Klinke, Internationales Privatrecht, Referate)

Lipstein, Kurt:
Recognition. In: Bernhardt, Rudolf (Hrsg.), EPIL Vol. IV, Amsterdam et. al. 2000, S. 35 ff.
(zit.: Lipstein, Recognition, EPIL IV)

Löffler, Joachim:
Die Herausgabe von beschlagnahmten oder sichergestellten Sachen im Strafverfahren. In: NJW 1991, S. 1705 ff.

Löwe-Rosenberg:
Die Strafprozessordnung und das Gerichtsverfassungsgesetz (Hrsg.: Rieß, Peter), Erster Band (Einl., §§ 1-111 n), 24 Aufl., Berlin et. al. 1988.
(zit.: Löwe-Rosenberg-Bearb.)

Mankowski, Peter:
Auswirkung ausländischer (nigerianischer) Zoll- und Einfuhrbestimmungen auf einen See-Versicherungsvertrag – Anmerkung zu OLG Hamburg v. 6. Mai 1993 – 6 U 3/93. In: RIW 1994, S. 688 ff.

Mann, Frederick A.:
Öffentlich-rechtliche Ansprüche im internationalen Rechtsverkehr. In: RabelsZ 21 (1956), S. 1 ff.

Mann, Frederick A.:
Anmerkung zu BGHZ 59, S. 82 ff. (Nigeria-Kulturgutentscheidung). In: NJW 1972, S. 2179.

Mann, Frederick A.:
Zu den öffentlich-rechtlichen Ansprüchen ausländischer Staaten – Ein Rückblick nach 30 Jahren. In: Musielak, Hans-Joachim (Hrsg.), Festschrift für Gerhard Kegel zum 75. Geburtstag, Stuttgart 1987, S. 365 ff.
(zit.: Mann, in: FS Kegel)

Mansel, Heinz-Peter:
DeWeerth v. Baldinger – Kollisionsrechtliches zum Erwerb gestohlener Kunstwerke. In: IPRax 1988, S. 268 ff.

Markees, Curt:
Probleme der internationalen Rechtshilfe in Strafsachen. In: GA 1958, S. 353 ff.

Markees, Curt:
Die Herausgabe von Gegenständen im internationalen Strafrechtshilfeverkehr. In: Oehler, Dietrich / Pötz, P.-G. (Hrsg.), Aktuelle Probleme des Internationalen Strafrechts, Hamburg 1970, S. 92 ff.
(zit.: Markees, in: Oehler/Pötz, Aktuelle Probleme)

Martiny, Dieter:
Der deutsche Vorbehalt gegen Art. 7 Abs. 1 des EG-Schuldvertragsübereinkommens vom 19.06.1980 – seine Folgen für die Anwendung ausländischen zwingenden Rechts. In: IPRax 1987, S. 277 ff.

Maurer, Christoph H. M.:
Die Ausfuhr von Kulturgütern in der Europäischen Union (Zugl.: Heidelberg, Univ., Diss., 1997), Frankfurt a.M. 1997.
(zit.: Maurer, Ausfuhr)

Meinel, Hans:
Die museumsbezogenen Aktivitäten der UNESCO für die Dritte Welt. In: Auer, Hermann (Hrsg.), Das Museum und die Dritte Welt, Bericht über ein internationales Symposium, veranstaltet von den ICOM-Nationalkomitees der Bundesrepublik Deutschland, Österreichs und der Schweiz vom 7. bis 10. Mai 1979 am Bodensee, München et. al. 1981, S. 109 ff.
(zit.: Meinel, in: Auer, Das Museum und die Dritte Welt)

Mendelson, Maurice H.:
The Formation of Customary International Law. In: Collected Courses of the Hague Academy of International Law, Receuil des Cours 272 (1998), S. 155 ff.
(zit.: Mendelson, RdC 272)

Merryman, John A.:
The Retention of Cultural Property. In: U.C. Davis Law Review 83 (1985-II), S. 477 ff.

Merryman, John A.:
Two Ways of Thinking of Cultural Property. In: AJIL 80 (1986), S. 831 ff.

Merryman, John A.:
American Law and the International Trade in Art. In: International Sales of Works of Art I, Geneva Workshop, 11-13 April 1985, Genf 1988, S. 425 ff. (Hrsg.: Lalive, Pierre A.).
(zit.: Merryman, in: International Sales of Works of Art I)

Merryman, John A.:
The Unidroit Convention: three significant departures from the Urtext. In: IJCP 5 (1996), S. 11 ff.

Merryman, John A.:
Cultural Property Internationalism. In: IJCP 11 (2005), S. 11 ff.

Meyer, Karl E.:
Geplünderte Vergangenheit. Der illegale Kunsthandel – Fälscher, Diebe und Bewahrer, Schweiz 1977 (Übersetzung von: The plundered past, New York 1983).
(zit.: Meyer, Geplünderte Vergangenheit)

Meyer-Goßner, Lutz:
Strafprozessordnung, Gerichtsverfassungsgesetz, Nebengesetze und ergänzende Bestimmungen, Kommentar, 47. Aufl., München 2004.
(zit.: Meyer-Goßner, StPO)

Moore, Jonathan S.:
Enforcing Foreign Ownership Claims in the Antiquities Market. In: The Yale Law Journal 97 (1998), S. 466 ff.

Mülbert, Peter O.:
Ausländische Eingriffsnormen als Datum. In: IPRax 1986, S. 140 ff.

Müller, Jörg Paul / Wildhaber, Luzius:
Praxis des Völkerrechts, 3. Aufl., Bern 2001.

Müller, Klaus:
Sachenrecht, 4. Aufl., Köln et. al. 1996.

Müller, Markus:
Kulturgüterschutz: Mittel nationaler Repräsentation oder Wahrung des Gemeinsamen Erbes der Menschheit?. In: Fechner, Frank / Oppermann, Thomas / Prott, Lyndel V. (Hrsg.), Prinzipien des Kulturgüterschutzes – Ansätze im deutschen, europäischen und internationalen Recht, Berlin 1996, S. 225 ff.
(zit.: Müller, in: Fechner/Oppermann/Prott, Prinzipien des Kulturgüterschutzes)

Müller-Katzenburg, Astrid:
Internationale Standards im Kulturgüterverkehr und ihre Bedeutung für das Sach- und Kollisionsrecht (Zugl.: Freiburg, Univ., Diss., 1995), Berlin 1996.
(zit.: Müller-Katzenburg, Internationale Standards)

Müller-Katzenburg, Astrid:
Erste Erfahrungen des Kunsthandels mit der Schuldrechtsreform. In: NJW 2006, S. 553 ff.

Müller-Rappard, Ekkehart:
La Convention Européene sur les infractions visant des biens culturels. In: Lalive, Pierre (Hrsg.), International Sales of Works of Art I, Geneva Workshop, 11-13 April 1985, Genf 1988, S. 575 ff.
(zit.: Müller-Rappard, in: International Sales of Works of Art I)

Münch, Ingo v.:
Deutschland: gestern – heute – morgen. Verfassungsrechtliche und völkerrechtliche Probleme der deutschen Teilung und Vereinigung. In: NJW 1991, 865 ff.

Münchner Kommentar
zum Bürgerlichen Gesetzbuch (Hrsg.: Rebmann, Kurt / Säcker, Franz Jürgen / Rixecker, Roland), Band 1 Allgemeiner Teil (§§ 1-240), 4. Aufl. , München 2001.
(zit.: MüKo-Bearb., BGB/EGBGB)

Münchner Kommentar
zum Bürgerlichen Gesetzbuch (Hrsg.: Rebmann, Kurt / Säcker, Franz Jürgen / Rixecker, Roland), Band 6 Sachenrecht (§§ 854-1296), 4. Aufl., München 2004.
(zit.: MüKo-Bearb., BGB/EGBGB)

Münchner Kommentar
zum Bürgerlichen Gesetzbuch (Hrsg.: Rebmann, Kurt / Säcker, Franz Jürgen / Rixecker, Roland), Band 10 Einführungsgesetz zum Bürgerlichen Gesetzbuche (Art. 1-38) Internationales Privatrecht, 3. Auflage, München 1998.
(zit.: MüKo-Bearb., BGB/EGBGB)

Münchner Kommentar
zum Bürgerlichen Gesetzbuch (Hrsg.: Rebmann, Kurt / Säcker, Franz Jürgen / Rixecker, Roland), Band 10 Einführungsgesetz zum Bürgerlichen Gesetzbuche (Art. 1-46) Internationales Privatrecht, 4. Aufl., München 2006.
(zit.: MüKo-Bearb., BGB/EGBGB)

Münchner Kommentar
zum Strafgesetzbuch (Hrsg.: Joecks, Wolfgang / Miebach, Klaus), Band 1 §§ 1-51 StGB, Band 2/1 §§ 52-79 b StGB, 1. Aufl., München 2005.
(zit.: MüKo-Bearb., StGB)

Mußgnug, Reinhard:
Das Kunstwerk im internationalen Recht. In: Cassens, Johann Tönjes (Hrsg.), Kunst und Recht, Heidelberg 1985, S. 15 ff.
(zit.: Mußgnug, Kunstwerk)

Mußgnug, Reinhard:
Germany: National Report on the Regulatory Framework for the Free International Circulation of Objects of Art. In: Briat, Martine / Freedberg, Judith A. (Hrsg.) International Sales of Works of Art IV, Paris et. al. 1993, S. 63 ff.
(zit.: Mußgnug, in: International Sales of Works of Art IV)

Mußgnug, Reinhard:
Museums- und Archivgut als „res extra commercium"?. In: Dolzer, Rudolf / Jayme, Erik / Mußgnug, Reinhard (Hrsg.), Rechtsfragen des internationalen Kulturgüterschutzes – Symposium vom 22./23. Juni 1990 im Internationalen Wissenschaftsforum Heidelberg, Heidelberg 1994, S. 199 ff.
(zit.: Mußgnug, in: Dolzer/Jayme/Mußgnug, Rechtsfragen)

Mußgnug, Reinhard:
Europäischer und Nationaler Kulturgüterschutz. In: Mußgnug, Reinhard / Roellecke, Gerd (Hrsg.), Aktuelle Fragen des Kulturgüterschutzes – Beiträge zur Reform des deutschen Kulturgutschutzgesetzes 1955 und seiner Angleichung an den europäischen Kulturgüterschutz, Heidelberg 1998, S. 11 ff.
(zit.: Mußgnug, in: Mußgnug/Roellecke, Aktuelle Fragen)

Mußgnug, Reinhard:
Die Staatsangehörigkeit des Kulturguts. In: Bröhmer, Jürgen / Bieber, Roland / Calliess, Christian / Langenfeld, Christine / Weber, Stefan / Wolf, Joachim (Hrsg.), Internationale Gemeinschaft und Menschenrecht, Festschrift für Georg Ress, Köln et. al. 2005, S. 1531 ff.
(zit.: Mußgnug, in: FS Ress)

Nafziger, J. A. R.:
The New International Legal Framework for the Return, Restitution or Forfeiture of Cultural Property. In: NYU Journal of International Law & Politics 15 (1983), S. 789 ff.

Nafziger, J. A. R.:
International Penal Aspects of Protecting Cultural Property. In: The International Lawyer, 19 (1985), S. 835 ff.

Nafziger, J. A. R.:
Towards a more Collaborative Regime of Transnational Cultural Property Law. In: Basedow, Jürgen / Meier, Isaak / Schnyder, Anton K. / Einhorn, Talia / Girsberger, Daniel (Hrsg.), Private Law in the International Arena. From National Conflict Rules Towards Harmonization and Unification - Liber amicorum Kurt Siehr, Zürich 2000, S. 497 ff.
(zit.: Nafziger, in: Liber amicorum Siehr)

Niec, Halina:
Legislative Models of Protection of Cultural Property. In: Hastings Law Journal 27 (1975/76), S. 1089 ff.

Oehler, Dietrich:
Das neue Recht der Internationalen Rechtshilfe in Strafsachen. In: ZStW 96 (1984), S. 555 ff.

Olbrich, Volker:
Der Zollkodex im Überblick – eine Einführung in die Systematik, 1. Aufl., München 1994.
(zit.: Olbrich, Zollkodex im Überblick)

Palmer, Norman:
Recovering Stolen Art. In: Current Legal Problems 1994, S. 215 ff.

Palmer, Norman:
Conversion, Trespass and Title to Works of Art. In: Palmer, Norman (Hrsg.), The Recovery of Stolen Art – a collection of essays, London et. al. 1998, S. 33 ff.
(zit.: Palmer, in: Palmer, Recovery of Stolen Art)

Pawlytta, Mark:
Das neue Kulturgütertransfergesetz der Schweiz und die Rechtslage in Deutschland. In: ZErb 2005, S. 34 ff.

Pentzlin, Friedericke:
Der universelle ordre public im Wirtschaftsrecht als ein Ordnungsprinzip des innerstaatlichen Rechts, München 1985.
(zit.: Pentzlin, Universeller ordre public)

Pfeiffer, Thomas:
Der Stand des internationalen Sachenrechts nach seiner Kodifikation. In: IPRax 2000, S. 270 ff.

Phelan:
Cultural Property. In: The International Lawyer 33 (1999), S. 443 ff.

Picker, Günther E. H.:
Kunst- und Antiquitätenhandel. In: Cassens, Johann Tönjes (Hrsg.), Kunst und Recht, Heidelberg 1985, S. 43 ff.
(zit.: Picker, in: Cassens, Kunst und Recht)

Piduch, Erwin:
Bundeshaushaltsrecht, Kommentar zu den Art. 91 a, b, 104 a, 109-115 des GG und zur BHO mit rechtsvergleichenden Hinweisen auf das Haushaltsrecht der Länder und ihrer Gemeinden, Stuttgart, Stand Dez. 2004.
(zit: Piduch, Bundeshaushaltsrecht)

Pieroth, Bodo / Kampmann, Bernd:
Außenhandelsbeschränkungen für Kunstgegenstände. In: NJW 1990, 1385 ff.

Plehwe, Thomas v.:
Verjährung des dinglichen Herausgabeanspruchs und Ersitzung in Fällen abhanden gekommener KG – Zur Notwendigkeit einer Reform. In: KUR 3 (2001), S. 49 ff.

Pohlmann, Hans / Jabel, Hans-Peter / Wolf, Thomas:
Strafvollstreckungsordnung und gesetzliche Grundlagen – Kommentar, 7. Aufl., Bielefeld 1996.
(zit.: Bearb., in: Pohlmann/Jabel/Wolf, Strafvollstreckungsordnung)

Poli, Jean-Francois:
Droit communautaire, compétences culturelles des états membres en matière de protection du patrimoine national, et convention d'Unidroit sur les biens culturels voles ou illicitement exportes. In: Revue du marche commun 1998, S. 89 ff.

Prott, Lyndel V.:
Commentary on the UNIDROIT Convention on stolen and illegally exported cultural objects 1995, London et. al. 1997.
(zit.: Prott, Commentary)

Prott, Lyndel V.:
Problems of Private International Law for the Protection of Cultural Heritage. In: Collected Courses of the Hague Academy of International Law, Receuil des Cours 217 (1989-V), S. 219 ff.
(zit.: Prott, RdC 217)

Prott, Lyndel V.:
Kulturgüterschutz nach der Unidroit-Konvention und nach der Unesco-Konvention. In: ZVglRWiss (95) 1996, S.188 ff.

Prott, Lyndel V.:
The International Legal Protection of Cultural Heritage in: Fechner, Frank / Oppermann, Thomas / Prott, Lyndel V. (Hrsg.), Prinzipien des Kulturgüterschutzes – Ansätze im deutschen, europäischen und internationalen Recht, Berlin 1996, S. 295 ff.
(zit.: Prott, in: Fechner/Oppermann/Prott, Prinzipien des Kulturgüterschutzes)

Prott, Lyndel V.:
Unesco and Unidroit: a Partnership Against Trafficking in Cultural Objects. In: Palmer, Norbert (Hrsg.), The Recovery of Stolen Art – a collection of essays, London 1998, S. 205 ff. = ULR 1996-1, S. 58 ff.

Prott, Lyndel V. / O'Keefe, Patrick:
National Legal Control of Illicit Traffic in Cultural Property, UNESCO, Paris 1983 (Zugl. UNESCO Doc. CLT-83/WS/16).
(zit.: Prott/O'Keefe, National Legal Control)

Prott, Lyndel V. / O'Keefe, Patrick:
Law and the Cultural Heritage, Volume 1, Discovery and Excavation, London 1984.
(zit.: Prott/O'Keefe, Discovery)

Prott, Lyndel V. / O'Keefe, Patrick:
Handbook of National Regulations concerning the Export of Cultural Property, UNESCO, Paris 1988.
(zit.:Prott/O'Keefe, Handbook of National Legislations)

Prott, Lyndel V. / O'Keefe, Patrick:
Law and the Cultural Heritage, Volume 3, Movement, London 1989.
(zit.: Prott/O'Keefe, Movement)

Prott, Lyndel V. / O'Keefe, Patrick:
International Control of Illicit Movement of the Cultural Heritage: The 1970 UNESCO Convention and Possible Alternatives. In: Syracuse Journal of International Law and Commerce 10 (1983), S. 333 ff.

Raape, Leo / Sturm, Fritz:
Internationales Privatrecht, Band I: Allgemeine Lehren, 6. Aufl., München 1977.
(zit.: Raape/Sturm, IPR I)

Rascher, Andrea Francesco Giovanni:
Kulturgütertransfer und Globalisierung. UNESCO-Konvention 1970 – Unidroit-Konvention 1995 – EG-Verordnung 3911/92 – EG-Richtlinie 93/7 – Schweizerisches Recht, Zürich 2000.
(zit.: Rascher, Kulturgütertransfer)

Rascher, A. F. G. / Baum, Marc / Fischer, Yves / Zen-Ruffinen, Marie-Noelle:
Cultural Property Transfer, Zürich et. al. 2005.
(zit.: Rascher/Baum/Fischer/Zen-Ruffinen, Cultural Property Transfer)

Reichelt, Gerte:
Internationaler Kulturgüterschutz - rechtliche und kulturpolitische Aspekte - Vorträge, Reden und Berichte aus dem Europainstitut, Europa-Institut der Universität des Saarlandes 1988.
(zit.: Reichelt, Internationaler Kulturgüterschutz)

Reichelt, Gerte:
Kulturgüterschutz und Internationales Privatrecht. In: IPRax 1986, S. 73 ff.

Reichelt, Gerte:
Einführung in die Thematik. In: Reichelt, Gerte (Hrsg.), Internationaler Kulturgüterschutz, Wiener Symposium vom 18./19. Oktober 1990. Wien 1992, S. 31 ff.
(zit.: Reichelt, in: Reichelt, Wiener Symposium)

Reichelt, Gerte:
Rechtsfragen des internationalen Kulturgüterschutzes – aktuelle Entwicklungen. In: Sladek, Gerhard (Hrsg.), Das kulturelle Erbe im Risiko der Modernität, Salzburger Symposium 1992, unter dem Ehrenschutz des Landeshauptmannes von Salzburg und des Bürgermeisters von Salzburg, Österreichische Gesellschaft für Kulturgüterschutz, Wien 1993, S. 61 ff.
(zit.: Reichelt, in: Sladek, Das kulturelle Erbe)

Reichelt, Gerte:
Die Vereinheitlichung des privatrechtlichen Kulturgüterschutzes nach dem UNIDROIT- Vertragsentwurf von 1990. In: Dolzer; Rudolf / Jayme, Erik / Mußgnug, Reinhard (Hrsg.), Rechtsfragen des internationalen Kulturgüterschutzes – Symposium vom 22./23. Juni 1990 im Internationalen Wissenschaftsforum Heidelberg, Heidelberg 1994, S. 67 ff.
(zit.: Reichelt, in: Dolzer/Jayme/Mußgnug, Rechtsfragen)

Reichelt, Gerte:
Die UNIDROIT-Konvention von 1995 über gestohlene und unerlaubt ausgeführte Kulturgüter- Grundzüge und Zielsetzungen. In: Reichelt, Gerte (Hrsg.), Neues Recht zum Schutz von Kulturgut – Internationaler Kulturgüterschutz, EG-Richtlinie, UNIDROIT-Konvention und Folgerecht, Wien 1997, S. 55 ff.
(zit.: Reichelt, in: Reichelt, Neues Recht zum Schutz von Kulturgut)

Reiß, Wolfram / Kraeusel, Jörg / Langer, Michael:
Umsatzsteuergesetz mit Nebenbestimmungen, Gemeinschaftsrecht, Kommentar, 1. Aufl., Bonn/Berlin 1995, 46. EL Febr. 2004.
(zit.: Bearb., in: Reiß/Kraeusel/Langer)

Remien, Oliver:
Vindikationsverjährung und Eigentumsschutz. Oder:Welche Rechte bestehen an vor langer Zeit abhanden gekommenen Sachen, insbesondere Kunstwerken?. In: AcP 201 (2001), S. 730 ff.

Renck, Ludwig:
Grundfragen des Rechts der res sacra. In: DÖV 1990, S. 333 ff.

Ress, Georg:
Kultur und Europäischer Binnenmarkt, welche Auswirkungen hat der EWG-Vertrag jetzt und nach der Verwirklichung des Europäischen Binnenmarktes auf die Kulturpolitik der Bundesrepublik Deutschland, insbesondere im Bereich der Kulturförderung? Gutachten für das Bundesministerium des Innern, Stuttgart 1991.
(zit.: Ress, Kultur und Europäischer Binnenmarkt)

Riering, Wolfgang:
IPR-Gesetze in Europa, München/Bern 1997.

Roellecke, Gerd:
Warum schützen wir Kulturgüter?. In: Mußgnug, Reinhard / Roellecke, Gerd (Hrsg.), Aktuelle Fragen des Kulturgüterschutzes – Beiträge zur Reform des deutschen Kulturgutschutzgesetzes 1955 und seiner Angleichung an den europäischen Kulturgüterschutz, Heidelberg 1998, S. 31 ff.
(zit.: Roellecke, in: Mußgnug/ Roellecke, Aktuelle Fragen)

Rogerson, Pippa:
Kuwait Airways Corp. v. Iraqi Airways Corp.: The Territoriality Principle in Private International Law – Vice or Virtue?. In: Current Legal Problems 2003, S. 265 ff.

Römer, Hermann:
Der gutgläubige Mobiliarerwerb im französischen Recht. Rechtsvergleichende Betrachtungen zu Art. 2279 CC (Zugl.: Münster, Univ., Diss., 1984), Münster 1984.
(zit.: Römer, Gutgläubiger Mobiliarerwerb im französischen Recht)

Rösch, Klaus:
Die Rechtsstellung der nichtanerkannten Regierung vor Gericht (Zugl.: Köln, Univ., Diss., 1968), Augsburg 1968.
(zit.: Rösch, Rechtsstellung)

Rudolf, Walter:
Territoriale Grenzen der staatlichen Rechtsetzung. In: BerDGV 11 (1971), S. 7 ff.

Rudolf, Walter:
Über den internationalen Schutz von Kulturgütern. In: Hailbronner, Kay / Ress, Georg / Stein, Torsten (Hrsg.), Staat und Völkerrechtsordnung, Festschrift für Karl Doehring, Berlin et. al. 1989, S. 853 ff.
(zit.: Rudolf, in: FS Doehring)

Saba, H.:
The Protection of movable cultural property: Compendium of legislative texts no 1 und 2, Unesco 1984.
(zit.: Saba, Protection I u. II)

Salis, Gaudenz v.:
Der multilaterale Auslieferungsvertrag des Europarates (Europäisches Auslieferungsabkommen), Zürich 1962.
(zit.: Salis, Auslieferungsvertrag)

Sandrock, Otto:
Foreign Laws Regulating the Export of Cultural Property: The Respect due to them by the Judge of the Lex Fori. In: Lalive, Pierre (Hrsg.), International Sales of Works of Art I, Geneva Workshop, 11-13 April 1986, Genf 1988, S. 457 ff.
(zit.: Sandrock, in: International Sales of Works of Art I)

Savigny, Friedrich Carl v.:
System des heutigen Römischen Rechts, Bd. 8, Berlin 1848, Neudruck Aalen 1973.
(zit.: v. Savigny, System des heutigen Römischen Rechts)

Schaffrath, Christina:
Die prozessualen Grundlagen des Streites Certain Property (Liechtenstein v. Germany). In: Blumenwitz, Dieter / Wehner, Gerd (Hrsg.), Die Ordnungsfunktion des Rechts im Wandel, München 2005, S. 193 ff.
(zit.: Schaffrath, in: Blumenwitz/Wehner, Ordnungsfunktion des Rechts im Wandel)

Scheuner, Ulrich:
Internationale Verträge als Elemente der Bildung von völkerrechtlichem Gewohnheitsrecht. In: Flume, W. / Hahn, H.J. / Kegel, G. / Simmonds, K. R. (Hrsg.), Festschrift für F.A. Mann zum 70. Geburtstag, München 1977, S. 409 ff.
(zit.: Scheuner, in: FS Mann)

Schmeinck, Sabine:
Internationalprivatrechtliche Aspekte des Kulturgüterschutzes (Zugl.: Münster, Univ., Diss., 1994), Berlin 1994.
(zit.: Schmeinck, Internationalprivatrechtliche Aspekte)

Schneider, Marina:
Le projet de Convention d' UNIDROIT sur le retour international des biens culturels volés ou illicitement exportés. In: Briat, Martine / Freedberg, Judith A. (Hrsg.), International Sales of Works of Art V, Paris et. al. 1996, S. 141 ff.
(zit.: Schneider, in: International Sales of Works of Art V)

Schneider, Marina:
UNIDROIT Convention on Stolen or Illegally Exported Cultural Objects: Explanatory Report. In: ULR 2001-3, S. 476 ff.

Schomburg, Wolfgang / Lagodny, Otto:
Internationale Rechtshilfe in Strafsachen: Kommentar zum Gesetz über die Internationale Rechtshilfe in Strafsachen (IRG) 4. Aufl., München 2005.
(zit.: Schomburg/Lagodny-Bearb., IRG)

Schönke, Adolf / Schröder, Horst:
Kommentar zum Strafgesetzbuch, 26. Aufl., München 2001.
(zit.: Schönke/Schröder-Bearb.)

Schorlemer, Sabine v.:
Internationaler Kulturgüterschutz – Ansätze zur Prävention im Frieden sowie im bewaffneten Konflikt (Zugl.: Hamburg, Univ., Diss., 1991) Berlin 1992.
(zit.: v. Schorlemer, Internationaler Kulturgüterschutz)

Schumann, Stephan / Schmidt-Bremme, Götz:
Zur Rückführung eingeschmuggelter Kunstwerke in ihre Herkunftsstaaten. In: NJW 2002, S. 574 ff.

Schutter de, B.:
The Harmonisation of Criminal Law and International Criminal Co-operation as Instrument of Protection. In: Council of Europe, International Legal Protection of Cultural Property, Proceedings of the thirteenth Colloquy on European Law, Delphi, 20-22 September 1983, Straßburg 1984, S. 72 ff.
(zit.: Schutter, in: Council of Europe, Intern. Legal Protection of Cultural Property)

Schwadorf-Ruckdeschel, Brigitte:
Rechtsfragen des grenzüberschreitenden rechtsgeschäftlichen Erwerbs von Kulturgütern (Zugl.: Mannheim, Univ., Diss., 1994), Frankfurt a.M. 1995.
(zit.: Schwadorf-Ruckdeschel, Rechtsfragen)

Schwarz, Bernhard:
Abgabenordnung, Praxiskommentar, 11. Aufl., Freiburg i. Br. 1998, 115. EL, Okt. 2005.
(zit.: Bearb., in: Schwarz, AO)

Schweitzer, Michael / Weber, Albrecht:
Handbuch der Völkerrechtspraxis der Bundesrepublik Deutschland, 1. Aufl., Baden-Baden 2004.
(zit.: Schweitzer/Weber, Völkerrechtspraxis)

Schweizer, Heinrich:
Die Position der Bundesrepublik Deutschland während der diplomatischen Konferenz zur Annahme des Entwurfs der Unidroit:Konvention über die internationale Rückgabe gestohlener oder illegal ausgeführter Kulturgüter von 1995 unter besonderer Berücksichtigung des deutschen Verfassungsrechts. In: KUR 5 (2003), S. 25 ff.

Scoles, Eugene F. / Hay, Peter:
Conflict of Laws, 2. ed., St. Paul, Minn., West Publishing Co. 1992.
(zit.: Scoles/Hay, Conflict of Laws)

Segesser, Georg v. / Jolles, Alexander:
Switzerland's new Federal Act on the International Transfer of Cultural Property: An Update an d a Perspective from Collectors and the Art Trade. In: KUR 7 (2005), S. 175 ff.

Seidl-Hohenveldern, Ignaz:
International Economic Law, 2. Aufl., Dordrecht et. al, 1992.

Seidl-Hohenveldern, Ignaz:
Ausfuhr und Rückführung von Kunstwerken. In: Haller, Walter (Hrsg.), Im Dienst an der Gemeinschaft, Festschrift für Dietrich Schindler zum 65. Geburtstag, Basel et. al., 1989, S. 137 ff.
(zit.: Seidl-Hohenveldern, in: FS Schindler)

Seidl-Hohenveldern, Ignaz:
La protection internationale du patrimoine culturel national. In: RGDIP 82 (1993), S. 395 ff.

Shanaberger, Jeffrey L.:
Struggling against the tide: United States participation in efforts to curtail the illicit flow of cultural properties. In: NYJ Int'l & Comp. L. 4 (1982), S. 157 ff.

Siehr, Kurt:
Internationales Privatrecht – deutsches und europäisches Kollisionsrecht für Studium und Praxis, Heidelberg 2001.
(zit.: Siehr, IPR)

Siehr, Kurt:
Kunstraub und das internationale Recht. In: SJZ 77 (1981), S. 189 ff (Teil 1) und S. 207 ff. (Teil 2).

Siehr, Kurt:
Nationaler und internationaler Kulturgüterschutz - Eingriffsnormen und der internationale Kunsthandel. In: Pfister, Bernhard (Hrsg.) Festschrift für Werner Lorenz zum 70. Geburtstag, Tübingen 1991, S. 525 ff.
(zit.: Siehr, in: FS Lorenz)

Siehr, Kurt:
Zivilrechtliche Fragen des Kulturgüterschutzes. In: Reichelt, Gerte (Hrsg.), Internationaler Kulturgüterschutz, Wiener Symposium vom 18./19. Oktober 1990. Wien 1992, S. 41 ff.
(zit.: Siehr, in: Reichelt, Wiener Symposium)

Siehr, Kurt:
International Art Trade and the Law. In: Collected Courses of the Hague Academy of International Law, Receuil des Cours 243 (1993-VI), S. 9 ff.
(zit.: Siehr, RdC 243)

Siehr, Kurt:
Handel mit Kulturgütern in der EWG. In: NJW 1993, S. 2206 ff.

Siehr, Kurt:
Öffentliches Recht und internationales Privatrecht beim grenzüberschreitenden Kulturgüterschutz. In: Dolzer, Rudolf / Jayme, Erik / Mußgnug, Reinhard (Hrsg.), Rechtsfragen des internationalen Kulturgüterschutzes – Symposium vom 22./23. Juni 1990 im Internationalen Wissenschaftsforum Heidelberg, Heidelberg 1994, S. 83 ff.
(zit.: Siehr, in: Dolzer/Jayme/Mußgnug, Rechtsfragen)

Siehr, Kurt:
Vereinheitlichung des Mobiliarsachenrechts in Europa, insbesondere im Hinblick auf Kulturgüter. In: RabelsZ 59 (1995), 455 ff.

Siehr, Kurt:
Kulturgüterschutz innerhalb der Europäischen Union. In: ZVglRWiss 95 (1996), S. 170 ff.

Siehr, Kurt:
Völkerrecht und internationaler Kulturgüterschutz vor Gericht. In: Frank, Rainer (Hrsg.), Recht und Kunst, Symposium aus Anlaß des 80. Geburtstages von Wolfram Müller-Freienfels, Heidelberg 1996, S. 57 ff.
(zit.: Siehr, in: Symposium Müller-Freienfels)

Siehr, Kurt:
Die EG-Richtlinie von 1993 über die Rückgabe von Kulturgütern und der Kunsthandel. In: Reichelt, Gerte (Hrsg.), Neues Recht zum Schutz von Kulturgut – Internationaler Kulturgüterschutz, EG-Richtlinie, UNIDROIT-Konvention und Folgerecht, Wien 1997, S. 29 ff.
(zit.: Siehr, in: Reichelt, Neues Recht zum Schutz von Kulturgut)

Siehr, Kurt:
Herausgabe gestohlener Kulturgüter. In: Schmid, Niklaus / Ackermann, Jürg-Beat (Hrsg.), Wiedererlangung widerrechtlich entzogener Vermögenswerte mit Instrumenten des Straf-, Zivil-, Vollstreckungs- und internationalen Rechts, Zürich 1999, S. 1 ff.
(zit.: Siehr, in: Schmid/Ackermann, Wiedererlangung widerrechtlich entzogener Vermögenswerte)

Siehr, Kurt:
Vereinheitlichung des Rechts der Kulturgüter in Europa. In: Aufbruch nach Europa (Hrsg.: Basedow, J. / Drobnig, U. / Ellger, R. / Hopt, K.J. / Kötz, H. / Kulms, R. / Mestmäcker, E.-J.), 2001, 75 Jahre Max-Planck-Institut für Privatrecht, S. 811 ff.
(zit.: Siehr, in: Aufbruch nach Europa)

Siehr, Kurt:
Verjährt ein Anspruch auf Herausgabe des Eigentums?. In: Carl, Michael H. / Güttler, Herbert / Siehr, Kurt (Hrsg.) Kunstdiebstahl vor Gericht, City of Gotha v. Sotheby's / Cobert Finance SA, Berlin 2001, S. 57 ff.
(zit.: Siehr, in: Carl/Güttler/Siehr, Kunstdiebstahl vor Gericht)

Siehr, Kurt:
Das Unesco Übereinkommen vom 14.11.1970 über Maßnahmen zum Verbot und zur Verhütung der unzulässigen Einfuhr, Ausfuhr und Übereignung von Kulturgut – Inhalt des Übereinkommens und dessen geplante Umsetzung in Deutschland. In: KUR 7 (2005), S. 33 ff.

Siehr, Kurt / Üstün, Çagla:
Antike Grabstelen aus der Türkei bleiben in der Schweiz (zu BG, 22.05.1996 – 5 P.438/1995/szu). In: IPRax 1999, S. 489 ff.

Soergel, Hans Theodor:
Bürgerliches Gesetzbuch mit Einführungsgesetz und Nebengesetzen (Hrsg.: Siebert, W. / Baur, Jürgen F.), Band 1 Allgemeiner Teil (§§ 1-103), 13. Aufl., Stuttgart et. al. 2000.
(zit.: Soergel-Bearb.)

Soergel, Hans Theodor:
Bürgerliches Gesetzbuch mit Einführungsgesetz und Nebengesetzen (Hrsg.: Siebert, W. / Baur, Jürgen F.), Band 6 Sachenrecht (§§ 854-1206), 12. Aufl., Stuttgart et. al. 1989.
(zit.: Soergel-Bearb.)

Soergel, Hans Theodor:
Bürgerliches Gesetzbuch mit Einführungsgesetz und Nebengesetzen (Hrsg.: Siebert, W. / Baur, Jürgen F.), Band 10 Einführungsgesetz, 12. Aufl., Stuttgart et. al. 1996.
(zit.: Soergel-Bearb.)

Soergel, Hans Theodor:
Bürgerliches Gesetzbuch mit Einführungsgesetz und Nebengesetzen (Hrsg.: Siebert, W. / Baur, Jürgen F.), Band 14 Sachenrecht 1 (§§ 854-984), 13. Aufl., Stuttgart et. al. 2000.
(zit.: Soergel-Bearb.)

Spaun, Susanne:
Der Herausgabeanspruch bei Diebstahl oder illegalem Export von Kulturgütern (Zugl.: Salzburg, Univ., Diss.; 2003), Frankfurt a.M 2003.
(zit.: Spaun, Herausgabeanspruch)

Spickhoff, Andreas:
Die Restkodifikation des Internationalen Privatrecht: Außervertragliche Schuldverhältnisse und Sachenrecht. In: NJW 1999, S. 2209 ff.

Spinellis, Evangelos:
Das Vertrags- und Sachenrecht des internationalen Kunsthandels – zugleich ein Beitrag zur Bedeutung der Eingriffsnormen im heutigen internationalen Rechtsverkehr (Zugl.: Osnabrück, Univ., Diss., 1999), Osnabrück 2000.
(zit.: Spinellis, Vertrags- und Sachenrecht des internationalen Kunsthandels)

Sprecher, Jörg:
Beschränkungen des Handels mit Kulturgut und die Eigentumsgarantie (Zugl.: Zürich, Univ., Diss., 2003), Zürich 2004.
(zit.: Sprecher, Beschränkungen)

Staechelin, Ruedi:
Die Unidroit-Konvention: kulturell verheerend, mit Schweizer Recht unvereinbar, wirtschaftlich ein Eigentor. In: Schweizerische Akademie der Geistes- und Sozialwissenschaften (Hrsg.), Unidroit: Recht und Ethik im Handel mit Kulturgut, Tagung der Schweizerischen Akademie der Geistes- und Sozialwissenschaften gemeinsam mit der Schweizerischen Ethnologischen Gesellschaft am 27. Juni 1998 in Bern, Bern 1998, S. 63 ff.
(zit.: Staechelin, in: UNIDROIT, Recht und Ethik)

Stamatoudi, Irini:
Restitution of stolen and illegally exported cultural objects under the UNIDROIT Convention. In: Paul L.C. Torremans (Hrsg.), Legal Convergence in the enlarged Europe of the New Millenium, Den Haag/Boston/London 2000, S.109 ff.
(zit.: Stamatoudi, in: Torremans, Legal Convergence)

Staudinger, J. v.:
Kommentar zum Bürgerlichen Gesetzbuch mit Einführungsgesetz und Nebengesetzen (Hrsg.: Beitzke, Günther).

Staudinger, J. v.:
Einführungsgesetz zum Bürgerlichen Gesetzbuche/IPR, Einleitung zum IPR, Art. 3-6 EGBGB, 13. Aufl., Neubearbeitung Berlin 2003.
(zit.: Staudinger/Bearb.)

Staudinger, J. v.:
Einführungsgesetz zum Bürgerlichen Gesetzbuche/IPR, Einleitung zu Art. 27 ff. EGBGB, Art. 27-37 EGBGB, 13. Aufl. Berlin 2002.
(zit.: Staudinger/Bearb.)

Staudinger, J. v.:
Sachenrecht §§ 854-882, 13. Aufl. Berlin 1995.
(zit.: Staudinger/Bearb.)

Staudinger, J. v.:
Sachenrecht §§ 925-984), 13. Aufl., Neubearbeitung Berlin 2004.
(zit.: Staudinger/Bearb.)

Staudinger, J. v.:
Sachenrecht §§ 985-1011, 13. Aufl. Berlin 1993.
(zit.: Staudinger/Bearb.)

Staudinger, J. v.:
Internationales Sachenrecht (Bearbeiter: Stoll, Hans), 13. Bearbeitung, Berlin 1996.
(zit.: Staudinger/Stoll, Int SachenR)

Stein, Torsten / Buttlar, Christian v. / Seidl-Hohenveldern, Ignaz:
Völkerrecht, 11. Aufl., Köln 2005.

Stoll, Hans:
Probleme des Statutenwechsels nach Erwerb eines Lösungsrechts an einer gestohlenen Sache. In: IPRax 1987, S. 357 ff.

Stoll, Hans:
Sachenrechtliche Fragen des Kulturgüterschutzes in Fällen mit Auslandsberührung. In: Dolzer, Rudolf / Jayme, Erik / Mußgnug, Reinhard (Hrsg.), Rechtsfragen des internationalen Kulturgüterschutzes – Symposium vom 22./23. Juni 1990 im Internationalen Wissenschaftsforum Heidelberg, Heidelberg 1994, S. 53 ff.
(zit.: Stoll, in: Dolzer/Jayme/Mußgnug, Rechtsfragen)

Stoll, Hans:
Zur gesetzlichen Regelung des internationalen Sachenrechts in Artt. 43-46 EGBGB. In: IPRax 2000, S. 259 ff.

Strahl, Rochelle:
The Retention and Retrieval of Art and Antiquities through International and National Means. In: Brooklyn Journal of Int.'l Law 5 (1979) S. 103 ff.

Stumpf, Eva:
Kulturgüterschutz im internationalen Recht unter besonderer Berücksichtigung der deutsch-russischen Beziehungen (Zugl.: Würzburg, Univ., Diss., 2003), Frankfurt a.M. 2003.
(zit.: Stumpf, Kulturgüterschutz)

Suede, Lance:
Property Law: International Stolen Art – Autocephalous Greek Orthodox Church of Cyprus v. Goldberg & Feldman Fine Arts. In: Harvard International Law Journal 31 (1990), S. 377 ff.

Sytematischer Kommentar
zur Strafprozessordnung und zum Gerichtsverfassungsgesetz (Hrsg: Rudolphi, Hans / Frisch, Wolfgang / Paeffgen, Hans Ullrich / Ragall, Klaus / Schlüchter, Ellen / Walter, Jürgen), München, Stand 44. EL August 2005.
(zit.: SK-Bearb.)

Talmon, Stefan:
Recognition of Governments in International Law with Particular Reference to Governments in Exile, Oxford 1998.
(zit.: Talmon, Recognition of Governments)

Taschner, Hans Claudius:
Kulturgüterschutz aus der Sicht des EG-Rechts. In: Reichelt, Gerte (Hrsg.), Internationaler Kulturgüterschutz, Wiener Symposium vom 18./19. Oktober 1990. Wien 1992, S. 97 ff.
(zit.: Taschner, in: Reichelt, Wiener Symposium)

Thorn, Bettina:
Internationaler Kulturgüterschutz nach der UNIDROIT-Konvention (Zugl.: Göttingen, Univ., Diss., 2005), Berlin 2005).
(zit.: Thorn, UNIDROIT-Konvention)

Thorn, Karsten:
Der Mobiliarerwerb vom Nichtberechtigten, Baden-Baden 1996.
(zit.: Thorn, Mobiliarerwerb)

Tröndle, Herbert / Fischer, Thomas:
Strafgesetzbuch und Nebengesetze, Kommentar, 52. Aufl., München 2004.
(zit.: Tröndle/Fischer, StGB)

Truslow, Frederic:
Peru's Recovery of Cultural Patrimony. In: NY University Journal of International Law and Politics 15 (1983), S. 839 ff.

Turner, Stefan:
Das Restitutionsrecht des Staates nach illegaler Ausfuhr von Kulturgütern - Eigentumsordnung und völkerrechtliche Zuordnung (Zugl.: Saarbrücken, Univ., Diss., 2001), Berlin 2002.
(zit.: Turner, Völkerrechtliche Zuordnung)

Uhl, Antje-Katrin:
Der Handel mit Kunstwerken im europäischen Binnenmarkt – Freier Warenverkehr versus nationaler Kulturgüterschutz (Zugl.: Tübingen, Univ., Diss., 1992), Berlin 1993.
(zit.: Uhl, Handel mit Kunstwerken)

Van Rijn, Michel:
Hot Art, Cold Cash, London 1993.
(zit.: Van Rijn, Hot Art, Cold Cash)

Verdross, Alfred / Simma, Bruno:
Universelles Völkerrecht – Theorie und Praxis, 3. Aufl., Berlin 1984.
(zit.: Verdross/Simma, Universelles Völkerrecht)

Verheul, J. P.:
Foreign Export Prohibitions: Cultural Treasures and Minerals. In: NIRL 31 (1984), S. 419 ff.

Villiger, Mark E.:
Customary International Law and Treaties: A Manual on the Theory and Practice of the Interrelation of Sources, 2. Aufl., Den Haag, 1997.
(zit.: Villiger, Customary International Law and Treaties)

Virally, Michel:
La valeur juridique des recommandations des organisations internationales. In: AFDI 2 (1956), S. 66 ff.

Vischer, Frank :
Der ausländische Staat als Kläger. In: IPRax 1991, S. 209 ff.

Vogel, Joachim:
Germany - Combatting International Organized Crime by International Cooperation: The German View. In: Revue internationale de droit pénal 1999, S. 327 ff.

Vogel, Alfred / Schwarz, Bernhard:
Umsatzsteuergesetz, Praxiskommentar, 11. Aufl., Freiburg i. Br. 1999, 103. EL, Okt. 2000.
(zit.: Bearb., in: Vogel/Schwarz, UStG)

Vogler, Theo:
Zur Prüfungskompetenz des Oberlandesgerichts im Verfahren der sonstigen Rechtshilfe in Strafsachen. In: GA 1989, S. 541 ff.

Vogler, Theo / Wilkitzki, Peter:
Gesetz über die internationale Rechtshilfe in Strafsachen (IRG), Kommentar. In: Grützner/Pötz (Hrsg.), Internationaler Rechtshilfeverkehr in Strafsachen: die für die Rechtsbeziehungen der Bundesrepublik Deutschland mit dem Ausland in Strafsachen maßgeblichen Bestimmungen, Kommentar, 2. Aufl., Heidelberg, 70. EL Dez. 2005.
(zit.: Vogler/Wilkitzki-Bearb., IRG, in: Grützner/Pötz, Rechtshilfeverkehr)

Voltz, Markus:
Menschenrechte und ordre public im Internationalen Privatrecht (Zugl.: Würzburg, Univ., Diss., 2002) Frankfurt a.M. 2002.
(zit.: Voltz, Menschenrechte)

Vrellis, Spyridon:
UNIDROIT-Konvention von 1995 über gestohlene oder unerlaubt ausgeführte Kulturgüter- Bedeutung der lex originis. In: Reichelt, Gerte (Hrsg.), Neues Recht zum Schutz von Kulturgut – Internationaler Kulturgüterschutz, EG-Richtlinie, UNIDROIT-Konvention und Folgerecht, Wien 1997, S. 69 ff.
(zit.: Vrellis, in: Reichelt, Neues Recht zum Schutz von Kulturgut)

Walden, David A.:
Canada's Cultural Property Export and Import Act: The Experience of Protecting Cultural Property. In: University of British Columbia Law Review (1995), S. 203 ff.

Walden, David A.:
Working without Unidroit: A Canadian Perspective. In: Art, Antiquity and Law 7 (2002), S. 55 ff.

Walter, Bernhard:
Rückführung von Kulturgut im internationalen Recht (Zugl.: Tübingen, Univ., Diss., 1988), Bremen 1988.
(zit.: Walter, Rückführung)

Walter, Wolfgang:
Das Europäische Übereinkommen über die Rechtshilfe in Strafsachen. In: NJW 1977, S. 983 ff.

Watson:
The Investigation of Frederick Schultz. In: Culture without Context 10 (2002), S. 21 ff.

Weber, Marc:
Unveräußerliches Kulturgut im nationalen und internationalen Rechtsverkehr (Zugl.: Zürich, Univ., Diss. 2001), Berlin/New York 2002.
(zit.: Weber, Unveräußerliches Kulturgut)

Weller, Matthias:
International Ownership over Stolen Artworks in New York: Litigating about Jurisdiction on the Civil-Criminal Line. In: IPRax 1999, S. 212 ff.

Wertenbruch, Johannes:
Gewährleistung beim Kauf von Kunstgegenständen nach neuem Schuldrecht. In: NJW 2004, S. 1977 ff.

Wiederkehr Schuler, Elsbeth:
Kulturgüterschutz – Freier Kunstmarkt. Zwei internationale Konventionen: Unidroit und UNESCO 70, Zürich 2000.
(zit.: Wiederkehr Schuler, Kulturgüterschutz versus Freier Kunstmarkt)

Williams, Sharon A.:
The International and National Protection of Movable Cultural Property. A Comparative Study, New York 1978.
(zit.: Williams, Protection of Movable Cultural Property)

Witte, Peter:
Zollkodex, 3. Aufl., München 2002.
(zit.: Bearb., in: Witte, Zollkodex)

Witte, Peter / Wolffgang, Hans-Michael:
Lehrbuch des Europäischen Zollrechts, 4. Aufl., Berlin 2003.
(zit.: Witte/Wolffgang, Europäisches Zollrecht)

Wyss, Martin Philipp:
Kultur als eine Dimension der Völkerrechtsordnung. Vom Kulturgüterschutz zur internationalen kulturellen Kooperation. (Zugl.: Zürich, Univ., Diss., 1992), Zürich 1992.
(zit.: Wyss, Kultur als eine Dimension der Völkerrechtsordnung)

Wyss, Martin Philipp:
Rückgabeansprüche für illegal ausgeführte Kulturgüter. Überlegungen zu einem kulturpolitischen Ordre public. In: Fechner, Frank / Oppermann, Thomas / Prott, Lyndel V. (Hrsg.), Prinzipien des Kulturgüterschutzes – Ansätze im deutschen, europäischen und internationalen Recht, Berlin 1996, S. 201 ff.
(zit.: Wyss, in: Fechner/Oppermann/Prott, Prinzipien des Kulturgüterschutzes)

Yasaitis, Kelly Elizabeth:
National Ownership Laws as Cultural Property Protection PolicY: The emerging trend in United States v. Schultz. In: IJCP 12 (2005), S. 95 ff.

Zschiedrich, Klaus / Hoffmann, Eva:
Völkerrechtlicher Schutz der Kulturgüter vor Wegnahme und illegaler Verbringung ins Ausland. In: Neue Justiz (DDR) 38 (1984), S. 86-91.

Zweigert, Konrad:
Rechtsvergleichend-kritisches zum gutgläubigen Mobiliarerwerb. In: RabelsZ 23 (1958), S. 1 ff.

Dokumente und internationale Übereinkommen

Antwort der Bundesregierung auf die Große Anfrage der Abgeordneten Frau Dr. Wex et. al. (Drucksache 10/785), Kulturförderungspolitik der Bundesregierung, BT-Drs. 10/2237 vom 31. April 1984.

Antwort des Staatssekretärs von Well, Fragen für den Monat Juli 1980 mit den dazu erteilten Antworten, BT-Drs. 8/4418 vom 23. Juli 1980.

Auswärtiges Amt, Schreiben vom 27. Februar 2002 – Gz.: 506-531.41/1319-97 ZYP.

Berliner Erklärung über Kunstexport, Neuerwerbungen und Leihgaben von 1987, verabschiedet auf dem 13. Internationalen Kongress für Klassische Archäologie, in: NZZ Nr. 135, 16./17.6.1990, S. 67.

Beschluss des Bundesrates zum Vorschlag für eine Richtlinie des Rates zur Angleichung der Rechts- und Verwaltungsvorschriften der Mitgliedstaaten betreffend die Rückgabe von Kulturgütern, die unrechtmäßig aus dem Hoheitsgebiet eines anderen Mitgliedstaates verbracht wurden und zum Vorschlag einer Verordnung (EWG) des Rates betreffend die Ausfuhr von Kulturgut, BR-Drs. 137/92 vom 15. Mai 1992.

Botschaft des schweizerischen Bundesrates *über die UNESCO-Konvention 1970 und das Bundesgesetz über den internationalen Kulturgütertransfer vom 21. November 2001* (Botschaft), BBl. 2002, S. 535 ff., abrufbar unter www.bak.admin.ch.

Bundesminister des Auswärtigen, Unterrichtung der gesetzgebenden Körperschaften über das UNESCO-Übereinkommen über Maßnahmen zum Verbot und zur Verhinderung der unerlaubten Einfuhr, Ausfuhr und Übereignung von Kulturgut vom 14. November 1970, BT-Drs. VI/3511, 26. Mai 1972, S. 1 ff.

Council of Europe, European Convention on Extradition vom 13. Dezember 1957, E.T.S. No. 24, in: BGBl. 1964 II, S. 1369; 1976 II, S. 1778.

Council of Europe, Second Additional Protocol to the European Convention on Extradition vom 17. Mai 1978, E.T.S. No. 98, in: BGBl. 1990 II, S. 118.

Council of Europe, European Convention on Mutual Assistence in Criminal Matters vom 20. April 1959, E.T.S. No. 30, in: BGBl. 1964 II, S. 1386; 1976 II, S. 1799.

Council of Europe, Explanatory Report to the European Convention on Mutual Assistence in Criminal Matters vom 20. April 1959.

Council of Europe, Additional Protocol to the European Convention on Mutual Assistence in Criminal Matters vom 17. März 1978, E.T.S. No. 99, in: BGBl. 1991 II, S. 874.

Council of Europe, Second Additional Protocol to the Convention on Mutual Assistance in Criminal Matters vom 8. November 2001, E.T.S. No. 182.

Council of Europe, Explanatory Report to the Second Additional Protocol to the Convention on Mutual Assistance in Criminal Matters vom 8. November 2001.

Council of Europe, European Convention on the Protection of the Archaeological Heritage vom 6. Mai 1969, E.T.S. No. 66, revised, Valletta 16. Januar 1992, E.T.S. No.143, in: BGBl. II 1974, S. 1285.

Council of Europe, European Convention on the International Validity of Criminal Judgments vom 28 Mai 1970, E.T.S. No 70.

Council of Europe, Explanatory Report to the European Convention on the International Validity of Criminal Judgments vom 28 Mai 1970.

Council of Europe, European Convention on Offences Relating to Cultural Property vom 23. Juni 1985, E.T.S. No. 119, in: ILM 25 (1986), S. 44 ff.

Conseil de l'Europe, Rapport explicatif relatif à la Convention européenne sur les infractions visant des biens culturels vom 23. Juni 1985.

Council of Europe, Convention on Laundering, Search, Seizure and Confiscation of the Proceeds from Crime and on the Financing of Terrorism vom 8. November 1990, E.T.S. No. 141, in: BGBl. 1998 II, S. 519.

Council of Europe, Explanatory Report to the Convention on Laundering, Search, Seizure and Confiscation of the Proceeds from Crime and on the Financing of Terrorism vom 8. November 1990.

Council of Europe, Convention on Laundering, Search, Seizure and Confiscation of the Proceeds from Crime and on the Financing of Terrorism vom 16. Mai 2005, C.E.T.S. No. 198.

Council of Europe, Explanatory Report to the Convention on Laundering, Search, Seizure and Confiscation of the Proceeds from Crime and on the Financing of Terrorism vom 16. Mai 2005.

Deutsche UNESCO-Kommission, Resolution der 63. Hauptversammlung der Deutschen UNESCO-Kommission, Hamburg, 10. und 11. Juli 2003 (Schutz von Kulturgütern gegen Diebstahl und illegale Ausfuhr).

Eckpunktepapier der Beauftragten für Kultur und Medien vom 14. Mai 2004 für ein Gesetz zur Ausführung des UNESCO-Übereinkommens über Maßnahmen zum Verbot und zur Verhütung der unzulässigen Einfuhr, Ausfuhr und Übereignung von Kulturgut vom 14. November 1970.

EG, Bericht der Kommission vom 25.5.2000 an den Rat, das Europäische Parlament und den Wirtschafts- und Sozialausschuss über die Durchführung der Verordnung (EWG) Nr. 3911/92 des Rates über die Ausfuhr von Kulturgütern und die Richtlinie 93/7/EWG des Rates über die Rückgabe von unrechtmäßig aus dem Hoheitsgebiet eines Mitgliedstaates verbrachten Kulturgütern, KOM (2000) 325.

EG, Europäisches Übereinkommen vom 19. Juni 1980 über das auf vertragliche Schuldverhältnisse anzuwendende Recht, in: ABl. EG 1980 Nr. L 266/1.

EG, Vorschlag für eine Richtlinie des Rates betreffend die Rückgabe von Kulturgütern, die unrechtmäßig aus dem Staatsgebiet eines Mitgliedstaates verbracht wurden, vom 20.01.1992, KOM (91) 447, in: Abl. EG 1992 Nr. C 53/11.

EG, Commission of the European Communities, Means of Combatting the Theft of and Illegal Traffic in Works of Art in the Nine Countries of the EEC, 1976, Doc. XII/920/79-E.

EG, Richtlinie 93/7/EWG des Rates vom 15. März 1993 über die Rückgabe von unrechtmäßig aus dem Hoheitsgebiet eines Mitgliedstaats verbrachten Kulturgütern (Ri 93/7), ABl. EG 1993 Nr. L 74/74.

EG, Sechste Richtlinie 77/388/EWG des Rates vom 17.5.1977 zur Harmonisierung der Rechtsvorschriften der Mitgliedstaaten über die Umsatzsteuern – Gemeinsames Mehrwertsteuersystem: einheitliche steuerpflichtige Bemessungsgrundlage, in: ABl. EG 1977 Nr. L 145/1.

EG, Begründung der Richtlinie 93/7/EWG, III/5426/91 – Rev. 1-DE.

EG, Übereinkommen zur Durchführung des Übereinkommens von Schengen vom 14. Juni 1985 zwischen den Regierungen der Staaten der Benelux-Wirtschaftsunion, der Bundesrepublik Deutschland und der Französischen Republik betreffend den schrittweisen Abbau der Kontrollen an den gemeinsamen Grenzen vom 19. Juni 1990, in: BGBl. 1993 II, S. 1013, 1902, 1912, 1921; 1996 II, S. 2542; 1997 II, S. 966.

EG, Übereinkommen vom 10. März 1995 über das vereinfachte Auslieferungsverfahren zwischen den Mitgliedstaaten der Europäischen Union, in: BGBl. 1998 II, S. 2230.

EG, Übereinkommen über die Auslieferung zwischen den Mitgliedstaaten der Europäischen Union vom 27. September 1996, in: BGBl. 1998 II, S. 2253.

EG, Übereinkommen über die Rechtshilfe in Strafsachen zwischen den Mitgliedstaaten der Europäischen Union vom 29. Mai 2000, in: BGBl. 2005 II, S. 650.

EG, Protokoll vom 16. Oktober 2001 zu dem Übereinkommen über die Rechtshilfe in Strafsachen zwischen den Mitgliedstaaten der Europäischen Union vom 29. Mai 2000, in BGBl. 2005 II, S. 661.

EG, Verordnung Nr. 44/2001 über die gerichtliche Zuständigkeit und die Anerkennung und Vollstreckung von Entscheidungen in Zivil- und Handelssachen, in: ABl. EG 2001, Nr. L 12/1.

EG, Verordnung Nr. 3911/92/EWG über die Ausfuhr von Kulturgütern vom 9. Dezember 1992, in: Abl. EG 1992 Nr. L 395/1.

EG, Verordnung Nr. 2913/92/EWG des Rates vom 12. Oktober 1992 zur Festlegung des Zollkodex der Gemeinschaften, in: Abl. EG 1992, Nr. L 302.

EG, Verordnung Nr. 918/83/EWG des Rates vom 28. März 1983 über das gemeinschaftliche System der Zollbefreiungen, in: ABl. EG 1983 Nr. L 105/1 v. 23.4. 1983, ber. ABl. EG 1983 Nr. L 274/40 und ABl. EG 1985 Nr. L 256/47.

EG, Verordnung Nr. 2290/83/EWG der Kommission vom 29. Juli 1983 zur Durchführung der Artikel 50 bis 59 der Verordnung (EWG) Nr. 918/83 des Rates über das gemeinschaftliche System der Zollbefreiungen (KulturgutdurchführungsVO), in: ABl. EG 1983 Nr. L 220/20.

Erwägungen der Kultusministerkonferenz zum Beschluss eines Kriterienkataloges zum Vollzug des Kulturgutschutzgesetzes, GMBl. 1983 Nr. 27, S. 442.

Gesetzesentwurf der Bundesregierung, Entwurf eines Gesetzes zur Ausführung des UNESCO-Übereinkommens vom 14. November 1970 über Maßnahmen zum Verbot und zur Verhütung der rechtswidrigen Einfuhr, Ausfuhr und Übereignung von Kulturgut vom 15. Februar 2006.

Gesetzesentwurf der Bundesregierung, Entwurf eines Gesetzes zum Internationalen Privatrecht für außervertragliche Schuldverhältnisse und für Sachen, BT-Drs. 14/343 vom 1. Februar 1999.

Gesetzesentwurf der Bundesregierung zur Neuregelung des Internationalen Privatrechts, BT-Drs. 10/504 vom 20. Oktober 1983.

ILC, Commentary to Draft Articles 30-32 on the Succession of States in Treaties, YILC 1974 II/1, S. 253.

Institut de Droit International, Résolution concernant la vente internationale d'objets d'art sous l'angle de la protection du patrimoine culturel, adoptée par l'Institut de Droit International à sa session de Bâle, 26 août – 3 septembre 1991, in: RabelsZ 56 (1992), S. 556 (567 ff.).

Office International des Musées, Projet de convention internationale sur le rapatriement des objets d'intérêt artistique, historique ou scientifique, perdus ou volés, ou ayant donné lieu à une aliénation ou exportation illicite, in: Art et Archéologie, Recueil de législation comparé et de droit international (1) 1939, S. 51 ff.

Office International des Musées, Projet de convention internationale pour la protection des patrimoines historiques et artistiques nationaux, in: Art et Archéologie, Recueil de législation comparé et de droit international (1) 1939, S. 69 ff.

Office International des Musées, Convention pour la protection des collections nationales d'art et d'histoire, in: Art et Archéologie, Recueil de législation comparé et de droit international (1) 1939, S. 78 ff.

Presse- und Informationsamt der Bundesregierung, Pressemitteilung Nr. 42 „Bundeskabinett beschließt lange erwartete Umsetzung des UNESCO-Übereinkommens zum Kulturgüterschutz", abrufbar unter www.bundesregierung.de/Pressemitteilungen.

Schreiben des BMF v. 27. Dezember 1983 (IV A 1 – S7220 – 44/83), BStBl. 1983 I, S. 567 (592 ff.).

Schweiz, Botschaft des Bundesrates über die UNESCO-Konvention 1970 und das Bundesgesetz über den internationalen Kulturgütertransfer vom 21. November 2001, Bundesblatt 2002, S. 535.

Stellungnahme des Arbeitskreises Deutscher Kunsthandelsverbände zur Berliner Konferenz „Illegale Archäologie? – Über zukünftige Probleme bei unerlaubtem Antikentransfer“ (23.-25. Mai 2003), abrufbar unter www.bdkv.de/htm/politik.htm.

Stellungnahme des Arbeitskreises Deutscher Kunsthandelsverbände zu den Eckpunkten der BKM vom 14. Mai 2004 für ein Gesetz zur Ausführung des UNESCO-Übereinkommens über Maßnahmen zum Verbot und zur Verhütung der unzulässigen Einfuhr, Ausfuhr und Übereignung von Kulturgut vom 14. November 1970, Juni 2005, abrufbar unter www.arbeitskreis-kunsthandel.de/dokumente/adkunesco.pdf.

Stellungnahme des Bundesrates zur Umsetzung des Europäischen Übereinkommens vom 19. Juni 1980 über das auf vertragliche Schuldverhältnisse anzuwendende Recht (EVÜ), BR-Drs. 224/1 vom 20. Juni 1983 und 224/83 vom 1. Juli 1983.

UNESCO, Verfassung der Organisation der Vereinten Nationen für Bildung, Wissenschaft und Kultur, verabschiedet in London am 16. November 1945, in: BGBl. 1971 II, S. 471-487; 1978 II, S. 987-989; 1979 II, S. 419; 1983 II, S. 475.

UNESCO, Recommendation on International Principles Applicable to Archaeological Excavations, adopted by the General Conference at its ninth session, New Delhi, 5 December 1956, in: UNESCO (Hrsg.), Conventions and Recommendations of UNESCO concerning the protection of the cultural heritage, S. 101 ff.

UNESCO, Preliminary Draft Recommendation on the Means of Prohibiting and Preventing the Illicit Export, Import and Transfer of Ownership of Cultural Property, UNESCO Doc. CUA/123, Annex, 15 July 1963, S. 13-16.

UNESCO, Comments of the States Parties to UNESCO to the Preliminary Draft Recommendation on the Means of Prohibiting and Preventing the Illicit Export, Import and Transfer of Ownership of Cultural Property vom 21. März 1964, UNESCO Doc. CUA/123 Add 1 Annex 1.

UNESCO, Recommendation on the Means of Prohibiting and Preventing the Illicit Export, Import and Transfer of Ownership of Cultural Property, adopted by the UNESCO General Conference at its thirteenth session, Paris, 19 November 1964, in: UNESCO (Hrsg.), Conventions and Recommendations of UNESCO concerning the protection of the cultural heritage, S. 137 ff.

UNESCO, Preliminary Draft Convention Concerning the Means of Prohibiting and Preventing the Illicit Import, Export and Transfer of Ownership of Cultural Property, UNESCO Doc. SHC/MD/3 Annex, 8. August 1969.

UNESCO, Replies to Circular Letter CL/2041 and to Document SHC/MD/3 received from States 27 February 1970, UNESCO Doc. SHC/MD/5 Annex I.

UNESCO, Final Report Prepared in Compliance with Art. 10 of the Rules of Procedure Concerning Recommendations to Member States and International Conventions Covered by the Terms of Art. IV, paragraph 4, of the Constitution, Paris, 10. April 1970, UNESCO Doc. SHC/MD/5 Add.1.

UNESCO, Revised Draft Convention Concerning the Means of Prohibiting and Preventing the Illicit Import, Export and Transfer of Ownership of Cultural Property, in: ILM 9 (1970), S. 1031 ff.

UNESCO, Report of the Special Committee of Governmental Experts to Examine the Draft Convention on the Means of Prohibiting and Preventing the Illicit Import, Export and Transfer of Ownership of Cultural Property, UNESCO House, 13.-24. April 1970, in: ILM 9 (1970), Annex II, S. 1038 ff.

UNESCO, Convention on the Means of Prohibiting and Preventing the Illicit Import, Export and Transfer of Ownership of Cultural Property vom 14. November 1970, in: ILM 10 (1971), S. 289 ff.

UNESCO, Reports by Member States on the Action they have taken to implement the Convention on the Means of Prohibiting and Preventing the Illicit Import, Export and Transfer of Ownership of Cultural Property (1970) and the Recommendation on the Means of Prohibiting and Preventing the Illicit Import, Export and Transfer of Ownership of Cultural Property (1964), UNESCO Doc. 20 C/84 + Add. 1&2.

UNESCO, Implementation of the Convention on the Means of Prohibiting and Preventing the Illicit Import, Export and Transfer of Ownership of Cultural Property (1970): Reports by Member States on the Action they have taken to implement the Convention, UNESCO Doc. 24 C/24 + Add. 1&2.

UNESCO, Reports of the Member States on Measures they have adopted to implement the Convention on the Means of Prohibiting and Preventing the Illicit Import, Export and Transfer of Ownership of Cultural Property (1970) vom 31. Mai 1995, UNESCO Doc. 28 C/35 Add.1.

UNESCO, Implementation of the Convention on the Means of Prohibiting and Preventing the Illicit Import, Export and Transfer of Ownership of Cultural Property (1970): Reports by Member States and other States Parties on the Action they have taken to implement the Convention vom 31. Juli 2003, UNESCO Doc. 32 C/24 + Add.1,2&3.

UNESCO, Final Report of the Intergovernmental Committee for Promoting the Return of Cultural Property to its Countries of Origin or its Restitution in Case of Illicit Appropriation, Athen/Delphi 1983, Doc. CLT-83/CONF.216/INF.3.

UNESCO, Report by the Intergovernmental Committee for Promoting the Return of Cultural Property to its Countries of Origin or its Restitution in Case of Illicit Appropriation on its Activities (2000-2001) vom 9. August 2001, UNESCO Doc. 31/REP/16.

UNESCO, Press Review of the Intergovernmental Committee for Promoting the Return of Cultural Property to its Countries of Origin or its Restitution in Case of Illicit Appropriation (September 1996 – Januar 1999), 10th Session, 25-28 Januar 1999, UNESCO Doc. CLT-98/CONF.203/INF.5.

UNESCO, Secretariat Report of the Intergovernmental Committee for Promoting the Return of Cultural Property to its Countries of Origin or its Restitution in Case of Illicit Appropriation, 12th Session, 25-28 März 2003, UNESCO Doc. CLT-2003/CONF.204/2.

UNESCO, Convention concernant les mesures à prendre pour interdire et empêcher l'importation, l'exportation et le transfert de propriété illicites des biens culturels, Commentaire et apercu de quelques mesures nationales d'exécution, 1986, UNESCO Doc. CC-86/WS/40.

UNIDROIT, Loi uniforme sur l'aquisition de bonne foi des objets mobiliers corporels (LUAB), ULR 1975-1, S. 68 ff.

UNIDROIT Study LXX – Doc. 10, Summary report on the first session of the UNIDROIT Study group on the international protection of cultural property, 12-15 December 1988.

UNIDROIT Study LXX – Doc. 11, Preliminary Draft Convention on the restitution and return of cultural objects (prepared by the Secretariat in the light of the discussions of the study group at its first session).

UNIDROIT Study LXX – Doc. 14, Summary report on the second session of the UNIDROIT Study group on the international protection of cultural property, 13-17 April 1989.

UNIDROIT Study LXX – Doc. 23, Committee of the Governmental Experts on the international protection of cultural property, Report on the first session, 6-10 May 1991.

UNIDROIT Study LXX – Doc. 27, Observations of Governments on the preliminary draft Unidroit Convention on stolen or illegally exported cultural objects (Germany).

UNIDROIT Study LXX – Doc. 30, Committee of Governmental Experts on the international protection of cultural property, Report on the second session, 20-29 January 1992.

UNIDROIT Study LXX – Doc. 39, Committee of Governmental Experts on the international protection of cultural property, Report on the third session, 22-26 February 1996.

UNIDROIT Study LXX – Doc. 40, Preliminary draft convention on stolen or illegally exported cultural objects, 8 October 1993.

UNIDROIT Study LXX – Doc. 48, Committee of Governmental Experts on the international protection of cultural property, Report on the fourth session, 29 September-8 October 1993.

UNIDROIT, Unidroit International Institute for the Unification of Private Law (Hrsg.), Diplomatic Conference for the Adoption of the Draft Unidroit Convention on the International Return of Stolen or Illegally Exported Cultural Objects; Acts and Proceedings, Rome 1996, Arbeitspapier CONF. 8/C.1/W.P. 18 (Working Paper of Germany concerning Article 5 (2)).

UNIDROIT, Preliminary Draft Convention on the Restitution of Cultural Property Drawn up by Mr Roland Loewe, in: Prott, Commentary, Appendix II.

UNIDROIT, Preliminary Draft Unidroit Convention on Stolen or Illegally Exported Cultural Objects, as approved by the Unidroit Study Group on the International Protection of Cultural Property at its third session on 26 January 1990, in: Prott, Commentary, Appendix III.

UNIDROIT, Draft Unidroit Convention on the International Return of Stolen or Illegally Exported Cultural Objects, as approved by the Unidroit Committee of Governmental Experts on the International Protection of Cultural Property on 8 October 1993, in: Prott, Commentary, Appendix IV.

UNIDROIT, Convention on Stolen or Illegally Exported Cultural Objects vom 24. Juni 1995, in: Jayme/Hausmann, Internationales Privat- und Verfahrensrecht, 12. Aufl., Nr. 111.

UNIDROIT, Explanatory Report to the Convention on Stolen or Illegally Exported Cultural Objects vom 24. Juni 1995, in: ULR 2001-3, S. 476 ff.

Unterrichtung der gesetzgebenden Körperschaften über das UNESCO-Übereinkommen über Maßnahmen zum Verbot und zur Verhinderung der unerlaubten Einfuhr, Ausfuhr und Übereignung von Kulturgut vom 14. November 1970, BT-Drs. VI/3511 vom 26. Mai 1972.

Wiener Konvention über die Staatennachfolge in Verträge von 1978, in: ILM 17 (1978), S. 1488.

Wiener Vertragsrechtskonvention, BGBl. 1985 II, S. 926.

Zusammenstellung des Entwurfs eines Gesetzes zur Neuregelung des Internationalen Privatrechts – Drs. 10/504 – mit den Beschlüssen des Rechtsausschusses (6. Ausschuss), BT-Drs. 10/5632.

Zuständigkeitsvereinbarung: Vereinbarung zwischen der Bundesregierung und den Landesregierungen über die Zuständigkeiten im Rechtshilfeverfahren mit dem Ausland in strafrechtlichen Angelegenheiten vom 1. Juli 1993, BAnz. 1993, S. 6383.

AUGSBURGER SCHRIFTEN ZUM STAATS- UND VÖLKERRECHT

Begründet von Professor Dr. Dieter Blumenwitz

Band 1 Fritz-Harald Wenig: Rechtsprobleme des innerdeutschen Handels.

Band 2 Wilfried Niedermeier: Der Beitritt der Bundesrepublik Deutschland zum Statut des Internationalen Gerichtshofes unter besonderer Berücksichtigung der obligatorischen Gerichtsbarkeit.

Band 3 Johann G. Gleich: Die Anerkennung der DDR durch die Bundesrepublik.

Band 4 Matthias Weigand: Der Vertrag über die gegenseitigen Beziehungen zwischen der Bundesrepublik Deutschland und der Tschechoslowakischen Sozialistischen Republik vom 11. Dezember 1973 - Eine völkerrechtliche Analyse.

Band 5 Werner Trützschler von Falkenstein: Die sich ändernde Bedeutung der Feindstaatenartikel (Artikel 53 und 107 der Satzung der Vereinten Nationen) für Deutschland.

Band 6 Reiner Schenk: Die Viermächteverantwortung für Deutschland als Ganzes, insbesondere deren Entwicklung seit 1969.

Band 7 Wolfgang Wagner: Die Verwirklichung der Menschenrechte im Pakt der Vereinten Nationen über bürgerliche und politische Rechte vom 16. Dezember 1966, im Grundvertrag und den ihn begleitenden Nebeninstrumenten.

Band 8 Ulrich Wacker: Der Konflikt verschiedener Rechtssysteme vor, während und nach der Kolonialzeit in Kenia.

Band 9 Wolfgang Enders: Der mexikanische Bundesstaat. Die politische und sozioökonomische Problematik eines föderalen Verfassungssystems in einem Land der "Dritten Welt".

Band 10 Heiner Hasford: Die Jurisdiktion der Europäischen Gemeinschaften. Zur extraterritorialen Wirkung des Gemeinschaftsrechts.

SCHRIFTEN ZUM STAATS- UND VÖLKERRECHT

Begründet von Professor Dr. Dr. h.c. mult. Dieter Blumenwitz
Herausgegeben von Gilbert Gornig, Burkhard Schöbener
und Winfried Bausback

Band 11 Wolf Dieter Remmele: Die Selbstdarstellung der Bundesrepublik Deutschland im Ausland durch den Rundfunk als Problem des Staats- und Völkerrechts.

Band 12 Elisabeth Lichtenstern: Die Gesetzgebung im Spannungsverhältnis zwischen Bund und Ländern.

Band 13 Peter Gassner: Kollektivmacht und Individualschutz im amerikanischen Arbeitsrecht.

Band 14 Helga Walter: Das Selbstverständnis des modernen Algeriens. Die historisch-nationalen und islamischen Elemente.

Band 15 Dieter Schütz: Der internationale ordre public. Der Ausschluß völkerrechtswidrigen fremden Rechts im Internationalen Privatrecht der Bundesrepublik Deutschland.

Band 16 Klaus-Peter Kißler: Die Zulässigkeit von Wirtschaftssanktionen der Europäischen Gemeinschaft gegenüber Drittstaaten.

Band 17 Rainhardt Freiherr von Leoprechting: Die neue Rohrwaffen-Artillerie-Munition im Lichte des I. Genfer Zusatzprotokolles vom 12. Dezember 1977. Zur Frage der Völkerrechtskonformität der Verteidigung der Bundesrepublik Deutschland mit modernen konventionellen Artilleriesystemen.

Band 18 Roland Steinmeyer: Die Schiffsgläubigerrechte im südafrikanischen nationalen und internationalen Privatrecht. Eine rechtsvergleichende Darstellung unter Einbeziehung des englischen und deutschen internationalen Privatrechts und unter besonderer Berücksichtigung des ordre public.

Band 19 Martin C. Ney: Der Einsatz von Atomwaffen im Lichte des Völkerrechts. Summary: The Use of Nuclear Weapons and International Law.

Band 20 Teodoro Ribera Neumann: Das chilenische Verfassungsgericht und das deutsche Bundesverfassungsgericht - Ein Rechtsvergleich -. 1985.

Band 21 Theodora Antoniou: Europäische Integration und griechische Verfassung. 1985.

Band 22 Georg Teyssen: Deutschlandtheorien auf der Grundlage der Ostvertragspolitik. 1987.

Band 23 Karin Klüpfel: Selbstbestimmung durch Assoziation. Die Assoziation als Verwirklichung des Selbstbestimmungsrechts der Völker - dargestellt am Beispiel von Puerto Rico. 1987.

Band 24 Friedrich Dehner: Die Stellung Berlins im Bundesrat. 1987.

Band 25 Thilo Morhard: Die Rechtsnatur der Übereinkommen der Internationalen Arbeitsorganisation. Zugleich ein Beitrag zur Lehre vom "soft law". 1988.

Band 26 Ralf Jahn: Ansiedlung von Einzelhandelsgroßprojekten (§ 11 Abs. 3 BauNVO 1977). Zur Frage der Bestimmtheit grundrechtsbeschränkender Eingriffsnormen. 1988.

Band 27 Wolfgang Götzer: Der völkerrechtliche Status der Donau zwischen Regensburg und Kelheim. Eine völkerrechtliche Untersuchung des Donauabschnittes Regensburg - Kelheim unter Einbeziehung der gesamten deutschen Donau. 1988.

Band 28 Michael Hakenberg: Die Iran-Sanktionen der USA während der Teheraner Geiselaffäre aus völkerrechtlicher Sicht. 1988.

Band 29 Renate Oxenknecht: Der Schutz ethnischer, religiöser und sprachlicher Minderheiten in Art. 27 des Internationalen Paktes über bürgerliche und politische Rechte vom 16. Dezember 1966. 1988.

Band 30 Raphael Quarshie Avornyo: Deutschland und Togo. (1847-1987). 1988.

Band 31 Friedrich Frhr. Waitz von Eschen: Die völkerrechtliche Kompetenz der Vier Mächte zur Gestaltung der Rechtslage Deutschlands nach dem Abschluß der Ostvertragspolitik. 1988.

Band 32 Gisela Süß: Die Zulassung von Zahnärzten aus dem EG-Bereich zur deutschen Kassenarztpraxis. Ein Beitrag zu Standort und Bedeutung der Grundrechte im Europäischen Gemeinschaftsrecht. 1988.

Band 33 Meggy Steffens: Die deutsche Ostpolitik im Spiegel publizistischer Stellungnahmen in den USA 1969-1973. 1988.

Band 34 Norbert Karl Riedel: Der Einsatz deutscher Streitkräfte im Ausland - verfassungs- und völkerrechtliche Schranken -. 1989.

Band 35 Heidi Dünisch: Der Mundatwald - Zur Bereinigung letzter Kriegsfolgenprobleme zwischen Deutschland und Frankreich.1989.

Band 36 Sabine Niedermeyer-Krauß: Kommunalwahlrecht für Ausländer und Erleichterung der Einbürgerung. Integrationsmöglichkeiten für Ausländer aus verfassungs- und europarechtlicher Sicht. 1989.

Band 37 Dirk-Hermann Voß: Regionen und Regionalismus im Recht der Mitgliedstaaten der Europäischen Gemeinschaft: Strukturelemente einer Europäischen Verfassungsordnung. 1989.

Band 38 Tilo Klinner: Satellitenfernerkundung im Völkerrecht. Inwieweit existiert ein völkerrechtlicher Datenschutz? 1989.

Band 39 Barbara Schmidt: Die Erweiterung der seewärtigen Hoheitsrechte der Bundesrepublik Deutschland und der DDR unter besonderer Berücksichtigung deutschlandrechtlicher Probleme. 1989.

Band 40 Hans-Joachim Brauns: Wiedervereinigung und europäische Integration. 1990.

Band 41 Gilbert-Hanno Gornig: Der Hitler-Stalin-Pakt. Eine völkerrechtliche Studie. 1990.

Band 42 Gudrun Lehnberger: Kommunale Entwicklungshilfe. Eine Aufgabe der Gemeinden? - Bestandsaufnahme und rechtliche Würdigung unter besonderer Berücksichtigung der bayerischen Verwaltungspraxis. 1990.

Band 43 Heike Kaup: Der Schwangerschaftsabbruch aus verfassungsrechtlicher Sicht. Eine rechtsvergleichende Untersuchung anhand des deutschen und des amerikanischen Rechts. 1991.

Band 44 Bernadette Steinmeyer: Verfassungsrechtliche Ansätze zur Neuordnung der multirassischen Gesellschaft Südafrikas unter Berücksichtigung des Vorschlages des Verhandlungsforums der "KwaZulu/Natal Indaba". 1991.

Band 45 Burkhard Schöbener: Die amerikanische Besatzungspolitik und das Völkerrecht. 1991.

Band 46 Christian Raap: Die Souveränität der Bundesrepublik Deutschland unter besonderer Berücksichtigung des militärischen Bereichs und der deutschen Einheit. 1992.

Band 47 Andrea Wagner: Der argentinisch-chilenische Konflikt um den Beagle-Kanal. Ein Beitrag zu den Methoden friedlicher Streiterledigung. 1992.

Band 48 Ralf Wittkowski: Die Staatensukzession in völkerrechtliche Verträge unter besonderer Berücksichtigung der Herstellung der staatlichen Einheit Deutschlands. 1992.

Band 49 Michael Piazolo: Das Recht auf Abtreibung als Teilaspekt des Right of Privacy. 1992.

Band 50 Silke Wenk: Das konfiszierte deutsche Privatvermögen in Polen und der Tschechoslowakei. Die Rechtslage nach Abschluß des deutsch-polnischen und deutsch-tschechoslowakischen Nachbarschaftsvertrages. 1993.

Band 51 Antje Kießwetter: Die Verfassungsentwicklung in Namibia. 1993.

Band 52 Angelika Kleffner-Riedel: Regionalausschuß und Subsidiaritätsprinzip. Die Stellung der deutschen Bundesländer nach dem Vertrag über die Europäische Union. 1993.

Band 53 Jerzy Kranz: Entre l'influence et l'intervention. Certains aspects juridiques de l'assistance financière multilatérale. 1994.

Band 54 Knut Kettwig: Rechtsgrundlagen dezentraler grenzüberschreitender Zusammenarbeit im deutsch-polnischen und deutsch-tschechischen Grenzraum. 1994.

Band 55 Ulrich Seidenberger: Die diplomatischen und konsularischen Immunitäten und Privilegien. Ein Beitrag zur Diskussion über die Reformbedürftigkeit des Diplomaten- und Konsularrechts aus staats- und völkerrechtlicher Sicht. 1994.

Band 56 Christian Schede: Bundesrat und Europäische Union. Die Beteiligung des Bundesrates nach dem neuen Artikel 23 des Grundgesetzes. 1994.

Band 57 Florian Prugger: Die Nachfolge in das Vermögen der ehemaligen DDR. Ein Beitrag zu Art. 21 ff Einigungsvertrag unter besonderer Berücksichtigung der Firma F.C. Gerlach des Bereichs Kommerzielle Koordinierung. 1994.

Band 58 Mark Zimmer: Einsätze der Bundeswehr im Rahmen kollektiver Sicherheit. Staats- und völkerrechtliche Grundlagen unter Berücksichtigung des BVerfG-Urteils vom 12.07.1994. 1995.

Band 59 Gerd von Laffert: Die völkerrechtliche Lage des geteilten Zypern und Fragen seiner staatlichen Reorganisation. 1995.

Band 60 Wolfram Schneeweiß: Die rechtliche Stellung der Indianerstämme innerhalb der Vereinigten Staaten von Amerika. Ein Modell für den Schutz der *indigenous peoples*. 1995.

Band 61 Marianne Janik: Möglichkeiten und Grenzen einer gemeinsamen Exportkontrolle für sensitive Waren und Dienstleistungen im Lichte des europäischen Gemeinschaftsrechts. 1995.

Band 62 Michael Brems: Die politische Integration ethnischer Minderheiten aus staats- und völkerrechtlicher Sicht. 1995.

Band 63 Martin Vocke: Verfassungsinterpretation und Normbegründung - Grundlegung zu einer prozeduralen Theorie der Verfassungsgerichtsbarkeit. 1995.

Band 64 Stefan von der Beck: Die Konfiskationen in der Sowjetischen Besatzungszone von 1945 bis 1949. Ein Beitrag zu Geschichte und Rechtsproblemen der Enteignung auf besatzungsrechtlicher und besatzungshoheitlicher Grundlage. 1996.

Band 65 Stephanie Baer: Der Zerfall Jugoslawiens im Lichte des Völkerrechts. 1995.

Band 66 Christine Sauerwald: Die Unionsbürgerschaft und das Staatsangehörigkeitsrecht in den Mitgliedstaaten der Europäischen Union. 1996.

Band 67 Silke Buchner: Die Rechtswidrigkeit der Taten von "Mauerschützen" im Lichte von Art. 103 II GG unter besonderer Berücksichtigung des Völkerrechts. Ein Beitrag zum Problem der Verfolgung von staatlich legitimiertem Unrecht nach Beseitigung des Unrechtssystems. 1996.

Band 68 Bernd Weiß: Einführung und Umsetzung der Europäischen Charta der kommunalen Selbstverwaltung in Deutschland, insbesondere in Bayern und Nordrhein-Westfalen. 1996.

Band 69 Gesine Katharina Neumann: Boliviens Recht auf freien Zugang zum Pazifik. Zur völkerrechtlichen Problematik des Zugangs der Binnenstaaten zum Meer. 1997.

Band 70 Elvira Pfrang: Das Verhältnis zwischen Europäischem Gemeinschaftsrecht und deutschem Recht nach der Maastricht-Entscheidung des Bundesverfassungsgerichts. Eine Studie zu den Konflikten beider Rechtsordnungen auf dem Gebiet des Grundrechtsschutzes und der Kompetenzen. 1997.

Band 71 Dieter Blumenwitz / Burkhard Schöbener: Stabilitätspakt für Europa. Die Sicherstellung mitgliedstaatlicher Haushaltsdisziplin im Europa- und Völkerrecht. 1997.

Band 72 Matthias Weinberg: Schutz der deutschen Minderheit in Polen nach den Weltkriegen. Ein Vergleich unter Berücksichtigung der aktuellen Rechtslage. 1997.

Band 73 Reinhard Müller: Der "2+4-Vertrag und das Selbstbestimmungsrecht der Völker. 1997.

Band 74 Stefan Strobl: Das Nichtverbreitungsregime für Kernwaffen nach 1995 und der freie Zugang zu nuklearen Technologien und Materialien. 1997.

Band 75 Christine Weber: Das Gegenzeichnungsrecht unter besonderer Berücksichtigung der Verfassung des Fürstentums Liechtenstein. 1997.

Band 76 Stephan Semrau: Die Gemeinsame Außen- und Sicherheitspolitik der Europäischen Union. 1998.

Band 77 Marcus Schultz: Die Auslandsentsendung von Bundeswehr und Bundesgrenzschutz zum Zwecke der Friedenswahrung und Verteidigung. Völker- und verfassungsrechtliche Analyse unter besonderer Berücksichtigung der Entscheidung des Bundesverfassungsgerichtes zum Einsatz deutscher Streitkräfte vom 12. Juli 1994. 1998.

Band 78 Benedikt P. Kuttenkeuler: Die Verankerung des Subsidiaritätsprinzips im Grundgesetz. Ein Beitrag zur Bedeutung des Subsidiaritätsprinzips für die Kompetenzabgrenzung im Bundesstaat. 1998.

Band 79 Winfried Bausback: Verfassungsrechtliche Grenzen des Wahlrechts zum Deutschen Bundestag. 1998.

Band 80 Elvira Pfrang: Towards Liberalisation of the European Electricity Markets. The Directive concerning Common Rules for an Internal Market in Electricity in the Frame of the Competition and Internal Market Rules of the EC-Treaty. 1999.

Band 81 Alexander Wolf: Prozessuale Probleme des „Maastricht"-Urteils des Bundesverfassungsgerichts. 1999.

Band 82 Jürgen Bartl: Die humanitäre Intervention durch den Sicherheitsrat der Vereinten Nationen im "Failed State". Das Beispiel Somalia. 1999.

Band 83 Thomas Gnielinski: Die Reform des deutschen Staatsangehörigkeitsrechts. Eine Analyse und Bewertung der vorliegenden Gesetzesvorhaben. 1999.

Band 84 Margarita González: Der völkerrechtliche Status des Panamakanals nach Ablauf der Übergangszeit im Jahr 1999. 2000.

Band 85 Petra Johnen: Die Verfassungsentwicklung Südafrikas unter besonderer Berücksichtigung der verfassunggebenden Gewalt des Volkes. 2001.

Band 86 Markus Allstadt: Die offene Völkerrechtslage im deutsch-tschechischen Verhältnis und ihre Bedeutung für die Osterweiterung der Europäischen Union. Zugleich Überlegungen zu den Auswirkungen zwingenden Völkerrechts in der Vertriebenenfrage. 2000.

Band 87 Gerrit Aschmann: Europol aus Sicht der deutschen Länder. 2000.

Band 88 Mark Weber: Der Berlin-Status im intertemporalrechtlichen Konflikt. Dargestellt am Beispiel von Grundstücksenteignungen im Ostteil Groß-Berlins. 2001.

Band 89 Heidi Hellwig: Die Staatsangehörigkeit als Anknüpfung im deutschen IPR. Unter besonderer Berücksichtigung des Gesetzes zur Reform des Staatsangehörigkeitsrechts. 2001.

Band 90 Aline Bruer-Schäfer: Der Internationale Strafgerichtshof. Die Internationale Strafgerichtsbarkeit im Spannungsfeld von Recht und Politik. 2001.

Band 91 Andreas Rosenfeld: Die Verfassungsentwicklung von Mosambik. Ein Beitrag zur rechtsstaatlichen Transformation im südlichen Afrika. 2001.

Band 92 Markus Pallek: Der Minderheitenschutz im deutschen Verfassungsrecht. Eine analytische Untersuchung des Begriffs sowie der bundes- und landesverfassungsrechtlichen Stellung der ethnischen, nationalen, sprachlichen, kulturellen und religiösen Minderheiten in der Bundesrepublik Deutschland vor dem Hintergrund der völker- und europarechtlichen Rahmenbedingungen. 2001.

Band 93 Ansgar Firsching: Die Samen, ihre Rechtsstellung in Schweden und ihre Rechtsstellung im Lichte der Indigenous Peoples weltweit. 2002.

Band 94 Jörg Dunker: Regionale Integration im System des liberalisierten Welthandels. EG und NAFTA im Vergleich. 2002.

Band 95 Katharina Wodarz: Gewaltverbot, Menschenrechtsschutz und Selbstbestimmungsrecht im Kosovo-Konflikt. 2002.

Band 96 Grit Hokema: Immunität von Staatsoberhäuptern. 2002.

Band 97 Tido Oliver Hokema: Mehrfache Staatsangehörigkeit. Eine Betrachtung aus völkerrechtlicher und verfassungsrechtlicher Sicht. Unter Berücksichtigung des Staatsangehörigkeitsreformgesetzes vom 15. Juli 1999. 2002.

Band 98 Janet Kerstin Butler: Die Beteiligung von Privatpersonen am WTO-Streitbeilegungsverfahren. Bestandsaufnahme und Entwicklungsperspektiven. 2002

Band 99 Tobias H. Irmscher: Die Behandlung privater Beschwerden über systematische und grobe Menschenrechtsverletzungen in der UN-Menschenrechtskommission. Das 1503-Verfahren nach seiner Reform. 2002.

Band 100 Markus Voltz: Menschenrechte und ordre public im Internationalen Privatrecht. 2002.

Band 101 Sabine Schorer: Das Konsensprinzip in der internationalen Gerichtsbarkeit. 2003.

Band 102 Anja Weisgerber: Das Beweiserhebungsverfahren parlamentarischer Untersuchungsausschüsse des Deutschen Bundestages. 2003.

Band 103 Stephan Anstötz: Perspektiven zur staatlichen Neuordnung Zyperns. 2003.

Band 104 Eva Stumpf: Kulturgüterschutz im internationalen Recht unter besonderer Berücksichtigung der deutsch-russischen Beziehungen. 2003.

Band 105 Christian Malzahn: GATT-widrige *Treble Damages*-Klagen auf der Grundlage des US Antidumping Act 1916. Eine Untersuchung der Rechtsstellung beklagter deutscher Unternehmen im US-amerikanischen und deutschen Recht. 2003.

Band 106 Susanne Giannios: Ein Wasserregime im Nahen Osten. Rechtliche und politische Grundlagen und Perspektiven der internationalen Wasserverteilung im Jordanbecken. 2004.

Band 107 Jan Hübner: Das Verbrechen des Völkermordes im internationalen und nationalen Recht. 2004.

Band 108 Benjamin Krenberger: Deutschland im Spannungsfeld zwischen Europäischer Menschenrechtskonvention und nachzubefolgendem Besatzungsrecht. Reichweite der Verpflichtungen des souveränen Deutschlands nach der Liechtenstein-Entscheidung des Europäischen Gerichtshofes für Menschenrechte. 2004.

Band 109 Matthias Werner Schneider: Kommunaler Einfluß in Europa. Die Einflußnahme der Kommunen beim Europarat als Modell für die Europäische Union. KGRE, AdR und EKC als Säulen eines europäischen Kommunalschutzes. 2004.

Band 110 Bettina Gerber: Die Asylrechtsharmonisierung in der Europäischen Union. Unter besonderer Berücksichtigung der Richtlinie zur Festlegung von Mindestnormen für die Aufnahme von Asylbewerbern in den Mitgliedstaaten. 2004.

Band 111 Markus Lintner: Die verfassungsrechtlichen Grenzen des horizontalen Länderfinanzausgleichs nach Art. 107 Abs. 2 GG. 2004.

Band 112 Daniel Volk: Die Begrenzung kriegerischer Konflikte durch das moderne Völkerrecht. 2005.

Band 113 Eugenie Trützschler von Falkenstein: Mittelosteuropa – Nationen, Staaten, Regionen. Die Erweiterung der Europäischen Union aus der historischen Perspektive. 2005.

Band 114 Angela Kaiser: Minderheitenschutz in der Europäischen Union. Eine Untersuchung des „doppelten Standards" des EU-Minderheitenschutzes unter besonderer Berücksichtigung der Europäischen Grundrechtecharta. 2005.

Band 115 Kerstin Liesem: Die Reparationsverpflichtungen der Bundesrepublik Deutschland nach dem Zweiten Weltkrieg unter besonderer Berücksichtigung der Zwangsarbeiterentschädigung. 2005.

Band 116 Christoph Holthusen: Der Nordirlandkonflikt. Geschichte, zentrale Aspekte und Lösungsmodelle unter völkerrechtlicher Betrachtung. 2005.

Band 117 Christoph Junck: Die Gerichtsbarkeit des Internationalen Strafgerichtshofs. Vorbedingungen und Auslösemechanismen nach dem Römischen Statut vom 17. Juli 1998. 2006.

Band 118 Corinna Margit Hartmann: Staatliche Beteiligung an terroristischen Gewaltaktionen. Neue Herausforderungen für das Friedenssicherungssystem der Vereinten Nationen. 2006.

Band 119 Dagmar Wurst: Eigentums- und Investitionsgüterschutz im Völkerrecht. Das Beispiel der Landenteignung in Zimbabwe. 2006.

Band 120 Türkmen Tezcan: Der Zypernkonflikt vor dem Europäischen Menschenrechtsgerichtshof. Eine Analyse unter besonderer Berücksichtigung der Loizidou-Rechtsprechung und ihrer Auswirkung auf die zwischenstaatlichen Beziehungen. 2006.

Band 121 Dorothee von Arnim: Der Standort der EU-Grundrechtecharta in der Grundrechtsarchitektur Europas. 2006.

Band 122 Alexander Brexendorff: Rohstoffe im Kaspischen Becken. Völkerrechtliche Fragen der Förderung und des Transports von Erdöl und Erdgas. 2006.

Band 123 Markus A. Meckler: Der Kleinstaat im Völkerrecht. Das Fürstentum Liechtenstein im Spannungsfeld zwischen Souveränität und kleinstaatenspezifischen Funktionsdefiziten. 2006.

Band 124 Björn Hoppenstedt: Kommunale Selbstverwaltung in den USA. Im Lichte europäischer Standards. 2007.

Band 125 Martin Kunde: Der Präventivkrieg. Geschichtliche Entwicklung und gegenwärtige Bedeutung. 2007.

Band 126 Christoph Mangold: Die völkerstrafrechtliche Verfolgung von Individuen durch internationale Strafgerichtshöfe. 2007.

Band 127 Ralf Müller: Europäische Entwicklungspolitik zwischen gemeinschaftlicher Handelspolitik, intergouvernementaler Außenpolitik und ökonomischer Effizienz. 2007.

Band 128 Michael Wiener: Das Mandat des UN-Sonderberichterstatters über Religions- oder Weltanschauungsfreiheit. Institutionelle, prozedurale und materielle Rechtsfragen. 2007.

Band 129 Senja Kreutzberger: Die gesetzlich nicht geregelten Entscheidungsvarianten des Bundesverfassungsgerichts. 2007.

Band 130 Bettina M. Malzahn: Bedeutung und Reichweite des Eigentumsschutzes in der Europäischen Menschenrechtskonvention. Eine Untersuchung unter besonderer Berücksichtigung der Enteignungen auf besatzungsrechtlicher bzw. besatzungshoheitlicher Grundlage zwischen 1945 und 1949 und der deutschen Restitutionsgesetzgebung nach der Wiedervereinigung. 2007.

Band 131 Thomas Michael Pfeiffer: Verfassungsgerichtliche Rechtsprechung zu Fragen der Außenpolitik. Ein Rechtsvergleich Deutschland – Frankreich. 2007.

Band 132 Christina Schaffrath: Die Rückführung unrechtmäßig nach Deutschland verbrachten Kulturguts an den Ursprungsstaat. 2007.

www.peterlang.de

FSC
www.fsc.org
MIX
Papier | Fördert
gute Waldnutzung
FSC® C083411

Kolibri 360 GmbH
Ferdinand-Jühlke-Straße 7
99095 Erfurt, Deutschland
produktsicherheit@kolibri360.de

Druck:
CPI Druckdienstleistungen GmbH
im Auftrag der
Kolibri 360 GmbH
Ferdinand-Jühlke-Str. 7
99095 Erfurt